Bulletin de l'Institut français d'archéologie orientale
BIFAO

Comité éditorial

Placé sous le patronage scientifique de N. Grimal (professeur au Collège de France, membre de l'Académie des inscriptions et belles-lettres), le comité éditorial du *BIFAO* comprend le directeur, le directeur des études, le médiateur scientifique, l'adjoint aux publications et le directeur du pôle éditorial. Tous les manuscrits sont évalués sur le principe du double anonymat par des spécialistes du domaine concerné. La décision de publication est prise au vu des rapports d'expertise. Les manuscrits refusés sont retournés aux auteurs.

Dépôt des manuscrits

1. Les manuscrits, dans leur version complète et définitive, doivent être adressés ou déposés à l'Institut français d'archéologie orientale du Caire. Les textes doivent être saisis sur support informatique incluant éventuellement les fontes spéciales. Un tirage papier visé par l'auteur ainsi qu'une maquette des illustrations doivent être impérativement joints. Deux résumés, l'un en français, l'autre en anglais, et quelques mots-clés dans ces deux langues doivent également être fournis.
   La date limite de la remise des manuscrits est fixée au 31 mars de chaque année.
2. Le *BIFAO* ne publie pas de compte rendu.
3. Il est demandé aux auteurs de respecter les normes de présentation de la revue ainsi que les règles typographiques en usage à l'Imprimerie nationale et, pour les références bibliographiques, de se conformer aux *Abréviations des périodiques en usage à l'Institut français d'archéologie orientale*, 6e éd. revue et augmentée, 2017. Ces indications sont disponibles, en français et en anglais, sur le site http://www.ifao.egnet.net/publications/outils/recommandations. Les manuscrits non conformes sont retournés pour mise au point.
4. Lors de la correction des épreuves, les auteurs sont priés de ne pas introduire de modifications importantes et de porter leurs corrections éventuelles à l'encre, le plus lisiblement possible. Les épreuves sont à retourner dans les quinze jours après réception.

Contact

publications@ifao.egnet.net
Téléphone: [20 2] 27 97 16 20 - Télécopie: [20 2] 27 94 46 35

Institut français d'archéologie orientale
Le Caire AmbaFrance s/c valise diplomatique. Service des publications. Ifao
13, rue Louveau. 92438 Châtillon cedex.

BULLETIN DE L'INSTITUT FRANÇAIS D'ARCHÉOLOGIE ORIENTALE

Bulletin de l'Institut français d'archéologie orientale

TOME 116

LE CAIRE - 2016

ISSN 0255-0962 ISBN 978-2-7247-0712-0

Sommaire

Grenier Jean-Claude

10 septembre 1943-22 juillet 2016 1

Ashour Sobhi, Shueib Sayed

A Roman Portrait-Head from Medinet Madi 11

Austin Anne, Gobeil Cédric

Embodying the Divine:
A Tattooed Female Mummy from Deir el-Medina 23

Chapon Linda

Une possible représentation de l'arbre *jšd*
dans le temple de Millions d'Années de Thoutmosis III à Thèbes-Ouest 47

Dorn Andreas, Polis Stéphane

Nouveaux textes littéraires du scribe Amennakhte
(et autres ostraca relatifs au scribe de la Tombe) 57

Lafont Julie

Consommation et proscription du miel en Égypte ancienne.
Quand *bj.t* devient *bw.t* 97

Mazé Christelle

À la recherche des « classes moyennes ». Les espaces de la différenciation sociale
dans l'Égypte du IIIe millénaire av. J.-C. 123

Mekawy Ouda Ahmed M.

The Votive Stela of the "Overseer of the Singers of the King" *Nfr-rnpt*
(Egyptian Museum Cairo TR 14.6.24.17) 177

Minart Marie-Anne

Étude d'une cloison d'église de la fin du premier millénaire conservée
au musée du Louvre. Monastère de Baouît, Moyenne Égypte 191

Minart Marie-Anne,
avec une contribution de Bénazeth Dominique

Étude d'un vantail de la fin du premier millénaire conservé au musée du Louvre.
Monastère de Baouît, Moyenne Égypte 229

Payraudeau Frédéric, Meffre Raphaële

Varia tanitica I
Vestiges royaux 273

Redon Bérangère, Vanpeene Matthieu
avec une annexe céramologique de Pesenti Mikaël

« La vigne a été inventée dans la ville égyptienne de Plinthine ».
À propos de la découverte d'un fouloir saïte
à Kôm el-Nogous (Maréotide) 303

Relats Montserrat Félix, Thiesson Julien,
Barahona-Mendieta Zulema, Sanchez Christelle, Réjiba Fayçal, Guérin Roger

Une première campagne de prospection à Médamoud :
méthodologie et résultats préliminaires
(Mission Ifao/Paris-Sorbonne/Labex Resmed de Médamoud) 325

Töpfer Susanne

„Aggressives Rosa" – Zu einer Mumienauflage der spätptolemäisch-frührömischen
Epoche aus Achmim (ÄMUL Inv.-Nr. 7810) 385

Fig. 1. Jean-Claude Grenier à Douch en 1976.

Jean-Claude Grenier

10 septembre 1943-22 juillet 2016

Agen, Paris, Le Caire, Rome, Montpellier… Ces cinq villes, qui ont abrité les principales étapes de la carrière de Jean-Claude Grenier, jalonnent le parcours professionnel presque exclusivement méditerranéen d'un homme fondamentalement attiré par le Sud.

Le spécialiste de l'Égypte romaine qui nous a quittés le 22 juillet dernier était avant tout un Gascon. Né à Agen, il y passa son enfance et resta toujours attaché à sa ville natale, y gardant des liens indéfectibles avec trois amis de la prime jeunesse, fidèles jusqu'au dernier moment. Agen, ce fut aussi l'enseignement des Assomptionnistes dont il conserva toujours un souvenir ému, louant la valeur de l'éducation qu'ils dispensaient ainsi que le goût de l'histoire romaine et de la langue latine qu'ils lui inculquèrent. Solidement nourri de ces humanités, il partit à Bordeaux pour ses études universitaires et y obtint en 1967 un diplôme supérieur d'Histoire. L'Antiquité romaine l'attirait, mais un concours de circonstances voulut que le professeur Jean Leclant, titulaire de la chaire d'égyptologie à Paris IV-Sorbonne, l'appelât pour qu'il fût son assistant en histoire de l'art et archéologie à l'Institut d'art de la rue Michelet entre 1969 et 1973. Durant cette période, il prépara sa thèse de IIIe cycle, soutenue en 1972 à Paris IV. Le mémoire, « Anubis alexandrin et romain », fut publié en 1978 [1]. Intégré à l'équipe parisienne d'égyptologie, il s'orienta sans hésiter vers l'Égypte tardive, celle des Lagides et des empereurs romains qui, alors, ne séduisait guère les spécialistes de la vallée du Nil.

Ces années parisiennes lui offrirent ses premières expériences de l'enseignement. La plupart des cours étaient dispensés dans les bâtiments alors tout neufs de l'annexe de Paris IV à la Porte de Clignancourt. L'éloignement de ce *limes* ne décourageait pas les étudiants, particulièrement à l'heure des cours de Jean-Claude Grenier qui assura non seulement l'encadrement de certains travaux dirigés mais également des cours magistraux d'histoire de l'art et d'archéologie. On se

1 J.-Cl. Grenier, *Anubis alexandrin et romain*, EPRO 57, Leyde, 1978.

pressait pour le voir traverser l'amphithéâtre à grandes enjambées, commentant la célèbre statue de Khephren conservée au musée du Caire [2] ou l'Égypte de Cléopâtre, avec son remarquable sens de l'histoire mais aussi le choix des formules frappantes et l'humour qui le caractérisaient déjà.

En 1973, il partit pour Le Caire et occupa jusqu'en 1979 le poste de documentaliste responsable des Archives scientifiques de l'Institut français d'archéologie orientale (Ifao). La guerre d'Octobre incita Serge Sauneron, directeur de l'Ifao, à envoyer le personnel de l'Institut à Deir el-Medina pendant la fin de l'année. Dès le retour au Caire, Jean-Claude Grenier s'attela au classement des documents consacrés aux fouilles de Deir el-Medina (de nombreuses photographies avaient été réalisées pendant l'exil forcé de l'automne), puis de Médamoud. Par ailleurs, il entreprit de réaliser le *Répertoire bibliographique des temples ptolémaïques et romains d'Égypte* pour les années 1954-1974, prenant la suite de celui qu'avait publié, en 1956, Nadia Sauneron pour les années 1939-1954. Cet « instrument de travail indispensable [3] » parut en 1978.

En 1976, Serge Sauneron ouvrit de nouveaux chantiers dans les oasis du désert Libyque : à Dakhla, le chantier de Balat et, à Kharga, celui de Douch. La quasi-totalité des personnels de l'Ifao fut invitée à participer à cette entreprise. Jean-Claude Grenier fit partie, dès cette première campagne, de l'équipe des fouilleurs de Douch avec, entre autres, Françoise Dunand, Jean-Pierre Corteggiani, Jean Gascou et Guy Wagner. D'emblée il se passionna pour le temple ; bâti sous Domitien et Trajan, décoré sous Hadrien, ce sanctuaire illustrait le pouvoir de l'Empire romain avec lequel le jeune historien se sentait plus à l'aise que dans la fréquentation des Thoutmosis et des Amenhotep. La question de la forteresse située sur un *limes* si excentrique l'intéressait fortement.

En 1980, à la suite de son séjour comme responsable des Archives scientifiques de l'Ifao, Jean-Claude Grenier fut nommé rédacteur des *Annales du Service des antiquités de l'Égypte* (les *ASAE*). Cette revue internationalement connue prenait un nouvel essor afin de retrouver un rythme de parution annuel, notamment sous l'impulsion du Dr Chehata Adam Mohammed qui obtint des directeurs de l'Ifao, Jean Vercoutter puis Paule Posener-Kriéger, d'imprimer les *ASAE* sur les presses de l'Institut, renouant ainsi avec une pratique ancienne. Pendant cinq ans, Jean-Claude Grenier travailla à l'édition des numéros 68 et 69, puis participa à la préparation du numéro 70, juste avant de quitter le Service en 1985.

Pendant cette douzaine d'années en Égypte, il avait multiplié les occasions de se familiariser avec les monuments de l'Égypte tardive. À Douch, il avait collaboré à l'étude du temple dû aux empereurs romains des deux premiers siècles. Il put aussi travailler à Tôd, à 25 km au sud de Louqsor, où Christiane Desroches Noblecourt, alors à la tête du Département des antiquités égyptiennes du musée du Louvre, dirigeait un chantier englobant le temple ptolémaïque et romain. Jean-Claude Grenier en poursuivit l'étude et la publication entreprises par Étienne Drioton, Jacques Vandier et Georges Posener.

2 CG 14.

3 S. Sauneron, « Les travaux de l'Institut français d'archéologie orientale en 1975-1976 », *BIFAO* 76, 1976, p. 413.

En 1982, l'empereur Hadrien devait se manifester à lui par l'entremise de Marguerite Yourcenar, en voyage dans la vallée du Nil. Jean-Pierre Corteggiani, alors bibliothécaire de l'Ifao, entraîna son vieux compagnon Jean-Claude dans l'aventure et tous deux guidèrent l'auteur des *Mémoires d'Hadrien*, parus quelque trente ans plus tôt, sur le site d'Antinoé, au cours d'une sorte de pèlerinage fluvial dédié au bel Antinoos.

En 1985, Jean-Claude Grenier revenait en France pour soutenir, à l'université de Paris IV-Sorbonne, sa thèse de doctorat d'État ès lettres, avec un mémoire intitulé « Le Pharaon romain ».

Son attrait pour la Rome des Césars allait soudain pouvoir s'épanouir sur les rives du Tibre. En 1985, en effet, il fut appelé par les Musei Vaticani pour diriger le Museo Gregoriano Egizio en tant que *consulente*, poste qu'il occupa sur place jusqu'en 1989, puis en y effectuant des missions annuelles. Travailler au Vatican sous l'égide du directeur général de ce musée, le Dr Carlo Pietrangeli, romaniste de renom, homme d'une immense culture, gentilhomme dans ses manières, procura à Jean-Claude Grenier une satisfaction intellectuelle et un plaisir inégalés.

En peu de temps, il réorganisa les salles consacrées à l'exposition des antiquités égyptiennes ainsi que les réserves attenantes. Il s'adonna à cette tâche avec passion, surveillant toutes les étapes des opérations, du plus modeste soclage à la maçonnerie destinée à la reconstitution du Serapeum du Canope situé dans la Villa Adriana. Cette nouvelle interprétation d'un secteur majeur de la villa de Tivoli lui valut l'approbation chaleureuse de Carlo Pietrangeli ainsi que de nombreux collègues *urbi et orbi*. Tant les gardiens que les équipes de techniciens du musée appréciaient hautement sa disponibilité, son humanité et son italien à peine « gasconnant ». Parmi les collègues romains d'alors, au musée comme à l'École française de Rome, beaucoup devinrent des amis véritables avec lesquels il conserva des liens puissants jusqu'à la fin. Nombre d'entre eux, en particuliers les romanistes, constataient, en le suivant sur le Forum ou le Palatin, qu'il connaissait la ville aussi bien et parfois mieux que des Romains de souche. Pendant ce même temps, afin de publier les catalogues du Museo Gregoriano Egizio, il fonda la collection des Ægyptiaca Gregoriana dont cinq numéros parurent sous sa direction. Parallèlement il fut chargé de cours à l'université Grégorienne de Rome ainsi qu'à la faculté des lettres de Pérouse, cours qu'il se faisait un plaisir de dispenser en italien. Le séjour ultramontain fut, pour Jean-Claude, une période de véritable épanouissement. Outre ses réalisations au musée, ses publications témoignent abondamment de l'orientation résolument romaine de sa recherche égyptologique. Dès lors, il compta parmi les spécialistes internationalement reconnus de l'Égypte tardive, établissant une sorte de pont entre le Nil et le Tibre.

Nommé maître de conférences à l'université Montpellier III – Paul-Valéry en 1989, Jean-Claude Grenier dut renoncer à la résidence romaine. Ses responsabilités de *consulente* l'appelèrent toutefois régulièrement à Rome en dehors des périodes consacrées aux travaux universitaires. Le titulaire de la chaire d'égyptologie était alors Gérard Godron, « homme aimable et discret » ainsi que le définit Jean Yoyotte[4], et un Montpelliérain de souche ; l'entente entre les deux hommes fut simple et il était en quelque sorte naturel que Jean-Claude Grenier succédât à un Méridional et, surtout, à un savant spécialiste de « deux champs de recherche que ses collègues ne pratiquaient pas », pour citer encore Jean Yoyotte[5], la Ire dynastie et l'époque

4 J. Yoyotte, *BSFE* 146, 1999, p. 3-4. 5 *Ibid.*

copte. En effet, en 1992, il devint à son tour titulaire de la chaire d'égyptologie montpelliéraine et, à côté des bases classiques et indispensables de l'égyptologie, il colora son enseignement de tonalités nettement romaines, ce que l'on ne pouvait trouver nulle part ailleurs en France avec cette ampleur. Entre 2003 et 2007, il dirigea l'équipe de recherche de Montpellier (FRE 2742 du CNRS) qu'il intitula « Religions et société de l'Égypte tardive ». Cette Égypte tardive lui tenait à cœur.

Parallèlement, de 1990 à 2012, en tant que directeur d'études (cumulant) à l'EPHE, section des Sciences religieuses, il occupa la chaire de « Religion égyptienne dans les mondes hellénistique et romain ». Ses étudiants et auditeurs, de Montpellier ou de l'EPHE, se souviendront de la richesse, de l'exubérance – parfois de l'outrance – de son enseignement. Comédien né, l'estrade universitaire devenait une scène de théâtre où Jean-Claude, orateur sans égal, dispensait son savoir, questionnait les sources, fascinait son auditoire, le tourmentait parfois par de fulgurantes questions, sur la chronologie ptolémaïque ou impériale, sur la géographie de l'Égypte ou la topographie de ses sites. Toujours, il s'efforçait de contextualiser l'approche la plus minutieuse d'une source, d'apporter une vision d'ensemble qui fait si souvent défaut, bousculant le confort des étudiants dont le cursus toujours plus spécialisé en venait à leur faire oublier l'essentiel : « On est en train de faire l'inventaire du placard à balais du château de Versailles et vous ne savez pas qui est le roi ! »

C'était là sa façon d'enseigner l'Histoire, qu'elle soit égyptienne ou romaine ou, pour son plus grand plaisir, lorsqu'elle était les deux à la fois. Poser les bonnes questions, en admettant, sans crainte, de ne pas toujours être en mesure de proposer une réponse. Enseignant passionné, à l'humour ravageur, il n'hésitait pas à bousculer les idées reçues, autant que les premiers rangs de ses auditeurs.

La lecture et l'exégèse des inscriptions hiéroglyphiques des obélisques romains alimentèrent ses cours et séminaires, à l'EPHE et à Montpellier. Les analyses de l'obélisque Barberini, jadis érigé sur la tombe d'Antinoos à Rome, furent de loin celles qui l'occupèrent le plus. Ainsi, avec *L'Osiris Antinoos*, il inaugura, en 2008, la série CENiM publiée par l'équipe Égypte nilotique et méditerranéenne de l'équipe de Montpellier[6]. Nul doute que les résultats les plus récents des fouilles de l'Istituto Papirologico « G. Vitelli » de Florence sur le site d'Antinoé n'auraient pas manqué d'attiser l'intérêt que portait Jean-Claude pour les figures d'Hadrien et d'Antinoos.

Ses études sur la Villa Adriana, sur les obélisques romains ou sur les stèles du Bucheum d'Ermant, resteront des modèles de cette approche originale de l'histoire de l'Égypte gréco-romaine dont il aura été un fervent promoteur. Il demeure pour longtemps le plus romain des égyptologues.

Éloigné du terrain égyptien depuis ses missions de Douch et de Tôd, il fut à l'origine de la mission égypto-française des fouilles d'Atfih et inaugura en 2008 une collaboration entre l'université de Hélouan et celle de Montpellier. L'archéologie n'était pas pour lui une nécessité – ses récits des fouilles de l'ancienne Kysis étaient mémorables ! – mais le plaisir de travailler

6 J.-Cl. Grenier, *L'Osiris Antinoos*, CENiM 1, Montpellier, 2008.

avec des amis dans cette Égypte qu'il retrouvait après tant d'années décuplait son plaisir et sa bonne humeur. Il revint ainsi à Louqsor et à Tôd, renouant avec ses premières années d'Égypte.

> « Petite âme, âme tendre et flottante, compagne de mon corps, qui fut ton hôte, tu vas descendre dans ces lieux pâles, durs et nus, où tu devras renoncer aux jeux d'autrefois. Un instant encore, regardons ensemble les rives familières, les objets que sans doute nous ne reverrons plus… Tâchons d'entrer dans la mort les yeux ouverts… » (M. Yourcenar, *Mémoires d'Hadrien*).

Annie Gasse
Christophe Thiers

Fig. 2. Jean-Claude Grenier à Balat en 1976.

BIBLIOGRAPHIE DE JEAN-CLAUDE GRENIER

1978

1. *Anubis alexandrin et romain*, EPRO 57, Leyde, 1978.
2. *L'autel funéraire isiaque de Fabia Stratonice*, EPRO 71, Leyde, 1978.
3. « L'Anubis cavalier du musée du Louvre » *in* M.B. de Boer, T.A. Edridge (éd.), *Hommages à M.J. Vermaseren* I. *Recueil d'études offert par les auteurs de la série « Études préliminaires aux religions orientales dans l'Empire romain » à Maarten J. Vermaseren à l'occasion de son soixantième anniversaire le 7 avril 1978*, EPRO 68, Leyde, 1978, p. 405-408.

1979

4. *Temples ptolémaïques et romains. Répertoire bibliographique (1954-1974)*, BiEtud 75, Le Caire, 1979.
5. « Djédem dans les textes du temple de Tôd » *in* J. Vercoutter (éd.), *Hommages à la mémoire de Serge Sauneron 1927-1976. Égypte post-pharaonique* I, BiEtud 81, Le Caire, 1979, p. 381-389.

1981

6. *Tôd. Les inscriptions du temple ptolémaïque et romain* I. *La salle hypostyles, textes n°s 1-172*, FIFAO 18/1, Le Caire, 1981.

1982

7. « L'édition des textes du temple de Tôd » in *L'Égyptologie en 1979. Axes prioritaires de recherches. Second Congrès International des Égyptologues, Grenoble, 10-15 septembre 1979* II, Paris, 1982, p. 75-78.
8. En collaboration avec G. Gautier, « Un aureus de Quietus conservé au musée du Caire », *ASAE* 68, 1982, p. 103-110.
9. En collaboration avec D. Devauchelle, « Remarques sur le Nome Hermonthite à la lumière de quelques inscriptions de Tôd », *BIFAO* 82, 1982, p. 157-169.

1983

10. En collaboration avec S. Cauville et D. Devauchelle, *Catalogue de la fonte hiéroglyphique de l'Imprimerie de l'Institut français d'archéologie orientale*, Le Caire, 1983.
11. « Ptolémée Evergète II et Cléopâtre II d'après les textes du temple de Tôd » *in* N. Bonacasa, A. Di Vita (éd.), *Studi in onore di A. Adriani* I, Rome, 1983, p. 223-227.
12. « Remarques sur la Kratésis des revers monétaires alexandrins de l'an 68/69 », *ASAE* 69, 1983, p. 259-263.
13. « La stèle funéraire du dernier taureau Bouchis (Caire JE 31901 = Stèle Bucheum 20) », *BIFAO* 83, 1983, p. 197-208.

1984

14. « Isis assise devant Io », *Parola del Passato* 49, 1994, p. 22-36.

1985

15. En collaboration avec Abd el-Hafeez, Abd el-Al et G. Wagner, *Stèles funéraires de Kom Abou Bellou*, Paris, 1985.
16. « Une scène d'offrande à Astarté (Inscription Tôd n° 281) » *in* Fr. Geus, Fl. Thill (éd.), *Mélanges offerts à Jean Vercoutter*, Paris, 1985, p. 110-117.

1986

17. En collaboration avec F. Coarelli, « La tombe d'Antinoüs à Rome », *MEFRA* 98/1, 1986, p. 217-253.
18. « Le prophète et l'Autokratôr », *RdE* 37, 1986, p. 81-89.

1987

19. « Les inscriptions hiéroglyphiques de l'obélisque Pamphili », *MEFRA* 99/2, 1987, p. 937-961.
20. « Le protocole pharaonique des empereurs romains », *RdE* 38, 1987, p. 81-104.

1988

21. « Notes sur l'Égypte romaine », *ChronEg* 63/125, 1988, p. 57-76.

1989

22. *Les titulatures des empereurs romains dans les documents de langue égyptienne*, PapBrux 22, Bruxelles, 1989.
23. « Notes isiaques », *Monumenti Musei e Gallerie Ponteficie – Bolletino* 9/1, 1989, p. 5-40.
24. « Traditions pharaoniques et réalités impériales : le nom de couronnement du pharaon à l'époque romaine » *in* L. Criscuolo, G. Geraci (éd.), *Egitto e Storia Antica dall'Ellenismo all'Età Araba. Bilancio di un confronto. Atti del Colloquio Internazionale, Bologna, 31 agosto-2 settembre 1987*, Bologne, 1989, p. 403-420.

1990

25. *La décoration statuaire du Serapeum du Canope de la Villa Adriana*, Rome, 1990 (le texte de ce volume est repris dans les Mélanges de l'École française de Rome – Antiquité : *MEFRA* 101/2, 1989, p. 925-1019).
26. « Hermanubis » in *LIMC* 5, Zurich, Munich, 1990, p. 265-268.

1991

27. « Religion égyptienne dans les mondes hellénistique et romain », *AnEPHE* V 99, 1990-1991, p. 149-153.

1992

28. « Religion égyptienne dans les mondes hellénistique et romain », *AnEPHE* V 100, 1991-1992, p. 163-169.

1993

29. *Museo Gregoriano Egizio, Musei Vaticani, Guide Cataloghi* 2, Rome, 1993.
30. « Religion égyptienne dans les mondes hellénistique et romain », *AnEPHE* V 101, 1992-1993, p. 121-124.

1994

31. « Isis assise devant Io » *in* St. De Caro (éd.), *Alla Ricerca di Iside. Analisi, studi e restauri dell'Iseo pompeiano nel Museo di Napoli, La Parola del Passato* 49, 1994, p. 22-36.
32. Notices « Musées du Vatican » et « Obélisques de Rome » *in* Ph. Levillain (éd.), *Dictionnaire historique de la papauté*, Paris, 1994, p. 1154-1157, 1193-1194.
33. « Deux documents au nom de Césarion » *in* C. Berger, G. Clerc, N. Grimal (éd.), *Hommages à J. Leclant* III, BiEtud 106/3, Le Caire, 1994, p. 247-254.
34. « À propos d'un bas-relief égyptisant du Museo Gregoriano Egizio » *in* Y. Le Bohec (éd.), *Mélanges à la mémoire de Marcel Le Glay*, Latomus 226, Bruxelles, 1994, p. 669-674.
35. « Religion égyptienne dans les mondes hellénistique et romain », *AnEPHE* V 102, 1993-1994, p. 151-154.

1995

36. « L'Empereur et le Pharaon », ANRW II/18.5, Berlin, New York, 1995, p. 3181-3194.
37. « Religion égyptienne dans les mondes hellénistique et romain », *AnEPHE* V 103, 1994-1995, p. 151-152.

1996

38. *Les statuettes funéraires du Museo Gregoriano Egizio*, AegGreg 2, Cité du Vatican, 1996.
39. « Les prêtres : l'élite de la société » in *Hommes, sciences et techniques au temps des Pharaons, Science & Vie* 197, décembre 1996, p. 64-69.
40. Notices (8) sur les obélisques de Rome *in* E.M. Steinby (éd.), *Lexicon Topographicum Urbis Romae* III (H-O), Rome, 1996, p. 355-359.
41. « Religion égyptienne dans les mondes hellénistique et romain », *AnEPHE* V 104, 1995-1996, p. 191-195.

1997

42. Chapitres introductifs (4) in *L'Égypte romaine. L'autre Égypte*, catalogue d'exposition, musée d'Archéologie méditerranéenne, Marseille, 4 avril-13 juillet 1997, Marseille, 1997, p. 16-19, p. 38-40, 175-178, 252-254.
43. « Un icosaèdre alexandrin », *Égypte, Afrique & Orient* 6, 1997, p. 23-27.
44. « Religion égyptienne dans les mondes hellénistique et romain », *AnEPHE* V 105, 1996-1997, p. 199-200.

1998

45. « Une hypothèse sur l'origine des monnaies de nomes » *in* W. Clarisse, A. Schoors, H. Willems (éd.), *Egyptian Religion. The Last Thousand Years. Studies Dedicated to the Memory of Jan Quaegebeur* II, OLA 85, Louvain, 1998, p. 1331-1340.

1999

46. « L'obelisco di Domiziano nel Circo di Massenzio » *in* G. Ioppolo, G. Pisani Sartorio (éd.), *La Villa di Massenzio sulla Via Appia* II. *Il Circo*, Rome, 1999, p. 128-141.
47. Introduction et notices du chapitre « Imagerie funéraire tardive » in *Égypte. Vision d'Éternité*, catalogue d'exposition, musée de l'Éphèbe, Le Cap d'Agde, 10 septembre 1999-8 janvier 2000, Agde, 1999, p. 128-136.
48. « Le "Sérapeum » et le "Canope" : une "Égypte" et une « Méditerranée" » *in* J. Charles-Gaffiot, H. Lavagne (éd.), *Hadrien. Trésors d'une villa impériale*, catalogue d'exposition, Mairie du Ve arrondissement, Paris, 22 septembre – 19 décembre 1999, Paris, 1999, p. 75-77.

2001

49. « Cléopâtre Séléné, reine de Maurétanie. Souvenirs d'une princesse » *in* Chr. Hamdoune (éd.), Ubique amici. *Mélanges offerts à Jean-Marie Lassère*, Montpellier, 2001, p. 101-116.

2002

50. *Les bronzes du Museo Gregoriano Egizio*, AegGreg 5, Cité du Vatican, 2002.
51. En collaboration avec P. Liverani, « "Special Effects in der hellenistichen Porträtkunst", Betrachtungen zum Alabasterporträt einer hellenistischen Königin in Privatbesitz », *AntWelt* 33/5, 2002, p. 551-555.
52. « La stèle de la mère d'un Bouchis datée de Licinius et de Constantin », *BIFAO* 102, 2002, p. 247-258.

2003

53. « Remarques sur les datations et titulatures de trois stèles romaines du Bucheum », *BIFAO* 103, 2003, p. 267-279.

2004

54. « Autour de la Stèle de la Famine, de sa datation réelle et de sa datation fictive » *in* A. Gasse, V. Rondot (éd.), *Séhel entre Égypte et Nubie. Actes du colloque international (31 mai-1er juin 2002) université Paul-Valéry, Montpellier*, OrMonsp 14, Montpellier, 2004, p. 81-88.
55. « Religion égyptienne dans les mondes hellénistique et romain », *AnEPHE* V 112, 2003-2004, p. 149-151.

2006

56. En collaboration avec B. Andrae et Chr. Landwehr, « Kleopatra und die historischen Persönlichkeiten in ihrem Umkreis » *in* B. Andrae, K. Rhein (éd.), *Kleopatra und die Caesaren. Eine Ausstellung des Bucerius Kunst Forums 28. Oktober 2006 bis 4. Februar 2007*, Munich, 2006, p. 48-125.

2007

57. « Sarapis et le glaive de Caracalla » *in* P. Sauzeau, Th. Van Compernolle (éd.), *Les armes dans l'Antiquité. De la technique à l'imaginaire, Actes du colloque international du SEMA, Montpellier, 20 et 22 mars 2003*, Montpellier, 2007, p. 407-419.

2008

58. *L'Osiris Antinoos*, CENiM 1, Montpellier, 2008.
59. « Hadrian's Canopus » *in* E. Lo Sardo (éd.), *The She-Wolf and the Sphinx. Rome and Egypt from History to Myth. Rome, Museo Nazionale di Castel Sant'Angelo, 11 July-9 November 2008*, Milan, 2008, p. 112-117.
60. « The Barberini Obelisk », *in* E. Lo Sardo (éd.), *The She-Wolf and the Sphinx. Rome and Egypt from History to Myth. Rome, Museo Nazionale di Castel Sant'Angelo, 11 July-9 November 2008*, Milan, 2008, p. 118-121.

2009

61. « Une statuette d'Amon-Ammôn », *ENiM* 2, 2009, p. 155-163.
62. « Parthénios ? » *in* I. Régen, Fr. Servajean (éd.), Verba manent. *Recueil d'études dédiées à Dimitri Meeks par ses collègues et amis*, CENiM 2, Montpellier, 2009, p. 171-176.
63. « Les pérégrinations d'un Boukhis en Haute Thébaïde » *in* Chr. Thiers (éd.), *Documents de théologies thébaines tardives* (*D3T* 1), CENiM 3, Montpellier, 2009, p. 39-48.

2010

64. « I figli di Cleopatra » in *L'Egitto tra storia e letteratura*, *Serekh* V, Turin, 2010, p. 131-140.

2012

65. Avec A. Gasse, « Nains et faucons » *in* Chr. Zivie-Coche, I. Guermeur (éd.), *Parcourir l'éternité. Hommages destinés à Jean Yoyotte*, BEHE – Sciences religieuses 156, Turnhout, 2012, p. 509-519.

2014

66. « Quelques pages du livre des empereurs » *in* Fl. Quentin, *Le livre des Égyptes*, Bouquins, Paris, 2014, p. 263-282.
67. « L'Égypte et les impératrices... » *in* G. Tallet, Chr. Zivie-Coche (éd.), *Le myrte et la rose, Mélanges offerts à Françoise Dunand par ses élèves, collègues et amis*, CENiM 9, Montpellier, 2014, p. 433-442.

À paraître

68. Avec A. Gasse, « Antinoos et l'obélisque Barberini » *in* Fr. Chausson (éd.), *Antinoos, la fabrication d'un dieu (Égypte, Asie mineure, Grèce, Rome, Latium)*, Paris, à paraître.

A Roman Portrait-Head from Medinet Madi

SOBHI ASHOUR, SAYED SHUEIB*

The life-size limestone head presented here was found in Medinet Madi, the ancient *Narmouthis*.[1] The portrait-head is in the collection of the Kom Oushim Archaeological Museum (inv. no. 188). It has a maximum height of 27.9 cm. A portion of the cranium is broken off, but the surface is levelled, whilst the nose and the left eyebrow are damaged, and the surface is chipped in many spots (fig. 1).

The head shows an aged man crowned with an ivy wreath. The face is softly lined and the cheeks are fleshy. The forehead is furrowed, with knotted eyebrows. The damaged nose is long, with noticeable nasal folds. The winged eyebrows are located higher than the brow line, with diagonal incisions for individual hairs. The eyes are heavily lidded, with circular upper eyelids, while the lower lids are linear and merge gradually into the cheeks. The eyes are almond shaped with round pupils and irises.

The mouth is closed with full lips. The right ear is unfinished, appearing in sketchy outline, whilst the ear lobe is clearer on the left side and more finished (fig. 2). The hair is treated on the front side only, partially worked on the sides, but entirely untreated on the nape (fig. 3). The hairstyle shows drill-like curls on the front and sides, more finished on the left. The beard

* Helwan University, Fayum Archaeological Inspectorate

1 According to the registers in the Kom Oushim Museum, the head comes from Kiman Faris (ancient *Ptolemais Euergetis*), the capital of the Arsinoite nome; Bailey 1996, p. 213, n. 33, also cites this provenance. In following this information and seeking a more precise find spot for the object, no mention of the head at all was found in the Kiman Faris registers. Widening the search to other Fayum registers revealed that the head comes instead from Medinet Madi, *Narmouthis*, found during *sebakhin* work in 1954, and was registered by Naguib Farag. Thanks are due to Mr Mustafa Faisal in the Kom Oushim Museum Magazine, who led me to this information. The image in the register, the serial number 51, which is also inked in black on the neck of the sculpture fig. 5, and an additional note concerning its transfer to Kom Oushim Museum, do not leave any doubt about the correct provenance of the object.

is relatively short, parted in the middle, with a tuft immediately beneath the lower lip, but not merging into the beard strands, which are thick and patterned into three rows, with neatly cut edge on the checks (fig. 4). There is a symmetrically rendered moustache in two parts, patterned in linear thick diagonal strands with hairless *philtrum*. The hair is crowned in ivy wreath partly carved in the stone: three leaves appear on the right side, while one leaf only appears behind the left ear (fig. 2,4). The leaves have the typical heart-shaped form of ivy. The head still retains a portion of the flat roll of the mantle, which is tightly wrapped around the neck (fig. 5),[2] with the hem of an under tunic.

SUBJECT

It was suggested that the head is a Marcus Aurelius portrait of medium quality,[3] but the ivy wreath does not appear on a single imperial portrait.[4] Literary[5] and iconographic material connect the ivy to poets, such a wreath is attested on the Old Singer portrait type, with its replicas in the Louvre,[6] London,[7] Rome[8] and Lyon.[9] Another *ancient*[10] portrait type is attested in about forty replicas, known as Pseudo-Seneca or Hesiod.[11] A replica in Rome shows an ivy wreath,[12] a double herm combining the head with Menander.[13] The poetic subject of this head finds iconographic support in the well-known relief in the Louvre,[14] depicting a visit of Dionysus to a victorious poet whose head is wreathed in ivy.

Closer in date and cultural context are the Pompeian wall paintings, where a fresco from the Menander house, shows the Athenian poet wreathed in ivy and the name *Menandros* is written on an open scroll.[15] A *togatus* figure from Exedra 18, in the House with the Library, shows Catullus with ivy wreath on his head,[16] whilst a standing victorious poet wreathed in ivy and holding a scroll in his left hand comes from another house in Pompeii.[17] Therefore it

2 Bailey suggested that the head could "come from a statue dressed in civilian clothes, possibly Greek" (1996, p. 213, n. 33, wich seems reasonable).

3 Kiss 1995, p. 62 (who incorrectly gave the inventory number as18); followed by Bailey 1996, p. 213, n. 33.

4 Bergmann 2010, p. 333 ff.

5 Blech 1982, p. 312 ff, Athenaeus VI, 40, recorded an inscription on the tomb of the poet Machon, who lived and was buried in Alexandria, mentioning the ivy wreath as a prize for comic poet, see as well Fraser 1972, p. 595. An epigram of the Locrian Poetess Nossis confirms ivy as insignia of the tragic poet, Greene 2005, p. 123 f. Vergil, in *Eclogue* 8, mentions ivy as the crown of the poet. Propertius 4,6,3 describes the Coan poet Philiteas statue crowned in ivy: *Serta Philiteis certet Romana corymbis.* Ovid *Ars Amatoria*, III 411, again mentions ivy as the poet's crown. Scholars agree that ivy and bay were the standard coronation of poets, Trapp 1958, p. 232 f; Blech 1982, p. 312 ff; Zanker 1995, p. 143; Guillaume-Coirier 1999, p. 341.

6 MA. 62 , Richter 1965, p. 67, figs. 235–236; Zanker 1995, p. 146 ff, fig. 4; Tsantsanoglou 2012, p. 106, fig. 2.

7 BM. 1830: Richter 1965, p. 67, figs. 238–239; Tsantsanoglou 2012, p. 106, fig. 3. BM. 1851: Richter 1965, p. 67, figs. 240–242; Tsantsanoglou 2012, p. 106, fig. 4.

8 Villa Albani, no. 81, see Tsantsanoglou 2012, p. 106, fig. 5; Richter 1965, p. 67, questions its antiquity.

9 Tsantsanoglou 2012, p. 106, fig. 7: no ivy wreath.

10 Here we follow Zanker 1995, p. 198, referring to portraits of Greek intellectuals from ancient times, copied for Roman use.

11 Zanker 1995, p. 143.

12 Museo delle Terme, Inv.612: Felletti Maj 1953, p. 22, no. 23; Richter 1965, p. 58, no. 4, fig. 135.

13 Richter 1965, p. 59, no. 7, fig. 140–141.

14 Louvre MA. 741, Picard 1934, p. 144, fig. 5; Bieber 1955, p. 154, fig. 655; Bieber 1961, fig. 86; Moreno 1999, p. 87, fig. 107.

15 Bieber 1961, pp. 90–91, figs. 322 a–c; Ashby 1999, p. 150, fig. 58.

16 Moreno 2010, p. 144 ff, figs. 161–162.

seems that the ivy wreath was used by Romans as the insignia of a poet, which conforms to the literary evidence.

A relief in Dresden depicts a seated figure, wreathed in ivy and berries, but in this case, the four-layered soles of his footwear indicates his profession as an actor.[18] The victorious actor is perhaps depicted inside a sacred precinct, since remains of curtains, an altar and a pillar are visible. The figure is wearing a *nebris* and another ivy garland on the chest, which are props of the Dionysac cult.[19] Other representations of actors confirm the peculiarity of the Dresden relief, since they do not show the ivy wreath as a constant iconographic feature, whether depicting actors in specific roles,[20] on wall paintings[21] or in private portraits coming from votive[22] and funerary contexts.[23] Literary and epigraphic evidence, however, shows that sometimes poets performed as actors and musicians.[24] It is difficult, therefore, to identify the subject of the Medinet Madi sculpture with certainty as either a poet or actor, but since the ivy wreath is more frequently associated with poets in both literature and representative arts, it seems probable that the figure represents a poet too.

17 Bieber 1961, p. 166, fig. 594.

18 Bieber 1907, passim; Bieber 1961, p. 84, fig. 307 describes the figure as a leader of actors' guild and actor-priest, see also Ewigleben, Kohne 2000, p. 118, no. 131.

19 Blech 1982, p. 216, n. 118.

20 This category of representations shows masked actors; e.g. the Villa Albani statuette, Bieber 1961, p. 161, fig. 583, and the Berlin statue of a masked actor in the role of Papposilenus, wearing an ivy wreath above the mask, Conze 1891, p. 118 f, no. 278. Many terracotta statuettes and paintings are citable, Bieber 1961, figs. 290–294 (tragedy), 295–299 (comedy), 324–328, 332, 338, 34 (new comedy). See also the Thalia statue in the Louvre, Bieber 1961, figs. 334, 342. From Egypt, see Himmelmann 1983, p. 97, and its marble replica in the Uffizi, Bieber 1955, fig. 333. Also a large statue from Pompeii, Bieber 1961, p. 548 a, and for scenes from Roman plays, see Bieber 1961, p. 161 ff, fig. 585 ff.

21 A Pompeian painting of seated man contemplating into a mask is labelled poet, Ling 1991, p. 160, or actor, Ashby 1999, p. 151, fig. 60. Another painting shows seated actor while a female painter is working on a mask, Bieber 1961, p. 82, fig. 302.

22 A relief from Piraeus in Athens shows three actors in an off-stage scene with masks in hands, but no wreaths are seen, Scholl 1995, p. 222, fig. 8; Csapo 2010, p. 17. fig. 1.7. A herm of Norbanus Sorex from the Isis temple in Pompeii shows the mime actor without a wreath, Bieber 1961, figs. 592 a–b; Fejfer 2008, pp. 301, 456, n. 185. From the Diana sanctuary in Nime comes a *togatus* statue of Gaius Fundilius Doctus, who is identified as an actor, Fejfer 2008, p. 285 ff, pl. 26. Another head from the same group shows a male portrait wearing a wreath of flowers, Fejfer 2008, p. 301, pls. 33d, p. 488, n. 53. Since most of the sculptures in this find-group represent actors, it was suggested that this figure does too.

23 A group of Attic funerary stelai, shows bare-headed male figures mediating at a mask held in the hand. It is much debated whether these are actors, choreuts or poets, but in any case the heads are not wreathed, Scholl 1995, p. 213 ff. See the Lyme Park relief, Himmelmann 1994, p. 142 ff, figs. 73–77. Another relief from Piraeus, dates to the late 5th century BC, Himmelmann 1994, p. 147, fig. 80 (actor); Scholl 1995, p. 230, fig. 14 (actor or choreuts); Csapo 2010, p. 22, n. 64, (choreuts). An east Greek funerary stele shows a man mediating to mask held up in his right hand, but no wreath is seen, 2nd century BC, Pfuhl, Mobius 1979, p. 293, no. 1193, pl. 179; Scholl 1995, p. 234, fig. 17. A nude male bust in the Capitoline Museums, found in a tomb near Porta Latina, shows an un-wreathed head, but a comic mask on the chest determines the profession of the subject as an actor or poet, dating to the mid-3rd century AD. Klaus Fittschen favors the identification of actor over poet: Fittschen, Zanker, Cain 2010, pp. 170–171, cat. 169, pl. 210–211.

24 Chaniotis 1990, pp. 103, 104; the evidence comes from Stephanēs' prosopographic study of *Dionysiakoi Technitai*, which we have as yet been unable to consult, but which may be applicable to Egyptian performers, even if it comes from other areas.

TECHNICAL REMARKS

The carving of the portrait-head in local Fayum yellowish coarse limestone suggests a local sculptor rather than an Alexandrian one. Limestone is abundant in sculptures from the Fayum,[25] especially from Medinet Madi, in both Egyptian[26] and Greek style.[27] The levelling of the top of the head is a typical indicator of the Alexandrian marble-stucco technique, whereby the hairstyle was finished in the latter material, raising the possibility that the Fayumic sculptor was familiar with Alexandrian sculpting techniques (figs. 3–4) .The central cluster of the wreath is not carved, but rather there is a sunken socket on the right side of the head (fig. 2). It is possible that a metal fillet was inserted here, but more likely that the wreath was finished in plaster, a technique for which we have Alexandrian parallels.[28]

The marble-stucco sculptures are occasionally attested from the *chora*: two portraits of Vespasian come from the Delta[29] and Aphroditopolis,[30] whilst a head of Antoninus Pius is known from Hermopolis.[31] The last two portraits deviate from standard imperial types. Strocka and Laube debate the identity and date of Stuttgart I. 37.[32] but this head also comes from Upper Egypt. A Tentyrite sandstone sculpture bears a plaster coating[33], and the wooden Sarapis statue from Theadelphia shows a similar technique,[34] which indicates the spread of plastering techniques in the Fayum. Strocka observed that this technique is still attestable in Egypt into the 2nd century AD.[35]

For the current piece, therefore, the sculptor likely finished his work in plaster, adding the left side of the cranium with the central cluster of the wreath, which was entirely executed in plaster on the reverse of the head. Recent discoveries from *Narmouthis* include elaborately sculptured plaster elements, perhaps originating from a Sarapis statue,[36] some of them gilded.

The head was described in 1954 as having yellow paint on the face, remains of red on the lips and green on the ivy wreath. Some red paint is still seen on the upper right eye corner, and remains of yellow colour are visible on the face. This polychromic technique is also very noticeable among other *Narmouthis* sculptures: the recently discovered limestone portrait-head from the Roman Square shows remains of red paint on the right eye corner and black on the hairs of the eyebrow.[37] The Cairo Cuirassed[38] figure from *Narmouthis* shows a full polychromic scheme: blue *sagum*, brown *pteryges,* with

25 From Karanis, see Gazda 1978, nos. 22, 23, 25, 30, (31, 32, 34, 36 powdery limestone) no. 38 porous limestone, see Appendix, 71 ff, nos. 6, 10, 18, 20–23, 25. Also a limestone statue base in Warsaw from the Fayum and dated to the Ptolemaic period, mentioning the dedication of a statue to Artemis Sotereia, Bernand 1981, p. 142, no. 208.

26 Two Egyptian-style statues, see Lise 1979, no. 88, pl. 125; Ashour 2007, p. 189, cat. 143, and Ashour 2007, p. 190, cat. 144. Limestone is very common in the *Narmouthis* temples and public buildings, see Bresciani 2012.

27 The two cuirassed torsi discovered by Vogliano (1938, no. 42 fig., and Cairo. J.E. 66323), represent an emperor or military commander, see Ashour 2007, p. 398 ff, cat. 178–179; Bresciani, Radwan 2010, p. 13; Bresciani 2012. p. 183, For the portrait from the Roman Square, see Buongarzone 2015. Bresciani 2012, p. 181, reported that many private statues of *togatus* type were found near that square. Epigraphic data from Medinet Madi show many sculptural dedications and statue bases, Bernand 1981, p. 80, no. 160, 91, no. 170; Bresciani 2010, p. 133 f, nos. 148–149.

28 A head in Munich shows the hair and diadem executed in stucco, Strocka 1967, p. 125, no. 14, figs. 18–21. Alexandria GRM.3661, Breccia 1922, p. 193, no. 64, the levelled breakage indicates that a portion of the diadem would have been finished in the now-missing plaster addition.

29 Kiss 1983, p. 50, figs. 88–89.

30 Kiss 1983, p. 51, figs. 94–95.

31 Kiss 1983, p. 61, figs. 130–131.

32 Strocka 1967, p. 131, no. 102, Hadrianic private portrait; Laube 2012, p. 144, no. 51, Ptolemy Apion.

33 Edgar 1903, p. 5, no. 27433, pl. II; Strocka 1967, p. 123, n. 33, confirming the coating of limestone sculptures in stucco.

34 Bakhoum 1971, p. 66 ff.

35 Strocka 1967, p. 123 , presents an extensive list of known sculptures up to 1967.

36 Bresciani 2012, pp. 175, 181; Buongarzone 2015, p. 224, pl. 4.

37 Buongarzone 2015.

38 Ashour 2007, p. 398ff, cat. 178–179; Bresciani-Radwan 2010, p. 13; Bresciani 2012, p. 183.

red colour on the base and the back support. Newly found sculptures from *Narmouthis* also confirm this technique in 2nd and 3rd century statues,[39] which characterizes the production of the *Narmouthis* sculpture workshop.[40]

DATING

To date the Fayum sculpture, one can begin comfortably from the plastic treatment of the eyes and beard to pinpoint the second half of the 2nd century AD. The pupils are round and set inside full incised irises, a shape that suggests a date in the late Antonine to early Severan periods.[41] Typologically the Fayum head conforms to Marcus Aurelius portrait types III–IV and to the latest portrait types IV–V of Commodus, suggesting a date in the late Antonine period.

Hairstyles are usually credited as providing more accurate dates of Roman sculptures,[42] and here it can be noted that the coiling hair locks of the Fayum piece appear on sculptures from Egypt dating from 140 AD to the Severan period.[43] This hairstyle occurs as well on painted mummy portraits from the Fayum, which show elaborate styles with detailed locks falling on the forehead.[44] The painted portraits from the Commodus age show tighter and narrower locks,[45] and a similar hairstyle with three coiling locks on the forehead[46] is found on a mummy portrait in Cairo, dating to the late Antonine period. Barbara Borg compared this hairstyle to Commodus portrait type III–IV,[47] which may support the stylistic paralleling of the current piece to the sculptured Commodus head from the Delta.[48] Therefore it seems reasonable to date the Kom Oushim Museum head between the last years of Marcus Aurelius and the Commodus age, between 175–193 AD.

39 See: http://egittologia.cfs.unipi.it/wp-content/uploads/2016/06/mm2011.pdf

40 Anonymous sculptor *technites* is known from *Narmouthis* via an inscription of late Hellenistic date that mentions his dedication and carving of a monument to Isis and Isermouthis, BERNAND 1981, p. 81, no. 161. Another inscription from Temple A in *Narmouthis,* dated by Vogliano to the late Ptolemaic period, attests the sculpture workshop of Isidoros *gluptēs*, who carved and dedicated a “monument” to the goddess Isermouthis; see BERNAND 1981, p. 83, no. 163, who remarks on the later attestation of the word *gluptēs* in an inscription from Philae of the late 3rd century AD, but did not re-date the *Narmouthis* inscription.

41 The Antonine sculptured portraits show many forms of pupil drilling, amongst which is the circular form, ALBERTSON 1981, p. VII. A round pupil appears on a portrait of Faustina the younger from the Athenian Agora 150–175 AD, see HARRISON 1953, p. 45, no. 34, pl. 2. A pupil of circular shape with upper triangular incision appeared on Antonine portraits, like that of Lucius Verus in the Bardo Museum, ALBERTSON 1981, p. 4. The semicircular pupil perhaps does not go later than 160 AD, when round form begin to appear, JUCKER 2006, p. 69 with bibliography.

42 FITTSCHEN 2001.

43 BORG 1996, p. 80.

44 An example from Hawara dates between 140–160 AD, WALKER, BIERBRIER 1997, p. 68, no. 45. Another portrait in Baltimore shows a more elaborate but similar hairstyle, the locks hanging on the forehead being very detailed, curly and spiral. The treatment of the facial hair shows low-cut beard and more Antonine moustache, BORG 1996, p. 79 f, pl. 27.2. Antonine = PARLASCA 1969, p. 201, pl. 49,3. Late Hadrianic.

45 Cairo, CG.33242, shows the same hairstyle, BORG 1996, p. 79, pl. 77.1, belonging to the time of Marcus Aurelius, while PARLASCA 1977, no. 377, pl. 91,3 dates to the beginning of the 3rd century AD.

46 Cairo CG.33252 comes from the Fayum, PARLASCA 2003. no. 867, pl. 186.2, and is of late 2nd century AD date; also BORG 1996. 210, Cat. no. 5, of late Antonine to early Severan date.

47 Another portrait in Cambridge showing similar locks, dates as well to the Commodus age, see PARLASCA 1977, no. 332; BORG 1996, p. 80. Antiken Sammlungen Wien. 1983, with a very similar hairstyle, but with less distinct and coiling spiral locks, PARLASCA 1977, p. 329, pl. 79,2 dates a little after the middle of the 2nd century AD; BORG 1996, p. 82.1, a transitional piece into Severan period.

48 KÜNZL 1977, p. 320, fig. 27.

CONCLUSION

This portrait-head is of particular importance, its subject: a poet or an actor is the first assured representative testimony of the Egyptian *dionysiakoi technitai.* The guild activities are well documented in Egypt through written data from the capital, Ptolemais Hermiou,[49] the Arsinoite nome[50] and Oxyrhynchos[51]. The *Narmouthis* poet jointly offers iconographic evidence of the theatrical performances and literary contests that are narrated vividly in Greek papyri.[52] The portrait owner was one of the successors of the Alexandrian *Pleiades,* in the *chora*, who kept the traditions of Greek theatre and theatrical culture in order to stress the Hellenic identity of the Greek community in Egypt. Interestingly in Narmouthis where this portrait was presumably dedicated, there is little evidence about intellectual activities in general,[53] and artistic entertainment in particular.[54] The high artistic value of the portrait-head gives an interesting insight into the sculptural activities and perhaps workshops in the Arsinoite nome, which gave the epithet Fayum to the painted mummy portraits. The public space in Medinet Madi is not yet explored, but this portrait-head and other few portraits known from the site give a glimpse into sculptural dedications and *ornamenta* in such a town in the Fayum. Edda Bresciani noticed that the honorary sculptures known from *Narmouthis,*[55] concentrating near the Piazza Porticata, and argued that they represent the important persons of the town.[56]

BIBLIOGRAPHY

ALBERTSON 1981
Albertson, F., *The Sculptured Portraits of Lucius Verus and Marcus Aurelius (A.D. 161–180) Creation and Dissemination of Portrait Types*, Ann Arbor, 1981.

ASHBY 1999
Ashby, C., *Classical Greek Theatre: New Views of an Old Subject*, Studies in Theatre History and Culture, Iowa City, 1999.

ASHOUR 2007
Ashour, S., *Representations of Male Officials and Craftsmen in Egypt during Ptolemaic and Roman Period*, PhD Thesis, Alexandria University, Università di Palermo, 2007.

BAKHOUM 1971
Bakhoum, S., "Une statue en bois de Sarapis au Musée gréco-romain", Archaeological and Historical Studies 4, 1971, pp. 66–80.

49 FRASER 1972. II, p. 870, n. 1

50 CLARYSSE-THOMPSON 2006, p. 135 ff.

51 P.Oxy. 2476.

52 TEDESCHI 2011.

53 Literary Greek papyri from Medinet Madi show Homer's Iliad, Vergilius' Bucolia, and Isocratess Ad Nicolem and Archidamus, VAN MINNEN 1998, p. 137 ff, and at least one Mime text is known, VOGLIANO 1936, pp. 71–73, and one ostrakon shows Iambic Trimeters, attributed to a lost comedy or tragedy, PINTAUDI- SIJPESTEIJN 1989, p. 91 f, no. 7; VAN MINNEN 1998, p. 137.

54 OMM. 73, MESSERI-PINTAUDI 2002, pp. 215–216 no. 3; TEDESCHI 2011, p. 119, no. 56, where Mimes, dancers, a company of *Heterai*, and a singer accompanied by *Kithara* player, performed in a private feast. Another *ostrakon* shows a flute player paid in beer, BRESCIANI 2010, p. 117f, no. 131.

55 BRESCAIANI 2012, p. 175; BUONGARZONE 2015, p. 223 ff. A cuirassed figure once kept in Castello Sforzesco in Milan came from debris, according to VOGLIANO 1938, no. 42. I was not able to find this statue in Milan in 2005 and the Museum authorities said that it was lost during World War II. This debris could be some place near the Piazza Porticata according to BRESCIANI 2012, p. 181, and most likely its counterpart in Cairo comes from the same dedication, ASHOUR 2007, p. 398 ff, Cat. 178.

56 BRESCIANI 2012, p. 175, fig on p. 182.

BAILEY 1996
Bailey, D.M., "Little Emperors", in *Archaeological Research in Roman Egypt: The Proceedings of the Seventeenth Classical Colloquium of the Department of Greek and Roman Antiquities*, *JRA* Supplementary Series 19, Ann Arbor, 1996, pp. 207–213.

BERGMANN 2010
Bergmann, B., *Der Kranz des Kaisers: Genese und Bedeutung einer römischen Insignie*, *Image and Context*, vol. 6, Berlin, 2010.

BERNAND 1981
Bernand, É., *Recueil des inscriptions grecques du Fayoum, III, la "Méris" de Polémôn*, BdE 80, Le Caire, 1981.

BIEBER 1907
Bieber, M., *Das Dresdener Schauspielerrelief: ein Beitrag zur Geschichte des tragischen Costüms und der griechischen Kunst*, Bonn, 1907.

BIEBER 1955
Bieber, M., *The Sculpture of Hellenistic Age*, New York, 1955.

BIEBER 1961
Bieber, M., *The History of Greek and Roman Theatre*, Princeton, 1961.

BLECH 1982
Blech, M., *Studien zum Kranz bei den Griechen*, Religionsgeschichtliche Versuche und Vorarbeiten 38, Berlin, 1982.

BORG 1996
Borg, B., *Mumienporträts: Chronologie und kultureller Kontext*, Mainz am Rhein, 1996.

BRECCIA 1922
Breccia, E., *Alexandrea Ad Aegyptum*, Bergamo, 1922.

BRESCIANI 2010
Bresciani, E., *Narmouthis 2006 : documents et objets découverts à Médinet Madi en 2006*, Monografie di Egitto e vicino oriente 2, Pisa, 2010.

BRESCIANI 2012
Bresciani, E., *I templi di Medinet Madi nel Fayum*, Pisa, 2012.

BRESCIANI, RADWAN 2010
Bresciani, E., Radwan, A., *Medinet Madi: Archaeological Guide*, Verona, 2010.

BUONGARZONE 2015
Buongarzone, R., "A Roman Portrait of Young Bearded Man from Medinet Madi", *ÄgLev* 25, 2015, pp. 223–231

CHANIOTIS 1990
Chaniotis, A., "Zur Frage der Spezialisierung im griechischen Theater des Hellenismus und der Kaiserzeit auf der Grundlage der neuen Prosopographie der dionysischen Techniten", *Ktèma* 15, 1990, pp. 89–108

CLARYSSE-THOMPSON 2006
Clarysse, W., Thompson, D.J., *Counting the People in Hellenistic Egypt*, Cambridge, 2006.

CONZE 1891
Conze, A., *Königliche Museen zu Berlin. Beschreibung der antiken Skulpturen mit Ausschluss der pergamenischen Fundstucke*, Berlin, 1891.

CSAPO 2010
Csapo, E., "A Portrait of the Artist, I, Theatre-Realistic Art in Athens, 500–330 BC", in E. Caspo (ed.), *Actors and Icons of the Ancient Theatre*, Wiley, Blackwell, 2010, pp. 1–37.

EDGAR 1903
Edgar, C.C., *Greek Sculpture*, Catalogue général des antiquitiés égyptienne du musée du Caire Nr. 27425-27630, Le Caire, 1903.

EWIGLEBEN-KOHNE 2000
Ewigleben, C., Kohne, E., *Gladiators and Caesars: The Power of Spectacle in Ancient Rome*, Berkeley, 2000.

FEJFER 2008
Fejfer, J., *Roman Portraits in Context*, Image & Context 2, New York, Berlin, 2008.

FELLETTI MAJ 1953
Felletti Maj, F., *Museo Nazionale Romano* I.1, Rome, 1953.

FITTSCHEN 2001
Fittschen, K., "A Portrait of an Olympic Youth (?)", *YalUniB*, 2001, pp. 44–55.

FITTSCHEN, ZANKER, CAIN 2010

Fittschen, K., Zanker, P., Cain, P., *Katalog der römischen Porträts in den Kapitolinischen Museen und den anderen kommunalen Sammlungen der Stadt Rom. 2. Die mannlichen Privatportrats*, Beiträge zur Erschließung hellenistischer und kaiserzeitlicher Skulptur und Architektur 4, Berlin, 2010.

FRASER 1972

Fraser, P., *Ptolemaic Alexandria*. Oxford, 1972.

GAZDA 1978

Gazda, E., *Guardians of the Nile, Sculptures from Karanis in the Fayoum (c. 250 BC–AD 450): Kelsey Museum of Archaeology, the University of Michigan, Ann Arbor, October 14–December 17, 1978*, Ann Arbor, 1978.

GREENE 2005

Greene, E., *Women Poets in Ancient Greece and Rome*, Oklahoma, 2005.

EWIGLEBEN-KOHNE 2000

Ewigleben, C., Kohne, E., *Gladiators and Caesars: The Power of Spectacle in Ancient Rome*, Berkeley, 2000.

HARRISON 1953

Harrison, E.B., *Portrait Scülpture, the Athenian Agora*, vol. 1, Princeton, 1953.

HIMMELMANN 1983

Himmelmann, N., "Realistic Art in Alexandria", *Proceedings of the British Academy* 67, 1983, pp. 194–207.

HIMMELMANN 1994

Himmelmann, N., *Realistische Themen in der griechischen Kunst der archaischen und klassischen Zeit*, JDAI, Ergänzungsheft 28, Berlin, New York, 1994.

JUCKER 2006

Jucker, I., *Skulpturen der Antiken-Sammlung Ennetwies* II, Monumenta artis Romanae 36, Weisbaden, 2006.

KISS 1983

Kiss, Z., *Études sur le portrait impérial romain en Égypte*. Varsovie, 1983.

KISS 1995

Kiss, Z., "Quelques portraits impériaux romains d'Égypte", *EtudTrav* 17, 1995, p. 53–71.

KÜNZL 1977

Künzl, E., "Der Steindenkmälerfund von Benningen, Kreis Ludwigsburg", *Fundberichte aus Baden-Württemberg* 3, 1977, pp. 286–327.

LAUBE 2012

Laube, I., *Expedition Ernst von Sieglin: Skulptur des Hellenismus und der Kaiserzeit aus Ägypten, Die Sammlungen in Dresden, Stuttgart und Tübingen*, München, 2012.

LING 1991

Ling, R., *Roman Painting*, Cambridge, 1991.

LISE 1979

Lise, G., *Museo Archeologico Raccolta Egizia*, Milano, 1979.

MESSERI-PINTAUDI 2002

Messeri G., "Pintaudi R., Ostraca greci di Narmuthis", *ChronEg*, 77, 2002, pp. 209–237

MORENO 1999

Moreno, P., *Sabato in Museo Letture di arte ellenistica e romana*. Milano, 1999.

MORENO 2010

Moreno, P., "Pittura in Grecia dalla maniera alla restaurazione romana (323–31 a.C.) Parte III, Restaurazione romana (168–31). XVII International Congress of Classical Archaeology, Roma 22–26 Sept. 2008", *Bollettino di Archeologia on Line* I *2010/ Volume speciale*, 2010, pp. 125–155

PARLASCA 1969

Parlasca, K., *Ritratti di mummie, Repertorio d'Arte dell'Egitto Greco-Romano, A cura di A. Adriani. Serie B*, vol. I, *Tavole 1-60 - Numeri 1-273*, Rome, 1969.

PARLASCA 1977

Parlsca, K., *Ritratti di mummie, Repertorio d'Arte dell'Egitto Greco-Romano, A cura di A. Adriani. Serie B*, vol. II, Tavole 61–120 - Numeri 247–496, Rome, 1977.

PARLASCA 2003

K. Parlasca, *Ritratti di mummie, Repertorio d'Arte dell'Egitto Greco-Romano, Serie B*, vol. IV, Rome, 2003.

PFUHL, MOBIUS 1979
Pful, E., Mobius, H., *Die ostgriechischen Grabreliefs*, Mainz, 1979.

PICARD 1934
Picard, Ch., "Observations sur la date et l'origine des reliefs dits de la 'Visite chez Ikarios'", *AJA* 38, 1934, pp. 137–152.
PINTAUDI- SIJPESTEIJN 1989
Pintaudi R., Sijpesteijn P.J., "Ostraka di contenuto scolastico da Narmuthis", *ZPE.* 76, 1989, pp. 85–92.
RICHTER 1965
Richter, G., *The Portraits of The Greeks*, London, 1965.
SCHOLL 1995
Scholl, A., "Nicht Aristophanes, sondern Epigenes. Das Lyme-Park-Relief und die Darstellung von Dichtern und Schauspielern auf attischen Grabdenkmälern", *JDAI* 110, 1995, pp. 213–238.
STROCKA 1967
Strocka, M., "Aphroditekopf in Brescia", *JDAI* 82, 1967, pp. 110–156.
TEDESCHI 2011
Tedeschi, G., *Intrattenimenti e spettacoli nell'Egitto ellenistico-romano*, Trieste, 2011.
TRAPP 1958
Trapp, J.B., "The Owl's Ivy and the Poet's Bays. An Enquiry Into Poetic Garlands", *JWI* 21, 3/4, 1958, pp. 227–255.
TSANTSANOGLOU 2012
Tsantsanoglou K., "The Statue of Philitas", *ZPE* 180 pp. 104–116.
VAN MINNEN 1998
Van Minnen P., "Boorish or bookish? Literature in Egyptian villages in the Fayum in the Graeco-Roman period", *JJP*, 28, 1998, pp. 99–184.
VOGLIANO 1936
Vogliano A., *Rapporto degli scavi condotti dalla missione archeologica d'egitto della R. Universita di Milano nella zona di Madinet Madi I. Campagna inverno e primavera 1935-XIII*, Milano, 1936.
VOGLIANO 1938
Vogliano, A., *Mostra delle Antichità rinvenute nelle campagne d'Egitto condotte dalla missione della R. Università di Milano. 1934–1937*, Milano, 1938.
WALKER, BIERBRIER 1997
Walker, S., Berbrier, J., *Ancient Faces, Mummy Portraits from Roman Egypt*. London, 1997.
ZANKER 1995
Zanker, P., *The Mask of Socrates, The Image of Intellectual in Antiquity*, Berkeley, Los Angeles, Oxford, 1995.

Photo by Sobhi Ashour

Fig. 1. Kom Oushim Museum, Inv.188, frontal view.

Photo by Sobhi Ashour

Fig. 2. Kom Oushim Museum, Inv.188, right side view.

Photo by Sobhi Ashour

Fig. 3. Kom Oushim Museum, Inv.188, back view.

Photo by Sobhi Ashour

Fig. 4. Kom Oushim Museum, Inv.188, left side view.

Photo by Sobhi Ashour

Fig. 5. Kom Oushim Museum, Inv.188, frontal 3/4 view.

Embodying the Divine: A Tattooed Female Mummy from Deir el-Medina

ANNE AUSTIN*, CÉDRIC GOBEIL**

During the Ifao mission at Deir el-Medina in 2014, we identified the torso of a female mummy that was heavily tattooed along the arms, shoulders, neck, and back. This article presents this tattooed mummy by first contextualizing the discovery within broader research on tattooing in ancient Egypt. We then describe the nature of this mummy and her tattoos through a detailed discussion of their placement and symbolism. Finally, we discuss the potential implications this woman has not only for the history of tattooing in Egypt, but also women's roles in Egyptian magic, medicine, and religion during the New Kingdom.

PREVIOUS RESEARCH ON TATTOOING IN ANCIENT EGYPT

Until now, research on Egyptian tattooing has been extremely limited owing to the very few human remains exhibiting tattoos from a Pharaonic burial. The most comprehensive study on the topic was conducted by Keimer,[1] who used evidence from figurines, mummies, and ethnography to document tattooing in Egypt and Nubia. Since Keimer's original publication, several other scholars have attempted to address the topic,[2] but with minimal new evidence, little more can be said about the practice of tattooing in Egypt.

The earliest circumstantial evidence for tattooing in Egypt comes from predynastic figurines bearing geometric patterns on their arms and legs.[3] While these geometric patterns have been interpreted as tattoos, it is impossible to differentiate markings intended as tattoos from those

* Stanford University.
** Director of the Egypt Exploation Society.

1 Keimer 1948.
2 Bianchi 1988; Tassie 2003; Poon, Quickenden 2006.
3 As an example, see MMA 07.228.71, a late Naqada II limestone figurine.

used as decoration. Indeed, these markings are also shown on Naqada pottery, suggesting that without corroborating evidence from human remains, artistic depictions resembling tattoos are not conclusive.[4]

It is only in the Middle Kingdom that we find evidence in both art and human remains for tattooing. Specifically, truncated female figurines and paddle dolls were sometimes decorated with geometrically-patterned dots on the arms, thighs, and abdomen that resemble the tattoos identified on three female Middle Kingdom mummies from Deir el-Bahri.[5] The first of these women and the most well-known is the priestess of Hathor Amunet. She was buried inside a wooden coffin in an intact 11th or 12th Dynasty tomb south of the temple at Deir el-Bahri where she was listed with the titles "Priestess of Hathor" and "King's Favorite Ornament."[6] Her tattoos consist of series of pinpricks and lines placed along her arms, legs, and abdomen. Nearby, two other female mummies were identified with similar tattoos and scarification marks during the excavations of the Metropolitan Museum of Art at Deir el-Bahri.[7]

Aside from these three mummies, evidence for tattooing in Pharaonic burials is almost non-existent,[8] though evidence for tattooing in Nubian cemeteries is more abundant. Several mummies from Nubian C-group cemeteries have been identified with tattoos at Kubban,[9] Aksha,[10] and, most recently, at Hierakonpolis.[11] In each case, tattoos were found primarily on female mummies and the motifs generally consisted of lines or dots used to create geometric patterns along the hands, arms, thighs, and/or torso, leading most scholars to assume that the tattoos present in the three mummies from Deir el-Bahri represent a Nubian tradition of tattooing.[12]

However, artistic depictions from both the Middle Kingdom and New Kingdom suggest that tattooing began to incorporate figures from Egyptian iconography. Keimer identified five examples of tattoos of Bes depicted on the thighs of women, several of which come from Deir el-Medina.[13] Additionally, a Nubian mummy from Aksha has an abstract tattoo of Bes on the thigh.[14] Consequently, there is a visible shift in the artistic display of tattoos that suggests that by the New Kingdom, tattooing may have taken on a specifically Egyptian tradition with symbolism linked with religious practice. Bes, as a god worshipped in both Egypt and Nubia, may have acted as a natural link between Nubian tattooing and the development of an Egyptian practice visible in tattoos depicted in pottery and art at Deir el-Medina.

When considering multiple lines of evidence for tattooing on mummies, figurines, and in artistic depictions, scholars have suggested a correlation between the cult of Hathor and evidence for tattooing. Bianchi connects the tattooed mummies at Deir el-Bahri with Hathoric female figurines from the same context as evidence that tattooing was specifically associated with the sensuality

4 This is also argued by R. Bianchi (1988, p. 21).

5 For a more extensive review of evidence linking these tattooed mummies with paddle dolls, truncated female figurines, and the cult of Hathor, see E. Morris (2011).

6 Daressy 1893.

7 These two mummies were first mentioned by H. Winlock (1942, p. 74). They have been most recently revisited by C. Roehrig (forthcoming).

8 There is a photograph from the MMA excavations of a possible tattoo of a bird from a mummy found in Asasif 1008 (Morris 2011, fig. 5). Otherwise, the authors know of no other tattooed bodies excepting those Nubian cemeteries discussed below. C. Graves-Brown (2010, p. 114) and K. Poon and T. Quickenden (2006, p. 124) mistakenly suggest that there are four tattooed mummies at Deir el-Bahri, however, their inference misreads the comments made by R. Bianchi (1988, p. 22) who indicates that another tattooed woman has been mistaken for Amunet. This other tattooed body is, in fact, one of the two found in Winlock's excavations.

9 Firth 1927.

10 Vila 1967, pp. 368–378.

11 Irish, Friedman 2010.

12 Keimer 1948, p. 106.

13 Keimer 1948, pp. 40–42.

14 Vila 1967, pl. XV.

of female musicians and dancers for Hathor during the Middle Kingdom.[15] Morris suggests that several paddle dolls from Deir el-Bahri are physical representations of the tattooed Khener dancers buried there, and links assemblages of instruments of the Khener troop such as clappers, mirrors, and Menat necklaces with the tattooed paddle dolls, truncated figurines, and the three tattooed mummies.[16] However, as Pinch notes, "it is tempting to see such tattoos as the mark of a devotee of Hathor, but there is no definitive evidence for this."[17] The geometric patterning of the tattoos themselves does not allow for a direct connection with devotion to Hathor, and evidence for figural tattoos in the New Kingdom is limited to artistic depictions which make no clear connection between tattooing and the worship of Hathor. This lack of definitive evidence for the meaning of tattoos extends beyond Hathor to general limitations in our ability to interpret the symbolism and meaning of tattoos in Pharaonic contexts because of the lack of figural tattoos identified on human remains. Previous research, therefore, has been limited by the lack of strongly contextualized figural tattoos to help explain the potential meanings and uses of tattooing in ancient Egypt.

THE TATTOOED MUMMY FROM THE TT 290 ASSEMBLAGE

In 2014, research at Deir el-Medina was conducted in TT 291 in order to inventory and study the human remains stored there, which were originally found in the tomb chamber of TT 290.[18] This assemblage has been heavily plundered, leading to extensive commingling of the human remains. Artifacts and mummification techniques in the assemblage suggest that the material dates primarily to the Ramesside Period with some early 21st Dynasty burials as well.[19] During this work, we identified at least thirty tattoos on the neck, shoulders, back, and arms of a mummified torso of a woman.[20] Unlike the previous examples of tattooed mummies in Egypt, the tattoos found on this mummy are figural and represent Pharaonic Egyptian imagery.

The torso, measuring 64 cm × 27 cm × 14 cm, was found unwrapped (fig. 1), except for the presence of one layer of bandaging on the right forearm. The head, hands, and legs are no longer present. The mummy was eviscerated, though no visceral cut is present. Instead, this appears to be an example of transvaginal or transperineal evisceration, a practice recently documented in other New Kingdom mummies.[21]

Traditional skeletal age estimation techniques are not possible for this mummy owing to the lack of a cranium and no visibility of the pubic symphysis. Instead, we used epiphyseal fusion;[22] radiolucency of the clavicle;[23] radiolucency of the humerus;[24] and osteophyte

15 Bianchi 1988.
16 Morris 2011.
17 Pinch 1993, p. 213.
18 Austin forthcoming.
19 Austin forthcoming.
20 Sex is determined from the presence of soft-tissue in the pelvis.
21 Wade, Nelson 2013.
22 Full epiphyseal fusion of the clavicle indicates this individual must be at least 22 years old (Scheuer, Black 2004, p. 252).
23 Walker, Lovejoy 1985. The left and right clavicles of 15001 has some evacuation of the metaphyses, but no scalloping in the posterior cortex. The medullary canal is filled with dense, parallel, plate-like patterning. These qualities are most similar to Walker and Lovejoy's phase 2 and/or phase 3, with an estimated age range of 25–34.
24 Though radiographic techniques for aging the humeral head in archaeological settings have not been explicitly published, clinical research by F. Barvencik et al. (2010) demonstrates clear structural changes visible in radiographs in the humeral head due to osteoporosis. In this case, consistent structure in the humeral head further corroborate that this woman died as a young adult (20–34 years old).

formation[25] to estimate that this woman was 25–34 years old at death.[26] As the torso was found commingled with the rest of the TT 290 assemblage, it was impossible to ascertain whether any burial equipment is affiliated with this individual, and we furthermore could not rearticulate the head, legs, or hands if they are still present. Consequently, our interpretations of the mummy are based almost exclusively on the tattoos.

THE PLACEMENT OF THE TATTOOS

In order to identify the tattoos, we used a combination of traditional photography, photo enhancement techniques, and infrared photography of the mummy. A photo enhancement technique called decorrelation stretch was applied to photos of the mummy using DStretch, a plugin for the software ImageJ that was originally intended to enhance pictographs.[27] These images were also stretched so as to imitate the appearance of the skin prior to mummification. In 2016, we used an infrared sensor[28] to identify tattoos otherwise undetectable in visible light, as infrared has been previously demonstrated to be particularly effective at contrasting the pigment of tattoos on mummified skin.[29]

Through combining these techniques, we identified at least 30 tattoos on the neck, shoulders, arms, and back of the mummy. Fig. 2 is a reconstruction of the approximate distribution and location of the tattoos from the anterior, posterior, and lateral views of the body. The tattoos appear on the neck and top of the arms, but are not present between them or along the clavicle. The tattoos extend along the outside of both arms down to the elbow, below which we find no tattoos, though we could not observe the wrist or hands. There are also tattoos on the back of the mummy including three tattoos near the left shoulder blade. Finally, a pair of lotus blossom tattoos with a dotted line connecting them appears on the hips of the mummy near the lower back.

Several observations should be noted based on the appearance and distribution of the tattoos. The tattoos were made prior to mummification, as the designs are now clearly distorted from the shrinking of skin during the mummification process. The placement of the tattoos suggests a departure from or variation on the tattooing previously attested in Egypt. The tattoos are generally placed in public and visible areas of the body. Tattoos were found at the neck and along the arms, but not on the abdomen or the inside shoulder where straps for a dress would lie. Tattoos were not identified in the regions where previous examples of tattoos have been found, namely, the abdomen or inner thigh. Previous research has outlined the erotic overtones of tattoos in these regions of the body,[30] but in this case, the placement of the tattoos avoids areas traditionally associated with either eroticism or fertility. The only exception to this is the lotus blossom motif found on the lower back, which would not have been visible in a dress and may evoke erotic undertones as it would only be visible if she were nude, wearing a girdle, or shirtless.

25 PRESCHER 1998; WATANABE, TERAZAWA 2006; LISTI, MANHEIN 2012. In this case, minimal lipping further suggests she is a young adult (20–34 years old).

26 This was possible as Salima Ikram took radiographs of the mummified torso in 2015.

27 HARMAN 2015.

28 We used the infrared camera of the Occipital Structure Sensor, though an infrared DSLR camera is recommended for future research.

29 ALVRUS et al. 2001.

30 BIANCHI 1988.

Many of the tattoos were also placed in areas that would have required someone else to apply them, such as those on the upper back or neck. This suggests that the tattoos were made by one or more members of the broader community, and their intentional public placement indicates that they were meant to be seen by the broader community as well.

Sensitive areas were not avoided when determining where to place tattoos as some tattoos were placed in extremely sensitive regions of the body, such as the neck. A more important driving principle appears to have been symmetry, as identical tattoos are symmetrically placed on the neck, lower back, and upper arms. Tattoos on the upper back and tattoos just above the elbow, however, are asymmetrical and show more complex designs.

There was considerable variation in the darkness of the tattoos and the definition of the margins of tattoo lines. This may be due to three factors. First, if the application of the tattoos was less effective in some cases, the ink may have been less defined. Second, tattoos naturally diffuse over time and ink tends to fade, suggesting that the tattoos could have been made in different sessions over the course of several years. Third, post-depositional processes could also lead to different levels of fading in different regions of the body, though this could not explain variation in the definition between individual tattoos that are juxtaposed. For such differences, the first two reasons suggest that the tattoos were either applied by different individuals and/or at different times.

DESCRIPTION OF THE TATTOOS

A full and complete list of the tattoos identified on this mummy with accompanying images and numerical identifiers (*e.g.*, T1) is provided in tab. 1. Fading and distortion of the skin made it difficult to positively identify all of the tattoos. Several tattoos on the shoulders (T9–T11) and some on the arm (T19 and T23) were too faded to be discerned. The following discussion focuses on those tattoos that can be positively and tentatively identified. While the symbolism and value of each tattoo could be considered individually, the symmetrical placement of tattoos and recurring motifs suggest that we should instead interpret the tattoos as a whole.

The tattoos on the neck can be seen as the central part of the whole logical display (fig. 3), especially as the themes on the neck are repeated on the shoulders and back. The tattoos appear in two rows and look like a group of amulets that had been placed on the lady's throat. The top row shows a *wadjet*-eye (T3) surrounded by two seated baboons (T1–T2). The bottom row contains a pair of *wadjet*-eyes with two *nefer*-signs between them (T4). Indeed, the *wadjet*-eyes, the *nefer*-signs, and the seated baboons are all elsewhere attested as amulets or magical symbols;[31] some of them can even be found combined together as on her neck.[32] The question then arises why these tattoos have been drawn on the throat? Given that these tattoos were meant to be highly visible, could they be drawn amulets? Should this be the

31 See MÜLLER-WINKLER 1987, pp. 86–177 (*wadjet*-eye), pp. 235–237 (*nefer*-sign); *LÄ* VI, 1986, cols. 824-826, s.v. "Udjatauge" (*wadjet*-eye); PETRIE 1914, p. 43, nos. 205–206, pl. XXXVII (seated baboon); PINCH 2006, p. 110 (*wadjet*-eye).

32 *Wadjet*-eye and *nefer*-sign: MÜLLER-WINKLER 1987, p. 104, 147; PETRIE 1914, p. 33f, nos. 139f–139g, pl. XXIV; REISNER 1958, no. 5804, pl. V; PIER 1906, p. 14, pl. XIII, no. 2. Seated baboon and *wadjet*-eye: PINCH 2006, p. 111, fig. 57.

case, then this group of tattoos would have had an important prophylactic function. For the Egyptians, the neck was indeed one of the most vulnerable parts of the body, thus explaining why amulets were so often placed around it.[33] In the present case, the act of fixing forever the image of an amulet could therefore have been interpreted as a way to attach permanently the magical power of an amulet on one person.[34]

One cannot discard the idea that these tattoos may have been drawn to ensure healing and/or protection against illness.[35] Magical spells sometimes ask that images should be drawn on the patient's hand and then licked off by him.[36] In other circumstances, spells could also be written on a small piece of papyrus or linen and then attached around the patient's neck or on the afflicted part of the body. Direct contact between a spell or a magical symbol and the person was usually part of the protective magic. On this woman, however, if the tattoos were marks connected to an attempt of being cured, it would mean that she would have been very sick over a certain period of time. As we earlier demonstrated, the tattoos were logically drawn following a symmetrical plan and, as far as we can judge by what is left of the mummy, they were only made on specific parts of her body. Radiographs do not suggest that the tattoos were placed over areas with joint fractures or other pathologies to bone, though we cannot assess soft-tissue pathologies. All these features give the impression that this tattooed lady was not an ill person benefiting from magic. Instead, evidence suggests that she was someone actively involved in healing and protecting people, in other words a magician.

The ability to cast spells was among the activities performed by magicians[37] and as such, it could have been a good thing for her to cover her throat with magical symbols in order to give magical powers to her speech. As the magical symbol "par excellence" for the Egyptians,[38] it is therefore not surprising to find the *wadjet*-eye among the tattoos on the woman's neck. Following this idea, the two-seated baboons could then be related to Thoth, a god well known for his use of *heka*.[39] Moreover, the combination of the seated Thoth-baboon with the *wadjet*-eye in a magical context is well attested since the Middle Kingdom when it started to be used on ivory apotropaic wands and other magical objects.[40] This image recalls the travel of Thoth in the desert seeking for the sun eye or his attempt to complete the lunar eye of Horus and underline consequently the concept of the body's unity.[41] The combination of the *nefer*-sign with the *wadjet*-eye could be explained following the same idea of unity, *nefer* meaning "perfect" or "good." These two signs traced together could also be understood as "seeing the beauties" like on the stele BM 101 where the same group appears.[42] The difference in the present case is that it would have been the beauty of the tattooed woman that people would have looked at.

Alternatively, the signs could be combined to create the votive formula *ir nfr, ir nfr* "do good, do good."[43] This formula is attested most commonly in Ramesside texts from Thebes, and more specifically, around Deir el-Bahri.[44] Several plaques from Deir el-Bahri bear the

33 PINCH 2006, p. 111, fig. 57, pp. 112, 116.

34 PINCH 2006, p. 70.

35 PINCH 2006, p. 70.

36 PINCH 2006, p. 70.

37 PINCH 2006, pp. 70–72.

38 PINCH 2006, p. 110.

39 PINCH 2006, p. 72.

40 LEGGE 1905, pl. IV, fig. 4; ALTENMÜLLER 1965; HAYES 1978, pp. 227, 228, fig. 143; KOENIG 1994, pp. 90, 195–196; PINCH 2006, pp. 29, 42.

41 KOENIG 1994, p. 194; PINCH 2006, p. 29.

42 BLACKMAN 1935, pp. 1–9.

43 MARCINIAK 1968.

44 MARCINIAK 1968.

combination of a set of either simple eyes or *wadjet*-eyes with a *nefer*-sign between them,[45] which Pinch suggests employ the *ir nfr, ir nfr* formula in a votive context.[46] In these cases, the repeated phrase is echoed by placing a *nefer*-sign between two simple eyes, allowing the formula to be read and repeated from the center to both the left and right, creating the repetition attested in hieratic texts. Though in some cases the *wadjet*-eye is used, it was commonly interchanged with the "simple" eye in votive offerings at Deir el-Bahri.[47] It is possible that using the *wadjet*-eye still maintained the grammatical structure of the formula, but empowered it with a divine essence. This formula is commonly attested as graffiti and votive offerings around Deir el-Bahri,[48] though it is also evidence in graffiti on the floor of the Hathor temple at Deir el-Medina.[49] The presence of a lone *wadjet*-eye may act as a protection for the woman, while the presence of two *wadjet*-eyes with two *nefer* symbols between them may empower her voice to "do good" in ritual speech or song. This motif also appears on her shoulders. Each front face of her shoulders is crowned with a pair of *wadjet*-eyes separated by three *nefer*-signs (T5–T6), almost like in a round-topped stela. These tattoos would have had the same magical function as for the neck, suggesting that her arms were also empowered with this formula "to do good" in their actions. It would then mean that besides her speech or song, her gestures were also involved in specific magical practices.[50]

Tattooing a pair of *wadjet*-eyes on the neck may have also implied the ability to be seen by the divine.[51] It is of particular note that the theme of paired *wadjet*-eyes reappears on the shoulders (T5–T6) and back (T28–T29), where the left *wadjet*-eye is supported by another seated baboon (T29). This means that from the front, back, or sides—any direction that you could look at this woman—there would be a pair of divine eyes looking back at you.

Below each pair of *wadjet*-eyes on the shoulders is traced one wavy snake with its head facing forward[52] (T12–T13). Snakes are often pictured on magical items: ivory apotropaic wands possess many figures of snakes,[53] and household objects (like headrests) were also decorated with such images in order to protect the owner[54].

Under the wavy snakes on both arms is a potentially cross-shaped drawing that also emphasizes the symmetrical display of the tattoos (T14–T15). These tattoos are placed near broken skin, making them difficult to interpret, but they have similar shapes with three to four rounded arms. The interior of the rounded endings as well as the linear parts of the crosses contains patterns that vary between the two tattoos (see images in tab. 1). The details can be seen in both drawings, but they are more visible on the left arm. Could they be interpreted as a flower? We can indeed assert that they look like the four leaves of a flower as in the Gardiner M42 hieroglyph (✢) or, for example, like the one traced on a *menat* counterpoise from Deir el-Bahri.[55]

45 Naville 1913, p. 16.
46 Pinch 1993, p. 357.
47 Pinch 1993, p. 258.
48 Marciniak 1968; Marciniak 1974, p. 20.
49 Bruyère 1952, Rapport 1935–1940, II, pl. IX .
50 Egyptian magicians used to perform special actions with their hands, see Pinch 2006, pp. 83, 85, 115, 121.
51 This is suggested for votive offerings by Bruyère 1925, pp. 87–88; and Naville 1913, p. 16.
52 On the snakes as tattoos on this mummy, see *infra*.
53 Pinch 2006, pp. 40–43; Legge 1905, pp. 130–152, 297–303.
54 Pinch 2006, p. 43, fig. 21.
55 Pinch 1993, pl. 4 (middle left).

In order to better discern the nature of the drawings, it may be relevant to compare them with other similar patterns found in the Egyptian iconography. Cross-shaped markings like T14–T15 can also be found on Hathor's cows.[56] On the particular look of the Hathor cow, Naville wrote:

> Her colour is a reddish brown, with spots which look like a four-leaved clover. These spots are found exactly in the same form in the pictures of Chapter CLXXXVI of the Book of the Dead, where the cow is seen coming out of the mountain. In some other texts these spots are replaced by stars. However, they must not be considered as conventional representations of stars, they are copied from nature. It seems that there are animals with this particular colour and spots. Probably it was the sign that they were the incarnation of the goddess [...]. It is quite possible that the Egyptians valued that particular coat because the spots reminded them of stars, and could be considered as star-emblems, appropriate to the celestial goddess.[57]

Parallel examples of cross-shaped drawings or tattoos on women are spotted on small figurines of naked women[58] as well as on six women depicted in a scene from TT 218 belonging to Amennakht (xxi).[59] The interpretation of these sources indicates that all these female images were linked to the idea of life perpetuation (or afterlife revivification) with complex Hathoric and Osirian overtones.[60] However, even if the markings on the female figurines and on the women in TT 218 look similar, there is a chance they might not share the same purpose for they are not located on the exact same part of their body.[61] Following this idea, the women depicted in TT 218 would be closer to our mummy since their cross-shaped drawings are also located on the upper arms near the shoulder. If the cross-shaped tattoos from TT 218 are artistic depictions of similar cross-shaped tattoos found on this mummy, then it would be the first time that somebody has been found with these markings and, moreover, it would tend to show that these designs in the aforementioned parallels represent real tattoos.[62]

Despite a sense of symmetry in tattoos on the neck and upper arm, there are also asymmetrical tattoos placed on either arm that predominantly appear just above the elbow. On the right arm, just below the cross-shaped tattoo, there is another tattoo that may be a Hathor handle (T22).[63] This handle, probably one of a sistrum, is oriented upside-down on the right arm, facing away from the body, as if to mimic its position when held during use. If, like the tattoos on the neck, the ones on the arm were activated during dance or movement, then every movement of this woman's right arm would ritually shake the handle.

56 Examples of these markings are gathered in Pinch 1993, p. 171, pl. 11A, 13B, 18A-B, 24 and 25A. Some examples are also collected in Keimer 1956, p. 221, fig. 5, p. 225, figs. 9–10, p. 248, fig. 41, p. 253, fig. 47.

57 Naville 1907, p. 65.

58 Desroches Noblecourt 1953, p. 14, fig. 6, 34, fig. 14, 35, fig. 15, 38, fig. 17, pl. V; Bianchi 1988, p. 24, fig. 6.

59 Desroches Noblecourt 1953, pl. II-III.

60 Desroches Noblecourt 1953, pp. 7–47; Bianchi 1988, pp. 23, 27–28; Pinch 1993, pp. 211–225.

61 Bianchi 1988, p. 28, n. 8.

62 As previously noticed by Bianchi 1988, p. 24 and Yoyotte 2004, p. 140.

63 On the pattern of the Hathor handle, see Pinch 1993, pp. 135–139.

64 For example, BM 41062 (dual cows) or Naville 1913, pl. XIV; Pinch 1993, p. 164, pl. 2 (center) and pl. 37a. Even if this image should probably be regarded as a single deity shown twice (Pinch 1993, p. 172), it is also possible that this pair of cows could stand for the seven cows of Hathor (Pinch 1993, p. 174).

Other Hathoric elements also appear on her left arm. Just above the elbow, there is a scene of two Hathoric cows facing each other wearing *menat* necklaces (T20). Similar depictions of Hathoric cows have appeared in votive plaques from Deir el-Bahri using singular cows or dual cows, as seen here.[64] On the left scapula of the mummy, we see the hieroglyph of a bent papyrus plant (Gardiner M15) with a *mw* hieroglyph beneath it (T27). In this context, could this clump of papyrus also be connected to Hathor? In his article on cows and snakes, Keimer[65] explains that Hathor was commonly illustrated together with papyrus as a reminder of where the sacred cows were living. This justifies why this image has been used as an important symbol connected to Hathor[66] and why it is also among the graffiti found on the floor of the front courtyard of the Hathor temple. Additionally, the clump of bent papyrus (Gardiner M15) is sometimes used to represent Chemmis or the delta marshes, alluding to the association that multiple female deities, including Hathor, have with raising Horus in the marshes.[67] The Heavenly Cow is also labelled, in some cases, the one of Chemmis.[68]

In addition to the two wavy snakes facing forward on the top part of her arms (T12–T13), our mummy also has other tattoos depicting snakes. Symmetrically displayed above each front side of her armpits is a drawing that looks like a cobra (uræus) hanging from a sun disk[69] (T7–T8). In both cases, the snake's head is facing the center of the body toward the face of the woman, while the tip of both tails is hanging on the other side of the disk. Without undermining the presence of both pendent uræi as a protective symbol,[70] a connection can nonetheless be established between them and Hathor: as the Eye of Re, Hathor is considered to be the daughter of the sun disk which she protects in the shape of a uræus curled around it.[71] The presence of the wavy snakes just a few centimeters away from each pendent uræus could furthermore reinforce this idea, which, of course, remains a hypothesis.

In addition, two other snakes can be identified with certainty on the woman, both located on her right arm. The first one (T21) is placed immediately to the left of the cross-shaped tattoo: it depicts the snake-goddess *Wadjet* wearing the red-crown[72] (the image is close to the sign I58). Her tail goes behind her head by making a single loop until it reaches the top part of her crown. It seems that something is attached to the bottom of the loop. A break in the skin makes it impossible to determine what was there, but could it be a hanging *ankh*-sign? Unlike all the other aforementioned tattoos, the snake does not look in the right direction: it looks backward. As intriguing as it can be, we cannot explain this without further information. This tattoo may be paralleled on the other arm with a corresponding uræus wearing a white crown, though this tattoo is more ambiguous (T16). Here again, a connection with Hathor can be made. *Wadjet* is indeed connected to Hathor by syncretism, when she appears in the

65 KEIMER 1956, pp. 224–232.

66 In KEIMER 1956, p. 225, fig. 10, a clump of papyrus with two buds bent down, as on the back of our tattooed mummy, is offered to the cow-goddess.

67 Hathor is called the Lady of Chemmis in chapel D of the Queens' Valley chapels, BRUYÈRE 1930, pp. 37–39.

68 Ax-*bjt.t*, TLA #213 with two attestations

69 This drawing is an assumption because the skin at both places is damaged; it would be somehow similar to the examples found in JOHNSON 1990, p. 33, fig. 59, p. 217, figs. 411–412, p. 224, fig. 484.

70 JOHNSON 1990, pp. 5–6.

71 BLEEKER 1973, pp. 48–50 ; ALTENMÜLLER 1975, p. 17; DAUMAS 1977, col. 1027; MARTIN 1985, cols. 865–866; JOHNSON 1990, p. 8.

72 FISCHER-ELFERT 1986, col. 906.

shape of Hathor-Sekhmet[73] or when she is the incarnation of Hathor as a uræus on the forehead of Re,[74] and also in Aphroditopolis/Antaeopolis where she was assimilated with Hathor.[75]

The second snake tattoo (T26) constitutes the base of a larger composition. The snake is made from a single wavy line sitting on a horizontal stem of a papyrus or lotus. The flower head is curved up toward the head of the snake, which is itself facing forward toward the front of the mummy. The snake supports a basket filled with what may be a mix of flowers and plants (lotus or papyrus) of which at least 5 or 6 high stems are blooming[76] (T25), though the tattoo is faded and broken, making it difficult to interpret. Above these stems are two tattoos that remain until now unidentified (T23–T24), though one of these may be another snake sitting on a groundline (T24). Why would this woman have a tattoo depicting a lotus or papyrus offering carried by a snake? Can this be an allusion to the natural environment of where the Hathor's cows were living?[77] Can this be an allusion to the symbolic meaning of both plants, which are generally linked to rebirth and renaissance?[78] Based on the extent of our current knowledge, all options shall remain open. Additionally, a wavy tattoo on the left arm may be one other snake tattoo with a solar disc above it (T17), though extensive fading makes it difficult to determine.

Finally, a pair of lotus blossom tattoos were placed on the lower back with a dotted line connecting them (T30). Contrary to the other tattoos, these tattoos would not have been visible in normal dress. They would, however, be visible if the woman were costumed as a dancer. A lotus blossom tattoo also appears on the back of the neck of a female figurine from Lisht,[79] and graffiti on the floor of the Hathor temple at Deir el-Medina also feature lotus blossoms. These connections offer a means to link the tattoos on this mummy both with the previous tradition of tattooing documented in Middle Kingdom figurines, as well as the cult of Hathor, as noted previously.

Studying the tattoos present on this body also forces one to ask why among the tattoos is there no *ankh*-sign or *sa*-sign, these hieroglyphs meaning respectively "life" and "protection?" Since these signs are among the most powerful Egyptian protective symbols,[80] one would have expected to find them on the woman's body. This is not the case, though it is possible there were additional tattoos on her missing hands, legs, or even face. However, if we assume that the magical power of the tattoos would have worked as in the case of amulets, then it is possible these hieroglyphs would not have been used. Studies on amulets have shown that to the contrary of what one would think, individual *ankh* amulets are "surprisingly few"[81] and were obviously rarely used to protect people on a daily basis. Thus it is not surprising that this motif is absent on this mummy. The same thing applies to the *sa*-sign: curiously enough, *sa* amulets are very seldom and the rare examples are restricted to the Middle Kingdom.[82] For her own protection, she seems to have had preferred the *wadjet*-eye (tattooed on her at least 9 times), which was one of the most common protective symbols in ancient Egypt.[83]

73 Fischer-Elfert 1986, col. 908.
74 Vandier 1966, pp. 130–131; Altenmüller 1975, p. 35.
75 Fischer-Elfert 1986, col. 908.
76 For parallel iconographical examples to the plants allegedly drawn in this tattoo, see Keimer 1956, p. 254, fig. 48; Dittmar 1986, figs. 39–40, 120.
77 Keimer 1956, links the cobra and the papyrus together as being the two most distinctive elements of the marshes where the cows connected to Hathor were living. On the flower offerings made to Hathor, see Dittmar 1986, pp. 75–79. On a possible link with the *sšš wꜣḏ* offering to Hathor, see Dittmar 1986, pp. 151–157.
78 On the symbolic signification of the lotus, see Dittmar 1986, pp. 132–133, and on the symbolic signification of the papyrus, see Dittmar 1986, pp. 133–143.
79 Keimer 1956, pl. XIV, 2.
80 Andrews 1994, pp. 43, 86.
81 Andrews 1994, p. 86.
82 Andrews 1994, p. 43.
83 Andrews 1994, p. 43.

All the other tattoos on her body seem to be connected to a kind of magic different from the idea of protection. Indeed, it seems her other tattoos are more closely associated with the idea of power[84] and divine action.[85] The placement of the permanent tattoos on her body would have not only linked her with the divine through Hathoric symbolism, but also empowered her to take on important cultic or magical roles. This suggests that the tattoos served a dual purpose: to protect as well as to help in the performance of actions that played a significant role in the life of the communities.

INTERPRETATIONS OF THE ROLE OF THIS WOMAN

As discussed above, most of the scholars who have written about tattoos in ancient Egypt assert that these markings were somehow associated to Hathor, either because the tattooed women had a function linked to the goddess or because they were placing themselves under her divine and protective command.[86] The majority of the identified tattoos on this mummy evoke Hathoric designs, as demonstrated above, but the tattoos of this female mummy are more than just vaguely linked to Hathor. This woman clearly shared a connection with Hathor that allowed her to permanently embody worship of the goddess. A fact that supports this hypothesis is that some of the tattoos on the mummy are also found as votive graffiti on the pavement of the front courtyard of the Hathor temple of Ramesses II in Deir el-Medina.[87] Even if this shared image might be purely coincidental, or have some other meaning, the assemblage of these precise designs on the mummy as well as on the floor of the courtyard of the Hathor temple deserves some attention. While some graffiti in the temple clearly refer to workmen's names, some others are indeed understood as votive texts,[88] which are similar to what is found on the mummy. This is the case for the lone *wadjet*-eye, the *wadjet*-eye together with the *nefer*-sign, the clump of papyrus with buds bent down (Gardiner M15), and the Hathor cow. The presence of such drawings on the woman might suggest that she was involved in the activities performed in the Hathor temple. Even if we cannot assert without any doubt where she first had been buried,[89] we can allege that she was at least a member of the community of Deir el-Medina and that she had been buried in the Western necropolis of the site. Thanks to this and to the presence of a temple of Hathor in Deir el-Medina from at least the reign of Sethi I, the tattooed woman could easily have lived in the village of Deir el-Medina as a singer, a musician, or a musician-priestess of Hathor (*šmꜣyt*).[90]

Given that one of the Middle Kingdom tattooed mummies was a priestess of Hathor,[91] could the tattooed woman from Deir el-Medina also have been a priestess? Scholars have

84 Andrews 1994, pp. 74–90.

85 Andrews 1994, pp. 14–15.

86 Bianchi 1988, pp. 22–23, 27–28; Roehrig, forthcoming; Robins 1996, p. 33; Tassie 2003, pp. 95–96; Yoyotte 2004, pp. 135–141; Pinch 2006, pp. 125–128; Poon, Quickenden 2006, p. 132.

87 Bruyère 1952, pl. IX.

88 Haring 2009, p. 155, fig. 4, p. 156.

89 On the practice of tomb plundering to get mummy powder, see Andrews 2004, pp. 88–90.

90 Valbelle 1985, p. 328, asserts that many women in Deir el-Medina bore the title "Great singer of Hathor," but its exact scope is not understood precisely. Onstine 2005, pp. 6–8, claims that it could have been more or less the same thing than a "chantress" or "singer" of Hathor, or a way to mean that they were "beloved of Hathor."

91 See *supra*.

previously argued that by the New Kingdom, women could no longer hold the title "priestess of Hathor" nor any priestly titles because their bodies, through menstruation and childbirth, were perceived as too impure for the daily cult rituals.[92] Yet, in this case, the body is not only the actor of worship, but also the object of ritual. As an object, her tattooed body represents popular cult activity affiliated with votive graffiti and offerings found on Hathor temples at Deir el-Medina and Deir el-Bahri. As an actor, the permanence and public nature of the tattoos meant that this divine iconography was inextricably linked to her corporeality. As a living, breathing person, this woman was also in some sense participating in ritual unremittingly, with every word spoken or every movement of her arms. In a sense, she then transcends the need to be pure (*wʿb*) because she embodies the goddess, and takes on attributes directly associated with the divine.[93] While this does not necessarily mean she was given the title of priestess, it does strongly suggest that women could have important active and passive cult roles that did not necessitate a priest as an intermediary with the divine. This makes the question of whether or not she was a priestess moot because the tattoos signify her divine role as something that could be separate from—or even beyond—the priesthood.

In daily life, women could and obviously did act as direct conduits with the divine, not only evidenced here by our tattooed mummy, but elsewhere such as the recorded presence of the wise woman at Deir el-Medina. A few fragmentary texts coming from Deir el-Medina mention the existence of a wise woman called the *rḫyt*, literally "the knowing one" or "the knowledgeable one."[94] One of her main functions was to be consulted to determine the divine cause of an illness or death.[95] During the Late Period, this included illnesses caused by the bites of venomous animals.[96] In the Metternich stela, she was even capable of making these animals withdraw through the use of spells (*tp-r'*).[97] In this case, the protection and empowerment of her voice would be highly necessary. Regarding the wise woman, P. Lang concludes that she "should probably be seen as another part-time professional ritualist [...] consulted frequently on situations involving illness and poison."[98]

This assumption leads us to assert that our tattooed woman was also perhaps one of these wise women or, at least, a kind of magician. If she was a wise woman or a magician, could have she been involved in preventing and curing poisonous snakebites, as was the case during the Late Period? We know from some titles and texts that the few people at Deir el-Medina (as elsewhere) specially implicated in this kind of work were men.[99] Is it possible that a woman might have played that role? Absence records from Deir el-Medina document several cases where scorpions stung a workman, and medical texts from the site include a series of protections from snakes and scorpions.[100] Even if none of the texts discussing the wise woman from Deir el-Medina mention poisonous animals, the fact that this tattooed woman has many snakes

92 Graves-Brown 2010, p. 27; Gillam 1995, pp. 211–212.

93 An idea also shared by Graves-Brown 2010, pp. 96–97.

94 On this woman, see Lang 2013, pp. 214–216; Karl 2000; Pinch 2006, p. 56; Toivari-Viitala 2001, pp. 228–231; Koenig 1994, pp. 34–35; Borghouts 1982, pp. 24–27; Letellier 1980, pp. 130–131, n. 5.

95 Pinch 2006, p. 140.

96 Lang 2013, p. 215.

97 Lang 2013, p. 215; Borghouts 1978, p. 61; Sander-Hansen 1956.

98 Lang 2013, p. 215.

99 Per example, the workmen Amenmose (i) was also a "scorpion charmer." On this title, see Janssen 1997, pp. 27–29. See also Pinch 2006, p. 55, fig. 26, p. 56. It is assumed that these people were associated to medicine doctors, see Sauneron 1966, p. 33, 59, n. 15. Also, see Austin 2014, pp. 93–96 for discussion of payments and responsibilities for the "scorpion charmer."

100 Pinch 2006, p. 144.

depicted on her could mean that she was perhaps a kind of "scorpion charmer" (*ḫrp-Srq.t*). This title was given to practitioners who treated poisonous injuries from both scorpions and snakes. Moreover, the Thoth-baboons tattooed on her neck could also indicate that she was casting spells including, amongst others, some to dispel poisonous snakes. The Metternich stela mentions that Thoth recited a great litany of magical protection to drive the poison out of Horus and also that everything the god promised to do for Horus, he also promised to accomplish for any human sufferer.[101] Finally, Borghouts underlines the fact that the epithet *rḫyt* is often given to Hathor from the Ptolemaic time onwards and thus offers a direct connection between Hathor and wise women.[102] If we suppose this connection existed also during earlier periods, it could then explain why the tattoos include both Hathoric motifs and snakes.

If this woman was a wise woman, her knowledge did not necessarily come with old age. The anthropological analysis of the mummified woman has shown that she died when she was between 25–34 years old, far younger than other examples among the human remains at Deir el-Medina where men and women could live well beyond 50.[103] Scholars who have worked on the subject all agree that there was only one wise woman at any one time.[104] With this in mind, the wise woman in charge could have been educated or trained by the previous one, while she was still very young and serving an apprenticeship. At the death of the wise woman, the follower would then automatically take over, whatever her age was. Or, as mentioned by Toivari-Viitala, if the gift of seeing/knowing things was entirely or partially innate in a girl[105], it could also explain the access to this status at a relatively young age in adulthood. Of course, identifying this tattooed lady as either a "wise woman" or even a magician cannot be proven without any doubt, and therefore shall remain a hypothesis.

Following our previous interpretations and knowing that ancient Egyptian magic, religion, and medicine were highly interconnected,[106] could she have been a maker of protective amulets, or a *sꜣw*? Compared to other titles, *sꜣw* is distinctive in that it was a title used by women as well as men.[107] The presence of many tattoos that are so closely linked with protective amulets such as the *wadjet*-eye suggests that she could serve this function either by making amulets or by taking on the protective powers of an amulet directly. The *wadjet*-eyes on her body could have acted as a series of apotropaic amulets that would have not only protected herself, but also those in her presence whom she treated.

This leads us to consider this woman's possible role as a magico-medical healer. Before the Ptolemaic Period, few female doctors (*swnw*) left traces of their existence. The most prominent example is the Old Kingdom female physician named *Peseshet* who left a stela that recorded her position as Overseer of Female Physicians.[108] Ghalioungui questioned why we find no traces of this professional body of female physicians in subsequent periods.[109] It is possible that our data are insufficient, given that references to the title *swnw* are more frequent in the Old Kingdom than any other period.[110] However, it is also possible that women were excluded from the role of *swnw* at this time. Several doctors are attested at Deir el-Medina,[111] and all those that are named are men. If this tattooed woman did take on the role of being a magico-medical healer

101 Pinch 2006, p. 145.
102 Borghouts 1982, p. 26.
103 Austin 2014.
104 Graves-Brown 2010, p. 80; Toivari-Viitala 2001, p. 230.
105 Toivari-Viitala 2001, p. 228, n. 9.
106 Pinch 2006, p. 136.
107 Pinch 2006, p. 56.
108 Pinch 2006, p. 54; Ghalioungui 1981, p. 14; Ghalioungui 1975, pp. 159–164, pl. XXVII.
109 Ghalioungui 1975, pp. 163–164.
110 Graves-Brown 2010, p. 25.
111 Austin 2014, pp. 92–93.

as a wise woman or amulet maker, then this suggests that despite a lack of titles for female physicians in the New Kingdom, women could still act as professional healers.

Among all the hypotheses put forth regarding the role of this tattooed woman in society, none can be definitely proven beyond a reasonable doubt, even if her connection with the goddess Hathor seems to be clear.

CONCLUSION

The discovery of at least 30 tattoos on a female mummy from Deir el-Medina offers unprecedented insight into the practice of tattooing in Pharaonic Egypt. This mummy is the first published example of a Pharaonic mummy with figural tattoos and offers a significant contribution to the history of tattooing in ancient Egypt by demonstrating that permanent body art was not only practiced during the New Kingdom, but elaborated upon earlier traditions to signify what can be interpreted as multiple public and permanent cultic identities through the use of religious imagery.

The tattoos were placed in easily visible areas of her body, such as her neck, and included several clear symbols of Hathor that are mirrored in votive graffiti and offerings found in Hathor temples both at Deir el-Medina and nearby Deir el-Bahri. Whereas previous examples of tattooing were circumstantially linked to the cult of Hathor, this evidence demonstrates an undeniable connection between Hathor worship and tattooing.

Not all of the tattoos, however, can be linked exclusively to Hathor; the dominating presence of *wadjet*-eyes may have served as a connection to Hathor as well as the broader role of divine protection for this woman and her surrounding community. The combined presence of *wadjet*-eyes with *nefer*-symbols on her neck may have even connoted the phrase "to do good," charging her speech, song, and actions with a kind of divine power. The tattoos therefore not only served to link her to cult worship, but also to give her an active and empowered role within her community.

These tattoos suggest that she could have taken on several important roles within her community such as a wise woman, priestess, or healer, though none of these can be definitively proven. Whatever her role, she would have been an active participant in ritual that did not necessarily need a priest as a divine intermediary. In contrast, textual studies on titles in the New Kingdom indicate that women are excluded from serving in many important roles such as priestesses of Hathor. This mummy therefore further challenges the notion that women's religious roles in the cult of Hathor were passive or subsidiary.[112] Instead, the tattooed mummy from Deir el-Medina offers an alternative line of evidence to the textual evidence, emphasizing important and direct cultic roles for women in daily life during the New Kingdom.

112 Despite the fact that Blackman (1921) challenged existing notions of women as "inferior" practitioners of religion, he still suggested that women's priestly roles may have been "of secondary importance" (1921, pp. 159–160). Examples in more recent scholarship suggest that women were less active in temple contexts and held lower positions in the religious hierarchy due to the relative lack of priestly titles for women in the New Kingdom and Third Intermediate Period (e.g., TEETER 2011, p. 27).

BIBLIOGRAPHY

ALTENMÜLLER 1965

Altenmüller, T., *Die Apotropaia und die Götter Mittelägyptens*, Munich, 1965.

ALTENMÜLLER 1975

Altenmüller, B., *Synkretismus in den Sargtexten*, GOF 7, Wiesbaden, 1975.

ALVRUS et al. 2001

Alvrus, A., Wright, D., Merbs, C. F., "Examination of Tattoos on Mummified Tissue Using Infra-red Reflectography", *JAS* 28, 4, 2001, pp. 395–400.

ANDREWS 1994

Andrews, C., *Amulets of Ancient Egypt*, London, 1994.

AUSTIN forthcoming

Austin, A., "Living and Dying at Deir el-Medina: An Osteological Analysis of the TT290 Assemblage", in A. Dorn, S. Polis (eds.), *Deir el-Medina and the Theban Necropolis in Contact*, Liège, forthcoming.

AUSTIN 2014

Austin, A., *Contending with Illness in Ancient Egypt: A Textual and Osteological Study of Health Care at Deir el-Medina*, PhD Thesis, University of California, Los Angeles, 2014.

BARVENCIK et al. 2010

Barvencik, F., Gebauer, M., Beil, F.T., Vettorazzi, E., Mumme, M., Rupprecht, M., Pogoda, P., Wegscheider, K., Rueger, J.M., Pueschel, K., Amling, M., "Age- and Sex-Related Changes of Humeral Head Microarchitecture: Histomorphometric Analysis of 60 Human Specimens", *J. Orthop. Res.* 28, 1, 2010, pp. 18–26.

BIANCHI 1988

Bianchi, R.S., "Tattoo in Ancient Egypt", in A. Rubin (ed.), *Marks of Civilization: Artistic Transformation of the Human Body*, Los Angeles, 1988, pp. 21–28.

BLACKMAN 1921

Blackman, A.M., "On the Position of Women in the Ancient Egyptian Hierarchy", *JEA* 7, 1921, pp. 8–30.

BLACKMAN 1935

Blackman, A., "The Stela of Nebipusenwosret: British Museum No. 101", *JEA* 21, 1935.

BLEEKER 1973

Bleeker, C., *Hathor and Thoth. Two Key Figures of the Ancient Egyptian Religion*, Leiden, 1973.

BORGHOUTS 1978

Borghouts, J., *Ancient Egyptian Magical Texts*, Nisaba 9, Leiden, 1978.

BORGHOUTS 1982

Borghouts, J., "Divine Intervention in Ancient Egypt and its Manifestation (*bAw*)", in R. Demarée, J. Janssen (eds.), *Gleanings from Deir el-Medina*, EgUit 1, Leiden, pp. 1–70.

BRUYÈRE 1925

Bruyère, B., *Rapport sur les fouilles de Deir el Médineh, 1923-1924*, FIFAO 2, Cairo, 1925.

BRUYÈRE 1930

Bruyère, B., *Rapport sur les fouilles de Deir el Médineh, 1929*, FIFAO 7, Cairo, 1930.

BRUYÈRE 1952

Bruyère, B., *Rapport sur les fouilles de Deir El Médineh, 1935-1940. Trouvaille d'objets*, FIFAO 20/2, Cairo, 1952.

DARESSY 1893

Daressy, G., "Notes et remarques, LVI", *Recueil de travaux relatifs à la philologie et à l'archéologie égyptiennes et asyriennes* 14, 1893, pp. 166–168.

DAUMAS 1977

Daumas, Fr., *LÄ* II, 1977, *s.v.* "Hathor", cols. 1024–1033.

DESROCHES-NOBLECOURT 1953

Desroches-Noblecourt, C., "Concubines du mort et mères de famille au Moyen Empire. À propos d'une supplique pour une naissance", *BIFAO* 53, 1953, pp. 7–47.

DITTMAR 1986

Dittmar, J., *Blumen und Blumensträusse als Opfergabe im alten Ägypten*, MÄS 43, Munich, 1986.

FIRTH 1927

Firth, C., *The Archaeological Survey of Nubia: Report for 1910-11*, Cairo, 1927.

FISCHER-ELFERT 1986

Fischer-Elfert, H.-W., *LÄ* VI, 1986, *s.v.* "Uto", cols. 906–911.

Ghalioungui 1975
Ghalioungui, P., “Les plus anciennes femmes-médecins de l’Histoire”, *BIFAO* 75, 1975, pp. 159–164.
Ghalioungui 1981
Ghalioungui, P., *Les médecins de l’Égypte pharaonique*, Alexandrie, 1981.
Gillam 1995
Gillam, R., “Priestesses of Hathor: Their Function, Decline and Disappearance“, *JARCE* 32, 1995, pp. 211–237.
Graves-Brown 2010
Graves-Brown, C., *Dancing for Hathor: Women in Ancient Egypt*, London, 2010.
Haring 2009
Haring, B., “Workmen’s Marks on Ostraca from the Theban Necropolis: A Progress Report”, in B. Haring, O. Kaper (eds.), *Pictograms or Pseudo Script? Non-textual Identity Marks in Practical Use in Ancient Egypt and Elsewhere*, Leuven, 2009, pp. 143–167.
Harman 2015
Harman, J., “Digital Image Enhancement with DStretch®: Is Complexity Always Necessary for Efficiency?”, *Digital Applications in Archaeology and Cultural Heritage* 2, 2-3, 2015, pp. 55–67.
Hayes 1978
Hayes, W., *The Scepter of Egypt: A Background for the Study of the Egyptian Antiquities in the Metropolitan Museum of Art.* Part I. *From the Earliest Times to the End of the Middle Kingdom*, Chicago, 1978.
Irish, Friedman 2010
Irish, J.D., Friedman, R., “Dental Affinities of the C-Group Inhabitants of Hierakonpolis, Egypt: Nubian, Egyptian, or Both?”, *HOMO - Journal of Comparative Human Biology* 61, 2, 2010, pp. 81-101.
Janssen 1997
Janssen, J., *Village Varia. Ten Studies on the History and Administration of Deir el-Medina*, EgUit 11, Leiden, 1997.
Johnson 1990
Johnson, S., *The Cobra Goddess of Ancient Egypt: Predynastic, Early Dynastic, and Old Kingdom Periods*, London, New York, 1990.
Karl 2000
Karl, D., “Funktion und Bedeutung einer *weisen Frau* im alten Ägypten”, *SAK* 28, 2000, pp. 131–160.
Keimer 1948
Keimer, L., *Remarques sur le tatouage dans l’Égypte ancienne*, Cairo, 1948.
Keimer 1956
Keimer, L., “La vache et le Cobra dans les marécages de papyrus de Thèbes“, *BIE* 37, 1956, pp. 215–257.
Koening 1994
Koening, Y., *Magie et magiciens dans l’Égypte ancienne*, Paris, 1994.
Lang 2013
Lang, P., *Medicine and Society in Ptolemaic Egypt*, Studies in Ancient Medicine 41, Leiden, 2013.
Legge 1905
Legge, F., “The Magic Ivories of the Middle Empire”, *PSBA* 27, 1905, pp. 130–152, 297–303.
Letellier 1980
Letellier, B., “La destinée de deux enfants, un ostracon rameside inédit”, in J. Vercoutter (ed.), *Livre du Centenaire de l’Ifao 1880-1980*, MIFAO 104, Cairo, pp. 127–133.
Listi, Manhein 2012
Listi, G.A., Manhein, M.H., “The Use of Vertebral Osteoarthritis and Osteophytosis in Age Estimation”, *Journal of Forensic Sciences* 57, 6, 2012, pp. 1537–1540.
Marciniak 1968
Marciniak, M., “Quelques remarques sur la formule ‘*ir nfr, ir nfr*’”, *Études et travaux* 2, 1968, pp. 26–31.
Marciniak 1974
Marciniak, M., *Les inscriptions hiératiques du Temple de Thoutmosis III, Deir el-Bahari* 1, Varsovie, 1974.

MARTIN 1985
Martin, K., *LÄ* VI, 1985, *s.v.* "Uräus", cols. 864–868.
MORRIS 2011
Morris, E., "Paddle Dolls and Performance", *JARCE* 47, 2011, pp. 71–103.
MÜLLER-WINKLER 1987
Müller-Winkler, Cl., *Die ägyptischen Objekt-Amulette*, OBO Series Archaeologica 5, Freiburg, Göttingen, 1987.
NAVILLE 1907
Naville, E., *The XIth Dynasty Temple at Deir El-Bahari.* Part I, ExcMem 28, London, 1907.
NAVILLE 1913
Naville, E., *The XIth Dynasty Temple at Deir el-Bahari.* Part II, ExcMem 32, London, 1913.
ONSTINE 2005
Onstine, S., *The Role of the Chantress (šmʿyt) in Ancient Egypt*, BAR 1401, Oxford, 2005.
PETRIE 1914
Petrie, W.M.Fl., *Amulets*, London, 1914.
PIER 1906
Pier, G., *Egyptian Antiquities in the Pier Collection.* Part 1, Chicago, 1906.
PINCH 1993
Pinch, G., *Votive Offerings to Hathor*, Oxford, 1993.
PINCH 2006
Pinch, G., *Magic in Ancient Egypt*, London, 2006.
POON, QUICKENDEN 2006
Poon, K.W., Quickenden, T.I., "A Review of Tattooing in Ancient Egypt", *BACE* 17, 2006, pp. 123–136.
PRESCHER 1998
Prescher, A., "Anatomy and Pathology of the Aging Spine", *European Journal of Radiology* 27, 3, 1998, pp. 181–195.
REISNER 1958
Reisner, G.A., *Amulets*, vol. II, CGC nos. 2528-13595, Cairo, 1958
ROBINS 1996
Robins, G., *Women in Ancient Egypt*, Cambridge (USA), 1996.
ROEHRIG forthcoming
Roehrig, C.H., "Two Tattooed Women from Thebes", *BES* 19, forthcoming.
SANDER-HANSEN 1956
Sander-Hansen, C., *Die Texte der Metternichstele*, AnAeg 7, Copenhagen, 1956.
SAUNERON 1966
Sauneron, S., "Le Monde du magicien egyptien", in S. Sauneron (ed.), *Le Monde du Sorcier*, Sources Orientales 7, Paris, 1996, pp. 29–65.
SCHEUER, BLACK 2004
Scheuer, L., Black, S.M., *The Juvenile Skeleton*, London, 2004.
TASSIE 2003
Tassie, G.J., "Identifying the Practice of Tattooing in Ancient Egypt and Nubia", *PIA* 14, 2003, pp. 85–101.
TEETER 2011
Teeter, E., *Religion and Ritual in Ancient Egypt*, Cambridge, 2011.
TOIVARI-VIITALA 2001
Toivari-Viitala, J., *Women at Deir el-Medina. A Study of the Status and Roles of the Female Inhabitants in the Workmen's Community During the Ramesside Period*, EgUit 15, Leiden, 2001.
VALBELLE 1985
Valbelle, D., *Les ouvriers de la tombe : Deir El-Médineh à l'époque ramesside*, BdE 96, Cairo, 1985.
VANDIER 1966
Vandier, J., "Iousâas et (Hathor)-Nébet-Hétépet", RdE 18, 1966, pp. 67–142.
VILA 1967
Vila, A., *Aksha* II. *Le cimetière meroïtique d'Aksha*, Paris, 1967.
WADE, NELSON 2013
Wade, A.D., Nelson, A.J., "Radiological Evaluation of the Evisceration Tradition in Ancient Egyptian Mummies", *HOMO - Journal of Comparative Human Biology* 64, 1, 2013, pp. 1–28.

WALKER, LOVEJOY 1985
Walker, R.A., Lovejoy, C.O., "Radiographic Changes in the Clavicle and Proximal Femur and their Use in the Determination of Skeletal Age at Death", *AJPA* 68, 1, 1985, pp. 67–78.
WATANABE, TERAZAWA 2006
Watanabe, S., Terazawa, K., "Age Estimation from the Degree of Osteophyte Formation of Vertebral Columns in Japanese", *Legal Medicine* 8, 3, 2006, pp. 156–160.
WINLOCK 1942
Winlock, H.E., *Excavations at Deir el Bahri, 1911-1931*, New York, 1942.
YOYOTTE 2004
Yoyotte, J., "Signes du corps chez les anciens Égyptiens", in Chr. Falgayrettes-Leveau, D. Le Breton (eds.), *Signes du corps*, Paris, 2004.

Tattoo #	Location	Description	Photo
T01	Neck	Seated baboon	
T02	Neck	Seated baboon	
T03	Neck	*Wadjet*-eye	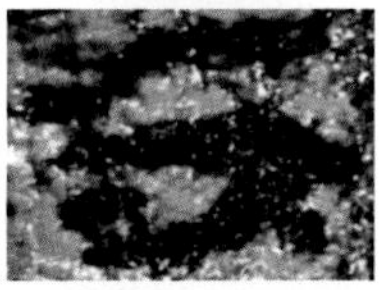
T04	Neck	Two *Wadjet*-eyes around two *nefers*	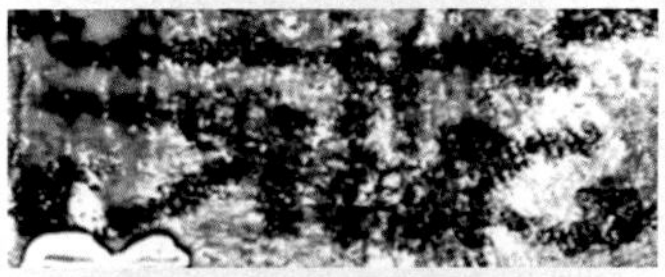
T05	Left shoulder	Two *Wadjet*-eyes around three *nefers*	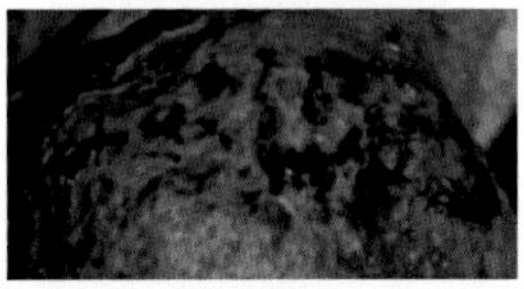
T06	Right shoulder	Two *Wadjet*-eyes around three *nefers*	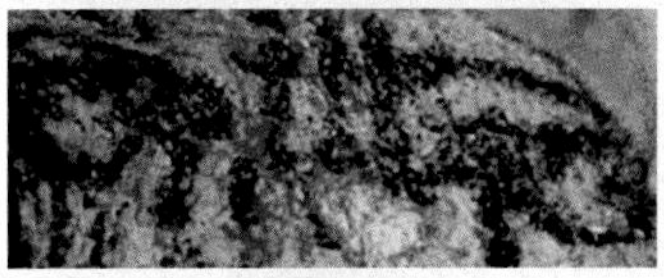
T07	Left shoulder	Uræus (?)	
T08	Right shoulder	Uræus (?)	
T09	Left shoulder	(?)	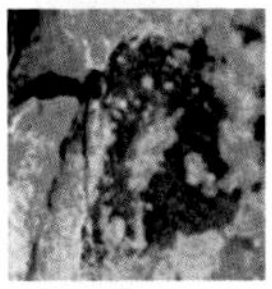
T10	Right shoulder	(?)	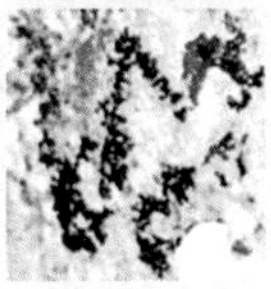

Tab. 1. Location and description of the tattoos.

Tattoo #	Location	Description	Photo
T11	Right shoulder	S24 hierogylph (?)	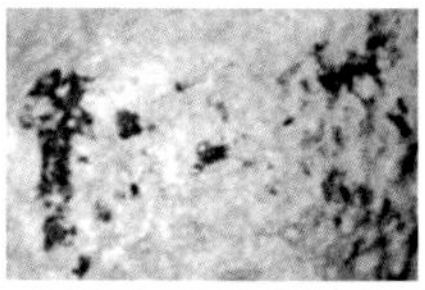
T12	Left shoulder	Cobra	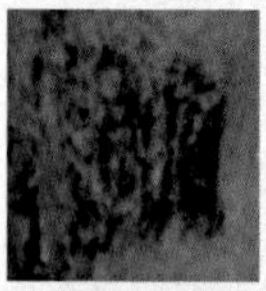
T13	Right shoulder	Cobra	
T14	Left arm	Cross(?)-shaped tattoo	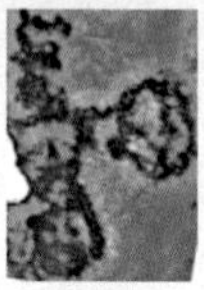
T15	Right arm	Cross(?)-shaped tattoo	
T16	Left arm	Uræus(?)	
T17	Left arm	Snake with solar disc (?)	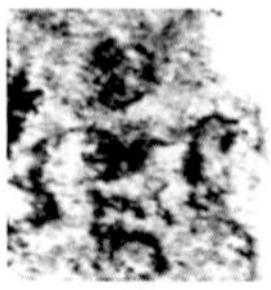
T18	Left arm	Dual *khepri* beetles? Sistrum (?)	
T19	Left arm	Faded signs below snake (*mḥ* and *wʿb*?)	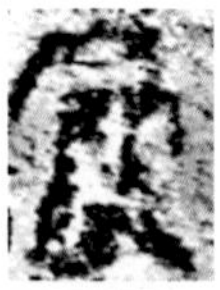
T20	Left arm	Hathor cows	
T21	Right arm	Uræus	

Tab. 1. Location and description of the tattoos.

Tattoo #	Location	Description	Photo
T22	Right arm	Hathor handle	
T23	Right arm	(?)	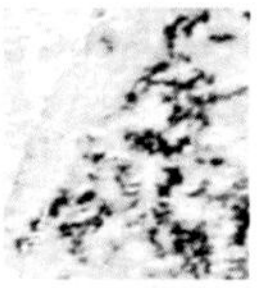
T24	Right arm	Cobra on groundline	
T25	Right arm	Bouquet (?)	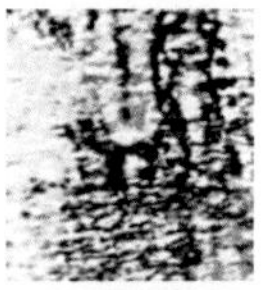
T26	Right arm	Snake with basket	
T27	Back	Gardiner M15 with *mw*	
T28	Back	*Wadjet* with *mw*	
T29	Back	*Wadjet* presented by baboon	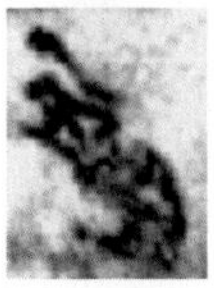
T30	Back	Lotus blossoms on hips with belt of dots linking them	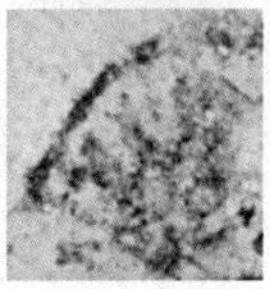

Tab. 1. Location and description of the tattoos.

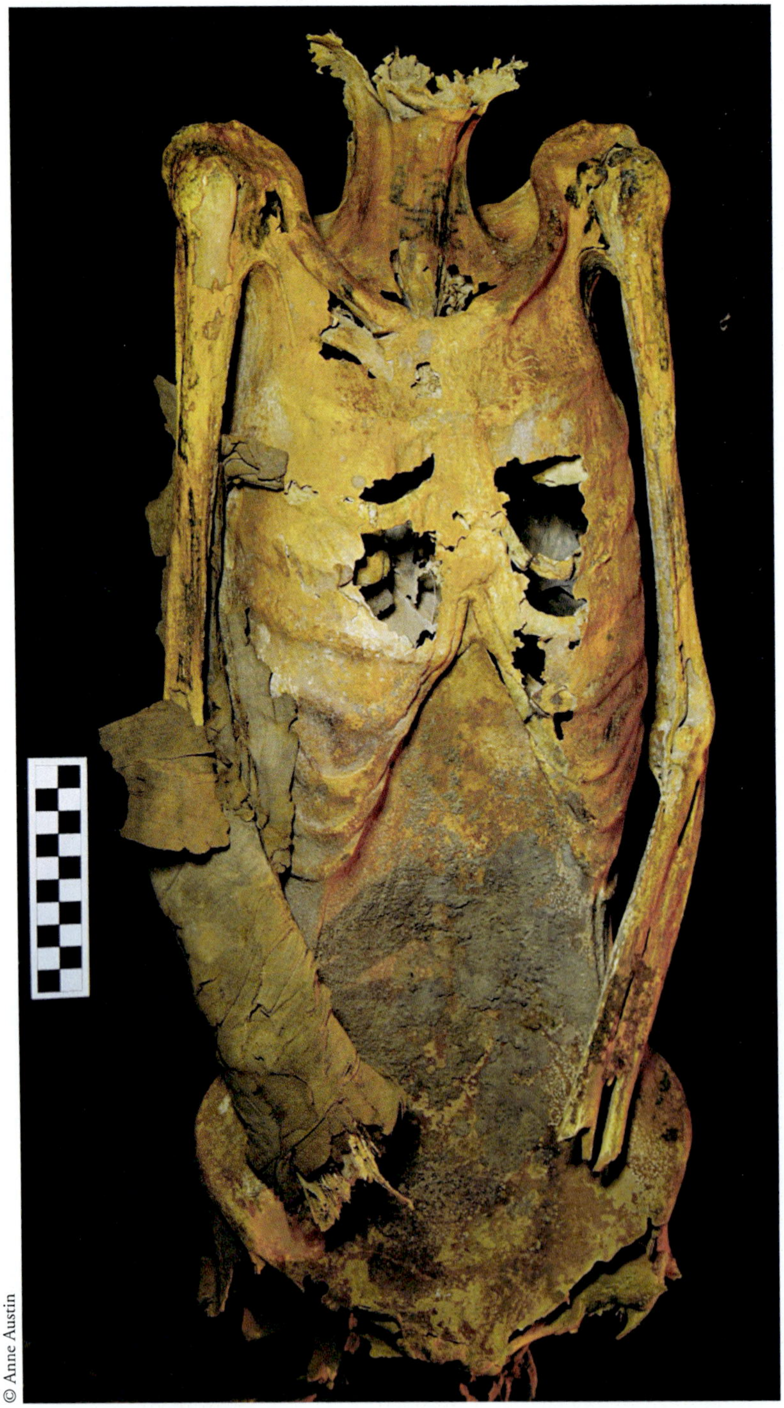

Fig 1. Torso of mummy.

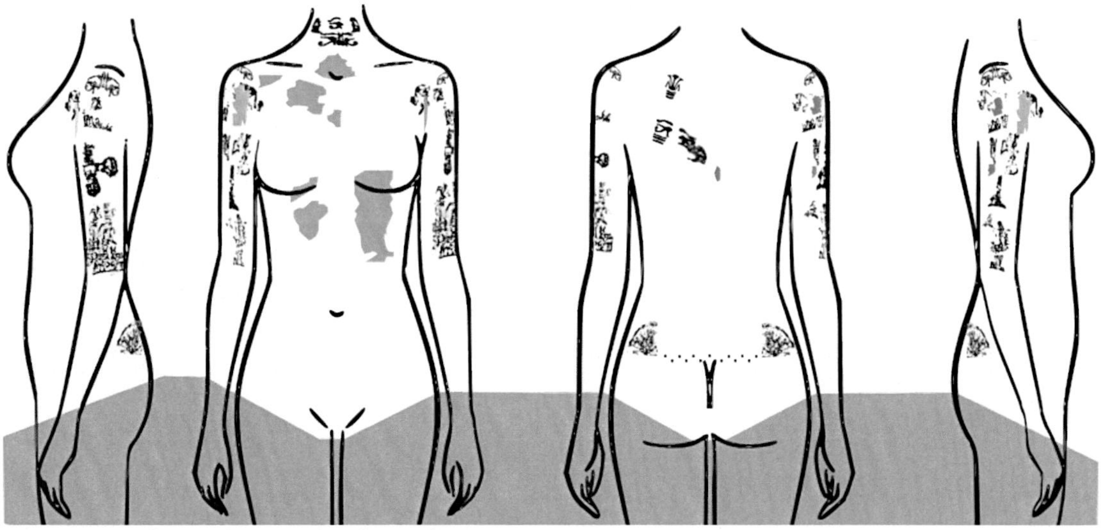

Fig 2. Tattoo diagram (gray areas are damaged or missing).

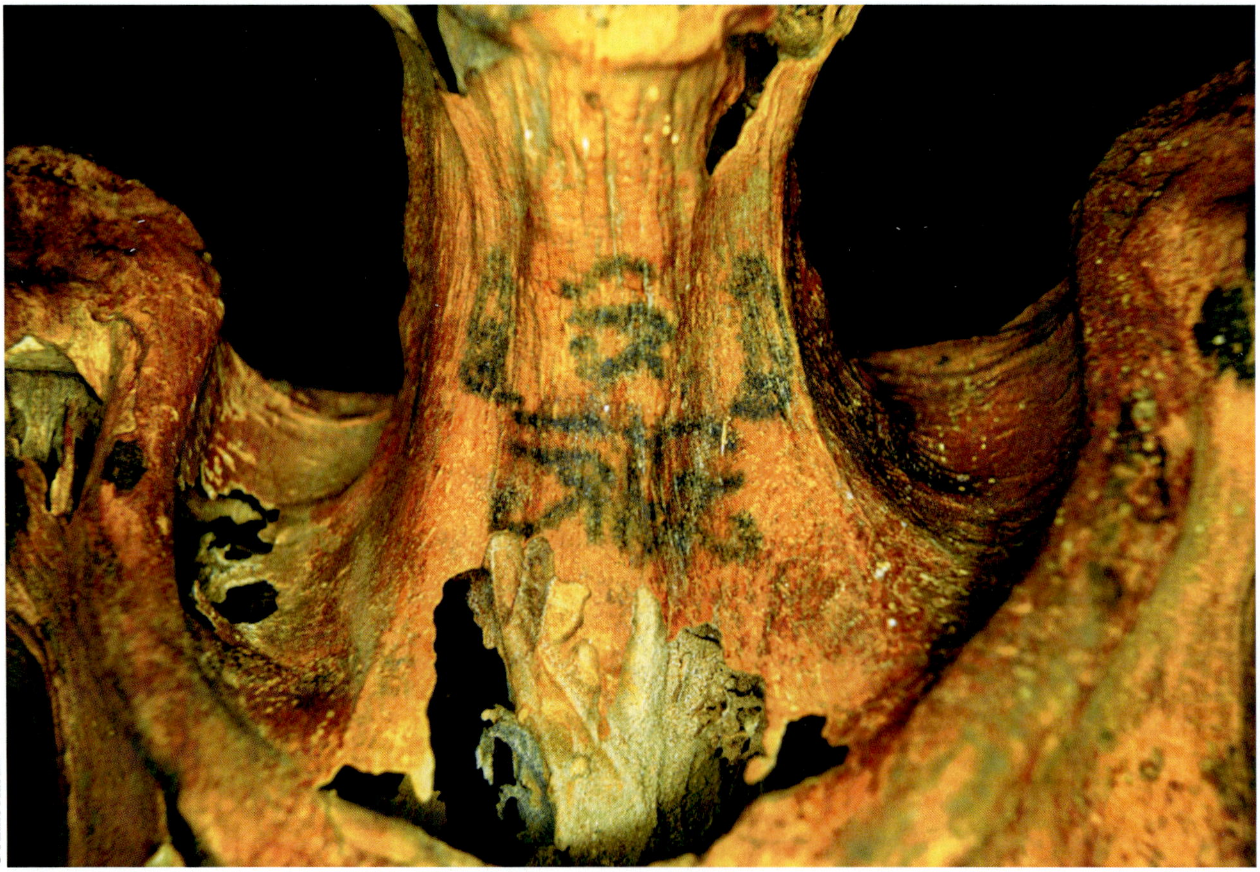

© Anne Austin

Fig 3. Neck tattoos.

Une possible représentation de l'arbre *jšd* dans le temple de Millions d'Années de Thoutmosis III à Thèbes-Ouest

LINDA CHAPON*

Les fouilles archéologiques qui se déroulent depuis 2008 dans le *Henket-Ankh* – le temple de Millions d'Années de Thoutmosis III situé entre el-Assasif et el-Khokha [1] – ont livré une grande quantité de matériel provenant des reliefs en grès et en calcaire des parois [2]. L'étude approfondie de ces reliefs est en cours. Il s'agit d'un matériel majoritairement inédit [3], bien que très fragmentaire. Dans cet article, certains de ces fragments, qui pourraient correspondre à une représentation de l'arbre *jšd* [4], sont publiés.

Synonyme de longue vie et de régénération [5], et associé à la naissance quotidienne du soleil [6], l'arbre *jšd* est un motif décoratif connu sur lequel, à l'origine, le nom du roi était écrit par les dieux [7]. Ce n'est cependant qu'à partir de la XVIIIe dynastie que l'arbre acquiert clairement sa fonction protectrice de la royauté [8]. Celle-ci est incarnée au travers d'une scène caractéristique dans laquelle le roi est présenté devant l'arbre *jšd*. Elle symbolise sa renaissance à l'image de Rê [9],

* Universidad de Granada, Universität Tübingen.

1 Les premiers travaux dans le temple ont été conduits par Daressy à la fin du XIXe s. Par la suite, Weigall en 1906 (Weigall 1907, p. 286), puis Ricke durant les saisons 1934-1937 (Ricke 1939), ont continué les fouilles sur le site. Aucune autre recherche approfondie sur le temple n'a été menée jusqu'en 2008, lorsque l'équipe hispano-égyptienne dirigée par le Dr Myriam Seco Álvarez a repris le chantier. Le projet est réalisé conjointement avec le Ministère des Antiquité de l'Égypte et l'Academie des Beaux-arts Santa Isabel de Hungría de Séville, en collaboration avec l'Université de Grenade (Espagne) et l'Institut d'égyptologie de l'Université de Tübingen (Allemagne). Il est financé par la Fundación Botín, la Banque Santander et le groupe CEMEX.

2 Pour une synthèse sur les fouilles réalisées et une description du temple, voir : Seco Álvarez, Radwan 2010 ; Seco Álvarez *et al.* 2012-2013 ; Seco Álvarez 2014.

3 Certains de ces fragments ont déjà publiés par H. Ricke (1939).

4 L'arbre *jšd* fut d'abord identifié par les égyptologues au *Persea* décrit par les auteurs classiques. Cependant, il s'agirait plutôt du *Balanites aegyptiaca*. À ce propos, voir Baum 1988, p. 266-273.

5 Kákosy 1980.

6 Kákosy 1980 ; Broze 1991 ; Koemoth 1994, p. 75-82.

7 Welvaert 1996.

8 Kákosy 1980 ; el-Enany 2001. Pour une liste des représentations et inscriptions documentées : Helck 1957 ; Welvaert 1996.

9 Welvaert 1996 ; Koemoth 1994, p. 97, 105.

l'arbre permettant de légitimer et de maintenir le pouvoir royal pour l'éternité[10]. Ce motif trouve de ce fait logiquement une place dans le programme iconographique des temples de Millions d'Années[11].

La première mention iconographique documentée de l'arbre *jšd*, bien que très fragmentaire, date du règne de Thoutmosis Ier à Karnak-Nord[12]. Suit ensuite la représentation qui se trouve dans la salle de la barque du petit temple de la XVIIIe dynastie à Medinet Habou[13], la seule jusqu'à présent attribuée au règne de Thoutmosis III (fig. 1)[14]. Deux autres scènes comparables, datées elles aussi de la XVIIIe dynastie, proviennent du temple d'Amada de Thoutmosis IV[15] et du temple de Louqsor d'Amenhotep III[16]. La majorité des autres attestations datent quant à elles de l'époque ramesside.

Durant les différentes saisons de fouilles du temple de Millions d'Années de Thoutmosis III par la mission hispano-égyptienne, 32 fragments de reliefs en grès partiellement décorés de feuilles ont été inventoriés. Leur dimension varie entre 8 et 38 cm. La taille et la forme des motifs végétaux permettent quant à eux de constater qu'ils appartiennent à une seule espèce

Fig. 1. Représentation de l'arbre *jšd* du petit temple de la xviiie dynastie à Medinet Habou (*LD* III, 37 [a]).

10 Kákosy 1980 ; Koemoth 1994, p. 105.

11 Leblanc 2010.

12 Jacquet 1973, pl. XIX-XXV ; Jacquet-Gordon 1988, p. 213-220 ; Gabolde 1998, p. 45-46. Cette représentation peut s'expliquer par un désir de légitimation de Thoutmosis Ier vis-à-vis de son prédécesseur Amenhotep Ier. Sur ses liens avec la famille royale : Welvaert 1996.

13 PM II, 169 (34)-(36) ; *LD* III, 37 (a) ; Helck 1957, fig. 1 ; Laskowski 2006, p. 204-205.

14 La scène est située en face de l'entrée du sanctuaire proprement dit, sur le mur sud interne, à l'extrême ouest. L'arbre est placé au milieu de la scène, sans autres détails figuratifs que le feuillage. À droite de la scène, Amon est représenté assis sur son trône et tient dans sa main droite un jonc avec lequel il écrit sur l'arbre. À gauche, le roi se dirige vers l'arbre, accompagné de part et d'autre par Hathor et Atoum.

15 PM VII, p. 68 (16)-(17) ; Gauthier 1913, p. 165-167, pl. XXXVII (B) ; Aly, Abdel-Hamid, Dewachter 1967, pl. C7.

16 PM II, p. 311 (186) ; Helck 1957, fig. 2 ; Laskowski 2006, p. 223.

et qu'il s'agit probablement d'une représentation d'arbre *jšd*. 26 de ces fragments montrent uniquement les feuilles, branches et le tronc de l'arbre. Parmi eux, 5 apportent cependant des informations significatives qui autorisent de proposer une reconstitution de la scène d'origine.

Le relief le mieux conservé regroupe les fragments Inv. No. 1232 et Inv. No. 965 (fig. 2), correspondant au côté supérieur droit de l'arbre. À droite, il est possible de distinguer la partie inférieure d'une colonne d'inscription verticale contenant les signes ʿ, *ṯ*, *nb* (ou *k*) et *n*, mais trop fragmentaire pour établir une hypothèse de reconstitution[17]. À gauche, au-dessus

Fig. 2. Fragments Inv. No. 1232 (gauche)/ Inv. No. 965 (droite). Photo et dessin de l'auteur.

17 Les formules et dons sont habituellement mentionnés dans les textes adjacents. Cependant, certaines inscriptions ne sont pas directement associées à une représentation iconographique. La première date du règne de Thoutmosis Ier à Karnak (voir WELVAERT 1996, n. 34 [4]). Sous Hatshepsout, dans la Chapelle Rouge à Karnak (Voir WELVAERT 1996, n. 34 [1-3]), la Chapelle d'Hathor à Deir el-Bahari et sur l'obélisque de Karnak (Voir HELCK 1954, C2-3). Pour Thoutmosis III, l'arbre *jšd* est mentionné sur l'obélisque d'Héliopolis, se trouvant aujourd'hui à Londres (Urk IV, p. 591) et dans l'inscription de *Sn-nfr* à El-Bersheh (PM IV, p. 185; Urk. IV, p. 597). De plus, l'inscription du nom de Thoutmosis III sur des imitations en vers opaques des fruits de l'arbre *jšd* furent découverts dans la tombe de Toutankhamon (KEIMER 1947, p. 38-39, fig. 35; HELCK 1957, p. 127).

des feuillages, se dessinent neuf plumes avec des traces de polychromie jaune, orientées vers la droite et recourbées vers le haut. Un troisième fragment, Inv. No. 14170 (fig. 3), montre des plumes du même type, mais dirigées dans un sens opposé à celles de l'autre relief. Il peut être positionné au niveau du côté supérieur gauche de la scène[18]. En considérant, selon toute vraisemblance, que ces reliefs proviennent de la même scène[19], ils correspondraient aux deux extrémités d'une même figure aux ailes déployées, et positionnés de part et d'autre de la partie supérieure de l'arbre.

La figure aux ailes déployées doit probablement être identifiée avec un scarabée ailé (fig. 6, partie supérieure). Ce motif solaire est en effet représenté dans plusieurs scènes de l'arbre *jšd*. Il est habituellement figuré alors qu'il émerge de la cime de l'arbre, poussant avec ses pattes antérieures le disque solaire[20]. Cependant, aucun parallèle exact à la scène étudiée n'est, à notre connaissance, documenté, la figure ailée se trouvant ici apparemment encore à l'intérieur de l'arbre[21]. En outre, compte tenu des restes conservés, il n'est pas possible de déterminer si, comme dans le temple d'Amada, le scarabée était couronné du disque solaire et s'il tenait entre ses pattes inférieures le signe *šn* ou le cartouche royal.

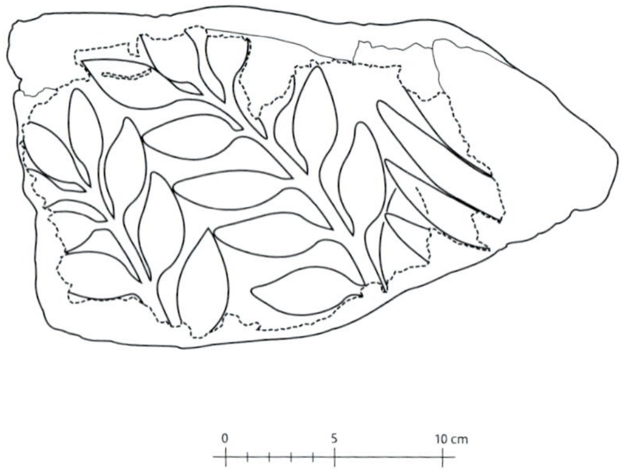

© Thutmosis Temple Project.

Fig. 3. Fragment Inv. No. 14170. Photo et dessin de l'auteur.

18 Il semble que les plumes aient été retaillées sur des branches et feuilles déjà existantes. Cela pourrait répondre simplement à une erreur de calcul de l'espace disponible de la part de l'artisan. Cependant, tenant en compte que le relief ne fut pas complètement achevé, comme il est possible de remarquer tout particulièrement sur la branche située à l'extrême gauche du fragment Inv. No. 1232, il pourrait s'agir d'un changement de programme par rapport au motif originellement planifié et donc avant que la scène ne fusse achevée (les feuilles retaillées sont signalées par une ligne discontinue plus large que celle correspondant à la limite du relief préservé).

19 Bien que, par exemple dans la salle hypostyle de Karnak, deux arbres *jšd* soient représentés de manière symétriques à chaque côté de la salle (voir références dans PM II, p. 48 [159] ; Helck 1957, p. 119-120 [A7], cela n'est pas la norme. Il s'agit, d'ailleurs, de deux rois différents, Seti Ier et Ramsès II. Un autre cas exceptionnel est la représentation qui se trouve au temple d'Osiris-Hekadjet à Karnak où deux arbres *jšd* sont placés accolés l'un à l'autre. Le roi se trouve placé devant chaque arbre orienté dans des directions différentes de manière symétrique et portant alternativement la couronne blanche et rouge (Mysliewic 1980, pl. 88, 89).

20 Koemoth 1994, p. 105. C'est le cas dans les scènes de Thoutmosis IV au temple d'Amada, de Ramsès II au temple d'Abou-Simbel (Curto 1965, fig. 214; Sée 1974, p. 322), et de Darius au temple d'Hibis à l'oasis d'El-Khargeh daté de la XXVIIe dynastie (De Garis Davies 1953, pl. 17, 74).

21 Ces plumes pourraient appartenir au vautour Nekhbet, Horus de Behedit ou bien du disque ailé. Pourtant leur forme et couleur ne semblent pas correspondre à ces motifs décoratifs mais ressemble, par contre, à d'autres représentations du scarabée ailé, particulièrement en forme d'amulette.

Le quatrième fragment, Inv. No. 4461 (fig. 4), bien que de taille réduite, présente deux détails particulièrement intéressants. À l'extrémité gauche, il est possible de distinguer le bout du nez d'un personnage tourné vers la droite, à rattacher très probablement au visage du roi vers qui une croix *ʿnḫ* semble être dirigée. La figure royale aurait pu dans ce cas être positionnée au-devant de l'arbre (fig. 6, milieu), à la différence des scènes antérieures et contemporaines documentées, dans lesquelles le roi est conduit vers l'arbre *jšd*[22]. Cette représentation constituerait ainsi la première variante de ce type, attestée dès l'époque de Thoutmosis III. L'état de conservation de la scène ne permet cependant pas de préciser la position du roi. Les parallèles existant semblent néanmoins indiquer qu'il fut probablement agenouillé[23].

Enfin, à l'extrémité droite du fragment Inv. No. 14167 (fig. 5), il est possible de distinguer deux surfaces courbes montrant des restes de polychromie rouge. Ces traces correspondent à la main d'une figure humaine dirigée vers la gauche. Il est donc probable que sous les colonnes

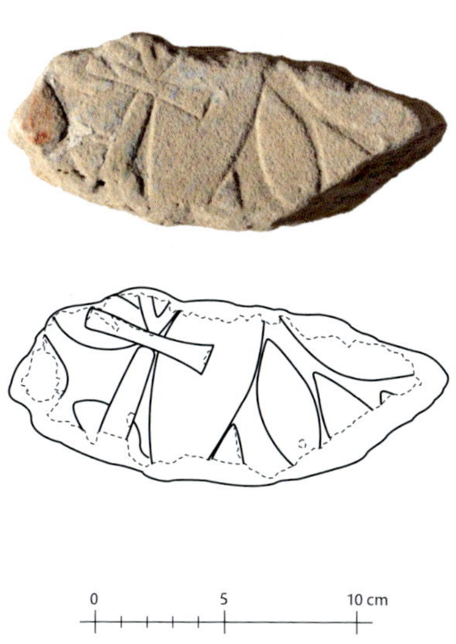

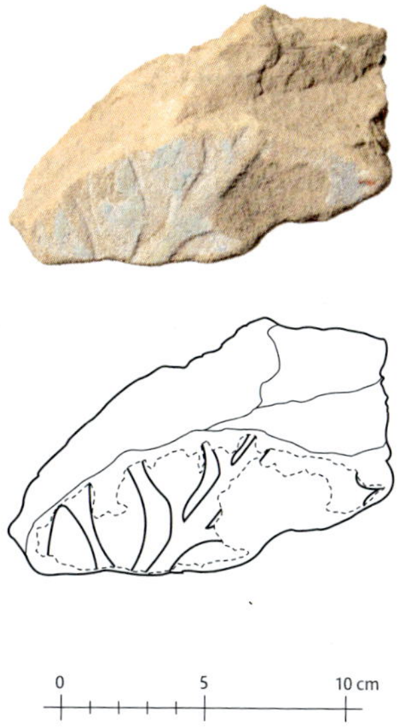

Fig. 4. Fragment Inv. No. 4461. Photo et dessin de l'auteur.

Fig. 5. Fragment Inv. No. 14167. Photo et dessin de l'auteur.

22 Welvaert 1996.

23 La figure royale est agenouillée dans les scènes du temple d'Amada (PM VII, p. 68 [16]-[17] ; Gauthier 1913, p. 165-167, pl. XXXVII [B] ; Aly, Abdel-Hamid, Dewachter 1967, pl. C7), du temple d'Hibis (De Garis Davies 1953, pl. 17, 74) et du temple d'Abou Simbel (Curto 1965, fig. 214 ; Sée 1974, p. 322). La couronne *ḫprš* a été choisie dans la restitution car c'est celle qui figure au petit temple de Medinet Habou, datant lui aussi de Thoutmosis III.

de texte, à la droite de l'arbre, mais également partiellement devant lui, une divinité faisant face au roi dans la scène fut représentée. Elle tenait sans doute une branche *rnpt* à laquelle le signe *ꜥnḫ* figuré sur l'autre fragment fut suspendu[24]. Cette divinité pourrait être Amon, comme dans la scène du petit temple de Medinet Habou[25]. Le dieu acquiert en effet une importance significative à cette période et le temple de Millions d'Années de Thoutmosis III dans lequel se trouve la scène lui est dédié. Il n'est pas exclu que la divinité ait été figurée en train d'écrire le nom royal sur l'arbre, comme c'est encore le cas dans la scène de Medinet Habou. Toutefois, ce détail n'est pas essentiel[26] puisqu'il n'est pas figuré par exemple dans la représentation du temple d'Amada de Thoutmosis IV. Aucun des fragments retrouvés à ce jour sur place ne permet de restituer d'autres motifs habituels qui pourraient y être associés à cette scène (cartouches[27] ou signes de *Heb Sed*[28]).

D'après les parallèles documentés, l'arbre *jšd* devait approximativement mesurer 180 cm de haut et 120 cm de large (fig. 6). Il était délimité, sur le côté supérieur droit de la scène, par plusieurs colonnes de texte. Des inscriptions auraient également pu avoir été gravées sur le côté gauche et peut-être au-dessus de l'arbre. Les feuilles et les branches les plus fines étaient de couleur verte et celles les plus épaisses étaient jaunes, comme permettent de l'apprécier les fragments dont la polychromie est bien conservée (fig. 7). Certains fragments, dont Inv. No. 14152, présentent des feuilles vertes sur un fond jaune qui pourrait vraisemblablement être identifié au tronc de l'arbre. L'ensemble reposait sur un fond gris-bleu caractéristique des reliefs des temples.

Le pillage du temple ainsi que les fouilles réalisées au début du XIXe s. ont en grande partie perturbé le contexte original des reliefs[29]. Seuls quelques fragments ont pu être précisément localisés dans la moitié nord d'une zone qui, d'après la restitution du plan du temple proposée par Ricke[30], correspondrait à la cour à péristyle. Un tel emplacement conviendrait parfaitement pour la scène, prenant en considération les autres attestations connues qui se situent généralement dans les salles les plus extérieures des temples (salles hypostyles et cours).

24 Des croix *ꜥnḫ* sont présentées au roi dans une scène assez mal conservée datant du règne de Ramsès III et provenant du IIe pylône du temple de Karnak (Chevrier 1955, pl. 18 ; Helck 1957, fig. 5 ; Mysliewic 1980, pl. 86). La croix *ꜥnḫ* pourrait aussi avoir été accrochée aux pattes de la figure ailée, ce qui semble moins probable.

25 Les dieux Atoum, Amon et Ptah peuvent également être représentés. À l'époque ramesside, Thot et Séshat tendent à les remplacer (Koemoth 1994, p. 105).

26 Voir liste présentée dans Welvaert 1996.

27 Kákosy 1980 ; Welvaert 1996.

28 L'arbre joue un rôle fondamental dans les fêtes *Heb Sed* (Hermsen 1981, p. 127 ; Koemoth 1994, p. 105), ce qui explique l'inclusion du don des jubilés dans de nombreuses scènes de ce type. Bien que communément représenté dans les temples d'époque ramesside (Kákosy 1980 ; Koemoth 1994, p. 105-106 ; Costa Llerda 2003 ; Costa Llerda 2006 ; Hornung, Staehelin 2006, p. 11), il n'est, semble-t-il, pas encore documenté au début de la XVIIIe dynastie. Il est absent dans la scène du petit temple à Médinet Habu, où d'ailleurs n'apparaissent également pas le cartouche du roi ou le nom inscrit sur une feuille ou un fruit de l'arbre. Dans la représentation de Thoutmosis Ier à Karnak, des signes *Heb Sed* n'ont pas été documentés mais on y trouve l'acte d'écrire le nom et le cartouche placé entre les feuilles.

29 Les deux plus grands fragments (Inv. No. 1232 et Inv. No. 965, voir fig. 2) ont été retrouvés dans le magasin adossé au mur ouest du temple. Celui-ci avait été construit par A.E.P. Weigall et réutilisé par H. Ricke. Il était utilisé afin d'y stocker les blocs et les fragments provenant des fouilles, sans que des informations sur leur lieu de découverte précis ne soit indiqué. La structure a été mise au jour en 2008 par le projet hispano-égyptien du temple de Millions d'Années de Thoutmosis Ier (Seco Álvarez, Radwan 2010 ; Seco Álvarez *et al.* 2010).

30 Weigall 1907, p. 286 ; Ricke 1939, pl. 5.

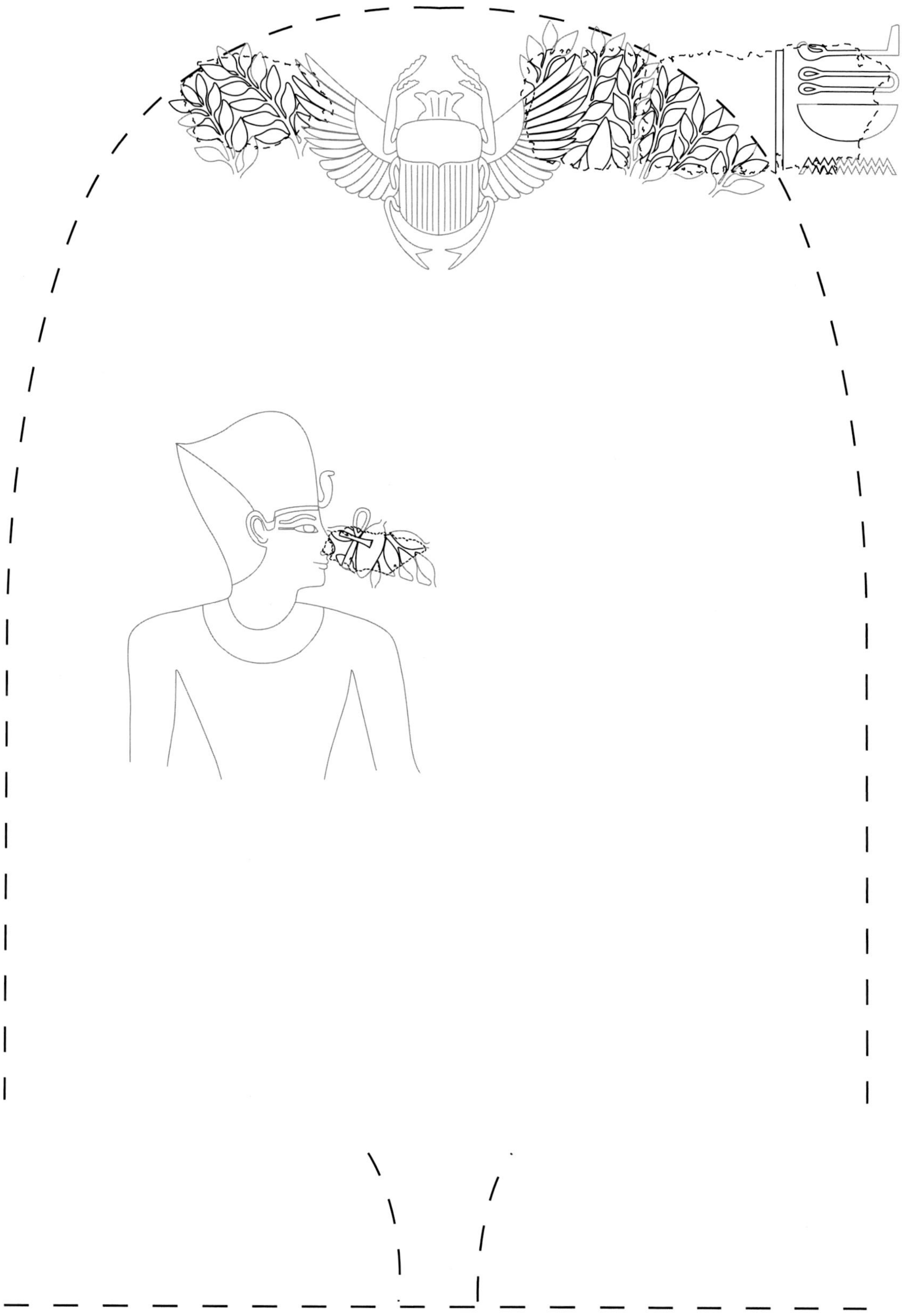

Fig. 6. Possible reconstruction des limites de l'arbre *jšd*, de la figure ailée et de la figure du roi. Dessin de l'auteur.

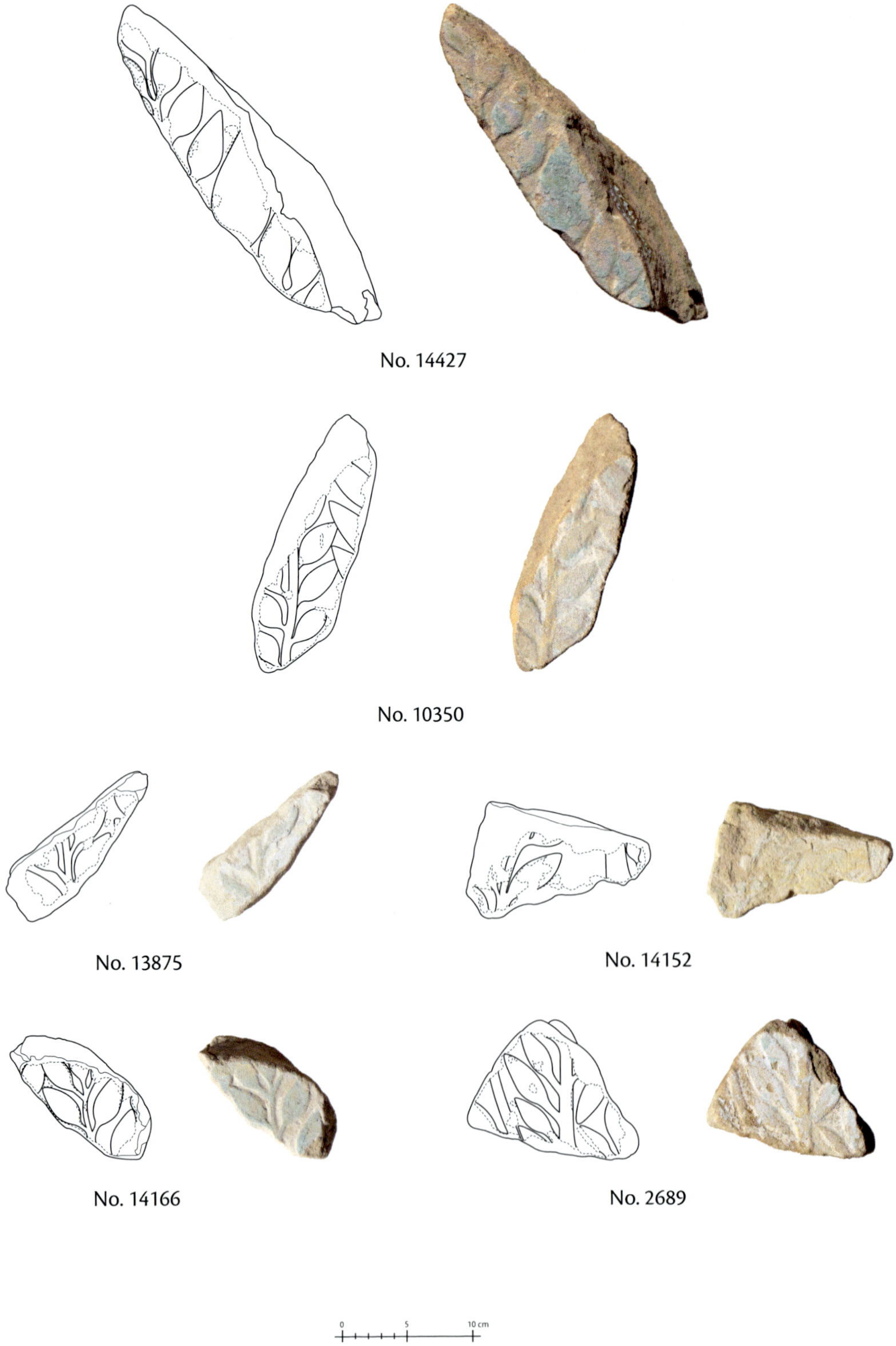

Fig. 7. Fragments présentant des feuilles, branches et tronc. Photos et dessins de l’auteur.

L'étude de ces quelques fragments permet ainsi de préciser le programme iconographique du temple de Millions d'Années de Thoutmosis III, dans lequel une scène de l'arbre *jšd* fut intégrée. Ce motif est bien documenté. Cependant, la plupart de ses attestations datent de l'époque ramesside. Seules deux représentations étaient à ce jour connues pour le début de la XVIIIe dynastie, dont une datant déjà du règne de Thoutmosis III. Les reliefs ici considérés s'inscrivent dans une tradition dont ils constituent un nouveau témoignage précoce. Des variantes iconographiques ont toutefois pu être relevées, qui concernent notamment la position des protagonistes Le roi est devant l'arbre, la divinité lui faisant face, alors que, jusqu'à présent, les autres scènes les placent préférentiellement autour de ce motif. Cette disposition devient la norme à l'époque ramesside. Le scarabée ailé situé sur sa partie supérieure apparaît également sur quelques scènes postérieures, mais jamais à l'intérieur de l'arbre. Il reste à savoir si ces originalités sont propres au temple de Thoutmosis III, ou si celles-ci s'intègrent dans un courant stylistique plus large qui reste à définir. C'est ce que la mission hispano-égyptienne s'attellera à préciser, dans la continuité du travail déjà entreprit sur le site.

BIBLIOGRAPHIE

ALY, ABDEL-HAMID, DEWACHTER 1967

M. Aly, F. Abdel-Hamid, M. Dewachter, *Le temple d'Amada*, cahier IV, CollSc 54, Le Caire, 1967.

BAUM 1988

N. Baum, *Arbres et arbustes de l'Égypte ancienne. La liste de la tombe thébaine d'Ineni (n° 81)*, OLA 31, Louvain, 1988.

BROZE 1991

M. Broze, « Le chat, le serpent et l'arbre *ished* (chapitre 17 du Livre des Morts) » *in* L. Delvaud, E. Warmenbol (éd.), *Les divins chats d'Égypte: un air subtil, un dangereux parfum*, LettrOr 3, Louvain, 1991, p. 109-115.

CHEVRIER 1955

H. Chevrier, « Rapport sur les travaux de Karnak 1953-1954 », *ASAE* 53, 1955, p. 21-42.

COSTA LLERDA 2003

S. Costa Llerda, « El árbol *Ished* en la iconografía real: tres escenas de Rameses IV legitimando su ascenso al trono », *Aula Orientalis* 21, 2003, p. 193-204.

COSTA LLERDA 2006

S. Costa Llerda, « On the Scenes of the King Receiving the Sed-Fests in the Theban Temples of the Ramesside Period », *SAK* 35, 2006, p. 61-74.

CURTO 1965

S. Curto, *Nubia: storia di una civiltà favolosa*, Novara, 1965.

EL-ENANY 2001

K. el-Enany, « Quelques observations sur le Balanites aegyptiaca » in *Encyclopédie religieuse de l'Univers Végétal. Croyances phytoreligieuses de l'Égypte ancienne (ERUV)* II, OrMonsp 11, Montpellier, 2001, p. 155-162.

GABOLDE 1998

L. Gabolde, *Le « grand château d'Amon » de Sésostris Ier à Karnak*, MAIBL 17, Paris, 1998.

GARIS DAVIES 1953

N. de Garis Davies, *The Temple of Hibis in El-Khargeh Oasis*, vol. III, *The Decoration*, EEP 17, New York, 1953.

GAUTHIER 1913

H. Gauthier, *Le Temple d'Amada*, Les temples immergés de la Nubie, Le Caire, 1913.

HELCK 1957

W. Helck, « Ramessidische Inschriften aus Karnak », *ZÄS* 82, 1957, p. 11-140.

Hermsen 1981
Ed. Hermsen, *Lebensbaumsymbolik im alten Ägypten. Eine Untersuchung, Arbeitsmaterialien zur Religionsgeschichte*, Arbeitsmaterialen zur Religionsgeschichte 5, Köln, 1981.
Hornung, Staehelin 2006
E. Hornung, E. Staehelin, *Neue Studien zum Sedfest*, AegHelv 20, Köln, 2006.
Jacquet 1973
J. Jacquet, « Fouilles de Karnak-Nord. Cinquième campagne 1972 », *BIFAO* 73, 1973, p. 207-216.
Jacquet-Gordon 1988
H. Jacquet-Gordon, *Le trésor de Thoutmosis Ier. La décoration*, fasc. I, *Karnak Nord* VI, FIFAO 32,1, Le Caire, 1988.
Kákosy 1980
L. Kákosy, *LÄ* III, 1980, *s.v.* « Ischedbaum », col. 182-183.
Keimer 1947
L. Keimer, *Interprétations de quelques passages d'Horapollon*, CASAE 5, Le Caire, 1947.
Koemoth 1994
P. Koemoth, *Osiris et les arbres. Contribution à l'étude des arbres sacrés de l'Égypte ancienne*, AegLeod 3, Liège, 1994.
Laskowski 2006
P. Laskowski, « Monumental Architecture and the Royal Building of Thutmose III » *in* E.H. Cline, D. O'Connor (éd.), *Thutmose III, A New Biography*, Ann Arbor, 2006, p. 183-237.
Leblanc 2010
Chr. Leblanc, « Les châteaux de millions d'années : une redéfinition à la lumière des récentes recherches. De la vocation religieuse à la fonction politique et économique » in *Les temples de Millions d'Années et le pouvoir royal à Thèbes au Nouvel Empire. Sciences et nouvelles technologies appliquées à l'archéologie*, Memnonia, Cahier supplémentaire 2, Le Caire, 2010, p. 19-57.
Mysliewic 1980
K. Mysliewic, « Die Rolle des Atum in der isd-Baum-Szene », *MDAIK* 36, 1980, p. 349-356.
Ricke 1939
H. Ricke, *Der Totentempel Thutmoses' III. Beiträge zur ägyptischen Bauforschung und Altertumskunde*, BABA 2,1, Cahier 3 (I), Cairo, 1939.
Seco Álvarez, Radwan 2010
M. Seco Álvarez, A. Radwan, « Egyptian-Spanish Project at the Temple of Thutmosis III in Luxor West Bank: Results of Two Seasons » in *Les temples de millions d'années et le pouvoir royal à Thèbes au Nouvel Empire. Sciences et nouvelles technologies appliquées à l'archéologie*, Memnonia, Cahier supplémentaire 2, Le Caire, 2010, p. 59-71.
Seco Álvarez, Radwan 2014
M. Seco Álvarez, « The Temple of Millions of Years of Tuthmosis III », *Egyptian Archeology* 44, 2014, p. 21-25.
Seco Álvarez *et al.* 2010
M. Seco Álvarez *et al.*, « First Season of the Egyptian-Spanish Project at the Funerary Temple of Thutmosis III in Luxor », *ASAE* 84, 2010, p. 27-61.
Seco Álvarez *et al.* 2012-2013
M. Seco Álvarez *et al.*, « Second and Third Excavation Season of the Egyptian-Spanish Project at the Mortuary Temple of Thutmosis III at the West Bank of Luxor (2009 and 2010) », *ASAE* 86, 2012-2013, p. 329-395.
Sée 1974
G. Sée, *Grandes villes de l'Égypte antique*, Paris, 1974.
Weigall 1907
A.E.P. Weigall, « Plan of the Mortuary Temple of Thoutmosis III », *ASAE* 8, 1907, p. 286.
Welvaert 1996
E. Welvaert, « On the Origin of the Ished-Scene », *GM* 151, 1996, p. 101-107.

Nouveaux textes littéraires du scribe Amennakhte (et autres ostraca relatifs au scribe de la Tombe)

ANDREAS DORN, STÉPHANE POLIS*

Cet article est le premier d'une série de contributions consacrées à la publication de documents inédits conservés à l'Institut français d'archéologie orientale et ayant pour point commun le fait d'être, plus ou moins directement, liés au fameux scribe de la Tombe, Amennakhte, fils d'Ipouy[1]. L'objectif est de fournir les matériaux de base qui seront nécessaires à la réalisation de projets de plus grande ampleur, telles une étude micro-historique autour de l'individu en question et une analyse globale de la production textuelle d'un scribe de Deir el-Medina à la XXe dynastie.

Les six ostraca publiés ici appartiennent au fonds des ostraca dits « littéraires[2] » de l'Ifao. Les deux premiers documents sont assurément les plus remarquables dans la mesure où ils viennent enrichir le nombre des textes littéraires « signés » par le scribe

* Il nous est particulièrement agréable de remercier A. Gasse, qui a eu l'amabilité de nous confier la publication de ces ostraca littéraires liés au scribe Amennakhte et de nous aider à les identifier systématiquement dans le très riche fonds des documents inédits de l'Ifao. Fl. Albert n'a épargné ni son temps ni ses compétences pour rendre nos séjours de recherche à l'Ifao aussi fructueux que possibles et N. Cherpion, alors responsable des archives, a tout mis en œuvre pour nous permettre l'étude de ces documents dans des conditions optimales. Cette étude n'aurait pas pu voir le jour sans leur aide, ni sans l'essentiel soutien du directeur et du directeur des études de l'Institut, L. Bavay et N. Michel. Nous remercions enfin Khaled Hassan de nous avoir communiqué une version préliminaire de son étude de l'O. Cairo HO 450 (voir n. 3) ainsi que H.W. Fischer-Elfert et J. Winand pour leurs commentaires éclairés sur une première version de cette contribution. La recherche de parallèles et le commentaire philologique de ces textes sont aujourd'hui grandement facilités par les données des corpus annotés du *Thesaurus Linguae Aegyptiae* (http://aaew.bbaw.de/tla/index.html) et du *Projet Ramsès* (Polis, Honnay, Winand 2013) ; ces dernières sont désormais partiellement accessibles en ligne (http://ramses.ulg.ac.be). Université de Liège – F.R.S.-FNRS.

1 Il s'agit d'Amennakhte (v) dans la numérotation désormais canonique de B.G. Davies (1999, p. 105-*sq.*). On trouvera un état récent des différentes questions relatives à ce scribe dans A. Dorn (2013), St. Polis (2017) et U. Sikora (à paraître).

2 Voir en dernier lieu A. Gasse (2015).

Amennakhte[3]. Les deux ostraca suivants entretiennent un lien moins étroit avec le personnage, puisque l'un porte les nom et titre d'Amennakhte au verso (que nous proposons d'interpréter comme une marque probable d'auctorialité), tandis que l'autre ne fait que mentionner un « scribe Amennakhte », sans que rien n'assure la validité d'un rapprochement avec le fils d'Ipouy. Enfin, les deux derniers documents sont des tessons de céramique[4] qui conservent le début d'exercices épistolaires dans lesquels est mentionné un scribe Amennakhte que, dans les deux cas, nous avons de bonnes raisons de rapprocher du scribe de la Tombe en raison des liens prosopographiques avec autres individus mentionnés sur ces pièces.

Au total, ce n'est donc pas moins de trois à cinq nouvelles compositions qui viennent ainsi enrichir le corpus des sept textes littéraires[5] qui pouvaient jusqu'à présent être attribués au scribe Amennakhte, fils d'Ipouy. En outre, malgré le caractère largement fragmentaire des ostraca publiés, il est possible de montrer l'existence de liens paléographiques évidents entre les mains des textes « signés » et les mains d'autres textes associés à ce scribe. En ce sens, il s'agit d'un matériel important en vue d'une compréhension plus fine de la signification des « signatures » en *jr.n* NOM PROPRE « qu'a fait NOM PROPRE[6] ». En effet, si l'on peut (dans le futur) montrer que certains textes « signés » par Amennakhte ne peuvent pas correspondre à une seule et même main, nous aurons alors un indice fort de la valeur auctoriale de ces « signatures ». Au contraire, si tous les textes « signés » par Amennakhte peuvent être rattachés à une même main, nous aurons des arguments pour affirmer que la formule renvoie au scribe responsable de la rédaction effective du texte. Ces questions ne seront pas tranchées dans le cadre de la présente étude, mais il paraît important de souligner d'emblée les enjeux sous-jacents à la comparaison paléographique lorsqu'il s'agit d'individualiser les données scribales livrées par la communauté de Deir el-Medina.

OSTRACON IFAO OL 117 – INVOCATION DES DIEUX DES NOMES ET DÉESSES SUIVIE D'UNE PRIÈRE À OSIRIS

N° de séquestre :	10511
Provenance :	Deir el-Medina
Matériel :	calcaire
Dimensions :	H. 12,8 cm, l. 11,8 cm, ép. 1,9 cm
Encre :	noire et ponctuation rouge
Orientation :	recto haut – verso bas

3 Voir l'étude fondamentale de S. Bickel, B. Mathieu (1993) concernant les textes littéraires associés à ce scribe. L'*Enseignement d'Amennakhte* est à présent enrichi d'autres témoins (DORN 2004 ; RITTER 2008, p. 83 ; GRANDET 2016) et connecté à divers textes en constituant une possible suite (DORN 2013). Aux autres textes littéraires qui sont discutés dans l'étude de S. Bickel et B. Mathieu, il faut à présent ajouter O. Berlin P 14262 (BURKARD 2013) et O. Caire HO 450 (HASSAN à paraître).

4 On notera donc une opposition claire dans le présent matériel entre les textes littéraires, qui sont tous copiés sur des ostraca calcaires, et les exercices de lettres, qui sont rédigés sur céramique.

5 Voir BURKARD 2013, p. 65-66.

6 Voir DORN 2017 avec la littérature antérieure.

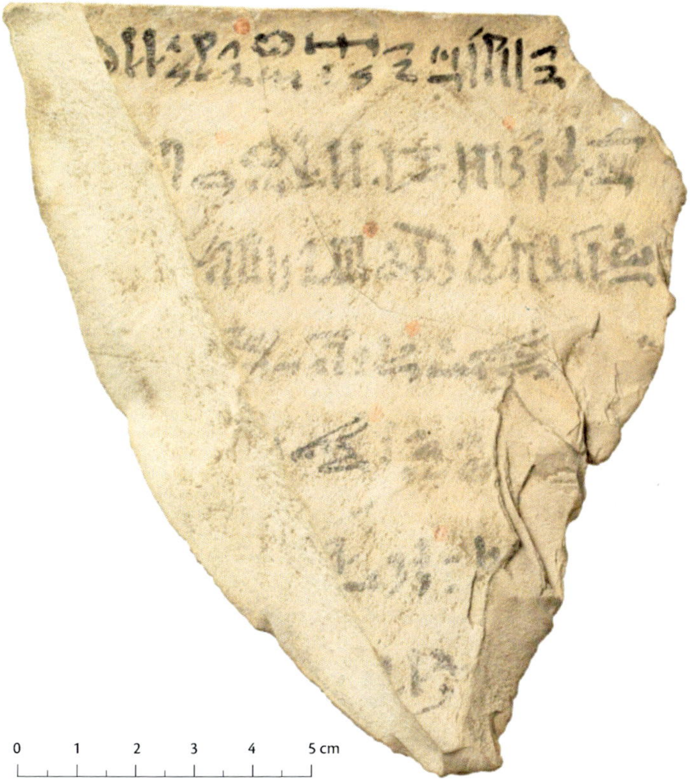

Fig. 1a. O. IFAO OL 117, r°.

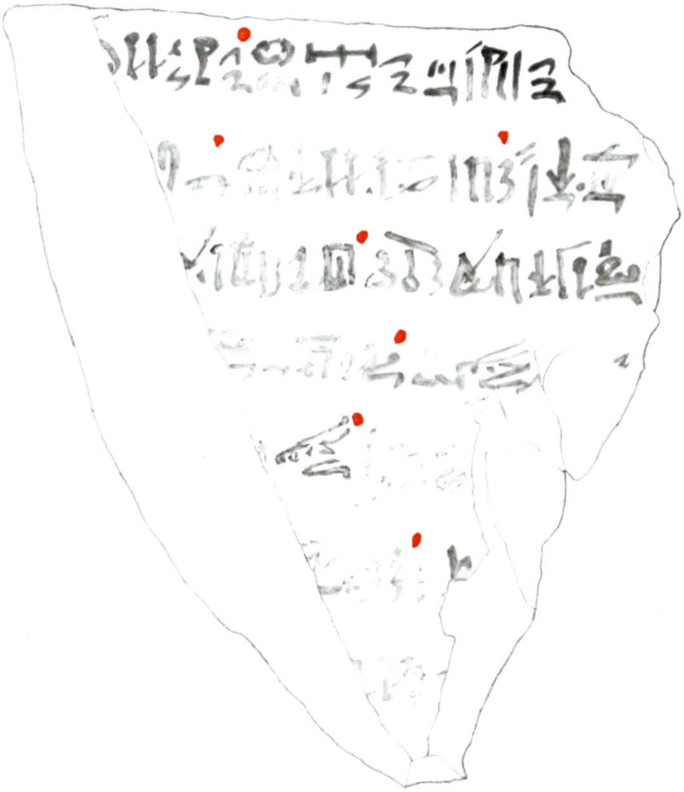

Fig. 1b. Fac-similé du r°.

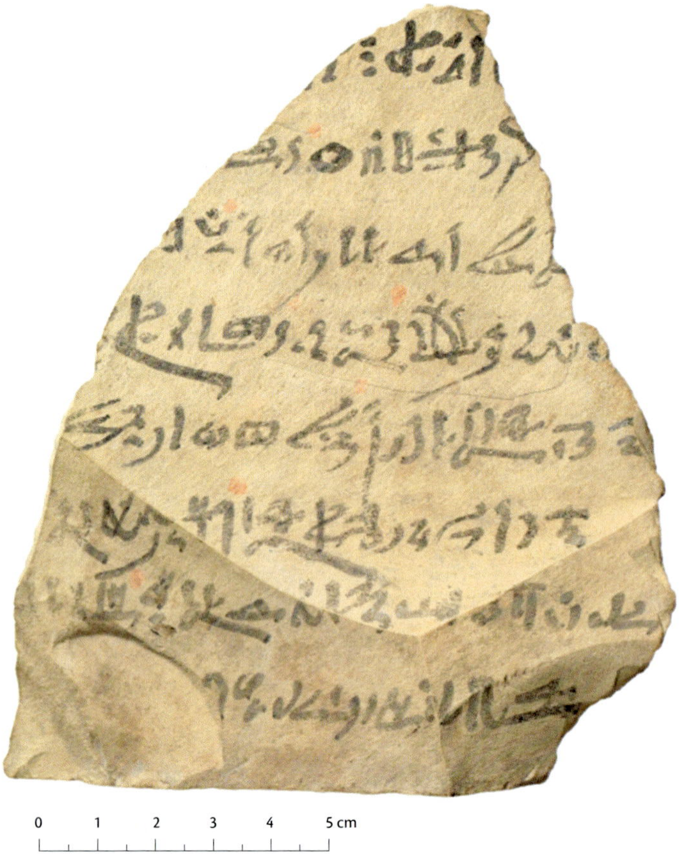

Fig. 2a. O. IFAO OL 117, v°.

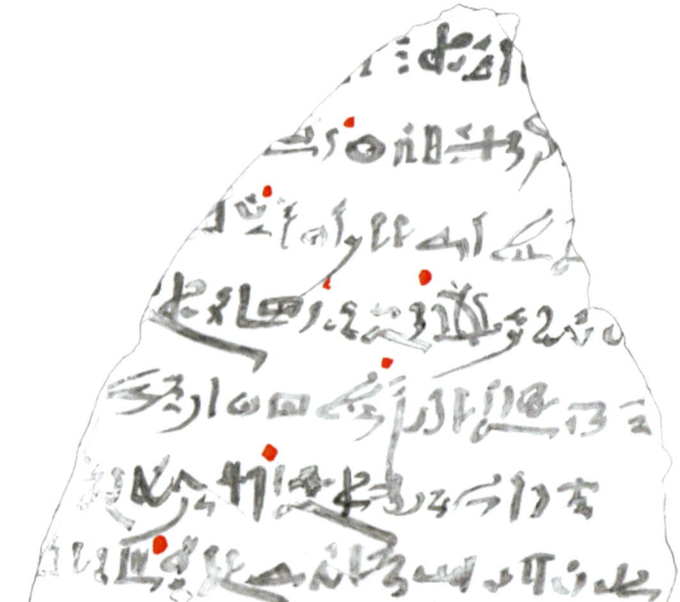

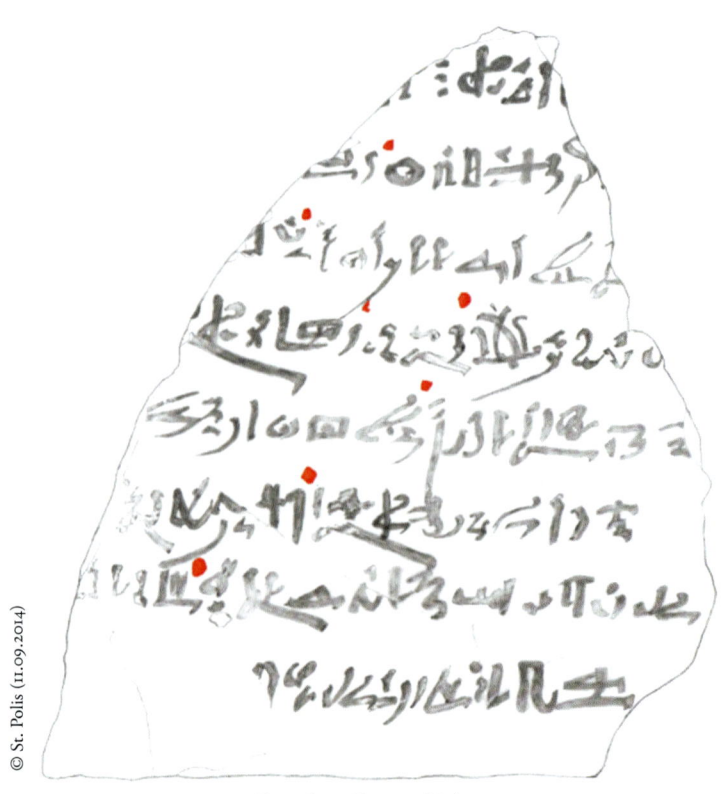

Fig. 2b. Fac-similé du v°.

Description

Cet ostracon calcaire, qui est ponctué à l'encre rouge, préserve les traces de sept lignes de texte sur le recto et de huit lignes sur le verso. Le bord supérieur (avec un angle de section rectangulaire) ainsi que le côté supérieur droit du recto (sur les trois premières lignes) sont intacts. La partie inférieure droite du recto n'a été amputée que de quelques éclats en surface, tandis qu'une (large ?) portion de la partie gauche est brisée. La couleur du texte du recto est bien conservée sur la première ligne, puis est de plus en plus effacée à mesure que l'on s'approche du bas de l'ostracon. Le texte du verso, en revanche, est très bien conservé sur toute la surface à l'exception d'un petit éclat manquant dans le coin inférieur gauche. En sus des arguments textuels, on notera que le recto se distingue par une surface entièrement plane, alors que le verso présente des arêtes induisant un relief significatif sur la surface d'écriture.

Transcription hiéroglyphique

R°

V°

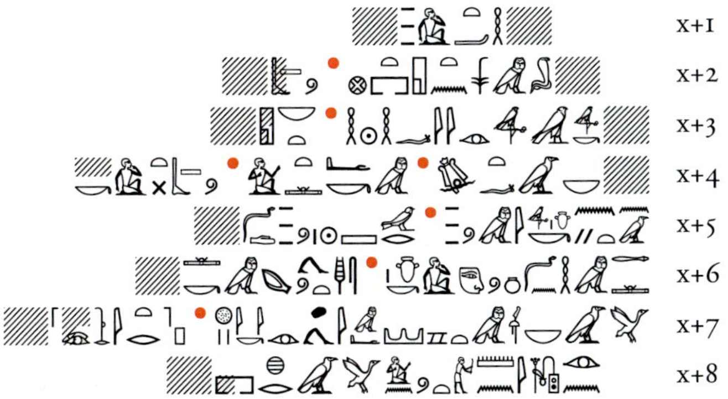

Translitération

R°

[1] *nꜣ nṯr.w n nꜣ spꜣ.wt • nꜣ nṯr.y[t ///]*
[2] *dp.wt • m Pr-Tꜣ-mḥy • r s[///]*
[3] *mnj m Wꜣs.t • hꜣ? [///]*
[4] *[///] wr.w • pꜣ tꜣ n mꜣꜥ[.t ///]*
[5] *[///] rḫ.n=f • wr [///]*
[6] *[///] .w • nḏm-jb n [///]*
[7] *[///] =f jw [///]*

V°

[x+1] *[/// db]ḥ=w [///]*
[x+2] *[///] m Ḥw.t-nsw.t • wšb [///]*
[x+3] *[///] =k Ḥr, jry=f nḥḥ • Nb.t-ḥw.t [///]*
[x+4] *[///] nb ꜣtf • mk • wšb=k [///]*
[x+5] *nꜣ nty jb=k jm=w • wrš=w ḏd [///]*
[x+6] *ꜥꜣ m ḫdn jb=k • sꜥḥꜥ tw sḏm=k [///]*
[x+7] *pꜣ nb jmnt.t my jry=k zp-2 • ptr[=k? ///]*
[x+8] *jr.n sš Jmn-nḫt n pꜣ ḫr [///]*

Traduction

R°

[1] *Ô dieux des nomes, ô déesses [///]*
[2] *bateaux, dans Pr-Tꜣ-mḥy, pour [///]*
[3] *accoster dans Thèbes, ? [///]*
[4] *[///] grands, le pays de Maâ[t ///]*
[5] *[///] qu'il connaît/statue ; grand [///]*
[6] *[///] joie de [///]*
[7] *[///] lui, tandis que [///]*

V°

[x+1] *[///] les demander [///]*
[x+2] *[/// Isis?] dans Ḥw.t-nsw.t (i.e., Kom el-Ahmar), réponse/répondre [///]*
[x+3] *[///] ton ?fils?, Horus, puisse-t-il vivre éternellement ; Nephtys [///]*
[x+4] *[///] maître de la couronne-Atef, protecteur, veuille répondre [///]*
[x+5] *dans lesquels se trouve ton cœur. Ils passent la journée en disant [///]*
[x+6] *grand, ne t'irrite pas en ton cœur ; lève-toi et écoute [///]*
[x+7] *ô maître de l'Occident, viens et agis donc ; tu verras alors [///]*
[x+8] *fait par le scribe de la Tombe Amennakhte [///]*

Commentaire

Ce texte s'ouvre par un appel aux dieux des nomes et aux déesses avant de se poursuivre par une prière à une divinité que l'on peut identifier à Osiris. L'unité de la composition entre le recto et le verso n'est pas évidente de prime abord, mais peut être suggérée avec vraisemblance à partir d'un rapprochement avec un autre texte signé par le scribe Amennakhte, à savoir l'O. Turin CG 57002[7]. Ce dernier commence en effet également par une invocation dirigée vers tous les dieux (r° 1 : *nṯr.w nb.w šmꜤ.w* [...], « Tous les dieux de Haute [et de Basse] Égypte ») avant de se poursuivre par un hymne à Ptah[8] à la seconde personne.

Nous n'avons pas été en mesure d'identifier de parallèles précis à cet appel à Osiris[9] qui paraît s'inscrire dans le cadre d'un déplacement – s'agirait-il d'un texte à rapprocher des fameuses processions géographiques des nomes[10] ? – de divinités depuis le nord du pays vers Thèbes. Ce caractère unique ne surprendra pas outre mesure étant donné la nature largement originale des autres compositions littéraires dues au scribe de la Tombe, Amennakhte.

On soulignera enfin la connaissance de deux lieux situés dans la partie septentrionale de l'Égypte (tantôt dans le Delta, tantôt à l'emplacement de l'actuelle Kôm el-Ahmar Sawaris) dont témoigne le texte. Il demeure cependant difficile de préciser l'origine d'un tel savoir pour un scribe de Deir el-Medina : s'agit-il d'une expérience directe et personnelle qui soit liée à des déplacements dans le pays ou à des visites de temples locaux affichant ce type d'informations (voir n. 10) ? cette connaissance découlerait-elle plutôt de la consultation de *compendia* religieux dans le Per-Ankh[11] ? ou faisait-elle alors partie de la culture partagée des scribes ? Il n'est malheureusement guère possible d'apporter une réponse satisfaisante à ces questions à partir des seules informations contenues dans ce texte.

R° 1. L'expression *nꜣ nṯr.w n nꜣ spꜣ.wt*, « ô dieux des nomes » ne semble pas connaître de parallèle exact en tête d'invocation, mais on se reportera à l'O. Turin CG 57002 où l'appel à tous les dieux (r° 1, cf. ci-dessus) est suivi par *spꜣ.wt nb.w*, « tous les nomes » en r° 2 (dans un contexte lacunaire).

R° 2. Le toponyme *Pr-Tꜣ-mḥy* est également attesté dans la prière à Amon et éloge de Thèbes[12] de l'O. Caire CG 25766, r° 3 (= Černý 1935, p. 82, pl. 95, XCVIII) : *jnk ḳrj n Pr-Tꜣ-mḥy*, « je suis un visiteur de *Pr-Tꜣ-mḥy* (𓏤𓇉𓇌𓎛𓇾[𓏤]𓉐) ». J. Černý (1966), suivi par G. Posener (1977), a prudemment proposé de comprendre le 𓏤𓉐 de cet ostracon comme un emploi ancien

7 Voir López 1978, pl. 3-3a, 4-4a.

8 En suivant la proposition de Bickel, Mathieu 1993, p. 45.

9 La tradition des hymnes à Osiris remonte aux *Textes des Pyramides* (voir déjà Sainte Fare Garnot 1949). Dans les grands recueils traditionnels d'hymnes et prières, voir *e.g.* Barucq, Daumas 1980, p. 73-114 ; Assmann 1999, p. 464-474, 477-496 ; Quack 2013, p. 177-179 et Knigge Salis 2013, p. 220-222, 228. Pour le Moyen Empire, voir en outre la liste dressée par Franke 2003, p. 96-104, 106-107. Les nombreuses liturgies et hymnes osiriens postérieurs à la Troisième Période intermédiaire n'ont pas été dépouillés systématiquement.

10 Voir Beinlich 1977 et les nombreuses études afférentes dans Rickert, Ventker 2014. Sur le caractère exceptionnel des processions géographiques comme programme décoratif des soubassements de temples au Nouvel Empire, voir Collombert 2014a ; les litanies géographiques trouvent alors des lieux d'inscription plus divers ; voir en ce sens les cas du temple de Séthi Ier à Gournah et du temple de Louqsor (mur ouest de la grande cour). Concernant la dimension osirienne des processions géographiques, on se reportera en particulier au « Grand texte géographique d'Edfou » (voir récemment Medini 2014). Nous remercions V. Razanajao pour les enrichissantes discussions sur ces questions.

11 Pour Amennakhte, voir le titre *sš n pr-Ꜥnḫ*, « scribe de la Maison de Vie », qu'il porte dans le Graffito de la montagne thébaine n° 2173, avec le commentaire de Bickel, Mathieu 1993, p. 36, n. 32.

12 Voir Ragazzoli 2008, p. 40-41.

de ce signe pour rendre l'article masculin singulier *p*(ꜣ). Il lit par conséquent *pꜣ Tꜣ-mḥw* et traduit « *The northern country* ». Quoique l'explication de J. Černý demeure possible et bien que nous ne soyons pas en mesure de proposer une localisation plus précise pour ce toponyme, cette nouvelle occurrence de *Pr-Tꜣ-mḥy* nous pousse à ne pas interpréter comme un article et à considérer qu'il s'agit vraisemblablement d'une région plus spécifique que celle impliquée par le générique *Tꜣ-mḥw*. On verra en ce sens la remarque de Chl. Ragazzoli (2008, p. 41, n. 3) qui note : « *Tꜣ-Mḥy* (...) le nom d'une branche du delta du Nil et du territoire traversé par cette branche, au nord-est de l'Égypte. On peut donc supposer que *Pr* désigne ici ce territoire. »

Rº 3a. Les graphies du verbe *mnj*, « accoster » (*Wb.* II, 73,13-74,10) avec le classificateur ne sont pas fréquentes dans la documentation hiératique du Nouvel Empire (voir les exemples du P. d'Orbiney, 19,7 [= *LES* 29,9-10] et du P. Anastasi V, 16,5 [= *LEM* 64,16], avec dans les deux cas qui précède). Comme l'a suggéré Gardiner (*LES* 29*a*,10*b*), il est possible que ce classificateur soit emprunté au substantif *mnj.t*, « lieu d'amarrage, port » (*Wb.* II, 74,14), cf. *e.g.* O. DeM 1435, rº 1 : *bn n=f mnj.t*, « (celui qui ignore Amon...) il n'a pas de port ». Étant donné le contexte lacunaire, il est difficile de trancher catégoriquement entre l'emploi d'un verbe et d'un substantif dans cet ostracon. En effet, au nombre des constructions valencielles du verbe *mnj* « accoster », le second argument (*i.e.* le lieu d'accostage) est régulièrement introduit par la préposition *m* (à côté notamment de *r*, *n* et *ḥr*). Dans un cadre hymnique qui offre d'intéressants parallèles lexicaux avec le texte de l'ostracon, on se reportera en particulier à : *ḫr mnj=tw m ḥsy m Wꜣs.t, spꜣ.t mꜣꜥ.t, bk.t gr* (...) *wꜣḏ.wy mnj m-ẖnw=s*, « c'est loué que l'on aborde dans Thèbes, le nome de justice, le district du silence (...) qu'il est bon d'accoster en elle ! » (Hymne à Amon du P. Leyde I, 350, rº 6,9-10 = Zandee 1947, p. 108-109, pl. 6).

Rº 3b. La lecture du groupe en fin de ligne est problématique. On serait tenté de lire quelque chose comme , mais cette lecture n'offre aucun sens probant. Il paraît par ailleurs impossible d'opter pour une lecture du type *hm*, qui renverrait à un cri de satisfaction (*Wb.* II, 490,2-3) étant donné les traces présentes sur l'ostracon. Ce terme serait pourtant relativement attendu dans le contexte d'une arrivée (joyeuse) à Thèbes (cf. *e.g.* O. OIM 25346, rº 2 = Foster 1994, p. 90-91), et ce d'autant plus que différents lexèmes rattachés à cette racine se rencontrent dans les textes « signés » d'Amennakhte (O. Berlin P 14262, vº x+5 = Burkard 2013, p. 69-70 ; O. Turin CG 57001, rº 5, 6 = López 1978 : pl. 1-1*a*). Une lecture du type , *hꜣ*, « griller » (*Wb.* II, 475,9) est paléographiquement et contextuellement difficile. H.W. Fischer-Elfert nous suggère une lecture , qui serait à rapprocher du verbe *hjms*, « venir humblement » (*Wb.* II, 484,4-8 ; *AnLex* 79.1821 ; Wilson 1997, p. 605), ce qui constituerait à notre connaissance la première attestation de ce terme dans la documentation hiératique du Nouvel Empire. Tout en étant de loin l'interprétation la plus satisfaisante, le trait horizontal que l'on observe à la base du signe qui serait à lire *ms* impliquerait un ductus exceptionnel pour ce signe.

Rº 4. La locution *pꜣ tꜣ n mꜣꜥ.t*, « la terre de Maât », ne semble guère attestée dans la documentation du Nouvel Empire. Si cette expression fait certainement référence au royaume des morts ainsi qu'en attestent des occurrences plus tardives[13], ce sont les désignations *s.t mꜣʿ.t* ou *spꜣ.t mꜣʿ.t* qui sont alors fréquemment employées (cf. ci-dessus l'extrait de l'hymne d'Amon du P. Leyde I, 350, où *spꜣ.t mꜣʿ.t* est employé en relation avec Thèbes et le verbe *mnj*, comme dans le présent hymne).

Rº 5. La locution *rḫ.n=f* pourrait être une forme *sḏm.n=f* du verbe *rḫ*, « (apprendre à) connaître », avec un sujet à la 3ᵉ personne référant au dieu (en raison de la présence du faucon sur le pavois comme classificateur)[14], mais on ne peut exclure qu'il s'agisse de la mention d'une statue cultuelle, nommée *rḫ.n=f* (*Wb.* II, 445,11 ; *AnLex* 77.2405 & 79.1773 ; Borghouts 1982, p. 81-82, 90) en raison du fait qu'elle est envisagée comme endroit connu du dieu/roi et que son *ba* visite. En lien avec le scribe de la Tombe, Amennakhte, on songera évidemment au P. Turin 1879 *et al.*, rº (texte nº 18), en relation avec la statue royale en pierre de *bekhen* rapportée du Ouadi Hammamat (Goyon 1949, p. 341-342).

Rº 6. La collocation *nḏm jb n* apparaît dans différents contextes hymniques, soit comme épithète descriptive (*e.g. nḏm-jb n km.t*, « joie de l'Égypte », P. Anastasi II, 1,6 = *LEM* 12,15) ou prédication adjectivale (*e.g. nḏm jb n Km.t ḏ.t*, « l'Égypte est en joie à jamais », Medinet Habou, Première Guerre libyenne = *KRI* V, 15,9 ; *nḏm jb n tꜣy=j rw.yt*, « mon portail est en joie », P. Anastasi III, 5,2 = *LEM* 25,13).

Vº x+1. Dans le contexte hymnique de cet ostracon, les graphèmes conservés en haut du verso() se rapportent vraisemblablement à des lexèmes comme *dbḥ*, « demander » () ou *nḥ/nḥ.t*, « prier, prière » (). Les traces sont telles qu'il est difficile de trancher. Il en va de même pour les traces visibles en fin de ligne, qui ne peuvent être interprétées avec un degré de certitude suffisant.

Vº x+2. 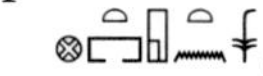, *Ḥw.t-nsw.t* est un toponyme bien connu (mod. Kôm el-Ahmar Sawaris, cf. PM IV, 125-126 ; *LÄ* III 1980, col. 88-89, *s.v.* « Hut-neset » ; *LGG* V,73). Il s'agit de la capitale régionale du 18ᵉ nome de Haute Égypte[15] (*nmtj* ; anciennement lu *ʿntj*, voir Durisch Gauthier 2002, p. 17-21 et Collombert 2014b, p. 1, n. 1 avec la littérature antérieure, p. 14-17). La divinité tutélaire de cette ville, Nemty, est dès le Nouvel Empire concurrencée par Horus sous sa forme de *Dwn-ʿn.wy*[16]. Parmi les autres divinités vénérées sur place, Osiris et Isis semblent avoir occupé une place importante (voir leur mention dans Daressy 1894, p. 44-45 ; dans cette inscription de *Pꜣ-dj-Jmn*, les deux Osiris adossés recevant la libation sont dits : *Wsjr nb ḥw.t-nsw.t*, « Osiris, maître de Kom el-Ahmar »). Dans notre ostracon, étant donné la présence du classificateur des déesses féminines() à la fin du mot qui précède *m ḥw.t-nsw.t*, et les mentions d'Horus et de Nephtys dans les lignes qui suivent, on sera tenté de restituer le nom de la déesse Isis dans la lacune qui précède.

13 Voir *LdM* 163, 12 (= Lepsius 1842, pl. LVIII) : *mj n Wsjr* NP *mꜣʿ-ḫrw, jw=f n p(ꜣ) tꜣ n mꜣʿ.t*, « viens pour cet Osiris NP j.v., lorsqu'il se trouve dans la terre de Maât. »

14 Pour *rḫ.n=k* dans un hymne à Osiris, voir O. Caire CG 25209, l. 16, avec Erman 1900, p. 31 et Quack 2013, p. 177-178.

15 Pour la période Ramesside, on verra en outre la mention du toponyme dans O. Gardiner 13, vº 6 (= *KRI* III, 30,7), P. Chester Beatty V, vº 7,3 (= Gardiner 1935 II, pl. 29) et P. Wilbour, B2,6, B24,27 (= Gardiner 1941, pl. 71).

16 Ce dieu était connu à l'époque dans la nécropole thébaine comme le montre sa mention dans la tombe de Ramsès VII (Hornung 1990, p. 59-60, pl. 104).

V° x+3. Sur l'expression *jr nḥḥ*, « vivre éternellement (lit. faire l'éternité) », voir *e.g.* les vœux adressés au roi Séthi Ier par Amon : *jr=k nḥḥ m nsw.t ḥr ns.t Gb*, « puisses-tu vivre éternellement comme roi sur le trône de Geb », Scène de triomphe [Karnak] = *KRI* I, 27,4.

V° x+4a. L'expression *nb ꜣtf*, « maître de la couronne-*Atef* », n'est pas rare (voir *e.g.* P. BM EA 10477 [P. Nu], *LdM* 125, l. 77 [= Lapp 1997, pl. 68] ; P. Leyde, I, 344, v° VII, 2[17] ; P. Turin 1791, *LdM* 128, l. 2 [Lepsius 1842, pl. LI] ; P. Strasbourg 2, IV, 3 [Bucher 1928, p. 155] ; St. BM EA 551, l. 13 [*Urk.* IV, 2097,8] ; St. BM EA 893, l. 3). En relation avec Osiris[18], on se reportera en particulier à la version longue du chapitre 175 du *Livre des Morts* conservée dans le P. Kha (Schiaparelli 1927, p. 59-61), qui narre la souffrance résultant du port de la couronne *Atef* par Osiris, dont Rê vient le délivrer (*LdM* 175, 41-*sq.*).

V° x+4b. Nous comprenons  comme un participe actif substantivé du verbe *mkj*, « protéger » (*Wb.* II, 160,1-21) , fonctionnant comme épithète vocative entre deux marques de ponctuation (l'addition du classificateur  est fréquente pour les verbes utilisés au participe ; voir *e.g.* P. Anastasi II, 10,6 = *LEM* 18,15 pour un cas similaire avec le verbe *mkj*).

V° x+5. Pour l'expression *wrš* (*ḥr*) *ḏd*, « passer la journée à dire », voir P. Lansing 3,10 (= *LEM* 102,13-14) : *wrš=j* (*ḥr*) *ḏd n=k* '*sš*', « je passe la journée à te dire : "écris" ». Comparer avec la formulation *j-jr=w wrš jw=w ssmt m rn=s*, « ils ne passent la journée qu'à rêver à son nom [*i.e.* Thèbes] » (O. Gardiner 25, r° 2-3[19] = *HO* XXXV), un autre texte signé par le scribe Amennakhte.

V° x+6a. Dans la construction vétitive *m ḥḏn jb=k*, « ne t'irrite pas en ton cœur », le substantif *jb=k* est construit comme un accusatif de relation, ainsi que le montre la construction parallèle du texte contemporain du chant du harpiste dans la tombe d'Inherkhâou à Deir el-Medina (l. 20 et 23) *jm=k ḥḏn jb=k ḥr ḫpr.t nb*, « ne t'irrite donc pas en ton cœur concernant quoi qu'il soit advenu » (Cherpion, Corteggiani 2010, I : p. 232-233, II : pl. 70). Concernant le cœur comme siège de l'irritation et de l'énervement, voir *e.g.* *mk jb=j ḥḏn* <*m*> *sḫꜣ tw=f*, « vois, mon cœur est irrité de souvenir de lui » (P. Chester Beatty I, v° C 2,1 = Matthieu 1996 : pl. 2 ; cf. également P. Anastasi I, 28,4-5). On notera que le vétitif du verbe *ḥḏn* est généralement périphrasé dans les textes littéraires néo-égyptiens : *m jr ḥḏn*, « ne t'énerve pas » (P. Chester Beatty I, 4,13 = *LES* 42,12) ; *m jr ḥḏn r sꜣw*, « ne t'énerve pas au point de (t'en) garder » (P. BM EA 41541, r° 6-7 = Demarée 2002, pl. 93 ; de manière intéressante, la graphie de *ḥḏn* dans les différents témoins de l'*Enseignement d'Amennakhte* [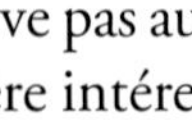, voir Dorn 2004, p. 40] diffère de celle du texte présent).

V° x+6b. Au propre, le verbe *sʿḥʿ*, « ériger, dresser », renvoie à l'érection d'un monument ou à la remise sur pieds d'une personne (*Wb.* IV, 55,2-*sq.*). En relation avec une personne dans le corpus néo-égyptien, voir *e.g.* P. Chester Beatty I, 10,11 (= *LES* 51,7-8) : *ḫr jry=j sʿḥʿ=f ʿn*, « (j'ai trouvé Horus après que Seth l'avait blessé à l'œil) et je l'ai rétabli ». Ce verbe est employé

17 Avec le commentaire fourni de Zandee 1992 II, p. 630-638.

18 Dans un hymne à Osiris de la fin du Nouvel Empire, il est dit *ḫkr.w* <*m*?> *ꜣtf m ḫ.t n Nw.t*, « orné de l'Atef (depuis qu'il est) dans le ventre de Nout » (P. BM EA 10299, l. 1-2 = Caminos 1958, p. 21).

19 Pour le sens de *ssmt*, voir Ragazzoli 2008, p. 33 n. 3.

en relation au « redressement » d'Osiris[20] dès les *Textes des Pyramides*, en particulier dans les textes dits « de glorification » (Assmann 1990) ; on se reportera, par exemple, au *Spruch* 364 où il fait partie des différents lexèmes employés en vue d'exhorter Osiris à se lever pour entrer dans l'horizon : *ꜥḥꜥ r=k*, « tiens-toi debout » (§ 609a) ; *rs r=k* « réveille-toi » (§ 612a) ; *sꜥḥꜥ.n ṯw ḥr, m nwtwt.w*, « Horus t'a redressé, ne vacille pas » (§ 617c) ; *wṯz=f kw m rn=k n zkr*, « Horus t'a élevé en ton nom de Sokar »[21]. Dans le *Livre des Morts*, voir *e.g.* P. BM EA 10477 [P. Nu], chap. 101, l. 6-7 (= Lapp 1997, pl. 79) : *kꜣ=k sꜥḥꜥ=k wsjr* NP *mꜣꜥ-ḫrw ꜣḫ jḳr ḥr rd.wj=f*, « (Ô Rê … si tu passes auprès de ceux qui sont là, la tête en bas,) alors tu feras se dresser l'Osiris NP j.v., glorifié excellent, sur ses pieds ». Le verbe *sꜥḥꜥ* est également employé en référence à Osiris dans le titre d'un rite mentionné dans le P. Louvre N. 3176 (S), col. VI, 3 (= Barguet 1962, p. 20) : *sꜥḥꜥ sn.tj*, « redressement des deux sœurs » (à comprendre comme un génitif subjectif, *i.e.* le redressement effectué par les deux sœurs ; cf. le commentaire de P. Koemoth [1993, p. 162]).

V° x+7. La formule *jr.n*, « qu'a fait » (voir Dorn 2017), comme marque de signature, apparaît dans les textes attribués au scribe de la Tombe, Amennakhte – soit après le titre de l'œuvre (*Enseignement d'Amennakhte* ; voir Dorn 2004, p. 40), soit en fin de composition (O. Ermitage 1125, r° ; O. Turin CG 57001, r°) –, mais ce n'est pas la règle, loin s'en faut. Ainsi O. Ashmolean Museum 25, r° et v°, O. Berlin P 14262, v°, O. Turin CG 57002, v° et O. IFAO OL 4039, r° et v° (voir document n° 2, ci-dessous) semblent se contenter de mentionner le nom du scribe à la fin du texte (éventuellement accompagné d'informations concernant la date de composition).

Comparaison paléographique avec l'O. Ashmolean HO 25 (= O. Gardiner 25)

De tous les textes attribués au scribe Amennakhte, la ressemblance la plus frappante d'un point de vue paléographique[22] est certainement celle que notre document entretien avec l'O. Ashmolean HO 25 (= *HO* XXXVIII, 1)[23].

20 Sur l'Osiris « redressé » en Égypte pharaonique et le rite de redresser Osiris en particulier, voir P. Koemoth (1993).

21 Voir parallèlement les emplois réflexifs de *ṯz* « élever, dresser » dans les *Textes des Pyramides*, *e.g.* en §626a : *ꜥḥꜥ ṯz ṯw*, « debout ! lève-toi ! » Cet emploi est bien attesté jusque dans les textes de glorification tardifs, voir *e.g.* P. Sękowski, II,10-11 : *ḏd=f n=k ṯz ṯw, smꜣꜥ ḫrw=k r ḫfty<w=k>*, « il te dit : lève-toi, et tu seras rendu triomphant contre tes ennemis » (= Herbin 2004, p. 203) ; voir plus largement Assmann 1990, p. 32 et Herbin 2003, p. 86, 92.

22 Pour Bickel, Mathieu 1993, p. 38, « [t]outes ces compositions [*i.e.* les cinq connues à l'époque], à l'exception peut-être de l'O. CGT 57001, dont l'écriture est plus dense et plus rapide, semblent nous être parvenues sur des documents écrits de la main même d'Amennakht. »

23 L'O. Turin CG 57002 est également extrêmement similaire à bien des égards, mais sera traité plus en détail dans une autre contribution. On notera que nous nous limitons ici à démontrer une identité de main, sans chercher à relier cette main à un individu particulier, qu'il s'agisse d'Amennakhte ou d'un autre scribe alors actif (voir les remarques de Dorn 2015, p. 188-189).

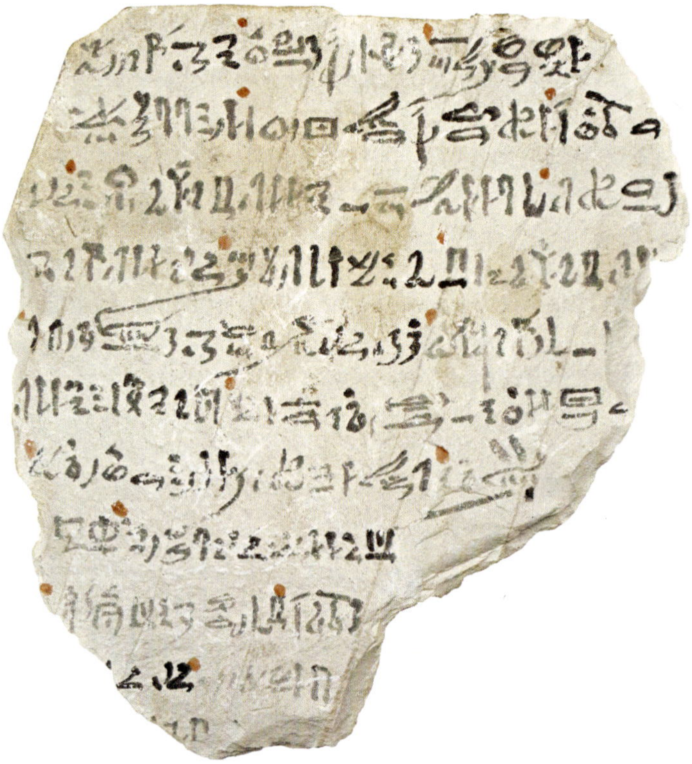

FIG. 3. O. Ashmolean HO 25, r°.

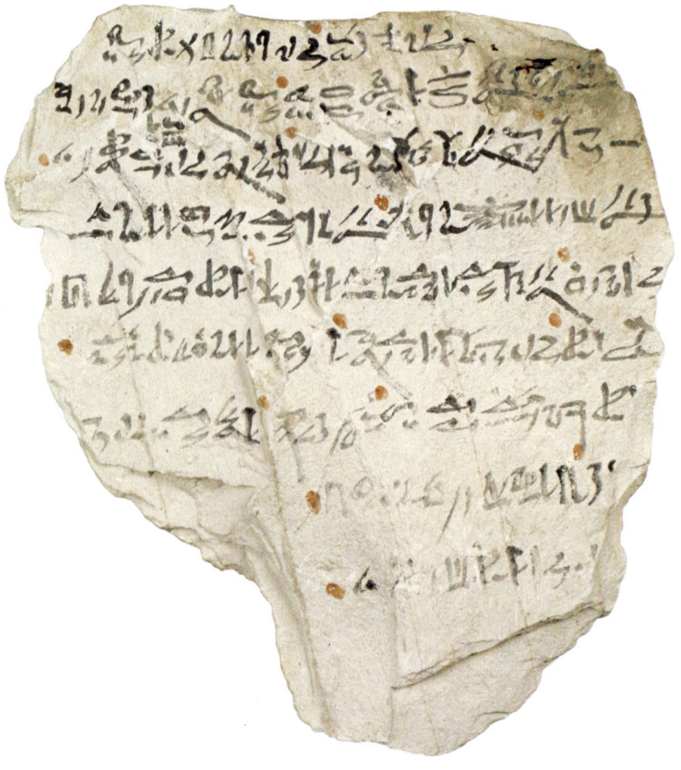

FIG. 4. O. Ashmolean HO 25, v°.

Les problèmes posés par la comparaison paléographique de documents hiératiques à partir de signes isolés ont été maintes fois discutés. Ainsi que cela a été observé[24], la forme des signes peut en effet varier sensiblement pour un même scribe, y compris au sein d'un même document. Nous prendrons pour simple illustration les variations de ductus[25] affectant le signe 𓀁 (A2) au verso de O. IFAO OL 117.

O. IFAO OL 117, v° x+1 O. IFAO OL 117, v° x+4 O. IFAO OL 117, v° x+6

Tabl. 1. Le signe 𓀁 (A2) au verso de O. IFAO OL 117.

Aux quatre traits posés[26] de la première occurrence du signe – le trait vertical représentant le corps (1), la main portée à la bouche (2), le bras arrière (3) et la jambe avant (4) – répond un ductus identique, mais plus rythmé et moins appliqué pour la seconde occurrence, tandis que la troisième occurrence du signe 𓀁 est uniquement formée de deux traits[27] : celui du corps et un trait unique regroupant la main portée à la bouche, le bras arrière et la jambe avant.

Cet exemple suffit à montrer l'inanité de la seule comparaison signe à signe en vue de regrouper des textes dont on suppute qu'ils puissent avoir été rédigés par une même main. Deux options sont alors envisageables (et devront être envisagées de concert) : (1) constituer un *répertoire des ductus*, en examinant les différentes formes et manières attestées pour chaque (groupe de) signe(s) et (2) comparer non plus des signes isolés, mais les *graphies de mots entiers*[28].

Étant donné la longueur des textes ici en présence, le nombre des mots qui se prêtent à une telle comparaison n'est cependant pas élevé[29], ce qui illustre les limites d'une approche par mots si elle n'est pas combinée à d'autres éléments.

24 Pour les document hiératiques de l'époque ramesside, voir en particulier Eyre 1979, p. 86-87 ; Janssen 1987 ; Sweeney 1998 ; Janssen 2000.

25 Dans O. Ashmolean HO 25, voir par exemple les variations de ductus affectant le signe dans le même groupe en v° 1 et en v° 2.

26 Comparer avec A2 dans le *yod* prothétique de O. Ashmolean HO 25, v° 5 et le signe A2 de v° 6.

27 On retrouve ce ductus en deux traits dans *rn* de l'O. Ashmolean HO 25, v° 3.

28 Cette seconde méthode a produit des résultats très probants dans l'analyse des textes de Deir el-Medina (van den Berg, Donker van Heel 2000) et d'autant plus convaincants qu'ils sont corrélés à un contexte archéologique partagé.

29 Nous n'intégrons pas dans la discussion les variations observées dans les graphies du nom d'Amennakhte lui-même ; sur cette question, voir Dorn 2015.

O. IFAO OL 117, v° x+5 O. Ashmolean HO 25, r° 5 O. Ashmolean HO 25, v° 6

Tabl. 2. Comparaison du ductus de *nty*.

O. IFAO OL 117, r° 6 O. Ashmolean HO 25, r° 5

Tabl. 3. Comparaison du ductus de *nḏm*.

En effet, si pour le pronom relatif *nty* (tabl. 2) et l'adjectif *nḏm*, « doux » (tabl. 3) la correspondance semble idéale, il n'en va pas nécessairement de même concernant l'orthographe et le ductus de mots plus longs. On comparera par exemple les deux graphies du verbe *wrš*, « passer la journée ».

O. IFAO OL 117, v° x+5 O. Ashmolean HO 25, r° 2 O. Ashmolean HO 25, r° 7

Tabl. 4. Comparaison des deux occurrences du verbe *wrš* et du groupe 𓅨𓂋 dans le verbe *swr*.

Non seulement la graphie de l'O. Ashmolean HO 25 comprend-elle un *waw* supplémentaire, mais la forme du *r* dans le groupe 𓅨𓂋 est significativement différente. Ce n'est qu'en élargissant le répertoire des signes grâce à leur apparition dans d'autres mots – ici en observant le ductus du groupe 𓅨𓂋 dans le verbe *swr* (cf. tabl. 4) – que l'on perçoit l'éventail des variations possibles pour une même main et que le rapprochement entre les deux textes commence à apparaître comme valide.

Les variations observées dans les graphies du mot *Wꜣs.t* « Thèbes » des deux documents illustrent un autre point d'importance : dans un système d'écriture qui n'est pas normé par l'orthographe, la présence ou non d'un signe dans la graphie d'un mot importe souvent moins que des habitudes de ductus spécifiques et régulières.

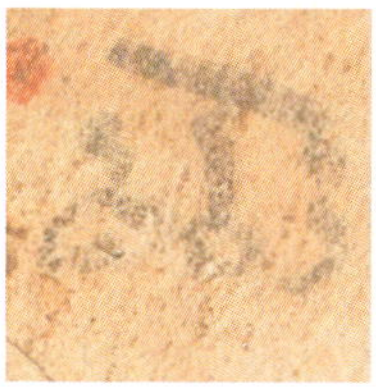

O. IFAO OL 117, r° 3 — O. Ashmolean HO 25, r° 2 — O. Ashmolean HO 25, r° 9

Tabl. 5. Comparaison des graphies de (*m*) *Wꜣs.t*.

En l'occurrence, l'O. IFAO OL 117 ne recourt certes pas au faucon sur le pavois (G7) en fin de mot, à la différence de l'O. Asholean HO 25 (tabl. 5). Dans les trois cas, toutefois, le signe du sceptre *wꜣs* (S40) est réalisé suivant un ductus strictement identique (en trois traits), dans lequel on observe un décrochement caractéristique en haut de la hampe du sceptre, au point que c'est la seconde occurrence de l'O. Ashmolean HO 25 qui semble différer le plus des autres avec la ligature adoptée pour le groupe 𓏏𓊖.

Si les éléments ci-dessus autorisent un rapprochement entre les mains des deux documents, ils ne peuvent suffire à le valider. Ce n'est en effet qu'à condition de prendre en compte des informations d'un ordre supérieur aux signes, aux groupes et aux mots, que l'on pourra raisonnablement établir l'identité des mains. C'est à A. Gasse (1992) que revient le mérite d'avoir attiré l'attention de la communauté égyptologique sur l'importance d'un examen complémentaire de la physionomie des signes et de la « mise en page » en matière de paléographie.

Et c'est indéniablement à ce niveau que l'identité de main entre les deux documents se fait patente, malgré d'évidentes différences de mise en œuvre sur lesquelles nous reviendrons dans un second temps[30]. Cette main – à la fois souple, rapide et sûre – peut être caractérisée par les éléments suivants :

- une hauteur de ligne constante dans les trois textes (entre 8 et 12 mm) ;
- un interligne très régulier (de 5 à 8 mm), qui donne une apparence aérée au pavé de texte. Cet interligne est volontiers exploité pour les signes se prolongeant sous la ligne de base (*e.g.* 𓆓, 𓎟, 𓏤 ou 𓎛) ; ces derniers peuvent amplement se déployer dans l'espace disponible en un mouvement décidé, mais sans venir empiéter sur le texte de la ligne suivante ;
- la ligne de base du texte est caractérisée pour un mouvement d'« oscillation » et donne volontiers l'impression d'une vague (fig. 5) : les signes ne semblent pas posés sur une ligne idéale, mais comme flotter dans l'espace qui leur est réservé ;

30 Sur la question des mains de scribes et la possibilité de décoder le processus de production du texte écrit dans les traces du manuscrit, voir Parkinson 2009, p. 71-83 et Ragazzoli 2012, p. 211-214.

Fig. 5. Illustration de l'« oscillation » caractéristique de la ligne de base (O. IFAO OL 117, v° x+5 et O. Ashmolean HO 25, r° 6).

- l'écriture est aérée et régulière sur le plan horizontal : aucun signe n'occupe une place déraisonnable qui viendrait interrompre la fluidité du ductus ;
- l'orientation des signes est globalement verticale ; s'ils peuvent témoigner d'une légère inclinaison vers la gauche ou vers la droite, cela n'affecte pas le caractère généralement droit et ordonné du texte ;
- la main témoigne d'un goût très modéré pour les pleins et les déliés, avec un trait d'épaisseur moyenne caractérisé par sa souplesse ;
- on signalera enfin que, si les signes usuels peuvent être réalisés hâtivement, une attention et une habileté toute spécifique sont à l'œuvre pour les signes plus proches du répertoire iconique.

O. IFAO OL 117, v° 3

O. Ashmolean HO 25, v° 4

O. Ashmolean HO 25, v° 6

Tabl. 6. Signes d'écriture et iconicité.

Malgré ces caractéristiques communes, les trois textes montrent des différences notables dans la qualité de leur exécution. Le texte de l'O. IFAO OL 117 est le plus soigné. On notera en particulier une attention marquée à la régularité de la ligne de base et des traces de recharge du pinceau pratiquement indécelables, témoignant de l'attention portée à la rédaction harmonieuse de cet hymne.

Le texte du recto de l'O. Ashmolean HO 25, un *Éloge à Thèbes*, est dans l'ensemble moins propre et les recharges du pinceau sont nettement plus visibles. Si ces dernières correspondent généralement au début d'unités métriques ou de lignes (*passim*), le scribe n'hésite pas à réencrer si nécessaire une fin de vers jugée trop pâle ou à recharger son pinceau au milieu d'un mot (tabl. 7).

O. Ashmolean HO 25, r° 4 O. Ashmolean HO 25, r° 6

Tabl. 7. Ré-encrage de fin de vers et recharge de pinceau au milieu du mot.

En deux endroits, il semble même être repassé sur le texte pour en assurer tantôt une meilleure lisibilité (en ré-accentuant les traits du mot *ḳḫ.w*, « rayons », ce qui est particulièrement visible à la base du signe), tantôt une meilleure compréhension (en ajoutant la filiation *pꜣ sꜣ*, « le fils [d'Ipouy] » après que le point de ponctuation avait été ajouté après le nom « Amennakhte »).

O. Ashmolean HO 25, r° 3 O. Ashmolean HO 25, r° 10

Tabl. 8. Ré-encrage d'une partie de mot et ajout de texte *a posteriori*.

Enfin, l'*Adresse à un prétentieux* du verso de l'O. Ashmolean HO 25 est indéniablement le texte rédigé avec le plus de hâte, comme le montre le caractère plus précipité et anguleux de l'écriture, les recharges fréquentes du pinceau au sein d'unités prosodiques, le ré-encrage d'une fin de vers (voir ci-dessous comment le groupe est rechargé d'encre au moment de commencer une nouvelle unité rythmique), la recharge du pinceau au sein d'un mot ou encore l'ajout d'un mot oublié à l'interligne.

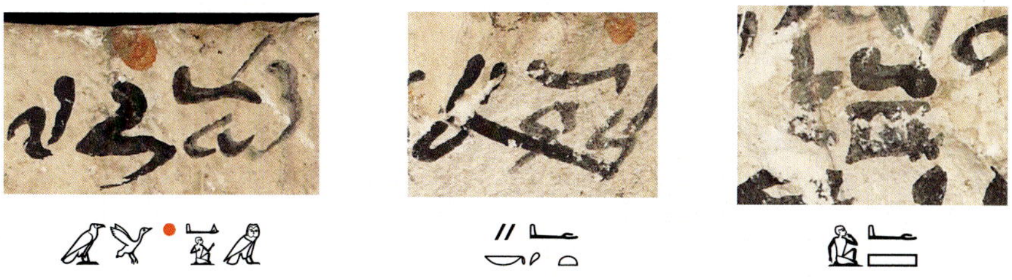

O. Ashmolean HO 25, v° 1 O. Ashmolean HO 25, v° 3 O. Ashmolean HO 25, v° 2-3

Tabl. 9. Ré-encrage de fin de vers, recharge de pinceau au milieu du mot, et ajout *supra lineam*.

Les observations ci-dessus font ressortir le fait que les différentes modalités d'actualisation d'une même main correspondent à une sorte d'« échelle de sacralité » des genres (*Hymne* > *Éloge* > *Satire*), ce qui n'est certainement pas un hasard.

OSTRACON IFAO OL 4039 – UN HYMNE À RAMSÈS ET UN TEXTE LITTÉRAIRE NON IDENTIFIÉ

N° de séquestre : 3895
Autre inventaire : 2942
Provenance : Deir el-Medina – Grand Puits (GP 12.3.49)[31]
Matériel : calcaire
Dimensions : H. 9,6 cm, l. 7,9 cm, ép. 1,2 cm
Encre : noire et ponctuation rouge
Orientation : recto haut – verso haut

Description

Ostracon en calcaire dont le bord inférieur est intact. Il comporte cinq lignes de texte sur le recto et quatre lignes sur le verso. Le texte de la partie inférieure droite du recto et de la partie inférieure gauche du verso est largement effacé. Les textes du recto et du verso sont ponctués en rouge et suivis de la mention des nom et titre du scribe Amennakhte dans les deux cas.

Fig. 6a. O. IFAO OL 4039, r°.

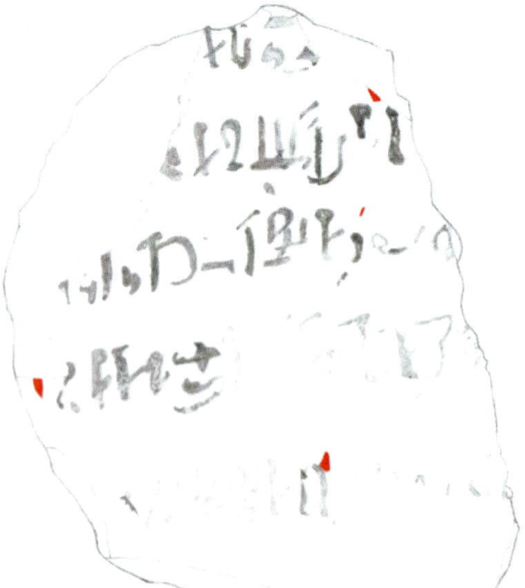

Fig. 6b. Fac-similé du r°. © A. Dorn (11.09.2014).

31 Ce document fait partie des 19 ostraca hiératiques en calcaire découverts le samedi 12 mars 1949 dans la fouille du Grand Puits (auxquels il faut ajouter 52 ostraca hiératiques sur tesson de céramique et 4 ostraca figurés) ; voir Ifao – Archives de Bernard Bruyère (numifao = MS_2004_0165_014).

Fig. 7a. O. IFAO OL 4039, v°.

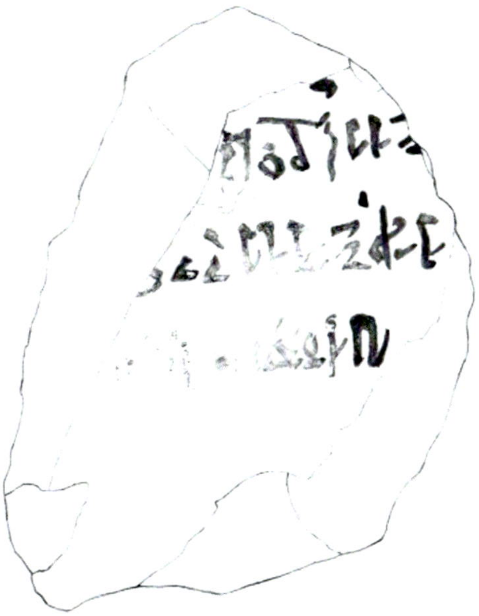

Fig. 7b. Fac-similé du v°. © A. Dorn (11.09.2014).

Transcription hiéroglyphique

R°

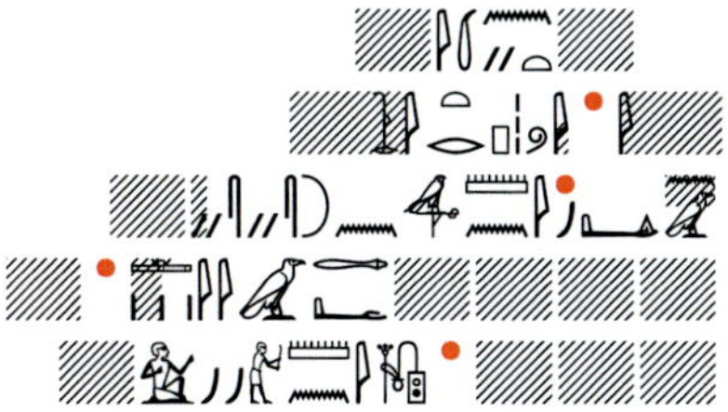

x+1
x+2
x+3
x+4
x+5

V°

x+1
x+2
x+3
x+4

Un texte parallèle au texte du recto

Le contenu précis du texte littéraire conservé sur le recto de cet ostracon est difficile à déterminer dans l'absolu étant donné le mauvais état général de préservation du document. Toutefois, alors que nous travaillions à la préparation de l'édition du papyrus dit « des Mines d'or » (P. Turin Cat. 1879 + 1899 + 1969)[32], et en particulier à la transcription des nombreux textes hiératiques du verso[33], les choses se sont sensiblement précisées.

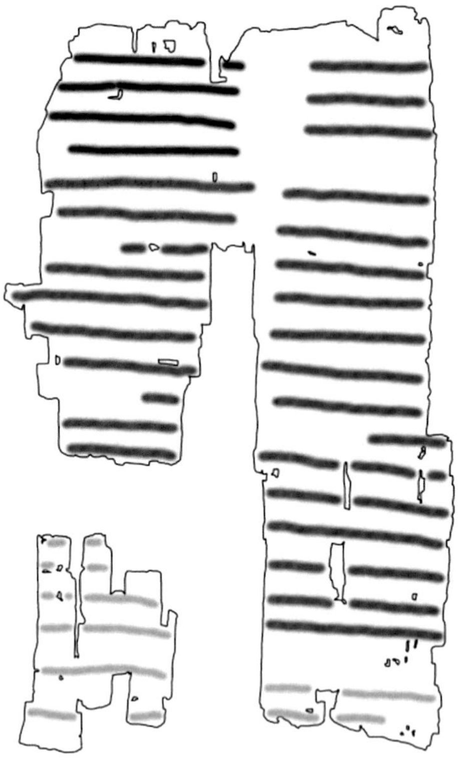

Fig. 8. Fragment G-H du P. Turin Cat. 1879 + 1899 + 1969, v°.

Il a en effet été possible d'identifier au verso du fragment G-H[34] (fig. 5) – qui contient, en outre, les restes de six courtes compositions de nature hymnique (gris foncé) disposées en deux colonnes ainsi que des bribes de textes administratifs (gris clair) – un texte de quatre lignes en tête de seconde colonne (noir) qui s'est avéré constituer un parallèle sur papyrus du texte que l'on trouve au recto de l'O. IFAO OL 4039.

32 Voir en particulier Goyon 1949, p. 337-392 et Harrell, Brown 1992, p. 81-105 ; avec la littérature antérieure. L'ensemble du papyrus est en préparation de publication par A. Dorn et St. Polis.

33 Ces textes demeurent largement inédits, à l'exception de ceux que l'on trouve sur le verso du substantiel fragment A (cf. note suivante) ; voir *KRI* VI, 335,5-337,15, 338,3-339,6, 377,12-14 avec les commentaires de Hovestreydt 1997 et Janssen 1994.

34 Pour la numérotation des fragments du P. Turin Cat. 1879 + 1899 + 1969 et l'organisation de ces derniers, voir Harrell, Brown 1992, p. 84, fig. 3. Le papyrus a aujourd'hui effectivement été remonté selon ce schéma par S. Demichelis à l'occasion de la nouvelle exposition du matériel du Museo Egizio (depuis le 1er avril 2015).

L'encre de la première ligne de texte est passablement effacée, mais la lecture ne souffre guère de doute en raison du parallélisme lexical (et constructionnel) que l'on peut établir entre *ḫd*, « naviguer vers le nord » (*Wb.* III, 354,9-355,1) et *ḫntj*, « naviguer vers le sud » (*Wb.* III, 309,3-22).

FIG. 9a. Hymne à Ramsès du fragment F, colonne 2. © Museo Egizio di Torino.

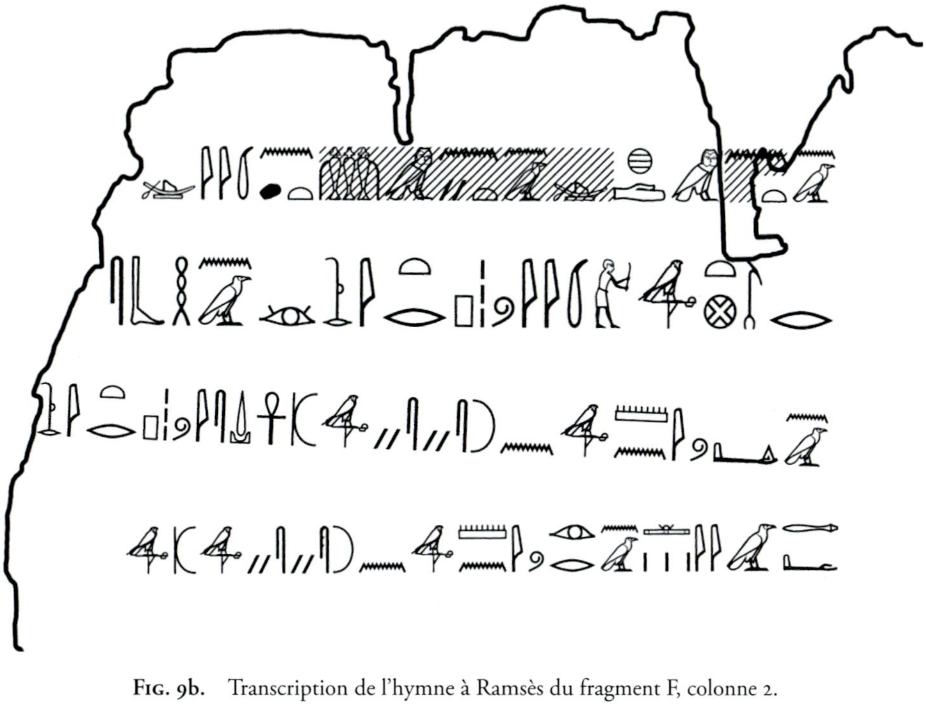

FIG. 9b. Transcription de l'hymne à Ramsès du fragment F, colonne 2.

Si le début des quatre lignes de l'hymne est conservé dans son intégralité, la fin des l. 1-3 est lacunaire dans le papyrus et le texte de l'O. IFAO OL 4039 ne permet pas de les restituer, ainsi que le montre la synopse qui suit :

P. Turin Cat. 1879+, l. 1 : 

O. IFAO OL 4039, x+ 1 : 

P. Turin Cat. 1879+, l. 2 : 

O. IFAO OL 4039, x+ 2 : 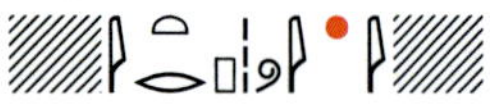

P. Turin Cat. 1879+, l. 3 : 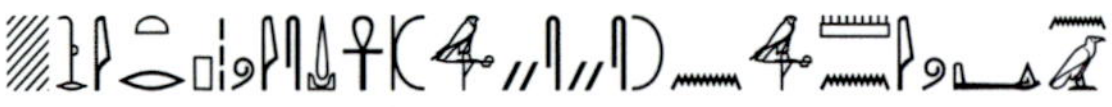

O. IFAO OL 4039, x+ 3 : 

P. Turin Cat. 1879+, l. 4 : 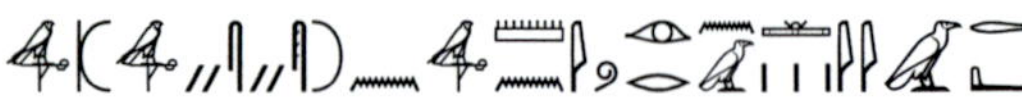

O. IFAO OL 4039, x+ 4 : 

O. IFAO OL 4039, x+ 5 : 

La comparaison paléographique entre les deux textes n'est pas aisée (notamment en raison du mauvais état de préservation de l'ostracon), mais on notera une similarité frappante entre les mains des deux documents malgré la différence de support : les graphies hiératiques des différents lexèmes sont systématiquement identiques et, là où il a été possible de l'étudier, le ductus des signes individuels est très proche (voir en particulier la ligature du groupe *tr* dans le verbe *ptr*, « voir » , des deux documents). On comparera pour s'en convaincre la graphie du nom d'Amon dans l'ostracon de l'Ifao (r° x+3) et le papyrus de Turin (l. 4), où les pleins et déliés sont un peu plus marqués.

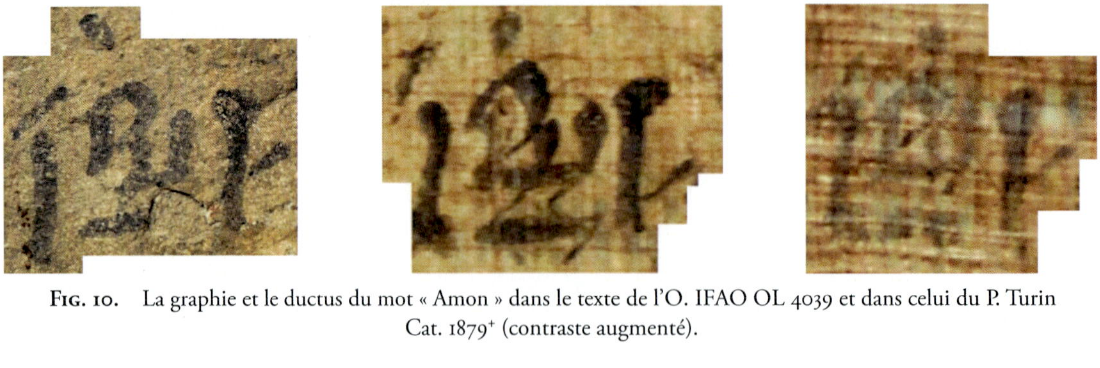

Fig. 10. La graphie et le ductus du mot « Amon » dans le texte de l'O. IFAO OL 4039 et dans celui du P. Turin Cat. 1879+ (contraste augmenté).

Partant, on peut émettre l'hypothèse que les deux textes ont été rédigés par un seul et même scribe, tout en insistant sur les différences entre les deux témoins, tant au niveau formel – seul le texte de l'ostracon est ponctué – qu'au niveau du contenu, puisque le nom du scribe

Amennakhte n'apparaît qu'à la fin du témoin sur calcaire. Il s'agit donc d'un cas rare (jusqu'ici unique ?) où, d'une part, les données d'un ostracon permettent de préciser l'identité de l'auteur (sinon du scribe) d'un texte littéraire conservé sur papyrus, et où, d'autre part, une copie sur ostracon et une copie sur papyrus d'un même texte sont dues à la même main. Ces deux éléments contribuent au caractère remarquable d'un ostracon d'apparence relativement frustre.

De ces deux textes, lequel est la source et lequel est la copie ? Il est bien difficile de répondre à cette question à partir d'une datation (même relative) des deux copies en question. On notera simplement que l'enchaînement de différents textes hymniques sur le fragment G-H du P. Turin donne à l'ensemble les caractéristiques d'une compilation ou d'un recueil. Dès lors, on sera naturellement tenté de reconnaître le texte de l'ostracon comme antérieur à celui du papyrus, sans toutefois pouvoir exclure l'hypothèse inverse.

Translitération

R° (complété par P. Turin Cat. 1879^{+})

[x+1] *(nꜣ nty m ḫd, nꜣ nty m ḫ)ntj [////]*
[x+2] *(r Wꜣs.t nḫt.t)j, jw=w ptr (nꜣ ḥb-s[d) ///]*
[x+3] *(n)ꜣ dj Jmn n Sese (ꜥ.w.s, jw=w ptr) [////]*
[x+4] *ꜥꜣy.w (nꜣ jr Jmn n Sese)*
[x+5] *sš Jmn-nḫt [////]*

V°

[x+1] *[////] ? [////]*
[x+2] *[////] nꜣy(-n) Wꜣs.t [////]*
[x+3] *[////] nꜣ jy [////]*
[x+4] *[////] sš Jmn-nḫt [////]*

Traduction

R° (complété par P. Turin Cat. 1879^{+})

Ceux qui descendent le fleuve et ceux qui le remontent [?]
vers Thèbes la Victorieuse, lorsqu'ils voient les fêtes-sed [?]
les choses qu'Amon a accordées à Ramsès V.S.F., lorsqu'ils voient [?]
grand(e)s, les choses qu'Amon a faites pour Ramsès.
Le scribe Amennakhte

V°

[x+1] *[?]*
[x+2] *[?] ceux de Thèbes [?]*
[x+3] *[?] ceux qui sont venus [?]*
[x+4] *le scribe Amennakhte [?]*

Commentaire

Malgré sa taille modeste et son mauvais état de conservation, l'O. IFAO OL 4039 est donc une pièce exceptionnelle à plus d'un titre. Tout d'abord, le recto et le verso d'un même document nous font connaître deux textes « signés » par le même individu, Amennakhte. La chose n'est pas inédite pour ce scribe – l'O. Ashmolean HO 25 (voir ci-dessus) ainsi qu'un ostracon du musée du Caire en cours de publication [35] sont similaires de ce point de vue –, mais suffisamment rare dans la documentation de Deir el-Medina (et plus largement en Égypte ancienne) pour être signalée. Ensuite, le lien que l'on peut établir entre le texte du recto de l'ostracon et l'hymne à Ramsès du papyrus de Turin est du plus grand intérêt. Pas tant à cause de la copie d'un hymne ramesside à la fois sur ostracon et sur papyrus, puisque d'autres exemples de ce type sont déjà connus [36], mais en raison du fait que la copie sur ostracon permet de suggérer un auteur pour l'hymne du P. Turin Cat. 1879^{+}. Ce faisant, l'O. IFAO OL 4039 permet de renforcer significativement les liens qui avaient déjà été suggérés entre le papyrus « des Mines d'or » et la personne d'Amennakhte [37] ainsi que ses proches [38].

Recto

Il est difficile de rattacher l'hymne à un Ramsès particulier. En effet, si la forme courte *Sese* est souvent employée comme abréviation du nom *Rʿ-ms-sw* [39] en référence à Ramsès II (cf. ci-dessous, sous x+1), on ne peut pas exclure qu'elle renvoie ici à un autre « Ramsès » qui soit lié à la célébration d'une fête-*sed*. Étant donné le *floruit* d'Amennakhte dans la première moitié de la XXe dynastie, il n'y a guère que Ramsès III que l'on puisse envisager dans ce contexte. D'un point de vue phraséologique, on rapprochera ce texte de l'hymne à Ramsès VII du P. Turin Cat. 1892, rº (= P. Turin CG 54031) [40] qui fait également référence à des fêtes-*sed* et à « Thèbes la Victorieuse » dans un même contexte : *jw⸗k mꜣwḏ.tj m ḥb-sd ḳnw, jw⸗k r Wꜣs.t nḫt.tj*, « car tu es orné de nombreuses fêtes-*sed* et promis à Thèbes la Victorieuse » (= *KRI* VI, 390,11-12).

Rº x+1. Dans la documentation hiératique, la graphie  ne semble pas autrement attestée. On verra par exemple  (P. Anastasi I [et parallèles], 18,8 ; 27, 3 & 5) ou  (P. Anastasi II, 5,5 = *LEM*).

Rº x+2. L'épithète *nḫt.tj*, « victorieuse », portant sur *Wꜣs.t*, « Thèbes », est caractéristique de contextes eulogiques et hymniques à l'époque ramesside, voir *e.g.* P. Anastasi II, 5,3 (= *LEM* 15,3 ; avec *nḫt.tj* qui est barré en rouge) ; P. Harris I, 5,7 (= *BiAeg* 5, 6,4) ; P. Turin Cat. 1882, rº 3,10 (= *KRI* VI, 74, 2) [41].

Rº x+5. Il ne reste pour ainsi dire rien de lisible du texte précédant le nom du scribe Amennakhte. On peut cependant exclure la possibilité d'une formule *jr.n* en raison de la marque de ponctuation et de la présence probable d'un signe vertical avant le signe .

35 L'O. Caire HO 450 (voir n. 3).

36 L'O. DeM 1665, par exemple, est parallèle au P. Turin CG 54031 et contient un hymne à Ramsès VI au recto (*KRI* VI, 333,9-334,16) et un hymne à Ramsès VII au verso (*KRI* VI, 394,15-396,3), voir Fischer-Elfert 1999.

37 Voir Harrell, Brown 1992, p. 89, tab. 3, 92-93) ; Hovestreydt 1997, p. 115.

38 Voir le rapprochement fait avec le scribe Hori par Janssen 1994, p. 96-97.

39 Voir déjà Sethe 1904, p. 53-57.

40 Cf. Condon 1978, p. 8-9, pl. I.

41 Sur l'origine de cette épithète et la personnification de Thèbes, voir Vernus 1984.

Verso

L'état fragmentaire du texte ne permet guère d'identification précise du genre, mais on songera volontiers à un texte de nature hymnique.

V° x+2. Il est tentant de voir dans *nꜣyw* une graphie du préfixe possessif[42] *nꜣy(-n)*, « ceux de », fréquemment utilisé en relation avec un toponyme pour référer aux personnes habitant ou provenant d'une région particulière.

V° x+3. Pour la construction de type *nꜣ jy*, « ceux qui sont venus », dans les textes littéraires ramessides, voir par exemple le vocatif du début de l'O. OIM 25346, r° 1 (= O. Wilson 100)[43] : *jꜣw.tw pꜣ jy n Wꜣs.t*, « sois loué, toi qui es venu pour Thèbes[44] », et P. Turin CG 54031, v° I,4 & I,7 (= *KRI* VI, 333,13-14 & 334,9-11) : *jꜣw.tw pꜣ jy n Jmn (...) jꜣw.tw pꜣ jy n jt⸗f*, « sois loué, toi es venu à Amon (...) sois loué, toi es venu à ton père[45] ». Il est difficile de proposer une interprétation satisfaisante du groupe 𓏏𓏲 qui suit le verbe *jy*, mais la lecture semble relativement assurée.

OSTRACON IFAO OL 5510 – TEXTE LITTÉRAIRE NON IDENTIFIÉ (HYMNE ?)

N° de séquestre :	9138
N° spécial (ann) :	K 215
Provenance :	Deir el-Medina – Kôm 215[46]
Matériel :	calcaire
Dimensions :	H. 5,3 cm, l. 6,2 cm, ép. 1,2 cm.
Encre :	noire et ponctuation rouge (au recto)
Orientation :	recto haut – verso bas

42 Voir Erman 1933, p. 78-79, § 179 ; Černý, Groll 1984, p. 43, § 3.2 ; Neveu 1996, p. 9-10.

43 Foster 1994, p. 91.

44 Ici, comprise comme la ville personnifiée, sans quoi la construction serait fautive. Peut-être faut-il corriger avec Fischer-Elfert 1999, p. 72 en *jꜣw.tw pꜣ jy n<⸗n> <r> Wꜣs.t*, « sois loué, toi qui es venu à nous à Thèbes ».

45 Le rapprochement avec P. Anastasi III, 7,6-7 (*LEM* 28,15-16) montre que *jy* doit bien être compris comme une forme participiale perfective dans ce contexte (*jꜣw.tw jw⸗k jy.tj*, « sois loué, après que tu es venu (avec tes troupes d'archers) »). On notera que l'emploi participial de *jy* dans les textes documentaires de la 20ᵉ dynastie va dans le même sens, cf. *e.g.* P. BM EA 10052, v° 13,7 (= *KRI* VI, 795,14) : *jt šmsw n NP pꜣ jy n⸗k*, « quel serviteur de PN est-ce qui est venu à toi ? » (voir Winand 1992, p. 344-359, § 542-566).

46 Le Kôm 215, sur lequel se trouvait alors la cabane des *ghafirs*, était situé près de la falaise nord au sud-ouest du temple ptolémaïque (à proximité du puits n° 215 ; voir Bruyère 1930, pl. III, VIII) et a été dégagé au tout début de la campagne de 1928-1929 par Bruyère dans le but de reconstituer cette tombe (d'après son journal, les travaux sur ce site ont eu lieu entre le 30 décembre 1928 et le 24 janvier 1929 ; cf. Ifao – Archives de Bernard Bruyère [numifao = MS_2004_0150_004-010]). Contrairement au K2, qui était fouillé simultanément et donnait des résultats plus qu'intéressants (notamment en matière de collecte d'ostraca ; voir Gasse 2000), le K215 n'a guère été fructueux : en matière d'ostraca hiératiques, on ne distingue d'après l'inventaire de l'Ifao (http://www.ifao.egnet.net/bases/archives/ostraca/) que cinq documents, tous de taille très modeste et de nature « littéraire » : O. IFAO OL 912, OL 969, OL 1299, OL 1791, OL 5510.

Description

Ostracon calcaire dont seule la partie inférieure (du recto) est vraisemblablement intacte. Sur le recto, on trouve les restes de trois lignes d'un texte ponctué à l'encre rouge[47] ; sur le verso, une seule ligne de texte isolée mentionnant les nom et titre du scribe Amennakhte. Étant donné sa position, on peut émettre l'hypothèse qu'il s'agisse d'une « signature[48] » relative au texte du recto[49].

Fig. 11a. O. IFAO OL 5510, r°.

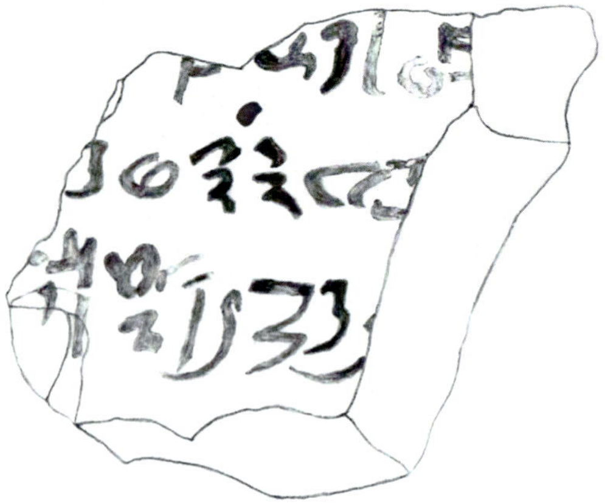

Fig. 11b. Fac-similé du r°. © St. Polis (11.09.2014).

Fig. 12a. O. IFAO OL 5510, v°.

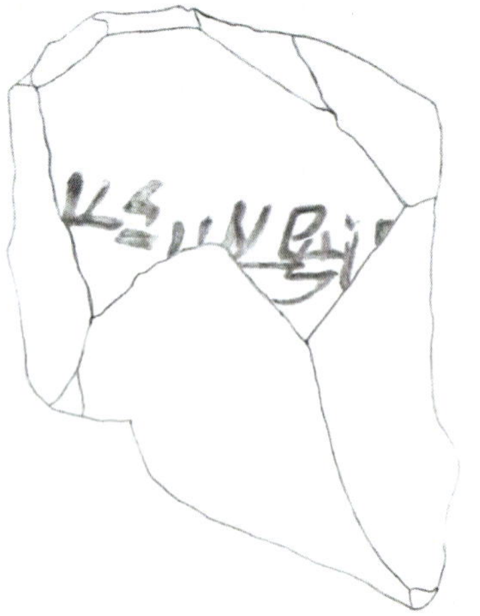

Fig. 12b. Fac-similé du v°. © St. Polis (11.09.2014).

47 Les traces d'un trait diagonal de couleur rouge entre les lignes du r° x+1 et x+2 est d'une teinte plus foncée que le point de ponctuation et ne semble pas participer de la phase de rédaction du texte.

48 Une hypothèse alternative serait de considérer que le verso de cet ostracon a été utilisé comme pierre oraculaire ou tessère onomastique, mais il s'agirait alors d'une rare exception à la pratique en question : ces documents ne sont normalement inscrits que sur un seul côté.

49 Voir en ce sens O. DeM 10087 (= O. IFAO 10044) avec le commentaire de Grandet 2003, p. 259. Cette pratique d'une « signature » au verso par le scribe Amennakhte semble également attestée pour un ostracon figuré qui sera publié ultérieurement.

Transcription hiéroglyphique

R°

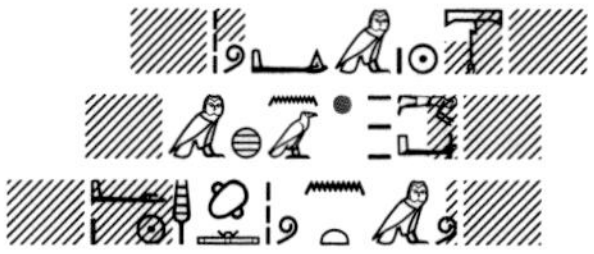

x+1
x+2
x+3

V°

Translitération

R°

[x+1] *[////] m-dj⸗w [////]*
[x+2] *[////] • nꜣ ḫm [////]*
[x+3] *[////] ntw ḥsb ꜥḥꜥw [////]*

V°

[x+1] *[/// sš] Jmn-nḫt n pꜣ [ḫr ///]*

Traduction

R°

[x+1] *[////] avec eux [////]*
[x+2] *[////] ceux qui ?ignorent? [////]*
[x+3] *[////] c'est eux qui comptent le temps de vie [////]*

V°

[x+1] *[Le scribe] de la [Tombe] Amennakhte*

Commentaire

La nature du texte littéraire n'est pas des plus aisées à identifier étant donné le peu de texte conservé, mais on suggérera avec prudence d'y reconnaître un hymne (à plusieurs divinités ?), en raison de l'expression *ḥsb ꜥḥꜥw*, « compter le temps de vie », que l'on retrouve dans l'hymne à Amon du P. Berlin P 3049 (voir ci-dessous, r° x+3).

R° x+1. La lecture du premier groupe de signes (avant *m-dj=w*) n'est pas complètement assurée. Toutefois, on trouve une disposition des signes hiératiques tout à fait similaire (et également dans un contexte lacunaire) au recto de P. Turin Cat. 1879+, Frag. B, l. x+6[50] où il faut indiscutablement lire . On pourrait donc suggérer différents lexèmes pouvant se terminer par cette séquence, tels *wḫ(ꜣ)*, « obscurité » (), *mšrw*, « soirée » (), *mtr.t*, « midi » (), *grḥ*, « nuit » (), *kkw*, « obscurité » (), etc.

R° x+2. Étant donné la tonalité potentiellement négative du passage (le substantif qui suit pourrait être formé sur racine *ḫm*, référant à l'ignorance), il nous semble préférable d'opter pour la lecture que pour la transcription , qui reste cependant possible d'un point de vue paléographique.

R° x+3. Il est probable que l'on ait ici affaire à une phrase coupée avec pour sujet le pronom indépendant de la 3e personne du pluriel *ntw* (ce pronom semble attesté pour la première fois comme sujet d'une phrase coupée dans P. Turin Cat. 1875, r° 3,1 = K*RI* V, 351,7 ; on notera que l'ancien pronom indépendant *ntsn* n'est plus guère attesté après la fin XIXe dynastie). La graphie courte () de *ḥsb*, « compter » n'est pas fréquente dans les textes hiératiques non-comptables, mais est précisément attestée dans l'expression *ḥsb ꜥḥꜥw*, « compter, calculer le temps de vie », de l'Hymne à Amon du P. Berlin P 3049, r° 9,7 (= *KÄT* 13, 52) : *ḥsb.tw ꜥḥꜥw nṯr.w* (), *psḏ=f m ꜣḫ.t*, « on calcule le temps de vie des dieux tandis qu'il brille dans l'horizon »).

OSTRACON IFAO OL 3968 – TEXTE LITTÉRAIRE NON IDENTIFIÉ (CONSEILS À UN APPRENTI SCRIBE ?)

N° de séquestre : 1081
Autre inventaire : 3004
Provenance : Deir el-Medina
Matériel : calcaire
Dimensions : H. 7,7 cm, l. 8,2 cm, ép. 2,2 cm
Encre : noire et ponctuation rouge
Orientation : recto haut – verso haut

Description

L'ostracon de calcaire est brisé sur tous ses côtés, à l'exception peut-être de sa partie haute. Le texte est ponctué à l'encre rouge à la fois sur le recto et le verso (que nous distinguons prioritairement à partir d'un critère matériel, à savoir le fait qu'une surface plus lisse et plus propice à l'écrit définit le recto).

50 Cf. Demichelis 2015, p. 262.

Fig. 13a. O. IFAO OL 3968, r°.

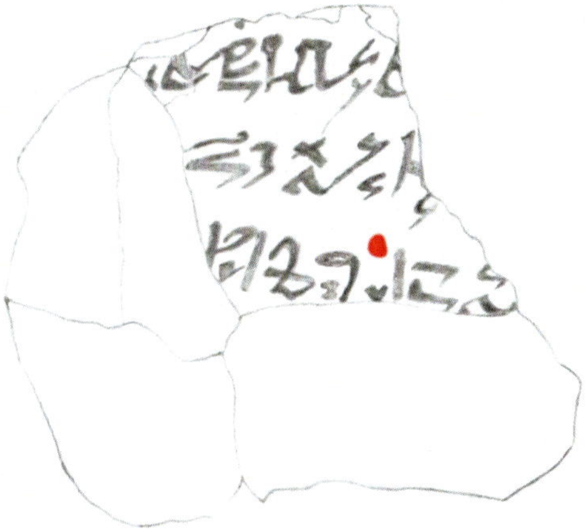

Fig. 13b. Fac-similé du r°. © St. Polis (09.09.2014).

Fig. 14a. O. IFAO OL 3968, v°.

Fig. 14b. Fac-similé du v°. © St. Polis (10.09.2014).

Transcription hiéroglyphique

R°

x+1
x+2
x+3

V°

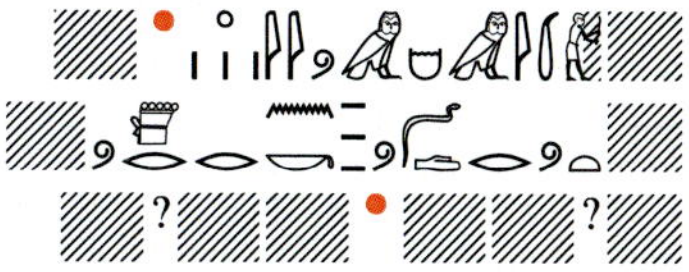

x+1
x+2
x+3

Translitération

Rº

[x+1] *[////] ? sš Jmn-nḫt [////]*
[x+2] *[////] fṯ m ḏd [////]*
[x+3] *[////] n ꜥ[=f]* • *jṯ [////]*

Vº

[x+1] *[////?].tj m ḥmy* • *[////]*
[x+2] *[////]=tw r ḏd=w n=k r-ḏr=w [////]*
[x+3] *[////] ?* • *? [////]*

Traduction

Rº

[x+1] *[////] ? le scribe Amennakhte [////]*
[x+2] *[////] fatigué de dire [////]*
[x+3] *[////] (abandonner ?) à son état ; quel [////]*

Vº

[x+1] *[////] (chargé ?) de sénégrain [////]*
[x+2] *[////] on te les dira tous [////]*
[x+3] *[////] ? [////]*

Commentaire

Le lien entre cet ostracon et le scribe Amennakhte (v) fils d'Ipuy est des plus ténus, puisque la simple occurrence de *sš Jmn-nḫt*, « le scribe Amennakhte » (rº x+1), ne permet l'établissement d'aucune connexion directe avec cet individu, tant sont nombreux les membres de la communauté de Deir el-Medina qui ont porté ce titre et ce nom[51] (à commencer par l'un des fils d'Amennakhte). Le recto et le verso pourraient être dus à la même main (si l'on compare par exemple les graphies du groupe *ḏd*) et préserver les bribes d'un texte à rapprocher du genre des « conseils à un apprenti scribe » ainsi qu'il appert des commentaires qui suivent.

Rº x+1. La lecture des signes qui précède la mention du scribe Amennakhte n'est pas obvie. On pourrait proposer de lire , mais l'absence de Z1 après le signe *sꜣ* rend cette lecture quelque peu problématique, dans la mesure où sa présence est de règle dans l'expression de filiations. S'il s'agissait néanmoins de la lecture à privilégier, deux interprétations seraient possibles pour cette première ligne conservée : (1) Nom Propre() dont le fils est le scribe

51 Voir Davies 1999, p. 286-287 (index).

Amennakhte, ou (2) Nom Propre (à) son fils le scribe Amennakhte (dans un schéma d'en-tête de lettre de type « expéditeur – destinataire», sans préposition segmentalement exprimée entre les deux noms). Étant donné que la partie supérieure de l'ostracon est probablement intacte, nous opterions pour cette seconde solution.

R° x+2. On rapprochera le texte préservé de P. Sallier I, 7,10 (= *LEM* 85,8) : *ḥꜣty=j ft m ḏd mtr.w*, « mon cœur est las de donner des conseils ». On notera que cette expression apparaît en tête de missive dans le P. Sallier I, ce qui est compatible avec la position de *ft m ḏd* dans l'O. IFAO OL 3968. Le verbe *ft*, « être dégoûté de » (*Wb.* I, 580,8-13), est normalement écrit avec les classificateurs de la langue et/ou de l'homme portant la main à la bouche (ou similaire ; exceptionnellement dans le P. Lansing). La graphie de r° x+2 est probablement influencée par celle du verbe , *tfj*, « repousser, priver de » (*Wb.* V, 287,11-298,10) ; on trouvera une graphie comparable du verbe *ft* dans O. DeM 1593 + O. Michaelides 82, l. 3.

R° x+3. Il n'est pas impossible que l'on ait ici affaire à la locution *ḫꜣꜥ n ꜥ=f*, « abandonner (quelqu'un) à son sort (litt. "laisser à sa condition") » ; voir en particulier P. Anastasi IV, 13,7 (= *LEM* 49,10) : *bw rḫ=j ḫꜣꜥ=f n ꜥ=f*, « je ne puis l'abandonner à son sort » (cf. Caminos 1945, p. 197-198).

V° x+1. La séquence suivie d'un nom de produit fait songer à un emploi au pseudo-participe d'un verbe comme *ꜣtp* suivi de l'expression du bien qui est « chargé » ; comparer avec le passage du chant d'amour de P. Turin Cat. 1966, r° 2,3 : *se ꜣtp.tj m kꜣy.w nkꜣ.w(t)*, « il (*scil.* le sycomore) est chargé de figues entaillées ou non ». Concernant *ḥmy(.t)*, « sénégrain » (bot. *fenugrec*), voir Janssen 1975, p. 357-358 et *AnLex* 77.2710, 79.1974. Il s'agit, à notre connaissance, de la première attestation de ce terme dans un texte de nature littéraire. Il n'est pas spécialement fréquent dans les textes de la pratique et apparaît principalement à la XXe dynastie dans la documentation provenant de Deir el-Medina. Pour une graphie identique, voir O. DeM 297, r° 7 (daté de Ramsès V par *KRI* VI, 259).

OSTRACON IFAO OL 2506 – EXERCICE ÉPISTOLAIRE DU SCRIBE AMENNAKHTE AU PREMIER PROPHÈTE D'AMON RAMSÈSNAKHTE

N° de séquestre :	792
Autre Inventaire :	23-97/2
Provenance :	Deir el-Medina, Grand Puits (marque : GP 16.3.1950)[52]
Matériel :	céramique *Marl*
Dimensions :	H. 11,6 cm, l. 12,2 cm, ép. 1,0 cm
Encre :	noire

52 Le 16 mars 1950, la fouille du Grand Puits était achevée depuis une dizaine de jours ; d'après le journal de Bernard Bruyère (Ifao – Archives de Bernard Bruyère [numifao = MS_2004_0166_010]), les jours qui ont suivi la fin de la fouille ont été consacrés au tri du *magleb* du Grand Puits (GP) et au commencement de l'examen du Kôm des déblais à l'est du Grand Puits (KGP) résultant de la fouille de G. Foucart. L'O. IFAO OL 2506 proviendrait donc des 148 tessons hiératiques (« dont 20 bons ») qui ont été inventoriés à la date du 16 mars d'après les cahiers de fouilles de B. Bruyère.

Description

Les bords haut et droit du tesson de céramique sont intacts. La pièce, de couleur orangée, conserve les traces de cinq lignes écrites à l'encre noire sur la partie extérieure du tesson, parallèlement aux traces de tournage. La partie inférieure gauche de l'ostracon est très largement effacée, rendant les quelques traces visibles inintelligibles malgré le caractère formulaire de l'incipit de ce genre de textes.

Fig. 15a. O. IFAO OL 2506.

Fig. 15b. Fac-similé. © A. Dorn (10.09.2014).

Transcription hiéroglyphique

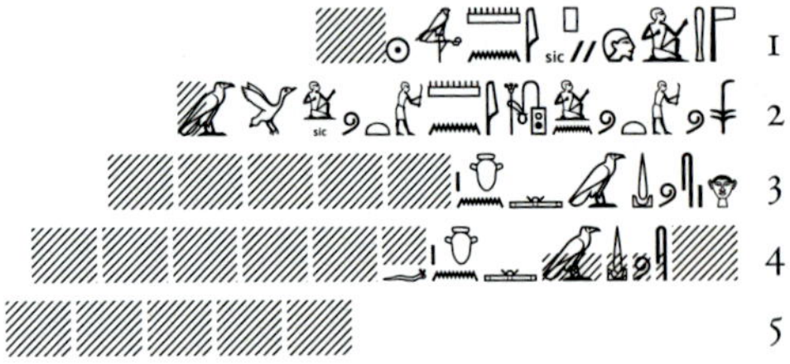

Translitération

[1] *ḥm-nṯr tpy (n) Jmn Rʿ-[ms]*
[2] *-sw-nḫt n sš Jmn-nḫt (n) pꜣ [ḫr]*
[3] *ḥr swḏꜣ-jb n [////]*
[4] *[ky] swḏꜣ-jb n [nb=]f [////]*
[5] *?*

Traduction

[1] *(Au) premier prophète d'Amon Ra[ms]ès-*
[2] *nakhte, du scribe de la [Tombe] Amennakhte (qui)*
[3] *informe [////]*
[4] *[autre] information pour son [maître]*
[5] *?*

Commentaire

Cet exercice épistolaire[53] ayant pour destinataire le premier prophète d'Amon Ramsèsnakhte vient s'ajouter à un autre exercice du même type impliquant le scribe Amennakhte et, cette fois, le Maire de la ville, Tô (O. Louvre 696, r° = Koenig 1991, p. 98-99, 102). Ramsèsnakhte est attesté dans nos sources entre l'an 1 de Ramsès IV et l'an 2 (ou éventuellement l'an 10) de Ramsès IX[54]. Étant donné que la mort d'Amennakhte survient aux alentours du début du règne de Ramsès VII, cette lettre doit avoir été écrite entre l'an 1 de Ramsès IV et l'avènement de Ramsès VII.

1-2. Les restitutions nécessaires sur le bord gauche de l'ostracon montrent que ce dernier a été brisé sur 2 cm tout au plus.

3. Le texte attendu en seconde partie de l. 3 est *ḥꜣb pw r dj.t rḫ pꜣy=j nb*, « c'est une lettre pour informer mon maître », mais les quelques traces d'encre visibles ne permettent pas d'assurer cette restitution.

OSTRACON IFAO OL 3513 – EXERCICE ÉPISTOLAIRE

N° de séquestre : 612
Provenance : Deir el-Medina
Matériel : céramique *Marl A2*
Dimensions : H. 8,7 cm, l. 10,9 cm, ép. 0,9 cm
Encre : noire

53 Pour les raisons de préférer cette appellation à la traditionnelle désignation de « lettre modèle », voir Dorn 2006, p. 67, n. 1.

54 Voir Polz 1998, p. 257-293 ; en particulier p. 276-sq. avec les références à la littérature antérieure. Cf. également Barwik 2011, p. 29-33 ; en particulier p. 29, n. 192.

Description

Tesson de céramique de couleur orange foncée portant les restes de deux lignes de texte parallèles aux traces de tournage (le verso est vierge). Tous les côtés du tesson sont brisés à l'exception du bord supérieur dont la brisure est ancienne et correspond au col du vase. La main est particulièrement grande et l'ostracon vraisemblablement palimpseste.

Fig. 16a. O. IFAO OL 3513.

Fig. 16b. Fac-similé. © A. Dorn (14.09.2014).

Transcription hiéroglyphique

x+1
x+2

Translitération

[1] *[////] Jmn-nḫt Ḥr[////]*
[2] *[////] r-ḏ[d] r-n[ty] ḥꜣb [////]*

Traduction

[1] *[à] Amennakhte et Hor[i?]*
[2] *[c'est une] lettre [pour…]*

Commentaire

Dans la pratique très formalisée de l'exercice épistolaire, le schéma attendu est celui d'un échange entre supérieur(s) et subordonné(s). Étant donné la parataxe entre l'anthroponyme Amennakhte et un nom commençant par , on peut se demander si les deux personnages mentionnés en tête de cette missive ne sont pas le scribe Amennakhte (v) et son collègue Hori[55] échangeant des informations avec un supérieur dont le nom est aujourd'hui perdu. Ainsi qu'on l'observe, le lien entre cet ostracon et le dossier d'Amennakhte (v) est ténu, d'autant plus que la main de grande taille ne paraît pas particulièrement habile et que la graphie du groupe *nḫt* () dans le nom d'Amennakhte ne correspond pas aux habitudes orthographiques observées dans d'autres textes hiératiques rattachés à ce scribe (qui montrent une très nette préférence pour ).

2. La juxtaposition entre *r-ḏd* et *r-nty* est relativement rare en tête et suit normalement une formule du type « cet(te) ordre/lettre/mission t'a été apporté(e) », « à savoir ». Voir en ce sens P. Caire CG 58055, r° 2 (= K*RI* I, 324,13) ; O. Leipzig 33, r° 3 (= Černý, *Notebooks*, 35.21) et P. Caire ESP B, 22-23 (= K*RI* VI, 518,12). Ce dernier document pourrait avoir conservé une construction proche de celle initialement attestée sur notre ostracon : (*jn.tw n=k wḏ nsw.t pn*) *r-ḏd r-nty h3b=j n=k m-ḏr.t* PN, « (cette ordonnance royale t'a été apportée) à savoir que je t'ai écrit par l'intermédiaire de PN (…) ».

RÉFÉRENCES BIBLIOGRAPHIQUES

ASSMANN 1990
J. Assmann, « Egyptian Mortuary Liturgies » *in* S. Israelit-Groll (éd.), *Studies in Egyptology Presented to Miriam Lichtheim*, vol. 1, Jérusalem, 1990, p. 1-45.

ASSMAN 1999
J. Assmann, *Ägyptische Hymnen und Gebete: übersetzt, kommentiert und eingeleitet*, Orbis Biblicus et Orientalis (Sonderband), Fribourg, Göttingen, 1975, 1999 (2e éd.).

BARGUET 1962
P. Barguet, *Le Papyrus N. 3176 (S) du musée du Louvre*, BiEtud 37, Le Caire, 1962.

BARUCQ, DAUMAS 1980
A. Barucq, Fr. Daumas, *Hymnes et prières de l'Égypte ancienne*, LAPO 10, Paris, 1980.

BARWIK 2011
M. Barwik, *The Twilight of Ramesside Egypt. Studies on the History of Egypt at the End of the Ramesside Period*, Varsovie, 2011.

BEINLICH 1977
H. Beinlich, *LÄ* II, 1977, col. 417-420, s.v. « Gauprozession ».

VAN DEN BERG, DONKER VAN HEEL 2000
H. van den Berg, K. Donker van Heel, « A Scribe's Cache from the Valley of Queens? The Palaeography of Documents from Deir el-Medina: some Remarks » *in* R.J. Demarée, A. Egberts (éd.), *Deir el-Medina in the Third Millennium AD: A Tribute to Jac. J. Janssen*, EgUit 14, Leyde, 2000, p. 9-49.

55 Voir DAVIES 1999, p. 128.

BICKEL, MATHIEU 1993
S. Bickel, B. Mathieu, « L'écrivain Amennakht et son enseignement », *BIFAO* 93, 1993, p. 31-51.

BORGHOUTS 1982
J.F. Borghouts, « Divine Intervention in Ancient Egypt and its Manifestation (*bꜣw*) » *in* R.J. Demarée, J.J. Janssen (éd.), *Gleanings from Deir el-Medîna*, EgUit 1, Leyde, 1982, p. 1-70.

BRUYÈRE 1930
B. Bruyère, *Rapport sur les fouilles de Deir el-Medina (1929)*, FIFAO VII, 2, Le Caire, 1930.

BUCHER 1928
P. Bucher, « Les hymnes à Sobk-Ra, seigneur de Smenou, des papyrus n°s 2 et 7 de la Bibliothèque nationale de Strasbourg », *Kêmi* 1, 1928, p. 41-52, 147-166.

BURKARD 2013
G. Burkard, « Amunnakht Scribe and Poet of Deir el-Medina: A Study of Ostracon O Berlin P 14262 » *in* R. Enmarch, V.M. Lepper (éd.), *Ancient Egyptian Literature. Theory and Practice*, PBA 188, Oxford, 2013, p. 65-82.

CAMINOS 1945
R.A. Caminos, *Late-Egyptian Miscellanies*, BEStud 1, Londres, 1945.

CAMINOS 1958
R.A. Caminos, « A Prayer to Osiris », *MDAIK* 16, 1958, p. 20-24.

ČERNÝ 1935
J. Černý, *Ostraca hiératiques. Catalogue général des antiquités égyptiennes du musée du Caire, N°s 25501-25832*, Le Caire, 1935.

ČERNÝ 1966
J. Černý, « A Note on the Chancellor Bay », *ZÄS* 93, 1966, p. 35-39.

ČERNÝ, GROLL 1984
J. Černý, S.I. Groll, *A Late Egyptian Grammar*, Rome, 1975, 1984 (3e éd.).

CHERPION, CORTEGGIANI 2010
N. Cherpion, J.-P. Corteggiani, *La tombe d'Inherkhâouy (TT 359) à Deir el-Medina*, 2 vol., MIFAO 128, Le Caire, 2010.

COLLOMBERT 2014a
Ph. Collombert, « Les soubassements des temples au Nouvel Empire » *in* A. Rickert, B. Ventker (éd.), *Altägyptische Enzyklopädien. Die Soubassements in den Tempeln der griechisch-römischen Zeit: Soubassementstudien* I, vol. 2, Wiesbaden, 2014, p. 965-976.

COLLOMBERT 2014b
Ph. Collombert, « Le toponyme  et la géographie des 17e et 18e nomes de Haute Égypte », *RdE* 65, 2014, p. 1-27.

CONDON 1978
V. Condon, *Seven Royal Hymns of the Ramesside Period: Papyrus Turin CG 54031*, MÄS 37, Munich, 1978.

DARESSY 1894
G. Daressy, « Notes et remarques », *Recueil de travaux relatifs à la philologie et à l'archéologie égyptiennes et assyriennes* 16, 1894, p. 42-60.

DAVIES 1999
B.G. Davies, *Who's Who at Deir el Medina. A Prosopographic Study of the Royal Workmen's Community*, EgUit 13, Leyde, 1999.

DEMARÉE 2002
R.J. Demarée, *Ramesside Ostraca*, Londres, 2002.

DEMICHELIS 2015
S. Demichelis, « The Papyri in the Museo Egizio » in *Museo Egizio,* catalogue d'exposition, Modena, 2015, p. 254-265.

DORN 2004
A. Dorn, « Die Lehre Amunnachts », *ZÄS* 131, 2004, p. 38-55.

DORN 2006
A. Dorn, « *Mꜣꜣ-nḫt.w⸗f*, ein (?) einfacher Arbeiter, schreibt Briefe » *in* A. Dorn, T. Hofmann (éd.), *Living and Writing in Deir el-Medine. Socio-Historical Embodiment of Deir el-Medine Texts*, AegHelv 19, Bâle, 2006, p. 67-85.

DORN 2013
A. Dorn, « Zur Lehre Amunnachts: Ein Join und Missing Links », *ZÄS* 140, 2013, p. 112-125.

DORN 2015
A. Dorn, « Diachrone Veränderungen der Handschrift des Nekropolenschreibers Amunnacht, Sohn des Ipui » *in* U. Verhoeven (éd.), *Ägyptologische „Binsen"-Weisheiten* I-II*: Neue Forschungen und Methoden der Hieratistik. Akten zweier Tagungen in Mainz im April 2011 und März 2013*, AAWMainz 14, Stuttgart, 2015, p. 175-218.

DORN 2017
A. Dorn, « The *jrj.n PN*-Formula in Non Royal Texts of the New Kingdom. A Simple Donation Mark or a Means of Self-Presentation? » *in* T.J. Gillen (éd.), *(Re)productive Traditions in Ancient Egypt*, AegLeod 10, Liège, 2017, p. 593-621.

DURISCH GAUTHIER 2002
N. Durisch Gauthier, *Anubis et les territoires cynopolites selon les temples ptolémaïques et romains*, thèse de doctorat, université de Genève, 2002.

ERMAN 1900
A. Erman, « Gebete eines ungerecht Verfolgten und andere Ostraka aus den Königsgräbern », *ZÄS* 38, 1900, p. 19-41.

ERMAN 1933
A. Erman, *Neuaegyptische Grammatik*, Leipzig, 1880, 1933 (2e éd.).

EYRE 1979
Chr.J. Eyre, « A "Strike" Text from the Theban Necropolis » *in* J. Ruffle, G.A. Gaballa, K.A. Kitchen (éd.), *Glimpses of Ancient Egypt: Studies in Honour of H.W. Fairman*, Warminster, 1979, p. 80-91.

FISCHER-ELFERT 1999
H.-W. Fischer-Elfert, « Die Ankunft des Königs nach ramessidischen Hymnen », *SÄK* 27, 1999, p. 65-85.

FOSTER 1994
J.L. Foster, « Oriental Institute Ostracon 25346 (Ostracon Wilson 100) » *in* D.P. Silverman (éd.), *For His Ka: Essays Offered in Memory of Klaus Baer*, SAOC 55, Chicago, 1994, p. 87-97.

FRANKE 2003
D. Franke, « Middle Kingdom Hymns and other Sundry Religious Texts: an Inventory » *in* S. Meyer (éd.), *Egypt – Temple of the Whole World / Ägypten – Tempel der gesamten Welt: Studies in Honour of Jan Assmann*, Leiden, 2003, p. 95-136.

GARDINER 1935
A.H. Gardiner, *Hieratic Papyri in the British Museum. Third Series: Chester Beatty Gift*, 2 vol., Londres, 1935.

GARDINER 1941-1952
A.H. Gardiner, *The Wilbour Papyrus*, 4 vol., Londres, 1941-1952.

GASSE 1992
A. Gasse, « Les ostraca hiératiques littéraires de Deir el-Medina : nouvelles orientations de la publication » *in* R.J. Demarée, A. Egberts (éd.), *Village Voices: Proceedings of the Symposium "Texts from Deir el-Medîna and their Interpretation", Leiden, May 31 – June 1, 1991*, CNWS Publications 13, Leyde, 1992, p. 51-70.

GASSE 2000
A. Gasse, « Le K2 un cas d'école » *in* R.J. Demarée, A. Egberts (éd.), *Deir el-Medina in the Third Millennium AD: A Tribute to Jac.J. Janssen*, EgUit 14, Leyde, 2000, p. 109-120.

GASSE 2015
A. Gasse, « Ostraca littéraires de Deir el-Medina conservés à l'Ifao : du calame à l'ordinateur » *in* U. Verhoeven (éd.), *Ägyptologische „Binsen"-Weisheiten I-II: Neue Forschungen und Methoden der Hieratistik. Akten zweier Tagungen in Mainz im April 2011 und März 2013*, AAWMainz 14, Stuttgart, 2015, p. 219-228.

GOYON 1949
G. Goyon, « Le papyrus de Turin dit "des Mines d'Or" et le Wadi Hammamat », *ASAE* 49, 1949, p. 337-392.

Grandet 2003
P. Grandet, « Les ânes de Sennéfer (O. IFAO 10044) », *BIFAO* 103, 2003, p. 257-265.

Grandet 2016
P. Grandet, « Un document relatif aux grèves de Deîr el-Médînéh en l'an 29 de Ramsès III et un fragment de l'*Enseignement d'Amennakhté*, § 39-48 : O. IFAO 1255 A-B (ONL 514 A-B) » *in* Ph. Collombert, D. Lefèvre, St. Polis, J. Winand (éd.), *Aere Perennius. Mélanges égyptologiques en l'honneur de Pascal Vernus*, OLA 242, Leuven, 2016, p. 327-359.

Harrel, Brown 1992
J.A. Harrell, V.M. Brown, « The Oldest Surviving Topographical Map from Ancient Egypt (Turin Papyri 1879, 1899, 1969) », *JARCE* 29, 1992, p. 81-105.

Hassan à paraître
Kh. Hassan, « New Literary Compositions of the Scribe Amennakhte son of Ipuy », à paraître.

Herbin 2003
Fr.-R. Herbin, « La renaissance d'Osiris au temple d'Opet *(P. Vatican Inv. 38608)* », *RdE* 54, 2003, p. 67-129.

Herbin 2004
Fr.-R. Herbin, « Un texte de glorification », *SAK* 32, 2004, p. 171-204.

Hornung 1990
E. Hornung, *Zwei ramessidische Königsgräber: Ramses IV. und Ramses VII. Mit Beiträgen von S. Bickel, E. Staehelin und D. Warburton*, Theben 11, Mayence, 1990.

Hovestreydt 1997
W. Hovestreydt, « A Letter to the King Relating to the Foundation of a Statue (P. Turin 1879 vso.) », *Lingua Aegyptia* 5, 1997, p. 107-121.

Janssen 1975
J.J. Janssen, *Commodity Prices from the Ramessid Period*, Leyde, 1975.

Janssen 1987
J.J. Janssen, « On Style in Egyptian Handwriting », *JEA* 73, 1987, p. 161-167.

Janssen 1994
J.J. Janssen, « An Exceptional Event at Deir El-Medina (P. Turin 1879, verso II) », *JARCE* 31, 1994, p. 91-97.

Janssen 2000
J.J. Janssen, « Idiosyncrasies in Late Ramesside Hieratic Writing », *JEA* 86, 2000, p. 51-56.

Knigge Salis, Luiselli 2013
C. Knigge Salis, M.M. Luiselli, « Hymnen und Gebete des späten 2. und des 1. Jahrtausends v. Chr. » *in* B. Janowski, D. Schwemer (éd.), *Hymnen, Klagelieder und Gebete*, Texte aus der Umwelt des Alten Testaments, Neue Folge 7, Gütersloh, 2013, p. 211-243.

Koemoth 1993
P. Koemoth, « Le rite de redresser Osiris » *in* J. Quaegebeur (éd.), *Ritual and Sacrifice in the Ancient Near East: Proceedings of the International Conference Organized by the Katholieke Universiteit Leuven from the 17th to the 20th of April 1991*, OLA 55, Leuven, 1993, p. 157-174.

Koenig 1991
Y. Koenig, « Les ostraca hiératiques du musée du Louvre », *RdE* 42, 1991, p. 95-116.

Lapp 1997
G. Lapp, *The Papyrus of Nu (BM EA 10477). With a Contribution by T. Schneider*, Catalogue of Books of the Dead in the British Museum 1, Londres, 1997.

Lepsius 1842
R. Lepsius, *Das Todtenbuch der Ägypter: nach dem hieroglyphischen Papyrus in Turin*, Leipzig, 1842.

López 1978
J. López, *Ostraca ieratici*, N. 57001-57092, Catalogo del Museo Egizio di Torino, 2e série, vol. 3, fasc. 1, Milan, 1978.

Mathieu 1996
B. Mathieu, *La poésie amoureuse de l'Égypte ancienne : recherches sur un genre littéraire au Nouvel Empire*, BiEtud 115, Le Caire, 1996.

Medini 2014
L. Medini, « La procession de l'extérieur du sanctuaire d'Edfou » *in* A. Rickert, B. Ventker (éd.), *Altägyptische Enzyklopädien. Die Soubassements*

in den Tempeln der griechisch-römischen Zeit: Soubassementstudien I, vol. 1, Wiesbaden, 2014, p. 245-268.

NEVEU 1996

Fr. Neveu, *La langue des Ramsès,* Paris, 1996.

PARKINSON 2009

R.B. Parkinson, *Reading Ancient Egyptian Poetry: Among other Histories*, Chichester, 2009.

POLIS 2017

St. Polis, « The Scribal Repertoire of Amennakhte Son of Ipuy: Describing Variation Across Late Egyptian Registers » *in* J. Cromwell, E. Grossman (éd.), *Beyond Free Variation: Scribal Repertoires in Egypt from the Old Kingdom to the Early Islamic Period*, Oxford, 2017.

POLIS, HONNAY, WINAND 2013

St. Polis, A.-Cl. Honnay, J. Winand, « Building an Annotated Corpus of Late Egyptian. The Ramses Project: Review and Perspectives » *in* St. Polis, J. Winand (éd.), *Texts, Languages & Information Technology in Egyptology: Selected Papers from the Meeting of the Computer Working Group of the International Association of Egyptologists (Informatique & Égyptologie), Liège, 6-8 July 2010*, AegLeod 9, Liège, 2013, p. 25-44.

POLZ 1998

D. Polz, « The Ramsesnakht Dynasty and the Fall of the New Kingdom. A New Monument in Thebes », *SAK* 25, 1998, p. 257-293.

POSENER 1977

G. POSENER, « La complainte de l'échanson Bay » *in* J. Assmann, E. Feucht, R. Grieshammer (éd.), *Fragen an die altägyptische Literatur: Studien zum Gedenken an Eberhard Otto*, Wiesbaden, 1977, p. 385-397.

QUACK 2013

J.Fr. Quack, « Ostraka mit Gebeten eines aus dem Amt Vertriebenen » *in* B. Janowski, D. Schwemer (éd.), *Hymnen, Klagelieder und Gebete*, Texte aus der Umwelt des Alten Testaments, Neue Folge 7, Gütersloh, 2013, p. 171-181.

RAGAZZOLI 2008

Chl. Ragazzoli, *Éloge de la ville en Égypte ancienne. Histoire et littérature*, Les institutions dans l'Égypte ancienne 4, Paris, 2008.

RAGAZOLLI 2012

Chl. Ragazzoli, « Un nouveau manuscrit du scribe Inéna ? Le recueil de miscellanées du Papyrus Koller (Pap. Berlin P. 3043) » *in* V. Lepper (éd.), *Forschung in der Papyrussammlung: eine Festgabe für das Neue Museum*, Ägyptische und Orientalische Papyri und Handschriften des Ägyptischen Museums und Papyrussammlung Berlin 1, Berlin, 2012, p. 207-239.

RICKERT, VENTKER 2014

A. Rickert, B. Ventker (éd.), *Altägyptische Enzyklopädien. Die Soubassements in den Tempeln der griechisch-römischen Zeit: Soubassementstudien* I, 2 vol., Studien zur spätägyptischen Religion 7, Wiesbaden, 2014.

RITTER 2008

V. Ritter, « Ostraca hiératiques et ostraca figurés. Quelques nouveaux raccords », *GM* 217, 2008, p. 81-87.

SAINTE FARE GARNOT 1949

J. Sainte Fare Garnot, « A Hymn to Osiris in the Pyramid Texts », *JNES* 8,2, 1949, p. 98-103.

SCHIAPARELLI 1927

E. Schiaparelli, *La tomba intatta dell'architetto Cha nella necro-pole di Tebe*, Relatione II, Turin, 1927.

SETHE 1904

K. Sethe, « Der Name Sesostris », *ZÄS* 41, 1904, p. 43-57.

SIKORA à paraître

U. Sikora, « "Modern-Style Author" Amennakhte Son of Ipuy: The Egyptological Question of Authorship between the Poles of Egyptian Data and Egyptological Acquisition of Information » *in* A. Dorn (éd.), *Filtering Decorum – Facing Reality*, AegLeod, Liège, à paraître.

VERNUS 1984

P. Vernus, *LÄ* V, 1984, col. 937-938, *s.v.* « Siegreiches Theben ».

WILSON 1997
P. Wilson, *A Ptolemaic Lexicon: A Lexicographical Study of the Texts in the Temple of Edfu*, OLA 78, Leuven, 1997.
WINAND 1992
J. Winand, Études de néo-égyptien 1. *La morphologie verbale*, AegLeod 2, Liège, 1992.
ZANDEE 1947
J. Zandee, *De hymnen aan Amon van papyrus Leiden I 350*, OMRO 28, Leyde, 1947.
ZANDEE 1992
J. Zandee, *Der Amunshymnus des Papyrus Leiden I 344, Verso*, 3 vol., Collections of the National Museum of Antiquities at Leiden 7, Leyde, 1992.

Consommation et proscription du miel en Égypte ancienne
Quand *bj.t* devient *bw.t*

JULIE LAFONT*

CONNU depuis des millénaires, le miel[1] est devenu au fil de l'histoire une denrée remarquable dans de nombreuses cultures. Plusieurs peintures rupestres datées du mésolithique et du néolithique[2] illustrent notamment l'origine des premières récoltes sauvages.

En Égypte, c'est à l'aube de la civilisation pharaonique qu'apparaissent les prémices d'une apiculture organisée, grâce à laquelle les Égyptiens ont pu se créer un accès privilégié à la production d'une des ressources naturelles les plus difficiles à obtenir. Devenu un produit indispensable dans leur quotidien, le miel s'est également imposé comme offrande rituelle au sein des temples et des tombes.

La grande encyclopédie sacerdotale de Dendara, sanctuaire de la déesse Hathor, atteste cependant une *bw.t* concernant l'acte de « manger du miel ». Une telle proscription soulève de nombreuses interrogations concernant aussi bien sa motivation que son champ d'application, ou encore son lien direct ou indirect avec la déesse. Cet interdit se limitait-il à la VIe province de Haute Égypte, justifiant alors une éventuelle prérogative hathorique sur ce produit ? Avait-il une origine et une explication plus concrète, liées à un éventuel enjeu économique ?

À l'instar des réflexions déjà menées sur la notion de *bw.t*[3], cette étude tentera de définir les fondements de cette proscription du miel dans les textes qui la mentionnent.

* UMR 5140 Archéologie des sociétés méditerranéennes ASM, université Paul Valéry Montpellier 3, CNRS, MCC, Montpellier.

1 Cet article s'inscrit en marge des recherches menées dans le cadre de ma thèse : *Le miel en Égypte ancienne. Histoire et fonctions d'un produit précieux*, thèse de doctorat, université Paul-Valéry Montpellier 3, en cours depuis 2013. Je tiens à remercier M. Bernard Mathieu et Mme Isabelle Régen pour leur soutien, leurs conseils et le temps qu'ils ont accepté de consacrer à la relecture de ce travail.

2 Pour l'Afrique du Sud, voir MARCHENAY 2007, p. 16 ; pour le Zimbabwe, et les peintures de l'Afrique centrale, voir le projet de l'organisation non gouvernementale *TARA*, créée en 1996, http://africanrockart.org, consultation novembre 2016, en partenariat avec le British Museum depuis 2012 : http://africanrockart.britishmuseum.org, consultation novembre 2016 ; pour l'Espagne, voir MARCHENAY 2007, p. 13 ; CRANE 1999, p. 35-48.

3 À propos de *bw.t*, voir AUFRÈRE 1999b, p. 69-113 ; AUFRÈRE 2016, p. 15-41 ; FRANDSEN 1986 ; FRANDSEN 1989, p. 151-158 ; FRANDSEN 1998, p. 975-1000 ;

LA *BW.T*, UNE RÈGLE DIVINE AU CŒUR DE LA VIE QUOTIDIENNE

Très présente dans la littérature égyptienne, la notion de , *bw.t*, traduite généralement par « abomination » ou « interdit », est un concept propre à l'univers culturel égyptien. Entre idée abstraite et réalité concrète, il apparaît dès l'Ancien Empire dans les Textes des Pyramides [4] et se développe ensuite selon les contextes culturels et les genres littéraires. À l'image de nombreuses autres notions complexes, il est difficile de définir ce que représente réellement le terme *bw.t*. Si l'on se réfère au chapitre 125 du Livre des Morts [5], l'interdiction est présentée comme émanant de l'autorité divine :

n jr=j bw.t (ny.t) nṯr.w
Je n'ai pas fait ce qu'abhorrent les dieux.

Parfaitement intégré au sein de la « déclaration d'innocence » du défunt, cet énoncé concis pourrait faire office de définition fondamentale, à savoir une action perçue comme une abomination par une divinité [6]. Une forme plus détaillée de ces prohibitions morales apparaît également sur certains monuments privés, attestant l'impact de ce qui est *bw.t* sur l'homme, sur sa vie terrestre ou dans l'au-delà [7].

Néanmoins, à notre connaissance, seules les encyclopédies sacerdotales [8] répertorient ces interdits de manière raisonnée, décrivant toutes les provinces – ou *sépat* – d'Égypte en fonction de leurs particularismes culturels : situation géographique, capitale, divinité tutélaire et, par extension, tout ce qui les caractérisait de près ou de loin (arbre, butte, lac et animal sacrés et, bien entendu, la ou les *bw.t* spécifiques). Ces textes théologiques offrent ainsi un tableau de l'organisation spatiale de l'Égypte et posent la question de l'influence possible de l'univers sacré sur le monde profane. Ils démontrent, en outre, que chacun des éléments associés à une région possède des relations intrinsèques avec le dieu qui y réside. La *bw.t* en est une illustration des plus pertinentes [9].

Frandsen 1999, p. 131-148 ; Frandsen 2000, p. 9-34 ; Frandsen 2001, p. 141-174 ; Frandsen 2002-2003, p. 57-74 ; Frandsen 2006, p. 197-201 ; Frandsen 2010, p. 149-174 ; Leitz 1994 ; Montet 1950b, p. 85-116 ; Montet 1963, p. 53-62.

4 Par exemple, dans *Pyr.* § 127c, d [TP 210] ; § 308b [TP 258] ; § 718a [TP 409] ; § 1500c [TP 576] ; voir notamment Mathieu à paraître, *s.v.* « Abomination ».

5 Cf. Barguet 1967, p. 157-164 ; Montet 1963, p. 54-56 ; voir également la base de données du *Totenbuch Projekt* sur la formule 125 : http://totenbuch.awk.nrw.de/spruch/125, consultation novembre 2016.

6 Dans un tel contexte, l'existence d'une *bw.t* implique, en cas de non-observance, la condamnation par le tribunal d'Osiris et sous-tend l'émergence du concept de libre-arbitre. Interprétée de cette manière, la *bw.t* se justifie et impose une forme de respect de la règle ; voir, à ce propos, la formule 1130 des Textes des Sarcophages, en particulier *CT* VII, 461c-465a ; Lorton 1993, p. 125-155.

7 Voir notamment la stèle Caire JE 48831 ; *KRI* VI, 20, 12 - 25, 15 ; Korostovstev 1947, p. 155-175 ; Montet 1950b, p. 108-109 ; Tiradritti 1997, p. 193-203.

8 Quatre encyclopédies sacerdotales ont été découvertes à ce jour : une première provenant d'Edfou ; voir Cauville, Devauchelle 1984, p. 329-344 ; une deuxième est mentionnée dans le Papyrus géographique de Tanis ; voir Brugsch, Petrie, Griffith 1889, pl. IX-X. Enfin, concernant les deux papyri de Tebtynis, voir Osing 1998 ; Osing, Rosati 1998. Pour une version synoptique des quatre encyclopédies, voir Leitz 2014.

9 On observe de manière assez récurrente la mention d'interdits dans des documents très différents. Au-delà des formules du Livre des Morts évoquées précédemment, on notera par exemple la stèle d'Uriage n° 10 (= *Urk.* IV, 1029, 15-1033, 7) datée de la XVIIIe dynastie et signalée par P. Montet (1963, p. 56), et P.J. Frandsen (2006, p. 199). Dans cette autobiographie, le vizir Ouser-Amon répertorie sept actions qu'il certifie n'avoir jamais réalisées, respectant ainsi les règles de la *maât*.

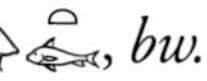

LES ATTESTATIONS DE LA *BW.T* LIÉE À LA CONSOMMATION DU MIEL

Le miel tenait une place de choix dans la société égyptienne. Principal édulcorant pour les préparations culinaires[10], il était également un ingrédient thérapeutique reconnu[11]. Pourtant, la documentation administrative révèle qu'il n'était pas accessible à toutes les classes sociales du fait essentiellement de sa valeur économique élevée. Objet d'une forme de monopole d'État[12], le miel semble donc avoir été thésaurisé[13] par les temples en vue d'assurer les services d'offrandes aux dieux. C'est dans ce contexte socio-économique que se pose la question d'une *bw.t* concernant ce produit.

Les textes de géographie religieuse

Nous avons vu[14] que cette notion spécifique peut se trouver associée aux différentes provinces de l'Égypte et, par extension, à leurs dieux tutélaires. De manière générale, les encyclopédies sacerdotales répertorient ainsi différentes *bw.t* dont l'inscription fait office d'une forme de menace divine. L'acte de « manger du miel » est l'une de ces pratiques prohibées par les dieux[15].

Située au cœur du temple de Dendara, la monographie très détaillée de la province tentyrite – la VIe de Haute Égypte – fait ainsi état d'une *bw.t* liée à la consommation de miel. Sur l'un des jambages de la porte donnant sur la salle V, nous pouvons lire[16] :

rn (ny) bw.t: jtnw, wnm bj.t
Le nom de la bw.t *: le poisson-*iténou[17]*, manger du miel*

À quelques détails syntaxiques près, un parallèle est gravé sur le montant sud de la porte nord-ouest, située dans l'avant-cour du temple d'Edfou[18] :

jtnw, wnm bj.t: rn n(y) bw.t
Le poisson-iténou, manger du miel : c'est le nom de la bw.t

10 Sur l'alimentation égyptienne en général, voir notamment TALLET 2003 ; TALLET 2006 ; PETERS-DESTÉRACT 2005 ; sur l'emploi du miel avec le *chédéh*, voir TALLET 1995, p. 459-492 ; TALLET 2008 ; GABOLDE 2009, p. 159-163 ; TALLET 2010.

11 L'étude des formules montre un double emploi du miel, en tant qu'excipient et principe actif.

12 Le monopole du miel est à aborder sur le même plan que le monopole des dattes (MENU 2014, p. 199-215) ou celui du papyrus (AUFRÈRE 2005a, p. 103-117).

13 Ce concept s'intègre dans l'idée de double économie égyptienne, verticale et horizontale, abordée en détail par GRANDET 1994b, p. 58, n. 229, 256.

14 Voir *supra*. La *bw.t*, une règle divine au cœur de la vie quotidienne.

15 Voir l'étude des textes liés à la géographie religieuse de la province tentyrite par S. Cauville (1992, p. 67-99).

16 MARIETTE 1870b, pl. 20b = *Dendara* VII, 140, 8-9 (CHASSINAT, DAUMAS 1972, p. 140, 8-9).

17 Pour le poisson-*iténou* identifié au dauphin, voir MEEKS 1973, p. 209-216 ; VERNUS 2005, p. 240-242.

18 MARIETTE 1870a, pl. 4 = *Edfou* V, 348, 1 (CHASSINAT, ROCHEMONTEIX 1930, p. 348).

Cité aux côtés du poisson-*iténou*, l'acte de « manger du miel » constitue l'un des deux interdits propres à la VIe *sépat* de Haute Égypte, dont Dendara est la capitale. Toutefois, dans ces temples, le miel n'est pas seulement attesté parmi les proscriptions : il est également mentionné comme offrande, donnée à plusieurs reprises aux dieux Mîn, Rê et bien sûr à Hathor, la déesse tutélaire de la province[19]. Dès lors, une certaine logique se fait jour : le miel ne doit pas être consommé par les hommes car il est réservé au culte divin. Au-delà, les seules attestations des temples de Dendara et d'Edfou consignées ci-dessus laissent à penser que la prohibition serait, selon toute vraisemblance, circonscrite à la province tentyrite. Pour expliquer cette restriction, il est indispensable de quitter le domaine de la géographie religieuse pour se tourner vers les autres textes évoquant, de près ou de loin, une *bw.t* du miel.

D'autres mentions d'un « interdit » du miel ?

Il convient de signaler en premier lieu un texte mentionnant une *bw.t* qui, à défaut d'avoir été réellement étudiée, suscita cependant un certain malentendu. En effet, le chapitre XX du Rituel divin journalier d'Amon, intitulé « Onctions et fumigations[20] » évoque l'utilisation du miel en contexte de renaissance divine : son application apporte à la statue la luminosité solaire à l'instar de l'or, minéral constitutif des chairs divines[21]. Or, au centre du texte, le miel réapparaît, cette fois-ci en parallèle avec le vase-*hébénet* d'Amon[22] sur lequel le dieu prononce une phrase énigmatique :

> Amon-Rê, seigneur des trônes du Double-Pays est pourvu de l'Œil-d'Horus sucré, le noir et le blanc, mêlés au fleuve. C'est le vase-*hébénet* d'Amon, cela, dont Amon a dit :
>
> « Voyez, le mensonge est mon abomination en son sien nom de miel. »

P.J. Frandsen commente ainsi cette occurrence : « Then, unfortunately in a context that is far from clear, we have: "Evil is its *bwt* in this name of honey". In this context honey, the Eye of Re, stands in opposition to *grg*, which of course was *bwt* at all times and in all places[23]. »

19 Frandsen 2006, p. 197-198.

20 P. Berlin 3055, VII, 2-9 ; voir Erman 1901a, pl. VII, 3, 5-7 ; Moret 1902, p. 70-71.

21 Par sa couleur jaune, le miel illustre les aspects solaires et lunaires du créateur. Le chapitre x+V (2, 17-3, 13) du Rituel de l'Embaumement le cite ainsi comme jouant un rôle dans la composition d'un onguent sacré permettant « l'assouplissement du dos par massage à l'huile » et la « pose du suaire et de bandelettes » ; voir Sauneron 1952, § 4, p. 5-8 ; Goyon 1972, p. 47-50 ; Töpfer 2015, p. 89-101. Les ingrédients de sa préparation se recoupent avec ceux connus pour l'onguent précieux *merhet chépéset* décrit dans le laboratoire d'Edfou ; voir Aufrère 2005b, p. 242-246 ; Aufrère 2007, p. 191-195 ; voir également Aufrère 1997, p. 2-8. Enfin, dans le chapitre x+XI (8, 16-9, 13) du Rituel de l'Embaumement, le miel est également employé dans l'embaumement de la main droite en association avec l'étoffe-*sjꜣ.t* ; voir Sauneron 1952, p. 30-34 ; Goyon 1972, p. 73-77 ; Servajean 2003, p. 448-449 ; Töpfer 2015, p. 175-187.

22 Le vase-*hébénet* est mentionné à de très nombreuses reprises dans la tombe de Rekhmirê, où il sert à transporter et entreposer du miel provenant de toute l'Égypte ; voir Davies 1973, pl. XXXIII, XXXIV, XXXV. En outre, on notera qu'il est lié à la relique osirienne de la XIVe province de Haute Égypte *hbn.t m rḏw.w-nṯr n(y.w) Qbḥ-snw(=f)*, « Le vase-*hébénet* contenant les humeurs divines de Qébéhsénouf ». De plus, cette *sépat* est placée sous la protection de Maât en tant que *ka* d'Hathor : *Mꜣʿ.t jm m kꜣ n(y) Ḥw.t-Ḥr ḥr sꜣw nm[s.t] jm*, « Maât est là en tant que *ka* d'Hathor, gardant le vase-*nemset* » ; voir Leitz 2014, p. 109-112.

23 Frandsen 2006, p. 201.

En effet, la formulation de cet extrait et les référents sémantiques choisis rendent la compréhension difficile, d'autant qu'il s'agit là du seul énoncé de ce type dans cette formule. Or, si le lien entre la proscription et le mensonge () n'a rien de nouveau, leur association avec le miel demeure unique à l'heure actuelle. Au-delà, il apparaît à la lecture de cette phrase que les termes utilisés illustrent un jeu de mots[24] entre *bw.t* et *bj.t*. Toutefois, cette paronomase n'a pas pour objectif d'établir une équivalence entre *bw.t* et *bj.t*, mais bien entre *bw.t* et *grg*; ainsi, dans le cas présent, le miel n'est pas évoqué en tant que denrée, mais comme métaphore du mensonge, à savoir une vérité « édulcorée », voire trompeuse. Il n'y a donc pas lieu de classer cet extrait du Rituel divin journalier d'Amon parmi les éventuelles attestations d'une *bw.t* du miel[25].

Un autre document doit également être signalé ici : le Calendrier du Caire (p. Caire CG 86637), papyrus calendérique rédigé à la XXe dynastie, une variante plus récente du p. Sallier IV (p. BM EA 10184)[26], daté de la XIXe dynastie[27]. Bien que leurs similitudes soient remarquables, le papyrus du Caire se distingue en ce qu'il se compose de deux « livres ». Or, si le second offre un ménologe couvrant l'année égyptienne complète, y compris les jours épagomènes, le premier se démarque par son aspect limité. Loin d'être incomplet, comme le supposait A. el-M. Bakir[28], il est au contraire très précis, ce qui laisse à penser qu'il serait plutôt le reflet d'une tradition spécifique.

En effet, dans ce livre I[29] figurent des éléments théologiques associés directement aux quinze premiers jours du premier mois d'*akhet*. Par exemple, il est précisé pour chacun d'eux la fête qu'il convient de célébrer, la ou les divinité(s) honorées, mais aussi la nature même de la journée – à savoir très faste (*nfr nfr*) ou néfaste (*ʿḥ3*). Enfin, toutes les entrées calendériques révèlent une ou plusieurs contre-indications, définies par les dieux, et qu'il est vital de respecter. Indéniablement, ces détails ne sont pas sans rappeler la description de la *bw.t* du chapitre 125 du Livre des Morts[30]. En effet, bien que le terme ne soit pas mentionné, l'emploi du verbe négatif *jmj* suffit à conférer une valeur prohibitive au texte. Ainsi, bien qu'absente textuellement, la notion de *bw.t* est implicite, intégrée au format du calendrier et associée à des fêtes ou des préconisations propres à des croyances spécifiques.

24 À propos des jeux de mots et autres figures de style, voir Mathieu 1996, p. 251-254, *s.v.* « Assonance », « Calembour », « Jeu de mots », « Jeu phonique » et plus particulièrement « Paronomase », p. 204, § 94 et p. 211, § 108.

25 Le chapitre XX dans son ensemble fera l'objet d'une translittération, d'une traduction et d'une analyse complète dans une prochaine publication.

26 Le p. Sallier IV (BM EA. 10184) a été publié par E. Hawkins ; voir Hawkins 1982, pl. CXLIV-CLXVIII ; concernant le Calendrier du Caire (p. Caire 86637), voir Bakir 1966. Une étude synoptique de ces deux versions du calendrier des jours fastes et néfastes a été réalisée par Chr. Leitz, voir Leitz 1994.

27 Concernant le p. Sallier IV, la mention de « l'an 56 du règne de Ramsès II » dans le texte permet de confirmer son appartenance à la XIXe dynastie. Cette datation fut également donnée, à tort, au Calendrier du Caire par A. el-M. Bakir, voir Bakir 1966, p. 5-6. En réalité, les critères paléographiques et grammaticaux de ce dernier le rapprochent davantage du règne de Ramsès III (XXe dynastie) ; voir Bács 1990, p. 41-44. Sur les calendriers égyptiens de manière générale, voir Parker 1950 ; Schott 1950 ; Pellat 1986 ; Grimm 1994 ; Spalinger 1995, p. 17-32 ; Bomhard 1999 ; Porceddu *et al.* 2008, p. 327-339.

28 Bakir 1966, p. 2.

29 Bakir 1966, p. 11-12, pl. I, Ia-II, IIa.

30 Le calendrier du livre I du papyrus du Caire propose un format, un agencement et des données exceptionnels, mêlant l'approche de la chose *bw.t* observée dans le chapitre 125 du Livre des Morts et le traitement des *bw.t* caractéristiques des monographies et autres encyclopédies sacerdotales. S'y trouvent également des éléments présents dans les *omina* calendériques du type « celui qui naît en ce jour, il ne vivra pas » ; voir *supra*, La *bw.t*, une règle divine au cœur de la vie quotidienne.

Selon le livre I du Calendrier du Caire, il était donc défendu de « manger du miel » le 10e jour du 1er mois de la saison *akhet* [31] (fig. 1) :

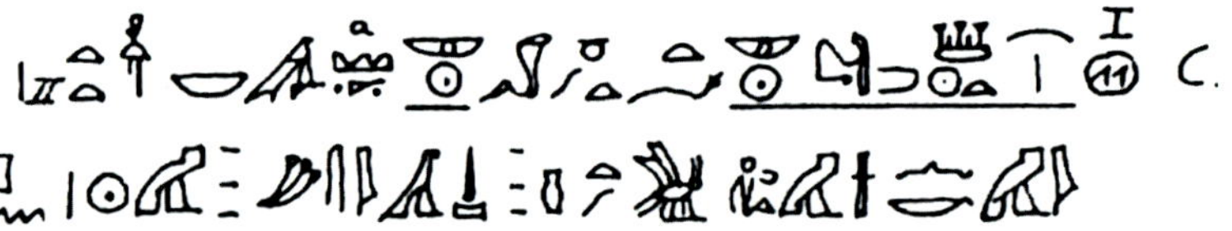

Fig. 1. 10e jour, 1er mois de la saison *akhet*, Livre I du Calendrier du Caire, 11. D'après Leitz 1994, p. 434-435.

ꜣbd 1, ꜣḫ.t, sw 10 : ꜥḥꜣ !
Ḥb Tfnw.t, ḥb Ḥꜣ, nb Jmn.t Jm=k wnm bj.t ḏꜣjs m hrw pn

1er mois de la saison akhet, *jour 10 : néfaste !*
*Fête de Tefnout, fête de Ha, seigneur de l'Occident. Tu ne dois manger ni miel, ni plante-*djaïs *ce jour-là.*

En observant de près les contre-indications mentionnées dans l'ensemble de cette hémérologie, on constate que la majorité d'entre elles concernent l'alimentation. Seuls trois jours – les 1er, 4e et 5e – sur les quinze listés ne condamnent pas la consommation d'une ou plusieurs denrées. Cette mise en garde liée au miel n'est donc pas un cas isolé. En revanche, le choix de la date spécifique du 10e jour du 1er mois de la saison *akhet* soulève certaines interrogations. De même, les possibles corrélations entre les fêtes de Tefnout et de Ha, le miel et la plante-*djaïs* méritent approfondissement.

Associé à la fête de la déesse Tefnout [32], fille du créateur et sœur du dieu Chou, ce jour acquiert naturellement une connotation héliopolitaine. Une célébration identique à celle du Calendrier du Caire se trouve mentionnée à la même date dans le Calendrier d'Esna [33] :

> Le 10 Thot : mi-néfaste, mi-faste : fête de Tefnout dans Iounyt. C'est Rê qui la fit au commencement […].

Une première lecture permet de constater qu'à l'instar du Calendrier du Caire, la qualification faste ou néfaste du jour est précisée. On retrouve en outre l'emploi des mêmes déterminatifs, sauf dans le cas du Calendrier d'Esna où les deux sont réunis en un groupe initial  *ꜥḥꜣ-nfr*. Il est intéressant d'observer que dans la majorité des cas, ce jour de fête en l'honneur de Tefnout apparaît au mieux « mi-néfaste, mi-faste » (*Esna* V, *ꜥḥꜣ-nfr*), au pire totalement « néfaste » (Cal. Caire, r° I, 11 : *ꜥḥꜣ* ; Cal. Caire, v° XXI, 11 : *ꜥḥꜣ*). Cette coloration plus ou moins négative rappelle la nature ambivalente de la déesse Hathor-Tefnout, autant protectrice que

31 P. Caire 86637, r° I, 11, voir Bakir 1966, p. 11, pl. I ; Leitz 1994, p. 434-435, pl. I.

32 Voir *LGG* VII, col. 405c-408b ; voir également Corteggiani 2007, p. 105-108, 534-535 ; Derchain 1975, p. 110-116 ; Faulkner 1964, p. 266-270 ; Meeks, Favard-Meeks 1993, p. 211, 254-257, 349 ; Meurer 2002, p. 58-59 ; Quirke 2001, p. 34, 46.

33 *Esna* II, 123-124, n° 55, 1-3, Sauneron 1963 ; voir Sauneron 1962, p. 11-13.

destructrice [34]. Enfin, il convient de souligner que la version du livre I du Calendrier du Caire est la seule des quatre à afficher une proscription du miel. Cette remarque permet de proposer l'hypothèse selon laquelle ce ménologe court, réservé aux quinze premiers jours de l'année, proviendrait de la province tentyrite et serait rédigé d'après les mythes locaux. Notons enfin les deux autres attestations de cette même fête de Tefnout, citées par Chr. Leitz dans son étude synoptique [35] : l'une inscrite au verso du p. Caire 86637 [36], l'autre sur l'o. Turin 57304 [37].

En parallèle, l'association présente du miel et de la déesse lionne n'a rien d'étonnant. On retrouve en effet dans cette entrée calendérique ce lien entre les déesses Tefnout et Hathor, deux personnifications de l'Œil de Rê, et le miel, exsudat issu des larmes du créateur. Cela démontre que la proscription liée à la consommation du miel ne se limitait pas à Dendara, ni même à la province tentyrite comme pouvait le laisser penser les extraits des monographies sacerdotales [38]. En réalité, l'utilisation du miel et sa prohibition dépendaient moins de considérations géographiques que de la norme héliopolitaine dont s'inspire la théologie hathorique (Hathor/Tefnout/Sekhmet) de la VIe *sépat* de Haute Égypte.

Citée comme seconde proscription, la plante-*djaïs* est traitée sur le même plan que le miel [39], à la différence que son identification reste toujours source d'interrogations [40]. Plusieurs textes tendent à démontrer l'existence d'une connexion directe entre cette plante et les croyances osiriennes, confirmant la nature héliopolitaine de cette entrée calendérique. Dès les Textes des Pyramides [TP 688, § 2083a], nous apprenons ainsi que manger de la plante-*djaïs* était prohibé pour le défunt [41], bien qu'elle fût tout à fait comestible dans le monde des vivants. En effet, son usage était quotidien et sa présence récurrente dans la pharmacopée égyptienne, notamment en usage interne où elle était utilisée comme ingrédient principal de certains électuaires [42]. Or, le § 2083a [TP 688] semble faire référence à ce goût amer qui la caractériserait, justifiant

34 Dans le mythe de la Lointaine (Inconnu-Bocquillon 2001), Tefnout revêt les traits de la lionne Sekhmet envoyée pour punir les hommes accusés de rébellion envers les dieux. Une fois apaisée grâce à la ruse de Thot, cette dernière revient auprès de l'Ennéade sous la forme de Hathor-Bastet-Tefnout. Elle reçoit alors le nom d'*Jr.t Rʿ*, « Œil de Rê », et devient la personnification de « l'Uræus » (*Ḥry.t-tp=f*, « Celle-qui-est-sur-sa-tête ») dressé au front de son père ; voir également le texte démotique narrant « le mythe de l'Œil du Soleil » (Quack 2007, p. 195-230) inscrit dans sa version la plus complète sur le p. Leyde I 384 (Spiegelberg 1917 ; Cénival 1988) et fragmentaire sur le p. Lille 31 (Cénival 1985 ; Cénival 1987 ; Bresciani 1993) ; une version grecque est également connue (West 1969) ; Junker 1911, p. 19-23 ; au sujet des épiclèses de Hathor attribuées également à Tefnout, voir notamment Husson 1977, p. 118-119, 159-160, 188-189, 251-252.

35 Leitz 1994, p. 434-435.

36 P. Caire 86637, v° XXI, 11 ; voir Bakir 1966, p. 57, 81, pl. LI.

37 O. Turin 57304 ; voir López 1980, p. 70-71, pl. 96 ; Brunner-Traut 1986, col. 153-154 ; Spalinger 1994, p. 301-302.

38 *Supra*, Les textes de géographie religieuse.

39 Elle est également mentionnée le 8e jour du 1er mois de la saison *akhet* de ce même ménologe, parmi une liste de restrictions alimentaires, au côté de deux autres plantes (p. Caire 86637, r° I, 9), voir Bakir 1966, p. 57, 81, pl. XXI ; Leitz 1994, p. 433-434.

40 Si le nom de ce végétal fut d'abord traduit « canne à sucre » par A. el-M. Bakir dans sa publication du Calendrier du Caire, nous savons aujourd'hui qu'il n'en est rien puisque cette dernière ne fut importée en Égypte qu'au VIIIe s. de notre ère ; voir Ouerfelli 2008, p. 67-102. D'autres études ont été menées depuis sur le sujet, voir Charpentier 1981, n° 1474 ; Aufrère 1986, p. 6-9 ; Miller 1994, p. 349-357 ; Aufrère 1999a, p. 130-131, n. 185 ; Frandsen 2001, p. 156, n. 64 ; Guilhou 2005, p. 274-279.

41 *Pyr.* § 2083a [TP 688] : *Ḥr N. pn jr bw.t rmṯ, n ʿ.y N. pn r bw.t nṯr.w, n wnm-n N. ḏꜣjs […]*, « Ce *N.* que voici s'éloignera de la *bw.t* des hommes, les mains de ce *N.* que voici ne s'approcheront pas de la *bw.t* des dieux, *N.* ne saurait manger la plante-*dja*[*ïs*] ». Pour les différents parallèles de cette formule : T/A/N 57-64 ; P/A/N 34-40 ; P/D ant/E 65-74 ; M/A/N 8-13 ; N/A/N 25-31 (=.N 974-980) ; Nt/F/NwA 23-31 (= Nt 23-31) ; voir Allen 2015, p. 286.

42 *Eb.* 167, Bardinet 1995, p. 273 ; *Eb.* 587, Bardinet 1995, p. 334.

son rôle émétique en contexte médical en repoussant toutes sortes d'éléments malins[43]. Cette fonction apotropaïque s'ajoute ainsi à sa fonction médicinale car le pus et les substances s'écoulant du corps ou en obstruant les conduits sont autant de symptômes inquiétants pour la santé du patient, voire les ultimes indicateurs d'un décès proche. L'association de ce végétal à la présence de vers et d'épanchements de liquides apparaît comme une allusion directe à la mort d'Osiris et une référence à son cadavre en instance de décomposition[44]. En outre, cette référence à connotation négative se retrouve également en contexte médico-magique dans une formule du recueil *Mutter und Kind* (p. Berlin 3027, D2, 6-8)[45] où la plante est en lien avec une maladie touchant Osiris.

Cet extrait, tout comme l'entrée calendérique du Livre I du Calendrier du Caire, met en lumière l'emploi simultané du miel et de la plante-*djaïs*. De la mise en relation de ces deux ingrédients, on peut inférer une dualité gustative, le sucré et l'amer. Mais l'un et l'autre illustrent aussi deux des aspects de la théologie héliopolitaine qu'ils ont en commun. Issu de Rê, chargé de lumière solaire, le miel est ainsi de nature céleste, tandis que la plante-*djaïs*, associée à Osiris, laisse deviner son caractère chthonien. Dans ce contexte calendérique, proscrire conjointement la consommation de ces deux ingrédients aussi antithétiques que complémentaires se justifie pleinement.

Cette entrée calendérique joue donc sur les contrastes en mettant en scène deux divinités, l'une masculine, l'autre féminine ; deux aliments aux vertus thérapeutiques, une plante amère et un produit sucré ; deux aspects de la théologie héliopolitaine, l'un céleste, l'autre chthonien.

Tenant compte du fait que la *bw.t* mentionnée dans le Rituel divin journalier est liée au mensonge et non au miel, l'entrée du Calendrier du Caire du 10e jour du 1er mois de la saison *akhet* est le seul texte à faire écho à la *bw.t* invoquée dans les deux extraits monographiques d'Edfou et de Dendara. L'analyse parallèle de ces attestations alimente le postulat proposant l'existence d'une relation intrinsèque et exclusive entre l'Œil de Rê, la province tentyrite et l'acte de manger – ou non – du miel.

LA DOUBLE NATURE DE LA *BW.T* DU MIEL

Définie comme l'une des proscriptions de la VIe *sépat* de Haute Égypte, la *bw.t* de la consommation du miel demeure pourtant absente de la quasi-totalité des textes de géographie religieuse. En effet, nous avons pu voir que seules les deux monographies de Dendara y faisaient référence, laissant à penser qu'il pourrait s'agir d'une *bw.t* déterminée par les croyances locales.

43 Voir notamment : *Bln*, 163f = *Eb*. 856f, Bardinet 1995, p. 364. Faire sortir le mal du corps était essentiel comme l'atteste la conjuration *Eb*. 131 (30, 6-17), Bardinet 1995, p. 50 ; Voir également *H*. 209 (13, 15-16), Bardinet 1995, p. 401 = *Eb*. 751 (89, 18-20), Bardinet 1995, p. 356.

44 Une conjuration magique contre les vers-*héfat* fait une référence identique, voir *Eb*. 61 (18, 21-19, 10), Bardinet 1995, p. 52, 259 ; *Bln*. 189 (20, 9-21, 3), Bardinet 1995, p. 434.

45 La maladie décrite ici revêt la forme d'une fille perfide pour son père Osiris : « Toi qui passes ton temps à confectionner de la brique pour ton père Osiris, toi qui dis de ton père Osiris qu'il vivait de plante-*djaïs* mêlée à du miel, écoule-toi ! » (P. Berlin 3027, D2, 6-8) ; voir Erman 1901b, p. 14-15 ; Yamazaki 2003, p. 16-17, pl. 3.

Or, pour mieux définir le contexte dans lequel cette prescription s'inscrit, il est indispensable de revenir à l'implication économique et sociale du produit.

Dans son étude[46], P.J. Frandsen aborde la *bw.t* tentyrite sous son aspect théologique. Or, loin d'être une denrée négligeable, nous avons pu constater que ce dernier est également très présent dans les documents de la pratique. Du fait de sa valeur économique, il est devenu un marqueur de distinction sociale. Ainsi, le simple fait de posséder du miel et de pouvoir en consommer régulièrement était perçu comme un signe extérieur de richesse. En outre, au regard du nombre de formules médico-magiques recourant au miel en usage interne, il semble difficile d'imaginer une province entière privée de ce type de soins. Qu'elle soit impérieuse ou vitale, la consommation du miel pouvait donc concerner aussi bien les individus aisés que les nécessiteux. De fait, quel que soit le rang des habitants de la VIe *sépat* de Haute Égypte, il eût été peu pertinent de les priver de sa consommation.

Du point de vue géographique, la *bw.t* du miel apparaît bien avoir été circonscrite aux limites de la province tentyrite. En revanche, il reste difficile de déterminer sa portée temporelle en l'absence de dates précises dans les monographies de Dendara. Selon toute vraisemblance, il semblerait que l'interdit fut appliqué de manière ponctuelle, probablement à l'occasion d'événements spécifiques en lien avec la théologie locale.

De l'aspect économique de la *bw.t* du miel

Le Livre I du Calendrier du Caire a permis de constater qu'une fête de Tefnout était en lien avec une proscription du miel le 10e jour du 1er mois de la saison *akhet*. Or, cette date – correspondant au dernier jour de la première décade de l'année – ne semblait pas présenter de lien direct avec le miel. Ce n'est qu'en la comparant avec celles fournies par les calendriers arabes qu'il est possible d'y voir un rapport avec la période de récolte du produit. En effet, ces derniers indiquent que la collecte avait lieu trois fois par an, au cours des mois d'avril (*pakhons*), juin (*épiphi*) et juillet (*mésori*)[47]. Dès lors, il pourrait s'agir d'une forme de prohibition répondant à la période de récolte et/ou de stockage du miel dans les temples. Durant cette période d'inventaire, la denrée serait ainsi réservée en priorité au culte de la déesse Hathor[48].

Les calendriers arabes apportent d'autres informations susceptibles de nous éclairer sur cette question chronologique. C'est le cas notamment d'une « fête des abeilles », mentionnée dans le Calendrier Long, et datée du 12 octobre selon le calendrier grégorien[49]. Cette dernière

46 Frandsen 2006, p. 197-201.

47 À ce jour, aucune source de l'époque pharaonique n'indique clairement quelles étaient les périodes de récolte du miel. En revanche, les calendriers arabes fournissent de nombreuses explications sur le fonctionnement de l'apiculture en Égypte. Si les techniques ont pu évoluer entre l'ère pharaonique et le Moyen Âge, les mois de récolte du miel, calqués sur le climat et les saisons, sont restés vraisemblablement identiques : voir Pellat 1986, p. 64 (avril), p. 78-79 (juin) et p. 86 (juillet). Le recoupement avec les étiquettes de jarres notamment tend à le confirmer (Varry 2009).

48 Notons que l'existence d'une forme de prohibition alimentaire associée à l'action et à la période de récolter et/ou d'entreposer un produit relève d'une pratique déjà attestée dans d'autres cultures par Lévi-Strauss. Bien qu'il s'agisse de cas différents, son approche ethnographique et anthropologique de la notion de « prohibition » pourrait ouvrir une voie de réflexion sur l'intérêt et le fonctionnement de certaines *bw.t* en Égypte ancienne ; voir Lévi-Strauss 1962, p. 300, n. 1. Le cas de l'*intichiuma* est singulièrement intéressant car il semble s'agir d'une forme de « prohibition » inverse de la *bw.t* égyptienne ; voir Lévi-Strauss 1962, p. 299-301 ; Lévi-Strauss 1967.

49 Pellat 1986, p. 16.

pourrait justifier, là encore, une *bw.t* liée à la consommation du miel, marquant une volonté de célébrer le travail des hyménoptères. Or, dans le calendrier du p. Sallier IV[50] figure une allusion à l'acte de « manger du miel » datée du 10e jour du 3e mois de la saison *akhet*[51] (fig. 2) :

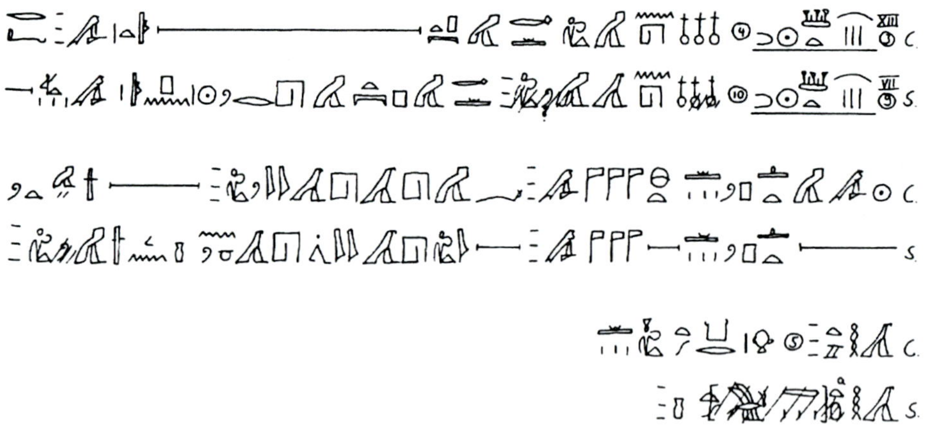

Fig. 2. 10e jour, 3e mois de la saison *akhet*, transcription synoptique. D'après Leitz 1994, p. 116.

ꜣbd 3, ꜣḫ.t, sw 10 : nfr nfr nfr!
Nhm ꜥꜣ m p.t m hrw pn. Js.t [n(y.t) Rꜥ m ḥtp] Psḏ.t […] j.hꜣy hnw n wnm⸗[tw m] ꜣḥ [ḥr] bj.t

Le 3e mois de la saison akhet, *10e jour : vraiment très faste !*
*Il est une grande exclamation dans le ciel en ce jour. L'équipe de Rê est satisfaite. [Son] Ennéade […] manger du pain-*ah *avec du miel*

Par sa référence au dieu Rê, cette date est elle aussi associée au culte solaire. Quant au 3e mois de la saison, il n'est autre que le mois d'*athyr*, éponyme de la déesse Hathor. Néanmoins, cette attestation démontre qu'en ce jour, qualifié de « vraiment très faste » (𓄤𓄤𓄤 *nfr, nfr, nfr*), aucune proscription n'avait lieu ; au contraire, il était même conseillé de manger du miel en accompagnement de pain-*ah*. Si l'on se reporte à nouveau au p. Sallier IV et au Calendrier Long, on constate que le mois d'octobre (*bābeh*) va de pair avec les instructions du calendrier antique. Le texte précise ainsi : « On mange de la viande grasse, des grenades aigrelettes, des carottes, des poireaux (de la variété dite) *rūmī*, de la roquette, toutes sortes de fruits après les repas, du beurre de conserve, du miel et des douceurs[52]. » En revanche, il est déconseillé de consommer le miel pur durant le mois de novembre (*Hatūr*) : « Il convient de réduire son activité sexuelle et de s'abstenir de beurre de conserve, de miel et de légumes[53]. » La seule exception autorisée concerne son emploi dans une préparation visiblement médicale : « Au cours de ce mois (= *Hatūr*), on boit de l'eau de carotte préparée de la façon suivante : on prend des carottes que l'on fait cuire, puis à leur eau on ajoute du miel, des racines de gingembre, un

50 La version du Calendrier du Caire (p. Caire 86637, r° XIII, 3-5) semble fautive ; voir Bakir 1966, p. 23, 70, pl. XIII ; Posener 1972, p. 146.

51 P. Sallier IV, r° VII, 9-10, voir Leitz 1994, p. 116-117, pl. 61.

52 Pellat 1986, p. 18.

53 Pellat 1986, p. 26.

mithqāl d'anis, dix grains de poivre; (cette préparation) prise au début et à la fin du jour est aphrodisiaque et agit contre la goutte[54]. » Notons que dans ce cas précis, le mois d'*athyr* ne semble plus correspondre au mois d'octobre mais bien au moins de novembre, nommé *Hatūr*. Dès lors, on constate qu'une étude parallèle de ces différents calendriers peut conduire à de réelles confusions. Aussi, bien qu'elles offrent des parallèles intéressants, il convient de rappeler que ces hypothèses se fondent essentiellement sur le croisement des données apportées par le Calendrier du Caire, le p. Sallier IV et les calendriers arabes. De fait, chacune demeure fortement conjecturale, principalement en raison de la discordance des données calendériques entre sources antiques et sources arabes.

Enfin, une dernière justification socio-économique de la *bw.t* de Dendara se doit d'être évoquée: le commerce entre provinces. En effet, si toute consommation de miel a pu être proscrite durant une ou plusieurs périodes de l'année, aucun texte à ce jour ne fait état d'un arrêt imposé des échanges avec les régions alentour. Dans ce contexte, on peut se demander quelles étaient les denrées que la *sépat* tentyrite pouvait avoir à offrir à ses voisins, et celles dont elle avait éventuellement besoin.

S. Cauville a proposé une étude de la VIe province de Haute Égypte d'après les inscriptions géographiques. Son analyse nous apprend ainsi que « le nome lui-même regorge de produits des champs, les récoltes céréalières du territoire agricole sont saines et le rivage du Nil est verdoyant grâce à une crue bien répartie et régulière. Cette vision idyllique pourrait, sans contexte s'appliquer à d'autres régions d'Égypte[55]. » Or, comme l'auteur le fait très justement remarquer, cette description reste générique, sans détail aucun sur la nature des productions de la province. Le croisement des données lui permet le constat suivant: « À la lumière de ces quelques observations, il apparaît que la région tentyrite ne recelait pas de production ou culture remarquables dignes d'être relevées par les inventaires sacrés du pays. Elle permettait cependant à la population civile et religieuse de se nourrir de céréales et de productions maraîchères[56]. » D'après son étude, S. Cauville déduit que la *sépat* de Dendara ne figurait visiblement pas parmi les territoires agricoles les plus riches de l'Égypte. Toutefois, l'absence de données concernant la vie économique de la région laisse cette réflexion à l'état d'hypothèse. De même, aucune source parmi la documentation connue n'atteste l'existence d'une apiculture développée pour la province tentyrite, ni d'éventuelles réserves de miel. Ce dernier était pourtant nécessaire pour répondre aux usages quotidiens et garantir les offrandes indispensables au culte divin. La présence d'une activité apicole se pratiquant à petite échelle n'est donc pas à exclure, mais il est impossible de savoir si – le cas échéant – la production se suffisait à elle-même ou si des importations ont pu avoir lieu depuis certaines provinces frontalières, notamment depuis la Ve *sépat* de Haute Égypte, située au sud de celle de Dendara et placée sous la protection de son dieu tutélaire Mîn. En effet, d'après P. Montet, ce dernier était visiblement « friand de miel[57] » comme en témoignent les noms spécifiques de certains prêtres affectés à son culte[58].

54 On notera le caractère paradoxal de ces deux dernières recommandations qui préconisent parallèlement une réduction de l'activité sexuelle, la non-consommation de miel et l'utilisation de ce dernier dans une boisson à valeur aphrodisiaque.

55 Cauville 1992, p. 82.

56 Cauville 1992, p. 82.

57 Selon l'expression de Montet (1950b, p. 82-83).

58 Gauthier 1931a-b; Montet 1950a, p. 18-27; Montet 1952, p. 129-144.

Parmi ceux-ci, on relève ainsi des *aftyou* (ici , var. de *ʿfty.w*) dont le rôle semble avoir été d'élever les abeilles et d'entretenir les ruchers du dieu[59]. Les *bityou* (*bjty.w*) assumaient une fonction complémentaire puisqu'ils étaient responsables de la récolte du miel et donc, par extension, de son filtrage et de sa mise en pot. À cela s'ajoute également la tâche d'aller recueillir le miel des abeilles sauvages dans le désert oriental, placé précisément sous les auspices de Mîn[60]. La présence de ces prêtres spécialisés tend à confirmer l'existence d'une production importante de miel dans la province coptite. Il n'est donc pas à exclure que cette dernière ait pu en exporter vers la *sépat* tentyrite pour compléter les réserves du temple de Dendara. Or, effectuer ces échanges durant la ou les périodes soumises à la *bw.t* apparaît très pertinent dès lors que la proscription du miel dans cette province favorisait et motivait son importation. Au-delà de cet aspect purement économique, les interactions entre provinces soulignaient les spécificités culturelles de chaque territoire. Et dans un même temps, ils permettaient le maintien du lien politique mais aussi de la paix sociale.

Cette hypothèse s'éloigne beaucoup de celle de P. Montet, qui proposait de voir en certains interdits un rapport d'opposition entre provinces. Cette forme de « jeu théologique » se fonderait ainsi sur le postulat suivant : le dieu tutélaire d'une *sépat* donnée abhorre ce que le dieu tutélaire de la *sépat* voisine affectionne[61]. *A priori* légitime, cette remarque ne repose en réalité que sur le seul aspect théologique de la *bw.t*, sans prendre en considération ses implications socio-économiques.

De l'aspect théologique de la *bw.t* du miel

Cette notion complexe mérite d'être abordée et étudiée pour elle-même, en tenant compte de l'ensemble de son champ d'application, associant une dimension pragmatique au caractère religieux et métaphysique transmis par les textes sacerdotaux. Ce constat se trouve bien illustré par l'étude parallèle des *bw.t* respectives des provinces tentyrite et coptite[62]. On connaît désormais les interdits de la VIe *sépat*, dont « manger du miel » (var. *wnm bj.t*). Quant aux *bw.t* de la Ve, le texte d'Edfou[63], notamment, nous informe qu'il s'agissait d'abord de la « tête » (*tp*) puis du « pis » (*mnpḥ*). *A priori*, aucun lien apparent ne semble exister entre eux. En effet, le miel provient des abeilles, à savoir des êtres célestes, la tête rappelle davantage l'être humain, quant au pis, il se rapporte logiquement à la vache, animal terrestre. En réalité, il existe au moins une relation visible : leur position dans les listes géographiques. Ainsi, « manger du miel » et « le pis » sont à placer et analyser sur le même plan, celui de la *bw.t* secondaire. L'un et l'autre caractérisent donc des croyances locales propres à chacune des provinces, mais peuvent aussi se recouper. Dans son article sur

59 GAUTHIER 1931a, p. 241-250 ; GAUTHIER 1931b, p. 39-51, 85-87 ; MONTET 1950a, p. 23-24. Ce terme égyptien présenterait un radical commun avec les langues d'autres cultures ; voir PFOUMA 2004, p. 109-115.

60 MONTET 1950a, p. 24-25. Des textes ramessides font référence à des récolteurs de miel sauvage (*bjty.w*) envoyés en expédition dans le désert aux côtés de ramasseurs d'encens (*sntry.w*). Voir par exemple le p. Harris I (28, 3-4 et 48, 2) ; ERICHSEN 1933, p. 32, 53 ; GRANDET 1994a, p. 261, 288 ; GRANDET 1994b, n. 504, 699.

61 « Nous avons vu au chapitre précédent que Mîn était friand de miel, et que ses prêtres prenaient soin des abeilles et récoltaient le miel. Mais les Égyptiens, très particularistes, se plaisaient à faire dans leur nome ce qui était interdit dans le nome voisin », MONTET 1961, p. 89.

62 *Supra*, n. 3.

63 *Edfou* I, 338, 10-15 (CAUVILLE, DEVAUCHELLE 1984, p. 338) ; voir la version parallèle du p. Carlsberg 2, OSING 1998, pl. 27, fragment D. 4.

64 AUFRÈRE 1999b, p. 78-79.

les interdits religieux, S.H. Aufrère propose de voir dans la *bw.t* coptite une référence à Isis : « Le pis peut évoquer l'aspect protecteur et nourricier de l'Isis deuillante représentée sous la forme d'une vache, à Coptos. On pense à Hésat, la vache nourricière, une des formes d'Isis car le défunt est considéré comme un nouveau-né[64]. » Cette comparaison se justifie pleinement, mais il convient de noter que d'autres déesses peuvent revêtir la forme d'une vache, à commencer par Hathor[65]. La question d'un lien entre les proscriptions des Ve et VIe provinces de Haute Égypte est posée.

Dès lors, il se peut que leur contiguïté géographique ait favorisé une autre forme d'échange, cette fois-ci d'ordre théologique. Il est en effet difficile de ne pas entrevoir dans le terme « pis », par métonymie, une référence au lait, l'une des matières divines par excellence puisqu'il contribue à assembler les chairs du dieu. Or, dans le Rituel divin journalier, le miel intervient lui aussi dans l'agrégation du corps d'Amon-Rê : « Sa douceur est en Amon-Rê, Seigneur des trônes du Double-Pays, dieu parfait en ce jour, sa conscience apaisée grâce à elle car il (= le miel) ouvre ses chairs, lie ses os, assemble ses membres[66]. » De fait, le lait et le miel connaissent une utilisation similaire dans le domaine religieux. La *bw.t* du pis peut donc être associée à Isis, comme le propose S.H. Aufrère[67], mais aussi à Hathor, l'une se substituant régulièrement à l'autre, parfois sous la forme d'Isis-Hathor[68].

Les calendriers des jours fastes et néfastes apportent à nouveau des informations sur la question. Ainsi, nous pouvons constater dans le Calendrier du Caire (ro XXII, 9-10) qu'à la 15e décade de l'année, le 25e jour du 1er mois de la saison *péret*, il est avisé de manger du miel[69] (fig. 3) :

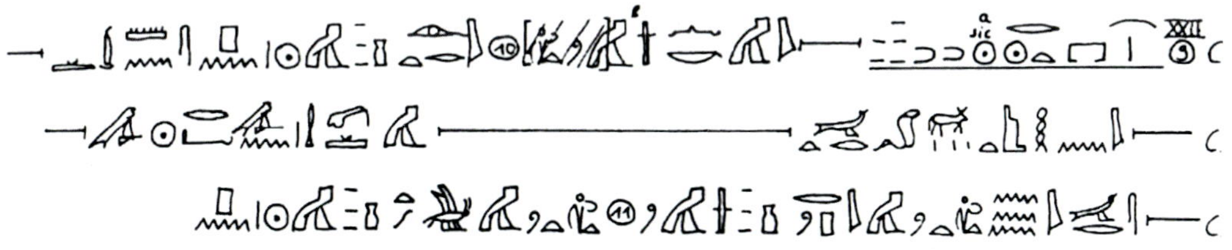

Fig. 3. 25e jour du 1er mois de la saison *péret*, Cal. Caire XXII, 9-11. D'après Leitz 1994, p. 218-219.

ꜣbd 1, pr.t, sw 25.
Jm⸗k wnm jꜣrr.t m hrw pn.
Smn jn Ḥsꜣ.t Wr.t m-bꜣḥ Ḥm n(y) Rꜥ Sw{r}j⸗tw jrp, wnm⸗tw bj.t m hrw pn

Premier mois de la saison péret, *jour 25. Tu ne dois pas manger de raisin en ce jour. Institué par Hésat la Vénérable en présence de la Majesté de Rê. On boira du vin et on mangera du miel en ce jour.*

65 *Dendara* I, 84, 17 (Chassinat 1934-1935, p. 84) ; voir *LGG* V, p. 75b-79c, [100].

66 Voir *supra*, n. 20 ; Moret 1902, p. 179 ; la formule du chapitre XXVII-XXVIII pourrait être une référence au chapitre XX, rappelant l'unification et la modification du corps divin grâce à l'Œil-d'Horus. La seule différence réside dans l'appellation puisqu'il s'agit ici de « l'Œil-d'Horus blanc » et non de « l'Œil-d'Horus sucré ».

67 Aufrère 1999b, p. 78-79.

68 *Dendara* IV, 145, 14 (Chassinat 1935, p. 145) ; voir *LGG* V, p. 78c, [93] et [100], p. 79a [133] et [162] ; voir également Cauville 1990, p. 89, remarque 1.

69 Bakir 1966, p. 32, 73, pl. XXII ; cette entrée du Calendrier du Caire (ro XXII, 9-11) connaît une variante dans le p. Sallier IV (ro XV, 4-5). Quelques différences sont observables, dont la date : le 25e jour du 1er mois de la saison *péret* dans le p. Caire 86637, le 24e jour du même mois dans le p. Sallier IV (Leitz 1994, p. 218-220, pl. 69).

Dans cette inscription, la traduction corrigée et aujourd'hui bien établie du terme *jrṯ.t*, « le lait » en *jꜣrr.t*, « le raisin[70] », tend à montrer qu'il ne s'agirait pas ici d'Hésat elle-même[71] mais davantage d'une forme syncrétique d'Hathor présentée sous sa forme de déesse primordiale. Cet aspect créateur ainsi que les attributs spécifiques des déesses vaches se retrouvent également dans une formule du temple d'Isis à Dendara, où l'épiclèse *Ḥsꜣ.t Wr.t*, « Hésat la Vénérable », lui est directement associée[72]. Dans le cas présent, l'absence du lait n'est en rien contraire à cette hypothèse, puisqu'il se trouve remplacé par le miel. La divinité, en tant qu'Isis-Hathor-Hésat, reste associée à la protection et à la maternité, à la seule différence qu'elle ne nourrit plus le nouvel Osiris de lait mais de miel. De fait, l'extrait du p. Caire 86637 suggère que le lait peut être l'équivalent fonctionnel du miel, mettant ainsi en relation les *bw.t* coptite et tentyrite.

À la lumière de ces observations se dessinent la nature de la déesse[73] de Dendara mais aussi l'origine de cet interdit qu'elle imposa aux hommes placés sous son autorité. Dans son étude, P.J. Frandsen justifie cette proscription du miel par la relation intime existant entre Hathor et le miel, tous deux d'origine solaire[74]. En effet, on a pu voir à plusieurs reprises que le miel peut être qualifié « d'Œil d'Horus sucré », mais aussi de « sécrétion de l'Œil de Rê ». Par l'intermédiaire de ces périphrases, les textes confirment qu'il est issu directement du créateur. L'exemple le plus pertinent est le p. Salt 825[75] qui reste la seule attestation connue à ce jour de la création mythologique du miel en Égypte. En revanche, la théogénèse de la déesse connaît plusieurs versions différentes, gravées sur les parois du pronaos et du naos du temple de Dendara[76]. Si chacune d'entre elles affiche des points communs, certaines dissemblances se dessinent aussi, colorées par les nombreux mythes hathoriques. Ainsi, dans les quatre textes traduits et commentés par S. Cauville, la déesse apparaît sous trois formes différentes.

– La version inscrite sur la paroi est du naos présente la fille du créateur, assimilée à Maât-Méryt dans la Terre-d'Atoum, vivant aux côtés de son père jusqu'à ce qu'il émerge de l'océan primordial : « Rê ouvrit les yeux à l'intérieur du lotus au moment où il sortit du chaos primordial, des suintements se produisirent de ses yeux et tombèrent par terre : ils se métamorphosèrent en une belle femme à laquelle fut donné le nom d'Or des dieux, Hathor la grande, maîtresse de Iounet[77]. »

70 Depuis la traduction de A. el-M. Bakir, ce terme était lu *jrṯ.t* « le lait », justifiant une assimilation de l'interdit du pis évoqué précédemment avec la déesse vache. Toutefois, de nouvelles analyses de ce texte – notamment celle réalisée par Chr. Leitz (Leitz 1994, p. 219) – ont permis de corriger cette lecture erronée, restituant le substantif *jꜣrr.t*, « (grappes de) raisins » aussi bien dans le Calendrier du Caire que dans le p. Sallier IV. Cette modification est confortée par l'emploi du verbe *wnm* « manger » précédant *jꜣrr.t*, répété à l'identique devant le terme *bj.t*, « miel ». En parallèle, seul le mot *jrp*, « vin » correspond à l'action de « boire », rendue justement par le prospectif *sw{r}j=tw*.

71 Aufrère 1999b, p. 78-79.

72 *T. Isis*, 170, 15-16 (Cauville 2007, p. 170).

73 *LGG* V, p. 75-79.

74 Frandsen 2006, p. 198, 200-201.

75 P. Salt 825 (II, 5-6) : *Tr pw, wn-jn Rꜥ r rmw=f m-wḥm hꜣ(=w) mw m jr.t=f r tꜣ ḫpr=f m ꜥfy. Wnn ꜥfy.w, qdw, Ø ḫpr(=w) wp=f m ḥrr.wt n(y.wt) Šꜣ nb ḫpr(=w) mnḥ pw, ḫpr(=w) bj.t pw m mw=f*, « C'est le moment où Rê se mit à pleurer de nouveau, le liquide de son œil tomba à terre et se mua en abeille. L'abeille une fois conçue, son activité débuta au cœur des fleurs de chaque arbre. C'est ainsi qu'advint la cire et qu'advint le miel de son liquide. » Voir Derchain 1959 ; Derchain 1965a, p. 29-30, 149 ; Derchain 1965b, p. 2*-2a ; Quack 2011, p. 416. Riche de sa couleur dorée et lumineuse, naturellement imputrescible, le miel est donc solaire par excellence ; voir Baqué Manzano 2001, p. 493-519.

76 Cauville 1990, p. 83-94.

77 Cauville 1990, p. 85 ; la naissance parallèle d'Hathor et de Rê apparaît également dans la partie consacrée au *péhou* de la province tentyrite, soit le territoire marécageux : « Tu es celle qui est advenue à l'origine avec son père le Noun, la terre étant alors dans les ténèbres, sans champ cultivé », PM VI ; 76 (219-233), voir Dümichen 1885, pl. LXX ; Cauville 1992, p. 79.

– Dans la théogénèse gravée sur la paroi ouest du pronaos, la déesse est décrite comme « L'Horus-Rê femelle vénérable, enfantée par Nout la maîtresse du ciel, l'Œil de Rê, mise au monde dans la Demeure de la Dorée, la régente des hommes, Hathor de Iounet, la fille de Rê, l'aînée d'Atoum ». Elle est la « première-née », distinguée par le dieu Chay et illuminée par Rê Béhédéty Sémataouy à sa naissance[78].

– Sur la paroi est du pronaos, Hathor est encore « L'Horus-Rê femelle vénérable, soleil féminin, la maîtresse du Double-Pays, la brillante qui éclaire l'obscurité, l'Iræus bien-aimé de Celui-qui-brille-comme-de-l'or, celle qui brillait avec le ba de Rê ». Sa naissance est à nouveau attribuée aux larmes du créateur : « L'enfant divin resplendit dans le lotus au moment où il sortit du chaos primordial, des suintements de son œil tombèrent de son visage sur le sable et une belle femme (en fut) créée[79]. »

– La dernière variante enfin, gravée sur la paroi ouest du naos, met en scène la venue au monde de « la reine du pays entier, souveraine des sanctuaires d'Égypte, Hathor-Isis, maîtresse de Ta-rer (...) la vénérable (et) puissante, régente des hommes, vint au monde à *Iat-di* ; le Brillant, [Rê]-Béhédéty-Sémataouy brilla pour elle dans l'obscurité lorsqu'elle naquit[80] ».

Si la richesse et la diversité de ces inscriptions insistent sur l'origine solaire de la déesse, elles vont au-delà en la définissant plusieurs fois comme émanation du créateur. La création de *Iounet*, pendant féminin de la cité d'Héliopolis, et son offrande par Rê à sa fille[81] illustrent le lien génétique qui les unit. Enfin, l'une des formules du temple d'Isis précise un dernier aspect d'Hathor : « Tant que la maîtresse de Iounet est dans le sanctuaire du vase de sa Majesté, primordiale et puissante dans Iat-di, elle est Méhytouret, la mère de Rê, qui fixe la descendance des dieux et des hommes[82]. »

Dans ce contexte éminemment héliopolitain, la conception des abeilles – et donc du miel – à partir des larmes de Rê produit un effet de miroir avec la propre naissance de la déesse. Dès lors, la présence d'une *bw.t* concernant la consommation de cette denrée dans la province tentyrite prend tout son sens. À ce propos, P.J. Frandsen écrit : « Hathor and honey have the same origin and are therefore consubstantial. This would explain the prohibition against eating honey at Dendara, because such an act would be tantamount to devouring the goddess, thus bringing about a cosmic catastrophe[83]. » En effet, on a pu voir à travers les textes que l'amalgame entre la déesse et le miel est évident. L'idée finale de l'auteur, consistant à voir dans cet interdit une équation du type « manger du miel » = « manger Hathor », se révèle donc des plus pertinentes. Cet argument de « consubstantialité » confirmé, ne pourrait-il pas s'appliquer également au dieu Rê, puisque le miel, comme la déesse, sont issus de ses larmes ? En réalité, bien qu'Hathor soit faite de la même matière solaire que le miel, ce postulat connaît des limites dans le sens où il ne tient pas compte de la géographie religieuse. De fait, la *sépat* tentyrite est la seule placée sous l'égide d'Hathor qui soit soumise à une *bw.t* du miel.

78 Cauville 1990, p. 88.

79 Cauville 1990, p. 87-88.

80 Cauville 1990, p. 85-87.

81 La construction de *Iounet* pour Hathor, en remplacement de *Iounou*, apparaît à plusieurs reprises dans le temple de Dendara : *Dendara* I, 20, 5-6 ; 85-86 ; *Dendara* I, 126, 12 (Chassinat 1934-1935, p. 20, 85-86, 126) ; *Dendara* VII, 112, 12 (Chassinat, Daumas 1972, p. 112) ; *Edfou* I, 39, 8 (Chassinat, Rochemonteix 1895, p. 39) ; *Edfou* IV, 377, 18 (Chassinat 1929, p. 377) ; voir Cauville 1988, p. 22-23.

82 *T. Isis*, 171, 1-2 (Cauville 2007, p. 171).

83 Frandsen 2006, p. 199.

L'une des clefs théologiques de cette association du miel avec Hathor réside dans la luminosité qui émane de chacun d'eux[84]. Cet aspect visible se trouve matérialisé notamment par les pierres précieuses, mais surtout par l'or, minéral inaltérable dont la déesse tentyrite, la Dorée, est l'incarnation divine par excellence :

« Je te (= le roi) donne les montagnes chargées de ce qui est issu de leurs flancs et les deux falaises mettent au monde pour toi leurs produits, (car je suis) Râyt, l'Or, la dame de Dendara, le Disque auguste de la double limite, le Lapis-lazuli, la Turquoise qui préside à la Grande Ennéade, qui éclaire sans cesse le Double-Pays de ses rayons, la régente des falaises chargées de métaux précieux, Hathor la vénérable, dame de Dendara[85]. » Or le miel, à l'instar de l'or, ne subit pas les affres du temps. Son caractère imputrescible, ajouté à sa couleur dorée, fait de lui la seule denrée comestible capable de transmettre cette lumière divine indispensable aux dieux.

La logique solaire de cette association entre Hathor et le miel est également manifeste dans certaines inscriptions des mammisi où voit le jour le fils de la déesse : Ihy à Dendara, Harsomtous à Edfou. Parmi les textes ayant trait à l'événement, certains précisent ainsi que l'offrande d'une sorte de pain accompagné de miel était proposée à la mère divine après sa grossesse (*Mam. Edfou*, 151, 18-152, 1-3) [fig. 4] :

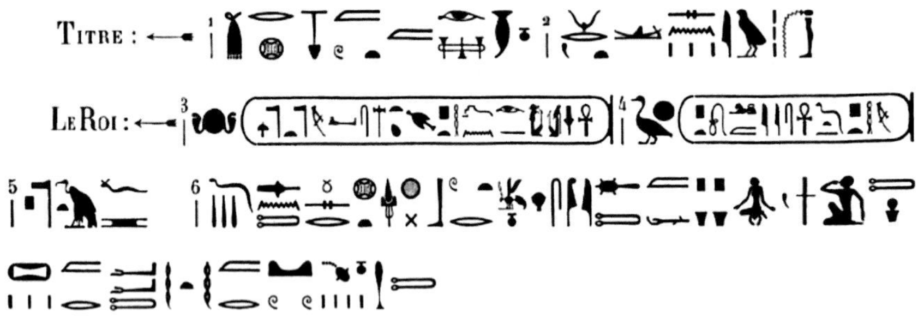

Fig. 4. *Mam. Edfou*, 151, 18-152, 3. D'après Chassinat 1910, p. 151.

Titre : *ʿpr(.t) smꜣ=tw m Jr.t-Ḥr bnr(.t) wp r(ꜣ)=t jm=sn jw=w wʿb(=w).*
Le roi : *n(y)-sw.t bjty (jwʿ-n(y)-nṯr-mnḫ(w)-nṯr.t-mr(y).t-mw.t=s-nḏ.t stp(w)-n-Ptḥ jr(w)-Mꜣʿ.t-Rʿ sḫm-ʿnḫ-Jmn), sꜣ Rʿ (Ptwlmys ʿnḫ(w) ḏ.t Mry-Ptḥ) pꜣ nṯr mry mw.t=f (Ḏd-mdw) : « M n=ṯ šsr.t ꜣbḫ=t(j) r bj.t ḥr sšw(.t) ḫ.t=ṯ m-ḫt pʿpʿ{=f} wnm=ṯ t m-r(ꜣ)-ʿ.wy=ṯ nḏmnḏm=t m rḏw.w n(y.w) ḥm=ṯ »*

Titre : *(Voici) la galette-*âpéret *additionnée de l'Œil-d'Horus sucré, que ta bouche s'ouvre grâce à eux car ils sont purs.*
Le roi : *Le roi de Haute et Basse Égypte, (l'héritier du dieu Évergète et de la déesse Philométor Sôter, l'élu de Ptah, celui qui exécute la justice de Rê, l'image vivante d'Amon), le fils de Rê (Ptolémée, aimé de Ptah, vivant à jamais) le dieu Philométor.*

84 Aufrère 2007, p. 208-210 ; voir également Janot 2000, p. 32-37 ; Baqué Manzano 2001, p. 493-519.

85 *Dendara* IV, 152, 7-11 (Chassinat 1935 p. 152) ; voir Aufrère 1991, p. 134 ; voir également une autre attestation similaire, *Mam. Edfou*, 163, 14-18.

*(Formule à prononcer) : « Prends donc la galette-*chéséret *mélangée à du miel : elle asséchera ton ventre après l'accouchement. Tu mangeras le pain de ta confection afin que tu t'extasies des humeurs de ta majesté. »*

Par l'intermédiaire de l'offrande de la « galette-*âpéret* additionnée de l'Œil-d'Horus sucré », le miel fait ici office de fortifiant mais aussi d'analgésique afin de soulager la déesse après les longues phases de travail liées à l'accouchement. La galette-*chéséret*[86] offerte à la déesse mélangée à du miel permet par la suite « d'assécher » son utérus, arrêtant les saignements mais aussi les écoulements d'humeurs liés à la mise au monde.

Ces différents fluides sont associés ici au terme *rḏw.w*, habituellement employé pour définir « les humeurs » d'un défunt[87], et qui doit être rapproché de l'expression *wp r(ꜣ)=ṯ jm=sn jw=w wꜥb(=w)*, formulation rare et d'autant plus remarquable dans un tel contexte. Traditionnellement, le geste « d'ouvrir la bouche » est en effet pratiqué sur la momie lors du rituel d'ouverture de la bouche. Or, dans le cas présent, il est appliqué à la mère dès l'instant où elle se voit délivrée de l'accouchement. Il se pourrait dès lors que l'enfantement – forme de création – soit perçu comme une mort rituelle, matérialisée d'abord par la rupture de la poche amniotique puis par l'expulsion du placenta. En donnant vie, la mère transfère une partie de son souffle vital vers le nouveau-né, la plongeant dans un état de faiblesse qui justifie une renaissance. C'est dans ce contexte que s'inscrit cette version spécifique de l'ouverture de la bouche[88].

Un autre texte, provenant du Temple d'Isis à Dendara, mérite d'être cité (T. Isis, 171, 18-19)[89] (fig. 6) :

TITRE

FIG. 5. *T. Isis*, 171, 18-19. D'après Cauville 2007, p. 171

Titre : *Ḥnk ꜥpr(.t) bj.t n Ḫnm.t, Nw.t, ms(w.t) nṯr.w Sꜥm=ṯ jm=sn, ḥtp=ṯ jm=sn, sḫm=ṯ jm=sn, jw=w wꜥb(=w)*

86 La galette *chéséret* – *šsr.t* / *sšr.t* anciennement *sꜣšr.t* (*Wb* IV, 549, 3 ; 25, 4-5) – est un type de galette attestée dès les Textes des Pyramides ; voir § 124 [TP 208], § 133 [TP 212]. Elle est également attestée dans les périodes suivantes : *Urk* IV, 924, 4 ; écrite *sšr.t* dans le papyrus de Nu, p. BM EA 10477 ; voir LAPP 1997, pl. 21 ; p. Anastasi IV, r° 13, 8-17, 9 (P. BM EA 10249) ; voir GARDINER 1937, p. 50 ; GARDINER 1947, p. 229 [521] ; CAMINOS 1954, p. 199.

87 En tant que produit hémostatique, le miel permettait ainsi de prévenir ou de calmer tout saignement éventuel. Il intervient dans de nombreuses formules médicales destinées aux femmes où il est utilisé en particulier pour apaiser le ventre, limiter les douleurs et réduire les hémorragies ; voir notamment les formules *Eb.* 801 (94, 15-16), BARDINET 1995, p. 445 ; *Eb.* 821 (96, 7-8) et *Eb.* 831 (96, 16-20), BARDINET 1995, p. 449 ; voir également JEAN, LOYRETTE 2010, p. 122, 367-369, 371-372, 375.

88 Chassinat souligne en outre que cette attestation unique apporte des informations essentielles sur les rites de passage liés aux différentes étapes de la parturition et de la naissance ; voir CHASSINAT 1912, p. 183-184 ; sur les rites de passage de manière générale, voir VAN GENNEP 2011. Cette formule tendrait également à démontrer que le mammisi n'était pas seulement le lieu de l'accouchement mais aussi celui de la convalescence, deux situations où la purification connaît une importance primordiale ; voir ARNETTE 2014, p. 41-43.

89 CAUVILLE 2009, p. 140-141. Une version parallèle est à noter : *T. Isis*, 281, 17 (CAUVILLE 2007, p. 281 ; CAUVILLE 2009, p. 278-279) ; voir également ARNETTE 2014, p. 45-46.

Titre : *Offrir la galette*-âpéret *et le miel à l'Enveloppe (vénérable), Nout qui enfante les dieux, tu t'en nourriras, tu t'en satisferas et tu en seras renforcée car ils sont purs.*

Attestée dès les Textes des Pyramides[90], l'épiclèse *ḫnm.t (wr.t)*, « l'enveloppe (vénérable) », est caractéristique de la déesse Nout. Cette image de la matrice divine est encore illustrée par l'épiclèse « Celle qui enfante les dieux[91] ». Or, dans le cas présent, on peut considérer que l'expression *ḫnm.t* (*wr.t*) vise également Hathor, représentée sous forme de déesse primordiale. En effet, S.H. Aufrère définit ainsi cet aspect de la maîtresse de Dendara : « Comme déesse primordiale, sous la forme d'une vache céleste, ainsi que Nout, elle met les astres au monde – y compris le soleil, auquel elle s'identifie comme Râyt, la pleine lune – c'est-à-dire les dieux, façonnés par le démiurge à l'aide de métaux et de minéraux rares dont elle est la propriétaire[92]. » Cette assimilation à Rê n'est pas sans rappeler les différentes versions de la théogénèse de la déesse, abordées antérieurement, mais aussi la forme syncrétique qu'elle revêt en tant qu'Isis-Hathor-Hésat[93], comme image de la maternité. Issu de l'Œil de Rê, le miel constitue donc une substance prophylactique par excellence, protégeant notamment la déesse parturiente durant sa grossesse, mais aussi après l'accouchement. En toute logique, ce rôle protecteur apparaît dans les textes des mammisi, lieu de la mise au monde des dieux-enfants. Toutefois, il n'est associé dans ce contexte qu'à la déesse Hathor, représentée sous ses différents aspects[94].

Ces deux formules – *Mam. Edfou*, 151, 18-152, 1-3 et *T. Isis* 171, 18-19 – sont à étudier en parallèle avec les textes mentionnant la *bw.t* du miel. En effet, au même titre que les inscriptions évoquant la théogénèse de la déesse, elles permettent de mieux comprendre le lien spécifique unissant la maîtresse de Dendara et cette denrée. C'est autour de cette connexion intime, consubstantielle, que semble se construire la proscription tentyrite de « manger du miel », appliquée ensuite dans le monde des vivants à des périodes et dans des contextes donnés.

CONCLUSION

Les interdits religieux forment un concept théologique spécifique, amplement repris dans les encyclopédies sacerdotales des temples tardifs. Dans ce contexte, le cas précis de la *bw.t* du miel est à part car il n'existe que deux attestations figurant dans la monographie ptolémaïque de la province tentyrite. Dès lors, ces références permettent de circonscrire cette proscription aux frontières du territoire de la VIe province de Haute Égypte, mais non de définir une chronologie et une organisation de sa pratique.

Ces questionnements trouvent un début de réponse dans l'analyse des informations fournies par le Calendrier du Caire et les calendriers coptes et arabes. En comparant leurs données, on peut formuler certaines hypothèses : le cas de l'entrée du 10e jour du 1er mois de

90 Mathieu à paraître, *s.v.* « Enveloppe, Enveloppe vénérable ».

91 *LGG* III, p. 417c-418c.

92 Aufrère 1991, p. 135.

93 *Supra*, De l'aspect théologique de la *bw.t* du miel, p. 15-22.

94 À propos des aspects d'Hathor et des différents noms qu'elle porte selon les époques et les traditions théologiques, voir Cauville 2015.

la saison *akhet*, attestant une *bw.t* de la consommation du miel en lien avec la déesse Tefnout, en est un bon exemple. Là où le calendrier antique évoque une proscription fixée à une date donnée, les calendriers médiévaux indiquent entre autres les actions propres à chaque mois, à chaque saison. Ce croisement de sources offre la possibilité d'analyser autrement ces textes et de réunir économie et théologie en associant, dans le cas présent, la fête de Tefnout à la phase de récolte et de stockage du miel. Une telle étude comparative sur des calendriers aussi éloignés dans le temps permet de supposer que les Égyptiens ont pu établir une *bw.t* régionale sur la consommation de ce produit, l'instaurant aux périodes clefs de sa production. Cette organisation résulterait alors d'une logique économique remarquable, car une application ponctuelle de cette proscription pourrait avoir favorisé les échanges, notamment entre les provinces tentyrite et coptite.

La mise en place d'un commerce est à l'origine de la création d'un lien socio-politique indispensable à la cohésion d'un pays, d'une culture. Or, en Égypte, il pourrait également avoir été un moyen notable pour chaque *sépat* de se distinguer des autres : la présence d'une *bw.t* laisserait transparaître un aspect matériel, explicité par l'activité des habitants, ainsi qu'une nature théorique, connotée par les croyances propres à la province concernée. Dans le cas du territoire tentyrite, les prérogatives divines se seraient alors substituées aux besoins de la vie quotidienne par l'intermédiaire de la culture religieuse locale.

Liée au culte d'Hathor, la proscription « manger du miel » tend à mettre en lumière la nature multiple de la déesse, tout en soulignant son origine solaire commune avec le miel. Mentionnée en tant que Tefnout, l'Œil de Rê, dans le Calendrier du Caire, Hathor devient l'Or des dieux, Râyt, à Dendara et Edfou, mais aussi Hathor-Isis-Hésat et Nout. En tant qu'Enveloppe Vénérable, issue du créateur, elle est la Vache céleste qui met au jour les astres et permet à Rê de renaître chaque matin. Le miel joue un rôle essentiel pour elle car son absorption lui apporte lumière au quotidien, mais aussi force et guérison durant toute la phase qui suit sa grossesse et accueille le rite des relevailles. Dans ce contexte, l'application d'une *bw.t* à la consommation de cette denrée s'explique à travers l'ensemble des références théologiques associées à la déesse Hathor et propres à la théologie tentyrite, soulignant par là même la présence d'un aspect singulier de la tradition héliopolitaine.

Au-delà de ses probables justifications économiques, la *bw.t* laisserait donc entrevoir un enjeu théologico-politique. Sa présence dans les textes sacerdotaux ajoutée à la dimension éco-socio-politique propre au fonctionnement des provinces égyptiennes montrerait que ce concept opère à deux niveaux. La *bw.t* frappant la consommation du miel dans la VIe province de Haute Égypte revêtirait ainsi une double dimension, à la fois pragmatique et théologique.

BIBLIOGRAPHIE

Allen 2015
J.P. Allen, *The Ancient Egyptian Pyramid Texts*, WAW 38, Atlanta, 2015.
Arnette 2014
M.-L. Arnette, « Purification du post-partum et rites des relevailles dans l'Égypte ancienne », *BIFAO* 114, 2014, p. 19-71.
Aufrère 1986
S.H. Aufrère, « Études de lexicologie et d'histoire naturelle, VIII-XVII », *BIFAO* 86, 1986, p. 1-32.
Aufrère 1991
S.H. Aufrère, *L'univers minéral dans la pensée égyptienne* I, BiEtud 105,1, Le Caire, 1991.
Aufrère 1997
S.H. Aufrère, « L'être glorifié et divinisé dans les rites de passage vers l'au-delà », *Égypte* 5, 1997, p. 2-9.
Aufrère 1999a
S.H. Aufrère, « Les végétaux sacrés de l'Égypte ancienne d'après les listes géographiques d'Edfou et du Papyrus géographique de Tanis et les autres monographies sacrées » *in* S.H. Aufrère (éd.), *Encyclopédie religieuse de l'univers végétal* I, OrMonsp 10, Montpellier, 1999, p. 121-207.
Aufrère 1999b
S.H. Aufrère, « Les interdits religieux des nomes dans les monographies en Égypte. Un autre regard » *in* J.-M. Marconot, S.H. Aufrère (éd.), *L'interdit et le sacré dans les religions de la Bible et de l'Égypte : suivis de deux conférences sur le thème Bible et Égypte et d'une postface interdisciplinaire. Actes de colloque, Montpellier, 20 mars 1998*, Montpellier, 1999, p. 69-113.
Aufrère 2005a
S.H. Aufrère, « La fabrication du papyrus égyptien et son exportation » *in* S.H. Aufrère (éd.), *Encyclopédie religieuse de l'univers végétal* III, OrMonsp 15, Montpellier, 2005, p. 103-117.
Aufrère 2005b
S.H. Aufrère, « Nature et emploi des parfums et onguents liturgiques en Égypte ancienne » *in* S.H. Aufrère (éd.), *Encyclopédie religieuse de l'univers végétal* III, OrMonsp 15, Montpellier, 2005, p. 213-261.
Aufrère 2007
S.H. Aufrère, *Thot Hermès l'Égyptien, De l'infiniment grand à l'infiniment petit*, Kubaba 13, Paris, 2007.
Aufrère 2016
S.H. Aufrère, « Recherches sur les interdits religieux des régions de l'Égypte ancienne d'après les encyclopédies sacerdotales », *Droit et culture* 71, 2016, p. 15-41.
Bakir 1966
A. el-M. Bakir, *The Cairo Calendar N° 86637*, Le Caire, 1966.
Baqué Manzano 2001
L. Baqué Manzano, « Bees and Flowers in Ancient Egypt. A Symbiotic Relationship with the Mythopoietic Concept of Light » *in* S.H. Aufrère (éd.), *Encyclopédie religieuse de l'univers végétal* II, OrMonsp 11, Montpellier, 2001, p. 493-519.
Bardinet 1995
Th. Bardinet, *Les papyrus médicaux de l'Égypte pharaonique*, Paris, 1995.
Barguet 1967
P. Barguet, *Le Livre des Morts des anciens Égyptiens*, LAPO 1, Paris, 1967.
Bomhard 1999
A.-S. von Bomhard, *Le calendrier égyptien – Une œuvre d'éternité*, Londres, 1999.
Bresciani 1993
E. Bresciani, « Éléments de rituel et d'offrande dans le texte démotique de "l'Œil du Soleil" » *in* J. Quaegebeur, *Ritual and Sacrifice in the Ancient Near East. Proceedings of the International Conference organized by the Katholieke Universiteit Leuven from the 17th to the 20th of April 1991*, OLA 55, Louvain, 1993, p. 45-49.
Brugsch, Petrie, Griffith 1889
H. Brugsch, W.Fl. Petrie, F. Ll. Griffith, *Two Hieroglyphic Papyri from Tanis*, EEF 9, Londres, 1889.

BRUNNER-TRAUT 1986
E. Brunner-Traut, *LÄ* VI, 1986, *s.v.* « Tagewählerei », col. 153-154.
CAMINOS 1954
R.A. Caminos, *Late-Egyptian Miscellanies*, Londres, 1954.
CAUVILLE 1988
S. Cauville, « Le panthéon d'Edfou à Dendera », *BIFAO* 88, 1988, p. 7-23.
CAUVILLE 1990
S. Cauville, « Les inscriptions dédicatoires du temple d'Hathor à Dendera », *BIFAO* 90, 1990, p. 83-114.
CAUVILLE 1992
S. Cauville, « Les inscriptions géographiques relatives au nome tentyrite », *BIFAO* 92, 1992, p. 67-96.
CAUVILLE 2007
S. Cauville, *Dendara* XII. *Le temple d'Isis*, Temples, Le Caire, 2007.
CAUVILLE 2009
S. Cauville, *Dendara. Le temple d'Isis* I, OLA 178, Louvain, 2009.
CAUVILLE 2015
S. Cauville, « Hathor "en tous ses noms" », *BIFAO* 115, 2015, p. 37-75.
CAUVILLE, DEVAUCHELLE 1984
S. Cauville, D. Devauchelle, *Le temple d'Edfou* I², MMAF X/I², Le Caire, 1984.
CÉNIVAL 1985
Fr. de Cénival, « Les nouveaux fragments du mythe de l'œil du soleil de l'Institut de papyrologie et d'égyptologie de Lille », *CRIPEL* 7, 1985, p. 95-115.
CÉNIVAL 1987
Fr. de Cénival, « Transcription hiéroglyphique d'un fragment du Mythe conservé à l'université de Lille », *CRIPEL* 9, 1987, p. 55-70.
CÉNIVAL 1988
Fr. de Cénival, *Le Mythe de l'Œil du Soleil*, DemStud 9, Sommerhausen, 1988.
CHARPENTIER 1981
G. Charpentier, *Recueil de matériaux épigraphiques relatifs à la botanique de l'Égypte antique*, Paris, 1981.
CHASSINAT 1912
É. Chassinat, « À propos de deux tableaux du *mammisi* d'Edfou », *BIFAO* 10, 2010, p. 183-193.
CHASSINAT 1934-1935
É. Chassinat, *Le temple de Dendara* I, Le Caire, 1934-1935.
CHASSINAT 1935
É. Chassinat, *Le temple de Dendara* IV, Le Caire, 1935.
Chassinat, Daumas 1972
É. Chassinat, Fr. Daumas, *Le temple de Dendara* VII, Le Caire, 1972.
CHASSINAT, ROCHEMONTAIX 1895
É. Chassinat, M. de Rochemontaix, *Le temple d'Edfou* I, MMAF 10, Le Caire, 1895.
CHASSINAT, ROCHEMONTAIX 1929
É. Chassinat, M. de Rochemontaix, *Le temple d'Edfou* IV, MMAF 21, Le Caire, 1929.
CHASSINAT, ROCHEMONTAIX 1930
É. Chassinat, M. de Rochemontaix, *Le temple d'Edfou* V, MMAF 22, Le Caire, 1930.
CORTEGGIANI 2007
J.-P. Corteggiani, *L'Égypte ancienne et ses dieux : dictionnaire illustré*, Paris, 2007.
CRANE 1999
E. Crane, *The World History of Beekeeping and Honey Hunting*, New York, 1999.
DAVIES 1973
N. de Garis Davies, *The Tomb of Rekh-Mi-Rê at Thebes* II, MMAEE 11, New York, 1973.
DERCHAIN 1959
Ph. Derchain, « Le Papyrus Salt 825 (B.M. 10051) et la cosmologie égyptienne », *BIFAO* 58, 1959, p. 73-80.
DERCHAIN 1965a
Ph. Derchain, *Le Papyrus Salt 825 (B.M. 10051), rituel pour la conservation de la vie en Égypte* I, Paris, 1965.
DERCHAIN 1965b
Ph. Derchain, *Le Papyrus Salt 825 (B.M. 10051), rituel pour la conservation de la vie en Égypte* II, Paris, 1965.
DERCHAIN 1975
Ph. Derchain, « Sur le nom de Chou et sa fonction », *RdE* 27, 1975, p. 110-116.

Dümichen 1885
J. Dümichen, *Geographische Inschriften* III, RdM 5, Leipzig, 1885.
Erichsen 1933
W. Erichsen, *Papyrus Harris I*, BiAeg 5, Bruxelles, 1933.
Erman 1901a
A. Erman, *Hieratische Papyrus au den königlichen Museen zu Berlin*, HPKMB 1, Leipzig, 1901.
Erman 1901b
A. Erman, *Zaubersprüche für mutter und kind, aus dem papyrus 3027 des Berliner museums*, AAWB, Berlin, 1901.
Faulkner 1964
R.O. Faulkner, « Some Notes on the God Shu », *JEOL* 18, 1964, p. 266-270.
Frandsen 1986
P.J. Frandsen, *LÄ* VI, 1986, *s.v.* « Tabu », col. 135-142.
Frandsen 1989
P.J. Frandsen, « *Bwt* – Divine Kingship and Grammar » *in* S. Schoske (éd.), *Akten des vierten Internationalen Ägyptologen Kongresses München 1985* III. *Linguistik, Philologie, Religion*, BSAK 3, Hambourg, 1989, p. 151-158.
Frandsen 1998
P.J. Frandsen, « On the Avoidance of Certain Forms of Loud Voices and Access to the Sacred » *in* W. Clarisse, A. Schoors, H. Willems (éd.), *Egyptian Religion: the Last Thousand Years. Studies Dedicated to the Memory of Jan Quaegebeur*, OLA 85, Louvain, 1998, p. 975-1000.
Frandsen 1999
P.J. Frandsen, « On Fear of Death and the Three *BWT*s Connected with Hathor » *in* E. Teeter, J.A. Larson (éd.), *Gold of Praise. Studies on Ancient Egypt in Honor of E.F. Wente*, SAOC 58, Chicago, 1999, p. 131-148.
Frandsen 2000
P.J. Frandsen, « On the Origin of the Notion of Evil in Ancient Egypt », *GöttMitz* 179, 2000, p. 9-34.
Frandsen 2001
P.J. Frandsen, « *Bw.t* in the Body » *in* H. Willems (éd.), *Social Aspects of Funerary Culture in the Egyptian Old and Middle Kingdoms*, OLA 103, Louvain, 2001, p. 141-174.
Frandsen 2002-2003
P.J. Frandsen, « Le fruit défendu dans l'Égypte Ancienne », *BSEG* 25, 2002-2003, p. 57-74.
Frandsen 2006
P.J. Frandsen, « The Bitter Honey at Dendara » *in* E. Czerny, I. Hein, H. Hunger (éd.), *Timelines. Studies in Honour of M. Bietak* III, OLA 149, Louvain, 2006, p. 197-201.
Frandsen 2010
P.J. Frandsen, « Durkheim's Dichotomy Sacred: Profane and the Egyptian Category *bwt* » *in* Z. Hawass, J. H. Wegner (éd.), *Millions of Jubilees. Studies in Honor of D.P. Silverman*, CASAE 39,1, Le Caire, 2010, p. 149-174.
Gabolde 2009
M. Gabolde, « Égyptien SdH, grec οἰνόμελι et μελιτίτης, latin *mulsum*, grec d'Égypte στάγμα : la même ivresse ? » *in* I. Régen, Fr. Servajean (éd.), *Verba Manent. Recueil d'études dédiées à D. Meeks* I, CENiM 2, Montpellier, 2009, p. 159-163.
Gardiner 1937
A.H. Gardiner, *Late-Egyptian Miscellanies*, BiAeg 7, Bruxelles, 1937.
Gardiner 1947
A.H. Gardiner, *Ancient Egyptian Onomastica* II, Londres, 1947.
Gauthier 1931a
H. Gauthier, *Les fêtes du dieu Min*, RAPH 2, Le Caire, 1931.
Gauthier 1931b
H. Gauthier, *Le personnel du dieu Min*, RAPH 3, Le Caire, 1931.
Gennep 2011
A. van Gennep, *Les rites de passage*, Paris, 2011.
Goyon 1972
J.-Cl. Goyon, *Rituels funéraires de l'ancienne Égypte*, LAPO 4, Paris, 1972.

GRANDET 1994a
P. Grandet, *Le Papyrus Harris I* 1, BiEtud 109,1, Le Caire, 1994.
GRANDET 1994b
P. Grandet, *Le Papyrus Harris I* 2, BiEtud 109,2, Le Caire, 1994.
GRIMM 1994
A. Grimm, *Die altägyptischen Festkalender in den Tempeln der griechisch-romischen Epoche*, ÄAT 15, Wiesbaden, 1994.
GUILHOU 2005
N. Guilhou, « Aspects de l'univers végétal dans les Textes des Pyramides IV-VI » *in* S.H. Aufrère (éd.), *Encyclopédie religieuse de l'univers végétal* III, OrMonsp 15, Montpellier, 2005, p. 285-306.
HAWKINS 1982
E. Hawkins, *Select Papyri in the Hieratic Character from the Collections of the British Museum with Preparatory Remarks*, Wiesbaden, 1982.
HUSSON 1977
C. Husson, *L'offrande du miroir dans les temples égyptiens de l'époque gréco-romaine*, Lyon, 1977.
INCONNU-BOCQUILLON 2001
D. Inconnu-Bocquillon, *Le mythe de la Déesse lointaine à Philae*, BiEtud 132, Le Caire, 2001.
JANOT 2000
Fr. Janot, « Les pastilles dorées de Rê : une étape vers l'immortalité », *Vesalius* 6,1, 2000, p. 32-37.
JEAN, LOYRETTE 2010
R.-A. Jean, A.-M. Loyrette, *La mère, l'enfant et le lait en Égypte ancienne*, Kubaba 16, Lisbonne, 2010.
JUNKER 1911
H. Junker, *Der Auszug der Hathor-Tefnut aus Nubien*, AAWB 3, Berlin, 1911.
KOROSTOVSTEV 1947
M. Korostovstev, « Stèle de Ramsès IV [JE 48831] », *BIFAO* 45, 1947, p. 155-175.
LAPP 1997
G. Lapp, *The Papyrus of Nu (BM EA 10477)*, CBDBM 1, Londres, 1997.
LEITZ 1994
Chr. Leitz, *Tagewählerei. Das Buch und verwandte Texte*, ÄgAbh 55, Wiesbaden, 1994.
LEITZ 2014
Chr. Leitz, *Die Gaumonographien in Edfu und ihre Papyrusvarianten Soubassementstudien* III, SSR 9, Wiesbaden, 2014.
LÉVI-STRAUSS 1962
Cl. Lévi-Strauss, *La pensée sauvage*, Paris, 1962.
LÉVI-STRAUSS 1967
Cl. Lévi-Strauss, *Du miel aux cendres, Mythologiques* 2, Paris, 1967.
LÓPEZ 1980
J. López, *Ostraca Ieratici N. 57093-57319, Catalogue del Museo Egizio di Torino* III,2, 2e série, Milan, 1980.
LORTON 1993
D. Lorton, « God's Beneficent Creation: Coffin Texts Spell 1130, the Instructions for Merikare, and the Great Hymn to the Aton », *SAK* 20, 1993, p. 125-155.
MARCHENAY 2007
Ph. Marchenay, *L'homme, l'abeille et le miel*, Paris, 2007.
MARIETTE 1870a
A. Mariette, *Dendérah. Description générale du grand temple de cette ville* I, Paris, 1870.
MARIETTE 1870b
A. Mariette, *Dendérah. Description générale du grand temple de cette ville* II, Paris, 1870.
MATHIEU 1996
B. Mathieu, *La poésie amoureuse de l'Égypte ancienne. Recherches sur un genre littéraire au Nouvel Empire*, BiEtud 115, Le Caire, 1996.
MATHIEU à paraître
B. Mathieu, avec la participation de N. Guilhou, A. Spahr, *L'Univers des Textes des Pyramides. Lexique commenté*, Montpellier, à paraître.
MEEKS 1973
D. Meeks, « Le nom du dauphin et le poisson de Mendes », *RdE* 25, 1973, p. 209-216.
MEEKS, FAVARD-MEEKS 1993
D. Meeks, Chr. Favard-Meeks, *La vie quotidienne des dieux égyptiens*, Paris, 1993.

MENU 2014
B. Menu, « Le rôle économique des dattes dans l'Égypte du Nouvel Empire » *in* Z. Csabai, T. Grüll (éd.), *Studies in Economic and Social History of the Ancient Near East in Memory of Péter Vargyas*, ANEMS 2, 2014, p. 199-215.

MEURER 2002
G. Meurer, *Die Feinde des Königs in den Pyramidentexten*, OBO 189, Fribourg, 2002.

MILLER 1994
R.L. Miller, « +Ajs, *Peganum harmala L.* », *BIFAO* 94, 1994, p. 349-357.

MONTET 1950a
P. Montet, « Quelques prêtres et fonctionnaires du dieu Min », *JNES* 9, p. 18-27.

MONTET 1950b
P. Montet, « Le fruit défendu », *Kêmi* 11, 1950, p. 85-116.

MONTET 1952
P. Montet, « Dieux et prêtres indésirables », *RHR* 141,2, 1952, p. 129-144.

MONTET 1961
P. Montet, *Géographie de l'Égypte ancienne* II, Paris, 1961.

MONTET 1963
P. Montet, « Les fruits défendus et la confession des péchés » in *Les Sagesses du Proche-Orient ancien. Colloque de Strasbourg 17-19 mai 1962*, Paris, 1963, p. 53-62.

MORET 1902
A. Moret, *Le rituel du culte divin journalier en Égypte d'après les papyrus de Berlin et les textes du temple de Seti Ier à Abydos*, AMG 14, Paris, 1902.

OSING 1998
J. Osing, *Hieratische Papyri aus Tebtunis I. The Carlsberg papyri* 2, CNI Publications 17, Copenhague, 1998.

OSING, ROSATI 1998
J. Osing, G. Rosati, *Papyri Geroglifici e Ieratici da Tebtynis*, Florence, 1998.

OUERFELLI 2008
M. Ouerfelli, *Le sucre : production, commercialisation et usages dans la Méditerranée médiévale*, Leyde, 2008.

PARKER 1950
R.A. Parker, *The Calendars of Ancient Egypt*, SAOC 26, Chicago, 1950.

PELLAT 1986
Ch. Pellat, *Cinq calendriers égyptiens*, TAEI 26, 1986.

PETERS-DESTÉRACT 2005
M. Peters-Destéract, *Pain, bière et toutes bonnes choses… : L'alimentation dans l'Égypte ancienne*, Monaco, 2005.

PFOUMA 2004
O. Pfouma, « À propos de l'abeille égyptienne et des Textes des Sarcophages », *CCE (S)* 6, 2004, p. 109-115.

PORCEDDU *et al.* 2008
S. Porceddu, L. Jetsu, T. Markkanen, J. Toivari-Viitala, «Evidence of Periodicity in Ancient Egyptian Calendars of Lucky and Unlucky Day », *Cambridge Archaeological Journal* 18,3, 2008, p. 327-339.

POSENER 1972
G. Posener, « Sur quelques erreurs dans les calendriers des jours fastes et néfastes », *RdE* 24, 1972, p. 142-146.

QUACK 2007
J.Fr. Quack, « Die Heimkehr der Göttin » *in* Fr. Hoffmann, J.Fr. Quack, *Anthologie der Demotischen Literatur*, EQÄ 4, Berlin, 2007, p. 195-230, 356-360..

QUACK 2011
J.Fr. Quack, « Beiträge zu einigen religiösen und magischen Texte » *in* M. Collier, S. Snape (éd.), *Ramesside Studies in Honour of K.A. Kitchen*, Bolton, 2011, p. 413-416.

QUIRKE 2001
St. Quirke, *The Cult of Râ. Sun-Worship in Ancient Egypt*, Londres, 2001.

SAUNERON 1952
S. Sauneron, *Le Rituel de l'Embaumement, P. Boulaq III – P. Louvre 5158*, Le Caire, 1952.

SAUNERON 1962
S. Sauneron, *Les fêtes religieuses d'Esna aux derniers siècles du paganisme*, Esna 5, Le Caire, 1962.

SAUNERON 1963
S. Sauneron, *Le temple d'Esna* II, Le Caire, 1963.

Schott 1950
S. Schott, *Altägyptische Festdaten*, AGSK 10, Mayence, 1950.
Servajean 2003
Fr. Servajean, « L'étoffe *sjꜣ.t* et la régénération du défunt », *BIFAO* 103, 2003, p. 439-457.
Spalinger 1994
A.J. Spalinger, « Calendars: Real and Ideal » *in* B.M. Bryan, D. Lorton (éd.), *Essays in Egyptology in Honor of H. Goedicke*, San Antonio, 1994, p. 297-308.
Spalinger 1995
A.J. Spalinger, « Notes on the Ancient Egyptian Calendars », *Orientalia* 64, 1995, p. 17-32.
Spiegelberg 1917
W. Spiegelberg, *Der ägyptische Mythus vom Sonnenauge (der Papyrus der Tierfabeln - »Kufi«)*, Strasbourg, 1917.
Tallet 1995
P. Tallet, « Le *shedeh*: étude d'un procédé de vinification en Égypte ancienne », *BIFAO* 95, 1995, p. 459-492.
Tallet 2003
P. Tallet, *La cuisine des pharaons*, Arles, 2003.
Tallet 2006
P. Tallet, À la table des pharaons: Goûts d'hier et recettes d'aujourd'hui, Paris, 2006.
Tallet 2008
P. Tallet, « Une boisson destinée aux élites: le vin en Égypte ancienne » *in* J. Leclant, A. Vauchez, M. Sartre (éd.), *Pratiques et discours alimentaires en Méditerranée de l'Antiquité à la Renaissance*, Cahiers de la villa Kerylos 19, 2008, p. 39-51.
Tallet 2010
P. Tallet, « De l'ivresse au dégrisement. À propos d'un article récent sur le *shedeh* », *GöttMisz* 227, 2010, p. 105-112.
Tiradritti 1997
Fr. Tiradritti, « "I Have Not Diverted my Inundation". Legitimacy and the Book of the Dead in a Stela of Ramesses IV from Abydos » *in* M.G. Amadasi Guzzo *et al.*, *L'impero ramesside. Convegno internazionale in onore di S. Donadoni*, VicOr Cahier 1, Rome, 1997, p. 193-203.
Töpfer 2015
S. Töpfer, *Das Balsamierungsritual. Eine (Neu)-Edition der Textkomposition Balsamierungsritual (pBoulaq 3, pLouvre 5158, pDurham 1983.11 + pSt. Petersburg 18128*, SSR 13, Wiesbaden, 2015.
Varry 2009
S. Varry, « Le miel d'après "les étiquettes de jarres" », *GRAFMA Bulletin* 9-10, 2009, p. 67-101.
Vernus 2005
P. Vernus, « Dauphin » *in* P. Vernus, J. Yoyotte, *Le bestiaire des pharaons*, Paris, 2005, p. 240-242.
West 1969
St. West, « The Greek Version of the Legend of Tefnut », *JEA* 55, 1969, p. 161-183.
Yamazaki 2003
N. Yamazaki, *Zaubersprüche für Mutter und Kind: Papyrus Berlin 3027*, Achet 2, Berlin, 2003.

À la recherche des « classes moyennes » Les espaces de la différenciation sociale dans l'Égypte du IIIe millénaire av. J.-C.

CHRISTELLE MAZÉ*

Quelqu'un m'est apparu très loin dans le passé :
C'était un ouvrier des hautes Pyramides,
Adolescent perdu dans ces foules timides
Qu'écrasait le granit pour Chéops entassé...
Sully Prudhomme

Ces quelques vers émaillés de mots à la puissance évocatrice indéniable rappellent toute la fascination qu'a toujours exercée sur les Occidentaux un Orient rêvé, à la croisée de l'Histoire et des légendes. Ils révèlent la cristallisation dont sont l'objet, depuis l'Antiquité [1], la figure fascinante des pyramides et le seul nom évocateur du pharaon Chéops. À l'instar de ces grandioses réalisations royales, le peuple de l'Égypte ancienne tel que le présentait l'iconographie ornant les tombeaux des puissants semblait correspondre à l'image d'une société profondément hiérarchisée, structurée par la logique verticale de l'échelle sociale : au sommet trônait le roi, puis venaient ses héritiers et les membres de sa famille, suivis des plus hauts fonctionnaires du royaume ; le petit peuple laborieux, lui, demeurait silencieux. Vus sous cet angle, les anciens Égyptiens auraient donc constitué l'archétype d'une population inégalement divisée entre *pꜥt* et *rḫyt* et strictement organisée par le pouvoir central de l'État [2]. Or, de

* CNRS, UMR 7041 Archéologies et sciences de l'Antiquité ArScAn, Maison archéologie & ethnologie René-Ginouvès, Nanterre. Avant toute chose, il m'est particulièrement cher de remercier ici L. Pantalacci et G. Soukiassian pour leur accueil et leur aide précieuse dans l'accès à la documentation de Balat lors de mes venues sur le site, ainsi que Stephan Seidlmayer pour sa grande générosité intellectuelle. Ma très grande gratitude va également à l'évaluateur anonyme du présent article qui, par sa lecture critique attentive et son inestimable connaissance du site d'Éléphantine, a contribué à l'amélioration de cette étude.

1 Un conte de la Seconde Période intermédiaire met en scène Chéops et ses magiciens : la figure du souverain y est présenté sous un jour ambigu et sert d'ores et déjà à accentuer l'écart établi entre un roi tout puissant et son peuple. Cf. Grandet 1998.

2 Helck 1959.

nombreux indices attestent de l'existence d'autres strates socio-économiques, intermédiaires et hétérogènes, au sein d'une population égyptienne à la structure bien plus complexe que la bipartition sociologique traditionnellement mise en avant. St. Seidlmayer a d'ailleurs mené une étude consacrée à la société rurale égyptienne de Béni Hassan au Moyen Empire, étude qui lui a permis d'affiner notre perception des différentes strates de cette société mais dans laquelle il mettait en garde contre les biais des sources funéraires :

> Les tombes et les sépultures des anciens Égyptiens nous « racontent » ce qu'était une personne en termes de genre, d'âge et de hiérarchie et de quelle manière elle était liée à d'autres personnes. Ce que nous pourrions appeler l'aspect fonctionnel, la ou les activités qu'elle accomplissait au cours de son existence, n'était pas – comme c'était la règle – représenté dans le rituel funéraire. En conséquence, les analyses archéologiques des données funéraires se terminent souvent en arrangeant les gens le long d'une échelle verticale, en identifiant des niveaux « supérieurs », « intermédiaires » et « inférieurs », mais elles restent incapables de dire qui étaient réellement ces gens ou ce qu'ils pourraient avoir été durant leur vie[3].

Le Moyen Empire est précisément considéré comme l'époque à laquelle ont prospéré des individus relativement modestes et formant un niveau social intermédiaire entre l'élite et la non-élite, niveau que l'on a désigné du terme de « classes moyennes[4] ». Leur émergence étant habituellement attribuée aux changements socio-culturels et politiques de la Première Période intermédiaire, ces « classes moyennes » ont-elles une réalité détectable dans la documentation antérieure au Moyen Empire ? Quelles traces ces « niveaux intermédiaires » dont parle St. Seidlmayer ont-ils laissés entre la fin de l'Ancien Empire et le début de la Première Période intermédiaire ?

Dans le matériel textuel comme dans le matériel archéologique daté de la fin de l'Ancien Empire au début du Moyen Empire, l'usage du terme de « classes moyennes » se base au moins sur trois observations : l'augmentation du nombre d'individus aux statuts modestes et variés qui portent des titres et apparaissent sur des stèles personnelles ; la diversité et la qualité des biens que ces individus faisaient déposer dans leurs sépultures ; l'attractivité et la diffusion de valeurs et de croyances religieuses auparavant considérées comme celles de l'élite exclusivement. En archéologie, ces « classes moyennes », au demeurant hétérogènes, se remarquent généralement par le fait que certains types d'objets, parfois précieux, se retrouvent en possession de petits fonctionnaires ou d'individus subalternes, extérieurs à l'administration mais mieux dotés que les ouvriers et les petits paysans[5]. Cependant, la réalité que ce terme désigne englobe dans les faits une grande variété de situations socio-professionnelles. Une définition trop restreinte ne correspondrait donc pas à la réalité égyptienne, pas davantage d'ailleurs qu'un strict organigramme ne correspondrait à la souplesse de fonctionnement des services administratifs égyptiens[6]. L'intérêt

3 Seidlmayer 2007, p. 351-352.

4 Andreu 1990. Pour un état des lieux en sociologie sur les critères de définition des classes sociales en général et des classes moyennes en particulier, on lira P. Bouffartigue (2015) et J. Damon (2012). Pour rappel, les sociologues retiennent habituellement comme critères de définition la profession, les revenus, le mode de vie et le sentiment d'appartenance à un groupe social réuni autour d'intérêts communs. Cependant, si ces critères donnent une impression d'objectivité, les auteurs insistent sur le contenu « à géométrie variable » et l'hétérogénéité des réalités, au demeurant changeantes, que recouvrent les notions de classes sociales et de classes moyennes.

5 Seidlmayer 1987. Cf. Baines 2010.

6 Franke 1984b ; Quirke 2004, p. 1-5, 10-11. Voir aussi l'étude retraçant l'évolution de l'administration régionale et de la fonction de nomarque dans Willems 2014, p. 33-58.

d'une étude des traces archéologiques laissées par ces « classes moyennes » est de nuancer le silence des textes officiels à leur sujet et de mettre en évidence leur place dans la société et leur participation active au fonctionnement économique et administratif de celle-ci. Toutefois, si les sources archéologiques permettent dans plusieurs cas d'identifier des groupes d'un niveau social intermédiaire, elles ne permettent que difficilement d'en préciser les contours, toujours perméables les uns aux autres, et les rôles, variés et sans doute en grande partie informels, au sein de l'administration. Les sources matérielles exploitables pour l'analyse ont été mises au jour dans des espaces d'occupation humaine différents par nature mais complémentaires : l'espace urbain, l'espace cultuel et l'espace funéraire. Après avoir dressé un état des recherches et des problématiques sur la question, aborder ces trois principaux espaces à travers l'exemple de deux sites façonnés par une occupation longue, Éléphantine et Balat, permettra de voir comment des catégories intermédiaires sur l'échelle sociale peuvent être identifiées dans leurs tâches matérielles quotidiennes, dans leurs pratiques religieuses et symboliques et comment elles interagissaient avec les élites locales.

L'ÉTUDE DES STRUCTURES SOCIALES EN ÉGYPTOLOGIE

Dans la sphère politique

Des chercheurs tels que E. Cruz-Uribe ou M. Baud ont particulièrement insisté sur la nécessité de prendre en compte les différents degrés de relations sociales, notamment familiales, tissées entre le roi, les membres de sa maisonnée, les représentants de l'élite et les fonctionnaires des diverses institutions administratives et religieuses du royaume, ce afin de mieux comprendre le fonctionnement de l'État et la gestion du pays. En l'occurrence, les structures du pouvoir central sont à appréhender non pas tant comme une construction hiérarchique pyramidale que comme un système mouvant de cercles d'influence concentriques[7] : autour d'un domaine central dont la figure royale constitue le cœur s'organisent des cercles d'individus plus ou moins proches, qui parfois se recoupent entre eux. Ce modèle tient compte des degrés de pouvoir et de responsabilité politiques et administratifs des individus, de leur importance dans le commandement et la gestion du pays, mais aussi de la position sociale de leur famille et de l'influence de celle-ci à la cour et dans le gouvernement du royaume[8]. Il tient compte du fait qu'un individu, au cours de sa vie, appartenait toujours à plusieurs groupes sociaux, dans chacun desquels il n'occupait pas forcément le même statut. La prise en compte de l'ensemble de ces paramètres a ainsi permis de mettre en évidence une stratification sociale au sein même des élites, notamment à Dahchour[9] et à Gîza[10]. Or, si le discours officiel a d'abord célébré le

7 Cruz-Uribe 1994.

8 Ces mécanismes ont été analysés en profondeur à la lumière des apports de l'anthropologie politique par M. Baud (1999).

9 Alexanian, Stadelmann 1998, p. 309, 315-317 ; Alexanian 1995. Sur l'avancée des fouilles en cours dans les nécropoles de l'Ancien mais aussi du Moyen Empire, consulter Alexanian *et al.* 2009 ; Alexanian *et al.* 2006.

10 Baud 1999, p. 224-227, fig. 22-24 ; Roth 1995, p. 41, fig. 11 ; Roth 1993. Pour un examen portant sur la répartition géographique et spatiale des tombes de l'élite et l'attractivité de Thèbes au Nouvel Empire, comparer avec Auenmüller 2012 et Engelmann-von Carnap 1999.

roi et ses hauts fonctionnaires sous l'Ancien Empire, la chute du pouvoir central et la disparition des anciennes élites durant la Première Période intermédiaire ont laissé l'opportunité à des groupes sociaux plus modestes et jusque-là silencieux de s'exprimer sur des monuments inscrits et d'acquérir des biens auparavant réservés aux élites [11]. À partir de là, d'autres strates de la société sont devenues visibles dans les textes et dans l'archéologie, où les traces qu'ont laissées leurs membres révèlent parfois les liens que ceux-ci entretenaient avec leurs supérieurs. Les études très approfondies de Stephan Seidlmayer sur la période ont ainsi bien mis en évidence l'« enrichissement » de la culture matérielle funéraire dans les tombes des communautés provinciales, remettant en cause la vision de la Première Période intermédiaire comme « crise économique » et « âge obscur » de l'histoire pharaonique [12]. Ces évolutions sociétales, repérables dans les inscriptions comme dans le matériel archéologique, ont en partie été mises en relation avec les bouleversements politiques qui marquent la fin de l'Ancien Empire et le cours de la Première Période intermédiaire [13]. Ainsi considère-t-on que lesdits bouleversements politiques se sont accompagnés de changements économiques et culturels, changements qui ont visiblement contribué à diversifier les niveaux socio-économiques de la population égyptienne, ce dès avant les remaniements administratifs des souverains de la XIIe dynastie [14]. L'émergence de « classes moyennes » compterait parmi ces grands changements.

Dans la sphère administrative

Les études consacrées aux grandes institutions de l'État, d'abord menées à partir de données prosopographiques, ont été progressivement complétées par la prise en compte des documents générés par le fonctionnement même des divers rouages de l'administration, tant au niveau central qu'au niveau local. Ce sont les modalités d'articulation de ces différents niveaux qui font désormais l'objet de réflexions. Les recherches prosopographiques de D. Franke, de W. Grajetzki et de St. Quirke ont ainsi permis d'affiner nos connaissances sur la hiérarchisation et sur les relations des groupes socio-professionnels qui œuvraient dans le cadre de l'administration durant la période du Moyen Empire [15]. Le matériel lapidaire épigraphié, tel que stèles, statues et tables d'offrandes privées, a certes déjà permis de constituer un riche corpus de titulatures attestant l'existence d'un encadrement administratif à différents niveaux de la société. La découverte de lots papyrologiques et d'archives sigillographiques, quant à elle, a permis de replacer plusieurs fonctionnaires dans leurs domaines d'intervention respectifs et d'en préciser ainsi les compétences, sinon les avantages matériels. Les archives des temples d'Abousir pour l'Ancien Empire [16], les lettres retrouvées dans la ville de pyramide de Kahoun pour la fin de la XIIe dynastie [17] ou encore les comptes de gestion des denrées à destination de la cour en déplacement à Thèbes pour la XIIIe dynastie [18], sont connus comme autant de

11 Moreno García 2005.

12 Seidlmayer 1991 ; Seidlmayer 1988 ; Seidlmayer 1987.

13 Par exemple, sur l'émergence de « citoyens » exempts de corvées, désireux de mettre en avant leurs compétences et recherchant leur émancipation intellectuelle et économique, voir Loprieno 1996, p. 545-548 et Franke 1998.

14 Franke 1991 ; Grajetzki 2003, p. 236-241, 243-245, 245-247, 265-266.

15 Franke 1984b ; Grajetzki 2003 ; Quirke 2004.

16 Posener-Kriéger 1976. Posener-Kriéger *et al.* 2006.

17 Collier, Quirke 2002 ; Collier, Quirke 2004 ; Collier, Quirke 2006.

18 Quirke 1990.

documents précieux pour cerner toute la diversité sociologique des communautés dont ils émanent, ce à travers les titres de leurs membres, leurs activités et parfois leurs avantages matériels ou symboliques, qu'il s'agisse par exemple du versement de pensions alimentaires ou de droit d'accès à des lieux de pouvoir. Les papyri de Kahoun en particulier, hétérogènes en date comme en contenu, renseignent d'une part sur l'organisation du temple funéraire de Sésostris II et de ses desservants, et d'autre part sur les habitants de la ville de pyramide qui lui était associée. Plusieurs documents provenant de la ville font ainsi référence à un gouverneur, un *ḥꜣty-ʿ*, ainsi qu'aux bureaux d'un vizir et d'un héraut, un *wḥmw*, tandis que par ailleurs des listes nominatives recensent les membres de différentes professions ou cercles d'activités, tels brasseurs (*ʿftyw*), cuisiniers (*psyw*), cordonniers (*ṯbww*), gardiens de portes (*jryw-ʿꜣ*) mais aussi prêtres (*wʿb, ḥm-nṯr, ḥm-kꜣ*), scribes (*zš*) ou encore militaires (*jmyw-rꜣ mšʿ, šmsww, ꜣṯww*...) [19]. Croisées avec les données architecturales du site [20], les archives papyrologiques font apparaître non seulement des représentants de l'autorité officielle mais aussi des catégories socio-professionnelles plus modestes, en l'occurrence des artisans et des fonctionnaires locaux. De telles sources écrites ont ainsi fourni un précieux éclairage sur la destination et le fonctionnement des divers types de bâtiments composant les complexes urbains ou cultuels mis au jour par l'archéologie. Elles ont surtout facilité l'élaboration de modèles aptes à rendre compte plus finement des structures administratives et hiérarchiques de la société égyptienne en fonction du domaine d'activité et du degré d'autorité des individus cités [21]. Elles ont aussi permis de mettre en évidence l'existence de catégories de populations souvent passées sous silence car n'appartenant pas à l'élite des lettrés et des hauts fonctionnaires de l'administration d'État. Dépourvus de responsabilités importantes, souvent même dépourvus de titres officiels, les membres de ces catégories subalternes se sont néanmoins avérés très actifs dans la production et la gestion des biens de leurs communautés.

Sur le plan historique

Les relais officiels de la Couronne ne commencent à être attestés dans les provinces du royaume qu'à partir de la fin de la Ve dynastie. En l'état actuel des connaissances, seule fait exception la cité fortifiée d'Éléphantine, où l'intervention de l'État pharaonique est attestée dès la seconde moitié de la IIe dynastie [22]. Avant les réformes de Djedkarê Izézi et l'envoi dans les provinces de hauts fonctionnaires chargés d'y représenter le roi [23], les traces des potentats locaux demeurent ténues, *a fortiori* celles de leurs subordonnés. En effet, la culture développée parmi les élites memphites sous l'égide de la royauté n'avait alors pas encore été adoptée par les dirigeants locaux comme signe d'appartenance à un groupe détenteur d'autorité et socialement privilégié [24]. En archéologie, l'existence de ces dirigeants et de leur entourage est décelable sur plusieurs sites

19 Outre les publications de M. Collier et St. Quirke déjà citées, voir aussi Luft 1982 ; Luft 1992 ; Luft 2006.

20 O'Connor 1997 ; Kóthay 2002.

21 Sur les méthodes d'analyse et les problématiques soulevées par ce type de documentation, voir les réflexions de D. Franke (1984b) et de H. Goedicke (1998).

22 Seidlmayer 1996b.

23 Kanawati 1981, p. 1-21, en particulier p. 11-16.

24 Sur la progressive élaboration d'une « culture formelle » comme instrument de domination légitimant et sur les « écarts » qu'ont engendrés les activités humaines par rapport au « modèle » officiel, consulter Kemp 2006, p. 111-160, en particulier p. 135-142.

de province, notamment dans la topographie et l'architecture funéraire; mais sur le plan épigraphique, ces personnages ne deviennent précisément identifiables qu'à partir du règne de Djedkarê[25]. Ce n'est qu'à partir de là, en effet, que la pratique se répand pour certains d'entre eux de se faire officiellement désigner dans des titulatures ordonnées comme des représentants de la Couronne délégués dans leurs provinces respectives[26] et de se faire inhumer non plus dans les nécropoles royales de la région memphite, mais dans les cimetières voisins de leurs localités de résidence[27]. Étant les seuls, tant statutairement qu'économiquement, à détenir les moyens humains, financiers et politiques indispensables à l'érection de monuments de prestige[28] et à la constitution d'un équipement funéraire remarquable par la quantité, la variété et la qualité des pièces qui le composent, les membres des élites locales ont tout d'abord presque exclusivement retenu l'attention des archéologues et des historiens[29]. En conséquence, les rapports de fouilles anciens ne présentent généralement, comme l'on sait, qu'un aperçu de tombes et de monuments privés sélectionnés pour leurs proportions remarquables et leur qualité. Inversement, les sépultures plus modestes, dépourvues d'ostentation et donc moins visibles, n'ont souvent pas été enregistrées avec toute la précision scientifique aujourd'hui requise, quand elles n'ont tout simplement pas été omises dans les rapports de publication[30]. La vision que livre cette documentation partielle est donc une vision incomplète et biaisée, celle d'une société égyptienne appréhendée uniquement du point de vue de ses élites et où n'apparaissent pas les groupes socio-professionnels situés en deçà sur l'échelle hiérarchique.

L'identification des individus

L'un des problèmes majeurs des études sociales consacrées à l'Égypte ancienne concerne ainsi l'identification des individus qui, n'ayant accès ni aux facilités financières attachées au service officiel de l'État ni à la maîtrise de l'écrit, n'ont pas laissé par eux-mêmes de traces de leur existence, de monuments privés destinés à durer et à témoigner de leur position et de leurs activités au sein de leur communauté. Certes, les hommes les plus démunis, les simples travailleurs manuels et les paysans, de même que les enfants, apparaissent dans les décors pariétaux des tombes de l'élite, représentés parmi la multitude des serviteurs et dépendants qui s'activent pour le bien-être des hauts fonctionnaires, mais ils n'y apparaissent en ce contexte que comme des faire-valoir du pouvoir de leurs maîtres[31] et demeurent souvent archéologiquement invisibles, en dehors du site exceptionnel de Gîza[32]. De fait, il est généralement admis que leurs sépultures,

25 Pour une excellente mise au point, consulter Willems 2014, p. 5-27.

26 Baer 1960, p. 274-286, 296-302; Strudwick 1985, p. 339-340. Sur les connections entre provinces, lire aussi Quirke 2010.

27 Kanawati, McFarlane 1992, p. 23-45; Kanawati 2004a; Kanawati 2004b.

28 Pantalacci 2010.

29 Voir par exemple l'étude de N. Kanawati (1977), qui tente d'appréhender l'évolution économique de l'Ancien Empire à partir de la taille des tombes. Novatrice dans sa méthode, cette étude reste néanmoins très centrée sur les grands officiers de l'État, ce en raison de la documentation sur laquelle elle se base.

30 Voir, par exemple, le parti pris de W.M.Fl. Petrie (1900, p. 2-3, pl. XXVII). À propos des choix ciblés opérés par les Brunton pour assurer le financement de leurs campagnes de fouille, cf. le rappel d'U. Dubiel (2012, p. 51-52).

31 Pour une approche théorique et générale, voir van Walsem 2005, p. 17-65, en particulier p. 41-47. Sur la figure de l'Autre comme faire-valoir, lire aussi Vernus 2010, notamment p. 76-77.

32 Parmi de nombreux rapports, voir Lehner 2002 (ville); Hawass 2004 (nécropole des « ouvriers »); Redding 2009 (approvisionnement des travailleurs).

simples fosses réduites au strict minimum, sans chapelle maçonnée ni objets d'accompagnement inscrits, se situeraient dans des terrains aujourd'hui recouverts par les habitations et les cultures de la Vallée toute proche[33]. De même, les enfants, rarement identifiés[34], semblent en certains endroits avoir été inhumés dans des lieux distincts de ceux où les adultes de leur communauté avaient creusé leurs tombes[35]. En dehors de quelques rares travaux archéologiques menés de manière extensive sur l'ensemble des nécropoles alors fouillées[36], les informations que livrent les rapports de terrain sur les individus inhumés ne concernent jamais qu'une petite partie des communautés dans lesquelles ils vécurent. Les structures sociales de ces communautés sont donc loin d'être entièrement connues dans la mesure où la population à laquelle appartenaient les défunts n'est pas elle-même archéologiquement attestée dans son intégralité[37]. Pourtant, un recours plus systématique aux méthodes de l'anthropologie physique permettrait de renouveler l'approche sociologique des nécropoles. Ainsi, de récents examens menés sur les squelettes de plus de 400 individus de tous âges et de tous sexes inhumés dans les petits mastabas de l'île d'Éléphantine entre l'Ancien Empire et la Première Période intermédiaire révèlent qu'il s'agissait là de personnes subalternes[38]. Plusieurs fois soumises à de graves violences, elles auraient subi de lourds châtiments corporels, peut-être par suite de « manquements » dans le cadre de leur service auprès des hauts fonctionnaires d'Éléphantine. Outre les traces de coups répétés, l'absence de soins apportés aux traumatismes éprouvés invite à considérer cette population comme très modeste et exposée sans recours à l'usage de la force par les représentants de l'élite. Par ailleurs, N. Alexanian a conduit une vaste enquête comparative sur les nécropoles provinciales de l'Ancien Empire afin d'en préciser les structures et d'identifier les groupes sociaux auxquels se rattachaient les défunts. En croisant types de tombes, équipement funéraire et titulatures, elle a livré une analyse sensiblement affinée, sociologiquement et géographiquement plus variée de chacune des communautés inhumées dans ces nécropoles[39]. À Dahchour également, les fouilles récentes menées par le Deutsches Archäologisches Institut ont produit des résultats remarquables en mettant au jour des mastabas de briques datés entre la VIe dynastie et la Première Période intermédiaire et dévolus à une population hiérarchiquement en deçà des élites de la cour royale[40]. Une approche transdisciplinaire de la documentation a là encore permis de montrer la diversité sociologique de la population.

33 Sur les variations du cours du Nil et leurs implications pour la recherche archéologiques, voir les contributions de Bunbury 2012 ; Jeffreys 2008 ; Jeffreys 2012.

34 Pour une mise au point sur les différents termes de désignation à employer et sur leurs acceptions dans le domaine biologique, consulter Baker *et al.* 2010, p. 10.

35 Voir par exemple, pour la communauté villageoise de Deir el-Médineh au Nouvel Empire, les remarques de Meskell 1999, p. 163-174. Pour une mise au point très claire sur les questions soulevées par la mortalité et l'inhumation des enfants ainsi que sur les difficultés d'identification des restes humains, lire les analyses anthropologiques de M. Kaczmarek et I. Kozieradzka-Ogunmakin dans Myśliwiec 2013, p. 355-356.

36 Mace 1909 ; Lythgoe 1965 ; Reisner 1932. Plus récemment, le site d'Adaïma a donné lieu à une fouille fine et le plus possible exhaustive. Cf. Crubézy *et al.* 2002 ; Crubézy *et. al.* à paraître.

37 Sur les biais documentaires entre funéraire et non funéraire d'une part, élite et non-élite d'autre part, lire les remarques de St.J. Seidlmayer (2006) et Fr.W. Rösing (1990, p. 16-17).

38 Gresky *et al.* 2013.

39 Alexanian 2016, notamment p. 442-463.

40 Consulter notamment Alexanian *et al.* 2009 ; Alexanian *et al.* 2006, p. 9-14 (description architecturale) et p. 4-25 (datation céramique). Voir aussi les derniers rapports de terrain du projet « Der Pyramidenfriedhof von Dahschur », en ligne sur le site électronique du DAI : http://www.dainst.org/forschung/projekte

Les limites des différents types de sources documentaires ont été clairement exposées par J. Richards, St. Seidlmayer, W. Grajetzki et L. Meskell, qui ont chacun proposé des modèles globaux de société pour le Moyen Empire et le Nouvel Empire, en y intégrant les couches socio-professionnelles situées en deçà des élites œuvrant pour la haute administration [41]. La validité de ces systèmes théoriques a pu être évaluée en testant leur pertinence dans l'analyse des données archéologiques, afin de vérifier s'ils pouvaient rendre compte de l'organisation et de la composition des nécropoles fouillées. Le recours à des concepts sociologiquement et politiquement connotés, tels que « élite » et « classes moyennes », a conduit ces égyptologues à en clarifier le sens dans le cadre de leurs travaux [42]. Le terme de « classes » donne l'illusion scientifique d'avoir affaire à des « ensembles d'individus auxquels il est possible d'attribuer rigoureusement un nombre fini de propriétés communes [43] ». Or, particulièrement attaché à la description de nouveaux phénomènes sociaux du XXᵉ s. occidental, il s'avère inadéquat pour rendre compte de réalités antiques plus mouvantes. Au terme de « classes moyennes » serait-il donc plus prudent de préférer celui, plus souple, de « couches sociales intermédiaires ». Ces dénominations sociologiques servent ici à désigner des franges de la population certes inférieures à la catégorie des hauts fonctionnaires, et pour certaines extérieures à l'administration, mais ayant en commun un « niveau de ressources économiques » minimal leur permettant de se procurer un certain nombre de biens, notamment des monuments commémoratifs ou encore des parures en pierres semi-précieuses, voire en métal précieux [44]. Pour la fin de l'Ancien Empire et la Première Période intermédiaire, la documentation archéologique et épigraphique provenant d'espaces non seulement funéraires mais aussi cultuels et urbains offre des éléments supplémentaires de repérage de ces niveaux intermédiaires de la population égyptienne.

L'ESPACE URBAIN

La majorité des informations sur la société égyptienne nous est fournie par les données matérielles, épigraphiques et iconographiques provenant des nécropoles. Or, en l'absence de monuments privés et d'objets inscrits aux noms et aux titres officiels de leurs détenteurs, la place des anonymes, des « exclus de l'écriture » dans la société en général, leur rattachement à la sphère administrative des institutions du royaume en particulier nous demeurent bien trop souvent inconnus. Par ailleurs, pour établir l'identité sociale d'un individu, sa place au sein d'un groupe, au sein de structures collectives, encore faut-il être en mesure de préciser comment s'organisait la société à laquelle celui-ci appartenait. Pour ce faire, deux champs documentaires se sont d'ores et déjà avérés utiles et complémentaires : les représentations pariétales dans les tombes décorées de l'élite, reflet de la vision d'une société idéalement ordonnée ; et les données

41 Richards 2004 ; Seidlmayer 1988 ; Seidlmayer 2007 ; Grajetzki 2010 ; Meskell 1999, p. 136-148.

42 Outre les travaux déjà cités, l'analyse très détaillée que propose S.L.D. Katary à partir du papyrus Wilbour a permis de préciser avec finesse les différentes graduations socio-économiques qui existaient au sein des « classes moyennes » du Nouvel Empire. Cf. Katary 2010.

43 Rancière 2014, p. 58-63.

44 Andreu 1990, et surtout Richards 2004, p. 19-31, 173-180. Cependant, l'analyse de S.L.D. Katary (2010) montre bien qu'il pouvait exister de grandes disparités de revenus économiques et de statut au sein d'une même couche sociale, voire au sein d'un même domaine professionnel (*i.e.* les scribes ou les prêtres).

archéologiques des sites urbains où vivaient les communautés dont les membres, en partie ou en totalité, ont été inhumés dans les nécropoles voisines [45]. Les nécropoles, souvent, n'abritent pas l'ensemble de la population ou n'ont été que partiellement fouillées. Il est donc nécessaire d'en croiser l'analyse avec celle des sites d'habitats correspondants lorsque ceux-ci nous sont connus. Bien que peu d'entre eux aient été mis au jour, les développements de l'archéologie urbaine ces trente dernières années ont renouvelé l'étude des sociétés en livrant de nouveaux matériaux de réflexion permettant d'appréhender de manière nouvelle certaines thématiques de recherche [46] : les rouages de l'administration régionale, l'identité et la position sociale des individus ou groupes d'individus qui en assuraient le bon fonctionnement, les rapports multiples entre les différents niveaux hiérarchiques de la communauté et les liens des hauts fonctionnaires locaux avec la Couronne [47].

Pour la période s'étalant de l'Ancien au Moyen Empire, en dehors des forteresses nubiennes connues, sept sites majeurs de type urbain ont pu être localisés et fouillés de manière approfondie : Gîza, Kôm el-Hisn, Ayn Asil et Éléphantine pour l'Ancien Empire ; Éléphantine encore, Edfou, Ezbet Roushdi, Illahoun et Ouâh-Sout à Abydos Sud pour le Moyen Empire. Précisons d'emblée que tous ces sites correspondent à des (re)fondations de la Couronne. Outre l'architecture des différents types d'habitats, le matériel collecté sur place permet non seulement de proposer des interprétations fonctionnelles pour certains espaces, mais aussi de voir en contexte des activités de gestion exercées par des catégories socio-professionnelles de rang modeste, généralement dépourvues de monuments privés inscrits et donc reléguées en dehors de la sphère officielle de l'administration et du monde de l'écrit. La découverte de scellés *in situ* et d'archives papyrologiques en particulier, a livré un aperçu de la diversité sociologique des communautés qui les avaient produits. Ces documents de la pratique administrative ont ainsi permis de compléter les modèles de société théoriques jusqu'ici proposés, en y intégrant les niveaux médians et subalternes de ces communautés, ces niveaux étant définis non seulement par leurs tâches professionnelles mais aussi par leur degré de richesse économique [48].

Éléphantine

À Éléphantine, les fouilles ont mis en évidence que la Couronne était intervenue dès la seconde moitié de la IIe dynastie dans la réorganisation de la forteresse de l'île orientale, peut-être fondée sous la dynastie précédente et attestant en tout cas l'ancienneté des intérêts de la royauté égyptienne dans cette zone frontalière [49]. En outre, les lots sigillaires mis au jour dans la forteresse et plusieurs quartiers de la ville donnent un aperçu de la gestion administrative opérée en ces lieux entre la IIe et la Ve dynastie, principalement sous les IIe et IIIe dynasties [50].

45 Seidlmayer 2007.

46 Cf. Bietak 1986. Outre l'article de St.J. Seidlmayer (2006) lire la contribution de N. Moeller (2010). Voir surtout les récentes synthèses offertes par M. Bietak (*et al.* 2010).

47 Lehner 2010 ; Wegner 2004.

48 Helck 1957 ; Kóthay 2002 ; Luft 1982. À titre de comparaison avec la documentation du Nouvel Empire, cf. Katary 2010.

49 Raue 2005 ; Seidlmayer 1996b. Pour une étude approfondie de la forteresse et de la ville, qui fut peut-être fondée dès la Ire dynastie et qui s'établit alentour au moins dès la 2e moitié de la IIe dynastie, consulter Ziermann 1993, p. 132-141 et Ziermann 2003, p. 128-130.

50 Pätznick 2005, p. 1-4, 63, 89, 115, 122, 130-131.

Les quelques sceaux et les nombreux scellés découverts témoignent certes de l'intervention de quelques fonctionnaires relevant de l'administration centrale ; toutefois, ces lots comptent peu d'empreintes de sceaux faisant référence à la cour et aux grands départements d'État actifs au sein de la Résidence memphite [51]. Au contraire, les sceaux et scellés témoignent essentiellement de l'activité de fonctionnaires mais aussi de travailleurs manuels rattachés à l'administration locale et munis de sceaux en bois (annexe I) [52]. La gestion des ressources alimentaires et matérielles produites ou stockées sur l'île dépendait donc avant tout d'un personnel résident comprenant plusieurs niveaux de responsabilité et de contrôle. Ainsi, les empreintes de sceaux ont permis de préciser la composition des instances officielles locales placées sous l'égide des autorités de l'île [53] : chargés d'affaires du roi (*jry ḫwt nswt*) [54] mais aussi supérieurs de magasins (*ḥry wḏꜣt*) [55], supérieurs du (service de) contrôle (*ḥry mꜣ*) [56], contrôleurs (*mꜣ*), supérieurs des gardiens (*ḥry swḏꜣw*) [57], gardiens (*swḏꜣ(ty)*), escorteurs (*šmsw*) [58] et charpentiers des chantiers navals royaux et divins (*mḏḥ wḫty nswt/nṯr*) [59] sont attestés en différents points de la ville et de la forteresse. De manière générale, leur activité de scellement y apparaît en lien avec le transport, l'enregistrement, le stockage et la protection de denrées d'approvisionnement et de produits parfois précieux et recherchés comme le sel ou le natron (*ḥzmn/ḥmr*) [60]. De manière plus spécifique, certains, comme les *ḥryw swḏꜣw*, œuvraient visiblement dans le cadre de l'organisation du temple de Satet et devaient en assumer l'approvisionnement, si l'on en croit les types de scellements et leur concentration dans la zone sud du temple.

Outre le contrôle des circulations et des ressources, l'encadrement du travail mobilisait des responsables de rang intermédiaire. Parmi eux se détache le *mḏḥ wḫrt(y) nswt nṯr/nṯrt*. Sous la IIIe dynastie au moins, ce fonctionnaire dirigeait les deux chantiers navals de l'île, chantiers respectivement placés sous l'égide du roi et de la déesse Satet, et devait y contrôler l'exploitation du bois et le transbordement des marchandises qu'imposaient la présence de la cataracte et l'entrée en territoire égyptien, cela, peut-être, dans le cadre de services de douane [61]. Pour autant que l'on puisse comparer les sources sigillographiques de la ville avec la documentation prosopographique de la nécropole de la Qoubbet el-Haoua, il semblerait que ce secteur de l'encadrement du travail, en particulier de la construction, ait été étoffé sous la VIe dynastie

51 Engel 2008d, p. 219-221, fig. 5 (scellé portant le *sérekh* de Snéfrou) ; Engel 2009, p. 372-375, fig. 6 (scellés portant les *sérekh* d'Ouserkaf, Menkaouhor et Djedkarê) et tabl. 1 (liste des rois attestés sur scellés de la IIe à la VIe dynastie).

52 Des sceaux-cylindres en bois ont été mis au jour, inscrits aux titres *jry sšrt*, *mjtr*, *ḥry mꜣ*, *ḥry ḫtm wḏꜣt jʿw-rꜣ* et *n(y) ḥm-nṯr(t)*. Un sceau-cylindre en pierre a également été découvert. Cf. Pätznick 2005, Kat. 001, 005, 279, 375, 396 et 391 (en pierre).

53 Pätznick 2005, p. 98-111.

54 Pätznick 2005, Kat. 307, 342.

55 Pätznick 2005, Kat. 012, 013, 018, 022, 099, 133, 135, 136, 138, 139, 152, 172.

56 Pätznick 2005, Kat. 003, 105, 190, 224, 251, 263, 279.

57 Pätznick 2005, Kat. 002, 024, 025, 031, 035, 132, 205, 244.

58 Pätznick 2005, Kat. 100, 164, 165, 166, 183, 234, 241, 242, 249, 269.

59 Pätznick 2005, Kat. 275, 313, 395, 407, 459, 601.

60 Pätznick 2005, Kat. 146, 167, 168, 169, 170, 171.

61 Sur les ouvrages de fortification et de contrôle à Éléphantine et dans la région de la première cataracte, lire von Pilgrim 2010. Outre la construction d'une forteresse et l'érection d'un mur d'enceinte urbain à Éléphantine même dès le Prédynastique, la présence d'un mur de fortification protégeant une route de portage menant d'Éléphantine à Shellal sous le Moyen Empire est archéologiquement avérée. Au Nouvel Empire, l'existence d'une *Snmt* est aussi évoquée dans les textes comme lieu de contrôle à vocation économique et militaire, citée dans le cadre de versement de taxes (*jpw*) au vizir *Ḥr-mj-Rʿ* sous la XVIIIe dynastie. Avant cela, plus précisément sous le règne de Sésostris Ier, le gouverneur Sarenpout Ier recevait déjà en tributs les produits des Médjaïs (*jnw Mḏꜣ m bꜣkw ḥqꜣw ḫꜣswt*). Cf. Gardiner 1908, p. 124, 128 (j), pl. VI, l. 5 ; Franke 1994, p. 192, l. 5.

(annexe II). Peut-être faut-il y voir un témoignage du développement de la ville d'Éléphantine[62] et de sa position clé dans l'organisation des grandes expéditions menées par les gouverneurs de l'île pour ramener pierres de construction, minerai aurifère et autres produits exotiques.

Du côté de la ville en tout cas, si les lots sigillaires d'Éléphantine ont mis en évidence la participation à la gestion administrative locale de fonctionnaires résidents aux statuts variés, ils ont surtout fait apparaître la part active qu'y prenaient également des catégories d'individus jusque-là sous-estimées, voire tout simplement inconnues dans ce domaine. À côté des fonctionnaires officiels investis d'une autorité de contrôle, ce sont également des artisans et travailleurs manuels tels que métallurgistes (*ḥmty*) et bouchers (*sšm/ṣmty*)[63], voire des individus dépourvus de titres professionnels qui ont fait usage de leurs sceaux dans le cadre de leurs fonctions, par exemple lors d'opérations commerciales ou d'activités destinées à assurer la conservation de la viande ou du poisson[64]. Bien plus, des sceaux gravés uniquement de noms personnels ont également pu servir, et le contexte de leur utilisation laisse penser que leurs détenteurs devaient être amenés ponctuellement, en fonction des besoins, à servir dans les magasins du temple de l'île ou à prendre en charge certaines transactions commerciales pour le compte des autorités de la ville et du temple[65]. Tel semble avoir été le cas de ce boucher *sšmty* qui exerçait différentes fonctions dans le contexte de « l'abattoir du dieu », non seulement celles de boucher de l'offrande (*sšmw ḥtpt*) mais aussi celles de surveillant de l'offrande divine (*mꜣ ḥtp-nṯr*) et de protecteur de l'abattoir divin (*ẖw sḫw-nṯr*)[66]. Certains travailleurs aux occupations dûment authentifiées par leurs sceaux cumulaient donc plusieurs tâches.

Les acteurs de l'économie administrée à partir de la ville d'Éléphantine ne se cantonnaient pas non plus à l'espace urbain. En effet, la documentation laisse transparaître les liens qui unissaient la ville à son territoire environnant, voire au-delà, notamment à travers des activités agricoles mais aussi commerciales (annexes I et II). Si l'exiguïté de l'île a sans doute limité la culture des champs, la ville a pu cependant bénéficier des productions et de la main-d'œuvre d'un domaine agricole *méret*[67]. En outre, plusieurs scellés témoignent de livraisons de produits effectuées sous le contrôle d'un chef de pâturages (*jmy-rꜣ mrw*), d'un responsable de vaches laitières (*jry sšrt*) et peut-être également d'un magasinier d'étables (royales ?) (*wḏꜣty mḏꜣw (nswt ?)*)[68]. Par ailleurs, la mention de jardiniers (*kꜣnw*) et de vignerons (*kꜣry*)[69] pourrait refléter une spécialisation des cultures. Ces travailleurs agricoles, eux aussi, ont occasionnellement apposé leurs sceaux sur les scellements de contenants, preuve de l'exercice de leur contrôle sur la qualité des denrées envoyées à la ville. Peut-être certains d'entre eux étaient-ils d'ailleurs officiellement investis d'une fonction de contrôle et cumulaient-ils eux aussi diverses tâches. En effet, l'homme à l'origine du scellé inv. 3543 retrouvé dans la zone sud du temple de Satet était identifié non seulement comme supérieur des surveillants (*ḥry swḏꜣ*) mais aussi comme berger (*bty*). Cela

62 Raue 2008, p. 75. Outre l'extension de l'habitat, plusieurs éléments indiquent la forte fréquentation de la ville à la fin de l'Ancien Empire et au début de la Première Période intermédiaire : élévation du niveau et tassement du sol dans les rues, organisation d'un réseau d'axes de circulation, ajout de seuils en pierre aux entrées d'habitations, activités de boulangerie...

63 Pätznick 2005, Kat. 227, 629 et 030, 253, 258.

64 Pätznick 2005, p. 114-118.

65 Pätznick 2005, p. 120-121.

66 Pätznick 2005, p. 116-118, 555, Kat. 541.

67 Pour une mise au point sur les diverses emplois du personnel *méret*, consulter Moreno García 1998.

68 Pätznick 2005, Kat. 005, 006, 050, 082.

69 Pätznick 2005, Kat. 154 et 016, 188.

attesterait donc une « transversalité professionnelle » des responsabilités de surveillance tout autant qu'une certaine mobilité des travailleurs sur l'échelle sociale[70]. À l'aube de l'Ancien Empire, ces activités d'élevage et de culture avaient-elles cours sur l'île d'Éléphantine, encore scindée en deux parties par une dépression périodiquement ennoyée par la crue, ou bien sur des terres de la vallée moins contraignantes à mettre en valeur[71] ? Au vu de l'importance de la forteresse à cette époque, et compte tenu de la modestie du peuplement égyptien, le pouvoir royal pouvait sans doute assurer l'approvisionnement des résidents sans difficultés majeures, ce d'autant plus que les souverains de la IIIe dynastie implantèrent sur l'île occidentale un complexe de collecte et de stockage royal au pied d'une de leurs petites pyramides[72].

Enfin, en tant que poste-frontière entre l'Égypte et la Nubie, la ville fortifiée d'Éléphantine fut aussi le lieu d'exercice d'agents commerciaux (*jry swnt*) ou « assimilés » (*mjtr*)[73]. Parmi eux l'on trouve non seulement de simples travailleurs manuels, tels que personnel *méret* (*ny mrt*) ou embaumeur (*wty*)[74], mais aussi des gens dotés de responsabilités, comme un gardien de ferme/domaine *méret* (*zꜣw št/mrt*) ou encore un guide (du personnel) de l'atelier de production et d'approvisionnement de la Grande Cour/Portail *hayt* (*sšm šnʿ(w) wsḫt/hꜣyt*)[75]. Même si ces agents, lorsque leurs activités professionnelles sont connues, appartiennent le plus souvent à la catégorie des travailleurs manuels, ces exemples montrent néanmoins que tous ne jouissaient pas du même statut social. Les *mjtrw* ne constituaient donc visiblement pas un groupe homogène. D'ailleurs, il est remarquable que les femmes aient été bien représentées en tant qu'agents *mjtrwt*, notamment dans des activités d'empaquetage et de fourniture de denrées agricoles, mais aussi, exceptionnellement, dans des tâches de direction d'exploitation agricole *méret*[76]. Sous la VIe dynastie, si ce type d'agents commerciaux n'est pas attesté, la place des femmes dans la gestion des ressources transparaît dans au moins deux des titres qui accompagnent les représentations de serviteurs dans les grands tombeaux de la Qoubbet el-Haoua, en l'occurrence les titres de « directrice de la Maison de production et d'approvisionnement » (*jmyt-rꜣ pr-šnʿ*) et de « porteuse de sceau » (*ḫtmtyt/sḏꜣwtyt*) (annexe II)[77].

La découverte en contexte urbain de sceaux et de scellés offre donc un type de matériel archéologique d'autant plus précieux pour l'analyse des structures sociales et des différents degrés d'intervention de leurs membres qu'il met en lumière non pas seulement les élites dirigeantes, les hauts fonctionnaires locaux et leurs employés administratifs subalternes mais aussi des hommes et des femmes au statut plus modeste, qualifiés par leurs compétences

70 Pätznick 2005, p. 105-106, 284, Kat. 025.

71 Seidlmayer 1996b, p. 108-114. Loin de n'être qu'une création coloniale *ex nihilo* de l'État égyptien, la forteresse fut construite sur un site déjà très anciennement peuplé (Nagada II), peut-être au détriment des villages alentours. La disparition de ceux-ci au moment de la fondation de la forteresse pourrait résulter de la concentration des populations de la région en une seule grosse localité fortifiée et contrôlée par la Couronne. Cette réorganisation du peuplement se rapprocherait alors de celles attestées à Abydos et à Hiérakonpolis. Cf. Kemp 1977 et Hoffman *et al.* 1986. Sur le peuplement, sa répartition et le développement de localités « organiques » ou planifiées, voir Lehner 2010.

72 Pour une présentation des différents sites avec petite pyramide à degrés, voir Dreyer, Kaiser 1980. Pour une analyse du contexte archéologique et des caractéristiques architecturales du complexe d'Éléphantine, lire Seidlmayer 1996a.

73 Pätznick 2005, Kat. 004, 028, 029, 045, 057, 110, 114, 129, 188, 254, 313...

74 Pätznick 2005, Kat. 004, 254 et 129.

75 Pätznick 2005, Kat. 45, 57 et 313.

76 Pätznick 2005, p. 121-122, Kat. 042, 043, 284, 317, 320, 329, 416, 463, 465, 464, 480.

77 Sur les titres portés par les femmes en dehors de la famille royale, lire Fischer 2000, p. 19-32, et Fischer 1976.

pratiques ou simplement désignés par leurs noms. Cette documentation inestimable livre ainsi un aperçu de catégories socio-professionnelles intermédiaires, actives dans la gestion des ressources d'Éléphantine et capables de se faire graver leurs propres sceaux sans pour autant dépendre directement de l'administration royale ou même urbaine. Elle atteste également que les individus pouvaient endosser plusieurs fonctions, en plus de leur métier « officiel », et que leur statut socio-économique résultait alors d'un cumul d'activités et de responsabilités diverses et variées, au croisement de plusieurs domaines professionnels et relationnels. Enfin, rappelons, pour compléter ce tableau sociologique égyptien de la forteresse et de la ville d'Éléphantine à l'aube de l'Ancien Empire, que les groupes nubiens présents dans la région de la première cataracte interagissaient avec la communauté égyptienne. Ils servaient occasionnellement à celle-ci de main-d'œuvre, que ce soit sur un mode militaire, diplomatique ou commercial, et s'y mêlaient en en adoptant parfois les modes culturelles [78].

Ayn Asil

Si le matériel sigillaire d'Éléphantine met non seulement en lumière l'activité de fonctionnaires de rangs intermédiaires, il atteste également que des individus n'appartenant visiblement pas au personnel officiel permanent de l'administration locale assuraient toutefois des tâches nécessaires au bon fonctionnement de celle-ci et à l'approvisionnement de la ville, du temple et de la monarchie. Les scellés mis au jour sur d'autres sites urbains ont aussi permis de montrer que la maîtrise de l'écrit, marque par excellence des élites dirigeantes et intellectuelles [79], et donc du pouvoir, ne constituait pas toujours un critère discriminant dans l'accomplissement de tâches à responsabilité, comme la gestion de biens au quotidien [80]. À Ayn Asil, les lettres de correspondance et les listes de comptes retrouvées sur tablettes dans le palais des gouverneurs de l'Oasis ont permis d'identifier la présence de différents groupes de fonctionnaires et de serviteurs gravitant autour des gouverneurs de l'Oasis sous la VIe dynastie (annexe III) [81]. De cette documentation semblent se détacher tout particulièrement les missions relatives au contrôle des circulations et des ressources ainsi qu'à l'encadrement de la main-d'œuvre, que celle-ci intervint sur des chantiers de construction [82] ou dans la mise en culture des terres et l'élevage [83]. Dans ces domaines œuvraient non seulement de simples travailleurs mais aussi des

78 Sur la présence de groupes de Nubiens et leurs relations avec les Égyptiens à Éléphantine et dans la région de la première cataracte sous l'Ancien Empire, consulter Raue 2002 ; Raue 2013. Pour une mise au point détaillée sur la documentation disponible concernant les différents groupes nubiens et sur les interprétations afférentes, voir Näser 2013. Sur leur acculturation, voir le cas, au début de la XIIe dynastie, du Nubien *Ḥqꜣ-jb*, fils de *P(ꜣ)n-jdbj*, qui emprunte pour lui-même l'architecture funéraire, l'iconographie et la phraséologie des biographies des dirigeants égyptiens. Backes 2008 ; Edel 2008a, p. 277-295, notamment p. 288-289 (inscription).

79 Baines 1983 ; Baines, Eyre 1983, p. 66-68 en particulier.

80 Sur la question des rapports entre sceaux et pouvoir et de leur « récupération » par des catégories d'individus subalternes, lire l'étude pionnière de H.G. Fischer (1977). Pour une courte présentation des sceaux officiels et « informels » utilisés à Gîza, voir Witsell 2014.

81 Pour une présentation de la documentation, consulter Pantalacci 2002, p. 335-364. Pour une analyse approfondie de cette même documentation, lire Pantalacci 1998a et Pantalacci 2013a.

82 Pour un aperçu sur l'organisation du travail dans l'oasis, voir Pantalacci 2010.

83 Pantalacci 2005a.

responsables qui, comme les chefs d'équipe (*jmy-rꜣ ṭst*) ou les directeurs des champs (*jmy-rꜣ sḫt*), devaient servir d'intermédiaires entre les gouverneurs et l'administration du palais, d'une part, et leurs exécutants et fournisseurs, d'autre part.

Les préoccupations de l'administration pour le secteur agricole dans les archives révèlent l'importance de l'environnement oasien et de l'exploitation de ses ressources, tandis que la mention de plusieurs toponymes laisse deviner l'étendue territoriale de l'autorité gouvernorale en dehors d'Ayn Asil[84]. Or, l'étendue de cette autorité soulève la question de la composition et de l'organisation des populations qui y étaient soumises. Celles-ci étaient-elles d'autant plus diversifiées socialement que l'autorité d'Ayn Asil était plus étendue ? Contrairement à Éléphantine, la cité-palais fortifiée apparaît comme un établissement entièrement fondé par la Couronne sous la Vᵉ dynastie, dans le cadre d'une progressive colonisation égyptienne de l'Oasis, et ce dans la continuité des expéditions lancées à travers le désert occidental sous la dynastie précédente[85]. Son développement ne semble pas non plus s'être fait au détriment des autres localités de l'Oasis[86]. Archéologiquement, la phase majeure d'occupation d'Ayn el-Gazzareen, au nord-ouest d'Ayn Asil, correspond aux Vᵉ et VIᵉ dynasties, alors même que cet établissement de ravitaillement était déjà en fonction sous la IVᵉ dynastie[87]. Quant à la correspondance du palais d'Ayn Asil, elle révèle par exemple que l'agglomération de *ꜣj{r}(t)* pouvait adresser ses demandes aux scribes du gouvernorat[88]. En outre, les notes hiératiques peintes sur les blocs de la chapelle du gouverneur *Ḫnty-kꜣ* ont livré plusieurs toponymes désignant des localités, agglomération ou régions situées dans ou en dehors de l'Oasis et qui semblent avoir participé aux grands chantiers du gouvernorat et y avoir fait enregistrer leurs travailleurs recrutés pour la construction des grands mastabas, tel celui de *Ḫnty-kꜣ*[89]. Les relations du palais avec l'extérieur documentées par les sources épigraphiques supposent l'existence de relais locaux, conseils ou chefs de village, que leur rôle d'intermédiaires reconnus devait élever dans la hiérarchie sociale et distinguer des simples paysans et travailleurs enrôlés dans les projets d'une élite locale en lien étroit avec la Résidence memphite.

Alors que la composition et la taille de la population de l'oasis de Dakhla restent encore à l'étude, le recensement des titres attestés à Balat amène à s'interroger sur les critères pertinents en matière de classement. Cela, dans la mesure où un titre peut aussi bien désigner une dignité qu'un métier spécialisé ou encore un degré de responsabilités dans des sphères d'activité parfois spécialisées, parfois multiples comme dans le cas des serviteurs *méret* ou des escorteurs *šmsw* (annexe III). Or, les domaines d'intervention des divers travailleurs n'apparaissent pas toujours

84 En dernier lieu, une mise au point sur les toponymes de l'oasis de Dakhla et du désert occidental a été proposée par L. Pantalacci (2013b).

85 Sur les routes empruntées par les expéditions égyptiennes, consulter Förster 2007 ; Förster 2015 ; Kuhlmann 2005. Sur les autres sites de l'oasis de Dakhla, et notamment sur les postes de garde qui en contrôlaient les accès, consulter Mills 2012, Riemer *et al.* 2005 ; Kaper, Willems 2002.

86 Bien que la présence de groupes de la culture Cheikh Mouftah dans l'oasis soit attestée depuis au moins l'époque prédynastique, donc bien avant la colonisation égyptienne, et que des contacts avec les Égyptiens soient encore avérés sous la VIᵉ dynastie, aucun site d'habitat permanent relevant de la culture Cheikh Mouftah n'a été mis au jour. Cf. Hope, Pettman 2012 ; McDonald 2002, p. 116-118 ; Jeuthe 2014.

87 Mills 2012 ; Pettman 2012 ; Pettman *et al.* 2012.

88 Sur la mention du village de *ꜣj{r}(t)* (lue *Rwḏt*) inscrite sur la tablette nº 3686, voir Pantalacci 1998a, p. 306-308, note (e). Pour la correction de la lecture de ce toponyme, voir Pantalacci 2013b, p. 287.

89 Castel, Pantalacci 2001, p. 137-149.

de manière explicite. Ainsi, les *špsw nswt* n'étaient-ils pas seulement d'éminents personnages distingués par le roi ; ils agissaient aussi en tant que grands administrateurs lettrés et exerçaient leur contrôle sur les richesses du palais, ainsi qu'en attestent lettres et scellés réalisés en leur nom [90]. De même, s'il existait bien une hiérarchie entre hauts, moyens et petits fonctionnaires au sein de l'administration locale, hiérarchie que reflètent en partie les termes *jmy-rꜣ, sḥḏ, ḥry, jry*, cette hiérarchie formelle ne dit rien sur le statut socio-économique des différents acteurs de la gestion de l'Oasis [91]. Certes, un supérieur des gardes (*ḥry zꜣw*) devait compter au rang des fonctionnaires locaux mais était-il d'un rang supérieur ou bien subalterne ? Et les gardes dont il avait la supervision n'étaient-ils que de simples exécutants chargés de la sécurité ? La documentation mentionnant leurs interventions et leurs rétributions laisse penser que leur position était relativement confortable [92]. Entre, d'une part, le groupe supérieur formé par les gouverneurs, les membres de leur famille et les détenteurs de titres palatins et, d'autre part, le groupe des travailleurs, la documentation met en lumière le rôle de gestionnaire d'une couche intermédiaire composée de moyens fonctionnaires, tels les intendants (*jmy-rꜣ pr*), porteurs de sceaux (*ḫtmty*), responsables du courrier (*jry mḏꜣt*) et chefs des champs (*jmy-rꜣ sḫt*), auxquels s'ajoutaient les responsables de la police et de l'encadrement de la main-d'œuvre.

Quant aux serviteurs domestiques et aux travailleurs manuels spécialisés, si la plupart peuvent être classés dans le groupe des subordonnés encadrés par les fonctionnaires intermédiaires, leur statut ne dépendait pas uniquement de leurs activités mais aussi du rang de leurs patrons [93]. Majordomes (*ḫrp-zḥ*) et échansons (*wdpw*) étaient au service des gouverneurs et de leurs proches, ce qui leur donnait accès quotidiennement aux appartements résidentiels du palais, en l'occurrence la sphère intime du pouvoir [94]. De même, la science d'un médecin (*swnw*) devait-elle lui conférer, en même temps que le droit d'intervenir sur les corps des individus, une position et une estime relativement élevées dans la société. À Balat, le seul praticien attesté était d'ailleurs incontestablement une personnalité de rang élevé [95]. Dans une moindre mesure, le potier-briquetier (*jqdw*) dont la venue paraît avoir été si ardemment attendue au village d'*ꜣj{r}(t)* devait tirer avantage de ses compétences d'artisan spécialisé comme de son rattachement au palais d'Ayn Asil [96]. Si les titres permettent d'identifier gestionnaires locaux,

90 VALLOGGIA 1985, p. 321-326 (stèle) ; PANTALACCI 1998a, p. 311-313, inv. 4965 (tablette), p. 315, inv. 3689-7+8+11 (tablette) ; GRIMAL 1992, p. 215-216, inv. 5170, 5924, 5928, fig. 2, et PANTALACCI 2001, p. 156 (sceaux et empreintes de sceaux gravés aux noms de Pépy Ier et au titre de *šps-nswt*, retrouvés dans des magasins du palais). PANTALACCI 2002, p. 340-342, inv. 3487 (tablette). Sur le droit des *špsw-nswt* à user d'un sceau spécifique, FISCHER 1961, p. 21-28. Sur l'équipement funéraire qui leur était octroyé par la Résidence, VALLOGGIA 1996, p. 67.

91 Références aux documents comportant ces degrés hiérarchiques dans SOUKIASSIAN *et al.* 2002, p. 541. De manière générale, sur le grade d'*jmy-rꜣ*, voir le débat posé dans GOEDICKE 1998.

92 PANTALACCI 2002, p. 340-342, inv. 3487 (tablette).

93 ALEXANIAN 2016, p. 482.

94 Par exemple le majordome *Nḏm-jb* sur la stèle du contrôle de l'Oasis *Jdy*. VALLOGGIA 1998, pl. LXXIII.A, inv. 3022.

95 En l'occurrence, il s'agit d'un médecin de rang élevé dont le titre et le nom, *swnw Ḫnty-kꜣ*, apparaissent en septième position dans une liste de neuf personnalités de haut rang, parmi lesquelles un chef d'expédition (*jmy-jrty*) et une fille royale (*zꜣt-nswt*). De plus, les denrées distribuées à ces personnalités consistaient en pièces de viande, des mets de choix privilégiés par l'élite. Cf. PANTALACCI 2015. À titre de comparaison, sous la Ve dynastie *Wꜣš-Ptḥ* avait bénéficié de l'intervention de médecins de la Résidence, cités juste après les enfants royaux, les compagnons, les ritualistes et les Grands du Palais. Cf. KLOTH 2002, p. 14, doc. 26, fig. 4b. Par ailleurs, des exemples tardifs de « transferts » de médecins dans les cours proche-orientales de la fin du Ier millénaire av. J.-C. illustrent combien ces praticiens étaient prisés par les souverains et, à ce titre au moins, devaient être considérés comme des membres de l'élite. Cf. CARAMELLO 2012.

96 PANTALACCI 1998a, p. 306-309, inv. 3686 (tablette).

serviteurs ou artisans « officiellement » désignés, le contexte d'exercice de ces différents acteurs sociaux a pu induire une hétérogénéité de rangs parmi ces travailleurs extérieurs à la haute administration. De même, le contexte local de la communauté de Balat, différent de celui de la Résidence, a pu induire une « relativité géographique » dans l'importance hiérarchique des porteurs de titres. À l'instar du préposé au courrier (*jry mḏꜣt*), de condition inférieure à celle des scribes dans l'administration centrale, mais investi de responsabilités dans certains sites extérieurs à la région memphite[97].

Par ailleurs, à côté des porteurs de titres officiels de l'administration royale ou locale, la documentation sigillographique a surtout conduit à reconsidérer le rôle de particuliers qui, bien que dépourvus de toute désignation administrative officielle, n'en utilisaient pas moins des sceaux. En effet, davantage que les scellés des grandes institutions d'État, ce sont les empreintes laissées par des sceaux-estampilles « privés », en l'occurrence anépigraphes, qui prédominent dans le corpus analysé jusqu'à ce jour[98]. Ne comportant ni titre ni nom mais ornés de motifs figuratifs ou géométriques parfois complexes, ces sceaux-estampilles ont été apposés sur des scellements de coffres et de portes, et leurs empreintes ont pu être retrouvées dans le cadre du palais des gouverneurs à Ayn Asil[99] comme dans celui des chapelles et des puits funéraires de leurs mastabas à Qila el-Dabba[100]. L'usage officiel de ces sceaux anépigraphes à des fins pratiques, et non pas symboliques[101], laisse penser que leurs porteurs ne maîtrisaient probablement pas l'écrit. Ils n'appartenaient donc ni à la sphère dirigeante de l'administration locale ni au groupe des scribes, mais qu'ils n'en étaient pas moins actifs dans la gestion des affaires locales[102].

En outre, la répétition de motifs similaires appliqués sur de nombreux scellements à l'aide de sceaux différents, montre qu'un même motif pouvait être utilisé par plusieurs personnes. Ainsi, ces sceaux-estampilles anépigraphes auraient permis à leurs détenteurs de signifier non pas tant leur identité personnelle que leur rattachement à des groupes socio-professionnels, représentés chacun par un motif de gravure[103]. La gestion locale des biens conservés au palais n'aurait donc pas été l'apanage des scribes mais aurait été assurée à certains niveaux par des employés analphabètes ou semi-lettrés, néanmoins compétents dans le règlement des affaires courantes. En l'occurrence, l'absence de recours à l'écrit ne signifie pas nécessairement l'absence de toute responsabilité dans l'administration locale, ni même de toute importance sociale au sein de la communauté[104]. Même parmi le groupe d'employés utilisateurs de sceaux-estampilles anépigraphes, des distinctions hiérarchiques ont pu être observées[105] : au vu des types de scellés retrouvés *in situ*, les employés chargés des plus importantes responsabilités usaient des sceaux les plus grands et les mieux gravés, les employés subalternes se contentant de petites

97 Posener-Kriéger 1992, p. 44-45 ; Farout 1994, p. 145 ; Pantalacci 1998b, p. 832.

98 Sur la répartition des différents types de sceaux, lire Pantalacci 2001. En comparaison avec le corpus daté de la Première Période intermédiaire et du Moyen Empire à Éléphantine, cf. von Pilgrim 2001.

99 Pantalacci 2001, p. 158-159 ; Pantalacci 2002, p. 365-445 ; Pantalacci 2005b, p. 236-237, fig. 1, 3.

100 Castel *et al.* 2001a, p. 155-165 ; Castel *et al.* 2001b, p. 106-110, fig. 109-113 ; Minault-Gout, Deleuze 1992, p. 103, inv. IFAO 1706, pl. 33. L'absence de sceaux institutionnels dans les sépultures de fonctionnaires pourrait s'expliquer par la restitution officielle de ces « outils de fonction » après la sortie de charge de leurs porteurs.

101 Cf. à ce sujet, le résumé de la question et les arguments présentés par J. Wegner (2001, p. 93-97).

102 Pantalacci 1996.

103 Pantalacci 2005b, p. 230-231.

104 Outre l'article de référence de L. Pantalacci (1996), cf. les observations formulées à partir des scellements des forteresses de Nubie au Moyen Empire par St.T. Smith (2001, p. 188-192 en particulier).

105 Pantalacci 1996, p. 361.

estampilles parfois hâtivement confectionnées. Les grands sceaux circulaires aux motifs géométriques complexes présentent visiblement une grande finesse de gravure. Dès lors, plutôt que de ne retenir que l'absence de désignations officielles écrites, sans doute serait-il judicieux de davantage tenir compte de la facture, très soignée, de certaines pièces. La finesse d'exécution et la complexité des motifs « en spirales » gravés sur le plat de certains sceaux sont telles, en particulier sous le Moyen Empire, que plusieurs chercheurs ont fait remarquer que ces sceaux, même anépigraphes, n'étaient sans doute pas de banals artefacts destinés à des catégories sociales subalternes et dépourvues de toute responsabilité de gestion. La qualité de certains sceaux implique, en effet, que la fabrication de ces objets relevait d'artisans compétents et nécessitait vraisemblablement de leur part beaucoup de temps et de concentration[106]. C. von Pilgrim a même émis l'hypothèse que la gravure de motifs complexes, et donc difficiles à reproduire, aurait pu être un moyen plus pertinent pour signifier l'identité d'un individu que la gravure d'un nom personnel parfois courant, largement répandu au sein de la population et donc source d'éventuelles confusions[107].

Toujours est-il que l'usage en contexte de sceaux personnels, épigraphes ou anépigraphes, à motifs géométriques ou figuratifs, atteste la présence d'individus de statut modeste dans le fonctionnement administratif de grandes structures institutionnelles, comme les villes d'Ayn Asil et d'Éléphantine ou encore les forteresses de Nubie. Certes, ces individus paraissent avoir été extérieurs à la haute administration et à la catégorie socio-professionnelle des scribes ; toutefois, ils n'en étaient pas moins actifs dans les opérations de gestion des richesses communautaires contrôlées pour le compte de la royauté et de ses élites. L'artefact qui, au départ, semblait devoir être attribué à de petites gens sans importance, le sceau-estampille, en particulier le sceau-estampille anépigraphe, a finalement permis de mettre en évidence l'existence, la diversité et la part active de travailleurs modestes dans une administration de biens en outre contrôlés par des personnalités officielles. Dans les cas d'Éléphantine et d'Ayn Asil, c'est le contexte archéologique urbain qui a amené à réévaluer l'usage de ce type de sceau, la valeur qu'on lui attribuait, ainsi que le rôle économique et social de ceux qui le manipulaient. Ici, la mise en évidence de groupes d'individus intermédiaires relève moins de leurs titres que des traces laissées par leurs activités en milieu urbain.

L'ESPACE CULTUEL

L'étude des structures de la société égyptienne ne doit plus seulement consister à déterminer, d'après leurs professions, les différents groupes d'individus qui la composaient et la hiérarchie officielle qui ordonnait ces groupes. Désormais l'enjeu majeur est surtout de préciser autant que possible selon quels modes ces individus ou groupes d'individus dialoguaient entre eux. Le domaine du culte est précisément l'un de ces espaces dans le cadre duquel ont pu se développer des formes de communication entre différents niveaux de la société. L'importance du culte, tant chez les rois que chez les hauts représentants de la Couronne, ne relève pas que des

106 Pantalacci 2005b, p. 232-233.

107 Von Pilgrim 2001, p. 169.

seules questions religieuses. Elle se vérifie matériellement puisque les cultes de personnalités majeures étaient assurés grâce à toute une organisation économique et pratique gérée par l'administration royale ou locale. Les cultes les plus importants constituaient ainsi de véritables institutions, tant administratives et économiques que sociales et culturelles, voire politiques, et leur maintien nécessitait l'intervention de desservants dépendants soit de l'administration royale, soit de l'administration locale [108]. Or, il reste souvent malaisé d'identifier desservants et dévots, d'autant plus que les cultes les plus importants étaient aux mains des élites et représentaient alors l'un des lieux privilégiés pour l'expression de leur pouvoir [109]. Toutefois, l'influence de ces cultes a pu être telle qu'elle s'est également exercée à plusieurs niveaux de l'échelle sociale. L'étude de l'espace cultuel met alors en lumière la diversité des catégories d'individus ayant activement participé au fonctionnement de celui-ci.

Ayn Asil

À Ayn Asil, dans le palais des gouverneurs de l'oasis de Dakhla, la chapelle de *ka* septentrionale de *Mdw-nfr* a conservé des témoignages archéologiques du « succès » de son culte bien après sa fondation sous le règne de Pépy II. L'étude stratigraphique au moment du dégagement du monument a en effet permis d'observer que la statue du gouverneur, retrouvée *in situ* dans le naos, avait été remise en place après l'incendie qui ravagea le palais à la fin du règne de Pépy II [110]. Le plus intéressant est sans nul doute le matériel cultuel mis au jour dans les niveaux post-incendie de la chapelle : les dépôts de céramiques d'offrande attestent la ferveur de la population locale, et la poursuite du culte de *Mdw-nfr* au moins jusqu'au début de la Première Période intermédiaire, alors même que les appartements résidentiels du palais avaient été abandonnés [111]. Si seul un ensemble de plats d'offrandes a été mis au jour dans la 2e phase post-incendie de la chapelle de *Mdw-nfr*, neuf dépôts ont été identifiés dans les sanctuaires sud-est en fonction à la fin de l'Ancien Empire et sous la Première Période intermédiaire [112]. S'ils attestent de la vitalité des cultes gouvernoraux, ils fournissent également d'intéressants parallèles avec celui de *Mdw-nfr*. Majoritairement composés de plats ovales en terre cuite, ils semblent constituer la version « économique » des bassins à libations et tables d'offrandes réalisées en pierre et gravés au nom de leurs bénéficiaires [113]. Du moins est-ce ce que suggère la mise au jour d'un assemblage mêlant plats en terre cuite et bassins en pierre dans l'une des pièces de services des sanctuaires septentrionaux (phase pré-incendie) [114]. De plus, au moins un exemplaire de plat d'offrande ovale façonné en terre cuite et inscrit en hiératique du nom de

108 Pour une mise au point claire et approfondie sur ce sujet, lire Bussmann 2009, p. 1-14 et Papazian 2012. À titre d'exemple, cf. le culte de Ptah et sa gestion en région memphite dans Papazian 2010, p. 151-152, en particulier. Sur le Nouvel Empire, comparer avec Grandet 2002.

109 O'Connor 1992 ; Baines 1997. Plus précisément, consulter Morenz 2003. Sur le temple d'Elkab, lire Moreno García 2004.

110 Cherpion 1999.

111 Soukiassian *et al.* 2002, p. 9-13, 522-523 pour les phases d'occupation, p. 57-84 pour le sanctuaire de Médou-néfer, en particulier, p. 60-61 et p. 68-69, fig. 47-48.

112 Le Provost 2013, p. 30-31, tabl. 1 et p. 36, tabl. 4, p. 55, fig. 30, p. 62, fig. 45-49.

113 Le Provost 2013, p. 31-35, 47-48.

114 Soukiassian *et al.* 2002, p. 150-151, 153-154, fig. 131-133, p. 323-325.

son destinataire et de sa généalogie a été retrouvé à Ayn Asil [115]. Ces différences de traitement dans la fabrication du matériel cultuel pourraient renvoyer, au moins partiellement, à des différenciations sociales et au besoin, pour les plus favorisés, de se distinguer de la « masse ». Toujours est-il que les multiples dépôts de plats d'offrande, concentrés dans les cours et les antichambres des sanctuaires [116], illustrent la continuité des cultes gouvernoraux et, sans doute, d'autres personnages plus modestes désireux d'agréger leur propre culte funéraire au service d'offrandes des sanctuaires initiaux.

Indice de l'aura des sanctuaires des gouverneurs, la présence de petites stèles privées en grès ou en silex dans la cour et près des accès de la chapelle septentrionale de *Mdw-nfr* pourrait témoigner de l'intérêt que des particuliers attachaient au fonctionnement de cet éminent dirigeant d'Ayn Asil [117]. Bien que modestes, ces monuments privés montrent leurs propriétaires figurés en notables [118]. En l'absence d'inscription, il est impossible de déterminer avec certitude l'identité de ces personnes, mais étant donné l'emplacement de la chapelle gouvernorale au sein du palais et l'étendue des installations de stockage et de préparation des denrées alimentaires qui lui étaient associées [119], il est quasiment certain qu'il s'agissait de membres du palais, des notables proches des gouverneurs, des fonctionnaires locaux et peut-être également des subalternes chargés de la maintenance du culte dans le cas des offrandes les plus modestes. Outre la restauration des anciens sanctuaires mis à mal par l'incendie et la réinstallation du décret de Pépy II dans le sanctuaire 2 après la réhabilitation du palais à la fin du IIIe millénaire [120], l'érection de nouvelles chapelles dans la partie méridionale du palais suggère une intervention officielle du pouvoir local dans l'organisation matérielle, voire dans le contrôle du culte des gouverneurs [121]. Toujours est-il que participer à ce culte, tant comme responsable administratif que comme officiant ou même comme bénéficiaire secondaire, devait assurer des avantages économiques non négligeables. La perspective de tels gains, matériels et symboliques, a très probablement encouragé les individus placés dans la dépendance des gouverneurs à assurer la gestion d'un culte organisé comme une institution religieuse, économique et administrative mais aussi sociale, dans la mesure où elle cimentait une forme de lien entre des participants au niveau social hétérogène [122].

Éléphantine

Finalement, certains cultes semblent avoir progressivement gagné puis perdu de leur attraction auprès des élites dirigeantes, au fur et à mesure qu'ils se popularisaient et attiraient les marques de dévotion de personnes sans lien apparent avec lesdites élites. De ce processus aléatoire d'attractivité des cultes, les cas du temple de Satet et du sanctuaire d'*Ḥqꜣ-jb* à

115 Le Provost 2013, p. 48, n. 114.

116 Le Provost 2013, p. 36-38, 49, 55, fig. 30, p. 60, fig. 38-43, p. 62, fig. 45, 47

117 Dans la mesure où le sanctuaire connaît plusieurs phases d'accumulation avant sa ruine finale, les différents dépôts cultuels retrouvés là pourraient résulter d'une volonté de mise à l'abri d'un mobilier devenu hors d'usage plutôt que la poursuite des pratiques cultuelles. Sur les étapes post-incendie de la « vie » du sanctuaire, voir Soukiassian *et al.* 2002, p. 61.

118 Soukiassian *et al.* 2002, p. 80 ; Pantalacci 2002, p. 327-328.

119 Soukiassian *et al.* 2002, p. 289-302.

120 Soukiassian *et al.* 2002, p. 10-11, 43.

121 Soukiassian 2013.

122 Weeks 1983, Fitzenreiter 2004, p. 46-53, 64-71, Moreno García 2007.

Éléphantine sont exemplaires. Sous l'Ancien Empire, en particulier sous la VIe dynastie, le temple de Satet a certes attiré la faveur des rois, ainsi qu'en attestent le naos de Pépy Ier, les dépôts de plaques de faïence inscrites aux noms de Pépy Ier et de Pépy II et les inscriptions laissées dans le granite par Mérenrê et Pépy II [123]. Cependant, les offrandes votives déposées dans le temple de Satet sont d'un matériau peu onéreux, la faïence, et d'une facture relativement fruste en regard des dépôts découverts dans les autres temples contemporains [124]. Proches par leurs formes des amulettes et sceaux-estampilles retrouvés dans de simples tombes privées de Qaou [125], ces offrandes votives semblent illustrer la participation religieuse non pas d'une riche élite mais d'une population locale modeste. L'« investissement » de la royauté dans le temple divin n'aurait donc pas été suivi par celui des familles dirigeantes. Il en allait tout autrement en ce qui concerne le culte d'*Ḥqꜣ-jb*. L'ancien chef d'expéditions de Pépy II et ses successeurs pourraient avoir bénéficié de lieux de culte au sein même de ce qui a été interprété comme le palais des gouverneurs de la VIe dynastie, en plein cœur de la ville [126]. Intégrés à un complexe à vocation profane, notamment administrative et productive, ces premiers lieux de culte auraient ainsi été réservés à la dévotion des dirigeants locaux et de leurs proches. Le lien entre la nécropole de l'élite et la ville est d'ailleurs avéré. En effet, les statuettes et châsses portatives en bois retrouvées parmi les objets cultuels déposés dans la « Maison » H2 du vaste complexe urbain au début de la Première Période intermédiaire puis à la fin de la XIe dynastie rappellent que des fêtes processionnelles en l'honneur du *ka* des gouverneurs avaient lieu et devaient constituer de véritables événements lors de la traversée de la ville, depuis les chapelles de *ka* des dirigeants de la ville jusqu'à leurs tombes monumentales creusées dans les hauteurs rocheuses de la Qoubbet el-Haoua [127].

Par ailleurs, dans l'enceinte du sanctuaire d'*Ḥqꜣ-jb* aménagé au nord-ouest du temple de Satet, les multiples chapelles, stèles et autres monuments privés érigés à la toute fin de la Première Période intermédiaire puis au cours du Moyen Empire attestent plus sûrement de l'intérêt majeur que lui vouèrent non seulement les dirigeants locaux mais aussi les rois des XIe et XIIe dynasties [128]. Toutefois, les *ex-voti* retrouvés dans les différentes couches d'occupation du sanctuaire autorisent à penser que le niveau social des donateurs s'était amoindri au fil du temps [129]. En effet, durant la phase ancienne du fonctionnement du sanctuaire (début XIIe –

123 Concernant l'histoire et l'évolution architecturale du temple, consulter Dreyer 1986, p. 12-23. Pour les plaques en faïence royales, voir Dreyer 1986, p. 93-94, pl. 55-56, n° 428-445. Pour le naos, voir Ziegler 1990, p. 50-53, n° 3. Pour les inscriptions, voir Dreyer 1975, p. 56, pl. 16b. Concernant les liens entre culte et royauté et les interventions royales dans le sanctuaire, consulter Bussmann 2006.

124 Dreyer 1986, p. 24-36, pl. 11-28 (objets en faïence). Dreyer 1976, p. 78-83, pl. 21-26 (inscriptions, figurines et plaques en faïence). Pour une présentation comparative des différents dépôts votifs retrouvés dans les temples de l'Ancien Empire et les déductions d'ordre social qui peuvent en être tirées, voir l'analyse très documentée de R. Bussmann (2013).

125 Dubiel 2008, p. 33-37, 199-217, en particulier p. 206-207, pour Éléphantine.

126 Raue 2014 ; von Pilgrim 2006, p. 403-412. Cependant, A. Dorn (2015, p. 46-47, 123) se montre plus critique envers les hypothèses postulant l'existence de chapelles de *ka* et souligne que la « Maison » H2, bien qu'ayant livré des dépôts cultuels, se rapprochait davantage d'un espace de stockage et de production artisanale.

127 Outre la présentation détaillée du dépôt cultuel du complexe urbain dans Dorn 2015, voir les différentes attestations de fêtes célébrées en l'honneur du *ka* de personnages éminents dans Dorn 2005.

128 Franke 1994, p. 30-49 ; Habachi 1985, p. 109-110, pl. 187-190 et p. 111, pl. 190 ; Kaiser 1993 ; Kaiser 1975, p. 45-50, pl. 19-23. Sur l'évolution du sanctuaire au fil de ses modifications successives, lire von Pilgrim 2006, p. 412-417.

129 Franke 1994, p. 47, plan 1 et p. 104, plan 2 pour visualiser la répartition des monuments érigés par les notabilités de l'île au sein du sanctuaire. Böwe 2004, p. 16-17.

mi XIIIe dynastie), les donateurs étaient majoritairement des hommes de haut rang tels que *ḥꜣty-ʿ* et *jry-pʿt*, et ils ont très souvent déposé des offrandes à plusieurs reprises, parfois même pour un tiers. Inversement, durant la phase récente (mi XIIIe – début XVIIe dynastie), la majorité des donateurs ne portaient pas de titre de rang et n'ont procédé qu'une seule fois à des offrandes. La phase ancienne est donc caractérisée par un investissement significatif de l'élite dans le sanctuaire de *Ḥqꜣ-jb*, visiblement conçu comme un lieu de représentation ancestral du pouvoir local, tandis que la phase récente est caractérisée par la participation nouvelle de couches intermédiaires de la population pour le maintien du culte dans le sanctuaire[130]. Le contexte stratigraphique des objets déposés dans la chapelle de *Ḥqꜣ-jb* montre la « disparition » archéologique des élites locales et leur « remplacement » par des catégories sociales subalternes dépourvues de titres de rang et visiblement dotées de moyens d'investissement moindres. Peut-être ce changement correspond-il au désengagement de la part des élites vis-à-vis d'un culte local et au recentrage de leur dévotion sur la figure du souverain, à la suite des réformes administratives attribuées à Sésostris III et visant à renforcer le contrôle du pouvoir central[131]. Des individus plus modestes auraient alors profité de ce « vide » pour honorer un sanctuaire qui avait cessé de représenter l'identité de l'ancienne élite aux yeux des potentats locaux[132]. À moins qu'il n'y ait eu officiellement une ouverture plus large du sanctuaire au bénéfice de personnes non-membres de l'élite. L'archéologie atteste en tout cas l'existence d'individus auparavant invisibles car n'appartenant pas aux sphères de leur communauté privilégiées et reconnues par le pouvoir central[133] ; elle met en évidence ces couches sociales intermédiaires, décelables à travers la capacité de leurs membres à consacrer désormais une partie de leurs ressources matérielles au dépôt d'offrandes dans un sanctuaire anciennement significatif pour les élites locales et pour la monarchie. Ces individus situés en deçà des dignitaires royaux et locaux sur l'échelle sociale ne sont donc devenus visibles qu'à partir du moment où ils ont repris à leur compte les pratiques traditionnelles de leurs supérieurs et investi l'espace de représentation sociale de ceux-ci. Toutefois, en dehors du constat que des membres de « classes moyennes » ont pu contribuer, à un moment ou à un autre, au maintien d'un culte local, il est impossible de dire exactement dans quelle mesure ils en ont assuré le fonctionnement sacerdotal et administratif.

L'ESPACE FUNÉRAIRE

Dans la mesure où chaque individu évolue durant sa vie au sein d'un ou de plusieurs groupes sociaux en continuelle recomposition, de la famille aux regroupements professionnels ou religieux, sa mort n'est pas sans conséquences pour la communauté, dans le tissu social de laquelle elle crée un vide[134]. Traditionnellement, ce sont donc les membres du ou des groupes auxquels appartenait le défunt qui prennent en charge l'inhumation de celui-ci. Le domaine

130 Böwe 2004, p. 18-21.
131 Franke 1991 ; Grajetzki 2003, p. 51-67, 250-252.
132 Sur cette même question du maintien par les élites d'une « mémoire sociale » mais cette fois-ci en contexte funéraire, consulter Moreno García 2006.
133 Sur la visibilité des élites locales, consulter Moreno García 2005.
134 Fitzenreiter 2001, p. 69-72 en particulier.

funéraire reflète ainsi non pas seulement les conceptions religieuses et les choix du défunt mais aussi ceux de ses proches, voire de ses supérieurs hiérarchiques ou de ses collègues[135]. Comme celle des villes fondées par la monarchie, l'organisation des nécropoles peut rendre visibles les différentes couches sociales des communautés qui y enterraient leurs morts. La sectorisation des tombes d'une part, et l'architecture des monuments funéraires d'autre part constituent deux des critères d'évaluation habituellement utilisés pour tenter de cerner le statut social de leurs occupants et la nature de leurs relations. Les études consacrées à la topographie funéraire en général et à la spatialisation des rapports sociaux en particulier ont déjà livré d'importants résultats, notamment pour les nécropoles de Gîza[136] et de Dahchour[137] dans la région memphite, d'Éléphantine[138], d'Abydos[139] et de Deir el-Bercheh[140] dans les provinces de Haute et de Moyenne Égypte. Outre les liens familiaux avec le propriétaire d'un monument funéraire, ce sont les relations plus ou moins étroites entretenues avec les représentants de l'autorité royale, provinciale ou locale, voire domestique, qui transparaissent dans l'agencement des sépultures les unes par rapport aux autres. Dans le cas bien connu des nécropoles memphites, les tombes destinées aux membres de la famille royale, aux courtisans et aux grands fonctionnaires de la Couronne étaient aménagées en des emplacements plus ou moins proches de la pyramide royale selon le rang occupé à la cour, mais aussi selon le degré d'intimité existant avec le souverain[141]. Dans les provinces égyptiennes, loin de la Résidence et du pouvoir royal, ce sont les dirigeants locaux qui ont représenté physiquement le principe d'autorité. Dans les nécropoles associées aux centres urbains provinciaux, ce sont donc leurs tombeaux qui ont représenté les structures remarquables de l'espace funéraire et ont servi de points de repère pour l'aménagement des sépultures des autres membres de leur communauté.

L'une des analyses les plus poussées en matière de spatialisation des rapports sociaux a été proposée par J. Richards et concerne le site d'Abydos. En partant du concept de «*political landscape*» et en se basant sur les fouilles récentes de la University of Michigan, elle est parvenue à montrer que la monarchie était intervenue pour structurer le paysage funéraire d'Abydos de façon à mettre en valeur ses propres représentants dans le 8e nome de Haute Égypte, au premier rang desquels le vizir *Jww* et son célèbre fils et successeur *Wnj*[142]. En tenant compte de l'emplacement des sépultures et de leurs différents types d'architecture, elle a surtout montré que les imposants mastabas de ces dirigeants locaux avaient constitué des centres autour desquels avaient été bâtis des mastabas secondaires et que par la suite, jusque sous le Moyen Empire, des zones d'inhumation distinctes avaient été utilisées par des catégories sociales distinctes[143].

135 Voir les remarques dans Crubézy *et al.* 2002, p. 472-478. Sur le devenir et les différentes stratégies d'emploi des objets à la mort des individus, on lira avec profit l'analyse proposée dans Testart 2001. Sur l'étude et la compréhension des restes archéologiques, consulter également Gras 2000.

136 Lehner 1985; der Manuelian 2006; Roth 1993; Roth 1995.

137 Alexanian *et al.* 1993; Alexanian, Stadelmann 1998; Alexanian 1995.

138 Outre les rapports archéologiques très régulièrement publiés par le DAIK, voir aussi les présentations synthétiques avec cartes de St.J. Seidlmayer (1999) et de L.D. Morenz (*et al.* 2011).

139 Richards 2010, p. 73-75; Richards 2003; Herbich, Richards 2006.

140 Willems *et al.* 2004; Willems *et al.* 2006; Willems *et al.* 2007, p. 102-106; Willems 2014, p. 98-109.

141 Pour une mise au point dans le domaine funéraire royal sous l'Ancien Empire, consulter Baud 1999, p. 223-229, en particulier fig. 22-24. Voir aussi Baud *et al.* 2003, p. 39-42 notamment. À titre de comparaison avec l'organisation de la nécropole de Gîza au pied des pyramides, voir celle de la nécropole des dignitaires de Snéfrou à Dahchour, loin de la pyramide, dans Alexanian, Stadelmann 1998, p. 315-317.

142 Richards 1999; Richards 2002; Richards 2010.

143 Richards 2004, p. 133-136; O'Connor 2009, p. 76-77, fig. 30, p. 86-87, fig. 41, p. 90. Concernant les mesures de restriction royales, voir aussi Leahy 1989.

Pour déterminer celles-ci, J. Richards a donc évalué les dépenses matérielles consenties pour la réalisation de leurs sépultures en attribuant à leur architecture et à leur équipement funéraire des indices de valeurs. Ces évaluations statistiques ont permis de répartir les individus en différents groupes archéologiques, ces groupes étant ensuite rapprochés de ceux reconstitués à partir des données prosopographiques lisibles sur les nombreuses stèles du site d'Abydos[144]. Dans ce cas, l'analyse archéologique est venue corroborer les résultats de l'analyse prosopographique, à savoir que des « classes moyennes » s'étaient effectivement développées au cours du Moyen Empire. Inversement, l'analyse prosopographique a complété l'analyse archéologique en fournissant les informations utiles à une identification plus précise des différents groupes d'individus dont les monuments avaient été localisés sur le terrain.

Éléphantine

Pour la période de l'Ancien Empire, l'espace funéraire de la communauté d'Éléphantine illustre parfaitement la matérialisation des différenciations sociales et des modes de communication entre divers groupes sociaux à travers la topographie et l'architecture funéraires. Les fouilles allemandes menées sur l'île ont permis d'établir que les habitants d'Éléphantine se sont fait inhumer au nord de la ville, dans la plaine occidentale, au moins dès la IIIe dynastie[145]. Parmi eux, l'on décèle la présence de personnages importants, au plus tard jusqu'au début de la VIe dynastie[146]. C'est du moins ce que suggère la découverte d'éléments architectoniques inscrits provenant de tombes décorées, notamment de celle de *Ny-ʿnḫ-Mnw*, chef d'expédition sous la Ve dynastie[147]. La rareté des scellés d'institutions et d'officiers royaux dans la documentation sigillographique de la ville amène néanmoins à s'interroger sur la continuité des liens entre représentants du pouvoir central et représentants de la communauté d'Éléphantine, en particulier sur le caractère résident ou non de l'élite attestée sur l'île à cette époque. Avant le milieu de la Ve dynastie et les réformes de Djedkarê Izézi, les hauts fonctionnaires en charge de la gestion de la forteresse, loin de résider sur place en permanence, pourraient n'être intervenus que de façon limitée, en tant que missionnaires dépêchés par la Couronne, et, une fois leurs tâches accomplies, s'en être retournés à la Résidence. Il est clair, au contraire, que sous la VIe dynastie les dirigeants nommés à la tête des régions méridionales de l'Égypte résidèrent à Éléphantine et s'y firent inhumer, quand bien même jouissaient-ils de dignités et de fonctions palatines importantes à la cour memphite, ainsi qu'en attestent les multiples titres auliques de leurs titulatures (annexe II).

Toujours est-il qu'au début du règne de Pépy II vraisemblablement, les gouverneurs locaux ont choisi de faire creuser leurs tombeaux en un lieu séparé de l'île et surplombant le Nil : l'escarpement rocheux de la Qoubbet el-Haoua. Les différences de niveau social ont alors été marquées dans le paysage. Les hauteurs de la Qoubbet el-Haoua furent réservées aux tombeaux rupestres occupés par les gouverneurs, leurs proches et leurs fonctionnaires subalternes ; les

144 RICHARDS 2004, p. 149-153, 155-156, 164-169 ; SIMPSON 1974 ; SIMPSON 1995 ; ANDREU 1990.

145 SEIDLMAYER 1980, p. 280-282 ; SEIDLMAYER 1982, p. 284-292.

146 ALEXANIAN 2016, vol. 1, p. 19-20 ; vol. 2, p. 3, fig. 3.

147 SEIDLMAYER, ZIERMANN 1992 ; RAUE 2005, p. 15-16.

avant-cours de certains de ces tombeaux abritèrent également des puits secondaires, peut-être attribuables à des serviteurs de *ka* chargés de leur culte et à des fonctionnaires d'un échelon secondaire[148]. En contrebas de l'escarpement, des mastabas en briques crues datant de la fin de l'Ancien Empire ont également été identifiés et correspondent visiblement aux inhumations de personnages moins importants que les gouverneurs inhumés dans la roche de la Qoubbet el-Haoua mais peut-être de la même catégorie socio-professionnelle que les individus enterrés dans les puits secondaires des grands tombeaux[149]. Sur l'île même se trouvaient les sépultures du reste de la population, à savoir des hommes de condition sociale inférieure et leurs familles. Ces sépultures présentent différents types d'architecture dont N. Alexanian a très finement analysé la diversité et qui semblent renvoyer, au moins partiellement, à des distinctions sociales et familiales : simples fosses, tombes maçonnées et mastabas de brique ; tombes pour un seul individu, pour un couple ou pour toute une famille, voire également pour des clients[150]. Or, si l'aménagement d'une tombe maçonnée suggère chez son propriétaire davantage de ressources financières et matérielles que l'aménagement d'une fosse, encore faut-il tenir compte également de la « richesse » de l'équipement funéraire déposé dans ces tombes car ces deux données – importance de la tombe et importance du mobilier – sont loin d'être toujours corrélées. Par ailleurs, la forme du mastaba, habituellement associée aux élites dirigeantes et aux grands et moyens fonctionnaires, a ici été réadaptée pour accueillir des inhumations collectives à partir de la fin de la VIe dynastie puis durant la Première Période intermédiaire[151]. Aussi n'est-il pas toujours méthodologiquement valable d'associer systématiquement une forme architecturale spécifique à une catégorie sociale spécifique, les signes extérieurs de statut social pouvant être « détournés » et réutilisés par des personnes de niveaux différents[152]. En l'occurrence, les individus inhumés sur l'île, que N. Alexanian répartit en trois groupes sociaux sur la base de la taille et de la morphologie de leurs tombes[153], étaient extérieurs à la catégorie des fonctionnaires lettrés et avaient subi de graves violences, peut-être dans le cadre de leurs travaux[154].

Le croisement des découvertes archéologiques de l'île avec les données iconographiques et épigraphiques des tombeaux rupestres s'est donc avéré nécessaire en vue d'obtenir un aperçu de l'identité socio-professionnelle des habitants d'Éléphantine et des relations qu'ils entretenaient avec leurs supérieurs. En l'absence de données écrites provenant de ces sépultures elles-mêmes, les tentatives des chercheurs pour préciser l'identité sociale des individus inhumés sur l'île ont été basées non seulement sur les types de tombes mais aussi sur les scènes iconographiques légendées des grands tombeaux rupestres de la Qoubbet el-Haoua (annexe II). En effet, celles-ci montrent les dirigeants locaux accompagnés de leurs serviteurs, en particulier de ritualistes (*ḫry-ḥb*) et de prêtres de *ka* (*jmy-rꜣ ḥmw-kꜣ, sḥḏ ḥmw-kꜣ, ḥmw-kꜣ*)[155]. Les titres de ces spécialistes indiquent par ailleurs que ceux-ci étaient eux-mêmes organisés hiérarchiquement.

148 Seidlmayer 1982, p. 294-295.
149 el-Din 1994 ; Klose, De Dapper, Raue 2009, p. 13.
150 Seidlmayer 1982, p. 285-290. Alexanian 2016, vol. 1, p. 12-17, 20 ; vol. 2, p. 4-7, fig. 4-10a-f.
151 Seidlmayer 2001, p. 218-223.
152 Sur les rapports entre formes architecturales et statuts sociaux, consulter la typologie présentée dans Seidlmayer 1990, p. 403-408. Pour un bilan très approfondi sur la population d'Éléphantine, consulter surtout Rösing 1990, p. 14-30, 50, tabl. 6 : l'auteur donne une présentation synthétique des sépultures découvertes à Éléphantine et propose d'intéressantes analyses sociologiques basées sur le croisement des différences visibles en architecture funéraire, d'une part, et des données paléoanthropologiques fournies par l'étude des restes humains, d'autre part.
153 Alexanian 2016, p. 20.
154 Gresky *et al.* 2013.
155 Seyfried 2003, p. 51-52.

Ces responsables des cultes funéraires semblent avoir été recrutés principalement parmi les domestiques proches des dirigeants, avec lesquels ceux-ci entretenaient des rapports quotidiens (*ḫrp zḥ, ḫ'qw*), ainsi que parmi des gens chargés de l'approvisionnement de leur maisonnée (*jmy-rꜣ pr-šn', ḫrp ḫꜣyw*) et de la gestion de leurs biens (*jmy-rꜣ pr, jmy-rꜣ sšr*...). De fait, les courtes légendes accompagnant ces représentations iconographiques laissent entrevoir les relations clientélistes qui unissaient patrons et serviteurs, ici-bas comme dans l'au-delà. Les serviteurs, loin d'être des figurants anonymes, sont individualisés, désignés par un titre et par un nom. Et comme le remarque K.-J. Seyfried, dans le tombeau de *Mḫw* (QH 25) au moins quatre des prêtres de ce gouverneur avaient donné à leurs fils, également prêtres de *ka*, le nom de leur patron [156]. Par ailleurs, de courts discours placés dans la bouche de desservants des cultes rappellent les devoirs inhérents au service funéraire mais aussi les rétributions qui en étaient attendues et qui avaient dû être réglées du vivant du propriétaire de la tombe [157]. Outre leur appartenance au personnel d'encadrement, ce sont les liens de patronage et les degrés d'accès à la personne des dirigeants qui faisaient de ces serviteurs des d'intermédiaires entre l'élite et les petits travailleurs et qui expliquent leur traitement iconographique particulier [158].

Enfin, les serviteurs ne sont pas les seuls à avoir été représentés dans les chapelles de leurs éminents employeurs ; ils sont encore eux-mêmes accompagnés par les membres de leurs propres familles [159]. Contrairement à ceux des grandes nécropoles de Memphis et de la Vallée, les programmes décoratifs des représentants de l'élite locale ne se conforment pas à la vision idéalisée d'une hiérarchie sociale dont les membres subalternes n'apparaissaient jamais que comme les faire-valoir anonymes du défunt [160]. D'après l'analyse que D. Vischak en a faite, ces programmes décoratifs de la Qoubbet el-Haoua traduiraient en images la forte cohésion sociale et le réseau relationnel qui liaient entre eux tous les membres réels de cette communauté égyptienne d'Éléphantine installée aux portes de la Nubie [161].

Sur le plan archéologique, ces renseignements sur la composition sociologique de la population locale ont amené à proposer des hypothèses concernant l'attribution des différents types de sépultures secondaires à différentes catégories d'individus en fonction de leur statut professionnel mais aussi de leurs relations avec leurs dirigeants : puits secondaires des avant-cours des grands tombeaux pour des fonctionnaires subalternes et des prêtres de *ka* proches des gouverneurs ; mastabas secondaires peut-être pour des personnes de rang subalterne mais rattachées à des familles travaillant pour le compte des gouverneurs ; tombes maçonnées pour des familles de rang intermédiaire mais aisées ; fosses pour les individus les plus modestes [162]. Là où l'archéologie funéraire pourrait donc faire croire à une stricte sectorisation des individus en fonction de leurs activités et responsabilités professionnelles, l'iconographie laisse entrevoir des relations de dépendance et de service dans le cadre desquelles les habitants de l'île communiquaient avec leurs supérieurs et intervenaient pour gérer les affaires domestiques et locales à différents niveaux hiérarchiques.

156 SEYFRIED 2003, p. 48-49 ; EDEL 2008a, p. 32-36.

157 SEYFRIED 2003, p. 52-54 ; EDEL 2008b, p. 764-765 ; EDEL 2008c, p. 1670-1673.

158 Sur les relations de patronage et leur importance dans la gestion du pays, voir MORENO GARCÍA 2013.

159 VISCHAK 2007, p. 276-289, 309, 402-408, tabl. 4 (recension des titres portés par les propriétaires des tombeaux et leurs subalternes).

160 VERNUS 2010.

161 VISCHAK 2015, p. 208-215.

162 SEIDLMAYER 2001, p. 210-211 ; SEIDLMAYER 1982, p. 293-295.

Qila el-Dabba

Si les fouilles archéologiques d'Éléphantine croisées aux données iconographiques et textuelles ont fait apparaître l'existence d'une communauté variée dans sa composition sociologique et active à différents échelons administratifs et économiques, toutes les nécropoles sont loin d'avoir été fouillées de manière extensive. De fait, ce ne sont très souvent que des segments restreints de la population inhumée sur lesquels les rapports de terrain jettent un éclairage incomplet. Quoique partiellement fouillée, la nécropole de Qila el-Dabba fournit un exemple intéressant de la manière dont les rapports entre des dirigeants provinciaux et leurs dépendants ont pu être matérialisés dans l'espace. Le paysage de la nécropole se trouve en effet dominé par les grands mastabas que les gouverneurs successifs se sont fait bâtir sur les kôms de la plaine sableuse entre les règnes de Pépy Ier et de Pépy II[163]. Ces imposants monuments rappellent par leur forme architecturale ceux des élites dirigeantes de la région memphite, desquelles étaient vraisemblablement issus les gouverneurs, leurs familles et une partie de leurs proches collaborateurs[164]. À l'instar des mastabas des grands officiers royaux dans les nécropoles de la capitale, ils ont constitué localement de véritables pôles en périphérie desquels des sépultures secondaires ont été agrégées au fil des générations, depuis la première moitié de la VIe dynastie jusqu'à la toute fin de la Première Période intermédiaire, voire au tout début du Moyen Empire[165]. L'occupation de la nécropole s'est donc étalée sur un temps long et les sépultures secondaires mises au jour ne sont pas toujours contemporaines, ni entre elles ni avec les grands mastabas aux abords desquels elles s'alignent en rangées. La répartition spatiale des tombes périphériques aménagées à l'est et à l'ouest du mastaba de *Ḫnty-kꜣ* en est une illustration[166]. Les sépultures contemporaines ou légèrement postérieures à la période d'activité de ce gouverneur consistent en tombes creusées en galerie et orientées par rapport aux murs d'enceinte du grand mastaba. Pour autant, le site compte également des sépultures datées de la Première Période intermédiaire, construites en des emplacements plus éloignés du mastaba principal ou creusées en fosse dans des espaces interstitiels non encore occupés entre des rangées plus anciennes. De même, entre le mastaba d'*Jmꜣ-Ppy* Ier et son mur d'enceinte sud ont été creusés des fosses secondaires datées de la Première Période intermédiaire quand les tombes maçonnées construites à l'intérieur même de l'enceinte datent en majorité du début du règne de Pépy II[167]. Des sépultures postérieures aux mastabas de *Mdw-nfr* et d'*Jmꜣ-Ppy* II ont également été mises au jour dans leurs avant-cours et sur le côté nord de leurs enceintes[168]. La présence de ces sépultures pose la question des modalités d'accès à une nécropole avant tout fondée par et pour les gouverneurs de l'oasis[169].

Dans la mesure où la forte érosion éolienne a fait disparaître la quasi-totalité des superstructures qui pouvaient être associées aux tombes périphériques et où le mobilier cultuel et

163 Sur la géographie du site, voir Castel *et al.* 2001b, fig. 2-4 ; Valloggia 1986, p. 4-9, fig. 2-3. Sur la généalogie des gouverneurs, lire Gourdon 2014.

164 Pantalacci 1997 ; Pantalacci 2015.

165 Castel *et al.* 2001b, fig. 4 ; Castel 2005.

166 Castel, Pantalacci 2005, p. 68, fig. 5, p. 85, fig. 14.

167 Valloggia 1998, p. 64-66, pl. XIV.

168 Valloggia 1986, p. 57-65, pl. IX ; Giddy, Grimal 1979, p. 41-49, pl. XX-XXIII ; Minault-Gout, Deleuze 1992, p. 49-61, pl. 1, 27-30 ; Minault-Gout 1995.

169 Pour deux analyses différentes de la question de l'accès à la nécropole et de la construction d'une tombe, cf. Alexanian 2006 et Chauvet 2007.

funéraire retrouvé sur le site ne porte généralement pas d'inscriptions, l'identité et la position sociale des défunts inhumés à Qila el-Dabba restent délicates à établir. Le temps d'occupation relativement long de la nécropole impose par ailleurs des limites aux tentatives d'analyse sociologique de la population qui y fut inhumée. Certes, plusieurs types d'architecture funéraire y sont attestés, que l'on aurait tendance à expliquer par des différences de niveaux socio-économiques au sein de la communauté d'Ayn Asil : tombes maçonnées ; tombes creusées en galerie ; simples fosses [170]. Or, la datation des sépultures permet de constater que les fosses secondaires ont majoritairement servi durant la Première Période intermédiaire. La pauvreté de leur équipement peut donc renvoyer aussi bien à la situation économique réellement modeste des occupants par rapport à leurs voisins à une époque donnée qu'à une évolution des pratiques funéraires liée à un changement des mentalités religieuses lors du passage d'une époque à une autre. En l'occurrence, la modestie des tombes aménagées aux abords du mastaba d'*Jmꜣ-Ppy* II sous la Première Période intermédiaire pourrait être mise en relation avec l'appauvrissement relatif de l'élite locale dû à un délitement des liens jusqu'alors maintenus entre la Résidence et l'oasis de Dakhla [171].

La documentation épistolaire et sigillographique émanant du palais d'Ayn Asil ainsi que les rares stèles inscrites provenant de Qila el-Dabba appuient l'idée d'une nécropole au départ conçue pour les gouverneurs et leur entourage, soit les proches de leur famille, les courtisans et probablement de hauts et moyens fonctionnaires relevant de l'administration palatine [172]. De fait, la répartition des sépultures à l'intérieur et à l'extérieur de chaque mastaba a visiblement été dictée par les liens de proximité des défunts avec les gouverneurs, du moins au début du développement de la nécropole. Le mastaba d'*Jmꜣ-Ppy* Ier abrite ainsi dans son avant-cour trois groupes de tombes maçonnées alignées en deux rangées à l'abri des murs d'enceinte nord et est [173]. Au vu des restes anthropologiques et de la cohérence architecturale, ces trois groupes ont été interprétés comme des ensembles familiaux. Parmi les défunts, on compte la dame *Jgyt* et la petite *Jdwt*, vraisemblablement épouse et fille du gouverneur et toutes deux accompagnées d'un riche mobilier funéraire comportant plusieurs miroirs en métal cuivreux [174]. Sur la même rangée, mais dans un ensemble familial distinct, avait été inhumé l'inspecteur de l'oasis *Jdy*, proche collaborateur du gouverneur, peut-être également membre de sa famille et lui aussi richement doté en biens [175]. Une conception familiale similaire semble également avoir présidé à l'aménagement des appartements funéraires du mastaba de *Ḫnty-kꜣ*, non seulement prévus pour lui-même mais aussi pour son fils et successeur *Dšrw* et ainsi que pour deux femmes en lesquelles il faut très probablement voir leurs épouses respectives. En outre, la qualité des pièces de mobilier funéraire retrouvées dans plusieurs tombes maçonnées ou creusées en galerie et datées de la VIe dynastie, en particulier aux abords du mastaba de *Ḫnty-kꜣ*, autorise à penser que leurs possesseurs devaient faire partie de l'élite locale [176]. Au sein de la nécropole de Qila el-Dabba les distinctions sociales transparaissent non seulement à travers les différentes formes architecturales des tombes mais aussi, et peut-être plus encore, à travers l'implantation des

170 Castel, Pantalacci 2005, p. 7-23.
171 Minault-Gout 1995, notamment p. 324-325.
172 Pantalacci 1998a ; Pantalacci 1998b.
173 Valloggia 1986, p. 24-38, pl. IX, XI, XII, XIV-XVI.
174 Valloggia 1986, p. 26-29 (tombe T6)
175 Valloggia 1986, p. 29-30 (tombe T8).
176 Castel, Pantalacci 2005, p. 85, fig. 14.

tombes les unes par rapport aux autres[177], et en l'absence de données écrites, ces distinctions paraissent avoir été opérées au sein de couches de la population relativement privilégiées.

Par contre, rien n'indique que les serviteurs les plus modestes qui travaillaient au palais, ni même l'ensemble des fonctionnaires subalternes, aient été inhumés au même endroit que leurs patrons sous la VIe dynastie, alors même que leur présence est attestée par les tablettes d'Ayn Asil et quelques éléments de décor provenant de Qila el-Dabba[178]. Si l'on considère que, parmi les tombes de la nécropole, certaines sont à dater de la Première Période intermédiaire et d'autres à attribuer à des femmes[179], il n'en reste guère un grand nombre susceptible d'être assigné aux hommes qui œuvraient aux échelons intermédiaire et inférieur du fonctionnement du palais. Les enfants ne semblent pas non plus avoir été enterrés à Qila el-Dabba, du moins en dehors de nouveau-nés déposés aux côtés de leurs mères et de quelques préadolescents ensevelis dans le remplissage de certains puits funéraires[180]. L'image, incomplète, que renvoient les données archéologiques de la nécropole est celle d'une population relativement favorisée constituée des membres de l'élite dirigeante, des hauts fonctionnaires et de leurs familles et, probablement, de certains fonctionnaires de rang intermédiaire et de leurs proches. Quant aux membres des catégories socio-professionnelles inférieures qui ne relevaient pas officiellement de l'administration gouvernorale, la nécropole n'en a livré aucun indice. Il est probable qu'ils aient résidé en dehors de la cité-palais d'Ayn Asil et aient donc été enterrés ailleurs, dans le cimetière de leur village plutôt que dans la nécropole de leurs supérieurs et de leurs familles[181]. La question se pose d'autant plus que faisant suite à l'incendie du palais vers la fin du règne de Pépy II, les appartements résidentiels des gouverneurs, situés dans la partie nord, ne furent pas réhabilités, contrairement au quartier proche des sanctuaires septentrionaux, où furent aménagées plusieurs maisons dotées de pièces de stockage et de production alimentaire[182]. De même, dans la partie sud du palais, les quartiers est et ouest furent réoccupés non seulement par des ateliers de production artisanale et domestique et des espaces de stockage alimentaire mais aussi par des pièces d'habitat et de service[183]. En l'état actuel des fouilles, la réorganisation post-incendie de l'espace circonscrit par l'enceinte du palais amène à s'interroger sur la nouvelle localisation des appartements gouvernoraux, alors même que le maintien du palais comme centre de production et de stockage, comme lieu de culte et comme zone d'habitat impliquait la présence de tout un petit personnel de travailleurs et de desservants en son sein.

Cependant, si l'on perd la trace des gouverneurs à l'intérieur même du palais, leur nécropole a néanmoins continué d'être utilisée de façon relativement ordonnée dans le même temps. Sous la Première Période intermédiaire une catégorie de personnes capables de se faire inscrire

177 Sur la sociologie des nécropoles de province, ALEXANIAN 2016, p. 475-480.

178 Ainsi par exemple du boulanger *Mrwrw* représenté dans la chapelle du mastaba de *Mdw-nfr* et des deux servantes *Ḥqꜣt* et *Špst*, occupées à moudre et à cuire le pain sur une stèle en grès provenant de la superstructure de la tombe 7 voisine. Cf. VALLOGGIA 1986, p. 51-52, pl. XXXVIII.B et p. 81-82, pl. LXI, LXXXI.

179 En l'état actuel des fouilles, au Mastaba III et à ses abords les femmes représentent 44 % des corps contre 38 % d'hommes et 13 % d'enfants, 5 % n'ayant pas été identifiés. Au Mastaba I/A les proportions sont similaires, avec 44 % de femmes, 33 % d'hommes et 23 % d'enfants. Cf. CASTEL, PANTALACCI 2005, p. 79, fig. 12.

180 Ont été identifiés 9 enfants au Mastaba I/A, dont 1 en caveau creusé et 8 en fosse (T3, T6, T18, T19, T21, T22, E1, E3, E7), 6 enfants au Mastaba III, dont 2 déposés auprès des occupantes d'un caveau creusé et d'un caveau maçonné et 4 en fosse (T27, T19-Sq2, T105-Sq2, T104-Sq3, T126-Sq1, T129-Sq1), au moins 4 au Mastaba V (T9, T10, A-Sq1, B1).

181 CASTEL *et al.* 2001a, p. 147-149.

182 SOUKIASSIAN *et al.* 2002, p. 17, fig. 5, p. 199-280.

183 SOUKIASSIAN *et al.* 2013, p. 203-209, 220-221 en particulier.

de petits monuments en pierre y est encore attestée. Les stèles en grès d'un homme et de trois femmes, toutes figurées à leur table d'offrandes, ont ainsi été découvertes aux abords des mastabas d'*Jmꜣ-Ppy* Ier et de *Ḫnty-kꜣ* mais aucune ne mentionne de titre[184]. Si deux d'entre elles sont fragmentaires, celles, complètes, de *Bt* et de *Sꜣt-Jmn* ne les présentent que comme des « pensionnées » (*jmꜣḫyt*). Le seul titre significatif, celui de scribe des archives (*zš smꜣyt*), se trouve inscrit sur un fragment de stèle retrouvé dans l'avant-cour du mastaba de *Ḫnty-kꜣ*[185]. Si tant est que cela soit son lieu d'érection originel, cette stèle pourrait attester du maintien du fonctionnement d'une administration locale et, parallèlement, du maintien d'une distinction entre les individus inhumés dans le cadre des grands mastabas et ceux inhumés à l'extérieur.

Pourtant, c'est sous la Première Période intermédiaire également que la nécropole semble avoir été progressivement « investie » par des gens très modestes et avoir connu une forme d'occupation « sauvage ». Du moins est-ce ce que laissent supposer la présence de simples fosses d'inhumation interstitielles et le remploi du mastaba d'*Jmꜣ-Ppy* II comme lieu d'enterrements collectifs. Des sépultures soignées et dotées de quelque richesse ne se retrouvent qu'au Moyen Empire, non plus autour des grands mastabas de l'Ancien Empire mais sur un autre kôm situé plus au sud[186]. La présence d'inhumations modestes dans la nécropole de Qila el-Dabba semble donc avoir coïncidé avec l'abandon de son usage par les anciennes élites locales, alors même que le palais demeurait un centre d'activités. La prospection et la fouille d'autres localités antiques voisines d'Ayn Asil livreraient donc certainement d'inestimables informations, d'une part pour mieux comprendre le rôle du palais dans l'occupation et la gestion du territoire oasien, d'autre part pour identifier les acteurs de sa mise en valeur : les plus privilégiés furent certes inhumés à Qila el-Dabba mais l'archéologie urbaine, aussi bien que les recherches épigraphiques en cours, révèlent l'existence d'une grande diversité sociologique au sein de la population oasienne. Leur avancée permettra certainement de cerner plus finement les différentes couches sociales auxquelles appartenaient les personnes amenées à travailler au service des gouverneurs et à exercer les tâches nécessaires au fonctionnement du palais, notamment en matière d'acquisition, de stockage et de gestion des denrées d'approvisionnement.

REMARQUES FINALES

Dans l'Antiquité pas plus que dans notre monde contemporain, les « classes moyennes » ne constituent pas un groupe homogène et clairement délimité, ce que rappelle d'ailleurs l'emploi ordinaire du pluriel. L'expression de « couches sociales intermédiaires », quant à elle, apparaît plus souple dans son emploi et, en l'occurrence, plus opératoire. En effet, elle renvoie implicitement à l'existence de niveaux sociaux inférieurs et supérieurs, tout en faisant référence non pas à des classes strictement définies mais à des ensembles protéiformes dont les franges

184 Pantalacci 1985 ; Minault-Gout 1995, p. 306-308, fig. 9-11 ; Andreu 1981, p. 3-6, fig. 1, pl. III.

185 Ösing 1982, n° 24, p. 28, pl. 5, 59.

186 Aufrère, Ballet 1990.

peuvent entrer en coalescence au gré des parcours individuels de leurs membres. Cette notion de « couches intermédiaires » permet essentiellement d'intégrer à l'analyse « stratigraphique » de la société égyptienne la diversité de rangs, de professions et de ressources matérielles des individus qui en composaient les différentes strates. En outre, si la documentation révèle effectivement l'existence de couches sociales intermédiaires, celles-ci n'apparaissent bien souvent qu'en filigrane, puisque le discours et l'image, moyens de représentation sociale par excellence, furent accaparés par les membres privilégiés de l'élite au moins jusqu'à la fin de l'Ancien Empire. Dès lors, les couches sociales intermédiaires ne nous sont perceptibles que dans la mesure où les individus qui les constituaient agissaient dans un réseau de relations, notamment au service de leurs supérieurs, et où ils investissaient des espaces communautaires qu'ils contribuaient à transformer par leurs pratiques quotidiennes, cultuelles et funéraires.

En cela, les villes antiques apparaissent bien comme des espaces en perpétuelle évolution puisque cohabitaient là des hommes appartenant à différents milieux socio-professionnels mais néanmoins liés entre eux par les nécessités du fonctionnement urbain et par les activités que celui-ci engendrait. Ce processus évolutif est bien connu dans les villes de pyramides. Dans ces institutions d'État en effet, les habitants aménagèrent au fil des générations l'espace originellement conçu de manière rationnelle et hiérarchisée par le pouvoir pour l'adapter à leurs nouveaux besoins. De même, les études archéologiques et épigraphiques menées dans les villes gouvernorales d'Ayn Asil et d'Éléphantine ont permis d'en définir les différentes phases d'occupation, d'en montrer les transformations architecturales et fonctionnelles et de mettre en évidence la diversité sociale des habitants, diversité perceptible non seulement dans les inscriptions mentionnant leurs multiples fonctions, mais aussi à travers leur usage de l'espace et leur participation à la vie économique locale. De même que les fondations urbaines relevant de la Couronne, les sanctuaires d'Ayn Asil et d'Éléphantine, lieux d'expression des pouvoirs locaux, semblent avoir été progressivement investis par des individus extérieurs aux élites dirigeantes. Du moins est-ce ce que laissent penser les dépôts d'offrandes retrouvés dans la cour de ces sanctuaires. Là encore, des personnes modestes, dépourvues de titres mais dotées de moyens suffisants pour se faire fabriquer des statues et des stèles, marquèrent de leur présence un espace cultuel anciennement aménagé par les élites locales, ce en y déposant leurs propres objets de dévotion. Enfin, l'espace funéraire, en partie ordonné par les élites locales à Ayn Asil et à Éléphantine, servit également à l'ensevelissement de personnes modestes. Dans ces deux cas, la répartition des défunts de condition modeste met en évidence deux processus d'occupation de l'espace : soit un « zonage social », comme à Éléphantine, où certains terrains furent utilisés de manière préférentielle pour l'inhumation des membres d'une même couche sociale, soit une occupation de type secondaire, comme à Qila el-Dabba, où des inhumations caractérisées par une architecture et un mobilier sommaires, voire parfois inexistants, furent aménagées en périphérie éloignée des grands mastabas ou dans les interstices encore libres entre les rangées de sépultures plus anciennes. Dans ce dernier cas, encore faut-il distinguer ce qui relèverait d'inégalités sociales entre des individus contemporains de ce qui relèverait d'une évolution des pratiques funéraires vers la fin de l'Ancien Empire et au cours de la Première Période intermédiaire. Aussi est-il nécessaire de tenir compte des différents rythmes d'évolution, tant sur chaque site en lui-même au fil des époques que d'un site à l'autre au cours d'une même période. L'espace, tout autant que le temps, est bien un paramètre essentiel à la compréhension des diverses communautés égyptiennes, tant à l'échelle locale qu'à l'échelle interrégionale. Aujourd'hui, les analyses archéologiques consacrées à l'élaboration de « paysages politiques », de même que les études consacrées à la culture matérielle, invitent à envisager l'espace comme cadre d'expression des différents acteurs de ces communautés. Et l'espace, quand bien même fut-il originellement ordonné selon les critères de la « culture formelle » des élites, n'a jamais cessé d'être reconfiguré au gré des activités menées par ceux-là mêmes qui n'appartenaient pas à ces élites.

ANNEXE I (LISTE NON EXHAUSTIVE)

Prosopographie d'Éléphantine (IIe-Ve dynastie)	**No de catalogue dans Pätznick 2005**
Dignités et fonctions palatines	
jmy-rꜣ sbꜣt: directeur de l'école (royale ?)	Kat. 566
jry-ḫt pr-ḥḏ: chargé d'affaires du Trésor	Kat. 327, 328
jry-ḫt nswt: délégué de l'autorité royale	Kat. 026, 032, 307, 342, 538
wr ḥꜣty-pꜥt: Grand et prince des nobles *pât*	Kat. 280
ḫꜣy nswt: courtisan du roi	Kat. 293, 294, 304, 305
ẖry-ꜥ nswt: assistant royal	Kat. 637
zꜣw/rꜣ Nḫn: gardien de Nékhen	Kat. 306
sbꜣty nswt: instructeur (ou pupille ?) du roi	Kat. 036
šmsw nswt: escorteur royal	Kat. 100, 293, 294, 305 (?), 394
Dirigeants locaux	
jmy-rꜣ ꜣbw: directeur d'Éléphantine	Kat. 650
ḫrp sr ḥry nbt.f: contrôleur du conseil des hauts dignitaires *sérou* de sa maîtresse	Kat. 299
sr ḥry nbt.f: haut dignitaire *ser* de sa maîtresse	Kat. 356, 366
Secrétariat et transmission	
zš nswt: scribe du roi	Kat. 036
zš pr-šnꜥ: scribe de la Maison de production et d'approvisionnement	Kat. 194, 322, 622
zš: scribe	Kat. 092, 181, 194, 312, 324, 377, 402, 403, 404, 405, 426, 454, 461, 579, 583, 586, 619, 622, 632, 656
Contrôle des ressources (en réserves)	
jry-ḫt wḏꜣt: chargé d'affaires du magasin	Kat. 292
jry-ḫt pr-ḥḏ: chargé d'affaires du Trésor	Kat. 327, 328
ḥry wḏꜣt: supérieur/superviseur de magasin	Kat. 012, 013, 018, 022, 099
ḥry wḏꜣt wsḫt/hꜣ(y)t: supérieur du magasin de la Grande Cour/ Portail *hayt*	Kat. 109
ḥry wḏꜣt n rtḥ: supérieur du magasin de la boulangerie (?)	Kat. 019

Prosopographie d'Éléphantine (IIe-Ve dynastie)	No de catalogue dans Pätznick 2005
jry wḏꜣt: préposé au magasin	Kat. 162, 222, 506, 512
ḥry mꜣ wḏꜣ(wt): supérieur du contrôle/des contrôleurs des magasins	Kat. 406
ḥry ḫtm wḏꜣt jʿw-rꜣ: porteur de sceau du magasin de la cuisine du petit-déjeuner (?)	Kat. 001
ḥqꜣ: gouverneur local (de domaine ?)	Kat. 291
ḫrp jz ḏfꜣ: contrôleur du bureau des provisions	Kat. 483
ḫrp ḫntyt ḥry-ʿ jz ḏfꜣ: contrôleur-adjoint du cellier du bureau des provisions/contrôleur du cellier et adjoint du bureau des provisions (?)	Kat. 293, 294, 304, 305
ḫtmw/ḫtmty: chancelier	Kat. 007, 008
ḫtmty jt bšꜣ zꜣ wḏꜣt: chancelier de l'orge et de la céréale *bécha* de la *phylè* Oudjat	Kat. 662
ḫtmty jt bdt jšd: chancelier de l'orge, du blé et des fruits *iched*	Kat. 469
ḫtmty wḏꜣt: chancelier du magasin	Kat. 028, 029
ḫtmty nbw ꜣbw: chancelier de l'or d'Éléphantine	Kat. 650
ḫtmty ḫt nbt Šmʿw: chancelier de tous les biens de Haute Égypte	Kat. 079
zꜣw stpt: gardien des pièces de viande choisies	Kat. 158, 159, 160, 161
Sécurité et contrôle des circulations	
ḥry mꜣ: supérieur du contrôle/des contrôleurs	Kat. 003, 105, 190, 224, 251, 263, 279
ḥry swḏꜣw: supérieur des surveillants	Kat. 002, 024, 025, 031, 035, 132, 205, 244
ḫrp wsḫt/hꜣyt: inspecteur de la Grande Cour/du Portail *hayt*	Kat. 260
ḫrp nht: inspecteur des remparts/de la forteresse (?)	Kat. 273
swḏꜣ: surveillant	Kat. 301
stp zꜣ: responsable de la sécurité	Kat. 231
šmsw: escorteur	Kat. 040, 164, 165, 166, 183, 234, 241, 242, 249, 269, 491, 492, 550, 567, 582
šmsw wḏꜣt wḏb(w): escorteur du magasin des allocations	Kat. 327
Encadrement du travail	
jry nfrw: chargé des recrues	Kat. 603
mḏḥ wḫrty nswt nṯr(t): charpentier des chantiers navals royaux et divins	Kat. 275, 313, 395, 407, 459, 601
ḥry ʿnḫw pr-šnʿ: supérieur du personnel de la Maison de production et d'approvisionnement	Kat. 414
ḥry nfw (?): supérieur des bateliers/marins (?)	Kat. 607
ḫnty jryw kꜣt: chef des préposés aux travaux	Kat. 291
sšm ʿ ḥmw/ḥmwt: guide de l'activité des serviteurs/servantes	Kat. 026, 032
sšm šn(w) wsḫt/hꜣ(y)t: guide (du personnel) de la Maison de production et d'approvisionnement de la Grande Cour/Portail *hayt*	Kat. 313, 395

Prosopographie d'Éléphantine (IIe-Ve dynastie)	**No de catalogue dans Pätznick 2005**
Services (domestiques)	
wdpw: échanson	Kat. 014
jmy-rꜣ ḥswt: chef des chanteuses	Kat. 514
(ny) rtḥ: boulanger	Kat. 019
ḥsw: chanteur	Kat. 626, 638
rmnw: porteur	Kat. 110
Artisanat et production spécialisée	
ny rtḥ: personnel de boulangerie	Kat. 019
ḥmty: métallurgiste, travailleur du cuivre	Kat. 227, 629
ḥzmn / ḥmr: préposé au natron/sel	Kat. 146, 167, 168, 169, 170, 171
sšm / sšmty: boucher	Kat. 253, 258, 541
Domaine agricole	
jmy-rꜣ wḥꜥw: chef des pêcheurs et des oiseleurs	Kat. 565
jmy-rꜣ mrw: chef des pâturages	Kat. 50
wḏꜣty mḏꜣw / mḏꜣw nswt (?): personnel de magasin des étables/des étables du roi (?)	Kat. 082
jry sšrt: gardien des vaches laitières	Kat. 005, 006
jrṯt(y) (?): laitier, responsable du lait (?)	Kat. 433
bty: berger, pâtre	Kat. 025
ny mrt: personnel de domaine *méret*	Kat. 004, 254
zꜣw št/mrt (?): gardien de ferme/de domaine *méret* (?)	Kat. 045, 057
swḏꜣ ḥry št / mrt: gardien en chef de ferme/du domaine *méret*	Kat. 085
šsmw: préposé à la presse à huile/à vin	Kat. 424
kꜣnw: jardinier	Kat. 154, 393 (?)
kꜣry: vigneron	Kat. 016, 188
Domaine commercial	
jry swnt: préposé au commerce	Kat. 120
mjtr / mjtrt: agent(e)s de commerce (d'après le contexte)	Kat. 028, 029, 045, 050, 057, 110, 114, 129, 146, 167, 168, 169, 170, 171, 188, 254, 313, 395, 424, 523, 601, 636, 637
ḫrp mjtr(w): inspecteur des personnels *miter*	Kat. 657
Domaine cultuel	
ḥm-nṯr(t): prêtre de la déesse	Kat. 396, 471
ḥmt ḫntyt: première prêtresse (de la déesse)	Kat. 131
ḥry kꜣp(wt) šps: supérieur des fumigations de la statue	Kat. 203

Prosopographie d'Éléphantine (IIe-Ve dynastie)	N° de catalogue dans Pätznick 2005
ḫrp sr(w) ḥrj(w) nbt.f: contrôleur du conseil supérieur de sa maîtresse (?)	Kat. 299, 356, 366
sm: prêtre *sem*	Kat. 306
šmsw nṯrt: escorteur de la déesse	Kat. 220
jꜣwty/rnw nṯrt: fonctionnaire de la déesse (?)	Kat. 268 (?), 413
wḏꜣty jꜣt nṯr(t): personnel de magasin de(s) lieu(x) sacré(s) (?)	Kat. 114
mꜣ ḥpwt: contrôleur des offrandes	Kat. 069
mꜣ ḥtp-nṯr: contrôleur de l'offrande divine	Kat. 541
ny ḥm-nṯr: attaché au service divin	Kat. 396
sšmw ḥtpt: boucher de l'offrande	Kat. 541

ANNEXE II (LISTE NON EXHAUSTIVE)

Prosopographie de la Qoubbet el-Haoua (VIe dynastie)	N° des tombeaux (QH) dans Edel 2008
Dignités et fonctions palatines	
jmy-rꜣ ẖnw: directeur de la Résidence	34e
jmy-rꜣ ḫkr(w) nb [nswt] m prwy: directeurs des ornements royaux dans les Deux Maisons	209
jmy-ḫt ḥmw-nṯr Mn-ꜥnḫ-Nfr-kꜣ-Rꜥ: sous-contrôleur des prêtres de la pyramide Men-ankh-Néferkarê	26
jry-pꜥt: prince	26, 29, 34n, 35, 35d, 110
mty n zꜣ Ḫꜥ-nfr-Mr.n-Rꜥ: contrôleur de *phylè* de la pyramide Khâ-néfer-Mérenrê	35
mdḥ Nḫn: charpentier de Nékhen	35
rḫ nswt: connu du roi // *jry-ḫt nswt*: chargé d'affaires du roi	25, 34n, 35, 102c, 103a
ḥꜣty-ꜥ: comte	25/26, 26, 29, 34h, 34e, 34n, 35, 35d, 35e, 90, 99, 102, 103, 105, 109, 110 + ville
zꜣw/rꜣ/jry Nḫn: gardien de Nékhen	34n, 35, 35d
ḥry-tp nswt: supérieur du roi	35e, 98, 105, 207
ḫnty-š Mn-ꜥnḫ-Nfr-kꜣ-Rꜥ: garde de la pyramide Men-ankh-Néferkarê	35
ḫnty-š Ḏd-swt-Ttj: garde de la pyramide Djed-sout-Téti	ville
ḫtmty/sḏꜣwty bjty: chancelier du roi de Basse Égypte	25, 25/26, 29, 34e, 34h, 34i, 34n, 35d, 35e, 88, 89, 90, 90c, 92, 98, 99, 102, 103, 105, 109, 110 + ville
ḥry-tp nswt: chambellan du roi	35d, 93, 102, 105

Prosopographie de la Qoubbet el-Haoua (VIe dynastie)	**No des tombeaux (QH) dans Edel 2008**
ḫkrt nswt: ornement royal	26, 29, 35a-e, 88, 89, 90, 99, 102, 105, 109
ḫkrt nswt wꜥtyt: unique ornement royal	25, 26, 29, 34g, 34h, 35e, 89, 105, 109, 110, 207
swnw Pr-ꜥꜣ: médecin du Palais	35e
smr: compagnon	34n, 35e, 88, 92, 98
smr wꜥty: compagnon unique	25, 25/26, 26, 29, 34e, 34h, 34i, 34n, 35, 35a, 35c, 35d, 35e, 35f, 88, 89, 90, 90c, 92, 93, 97, 99, 102c, 103, 103a, 105, 109, 110, 206, 207
sḥḏ Pr-ꜥꜣ: inspecteur du Palais	89
sḥḏ ḥmw-nṯr Mn-ꜥnḫ-Nfr-kꜣ-Rꜥ: inspecteur des prêtres de la pyramide « Néferkarê-est-durable-et-vivant »	26, 102, 110
sḥḏ ḥmw-nṯr Mn-nfr-Ppy: inspecteur des prêtres de la pyramide « Pépy-est-durable-et-parfait »	35d, 35e
sḥḏ ḥmw-nṯr Ḫꜥ-nfrw-Mr.n-Rꜥ: inspecteur des prêtres de la pyramide « Les-beautés-de-Mérenrê-apparaissent »	35d, 35e
šps nswt: noble du roi	26, 29, 34h, 35i (?), 89, 102, 102a + ville
špst nswt: noble du roi	34h, 35e, 88, 89, 90, 92, 98, 99, 105, 109, 207
Hauts fonctionnaires locaux	
jmy-rꜣ ꜥꜣ gꜣy ḫꜣst: directeur de la Porte étroite de l'étranger	103
jmy-rꜣ ḫꜣst nbt jmnt jꜣbtt: directeur de tous les pays étrangers occidentaux et orientaux	103
jmy-rꜣ ḫꜣswt: directeur des pays étrangers	26, 35, 35d, 35e, 102, 110
jmy-rꜣ ḫꜣswt (nbwt) n nb.f: directeur de (tous les) pays étrangers de son maître	25/26, 26
jmy-rꜣ ḫꜣswt nbwt nt Tp-ḫsy: directeur de tous les pays étrangers de la Tête-du-Sud	26
jmy-rꜣ Šmꜥw: directeur de la Haute Égypte	25, 26, 34n, 35e, 110 + ville
ḥry-tp ꜥꜣ n spꜣt (?): grand supérieur de nome	92
ḥry-tp Nḫb: supérieur d'Elkab	34n, 35, 35d
Secrétariat et transmission	
jmy-jz: conseiller (qui est dans la chambre)	34n, 35, 35d
jmy-rꜣ zšw: directeur des scribes	29, 35a, 35d, 103
jmy-rꜣ zšw ꜥprw: directeur des scribes d'équipage	102, 105, 109 + ville
ḥry-sštꜣ n mdt nbt (štꜣt): supérieur des secrets dans toute affaire (secrète)	25/26, 110
ḥry-sštꜣ n mdt nbt štꜣt nt Tp-šmꜥw: supérieur des secrets dans toute affaire secrète de la Tête-de-Haute Égypte	102
ḥry-sštꜣ n mdt nbt nt Rꜣ-ꜥꜣ gꜣw n ꜣbw: supérieur des secrets dans toute affaire de la Porte étroite d'Éléphantine	25/26

Prosopographie de la Qoubbet el-Haoua (VIe dynastie)	**No des tombeaux (QH) dans Edel 2008**
ḥry-sštꜣ n mdt nbt nt Tp-rsy: supérieur des secrets dans toute affaire de la Tête-du-Sud	34n
ḥry-sštꜣ (štꜣw) n Rꜣ-ꜥꜣ Šmꜥw: supérieur des secrets (pour les secrets) de la Porte de la Haute Égypte	35e
zš: scribe	34h, 35d, 35e, 110, 206 + ville
zš n zꜣ: scribe de *phylè*	35
Contrôle des ressources (en réserves)	
jmy-rꜣ sšr: directeur des étoffes	25, 26, 34h, 34n, 35d, 35e, 109 + ville
jmy-rꜣ nbw: directeur de l'or	103
jmy-rꜣ pr-šnꜥ: directeur de la Maison de production et d'approvisionnement	34e, 35d, 35e
jmyt-rꜣ pr-šnꜥ: directrice de la Maison de production et d'approvisionnement	35, 35d, 103, 109
ḥqꜣ ḥwt: gouverneur de domaine	35e
ḫrp ḫtmtyw ḥtpw nbw: contrôleur des chanceliers de toutes les offrandes	ville (scellé) Dorn 2015, p. 247, fig. 307-308
jmy-rꜣ ḫꜣw: directeur des mesureurs de grain	102
ḫtmty / sḏꜣwty: chancelier	34h, 35d, 35e, 102, 105
ḫtmtyt / sḏꜣwtyt: chancelière	25, 34g, 34n, 35d, 35e, 90, 206
Armée, expédition, contrôle des circulations	
ꜣṯw: instructeur	206
ꜣṯw ny ḏt.f: instructeur de son domaine *djet*	34h
jmy-jrty: maître des manœuvres/chef d'expédition	26, 30b, 34k, 93
jmy-jrty wjꜣ: capitaine	206
jmy-rꜣ ꜥw: chef des troupes allophones/des interprètes	25, 25/26, 26, 29, 29b, 34h, 34i, 34n, 35, 35c, 35d, 35e, 35f, 102, 103, 109, 206, 207 + Séhel
jmy-rꜣ ꜥw ꜣbw: chef des troupes allophones d'Éléphantine	110
jmy-rꜣ ꜥw nbw: chef de toutes les troupes allophones / interprètes	35
jmy-rꜣ mšꜥ: chef d'armée	25/26, 102c, 103 + ville
jmy-rꜣ smntyw: chef des prospecteurs	103
ḫtmty-nṯr: chancelier du dieu	25, 34e, 34n, 35e, 90, 90c, 99, 102, 102c, 103, 105, 109 + ville
Encadrement du travail et construction	
jmy-rꜣ jzwt: chef des équipes	102, 35d, 35e, 34h, 102
jmy-rꜣ ms-ꜥꜣt (?): chef de la taille des pierres gemmes (?)	35d
jmy-rꜣ rmṯ(.f): chefs des « employés » (de *phylè*)	35d, 103

Prosopographie de la Qoubbet el-Haoua (VIe dynastie)	**No des tombeaux (QH) dans Edel 2008**
jmy-rꜣ kꜣt: directeur des travaux	110
jmy-rꜣ qdw: chef des maçons	35d
jmy-rꜣ zꜣ: directeur de *phylè*	35d
jmy-rꜣ š: directeur du travail aux carrières	30b, 34k
mty n zꜣ: contrôleur de *phylè*	34h, 35d
ẖrty-nṯr: travailleur de la nécropole	35d (?), 35e
smsw wḫrt: doyen du chantier naval	34h
sḥḏ n zꜣ: inspecteur de *phylè*	34h, 35d
Artisanat et production spécialisée	
jmy-rꜣ ms-ꜥꜣt (?): chef de la taille des pierres gemmes (?)	35d
jmy-rꜣ sšr: directeur des étoffes	25, 26, 34h, 34n, 35d, 35e, 109 + ville
mḏḥ (?): menuisier/charpentier	35d
Services (domestiques)	
jmy-rꜣ pr: intendant de domaine	35a, 35d, 35e, 102, 103, 105, 110 + ville
jmy-rꜣ sšr: directeur des étoffes	25, 26, 34h, 34n, 35d, 35e, 109 + ville
mnꜥt: nourrice	35d
ḥnrt: musicienne	34h
ḥry ḫnt: responsable du coffre *khent*	34k, 34n, 35d, 103
ḫrp zḥ: majordome	25, 26, 34e, 34h, 34k, 35, 35d, 35e, 90, 98, 105, 109, 110
ḫꜥqw: barbier	109
smsw pr: doyen du domaine	102a
Domaine agricole	
jmy-rꜣ ṯz(t): directeur de troupeau(x) de bétail	34h, 35e
jmy-rꜣ ḫꜣw: directeur des mesureurs de grain	102
ḥqꜣ ḥwt: gouverneur de domaine	35e
Domaine cultuel	
jmy-rꜣ ḥmw-nṯr: directeur des prêtres divins	88, 92 + ville
jmy-rꜣ ḥmw-kꜣ: directeur des prêtres de *ka*	25, 26, 34e, 35, 35d, 90, 102, 109
ḥm-kꜣ: prêtre de *ka*	25, 26, 34h, 34k, 34n, 35, 35d, 35e, 90, 98, 102, 103, 105, 109, 207
ḥmt-kꜣ: prêtresse de *ka*	35, 105
ḥmt-nṯr Ḥwt-Ḥr: prêtresse d'Hathor	26, 34h, 34n, 35a-e, 89, 90, 102, 102c, 105, 110, 207
ḥry sꜣṯ: préposé aux libations	34h, 35d, 35e, 102
ḥry-ḥb: prêtre lecteur	25, 25/26, 26, 29, 34h, 34n, 35, 35c, 35d, 35e, 35f, 88, 89, 98, 102, 103, 103a, 105, 109, 110

Prosopographie de la Qoubbet el-Haoua (VIe dynastie)	**No des tombeaux (QH) dans Edel 2008**
ḫry-ḥb ḥry-tp: prêtre lecteur en chef	28
ḫry-ḥb smsw: prêtre lecteur aîné	ville
ḫrp ḫtmtyw ḫtpw nbw contrôleur des chanceliers de toutes les offrandes	ville Dorn 2015, p. 247, fig. 307-308 (scellé).
sḥḏ wtw: inspecteur des embaumeurs	35d, 35e
sḥḏ ḥmw-kꜣ: inspecteur des prêtres de *ka*	25, 26, 34h, 35d, 35e, 90, 98, 105, 109

ANNEXE III (LISTE NON EXHAUSTIVE)

N.B.: Le numéro d'inventaire des objets publiés est noté en caractères gras. Sauf indication contraire, il s'agit de tablettes d'argile découvertes à Ayn Asil, étudiées et publiées par le professeur L. Pantalacci dans ses articles successivement parus depuis 1996.

Prosopographie de Balat (VIe dynastie)	**No d'inventaire Ifao**
Dignités et fonctions palatines	
jmy-ḫt ḫntyw-š pr-ꜥꜣ	inv. 3153 (décret royal)
rḫ nswt	inv. 7210
rḫt nswt	inv. 5785, 5788, 5789, 5814 (miroirs); musée de Kharga J 25 (stèle), Ösing 1982, no 13, pl. 2, 56.
ḫry-tp nswt mdw rḫyt	inv. 6423 (scellé)
zꜣt-nswt: fille royale	inv. **7087**
sr	inv. 1508, 4415, 4416, 4430
šps nswt	inv. 3022 (stèle), 3487, 3689/7-8-11, 3690, 4965, 5170 (scellé), 5924 (scellé), 5928 (scellé), 6886, 7087, 7196
špst nswt	inv. 3451 (stèle), 4088 (groupe statuaire), 5956 (stèle?)
Dirigeants locaux	
ḥqꜣ wḥꜣt: gouverneur de l'Oasis	inv. 3153 (décret royal)
sḥḏ wḥꜣt: contrôleur de l'Oasis	inv. 3022 (stèle)
Proches parents du gouverneur	
ḥmt-ḥqꜣ: épouse du gouverneur	inv. 1508, 6273, 6886
zꜣ-ḥqꜣ: fils du gouverneur	inv. 3487
zꜣt-ḥqꜣ: fille du gouverneur	inv. 7087

Prosopographie de Balat (VIe dynastie)	No d'inventaire Ifao
msw-ḥqꜣ : enfants du gouverneur	inv. 4965
Secrétariat et transmission	
jry-mḏꜣt (nty m ḏꜣḏꜣt) : préposé au courrier (du conseil d'administration local)	inv. 3483, 3685, 3686, 3689-4, 3689-7-8-11, 3691, 5051, 3750 + 6100, 3818
wḥmw : porte-parole	inv. 3487, 3690, 4391, 4965
zš n zꜣ : scribe de *phylè*	inv. 5044 (sceau)
zš smꜣyt : scribe des archives	Ösing 1982, no 24, pl. 5, 59 (stèle).
Contrôle des ressources (en réserves)	
jmy-rꜣ pr : intendant du domaine	inv. 1977, 3196, 3487, 4965, 4967, 4971, 5051, 6159, 6272
jmy-rꜣ šnwt : directeur des greniers	inv. 3487, 4991
ḫtmw/ḫtmty : chancelier	inv. 3685, 4391, 4415, 4965, 6163, 7087
Expédition et contrôle des circulations	
ꜣṯw wḥꜣt : commandant/instructeur de l'Oasis	inv. 3689/1-2, 3689-6 (et probablement 3689-15, 3750 + 6100)
jmy-jrty : chef d'expédition / maître des manœuvres	inv. 7087, 7210
jmy-rꜣ šmsw : chef des escorteurs	inv. 3487
jry ʿrryt : préposé au portail *aréryt*	inv. 3773, Posener 1992, p. 52, fig. 8.
ḥry zꜣw : supérieur des gardes	inv. 4433
zꜣw : garde	inv. 3483, 3487 (?), 4433, 5954
sḥḏ : contrôleur	inv. 3487, 3957, 7087
šmsw : escorteur	inv. 3688, 3689-7-8-11, 3689-9, 3691, 6886
Encadrement du travail et construction	
jmy-jrty : chef d'expédition/maître des manœuvres	inv. 7087, 7210
jmy-rꜣ ṯst : chef d'équipe	inv. 3487, 7210
ny mrt : personnel de domaine *méret*	inv. 3689/13-14 ; musée de Kharga no 34 (stèle), Ösing 1982, no 27, pl. 6, 60.
ny-ḏt : personnel de domaine *djet*	inv. 2663 (stèle) ; musée de Kharga no 34 (stèle), Ösing 1982, no 27, pl. 6, 60.
sḥḏ : contrôleur	inv. 3487, 3957, 7087
Services (domestiques)	
jmy-rꜣ pr : intendant du domaine	inv. 1977, 3196, 3487, 4965, 4967, 4971, 5051, 6159, 6272
wdpw : échanson	inv. 4415, 4430, 7210
rḫty : blanchisseur	inv. 4415
ḥmwt : servantes	musée de Kharga J 8 (stèle), Ösing 1982, no 13, pl. 2, 56.
ḫrp-zḥ : majordome	inv. 3022 (stèle), 3113 (?), 4415

Prosopographie de Balat (VIe dynastie)	No d'inventaire Ifao
ny mrt: personnel de domaine *méret*	inv. 3689/13-14; musée de Kharga no 34 (stèle), Ösing 1982, no 27, pl. 6, 60.
ny-ḏt: personnel de domaine *djet*	inv. 2663 (stèle); musée de Kharga no 34 (stèle), Ösing 1982, no 27, pl. 6, 60.
swnw: médecin	inv. 7087
Artisanat et production spécialisée	
jqdw: potier-maçon	inv. 3685, 3686, 3689/4-5 + 4766, 7202
rtḥty: boulanger	inv. 4432; Valloggia 1986, pl. XXXVIII.B (décor de la chapelle de *Mdw-nfr*). Cf. musée de Kharga J 8 (stèle), Ösing 1982, no 13, pl. 2, 56.
jtḥ (?): brasseur	inv. 4416, 4426-2, 39 Cf. musée de Kharga J 8 (stèle), Ösing 1982, no 13, pl. 2, 56.
bnry (?): confiseur	inv. 4426-2, 39
Domaine agricole	
jmy-rꜣ sḫt: chef des champs	inv. 5308, 6159, 6848, 7092
mnjw: berger	inv. 5954, 6853, 6886, 7225, 7233
ny mrt: personnel de domaine *méret*	inv. 3689/13-14; musée de Kharga no 34 (stèle), Ösing 1982, no 27, pl. 6, 60.
sḫty / jmy-sḫt: campagnard	inv. 3483, 6929
šdw-ꜣpd: éleveurs de volailles	inv. 4438
Domaine cultuel	
wꜥb nswt: prêtre *ouâb* du roi	inv. 7210 + scellés cités dans Pantalacci 2013, p. 201.
ḥm-nṯr ...: prêtres (de divinités ?)	inv. 3487
ḥmt-nṯr Ḥwt-Ḥr: prêtresse d'Hathor	inv. 5785, 5788, 5789, 5814 (miroirs), Valloggia 1998, pl. 75.C-E, 76.A-B; inv. 5906.q (sceau)
ḥmw-kꜣ: prêtres de *ka*	inv. 3153 (décret royal)

BIBLIOGRAPHIE

ALEXANIAN 1995
N. Alexanian, « Die Mastaba II/1 in Dahschur-Mitte » in *Kunst des Alten Reiches. Symposium im Deutschen Archäologischen Institut Kairo am 29. und 30. Oktober 1991*, SDAIK 28, Mayence, 1995, p. 1-18, pl. 1.

ALEXANIAN 2006
N. Alexanian, « Tomb and Social Status. The Textual Evidence » *in* M. Bárta (éd.), *The Old Kingdom Art and Archaeology. Proceedings of the Conference Held in Prague, May 31 – June 4, 2004*, Prague, 2006, p. 1-8.

ALEXANIAN 2016
N. Alexanian, *Die provinziellen Mastabagräber und Friedhöfe im Alten Reich*, 2 vol., thèse de doctorat, université de Heidelberg, 2001, mise en ligne en 2016, http://www.ub.uni-heidelberg.de/archiv/20538, consulté le 30 mai 2017.

ALEXANIAN, STADELMANN 1998
N. Alexanian, R. Stadelmann, « Die Friedhöfe des Alten und Mittleren Reiches in Dahschur », *MDAIK* 54, 1998, p. 293-317.

ALEXANIAN *et al.* 1993
N. Alexanian, G. Heindl, E. Herbert, D. Raue, R. Stadelmann, « Pyramiden und Nekropole des Snofru in Dahschur. Dritter Vorbericht über die Grabungen des Deutschen Archäologischen Instituts in Dahschur », *MDAIK* 49, 1993, p. 259-294.

ALEXANIAN *et al.* 2006
N. Alexanian, H. Becker, M. Müller, St.J. Seidlmayer, « Die Residenznekropole von Dahschur. Zweite Grabungsbericht », *MDAIK* 62, 2006, p. 7-42, pl. 2-9.

ALEXANIAN *et al.* 2009
N. Alexanian, R. Schiestl, St.J. Seidlmayer, « The Necropolis of Dahshur: Excavation Report Spring 2006 », *ASAE* 83, 2009, p. 25-42.

ANDREU 1981
G. Andreu, « La tombe à l'ouest du mastaba II de Balat et sa stèle funéraire », *BIFAO* 81, 1981, p. 1-7.

ANDREU 1990
G. Andreu, « Recherches sur la classe moyenne au Moyen Empire », *BSAK* 4, 1990, p. 15-26, pl. I.

AUENMÜLLER 2012
J. Auenmüller, « Individuum – Gruppe – Gesellschaft – Raum. Raumsoziologische Perspektivierungen einiger (provinzieller) *ḥꜣ.tj-ꜥ*-Bürgermeister des Neuen Reiches » *in* Gr. Neunert, K. Gabler, A. Verbovsek (éd.), *Sozialisationen: Individuum – Gruppe – Gesellschaft. Beiträge des ersten Münchner Arbeitskreises Junge Aegyptologie (MAJA 1)*, GOF 51, Wiesbaden, 2012, p. 17-32.

AUFRÈRE, BALLET 1990
S.H. Aufrère, P. Ballet, « La nécropole sud de Qila el-Dabba : un palimpseste archéologique », *BIFAO* 90, 1990, p. 1-28.

BACKES 2008
B. Backes, « Sei fröhlich und sprich darüber. Die Inschriften des Heqaïb, Sohn des Penidbi, als individuelles Selbstzeugnis », *ZÄS* 135, 2008, p. 97-103.

BAER 1960
Kl. Baer, *Rank and Title in the Old Kingdom: The Structure of the Egyptian Administration in the Fifth and Sixth Dynasties*, Chicago, 1960.

BAINES 1983
J. Baines, « Literacy and Ancient Egyptian Society », *Man* 18, 1983, p. 577-580.

BAINES 1997
J. Baines, « Temples as Symbols, Guarantors, and Participants in Egyptian Civilization » *in* St. Quirke (éd.), *The Temple in Ancient Egypt: New Discoveries and Recent Research*, Londres, 1997, p. 216-241.

BAINES 2010
J. Baines, « Modelling the Integration of Elite and Other Social Groups in Old Kingdom Egypt » *in* J.C. Moreno García (éd.), *Élites et pouvoir en Égypte ancienne*, *CRIPEL* 28, 2010, p. 117-144.

BAINES, EYRE 1983
J. Baines, Chr.J. Eyre, « Four Notes on Literacy », *GM* 61, 1983, p. 65-96.

BAKER *et al.* 2010

Br.J. Baker, T.L. Dupras, M.W. Tocheri, *The Osteology of Infants and Children*, Texas A&M University Anthropology Series 12, College Station (Texas), 2010.

BAUD 1999

M. Baud, *Famille royale et pouvoir sous l'Ancien Empire*, BdE 126/1-2, Le Caire, 1999.

BAUD *et al.* 2003

M. Baud, D. Farout, Y. Gourdon, N. Möller, A. Schenk, « Le cimetière F d'Abou Rawach, nécropole royale de Rêdjedef (IVe dynastie) », *BIFAO* 103, 2003, p. 17-65.

BIETAK 1986

M. Bietak, « La naissance de la notion de ville dans l'Égypte ancienne, un acte politique ? », *CRIPEL* 8, 1986, p. 29-34.

BIETAK *et al.* 2010

M. Bietak, E. Czerny, I. Forstner-Müller (éd.), *Cities and Urbanism in Ancient Egypt. Papers from a Workshop in November 2006 at the Austrian Academy of Sciences*, DÖAWW 60, UZK 35, Vienne, 2010.

BÖWE 2004

C. Böwe, « Vergleichende Datierung der Objekte der Kirche des Isi in Edfu anhand der Objekte der Kirche des Heqaib auf Elephantine », *GM* 203, 2004, p. 11-27.

BOUFFARTIGUE 2015

P. Bouffartigue, « Classes et catégories sociales : quelques repères » *in* P. Bouffartigue (éd.), *Le retour des classes sociales. Inégalités, dominations, conflits*, Paris, 2015, p. 27-45.

BUNBURY 2012

J. Bunbury, « The Mobile Nile », *Egyptian Archaeology* 41, automne 2012, p. 15-17.

BUSSMANN 2006

R. Bussmann, « Der Kult im frühen Satet-Tempel von Elephantine » *in* J. Mylonopoulos, H. Roeder (éd.), *Archäologie und Ritual. Auf der Suche nach der rituellen Handlung in den antiken Kulturen Aegyptens und Griechenlands*, Vienne, 2006, p. 25-36.

BUSSMANN 2009

R. Bussmann, *Die Provinztempel Ägyptens von der 0. bis zur 11. Dynastie Archäologie und Geschichte einer gesellschaftlichen Institution zwischen Residenz und Provinz*, PdÄ 30, Leyde, 2009.

BUSSMANN 2013

R. Bussmann, « The Social Setting of the Temple of Satet in the Third Millennium BC » *in* D. Raue, St.J. Seidlmayer, Ph. Speiser (éd.), *The First Cataract of the Nile: One Region – Diverse Perspectives*, SDAIK 36, Berlin, Boston, 2013, p. 21-34, pl. 3.

CARAMELLO 2012

S. Caramello, « Physicians as Luxury Goods: The Role of Medicine in LBA International Relations » *in* G.A. Belova, S.V. Ivanov (éd.), *Achievements and Problems of Modern Egyptology, Proceedings of the International Conference Held in Moscow on September 29-October 2, 2009*, Moscou, 2012, p. 64-70.

CASTEL 2005

G. Castel, « Périodes d'occupation des cimetières secondaires du mastaba de Khentika à Balat (oasis de Dakhla) » *in* L. Pantalacci, C. Berger–El-Naggar (éd.), *Des Néferkarê aux Montouhotep. Travaux archéologiques en cours sur la fin de la VIe dynastie et la Première Période intermédiaire. Actes du Colloque CNRS – Université Lumière-Lyon 2, tenu les 5-7 juillet 2001*, TMO 40, Lyon, 2005, p. 73-105.

CASTEL, PANTALACCI 2005

G. Castel, L. Pantalacci, *Balat* VII. *Les cimetières est et ouest du mastaba de Khentika*, FIFAO 52, Le Caire, 2005.

CASTEL *et al.* 2001a

G. Castel, N. Cherpion, L. Pantalacci, *Balat* V. *Le mastaba de Khentika. Tombeau d'un gouverneur de l'Oasis à la fin de l'Ancien Empire*, vol. 1, *Texte*, FIFAO 40, Le Caire, 2001.

CASTEL *et al.* 2001b

G. Castel, N. Cherpion, L. Pantalacci, *Balat* V. *Le mastaba de Khentika. Tombeau d'un gouverneur de l'Oasis à la fin de l'Ancien Empire*, vol. 2, *Planches*, FIFAO 40, Le Caire, 2001.

CHAUVET 2007
V. Chauvet, « Royal Involvement in the Construction of Private Tombs in the Late Old Kingdom » *in* Chr. Cardin, J.-Cl. Goyon (éd.), *Proceedings of the Ninth International Congress of Egyptologists, Grenoble, 6-12 September 2004*, OLA 150/1, Louvain, Paris, Dupley, 2007, p. 303-322.

CHERPION 1999
N. Cherpion, « La statue du sanctuaire de Medounefer », *BIFAO* 99, 1999, p. 85-101.

COLLIER, QUIRKE 2002
M. Collier, St. Quirke, *The UCL Lahun Papyri: Letters*, BAR-IS 1083, Oxford, 2002.

COLLIER, QUIRKE 2004
M. Collier, St. Quirke, *The UCL Lahun Papyri: Religious, Literary, Legal, Mathematical and Medical*, BAR-IS 1209, Oxford, 2004.

COLLIER, QUIRKE 2006
M. Collier, St. Quirke, *The UCL Lahun Papyri: Accounts*, BAR-IS 1471, Oxford, 2006.

CRUBÉZY *et al.* 2002
É. Crubézy, Th. Janin, B. Midant-Reynes, *Adaïma* II. *La nécropole prédynastique*, FIFAO 47, Le Caire, 2002.

CRUBÉZY à paraître
É. Crubézy, *Demographic and Epidemiological Transitions Before the Pharaohs*, FIFAO 76, Le Caire, à paraître.

CRUZ-URIBE 1994
E. Cruz-Uribe, « A Model for the Political Structure of Ancient Egypt » *in* D.P. Silverman (éd.), *For His Ka: Essays Offered in Memory of Klaus Baer*, SAOC 55, Chicago, 1994, p. 45-53.

DAMON 2012
J. Damon, « Les classes moyennes : définitions et situations », *Études* 416, mai 2012, p. 605-616.

EL-DIN 1994
M. el-Din, « Discovery of a Tomb of the Late Old Kingdom below the Rock Tombs of Qubbet el-Hawa, Aswân », *MDAIK* 50, 1994, p. 31-34, pl. 2.

DORN 2005
A. Dorn, « Les objets d'un dépôt de sanctuaire (*ḥwt-kꜣ*) à Éléphantine et leur utilisation rituelle » *in* L. Pantalacci, C. Berger–El-Naggar (éd.), *Des Néferkarê aux Montouhotep. Travaux archéologiques en cours sur la fin de la VIe dynastie et la Première Période intermédiaire. Actes du Colloque CNRS – Université Lumière-Lyon 2, tenu le 5-7 juillet 2001*, TMO 40, Lyon, 2005, p. 129-144.

DORN 2015
A. Dorn, *Elephantine* XXXI: *Kisten und Schreine im Festzug. Hinweise auf postume Kulte für hohe Beamte aus einem Depot von Kult- und anderen Gegenständen des ausgehenden 3. Jahrtausends v. Chr.*, AVDAIK 117, Wiesbaden, 2015.

DREYER 1975
G. Dreyer, « II. Satettempel: Felsnische » *in* W. Kaiser *et al.*, « Stadt und Tempel von Elephantine. Fünfter Grabungsbericht », *MDAIK* 31/1, 1975, p. 51-58, pl. 16-26.

DREYER 1976
G. Dreyer, « Satettempel: Felsnische » *in* W. Kaiser *et al.*, « Stadt und Tempel von Elephantine. Sechster Grabungsbericht », *MDAIK* 32, 1976, p. 75-87, pl. 17-26.

DREYER 1986
G. Dreyer, *Elephantine* VIII: *Der Tempel der Satet. Die Funde der Frühzeit uns des Alten Reiches*, AVDAIK 39, Mayence, 1986.

DREYER, KAISER 1980
G. Dreyer, W. Kaiser, « Zu den kleinen Stufenpyramiden Ober- und Mittelägyptens », *MDAIK* 36, 1980, p. 43-59, pl. 68-77.

DUBIEL 2008
U. Dubiel, *Amulette, Siegel und Perlen. Studien zur Typologie and Tragesitte im Alten und Mittleren Reich,* OBO 229, Fribourg, Göttingen, 2008.

DUBIEL 2012
U. Dubiel, « Protection, Control and Prestige – Seals Among the Rural Population of Qau-Matmar » *in* I. Regulski, K. Duistermaat, P. Verkinderen (éd.), *Seals and Sealing Practices in the Near East: Developments in Administration and Magic from Prehistory to the Islamic Period. Proceedings of an International Workshop at the Netherlands-Flemish Institute in Cairo on December 2-3, 2009*, OLA 219, Louvain, Paris, Walpole (MA), 2012, p. 51-80.

Edel 2008a
E. Edel, *Die Felsgräbernekropole der Qubbet el-Hawa bei Assuan, I. Abteilung,* Band 1, *Architekture, Darstellungen, Texte, archäologischer Befund und Funde der Gräber QH 24 – QH 34p*, Munich, Paderborn, Vienne, Zürich, 2008.

Edel 2008b
E. Edel, *Die Felsgräbernekropole der Qubbet el-Hawa bei Assuan, I. Abteilung,* Band 2, *Architekture, Darstellungen, Texte, archäologischer Befund und Funde der Gräber QH 35 – QH 101*, Munich, Paderborn, Vienne, Zürich, 2008.

Edel 2008c
E. Edel, *Die Felsgräbernekropole der Qubbet el-Hawa bei Assuan, I. Abteilung,* Band 3, *Architekture, Darstellungen, Texte, archäologischer Befund und Funde der Gräber QH 102 – QH 209*, Munich, Paderborn, Vienne, Zürich, 2008.

Engel 2008d
E.-M. Engel, « Seal Impressions of the Old Kingdom » *in* D. Raue *et al.*, « Report on the 35th Season of Excavation and Restoration on the Island of Elephantine », *ASAE* 82, 2008, p. 219-221.

Engel 2009
E.-M. Engel, « Early Dynastic and Old Kingdom Seal Impressions » *in* D. Raue *et al.*, « Report on the 36th Season of Excavation and Restoration on the Island of Elephantine », *ASAE* 83, 2009, p. 372-375.

Engelmann-von Carnap 1999
B. Engelmann-von Carnap, *Die Struktur des Thebanischen Beamtenfriedhofs in der ersten Hälfte der 18. Dynastie. Analyse von Position, Grundrißgestaltung und Bildprogramm der Gräber*, ADAIK 15, Berlin, 1999.

Farout 1994
D. Farout, « La carrière du *wḥmw* Ameny et l'organisation des expéditions au ouadi Hammamat au Moyen Empire », *BIFAO* 94, 1994, p. 143-172.

Fischer 1961
H.G. Fischer, « Three Old Kingdom Palimpsests in the Louvre », *ZÄS* 86, 1961, p. 21-31.

Fischer 1976
H.G. Fischer, « Administrative Titles of Women in the Old and Middle Kingdom » in *Egyptian Studies* I, New York, 1976, p. 69-79.

Fischer 1977
H.G. Fischer, « Old Kingdom Cylinder Seals for the Lower Classes » in *Ancient Egypt in the Metropolitan Museum Journal,* vol. 1-11 *(1968-1976)*, New York, 1977, p. 51-62.

Fischer 2000
H.G. Fischer, *Egyptian Women of the Old Kingdom and of the Heracleopolitan Period*, New York, 1989, 2000 (2e éd.).

Fitzenreiter 2001
M. Fitzenreiter, « Grabdekoration und die Interpretation funerärer Rituale im Alten Reich » *in* H. Willems (éd.), *Social Aspects of Funerary Culture in the Egyptian Old and Middle Kingdoms. Proceedings of the International Symposium Held at Leiden University 6-7 June, 1996*, OLA 103, Louvain, Paris, Sterling (Virginie), 2001, p. 67-140.

Fitzenreiter 2004
M. Fitzenreiter, *Zum Toteneigentum im Alten Reich*, ACHET A4, Berlin, 2004.

Förster 2007
Fr. Förster, « With Donkeys, Jars and Water Bags Into the Libyan Desert: the Abu Ballas Trail in the Late Old Kingdom/First Intermediate Period », *BMSAES* 7, 2007, p. 1-39.

Förster 2015
Fr. Förster, *Der Abu Ballas-Weg. Eine pharaonischen Karawanenroute durch die Libysche Wüste*, Africa Praehistorica 28, Cologne, 2015.

Franke 1984a
D. Franke, *Personendaten aus dem Mittleren Reich (20.-16. Jahrhundert v. Chr.). Dossiers 1-796,* ÄA 41, Wiesbaden, 1984.

Franke 1984b
D. Franke, « Probleme der Arbeit mit altägyptischen Titeln des Mittleren Reiches », *GM* 83, 1984, p. 103-124.

Franke 1991
D. Franke, « The Career of Khnumhotep III of Beni Hasan and the So-called "Decline of the

Nomarchs" » *in* St. Quirke (éd.), *Middle Kingdom Studies*, New Malden, 1991, p. 51-67.

FRANKE 1994
D. Franke, *Das Heiligtum des Heqaib auf Elephantine. Geschichte eines Provinzheiligtums im Mittleren Reich*, SAGA 9, Heidelberg, 1994.

FRANKE 1998
D. Franke, « Kleiner Mann (*nḏs*) – was bist Du? », *GM* 167, 1998, p. 33-48.

GARDINER 1908
A.H. Gardiner, « Inscriptions from the Tomb of Si-renpowet I., Prince of Elephantine », *ZÄS* 45, 1908, p. 123-140, pl. VI-VIII.

GIDDY, GRIMAL 1979
L. Giddy, N. Grimal, « Rapport préliminaire sur la seconde campagne de fouilles à Balat (oasis de Dakhleh) : le secteur nord du Mastaba V », *BIFAO* 79, 1979, p. 41-49, pl. XX-XXIII.

GOEDICKE 1998
H. Goedicke, « Dienstränge im Alten Reich? », *SAK* 25, 1998, p. 101-111.

GOURDON 2014
Y. Gourdon, « Les gouverneurs de l'oasis de Dakhla à la fin de l'Ancien Empire », *BIFAO* 114, 2014, p. 201-226.

GRAJETZKI 2003
W. Grajetzki, *Die höchsten Beamten der ägyptischen Zentralverwaltung zur Zeit des Mittleren Reiches. Prosopographie, Titel und Titelreihen*, ACHET 2, Berlin, 2003.

GRAJETZKI 2010
W. Grajetzki, « Class and Society: Position and Possessions » *in* W. Wendrich (éd.), *Egyptian Archaeology*, Oxford, 2010, p. 180-199.

GRANDET 1998
P. Grandet, *Contes de l'Égypte ancienne*, Paris, 1998.

GRANDET 2002
P. Grandet, « Aspects administratifs et économiques des temples funéraires royaux thébains au Nouvel Empire », *CdE* 77, fasc. 153-154, 2002, p. 108-127.

GRAS 2000
M. Gras, « Donner du sens à l'objet. Archéologie, technologie culturelle et anthropologie », *Annales HSS* 55, 2000, p. 601-614.

GRESKY *et al.* 2013
J. Gresy, N. Roumelis, A. Kozak, M. Schultz, « "Folter" im Alten Reich? Untersuchungen zu den Ursachen und der Häufigkeit von Traumata bei der altägyptischen Population von Elephantine » *in* D. Raue, St.J. Seidlmayer, Ph. Speiser (éd.), *The First Cataract of the Nile: One region – Diverse Perspectives*, SDAIK 36, Berlin, Boston, 2013, p. 77-89.

GRIMAL 1992
N. Grimal, « Travaux de l'Institut français d'archéologie orientale en 1991-1992 », *BIFAO* 92, 1992, p. 211-286.

HABACHI 1985
L. Habachi, *Elephantine* IV: *The Sanctuary of Heqaib*, AVDAIK 33, Mayence, 1985.

HAWASS 2004
Z. Hawass, « The Tombs of the Pyramid Builders – The Tomb of the Artisan Petety and His Curse » *in* G.N. Knoppers, A. Hirsch (éd.), *Israel, Egypt, and the Ancient Mediterranean World. Studies in Honor of Donald B. Redford*, Leyde, Boston, 2004, p. 21-39.

HELCK 1957
W. Helck, « Bemerkungen zu den Pyramidenstädten im Alten Reich » in *Festschrift zum 80. Geburtstag von Professor Dr. Hermann Junker, MDAIK* 15/1, 1957, p. 91-111.

HELCK 1959
W. Helck, « Die soziale Schichtung des ägyptischen Volkes im 3. und 2. Jahrtausend v. Chr. », *JESHO* 2, 1959, p. 1-36.

HERBICH, RICHARDS 2006
T. Herbich, J. Richards, « The Loss and Rediscovery of the Vizier Iuu at Abydos: Magnetic Survey in the Middle Cemetery » *in* E. Czerny, I. Hein, H. Hunger, D. Merlman, A. Schwab (éd.), *Timelines: Studies in Honour of Manfred Bietak*, OLA 149/1, Louvain, Paris, Dudley, 2006, p. 141-150.

HOFFMAN *et al.* 1986
M.A. Hoffman, H.A. Hamroush, R.O. Allen, « A Model of Urban Development for the

Hierakonpolis Region from Predynastic Through Old Kingdom Times », *JARCE* 23, 1986, p. 175-187.

Hope, Pettman 2012

C.A. Hope, A.J. Pettman, « Egyptian Connections with Dakhleh Oasis in the Early Dynastic Period to Dynasty IV: New Data from Mut al-Kharab » *in* R.S. Bagnall, P. Davoli, C.A. Hope (éd.), *The Oasis Papers 6: Proceedings of the Sixth International Conference of the Dakhleh Oasis Project*, Oxford, 2012, p. 147-165.

Jeffreys 2008

D. Jeffreys, « Archaeological Implications of the Moving Nile », *Egyptian Archaeology* 32, printemps 2008, p. 8-10.

Jeffreys 2012

D. Jeffreys, « Egyptian Landscapes and Environmental Archaeology », *Egyptian Archaeology* 41, automne 2012, p. 8-10.

Jeuthe 2014

Cl. Jeuthe, « Initial Results: The Sheikh Muftah Occupation at Balat North/1 (Dakhla Oasis) », *Archéo-Nil* 24, 2014, p. 103-114.

Kaiser 1975

W. Kaiser, « I. Satettempel: Gesamtbereich » *in* W. Kaiser *et al.*, « Stadt und Tempel von Elephantine. Fünfter Grabungsbericht », *MDAIK* 31/1, 1975, p. 40-51, pl. 15-23.

Kaiser 1993

W. Kaiser, « IV. Die Entwicklung des Satettempels in der 11. Dynastie » *in* W. Kaiser *et al.*, « Stadt und Tempel von Elephantine. 19./20. Grabungsbericht », *MDAIK* 49, 1993, p. 145-152, pl. 28-29.

Kanawati 1977

N. Kanawati, *The Egyptian Administration in the Old Kingdom: Evidence of its Economic Decline*, Warminster, 1977.

Kanawati 1981

N. Kanawati, *Governmental Reforms in the Old Kingdom Egypt*, Warminster, 1981.

Kanawati 2004a

N. Kanawati, « Interrelation of the Capital and the Provinces into the Sixth Dynasty », *BACE* 15, 2004, p. 51-62.

Kanawati 2004b

N. Kanawati, « Niankhpepy/Sebekhetep/Hepi: Unusual Tomb and Unusual Career », *GM* 201, 2004, p. 49-61.

Kanawati, McFarlane 1992

N. Kanawati, A. McFarlane, *Akhmim in the Old Kingdom.* Part I: *Chronology and Administration*, ACE Studies 2, Sydney, 1992.

Kaper, Willems 2002

O.E. Kaper, H. Willems, « Policing the Desert: Old Kingdom Activity Around the Dakhleh Oasis » *in* R. Friedman (éd.), *Egypt and Nubia: Gifts of the Desert*, Londres, 2002, p. 79-94.

Katary 2010

S.L.D. Katary, « Distinguishing Subclasses in New Kingdom Society on Evidence of the Wilbour Papyrus » *in* J.C. Moreno García (éd.), *Élites et pouvoir en Égypte ancienne*, *CRIPEL* 28, 2010, p. 263-319.

Kemp 1977

B.J. Kemp, « The Early Development of Towns in Egypt », *Antiquity* 51, n° 203, 1977, p. 185-200.

Kemp 2006

B.J. Kemp, *Ancient Egypt: Anatomy of a Civilization*, Londres, 2006.

Klose, De Dapper, Raue 2009

I. Klose, M. De Dapper, D. Raue, « Geoarchaeological Survey: Drill Coring in Gharb Aswan » *in* M.C. Gatto *et al.*, « Archaeological Investigation in the Aswan-Kom Ombo Region (2007-2008) », *MDAIK* 65, 2009, p. 11-14.

Kloth 2002

N. Kloth, *Die (auto-)biographischen Inschriften des ägyptischen Alten Reiches: Untersuchungen zu Phraseologie und Entwicklung*, BSAK 8, Hambourg, 2002.

Kóthay 2002

K.A. Kóthay, « Houses and Households at Kahun: Bureaucratic and Domestic Aspects of Social Organization During the Middle Kingdom » *in* H. Györy (éd.), *« Le Lotus qui sort de terre ». Mélanges offerts à Edith Varga*, suppl. au *Bulletin du Musée hongrois des Beaux-Arts* 2001, Budapest, 2002, p. 349-368.

KUHLMANN 2005
Kl.P. Kuhlmann, « Der „Wasserberg des Djedefre“ (Chufu 01/1). Ein Lagerplatz mit Expeditionsinschriften der 4. Dynastie im Raum der Oase Dachla », *MDAIK* 61, 2005, p. 243-289, pl. 42.
LEAHY 1989
A. Leahy, « A Protective Measure at Abydos in the Thirteenth Dynasty », *JEA* 75, 1989, p. 41-60.
LEHNER 1985
M. Lehner, « The Development of the Giza Necropolis: The Khufu Project », *MDAIK* 41, 1985, p. 109-143.
LEHNER 2002
M. Lehner, « The Pyramid Age Settlement of the Southern Mount at Giza », *JARCE* 39, 2002, p. 27-74.
LEHNER 2010
M. Lehner, « Villages and the Old Kingdom » *in* W. Wendrich (éd.), *Egyptian Archaeology*, Oxford, 2010, p. 85-101.
LE PROVOST 2013
V. Le Provost, « Les plats d'offrandes des sanctuaires sud-est du palais des gouverneurs » *in* G. Soukiassian (éd.), *Balat* XI, *Monuments funéraires du palais et de la nécropole*, FIFAO 72, Le Caire, p. 29-63.
LOPRIENO 1996
A. Loprieno, « Loyalty to the King, to God, to Oneself » *in* P. der Manuelian (éd.), *Studies in Honor to William Kelly Simpson* II, Boston, 1996, p. 533-559.
LUFT 1982
U. Luft, « Illahunstudien, I: zu der Chronologie und den Beamten in den Briefen aus Illahun », *Oikumene* 3, 1982, p. 101-156.
LUFT 1992
U. Luft, *Das Archiv von Illahun, Hieratische Papyri aus den Staatlichen Museen zu Berlin, Lieferung* I, Briefe 1, Berlin, 1992.
LUFT 2006
U. Luft, *Urkunden zur Chronologie der späten 12. Dynastie: Briefe aus Illahun*, DÖAWW 34, Vienne, 2006.
LYTHGOE 1965
A.M. Lythgoe, *The Predynastic Cemetery N 7000: Naga-ed-Dêr.* Part IV, Berkeley, Los Angeles, 1965.
McDONALD 2002
M.M.A. McDonald, « Dakhleh Oasis in Predynastic and Early Dynastic Times: Bashendi B and the Sheikh Muftah Cultural Units », *Archéo-Nil* 12, décembre 2002, p. 109-120.
MACE 1909
A.C. Mace, *The Early Dynastic Cemeteries of Naga ed-Dêr*, Part II, Leipzig, 1909.
DER MANUELIAN 2006
P. der Manuelian, « A Re-Examination of Reisner's Nucleus Cemetery Concept at Giza. Preliminary Remarks on Cemetery G 2100 » *in* M. Bárta (éd.), *The Old Kingdom Art and Archaeology. Proceedings of the Conference Held in Prague, May 31 – June 4, 2004*, Prague, 2006, p. 221-230.
MESKELL 1999
L. Meskell, *Archaeologies of Social Life: Age, Sex, Class et cetera in Ancient Egypt*, Oxford, Malden, 1999.
MILLS 2012
A.J. Mills, « An Old Kingdom Trading Post at 'Ain el-Gazzareen, Dakhleh Oasis » *in* R.S. Bagnall, P. Davoli, C.A. Hope (éd.), *The Oasis Papers 6: Proceedings of the Sixth International Conference of the Dakhleh Oasis Project*, Oxford, 2012, p. 177-180.
MINAULT-GOUT 1995
A. Minault-Gout, « Les mastabas miniatures de Balat ou les cimetières secondaires du mastaba II », *BIFAO* 95, 1995, p. 297-328.
MINAULT-GOUT, DELEUZE 1992
A. Minault-Gout, P. Deleuze, *Balat* II, *Le mastaba d'Ima-Pépi*, FIFAO 33, Le Caire, 1992.
MOELLER 2010
N. Moeller, « The Influence of Royal Power on Ancient Egyptian Settlements from an Archaeological Perspective » *in* J.C. Moreno García (éd.), *Élites et pouvoir en Égypte ancienne*, *CRIPEL* 28, 2010, p. 193-210.

Moreno García 1998
J.C. Moreno García, « La population *mrt*: une approche du problème de la servitude dans l'Égypte du IIIe millénaire (I) », *JEA* 84, 1998, p. 71-83.
Moreno García 2004
J.C. Moreno García, « Temples, administration provinciale et élites locales en Haute-Égypte » *in* A. Gasse, V. Rondot (éd.), *Séhel. Entre Égypte et Nubie. Inscriptions rupestres et graffiti de l'époque pharaonique, Actes du colloque international de l'université Paul-Valéry 31 mai – 1er juin 2002*, OrMonsp 14, Montpellier, 2004, p. 7-22.
Moreno García 2005
J.C. Moreno García, « Élites provinciales, transformations sociales et idéologie à la fin de l'Ancien Empire et à la Première Période intermédiaire » *in* L. Pantalacci, C. Berger–El-Naggar (éd.), *Des Néferkarê aux Montouhotep. Travaux archéologiques en cours sur la fin de la VIe dynastie et la Première Période intermédiaire. Actes du Colloque CNRS – Université Lumière-Lyon 2, tenu les 5-7 juillet 2001*, TMO 40, Lyon, 2005, p. 215-228.
Moreno García 2006
J.C. Moreno García, « La gestion sociale de la mémoire dans l'Égypte du IIIe millénaire: les tombes des particuliers, entre emploi privé et idéologie publique » *in* M. Fitzenreiter, M. Herb (éd.), *Dekorierte Grabanlagen im Alten Reich. Methodik und Interpretation*, IBAES 6, Londres, 2006, p. 215-242.
Moreno García 2007
J.C. Moreno García, « A New Old Kingdom Inscription from Giza (CGC 57163), and the Problem of *sn-ḏt* in Pharaonic Third Millennium Society », *JEA* 93, 2007, p. 117-136.
Moreno García 2013
J.C. Moreno García, « Limits of Pharaonic Administration: Patronage, Informal Authorities, "Invisible" Elites and Mobile Populations » *in* M. Bartá, H. Küllmer (éd.), *Diachronic Trends in Ancient Egyptian History. Studies Dedicated to the Memory of Eva Pardey*, Prague, 2013, p. 88-101.
Morenz 2003
L.D. Morenz, « Die thebanischen Potentaten und ihr Gott. Zur Konzeption des Gottes Amun und der (Vor-)Geschichte des Sakralzentrums Karnak in der XI. Dynastie », *ZÄS* 130, 2003, p. 110-119.
Morenz *et al.* 2011
L.D. Morenz, M. Höveler-Müller, A. El Hawary (éd.), *Zwischen den Welten: Grabfunde von Ägyptens Südgrenze*, Rahden, 2011.
Myśliwiec 2013
K. Mysliwiec (Karol) (éd.), *Saqqara V: Old Kingdom Structures Between the Step Pyramid Complex and the Dry Moat. Part 2: Geology – Anthropology – Finds – Conservation*, Saqqara / Polish-Egyptian Archaeological Mission V/2, Varsovie, 2013.
Näser 2013
Cl. Näser, « Structures and Realities of Egyptian-Nubian Interactions from the Late Old Kingdom to the Early New Kingdom » *in* D. Raue, St.J. Seidlmayer, Ph. Speiser (éd.), *The First Cataract of the Nile: One Region – Diverse Perspectives*, SDAIK 36, Berlin, Boston, 2013, p. 135-148.
O'Connor 1992
D. O'Connor, « The Status of Early Egyptian Temples: An Alternative Theory » *in* R. Friedman, B. Adams (éd.), *The Followers of Horus: Studies Dedicated to Michael Allen Hoffman 1944-1990*, Oxford, 1992, p. 83-98.
O'Connor 1997
D. O'Connor, « The Elite House of Kahun » *in* J. Phillips, L. Bell, Br.B. William (éd.), *Ancient Egypt, the Aegean and the Near East: Studies in Honour of Martha Rhoads Bell*, San Antonio, 1997, p. 389-400.
O'Connor 2009
D. O'Connor, *Abydos: Egypt's First Pharaohs and the Cult of Osiris*, Londres, 2009.
Ösing 1982
J. Ösing, « Die beschrifteten Funde » *in* J. Ösing *et al.*, *Denkmäler der Oase Dachla. Aus dem Nachlass von Ahmed Fakhry*, AVDAIK 28, Mayence, 1982, p. 18-41.

PÄTZNICK 2005
J.-P. Pätznick, *Die Siegelabrollungen und Rollsiegel der Stadt Elephantine im 3. Jahrtausend v. Chr.: Spurensicherung eines archäologischen Artefaktes*, BAR-IS 1339, Oxford, 2005.

PANTALACCI 1985
L. Pantalacci, « Une nouvelle stèle de la nécropole de Balāt », *BIFAO* 85, 1985, p. 255-257, pl. XLI.

PANTALACCI 1996
L. Pantalacci, « Fonctionnaires et analphabètes : sur quelques pratiques administratives observées à Balat », *BIFAO* 96, 1996, p. 359-367.

PANTALACCI 1997
L. Pantalacci, « De Memphis à Balat : les liens entre la Résidence et les gouverneurs de l'oasis à la fin de la VIe dynastie » *in* C. Berger, B. Mathieu (éd.), *Études sur l'Ancien Empire et la nécropole de Saqqâra dédiées à Jean-Philippe Lauer*, OrMonsp 9, Montpellier, 1997, p. 341-349.

PANTALACCI 1998a
L. Pantalacci, « La documentation épistolaire du palais des gouverneurs de Balat-'Ayn Aṣīl », *BIFAO* 98, 1998, p. 303-316.

PANTALACCI 1998b
L. Pantalacci, « Les habitants de Balat à la VIe dynastie : esquisse d'histoire sociale » *in* Chr.J. Eyre (éd.), *Proceedings to the International Congress of Egyptologists. Cambridge, 3-9 September 1995*, OLA 82, Louvain, 1998, p. 829-837.

PANTALACCI 2001
L. Pantalacci, « L'administration royale et l'administration locale au gouvernorat de Balat d'après les empreintes de sceaux », *CRIPEL* 22, 2001, p. 153-160.

PANTALACCI 2002
L. Pantalacci, « Matériel inscrit » *in* G. Soukiassian, L. Pantalacci, M. Wuttmann, *Balat* VI. *Le palais des gouverneurs de l'époque de Pépy II. Les sanctuaires de ka et leurs dépendances*, FIFAO 46, Le Caire, 2002, p. 303-459.

PANTALACCI 2005a
L. Pantalacci, « Agriculture, élevage et société rurale dans les oasis d'après les archives de Balat (fin de l'Ancien Empire) », *CRIPEL* 25, 2005, p. 79-91.

PANTALACCI 2005b
L. Pantalacci, « Sceaux et empreintes de sceaux comme critères de datation. Les enseignements des fouilles de Balat » *in* L. Pantalacci, C. Berger-El-Naggar (éd.), *Des Néferkarê aux Montouhotep. Travaux archéologiques en cours sur la fin de la VIe dynastie et la Première Période intermédiaire. Actes du Colloque CNRS – Université Lumière-Lyon 2, tenu les 5-7 juillet 2001*, TMO 40, Lyon, 2005, p. 229-238.

PANTALACCI 2010
L. Pantalacci, « Organisation et contrôle du travail dans la province oasite à la fin de l'Ancien Empire. Le cas des grands chantiers de construction à Balat » *in* B. Menu (éd.), *L'Organisation du travail en Égypte ancienne et en Mésopotamie. Actes du colloque AIDEA, Nice 4-5 octobre 2004*, BdE 151, Le Caire, 2010, p. 139-154.

PANTALACCI 2013a
L. Pantalacci, « Balat, a Frontier Town and its Archive » *in* J.C. Moreno García (éd.), *Ancient Egyptian Administration*, HdO 104, Leyde, Boston, 2013, p. 197-214.

PANTALACCI 2013b
L. Pantalacci, « Broadening Horizons: Distant Places and Travels in Dakhla and the Western Desert at the End of the 3rd millennium » *in* Fr. Förtser, H. Riemer (éd.), *Desert Road Archaeology in Ancient Egypt and Beyond*, Africa Praehistorica 27, Cologne, 2013, p. 283-296.

PANTALACCI 2015
L. Pantalacci, « Famille royale et pouvoir oasite. Une fille royale à Balat à la fin de l'Ancien Empire » *in* R. Legros (éd.), *Cinquante ans d'éternité. Jubilé de la Mission archéologique française de Saqqâra (1963-2013)*, BdE 162, Le Caire, 2015, p. 301-308.

PAPAZIAN 2010
H. Papazian, « The Temple of Ptah and Economic Contacts Between Memphite Cult Centers in the Fifth Dynasty » *in* M. Dolińska, H. Beinlich (éd.), *8. Ägyptologische Tempeltagung: Interconnections between Temples*, KSG 3,3, Wiesbaden, 2010, p. 137-154.

PAPAZIAN 2012
H. Papazian, *Domain of Pharaoh: The Structure and Components of the Economy of Old Kingdom Egypt*, HÄB 52, Hildesheim, 2012.
PETRIE 1900
W.M.Fl. Petrie, *Dendereh 1898*, MEEF 17,1, Londres, 1900.
PETTMAN 2012
A.J. Pettman, « The Date of the Occupation of 'Ain el-Gazzareen Based on Ceramic Evidence » *in* R.S. Bagnall, P. Davoli, C.A. Hope (éd.), *The Oasis Papers 6: Proceedings of the Sixth International Conference of the Dakhleh Oasis Project*, Oxford, 2012, p. 181-208.
PETTMAN *et al.* 2012
A.J. Pettman, U. Thanheiser, C.S. Churcher, « Provisions for the Journey: Food Production in the "Bakery" Area of 'Ain el-Gazzareen, Dakhleh Oasis » in R.S. Bagnall, P. Davoli, C.A. Hope (éd.), *The Oasis Papers 6: Proceedings of the Sixth International Conference of the Dakhleh Oasis Project*, Oxford, 2012, p. 209-229.
VON PILGRIM 2001
C. von Pilgrim, « The Practice of Sealing in the Administration of the First Intermediate Period and the Middle Kingdom », *CRIPEL* 22, 2001, p. 161-172.
VON PILGRIM 2006
C. von Pilgrim, « Zur Entwicklung der Verehrungsstätten des Heqaib in Elephantine » *in* E. Czerny, I. Hein, H. Hunger, D. Melman, A. Schwab (éd.), *Timelines: Studies in Honour of Manfred Bietak*, OLA 149,1, Louvain, Paris, 2006, p. 403-418.
VON PILGRIM 2010
C. von Pilgrim, « Elephantine – (Festungs-) Stadt am Ersten Katarakt » *in* M. Bietak, E. Czerny, I. Forstner-Müller (éd.), *Cities and Urbanism in Ancient Egypt. Papers from a Workshop in November 2006 at the Austrian Academy of Sciences*, DÖAWW 60, UZK 35, Vienne, 2010, p. 257-270.
POSENER-KRIÉGER 1976
P. Posener-Kriéger, *Les archives du temple funéraire de Néferirkarê-Kakaï (Les papyrus d'Abousir). Traduction et commentaire*, BdE 65, Le Caire, 1976.
POSENER-KRIÉGER 1992
P. Posener-Kriéger, « Les tablettes en terre crue de Balat » *in* É. Lalou (éd.), *Les Tablettes à écrire de l'Antiquité à l'époque moderne. Actes du colloque international du CNRS, 10-11 octobre 1990*, Turnhout, 1992, p. 41-52.Les tablettes en terre crue de Balat » *in* É. Lalou (éd.), *Les Tablettes à écrire de l'Antiquité à l'époque moderne. Actes du colloque international du CNRS, 10-11 octobre 1990*, Turnhout, 1992, p. 41-52.
POSENER-KRIÉGER *et al.* 2006
P. Posener-Kriéger, M. Verner, H. Vymazalová, *Abusir X: The Pyramid Complex of Raneferef: The Papyrus Archives*, Prague, 2006.
QUIRKE 1990
St. Quirke, *The Administration of Egypt in the Late Middle Kingdom: The Hieratic Documents*, New Malden (Surrey), 1990.
QUIRKE 2004
St. Quirke, *Titles and Bureaux of Egypt 1850-1700 BC*, Londres, 2004.
QUIRKE 2010
St. Quirke, « Provincialising Elites: Defining Regions as Social Relations » *in* J.C. Moreno García (éd.), *Élites et pouvoir en Égypte ancienne*, *CRIPEL* 28, 2010, p. 51-66.
RANCIÈRE 2014
J. Rancière, *Les mots de l'histoire. Essai de poétique du savoir*, Paris, 2014
RAUE 2002
D. Raue, « Nubians on Elephantine Island », *Sudan and Nubia* 6, 2002, p. 20-24.
RAUE 2005
D. Raue, « Éléphantine. Cinq campagnes de fouilles dans la ville du 3e millénaire av. J.-C. », *BSFE* 163, juin 2005, p. 8-26.
RAUE 2008
D. Raue, « Die Stadt der späten 6. Dynastie und der frühen I. Zwischenzeit » *in* G. Dreyer *et al.*, « Stadt und Tempel von Elephantine. 33./34./35. Grabungsbericht », *MDAIK* 64, 2008, p. 74-78, fig. 3, pl. 16b, 19a-21b.

Raue 2013
D. Raue, « Centre and Periphery. Elephantine and its Surroundings in the Third Millennium BC » *in* D. Raue, St.J. Seidlmayer, Ph. Speiser (éd.), *The First Cataract of the Nile: One Region – Diverse Perspectives*, SDAIK 36, Berlin, Boston, 2013, p. 149-155, pl. 29.

Raue 2014
D. Raue, « Sanctuary of Heqaïb » *in* W. Wendrich (éd.), *UCLA Encyclopedia of Egyptology*, Los Angeles, 2014, http://escholarship.org/uc/item/2dp6m9bt, consulté le 30 mai 2017.

Redding 2009
R.W. Redding, « Why We Excavate Where We Do: The Western Compound and the Chute », *Giza Occasional Papers* 5, 2009, p. 105-109.

Reisner 1932
G.A. Reisner, *A Provincial Cemetery of the Pyramid Age: Naga-ed-Dêr.* Part III, Oxford, 1932.

Richards 1999
J. Richards, « Conceptual Landscapes in the Egyptian Nile Valley » *in* W. Ashmore, A.B. Knapp (éd.), *Archaeologies of Landscape: Contemporary Perspectives*, Oxford, 1999, p. 83-100.

Richards 2002
J. Richards, « Text and Context in Late Old Kingdom Egypt: The Archaeology and Historiography of Weni the Elder », *JARCE* 39, 2002, p. 75-102.

Richards 2003
J. Richards, « The Late Old Kingdom Cemetery at Abydos » *in* Z. Hawass (éd.), *Egyptology at the Dawn of the Twenty-first Century. Proceedings of the Eighth International Congress of Egyptologists, Cairo 2000*, vol. I, Le Caire, New York, 2003, p. 400-407.

Richards 2004
J. Richards, *Society and Death in Ancient Egypt: Mortuary Landscapes of the Middle Kingdom*, Cambridge, 2004.

Richards 2010
J. Richards, « Kingship and Legitimation » *in* W. Wendrich (éd.), *Egyptian Archaeology*, Oxford, 2010, p. 55-84.

Riemer *et al.* 2005
H. Riemer, Fr. Förster, St. Hendrickx, St. Nussbaum, B. Eichhorn, N. Pöllath, P. Schönfeld, Gr. Wagner, « Zwei pharaonische Wüstenstationen südwestlich von Dachla », *MDAIK* 61, 2005, p. 291-350, pl. 43-47.

Rösing 1990
Fr.W. Rösing, *Qubbet el Hawa und Elephantine: Zur Bevölkerungsgeschichte von Ägypten*, Stuttgart, Iéna, New York, 1990.

Roth 1993
A.M. Roth, « Social Change in the Fourth Dynasty: The Spatial Organization of Pyramids, Tombs, and Cemeteries », *JARCE* 30, 1993, p. 33-55.

Roth 1995
A.M. Roth, *A Cemetery of Palace Attendants Including G2084-2099, G2230 + 2231 and G2240*, Giza Mastabas 6, Boston, 1995.

Seidlmayer 1980
St.J. Seidlmayer, « VIII. Nordweststadt: Friedhof » *in* W. Kaiser *et al.*, « Stadt und Tempel von Elephantine. Achter Grabungsbericht », *MDAIK* 36, 1980, p. 280-289, pl. 64-66.

Seidlmayer 1982
St.J. Seidlmayer, « III. Nekropole, Keramikwerkstatt und königliche Anlage in der Nordweststadt » *in* W. Kaiser *et al.*, « Stadt und Tempel von Elephantine. Neunter/Zehnter Grabungsbericht », *MDAIK* 38, 1982, p. 284-306, pl. 62-65.

Seidlmayer 1987
St.J. Seidlmayer, « Wirtschaftliche und gesellschaftliche Entwicklung im Übergang vom Alten zum Mittleren Reich. Ein Beitrag zur Archäologie der Gräberfelder der Region Qau-Matmar in der Ersten Zwischenzeit » *in* J. Assmann, G. Burkard, V. Davies (éd.), *Problems and Priorities in Egyptian Archaeology*, Londres, 1987, p. 175-217.

Seidlmayer 1988
St.J. Seidlmayer, « Funerärer Aufwand und soziale Ungleichheit. Eine methodische Anmerkung zum Problem der Rekonstruktion der gesellschaftlichen Gliederung aus Friedhofsfunden », *GM* 104, 1988, p. 25-51.

Seidlmayer 1991
St.J. Seidlmayer, *Gräberfelder aus dem Übergang vom Alten zum Mittleren Reich. Studien zur Archäologie der Ersten Zwischenzeit*, SAGA 1, Heidelberg, 1990.

Seidlmayer 1996a
St.J. Seidlmayer, « Die staatliche Anlage der 3. Dynastie in der Nordweststadt von Elephantine » *in* M. Bietak (éd.), *Haus und Palast im Alten Ägypten*, Vienne, 1996, p. 195-214.

Seidlmayer 1996b
St.J. Seidlmayer, « Town and State in the Early Old Kingdom: A View from Elephantine » *in* J. Spencer (éd.), *Aspects of Early Egypt*, Londres, 1996, p. 108-127.

Seidlmayer 1999
St.J. Seidlmayer, « Aswan » *in* K.A. Bard (éd.), *Encyclopaedia of the Archaeology of Ancient Egypt*, Londres, New York, 1999, p. 152-157.

Seidlmayer 2001
St.J. Seidlmayer, « Die Ikonographie des Todes » *in* H. Willems (éd.), *Social Aspects of Funerary Culture in the Egyptian Old and Middle Kingdoms. Proceedings of the International Symposium Held at Leiden University 6-7 June, 1996*, OLA 103, Louvain, Paris, 2001, p. 205-252.

Seidlmayer 2006
St.J. Seidlmayer, « Der Beitrag der Gräberfelder zur Siedlungsarchäologie Ägyptens » *in* E. Czerny, I. Hein, H. Hunger, D. Melman, A. Schwab (éd.), *Timelines: Studies in Honour of Manfred Bietak*, OLA 149, Louvain, Paris, Dudley, 2006, p. 309-316.

Seidlmayer 2007
St.J. Seidlmayer, « People at Beni Hassan: Contributions to a Model of Ancient Egyptian Rural Society » *in* Z. Hawass, J. Richards (éd.), *The Archaeology and Art of Ancient Egypt. Essays in Honor of David B. O'Connor*, CASAE 36/2, Le Caire, 2007, p. 351-368.

Seidlmayer, Ziermann 1992
St.J. Seidlmayer, M. Ziermann, « Eine Friesinschrift von einem Mastaba-Grab des Alten Reiches aus Elephantine », *MDAIK* 48, 1992, p. 161-176, pl. 37-38.

Seyfried 2003
K.-J. Seyfried, « Dienstpflicht mit Selbstversorgung: Die Diener des Verstorbenen im Alten Reich » *in* H. Guksch, E. Hofmann, M. Bommas (éd.), *Grab und Totenkult im Alten Ägypten*, Munich, 2003, p. 41-59.

Simpson 1974
W.K. Simpson, *The Terrace of the Great God at Abydos: The Offering Chapels of Dynasties 12 and 13*, PPYE 5, New Haven, Philadelphie, 1974.

Simpson 1995
W.K. Simpson, *Inscribed Material from the Pennsylvania Yale Excavations at Abydos*, PPYE 6, New Haven, Philadelphie, 1995.

Smith 2001
St.T. Smith, « Sealing Practice, Literacy and Administration in the Middle Kingdom », *CRIPEL* 22, 2001, p. 173-195.

Soukiassian 2013
G. Soukiassian, « Les sanctuaires de gouverneurs du sud-est du palais » *in* G. Soukiassian (éd.), *Balat* XI. *Monuments funéraires du palais et de la nécropole*, FIFAO 72, Le Caire, 2013, p. 5-24.

Soukiassian *et al.* 2002
G. Soukiassian, L. Pantalacci, M. Wuttmann, *Balat* VI. *Le palais des gouverneurs de l'époque de Pépy II. Les sanctuaires de ka et leurs dépendances*, FIFAO 46, Le Caire, 2002.

Soukiassian *et al.* 2013
G. Soukiassian, Cl. Jeuthe, V. Le Provost, « Ayn Asil, palais des gouverneurs du règne de Pépy II. État des recherches sur la partie sud », *BIFAO* 113, 2013, p. 203-238.

Strudwick 1985
N. Strudwick, *The Administration of Egypt in the Old Kingdom*, Londres, 1985.

Testart 2001
A. Testart, « Deux politiques funéraires », *Trabalhos de Antropologica e Etnologia* 41/3-4, 2001, p. 45-66.

VALLOGGIA 1986

M. Valloggia, *Balat* I. *Le mastaba de Medou-Nefer*, FIFAO 31, Le Caire, 1986.

VALLOGGIA 1996

M. Valloggia, « Notes sur l'organisation administrative de l'oasis de Dakhla à la fin de l'Ancien Empire » in *Égypte pharaonique : pouvoir, société, Méditerranées* 6-7, Paris, 1996, p. 61-72.

VALLOGGIA 1998

M. Valloggia, *Balat* IV. *Le monument funéraire d'Ima-Pepy/Ima-Méryrê*, FIFAO 38, Le Caire, 1998.

VERNUS 2010

P. Vernus, « Comment l'élite se donne à voir dans le programme décoratif de ses chapelles funéraires. Stratégie d'épure, stratégie d'appogiature et le frémissement du littéraire » *in* J.C. Moreno García (éd.), *Élites et pouvoir en Égypte ancienne*, *CRIPEL* 28, 2010, p. 67-116.

VISCHAK 2007

D.A. Vischak, *Locality and Community in Old Kingdom Provincial Tombs: the Cemetery at Qubbet el-Hawa*, Ann Arbor (Michigan), 2007.

VISCHAK 2015

D.A. Vischak, *Community and Identity in Ancient Egypt: The Old Kingdom Cemetery at Qubbet el-Hawa*, Cambridge, 2015, p. 208-215.

VAN WALSEM 2005

R. van Walsem, *Iconography of Old Kingdom Elite Tombs: Analysis and Interpretation, Theoretical and Methodological Aspects*, Leyde, Louvain, 2005.

WEEKS 1983

N. Weeks, « "Care" of Officials in the Egyptian Old Kingdom », *CdE* 58, fasc. 115, 1983, p. 5-22.

WEGNER 2001

J. Wegner, « Institutions and Officials at South Abydos: An Overview of the Sigillographic Evidence », *CRIPEL* 22, 2001, p. 77-106.

WEGNER 2004

J. Wegner, « Social and Historical Implications of Sealings of the King's Daughter Reniseneb and other Women at the Town of *Wah-Sut* » *in* M. Bietak, E. Czerny (éd.), *Scarabs of the Second Millennium BC from Egypt, Nubia, Crete and the Levant: Chronological and Historical Implications. Papers of a Symposium, Vienna, 10th–13th of January 2002*, Contributions of the Chronology of the Eastern Mediterranean 8, DÖAWW 35, Vienne, 2004, p. 221-240.

WILLEMS 2014

H. Willems, *Historical and Archaeological Aspects of Egyptian Funerary Culture: Religious Ideas and Ritual Practice in Middle Kingdom Elite Cemeteries*, Culture and History of the Ancient Near East 73, Leyde, Boston, 2014.

WILLEMS *et al.* 2004

H. Willems *et al.*, « Preliminary Report of the 2002 Campaign of the Belgian Mission to Deir al-Barsha », *MDAIK* 60, 2004, p. 260-269, pl. 36.

WILLEMS *et al.* 2006

H. Willems *et al.*, « Preliminary Report of the 2003 Campaign of the Belgian Mission to Deir al-Barsha », *MDAIK* 62, 2006, p. 328-337, fig. 14-16.

WILLEMS *et al.* 2007

H. Willems, L. Op de Beck, T. Leiland Sagrillo, St. Vereecken, R. van Walsem, *Dayr al-Barsha* I: *The Rock Tombs of Djehutinakht (No. 17K74/1), Khnumnakht (No. 17K74/2), and Iha (No. 17K74/3). With an Essay on the History and Nature of Nomarch Rule in the Early Middle Kingdom*, OLA 155, Louvain, Paris, Dudley, 2007.

WITSELL 2014

A. Witsell, « A Return to Area AA: Informal Seals and Sealings of the Heit el-Ghurab », *AERAgram* 15/1-2, 2014, p. 32-34.

ZIEGLER 1990

Chr. Ziegler, *Catalogue des stèles, peintures et reliefs égyptiens de l'Ancien Empire et de la Première Période intermédiaire*, musée du Louvre, Paris, 1990.

ZIERMANN 1993

M. Ziermann, *Elephantine* 16: *Befestigungsanlagen und Stadtentwicklung in der Frühzeit und im frühen Alten Reich*, AVDAIK 87, Mayence, 1993.

ZIERMANN 2003

M. Ziermann, *Elephantine* 28: *Die Baustrukturen des älteren Stadt (Frühzeit und Altes Reich)*, AVDAIK 87, Mayence, 2003.

The Votive Stela of the "Overseer of the Singers of the King" *Nfr-rnpt* (Egyptian Museum Cairo TR 14.6.24.17)

AHMED M. MEKAWY OUDA*

THIS paper republishes the votive stela of *Nfr-rnpt* at the Egyptian Museum Cairo (inv. Nr. TR 14.6.24.17). It was published previously in 1936 by P. Labib, but this study did not give a hieroglyphic transcription of the stela.[1] The translation of the inscriptions also needs to be revised. Additionally, P. Labib overlooked the work of A. Mariette which indicates that this stela came from Abydos,[2] so the provenance needs no longer be based on assumption. Furthermore, the previous publication did not offer a commentary on the stela—on the titles of the owner, or the costume of the figures shown which help to identify the chronology. Thus, the present paper will investigate the history of the publication of the stela which has never been completely discussed. Secondly, the complete transcription for the stela, as well as a transliteration, a translation and a commentary on the inscriptions and titles of the owner will be given. The approach focuses on a newly facsimile of the stela, in order to point out the elements that previous studies did not remark.

* Faculty of Archaeology, Department of Egyptology, Cairo University. I would like to thank Jan Picton for her help and the correction of my English. Special thanks go to my colleagues Mostafa Nagdy, Noura Mahmoud, and Hoda Kamal for their help with the drawing of TR 14.6.24.17. I am also very grateful to Ms. Marwa Abd el-Razik and Mr. Sameh Abdel Mohsen of the Egyptian Museum in Cairo for their help with the excellent photographs of this stela.

1 P.Cl. LABIB, "The Stela of Nefer-Ronpet", *ASAE* 36, 1936, pp. 194–196.

2 A. MARIETTE, *Catalogue général des monuments d'Abydos découverts pendant les fouilles de cette ville*, Paris, 1880, p. 434 [1159].

HISTORY OF THE PUBLICATION

A. Mariette[3] was the first scholar to publish the stela in 1880, giving only a brief description of the object.[4] He delivered a partial transcription of the sections which focus on the titles of the owner, his family's affiliation and the last three lines of the second register, containing a threat-formula.[5] A. Mariette recorded the discovery of this stela with seven other stelae in the northern part of the southern cemetery at Abydos.[6] These eight stelae do not bring any royal name. The datation was based on the common features, distinctive of the 19th Dynasty.[7]

K. Piehl[8] also published this stela in 1895.[9] He translated the eleven lines of hieroglyphs of the lower register, providing two plates of vertical lines for the entire transcription, running from left to right.[10] However, he did not translate the inscriptions accompanying the deities and the people in the upper register.[11] Furthermore, no comment on the inscriptions of the stela were done. He reported that the stela was at the Museum of Boulaq.[12]

A slip in the dictionary of Berlin (no. 545), copies the titles of *Nfr-rnpt* and his brother, *Ỉmn-wꜣḥ-sw*, and their family affiliation on this stela. Later, P. Labib[13] published this stela, showing an image for the first time and giving a translation.[14] I listed this stela as a source for the goddess Werethekau, in the catalogue of my unpublished PhD.[15] However, I did not comment the inscriptions as it was a secondary object study, on which *Ỉmn-wꜣḥ-sw*, brother's owner, bore the title of "first god's servant of Werethekau".[16] I also listed the stela in two other recent publications.[17]

DESCRIPTION

The stela is currently kept in the Egyptian Museum Cairo, with the temporary number TR 14.6.24.17. It is a round-top limestone stela, well preserved apart from some erosion on the top curve, and retains some colour. Its height is 98 cm and width 66 cm. It has two registers.

First Register

The upper register shows two scenes. The right scene depicts the owner of the stela adoring Osiris and Isis. *Nfr-rnpt* wears an ankle length wrap-around kilt with a long tunic over the

3 M.L. Bierbrier (ed.), *Who was who in Egyptology*, 1951, 4th ed., London, 2012, pp. 355–357.
4 A. Mariette, loc. cit.
5 Ibid., p. 434.
6 Ibid., pp. 433–437 [1158–1165].
7 Ibid., p. 415.
8 M.L. Bierbrier, op. cit., p. 432.
9 K. Piehl, *Inscriptions hiéroglyphiques recueillies en Europe et en Égypte*, 3rd serie, I–II, Leipzig, 1895–1903, p. 57, pls. 90–92.
10 Ibid.
11 Ibid., p. 57.
12 Ibid., pp. 36, 57.
13 M.L. Bierbrier, op. cit., p. 305.
14 P.Cl. Labib, loc. cit.
15 A.M.M. Ouda, *Werethekau 'Great of Magic' in the Religious Landscape of Ancient Egypt*, II, PhD thesis, University College London, London, 2014, pp. 244–245.
16 Ibid., p. 325.
17 A.M.M. Ouda, "Did Werethekau 'Great of Magic' have a Cult? A Disjunction Between the Scholarly Opinions and Sources", *Current Research in Egyptology 2013, Proceedings of the Fourteenth Annual Symposium*, Oxford, 2014, pp. 110–111; A.M.M. Ouda, "Werethekau and the Votive Stela of *P3-n-Imn* (Bristol Museum H 514)", *BMSAES* 22, 2015, p. 69.

top, a collar, and sandals on his feet. He does not wear a wig and his head is shaved. Osiris and Isis stands before him. Osiris is depicted in mummiform, standing on a pedestal, wearing a broad collar, and counterpoise, an Atef-crown with cobra, and a divine beard. He holds a *wȝs*-sceptre in his hands. Isis is shown standing behind, or perhaps next to Osiris, with her right hand raised in blessing. She wears the tripartite wig, crowned with the sun-disc, flanked by two horns, and a long tight ankle-length dress.

The inscription before the deceased reads:

3 2 1

[1] *dỉt ỉȝw n*
[2] *Wsỉr ỉn ỉmy-rȝ ḥsyw*
[3] *n nb-tȝwy Nfr-rnpt mȝˁ-ḫrw*

[1] *Giving adoration to*
[2] *Osiris by the overseer of singers*
[3] *of the lord of the Two Lands,*[a] Nfr-rnpt, *Justified*

a. This title occurs twice in the second register of the stela in the form of *ỉmy-rȝ ḥsyw n nb-tȝwy* (ll. 1 and 4, see below), and twice more in the form of *ỉmy-rȝ ḥsyw n pr-ˁȝ* (ll. 7, 8 and 9, see below).[18] It seems that this was his main title, preceding his name in the four examples. He bores another title on the stela, *ỉmy-rȝ ḥsyw n nṯrw nbw*[19] (l. 1, below). These two titles linked *Nfr-rnpt* to the king, the royal palace and the temple.[20]

18 Cf. the titles of *ỉmy-rȝ ḥsww pr-ˁȝ*, "overseer of singers of the Great House", *ỉmy-rȝ ḥsyw* and *ỉmy-rȝ ḥsywt nt pr nb.f ˁnḫ wḏȝ snb*: D. Jones, *An Index of Ancient Egyptian Titles, Epithets and Phrases of the Old Kingdom*, I, BAR-IS 866, Oxford, 2000, p. 181; B. Mathieu, "Réflexions sur le 'fragment Daressy'", in Chr. Zivie-Coche, I. Guermeur (eds.), *Parcourir l'éternité: hommages à Jean Yoyotte*, II, BEHE 8, Turnhout, 2012, p. 836; W.A. Ward, *Index of Egyptian Administrative and Religious Titles of the Middle Kingdom: With a Glossary of Words and Phrases Used*, Beirut, 1982, p. 38 [285–286].

19 Cf. E. Teeter, "Inside the Temple: The Role and Function of Temple Singers", in E. Teeter, J.H. Johnson (eds.), *The Life of Meresamun: a Temple Singer in Ancient Egypt*, OIMP 29, Chicago, 2009, p. 25.

20 S.S. Eichler, *Die Verwaltung des Hauses des Amun in der 18. Dynastie*, SAK, Beiheft 7, Hamburg, 2000, pp. 168–169; P. Brissaud, Chr. Zivie-Coche, *Tanis : travaux récents sur le Tell Sân el-Hagar*, Paris, 1998, p. 481. The word *ḥsy* is used to describe a singer-player, especially in the scenes which include harpists or a group of musicians: S.L. Onstine, *The Role of the Chantress (šmˁyt) in Ancient Egypt*, BAR-IS 1401, Oxford, 2005, p. 14; S.E. Fantechi, A.P. Zingarelli, "Singers and Musicians in New Kingdom Egypt", *GM* 186, 2002, p. 28, n. 15. The title, *ỉmy-rȝ ḥsyw*, is attested in relation to specific gods: Ptah, Amun, Amun-Ipet: S.L. Onstine, op. cit., p. 14; S.S. Eichler, op. cit., p. 168; Ph. Brissaud, Chr. Zivie-Coche, op. cit., p. 471, pl. VII a, fig. 1, pp. 474–76, pl. VII b, fig. 2.

The inscription above the deities reads:

1 2 3

[1] *Wsỉr ḫnty*
[2] *Ỉmntt nb ꜣbḏw*
[3] *ꜣst wrt nbt pt*

[1] *Osiris foremost of*
[2] *the West, lord of Abydos*
[3] *Isis, the great, lady of heaven*

The other scene, on the left of the upper register, represents *Ỉmn-wꜣḥ-sw*, the brother of *Nfr-rnpt*, adoring Horus and Wepwawet. The god Horus is represented with a falcon head wearing a tripartite wig and the double Crown. He wears a short tight kilt with bull's tail hanging from the waist. He is bare-chested except for a broad collar. He holds a *wꜣs*-sceptre in his right hand, while his left hand grasps an *ꜥnḫ*-sign. The god Wepwawet is depicted with the head of jackal standing behind, or perhaps next to Horus, with both hands at his sides. He wears a short tight kilt with a tail falling behind, and a tripartite wig. *Ỉmn-wꜣḥ-sw* stands before the gods with hands raised in adoration pose. He wears complex layered clothing. He has a fine tunic worn as an under-garment, a long wrap-around kilt over this and a sash kilt tied around the hips so it is positioned high at the back and low in the front. He also wears sandals and a broad collar. His head is bald and neck is thin.

The inscription above *Ỉmn-wꜣḥ-sw* reads:

1 2 3 4

[1] *rdỉt ỉꜣw n Ḥr Wp-wꜣwt*
[2] *ỉn ḥm-nṯr tpy n Wrt-ḥkꜣw*
[3-4] *ỉmy-rꜣ ỉmyw-ḫnt Ỉmn-wꜣḥ-sw*

[1] *Giving adoration to Horus and Wepwawet*
[2] *by the first god's servant of Werethekau*[a]
[3-4] *overseer of chamberlains*[b] Ỉmn-wꜣḥ-sw

a. Five people bore the title of the "first god's servant of Werethekau".[21] The earliest attestation dates to the 18th Dynasty, while the latest dates to the reign of Ramesses XI.[22] Other priests of the goddess Werethekau: the "pure-priest of Werethekau", "chief of the pure priests of Werethekau", and "god's servant of Werethekau", were attested from the New Kingdom onwards as well.[23]

b. The chamberlain took charge of dressing the king, adorning him with the jewellery,[24] and placing the crown on the head of the king.[25] He was very close to the king and his family inside the royal palace.[26] During the New Kingdom, the *ỉmy-ḫnt*, "chamberlain", was associated with the *wrḥw*, "the anointer", adorning and dressing the king in the ceremonies of the coronation and the *Sed*-festival.[27] The vizier *Pꜣ-sr*, contemporary of Seti I/Ramesses II, held the title of "overseer of chamberlains of the lord of the Two Lands" and the title of "the first god's servant of Werethekau".[28] It is the first clear example of combining the two titles.[29] This could help for dating our stela. However, there is an earlier example for *Ỉmn-ḥtp*, contemporary of Amenhotep III, who held the titles "great chamberlain" and "[first god's servant] of Werethekau" in his tomb at Qurna.[30] It was reconstructed by Helck.[31] *Ḥrỉ-ḏd.n.f* bore the title of "chamberlain" on his wooden statue Cairo JE 21871 [7d], which was found in Saqqara, and the title of "first god's servant of Werethekau", dated to the 18th Dynasty.[32]

21 A.M.M. Ouda, op. cit., p. 110.

22 Ibid., pp. 110–111; cf. a possible reconstruction for an earlier inscription in the tomb of *ḥqꜣ r nḥḥ* of the reign of Amenhotep II-Thutmose IV (TT 64: *LD* III, 260).

23 Ibid., pp. 107–110.

24 K. Daoud, "Ramose, an Overseer of the Chamberlains at Memphis", *JEA* 80, 1994, p. 204; M. El-Alfi, "Le torse d'une statue d'Achmoun", *DiscEg* 21, 1991, pp. 13–14, n. 12.

25 M. Guilmot, "Le titre *Imj-khent* dans l'Égypte Ancienne", *CdE* 39, 1964, p. 33; A. Gardiner, "The Coronation of King Ḥaremḥab", *JEA* 39, 1953, p. 26.

26 M. Guilmot, op. cit., p. 34. As for their participation in the funeral ceremonies and their service in the temple read: ibid., pp. 35, 37–38; K. Daoud, op. cit., p. 204; J.-Cl. Goyon, "L'origine et le du titre Tardif [...] et variantes. En marge du papyrus de Brooklyn 47.218.50 [1]", *BIFAO* 70, 1971, p. 81. The holders of this important title also held occasionally the title "the great god's servant of Heliopolis": M. El-Alfi, op. cit., p. 14. As for the title of "chamberlain of the god's wife" read: R. Moss, "The Statue of an Ambassador to Ethiopia at Kiev", *Kush* 8, 1960, p. 270; D. Metawi, "Pedesi, a Chamberlain of the Divine Adoratress (Cairo CG 670 and JE 37031)", *JARCE* 49, 2013, pp. 51–53, 55, figs. 6–7.

27 J.-Cl. Goyon, op. cit., pp. 79[2-3]–80; V. Loret, "Le tombeau de l'amxent Amen-hotep", *MMAF* 1, 1884, p. 27; during the Saite Period, the *ḫrp ḥwwt Nt*, "director of the temple of Neith" took the responsibility of the *ỉmy-ḫnt*, performing the ritual of the coronation: J.-Cl. Goyon, op. cit., p. 81.

28 A.M.M. Ouda, op. cit., p. 111.

29 Ibid., p. 111.

30 V. Loret, op. cit., p. 30; another contemporary example for *Pꜣ-sr* (temp. of Amenhotep III) who combines the titles of "overseer of chamberlains" and "god's servant of Werethekau" on stela Louvre C 65: A.M.M. Ouda, op. cit., p. 67; É. Drioton, "Essai sur la cryptographie privée de la fin de la XVIIIe dynastie", *RdE* 1, 1933, p. 25, pl. 4.

31 *Urk* IV, 1938.

32 L. Borchardt, *Statuen und Statuetten von Königen und Privatleuten*, III, CGC Nr. 1-1294, Berlin, 1930, p. 103, pl. 149; C. Chadefaud, *Les statues porte-enseignes de l'Égypte ancienne (1580–1085 avant J.-C.)*, Paris, 1982, p. 103.

The inscription above the deities reads:

4 3 2 1

[1] *Ḥr ỉnḏ-*[2] *ḥr ỉt.f sꜣ-ꜣst*
[3] *Wp-Wꜣwt*
[4] *nb-ꜣbḏw nṯr-ꜥꜣ nb tꜣ-ḏsrt*

[1] *Horus, avenger of* [2] *his father, son of Isis,*
[3] *Wepwawet*
[4] *lord of Abydos, the great god, lord of the Sacred land*

Second Register

The second register of the stela has a text of eleven lines of hieroglyphs. The inscription falls into three sections: the first one is an adoration of Osiris (ll. 1–4). The second section is an offering formula (ll. 5–9) which is dedicated to the Osiris triad, Wepawawet, and Anubis. The last section of the stela is a threat formula (ll. 9–11). The inscription reads as follow:

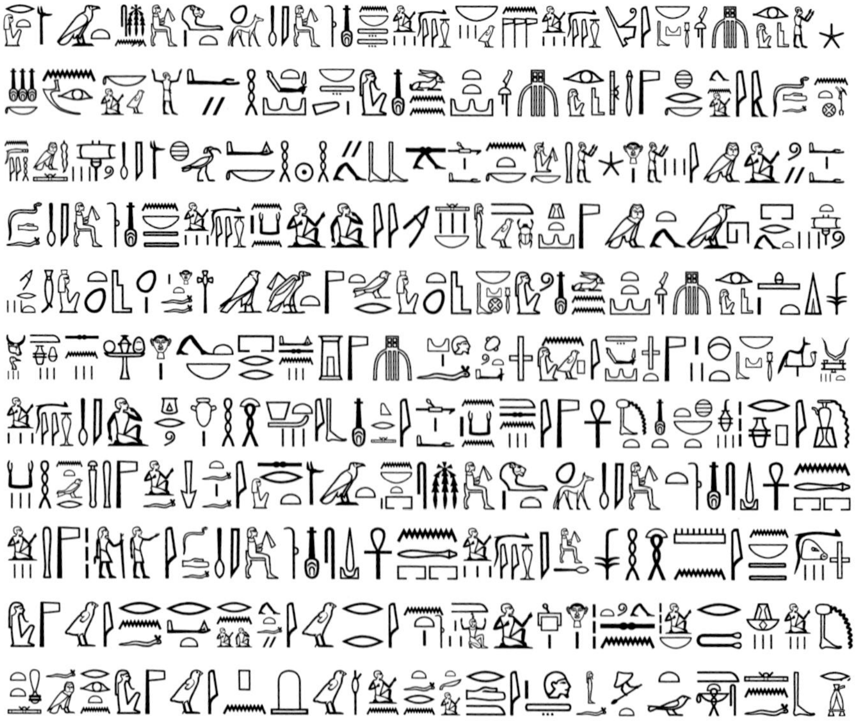

[1] [2] [3] [4] [5] [6] [7] [8] [9] [10] [11]

[1] *dwꜣ Wsỉr ḫnty ỉmntt nb ꜣbḏw*[a] *ỉn ỉmy-rꜣ ḥsyw n nṯrw nbw ỉmy-rꜣ ḥsyw n nb-tꜣwy*[b] *Nfr-rnpt mꜣꜥ-ḫrw, sꜣ sꜣb Ḥꜣt ms(w).n Tꜣ-wsrt*
[2] *n*[c] *Wꜣst ḏd.f ỉỉ.n.ỉ ḫr.k nṯr-ꜥꜣ Wsỉr ḫnty ỉmntt wnn-nfr nb tꜣ-ḏsrt ḥꜥy.kwỉ n mꜣ nfrw.k*
[3] *ꜥwy.ỉ m ỉꜣw ḥr dwꜣ ḥm.k ntk wꜥ sbby nḥḥ dỉ.k ꜣḫ wsr mꜣꜥ-ḫrw*[d] *ṯꜣw nḏm n mḥy*
[4] *ṯꜣw prt hꜣt m ḫrt-nṯr m ḫprw nb mry.ỉ n kꜣ n ỉmy-rꜣ ḥsyw*[e] *n nb-tꜣwy Nfr-rnpt mꜣꜥ-ḫrw ḏd.f*
[5] *ḥtp-dỉ-nsw Wsỉr ḫnty ỉmntt wnn-nfr nb ꜣbḏw ꜣst wrt mwt-nṯr Ḥr nḏ-ḥr ỉt.f*[f] *sꜣ ꜣst bnrt mrwt*
[6] *Wp-wꜣwt nb ꜣbḏw psḏt ỉmywt tꜣ-ḏsrt Ỉnpw ỉmy-wt tpy ḏw.f ḫnty sḥ-nṯr dỉ.sn*[g] *prrt nb(t) ḥr wdḥw.sn m t ḥnḳt*[h] *kꜣw ꜣpdw*
[7] *ḳbḥw ỉrp*[i] *ỉrṯt ḫt nbt nfrt wꜥbt ꜥnḫ(t) nṯr ỉm.sn n kꜣ n wꜥ ỉḳr nfr bỉꜣt wꜣḥ ỉb grw mꜣꜥ-ḫrw ỉmy-rꜣ ḥsyw*
[8] *n pr-ꜥꜣ ꜥnḫ(.w) wḏꜣ(.w) snb(.w) Nfr-rnpt mꜣꜥ-ḫrw sꜣ sꜣb Ḥꜣt ms n nbt-pr Tꜣ-wsrt ỉt.f sn.f ḥm-nṯr tpy n Wrt-ḥkꜣw*
[9] *ỉmy-rꜣ ỉmyw-ḫnt n nb-tꜣwy*[j] *Ỉmn-wꜣḥ-sw mꜣꜥ-ḫrw ỉmy-rꜣ ḥsyw n pr-ꜥꜣ ꜥnḫ(.w) wḏꜣ(.w) snb(.w) Nfr-rnpt mꜣꜥ-ḫrw ḏd.f ỉ wrw ḥmw-nṯrw*
[10] *wꜥbw ḫryw-ḥb rmṯ nb ỉwt.sn*[k] *ḥr sꜣ.ỉ m ḥḥw rnpt ỉr rwỉ.t(y).fy rn.ỉ r dỉt rn.f ỉw nṯr*
[11] *r ḏbꜣ n.f m skt ḫnt.f tp tꜣ ỉr dmt.f rn.ỉ n wḏ pn ỉw nṯr r*[l] *ỉrt n.f m mỉtt*[m]

[1] Adoring Osiris, foremost of the West, lord of Abydos, by the Overseer of the singers of all of the gods, Overseer of the singers of the lord of the Two Lands, *Nfr-rnpt*, justified, son of the dignitary *Ḥꜣt*, born of *Tꜣ-wsrt*
[2] of Thebes. He says: "I came before you, great god, Osiris, foremost of the west, Wenennefer, lord of the Sacred Land, rejoicing for seeing your beauty.
[3] My arms are in adoration, worshipping your majesty. You are the one who traverses eternity. May you give the glorification, the might, the justification, the gentle (*i.e.* sweet) breeze of the north,
[4] the breeze[n] which comes forth and back in the cemetery, in all forms which I love to the Ka-spirit of the Overseer of the singers of the lord of the Two Lands, *Nfr-rnpt*, justified." He says:
[5] "An offering-that-the-king-gives of Osiris, Foremost of the West, Wenennefer, lord of Abydos, Isis, the great, mother of the god, Horus, Avenger of his father, son of Isis, sweet[o] of love,[p]
[6] Wepwawet, lord of Abydos and ennead[q] who is in the sacred land, Anubis, who is in the mummy wrappings,[r] who is up on his mountain, in front of the divine booth, may they give all that comes forth on their altars of bread, beer, oxen, fowl
[7] cool water, wine, milk, and all good and pure things, which a god lives on them," for the Ka-spirit of the uniquely excellent, the good character, friendly one, quiet one,[s] justified, the overseer of the singers
[8] of the Pharaoh, l.p.h., *Nfr-rnpt*, justified, son of the dignitary, *Ḥꜣt*, born of lady of the house, *Tꜣ-wsrt*, (to) his father,[t] (and) his brother, first god's-servant of Werethekau,
[9] Overseer of the chamberlains of the lord of the Two Lands,[u] *Ỉmn-wꜣḥ-sw*, justified, the Overseer of the singers of the pharaoh, l.p.h., *Nfr-rnpt*, justified. He says: "O great ones, gods-servants,

[10] pure-priests, lector-priests, all people who will come after me in millions of years. As for him who shall remove my name to place his name, god will
[11] reimburse him, destroying his statue upon earth,[v] if he called my name on this stela, god will make to him likewise."

COMMENT ON THE PREVIOUS TRANSCRIPTION AND TRANSLATION (A. MARIETTE, K. PIEHL, P. LABIB)

a. Piehl adds the sign of *nỉwt* (O49), though the original inscription does not show it. [33]
b. Piehl used (N16) instead of (N17).[34]
c. Piehl missed the *n* (N35) in the transcription *ms(w).n*.[35]
d. Piehl used the sign (H6), though the correct one is (Aa11).[36]
e. Piehl used the sign (N33A), instead of (Z2).[37]
f. Piehl has an additional sign (Z1) in *ỉt.f*, though the original inscription does not have.[38]
g. The determinative of *sn* in Pieh's transcription is (N33A), though the right one is (Z2).[39]
h. Piehl applied the determinative of the three strokes (Z2) twice for *t* and *ḥnqt*, though the text used (Z2) once for both of the words.[40]
i. Piehl used the determinative of (Z2) in the word of *ỉrp*, though it is (Z3).[41]
j. Piehl used (N16) for the word of *tꜣwy*, but it is (N17). [42]
k. The three strokes (Z3) in *sn* were omitted in Piehl's copy.[43]
l. Mariette in the last line of the inscription used (D4) instead of (D21).[44]
m. Mariette overlooked the sign (Y1) in *mỉtt*.[45]
n. Labib overlooked the translation of *ṯꜣw*, "breeze" in l. 4, translating the sentence *ṯꜣw prt hꜣt m ḫrt-nṯr m ḫprw nb*, "a coming and going in the Underworld in every form". [46]
o. Piehl translated the word of *bnrt* into "palm",[47] instead of the expression *bnrt mrwt*, "sweet of love".[48]
p. This epithet is attested for both women and goddesses.[49] Mut held this epithet on the northern wall of the sanctuary in the Speos at Gebel el-Silsila from the reign of Horemheb,[50] the walls of the temple of Karnak,[51] and the eastern wall of the shrine of Khonsu in the forecourt of the temple of Luxor.[52] Mehit bore this epithet on the northern wall of the sanctuary of Horemheb at Gebel el-Silsila.[53] Isis held this epithet in a series of epithets on the aforementioned sanctuary at Gebel el-Silsila on the eastern wall[54] and also on a

33 K. Piehl, op. cit., pl. 91 [col. 2 from left].
34 Ibid., pl. 91 [col. 3 from left].
35 Ibid.
36 Ibid., pl. 91 [col. 5 from left].
37 Ibid.
38 Ibid., pl. 91 [col. 6 from left].
39 Ibid., pl. 91 [col. 7 from left]; cf. the word *ḫryw-ḥb* in his transcription as well (ibid., pl. 92, col. 2).
40 Ibid., pl. 91 [col. 8 from left].
41 Ibid.
42 Ibid., pl. 92 [col. 1 from left].
43 Ibid.
44 A. Mariette, op. cit., p. 434.
45 Ibid., p. 434.
46 P.Cl. Labib, op. cit., p. 195; K. Piehl, op. cit., p. 57.
47 K. Piehl, op. cit., p. 57.
48 *Wb* I, 463, 4-5.
49 *LGG* II, p. 805; *Wb* I. 463, 4-5.
50 A.-Chr. Thiem, *Speos von Gebel es-Silsileh: Analyse der architektonischen und ikonographischen Konzeption im Rahmen des politischen und legitimatorischen Programmes der Nachamarnazeit*, ÄAT 47,1, Wiesbaden, 2000, p. 182, pp. 328–329 [5], Abb. 17.
51 *KRI* I, 20 [8]; *KRI* VI, 88 [10].
52 *KRI* II, 616 [15].
53 A.-Chr. Thiem, op. cit., pp. 182, 328, 330 [11–12], Abb. 17.
54 Ibid., pp. 325–326 [6], Abb. 16.

stela BM EA 156 of the Ramesside Period.[55] Maat held the epithets *bnrt mrwt m ꜥḥ ỉt.s Rꜥ*, "sweet of love in the palace of her father, Re" in the tomb of the aforementioned vizier *Pꜣ-sr* (TT 106, Qurna).[56] Many other goddesses bore this epithet in the Greco-Roman Period.[57]

q. This should be translated into "the ennead",[58] instead of "the company of the gods"[59] or "le cycle divin".[60]

r. P. Labib translated the epithet of Anubis  into *ỉmy wḥꜣt*, "who is in the Oasis (?)".[61] However, the applicable transliteration and translation is *ỉmy wt*, "who is in the place of embalming"[62] or "who is in the mummy wrappings".[63]

s. P. Labib translated the word of *grw*, "silent". However, a suitable translation could be "quiet"[64] or "self-controlled".[65]

t. A. Mariette reported that the ancient Egyptian scribe did not write the name of *Nfr-rnpt*'s father, *Ḥꜣt*, after *ỉt.f*.[66] Piehl thought that *ỉt*, "father" is an honorary qualification for *Nfr-rnpt*'s brother, *Ỉmn-wꜣḥ-sw*, in this instance.[67] P. Labib translated the whole passage "his father and his brother were (?) the chief prophets of Werethekau".[68] However, there is another interpretation that the giving of the gods of bread, beer, oxen etc., is dedicated to the Ka-spirit of *Nfr-rnpt*, his father, and his brother. His father's name is not written, as it has been recalled in the family affiliation of *Nfr-rnpt* at the same line.

u. P. Labib translated *ỉmy-r ỉmyw-ḫnt* as "Overseer of the provisions of the lord of the Two Lands",[69] though the correct translation is "Overseer of chamberlains of the lord of the Two Lands".[70]

v. The threat-formulae invoked a threat against violators of the tomb, burial chamber, the image, and the corpse of the deceased.[71] In the Ramesside Period, there is an increase in using threat-formulae.[72] The king started invoking threats of divine punishment, imitating the individuals who started it earlier in time.[73] The inscriptions of the 19th Dynasty contain an invocation against the removal of a stela or an inscription from its place *e.g.* the monumental ostracon Boston MFA 11.1498:[74] "as for the vizier who shall remove this stela from its place: he shall not be satisfied with *mꜣꜥt*; nor shall he follow Amun in all his festivals".[75] Another inscription of the high priest of Amun, *Ḥry-Ḥr*, contemporary of Ramesses XI, on his statue in the Egyptian Museum Cairo, CG 42190, indicates that if anyone removes his image from its place (*rwỉ pꜣ twt ḥr st.f*) after many years, the Theban triad will punish him; his name shall not exist in the land of Egypt and he will die of hunger and thirst.[76] The closest threat-formula to our votive stela, the subject of this paper, is the inscription of the High Priest of Amun, *Ỉmn-Ḥtp*, contemporary of Ramesses IX. A block was found at Karnak that

55 T.G.H. James, *Hieroglyphic Texts from Egyptian Stelae Etc.*, London, 1970, p. 32, pl. 38A [BM 156, lower register, 1st line].

56 *KRI* I, 287 [12].

57 *LGG* II, p. 805.

58 A. Gardiner, *Egyptian Grammar: Being an Introduction to the Study of Hieroglyphics*, Oxford, 1957, p. 486 [sign-list N 9].

59 P.Cl. Labib, op. cit., p. 196.

60 K. Piehl, op. cit., p. 57.

61 Ibid., p. 196.

62 *Wb* I, 380 [1-4]; *LGG* I. p. 232 [col. 3].

63 J.P. Allen, op. cit., p. 12.

64 *Wb* V, 180 [10].

65 L.H. Lesko, *A Dictionary of Late Egyptian*, Berkeley, 2004, p. 191.

66 A. Mariette, loc. cit.

67 K. Piehl, loc. cit.

68 P.Cl. Labib, loc. cit.: He also considers *Ỉmn-wꜣḥ-sw* as the father of *Nfr-rnpt*: ibid., p. 195.

69 Ibid., p. 196.

70 See above p. 181 [b].

71 S. Morschauser, *Threat-Formulae in Ancient Egypt*, Baltimore, 1991, p. 176-181.

72 Ibid., p. 182.

73 Ibid., p. 182.

74 *KRI* IV, 359 [5-7].

75 S. Morschauser, op. cit., p. 192.

76 *KRI* VI, 844 [2-4]; S. Morschauser, op. cit., p. 193.

has a threat, directed against usurpation of his text or erasing it.[77] The inscription reads: *ỉr pꜣ nty ỉw.f rwỉ [rn].ỉ r dỉt rn.f ḫb Ỉmn ꜥḥꜥ.f ḥr-tp tꜣ tm*, "as for the One who will remove my [name] to place his name, Amun will lessen his entire life-time on earth".[78] Another group of Ramesside graffiti occurs on the local shrines of Amun and Hathor at Deir el-Bahari. These are directed against erasing the name and text of their owners.[79] One of these reads "as for the one who shall erase my name in order to place his name: Ptah shall be an opponent for him, while Sekhmet shall pursue his wives, and Taweret his children".[80]

DISCUSSION

The name of *Nfr-rnpt* is attested once, according to Ranke, [81] in the Old Kingdom[82] and many times later in the New Kingdom[83] and the Late Period. However, the way of writing his name, which occurs on our stela, has not been attested before the New Kingdom. There are many tombs on the West Bank of Thebes for men named *Nfr-rnpt*. [84] However, none of them had the same occupation as *Nfr-rnpt* or the identical family affiliation. The name of *Ỉmn-wꜣḥ-sw* is attested in the New Kingdom.[85]

This stela should be attributed to *Nfr-rnpt*, not to *Ỉmn-wꜣḥ-sw*, although both of them are depicted on the upper register of the stela. The name of *Nfr-rnpt* is followed by the name of his parents twice which did not happen for his brother. *Nfr-rnpt* is depicted on the right side of the stela, which is more important than the left side, adoring Osiris and Isis.

The depiction of the Osiris triad in its upper register is further evidence pointing to the provenance of this stela as Abydos. The second register opens with adoration of the god Osiris, the main god of Abydos.[86] The offering formula in the second register addresses the Osiris triad as well. The main epithet of Wepwawet on this stela is "lord of Abydos". He is represented twice on this stela with this epithet. He was worshipped in Abydos; he replaced Anubis, the god of the necropolis, according to a 12th Dynasty stela, and became a local god.[87] He was a

77 Ibid., p. 195.

78 *KRI* VI, 533 [12-13].

79 S. Morschauser, op. cit., p. 196; A.I. Sadek, "An attempt to Translate the Corpus of the Deir el-Bahari Hieratic Inscriptions", *GM* 71, 1984, p. 69 [DB 51], 73 [DB 67].

80 Ibid., p. 69 [DB 50].

81 *PN* I. 197 [18].

82 G. Daressy, *Le Mastaba de Mera*, Mémoires de l'Institut égyptien 3, Cairo, 1900, p. 541.

83 A. Erman, "Der Zauberpapyrus des Vatikan", *ZÄS* 31, 1893, p. 125; G. Roeder, *Die Denkmaler des Pelizaeus-Museums zu Hildesheim*, Kunst und Altertum: Alte kulturen im lichte neuer forschung 3, Berlin, 1921, p. 95 [1892]; E. Schiaparelli, *Museo archeologico di Firenze: Antichità egizie*, Rome, 1887, p. 310 [1583]; P.A.A. Boeser, *Beschreibung der Aegyptischen Sammlung des Niederländischen Reichsmuseum der Altertümer in Leiden* V*: Die Denkmäler des Neuen Reiches* III*: Stelen*, Haag, 1913, p. 10, tf. 17 [35].

84 PM I, p. 83 [TT 43], p. 249 [TT 133], p. 254 [TT 140], p. 283 [178], p. 335 [249], p. 404 [336].

85 *PN* I, 27 [2]: II, 65; There are two Ramesside tombs on the West Bank of Thebes for men, whose names were *Ỉmn-wꜣḥ-sw*, but their family affiliation is different from our case as well: PM I, p. 229 [TT 111], p. 351 [TT 274].

86 J. Spiegel, *Die Götter von Abydos*, GOF IV.1, Wiesbaden, 1973, p. 7ff.

87 E. Graefe, *LÄ* VI 1986, col. 863, *s.v.* "Upuaut"; A. Leahy, "A Protective Measure at Abydos in the Thirteenth Dynasty", *JEA* 75, 1989, pp. 41–60; J. Spiegel, op. cit., pp. 54–59; N. Durisch, "Culte des canidés à Assiout: trois nouvelles stèles dédiées à Oupouaout", *BIFAO* 93, 1993, p. 207, n. 12.

fighter against the enemies of Osiris, "Horus the protector" and "the son of Osiris" in Abydos.[88] Wepawawet also was "the opener of ways", who led the processions in the Osiris mysteries in Abydos.[89] The name of Anubis was included in the offering formula in the second register, together with the Osiris triad and Wepwawet. Anubis was worshipped at Abydos.[90] This stela is devoted to the Osiris triad, Wepwawet, and Anubis.

The family of the owner of the stela may come from Thebes, however the stela was found in Abydos. His mother was called *Tꜣ-wsrt* of Thebes. The last section of the inscription in the second register addresses the identity of the object, *i.e.* the stela.

Mariette attributed this stela to the Ramesside Period. There is ample evidence which supports that this stela could be dated to this period. The title of the "overseer of chamberlains" and the "first priest of Werethekau" were both attested clearly together first on the objects of *Pꜣ-sr*, contemporary of Seti I and Ramesses II. So the stela could be dated to the reign of Seti I or Ramesses II. The type of the costume of the owner cannot be precisely compared with any of the twenty types included in Hofmann's study of the art of the Ramesside private tombs. However, Hoffman's garment type (no. 14), which dates to early in the Ramesside Period could be linked to our stela.[91]

The main titles and occupation of *Nfr-rnpt* was "Overseer of the singers of the lord of the Two Lands", "Overseer of the singers of the pharaoh, l.p.h.", and "Overseer of the singers of all the gods". This indicates that he had a high position in Egyptian society, providing music necessary for the king and associated him with the temple, and the members of elite.

88 E. Graefe, op. cit., col. 863; M. Münster, *Untersuchungen zur Göttin Isis vom Alten Reich bis zum Ende des Neuen Reiches: vom Alten Reich bis zum Ende des Neuen Reiches*, MÄS 11, Berlin, 1968, p. 119.

89 A. Leahy, op. cit., p. 54; N. Durisch, op. cit., pp. 207–208, nos. 11–12.

90 J. Spiegel, op. cit., pp. 42–49.

91 E. Hofmann, *Bilder im Wandel; die Kunst der Ramessidischen Privatgräber*, Theben 14, Mainz, 2004, pp. 168–169.

Fig. 1. The stela of *Nfr-rnpt* (Egyptian Museum Cairo TR 14.6.24.17). Courtesy of the Egyptian Museum, photograph by Sameh Abdel Mohsen.

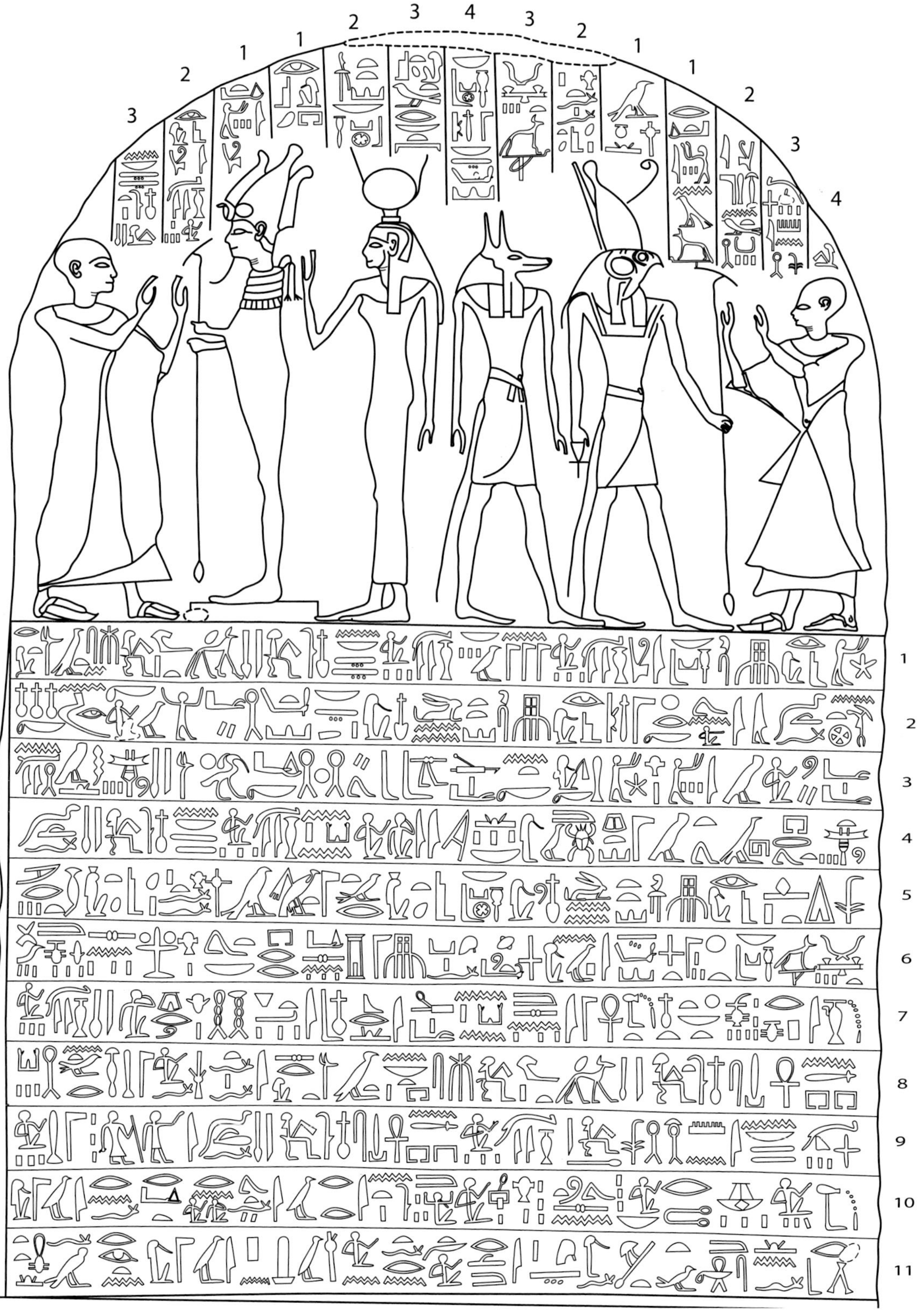

Fig. 2. The stela of *Nfr-rnpt* (Egyptian Museum Cairo TR 14.6.24.17). Facsimile by Ahmed M. Mekawy Ouda.

Étude d'une cloison d'église de la fin du premier millénaire conservée au musée du Louvre Monastère de Baouît, Moyenne Égypte

MARIE-ANNE MINART*

N.B. : les termes techniques signalés à leur première occurrence par * sont explicités dans un glossaire en fin d'article.

La boiserie provient de l'église nord du monastère de Baouît. Ses éléments sont conservés au département des Antiquités égyptiennes du musée du Louvre, sous différents numéros d'inventaire de l'ancien fonds (AF). Ils ont été identifiés grâce aux numéros du plan d'assemblage[1] inscrits au pochoir au dos des pièces (fig. 1). L'étude porte sur un ensemble de menuiserie sculptée très fragmentaire (fig. 2, 3). Il est constitué (fig. 4) d'un montant (18), de cinq traverses, dont deux intermédiaires (1, 9, 13, 15, 17), de cinq montants intermédiaires (3, 4, 6, 7 et AF 4811), de sept panneaux de remplissage (2, 5, 8, 10, 12, 14, 16) et de balustres (AF 4802, AF 6978a, AF 6978b, AF 6978c). Ces derniers ne possèdent pas de numéro au pochoir. Ils occupent néanmoins une place dans l'ensemble reconstitué, tout comme le montant AF 4811, qui ne porte lui non plus pas de numéro et qui ne figure pas sur le plan de montage (fig. 3, à droite, fig. 2, à gauche et fig. 4).

Le montant principal est le témoin d'une élévation de 2,33 m de hauteur ; il est en très bon état de conservation. Malheureusement, les autres parties, si elles constituent une zone sans lacune, ne représentent qu'une surface de 1,33 m^2. Ce segment part de la base du montant, sur une hauteur d'un peu plus d'un mètre et sur une largeur d'environ 1,20 m. Il permet de donner un véritable aperçu de cette portion de la composition originale de l'ouvrage.

* Conservateur-restaurateur de mobilier.

1 « Panneau en bois sculpté de la chapelle n° 4. Contenu dans la caisse n° 1 ». La chapelle n° 4 est l'église dite nord du monastère de Baouît ; la caisse est celle du transport vers le Louvre. Le document est conservé au centre d'égyptologie François Daumas, université Paul Valéry Montpellier 3. Voir Chassinat à paraître (les pl. 76 et 77 reproduisent plusieurs éléments).

ÉTUDE DES ÉLÉMENTS ET DE LEUR DISPOSITION DANS LA CLOISON

L'étude fut réalisée au musée du Louvre en 2009, au terme d'un important travail de relevés et de photographies[2].

Chaque élément est ici présenté sous la forme d'une fiche qui commence par le numéro porté au pochoir en 1902, suivi de l'identification de la pièce. Les fiches suivent l'ordre de ces numéros et le montant intermédiaire non numéroté est inséré à sa place logique dans l'assemblage. Les notices comportent les références du musée du Louvre (numéros d'inventaire et du catalogue Rutschowscaya 1986[3]), les caractéristiques (essences [voir fig. 25], dimensions, poids), et les descriptions techniques (matériau, mise en œuvre, décors). Un dernier renseignement concerne les altérations anciennes, lorsqu'elles ont été détectées.

1. Côté gauche de la traverse inférieure [FIG. 4, 5]

Numéro d'inventaire: AF 4912.
Numéro de catalogue: 484.
Essence: *Acacia* sp.
Dimensions: L. 1 030 mm × H. 80 mm × ép. 42 mm. Cotes sans assemblage[4]: L. 936 mm × H. 80 × ép. 42 mm.
Poids: 2 035 g.
Matériau: le dos de l'*Acacia* sp. n'est pas scié, il est brut, juste sans écorce, flacheux*; c'est une utilisation maximale de la matière bois. Présence de naissances de branches. Débit sur dosse*, sur le plan longitudinal plus ou moins radial[5].
Technique: le tenon* gauche à épaulement* était maintenu dans le montant (18) par un clou forgé, absent, indiqué par la trace de rouille (fig. 6). Sur le chant supérieur, il y a trois mortaises*, où viennent se loger les tenons* des trois montants intermédiaires (3, 4, 6), chevillés*; entre les deux premiers, présence d'une rainure où viennent se placer les tenons inférieurs de quatre balustres. À l'extrémité droite, trace d'une mortaise dont on peut déterminer les dimensions par l'élément pénétrant (6).
Trait de construction: au trusquin*, sur les deux chants, inférieur et supérieur, à 11 mm du parement*[6].
Décor: la face est partiellement ornée par deux lisières; celle du bas est constituée de deux traits creux, gravés, à 10 mm du bord. En partie haute, elle se compose d'une onde bordée de ces doubles lignes gravées, ponctuée par alternance de disques. Sculpture en méplat.

2 Nous remercions particulièrement Bruno Caperon pour son aide précieuse. Le rapport, conservé au département des Antiquités égyptiennes, a servi de base pour cet article.

3 Pour les éléments qui ne sont pas reproduits ici individuellement, on se reportera à ce catalogue et aux fig. 3-4.

4 La mention « cotes sans assemblage » indique les dimensions de la partie visible après assemblage, sans les éléments pénétrants, tels que les tenons ou les languettes; le terme technique approprié est « cote d'arasement » mais il faudrait connaître les deux arasements pour pouvoir donner cette dernière.

5 Observation de M. Dupéron (UMR 7207 Centre de recherche sur la paléobiodiversité et les paléoenvironnements CR2P, université Pierre-Marie-Curie, Paris).

6 Le trait de construction établit le positionnement de tous les éléments et leurs assemblages pour permettre aux montants et aux traverses d'être à fleur en parement et d'assurer la planéité de la cloison. Sur l'ensemble de la cloison, elle est de 12 ± 1 mm.

Altérations anciennes : l'extrémité droite est cassée, dégradée et lacunaire. Les attaques fongique et xylophage sont à associer à la présence d'humidité pour justifier la délimitation des dégradations. Dans la partie la plus saine, présence de galeries et de trous d'envol* d'insectes. Traces de rouille sur le tenon. Fentes sur le tenon et au niveau du perçage pour le clou d'assemblage avec le montant intermédiaire 4 (fig. 6).

2. Panneau de remplissage rectangulaire [FIG. 4, 7]

Numéro d'inventaire : AF 4801.
Numéro de catalogue : 401.
Essence : Mimusops launfolia Forsk.
Dimensions : L. 326 mm × H. 94 mm × ép. 37 mm.
Poids : 636 g.
Matériau : le *Mimusops launfolia* Forsk ou perséa a un tissu ligneux ondé avec, en contre-parement*, une zone noueuse et une petite surface de flache.
Technique : panneau de remplissage de forme pyramidale tronquée. Pour une bonne cohésion technique en menuiserie, les formes doivent être d'une géométrie régulière et complémentaire. Dans ce panneau, il y a un manque de régularité : la forme rectangulaire est plutôt trapézoïdale ; les hauteurs latérales ont une différence de 9 mm. Les deux extrémités latérales, en sifflet, viennent s'assembler dans les rainures des montants 18 et 3.
Décor : la face proéminente est sculptée en méplat. Elle présente un rinceau pourvu de bourgeons et de rameaux, abritant alternativement une palmette et un disque. Le tout est délimité horizontalement par un trait gravé.
Altérations anciennes : pas d'altération notable. Le petit manque de fibre de bois très ancien, sur le milieu du chant supérieur, peut-être d'origine.

3. et 9. Ensemble de deux éléments de la cloison :
côté gauche de la traverse intermédiaire 9
et premier montant intermédiaire 3 [FIG. 4, 8]

Numéros d'inventaire : AF 5171 (partie gauche de 9 encore assemblée avec 3) ; AF 4911 / AF 4821 (partie droite de 9, en trois parties et cassée à droite).
Numéros de catalogue : 393 et 398.
Essence : Tamarix sp.
Dimensions : L. 1 239 mm × H. 209 mm × ép. 43 mm. Cotes sans assemblage de 9 : L. 1 192 mm × 80 mm × ép. 42 mm (sans le tenon) ; cotes sans assemblage de 3 : l. 76 mm × H. 110 mm × ép. 43 mm.
Poids : 2 260 g.
Matériau : les fibres du *Tamarix* sp. de 9 sont à 45° sur presque toute la longueur (le sens approprié est 180° pour obtenir de bonnes propriétés techniques), puis il y a un changement de direction du tissu ligneux à l'extrémité droite accompagné de tensions dans le bois. Celles-ci ont provoqué des déformations importantes et elles sont impliquées dans les profils des cassures. Le bois sélectionné, médiocre, correspond à la zone non loin de la souche ou à une section proche des branches.
Technique : les dos de 9 et de 3 ont des traces de sciage (fig. 8, en haut). Sur 9, le départ du sciage est côté tenon, le scieur se positionnant côté chant inférieur. Juste à l'extrémité du deuxième

élément 9, il y a un changement de direction de sciage. Cela est dû au repositionnement du bois à hauteur du scieur[7], ou à une adaptation du geste au changement directionnel des tissus ligneux. Sur 3, ces traces indiquent un débit en partant du haut de la zone du tenon, le sciage se faisant ainsi de haut en bas. La traverse 9 a un tenon gauche à épaulement, qui se positionne dans le montant 18, au moyen d'un clou forgé aujourd'hui absent.

Sur le chant inférieur (fig. 8, 2e image à partir du haut), se trouvent les assemblages symétriques à la traverse inférieure 1 (voir *supra* [fig. 5, en bas]) où viennent se positionner les montants intermédiaires 3, 4 et 6. Tous étaient chevillés. Il faut noter que le perçage de la cheville* de 4 n'est pas perpendiculaire et ne pénètre pas dans la seconde joue*. Entre 3 et 4, une rainure reçoit les tenons supérieurs des quatre balustres.

Sur le chant supérieur (fig. 8, en bas), se trouve une mortaise à cheville pour le montant 11, une autre mortaise chevillée un peu moins large, et une rainure suivie d'une autre mortaise à perçage pour recevoir une cheville. La zone de cassure semble être à rainure. À noter, les deux rainures sont dans le prolongement des mortaises, alors que celles des balustres sont arrêtées.

Deux signes d'établissement* sont présents (fig. 8, détails). Le premier est à gauche, tout près de la deuxième mortaise supérieure. Ce signe se retrouve sur 13 et 15 et sur 11 et 18. Il semblerait logique que cette marque indique les positionnements complémentaires, de ces cinq éléments. Un autre signe d'établissement se trouve au milieu de la joue postérieure de la troisième mortaise (ce sont deux traits parallèles). Les éléments voisins complémentaires sont inconnus.

Le montant 3 est le premier montant intermédiaire. Son tenon supérieur est toujours maintenu par une cheville à la première traverse intermédiaire 9. Le tenon inférieur, visible, est symétrique à celui assemblé. Il est de la largeur totale du montant avec un décrochement[8]. Sur le chant gauche, dans la rainure, vient se placer le bord droit de 2. À l'opposé, un trait de trusquin est visible à 12 mm du parement.

Décor : voir Rutschowscaya 1986, p. 120. Les frises sont bordées, de chaque côté, par un trait creux, gravé à 10 mm du bord, et par une plate-bande. Sur 9, les deux espaces entre les trois premières anses de panier sont habités d'un disque, à rapprocher du décor des panneaux 2 et 8.

Altérations anciennes : la cassure de la traverse 9, entre AF 5171 et AF 4911, est très ancienne comme les réparations de cette zone (fig. 9). Un « clou » traversant de très forte section maintenait en place ces deux parties clivées, avant de perdre cette propriété car trop corrodé[9]. Les brisures sur la joue voisine, à gauche, ont été maintenues à leur place à l'aide de trois tourillons*. Celui de droite est absent, avec lacune, car il n'était pas assez profondément ancré au-delà de la cassure. La joue de mortaise suivante a un petit éclat de bois au niveau de la cheville très ancien aussi. La seconde mortaise supérieure est lacunaire : quelques fibres manquent sur le bord de la joue arrière et une déchirure est visible à partir de la cheville sur la façade.

7 Killen 2000, p. 354.

8 C'est un principe de fabrication commun au vantail AF 6976 (voir dans ce volume « Étude d'un vantail de la fin du premier millénaire conservé au musée du Louvre »).

9 Les deux parties ont été à nouveau séparées, avant enfouissement ou au cours de la campagne 1902, comme le montre une photo d'archive de la moitié gauche, AF 5171 (Chassinat à paraître, pl. 77, 3 : le tirage a été découpé pour supprimer le montant 3). La moitié droite était éclatée en trois fragments (photographie de 1917), recollés dans les années 1980. Les deux moitiés ont été recollées en 2010.

4. Montant intermédiaire comparable à 3

La position est établie par le montage d'origine de 3 sur 9 et par le chiffre au pochoir.
Numéro d'inventaire: AF 4804.
Numéro de catalogue: 394.
Essence: *Tamarix* sp.
Dimensions: H. 161 mm × l. 80 mm × ép. 43 mm. Cotes sans assemblage: H. 110 mm.
Poids: 254 g.
Matériau: petite zone de flache en contre-parement sur l'angle inférieur droit.
Technique: il est le deuxième montant intermédiaire, à droite des balustres et à gauche du panneau de remplissage 5. Traces de sciage visibles au dos. Le tenon est de la largeur totale du montant malgré la rainure. L'équerrage des coupes n'est pas strictement respecté.
Décor: voir Rutschowscaya 1986, p. 121. La première accolade, près du tenon supérieur, et les deux dernières, sont semblables à 3.

5. Panneau de remplissage sculpté d'entrelacs

Numéro d'inventaire: AF 4822.
Numéro de catalogue: 446.
Essence: *Mimusops launfolia* Forsk.
Dimensions: L. 346 mm × H. 104 × ép. 33 mm. Cotes sans assemblage: L. 319 mm.
Poids: 830 g.
Matériau: petite zone de flache en contre-parement.
Technique: les deux languettes* latérales sont bâtardes (fig. 4, de profil), elles ne possèdent qu'un arasement*, en contre-parement, et viennent se loger dans les rainures des montants intermédiaires 4 et 6. Traces de tranchants frappés au dos, provenant d'un outil tel que l'herminette. Traces de sciage sur les plates-bandes inférieure et supérieure du parement. Le débit paraît plutôt sur dosse, plus ou moins tangentiel[10].
Décor: voir Rutschowscaya 1986, p. 132. La frise est flanquée de deux traits gravés horizontaux et d'une plate-bande. Relief en semi-méplat. Le décor est très différent de celui des panneaux 2 et 8, d'emploi similaire.
Altérations anciennes: quelques fibres de bois absentes, quelques micro-fentes.

6. Montant intermédiaire, dont la forme est semblable à 3 et 4 [FIG. 4, 10]

Numéro d'inventaire: AF 4841.
Numéro de catalogue: 396.
Essence: *Tamarix* sp.
Dimensions: H. 148 mm × l. 86 mm × ép. 47 mm. Cotes sans assemblage: H. 106 mm.
Poids: 229 g.
Matériau: en contre-parement, des défauts, dont une zone d'écorce incluse, des nœuds avec de multiples orientations des fibres de bois, sont observables.
Technique: débit fibres de bois en biais. À gauche, une rainure pour embrever* la languette droite de 5. Sur l'autre chant, logiquement, comme l'indique le croquis de remontage (fig. 1), il doit se trouver une série de balustres. Il y a un signe d'établissement* (fig. 10).

10 Observation de M. Dupéron.

Décor : différent des deux précédents montants (3 et 4) mais semblable aux deux suivants (7 et AF 4811). Ils sont proches du décor de 9 mais le motif végétal s'inscrit dans un rinceau, délimité à droite et à gauche par deux traits gravés et une plate-bande. Sculpture en méplat, où le fond semble noirci.

7. Montant intermédiaire, en symétrie à 6 comme à AF 4811 [FIG. 4]

Numéro d'inventaire : AF 4842.
Numéro de catalogue : 397.
Essence : *Tamarix* sp.
Dimensions : H. 158 mm × l. 82 mm × ép. 40 mm. Cotes sans assemblage : H. 106 mm.
Poids : 227 g.
Matériau : *Tamarix* sp. de fil avec quelques gerces*.
Technique : sur une partie du dos, traces de sciage. Le chant droit du tenon supérieur est biseauté ; AF 4811 l'est symétriquement, sans qu'il soit possible de savoir si cela est dû au hasard ou à une raison technique.
Décor : proche de 6 et d'AF 4811. Sculpture en méplat où le fond semble noirci.

8. Panneau de remplissage rectangulaire [FIG. 4]

Numéro d'inventaire : AF 6979.
Numéro de catalogue : 402.
Essence : *Mimusops laurifolia* Forsk.
Dimensions : L. 330 mm × H. 98 mm × ép. 32 mm. Cotes sans assemblage : L. 97 mm.
Poids : 555 g.
Matériau : une zone de flache, une déformation hélicoïdale sur le plan latéral.
Technique : les deux extrémités latérales viennent s'embrever dans les rainures des montants 7 et probablement AF 4811[11]. Trois des angles sont tronqués. En contre-parement, il y a quelques traces de compression de fibres de bois, formant des traits de 10 mm, dont un en triangle : ce sont peut-être simplement des traces d'utilisation comme support de frappes, martyr*.
Décor : le relief est pyramidal tronqué, comparable à 2. La face est sculptée en méplat. Délimité en partie haute et basse par deux traits horizontaux gravés, un rinceau, pourvu de bourgeons et de rameaux, abrite alternativement une palmette et un disque. C'est une variante simplifiée du motif sculpté sur le panneau 2.
Altérations anciennes : quelques gerces.

Sans numéro. Montant intermédiaire, en symétrie à 7 [FIG. 4]

Il n'est pas porté sur le croquis de remontage (fig. 1).
Numéro d'inventaire : AF 4811.
Numéro de catalogue : 395.
Essence : *Tamarix* sp.
Dimensions : H. 158 mm × l. 77 mm × ép. 45 mm. Cotes sans assemblage : H. 105 mm.
Poids : 198 g.

11 Ce montant n'apparaît pas sur le croquis de remontage (fig. 1).

Technique: le chant gauche du tenon supérieur est biseauté, symétriquement à 7. Présence d'une cheville dans le tenon inférieur et d'un reste de cheville dans le tenon supérieur.
Décor: similaire à celui de 6 et de 7. Sculpture en méplat, où le fond semble noirci.

10. Panneau de remplissage presque carré, sculpté de quatre formes rectangulaires pyramidales, en volume, dans un encadrement de baguettes* à frise sculptée, clouées en applique [FIG. 4, 11, 12]

Il fait partie d'une série de quatre dont le décor est semblable par paire, verticalement. Il appartient au second registre de la cloison.
Numéro d'inventaire: AF 4872b.
Numéro de catalogue: 509.
Essences: *Tamarix* sp. (cadre); *Ficus* sp. (fond).
Dimensions: H. 291 mm × l. 313 mm × ép. 50 mm dont 13 mm pour les baguettes de *Tamarix* sp. Cotes sans assemblage: l. environ 290 mm.
Poids: 1 550 g.
Matériau: cet élément est composé d'un panneau de *Ficus* sp. de 47 mm d'épaisseur, sur lequel sont clouées des baguettes d'encadrement en *Tamarix* sp.
Technique: ce panneau s'assemble latéralement par deux languettes venant se loger dans 18 et 11. Ces languettes* sont qualifiées de bâtardes car elles se situent sur le bord du parement et non en plein milieu du chant. En parement, un trait est tracé tout le long de la languette gauche. L'ouvrage n'est pas « d'équerre », il est plutôt trapézoïdal.
Le *Ficus* sp. montre des traces de sciage au dos du panneau. Il y a deux orientations de dentures; la largeur du bois à scier justifie la complémentarité de ses deux mouvements de scie. Les languettes ne semblent pas réalisées par sciage: l'arasement est produit par des entailles frappées profondes; le déplacement des fibres correspond à cette densité de bois. Il est cependant difficile de savoir si elles ont été réalisées ainsi à l'origine ou si elles sont le produit d'un ajustage au montage. Les baguettes de *Tamarix* sp. sont sculptées au préalable sur de grandes longueurs. Elles ont ensuite été sectionnées pour être adaptées. Sur les angles extérieurs, elles sont montées à coupe d'onglet*; sur les extrémités de la baguette médiane horizontale, elles sont angulaires; sur les extrémités des deux sections de baguette médiane verticale, elles sont en forme de barbes rallongées*, formant une jointure à trois pans. Elles sont fixées en applique par douze clous, dont les pointes sont repliées en contre-parement. Pour limiter les défauts de niveau à la jonction des baguettes, des chanfreins* sont réalisés sur trois des coupes d'onglet, en haut à gauche, sur le bas des deux baguettes latérales, et même à droite de la baguette médiane horizontale.
Décor: formant le second plan, quatre formes pyramidales rectangulaires tronquées sont sculptées; leurs centres sont creusés en fente. Chaque arête est soulignée par un trait gravé. Il y a des traces de polychromie (rouge et blanc) comme sur 12 et 14 (fig. 16).
Les baguettes rapportées ont, dans leur centre, une frise sculptée en méplat. Cette dernière paraît se répéter mais elle présente des variantes (fig. 11). Les motifs les plus utilisés sont des postes s'enroulant autour d'un cercle pointé. Sur les deux horizontales inférieures, les cercles pointés habitent un rinceau. Sur la baguette latérale gauche, les cercles pointés alternent avec une sorte d'étoile à six branches. Le raccordement* de la moulure n'est effectif que sur les baguettes formant le cadre extérieur.

Altérations anciennes : une fente est visible sur le chant inférieur le long d'une des languettes. À l'opposé, sur le chant supérieur, la baguette a une lacune ancienne et le *Ficus* sp. a quelques fentes de retrait. Les clous sont très corrodés.

11. Montant intermédiaire du deuxième registre de l'élévation [FIG. 4, 13]

Numéro d'inventaire : AF 4884.
Numéro de catalogue : 392.
Essence : *Tamarix* sp.
Dimensions : H. 708 mm × l. 85,5 mm × ép. 45 mm. Cotes sans assemblage : H. 699 mm.
Poids : 1 280 g.
Matériau : flache en partie basse du contre-parement. Des déformations dues à l'emplacement dans la grume*.
Technique : montant intermédiaire où viennent s'assembler, de part et d'autre, dans des rainures, les quatre panneaux carrés (10, 12, 14 et 16), et, à mi-hauteur, dans deux mortaises, les traverses complémentaires (13 et 15). L'une d'entre elles était chevillée (15), l'autre pas (13). À chaque extrémité haute et basse, deux tenons, prenant place en 9 et en 17. Traces de sciage au dos. Sur le chant latéral gauche, un signe d'établissement commun avec le chant en vis-à-vis de 18.
Décor : un rinceau de feuilles épineuses portant des groupes de trois feuilles dentées et de trèfles. La sculpture est plutôt en méplat ; pourtant les feuilles dentées sont en semi-méplat et les fleurs trilobées ont leur bord arrondi, ce qui est particulier à cet élément.
Altérations anciennes : les deux tenons sont cassés et presque absents. La joue extérieure de la rainure du côté droit, côté parement, est lacunaire sur 1/3 de sa hauteur en partie basse, ponctuellement aux 2/3, et en haut.

12. Panneau de remplissage presque carré, sculpté de deux formes rectangulaires pyramidales, en volume, dans un encadrement de baguettes à frise sculptée, clouées en applique. [FIG. 4, 11]

Il fait partie d'une série de quatre panneaux dont le décor est semblable par paire, verticalement (fig. 11). Il appartient au second registre de la cloison.
Numéro d'inventaire : AF 4869b.
Numéro de catalogue : 508.
Essences : *Tamarix* sp. (cadre) ; *Ficus* sp. (fond).
Dimensions : H. 281 mm × l. 314 mm × ép. 48 mm dont 12 mm pour les baguettes de *Tamarix* sp. Cotes sans assemblage : l. ± 290 mm.
Poids : 1 370 g.
Matériau : défauts dans le *Ficus* sp. tels que des vides, en contre-parement.
Technique : de chaque côté du panneau de *Ficus* sp. se trouve une languette bâtarde. Celle de gauche vient se loger dans la rainure droite, dans la partie inférieure du montant 11 ; celle de droite s'assemblait aussi dans un élément qui n'a pas été retrouvé. Un trait est présent tout le long de la languette gauche. La forme de l'ensemble est peu d'équerre.

Des traces de sciage s'observent dans deux directions du *Ficus* sp. comme sur le contre-parement du panneau 10. L'arasement de la languette est réalisé à l'aide d'un outil tranchant droit frappé. Les languettes ont une section trapézoïdale. Cela peut-être une adaptation au moment du montage.

Le montage des baguettes en *Tamarix* sp. est à coupe d'onglet sur les angles. Les extrémités de la baguette médiane sont en angle sans dépasser sur le bord de la plate-bande qu'elles pénètrent. Comme sur le panneau 10, les désaffleurements des baguettes sur les angles sont chanfreinés. Les pointes des clous forgées qui maintiennent les baguettes d'encadrement sur le panneau; sont repliées en contre-parement.

Décor : le principe du décor est le même que sur 10, mais l'espace est seulement occupé par deux pyramides tronquées au lieu de quatre. Cette fois, l'agencement des baguettes est plus équilibré mais c'est sûrement un hasard. La plus fréquente des frises sculptées en méplat est celle au motif de postes ; les deux baguettes latérales sont celles où les cercles pointés alternent avec une sorte d'étoile à six branches. Traces probables de polychromie, comme sur 10, 14 et 16.

Altérations anciennes : sur le pan coupé inférieur du rectangle gauche, quelques fibres de bois manquent, qui ont sûrement été arrachées lors de la réalisation de l'ouvrage.

13. Première traverse intermédiaire du deuxième registre sculpté de rinceaux [FIG. 4, 14, en haut]

Numéro d'inventaire : AF 4855.

Numéro de catalogue : 400.

Essence : *Tamarix* sp.

Dimensions : L. 340 mm × H. 87 mm × ép. 40 mm. Cotes sans assemblage : L. 300 mm.

Poids : 654 g.

Matériau : bois très noueux avec changements directionnels des fibres probablement prélevé d'une zone ramifiée, soit près de la souche, soit à la jonction d'une branche. Le tenon gauche a ses fibres à 60° ; très fragile, il est cassé. En parement, sur un quart de la longueur à gauche, un resserrement sur la hauteur et une déclivité se laissent observer.

Technique : les tenons de la traverse viennent se loger à gauche dans la troisième mortaise du montant 18 et, à droite, dans le montant 11. Ils ne sont pas chevillés.

Beaucoup de traces d'outils sont observables. En contre-parement, le débit par sciage est associé au façonnage par tranchant frappé. Sur les extrémités, nous distinguons des traces de fin de sciage au niveau des arasements. Les joues du tenon droit sont réalisées ou ajustées par un outil à biseau tranchant. Le tenon gauche, très lacunaire, a sûrement été scié. Sur la joue, côté parement, se constatent les traces probables d'un repentir*. La largeur de la traverse a éventuellement été réduite ou le tenon rallongé, à moins qu'il s'agisse d'une difficulté à réaliser le tenon dans du bois à 60°.

Présence d'un trait de trusquin sur les chants inférieur et supérieur.

Signes d'établissement : la marque est commune à 15 lorsque l'on place les parements en contact (fig. 15). Le même signe est aussi présent sur 9, en vis-à-vis, proche du deuxième tenon supérieur (fig. 8) et sur 18 et 11 (fig. 13), preuve qu'il s'agit bien d'un signe d'établissement. Ces signes mettent en correspondance ces éléments de la cloison.

Décor : voir Rutschowscaya 1986, p. 122. Frise traitée en méplat.

Altérations anciennes : cassure du tenon gauche.

14. Panneau de remplissage très proche du panneau 10
Quatre formes rectangulaires pyramidales, en volume,
dans un encadrement de baguettes à frise sculptée, clouées en applique [FIG. 4, 11]

Il fait partie d'une série de quatre dont le décor est semblable par paire, verticalement. Il appartient au second registre décoratif de la cloison.

Numéro d'inventaire : AF 4872a.

Numéro de catalogue : 509.

Essences : *Tamarix* sp. (cadre) ; *Ficus sp.* (fond).

Dimensions : H. 283 mm × l. 315 mm × ép. 41 mm dont 12 mm pour les baguettes de *Tamarix* sp. Largeur sans assemblage : environ 300 mm.

Poids : 1 330 g.

Matériau : le panneau de *Ficus* sp. a plusieurs nœuds vides.

Technique : la languette de gauche diffère légèrement de celle de 10. En parement, trois perçages ont été faits sur la baguette inférieure, sans raison apparente. Le contre-parement ne porte pas de trace de sciage. À gauche, le panneau est chanfreiné en contre-parement pour se terminer en languette (fig. 4). Cette dernière est peut-être délimitée par le trait à la pointe sèche ou au trusquin à environ 10 mm du bord (fig. 4). À droite, la même languette bâtarde que sur le panneau 10 est visible. Celle-ci a été sciée.

Le montage des baguettes est à coupe d'onglet sur les angles extérieurs. Les autres raccordements de baguettes sont tous en forme de barbes rallongées. L'ensemble est fixé à l'aide de douze clous repliés en contre-parement. L'encadrement de baguettes, à droite, est plus large que la forme sculptée sur le ficus ; il y a un décalage de 10 mm. La languette est très peu embrevée puisqu'elle est, en partie, recouverte par cette baguette. Les largeurs des panneaux 10 et 14 sont très proches (seulement 2 mm de différence). Les défauts d'équerrage ne peuvent pas être sans conséquence sur la qualité du montage.

Décor : les formes pyramidales tronquées sont très semblables à celles de 10. Le panneau porte des traces de polychromie alternativement rouge et blanche, disposées en damier sur les quatre reliefs (fig. 16) [12]. Les baguettes sont les mêmes que sur 10 et 12. Les plus communes sont des postes s'enroulant autour d'un cercle pointé. Sur les autres, ce cercle alterne avec un motif étoilé. Cette répartition est sûrement le fruit du hasard.

Altérations anciennes : le panneau de ficus a plusieurs fentes. La section de baguette verticale médiane supérieure en montre plusieurs longitudinales, des gerces.

15. Deuxième traverse intermédiaire du deuxième registre, très proche de 13 [FIG. 4 et 14]

Numéro d'inventaire : AF 4805.

Numéro de catalogue : 399.

Essence : *Tamarix* sp.

Dimensions : L. 344 mm × H. 84 mm × ép. 50 mm. Cotes sans assemblage : L. 300 mm.

Poids : 705 g.

Matériau : en contre-parement, bois flacheux près du tenon droit. Le débit paraît plutôt sur dosse (plus ou moins tangentiel) [13].

12 Analyse : C2RMF, S. Pagès-Camagna, 2009-2010. Pigment blanc : calcite, (gypse) ; rouge : minium, (litharge). Les échantillons sont monocouches.

13 Observation de M. Dupéron.

Technique : le tenon gauche vient se loger dans la mortaise droite du montant 11. Le tenon droit n'a pas de mortaise connue. Tous deux étaient chevillés.
Traces de sciage sur une partie du contre-parement, puis déclivité due à la zone de flache. Des traces de tranchant frappé sont probablement dues à une herminette. Le tenon de droite est plus court que celui de gauche. Tous deux sont réalisés à la scie. Les arasements du tenon droit sont décalés. À noter qu'à cet endroit, il n'y a pas de trait à la pointe sèche. Les chants inférieur et supérieur sont parcourus par un trait de trusquin à 12 mm du parement. Signe d'établissement : la marque est commune à 13, lorsqu'on place les parements en contact (fig. 15). Ce signe est aussi visible sur 9, en symétrie, proche du deuxième tenon supérieur (fig. 8) et à 18 et 11.
Décor : même grammaire décorative que 13, avec des variantes.

16. Panneau de remplissage presque carré, sculpté de deux formes rectangulaires pyramidales, en volume, dans un encadrement de baguettes à frise sculptée, clouées en applique. Il fait partie d'une série de quatre panneaux dont le décor est semblable par paire, verticalement [FIG. 4 et 11]

Il ressemble au panneau inférieur 12. Il appartient au second registre décoratif de la cloison.
Numéro d'inventaire : AF 4869a.
Numéro de catalogue : 508.
Essences : Tamarix sp. (cadre) ; *Ficus* sp. (fond).
Dimensions : H. 276 mm × l. 332 mm × ép. 48 mm dont 12 mm pour les baguettes de *Tamarix* sp.
Poids : 1 390 g.
Matériau : le panneau de *Ficus* sp. a plusieurs gros nœuds vides.
Technique : le panneau s'embrève latéralement par deux languettes bâtardes, celle de gauche vient se loger dans la rainure droite en partie supérieure du montant 11 alors que celle de droite s'assemblait dans un élément qui n'a pas été retrouvé.
Le panneau de *Ficus* sp. ne porte pas de trace de sciage en contre-parement, les arasements des languettes bâtardes non plus. La surface et les chants ont été réalisés par un outil à tranchant frappé. Les baguettes sont posées en applique à l'aide de dix clous forgés repliés en contre-parement. Elles sont montées à coupe d'onglet pour le cadre extérieur. À la différence des trois autres panneaux (10, 12 et 14), la baguette médiane a des coupes strictement perpendiculaires. Les baguettes sculptées sont employées sans souci de similitude et plus par économie de matière. Le panneau est gauche* et trapézoïdal.
Décor : le volume des formes pyramidales tronquées est souligné par des traits en creux. La fente centrale de la pyramide de gauche a la particularité d'être bordée par deux traits (fig. 4). Des traces de polychromie sont visibles, à l'instar de cette série (fig. 16).
Deux des types des baguettes d'encadrement déjà observés sur les panneaux similaires sont employés (fig. 11) : les postes qui s'enroulent autour d'un cercle pointé, et les cercles pointés habitant un rinceau (sur le bord inférieur).
Altérations anciennes : d'importantes déformations et quelques fentes dues à la nature du bois sont observables, mais le panneau est en bon état. Les clous sont, comme sur les autres panneaux, très corrodés.

17. Troisième traverse intermédiaire, cassée et lacunaire à droite [FIG. 4, 17, 18]

Numéro d'inventaire : AF 4902.

Numéro de catalogue : 447.

Essence : *Tamarix* sp.

Dimensions : L. 637 mm × H. 84 mm × ép. 48 mm.

Poids : 1 170 g.

Matériau : le fil du bois de *Tamarix* sp. est à 20°, fragilisant le tenon gauche, d'autant qu'il est proche d'une zone noueuse.

Technique : le tenon, à gauche, vient se loger dans la troisième mortaise du montant 18. Un clou forgé maintenait l'assemblage.

Il y a des traces de sciage en contre-parement.

Sur le chant inférieur se trouve une mortaise où vient s'assembler le montant 11. Elle était chevillée mais seulement en façade car son perçage est en biais sans pénétrer dans la seconde joue ; les fibres de bois sont simplement comprimées ; la longueur de la cheville peut être déterminée (fig. 17, deuxième image à partir du haut, fig. 18). Aucun des assemblages de ce registre n'est vraiment solide. On voit aussi un trait de trusquin à 12 mm du parement et deux traits à la pointe sèche pour délimiter la largeur de la mortaise.

Sur le chant supérieur se distingue le même trait de trusquin à 12 mm du parement. À l'extrémité droite, le départ de la cassure correspond à l'emplacement d'une mortaise. Sa largeur peut être égale ou supérieure à 83 mm. Cet assemblage implique la présence d'un montant intermédiaire (inconnu). À noter, car cela est exceptionnel sur cette cloison, un résidu blanchâtre pouvant être assimilé à une matière de comblement est visible sur le bord gauche (fig. 18 en haut à droite). Au fond de la mortaise, orienté perpendiculairement, un perçage particulièrement gros de 12 mm de diamètre a été réalisé (fig. 18, les deux images à droite et fig. 17, en haut et les deux images du bas). Du fait de son positionnement, pas réellement dans l'assemblage tenon/mortaise, de sa taille et de sa forme, il peut difficilement recevoir une cheville. Nous pouvons juste remarquer qu'il est à mi-hauteur de la traverse et qu'il semble être dans l'alignement vertical du clou sur la traverse 9 (fig. 8, 3e image à partir du haut). En parement, deux trous de clou à 16 mm du bord supérieur ont été percés. Le premier est débouchant, l'autre pas. Au niveau de ces deux emplacements, il reste des sections de clous (fig. 18, en bas à gauche). Ils devaient maintenir un élément contigu en amont.

On observe quelques marques frappées d'un élément métallique à l'extrémité carrée, tel un chasse-pointe ou un pointeau, sur deux zones, une en contre-parement, l'autre sur le chant inférieur (fig. 17, deux images du haut).

Deux signes d'établissement : sur le trait de trusquin du chant inférieur, assez loin de la mortaise, un B et un double V inversé et sécant (fig. 17, 2e image à partir du haut). Nous n'avons pas retrouvé ces marques sur les pièces voisines. En façade mais dans le prolongement de la seconde marque, on peut observer un trait gravé bien marqué, vertical (fig. 18, en bas à droite).

Décor : voir Rutschowscaya 1986, p. 133. Le premier entrelacs est décalé par rapport aux suivants. Sculpture partiellement en méplat mais les fonds sont légèrement convexes. Présence probable de polychromie, notamment un rouge vermillon dans les fonds.

Altérations anciennes : le tenon est brisé au niveau du point de fixation. Il manque un peu bois sur l'angle inférieur du parement près du tenon. Près du premier clou, il y a une usure ou un manque de forme triangulaire. Quelques fentes et gerces s'observent.

18. Montant gauche de la cloison [FIG. 4 et 19]

C'est une pièce maîtresse, elle nous apporte des indications sur l'ensemble de l'élévation et nous informe sur son maintien vertical.

Numéro d'inventaire : AF 4888.

Numéro de catalogue : 479.

Essence : *Acacia* sp.

Dimensions : H. 2 330 mm × l. 98 mm × ép. 54 mm.

Poids : 8 500 g.

Matériau : présence d'un nœud plein à 1320 mm de hauteur. Plus haut, à 1600 mm, il y a une zone d'aubier altéré.

Technique : traces de mise au calibre à « l'herminette » (fig. 19, à droite au milieu).

Sur le chant latéral droit, viennent s'assembler les différents éléments de la cloison (fig. 19, 2e image à gauche) : en partant du bas, on peut voir la mortaise de la traverse 1 ; la rainure de 2 ; la mortaise de la traverse 9 ; la rainure du panneau de remplissage 10 ; la mortaise de la traverse 13 ; la rainure du panneau 14 ; la mortaise de la traverse 17. Au-dessus, les parties complémentaires ne sont pas connues. À noter la présence d'un repentir (fig. 19, détail à droite), une mortaise façonnée par erreur, rebouchée ; puis, sur 540 mm, il n'y a pas d'assemblage, l'élément était maintenu en applique (voir *infra*). Suit une rainure de 333 mm de longueur, où pouvait s'embrever un panneau à languette. Vient l'avant-dernière mortaise, impliquant une traverse ; de nouveau 110 mm sans assemblage et la dernière mortaise à épaulement, qui augmente la résistance de l'assemblage cloué. D'ailleurs, pour cette raison, un fragment du tenon de la traverse associée, sa partie inférieure est resté *in situ* retenu par le clou de maintien.

Sur le parement (fig. 19, 3e image à partir de la gauche) se trouvent bon nombre de points de fixation des éléments constituant la cloison. Ce sont essentiellement des clous plus ou moins encore en place. Cinq maintenaient les assemblages, tenon et mortaise, des traverses maîtresses de l'ouvrage, 1,9, 17 et les deux à l'extrémité supérieure ; dans la zone sans décor, un système de fixation biface existait vraisemblablement (voir *infra*). Sur la rive gauche, six perçages sont irrégulièrement répartis sur la hauteur, même si un écartement d'une cinquantaine de centimètres existe pour quatre d'entre eux, le premier étant à près de 600 mm de la base. Les deux derniers sont situés de part et d'autre du troisième trou, à 160 mm pour le plus bas, il conserve son résidu métallique corrodé *in situ*, et à 150 mm plus haut pour le dernier. Ils ne sont pas débouchants et sont comparables à celui présent sur la traverse 17 (fig. 18, détail en bas à gauche). Ils se situent tous à peu près, à égale distance du bord gauche, au niveau du double trait en creux.

Sur le chant latéral gauche (fig. 19, 4e image à partir de la gauche et détail à droite ; fig. 25), à environ 150 mm de la base, un perçage traverse le montant, légèrement en biais et débouche dans la rainure. Au-dessus, à un peu plus de 350 mm, on trouve une entaille latérale qui recevait la queue-d'aronde d'une traverse ; plus haut, un élégi* concave de 240 mm ;

légèrement sur l'angle postérieur; suivent deux petits trous, un au niveau de l'élément 17, l'autre à 340 mm du sommet. Ce sont les seules traces qui permettraient le maintien vertical dans son environnement de ce montant et donc de l'ouvrage (voir *infra*).

Côté contre-parement (fig. 19, image de gauche) se trouve l'entaille du seul élément d'assemblage à l'opposé du bâti: la contre-queue d'aronde, déjà mentionnée sur le chant latéral gauche. À une hauteur de 1 120 mm puis de 1 600 mm, sur l'arête, côté cloison, correspondant à la zone sans frise en parement (fig. 19, détails à droite), le bois est entaillé pour recevoir un clou. Toujours côté cloison, plusieurs petites entailles rectangulaires sont énigmatiques; elles ne sont pas alignées et ne semblent pas avoir de caractéristique commune. Il s'agit peut-être de repères de montage (fig. 19, détails à droite). Elles ont des traces de fabrication mais aucune trace d'utilisation. À la base, un petit manque pourrait avoir une origine fonctionnelle.

Signe d'établissement: la marque est commune à 11 (voir fig. 13), parement contre contre-parement. Elle met en correspondance les deux pièces de bois en vis-à-vis et plus largement cinq montants et traverses aux assemblages voisins.

Au-dessus de l'élévation connue (fig. 3), sur la zone sans frise, nous pouvons penser qu'un panneau était cloué en applique. L'emplacement a laissé une trace visible (fig. 19, 3e image à gauche et détail, à droite). Pour augmenter la solidité du clouage, celui-ci est double, en parement et en contre-parement, au niveau des deux zones entaillées (fig. 19, détails). Cette surface de biais permet de planter les clous sur une zone normalement en arête, pour leur donner de l'angle donc de la résistance, elle réduit aussi la distance à traverser du montant pour pénétrer plus profondément donc solidement dans le panneau à joindre. Comme l'une des têtes de clou est absente, il est possible d'observer le creusement du bois où venait se loger la tête du clou. Cette précaution a sans doute été prise afin de réduire le relief en surface de la tête bombée ou, plus simplement, pour faciliter et augmenter un peu plus la pénétration de la tige du clou dans le panneau en parement, sur environ 3 mm.

Décor: sur le bord droit du parement se trouve une frise sculptée en méplat, de 10 mm de large, constituée par des losanges en amande disposés par alternance symétrique à 45°, où s'intercale une perle, en semi-méplat. Sur l'autre bord, il y a une simple lisière de deux traits parallèles gravés comme sur la traverse 1.

Altérations anciennes: très localisé, le contact du sol prolongé a légèrement altéré le bois de bout* de la base du montant (fig. 20, à gauche). La surface a une structure « matelassée[14] ». D'une façon peu commune, sur le bord, côté contre-parement, les fibres de bois semblent plus longues que le reste de la base, comme s'il y avait une sorte d'avancement. Le sommet du montant a bien l'état de surface caractéristique de son positionnement; les fentes radiales indiquent l'emplacement du montant dans le tronc[15] (fig. 20, à droite).

On note une petite lacune longitudinale de part et d'autre de la première mortaise, et quelques fentes relevées sur le schéma (fig. 4). Deux zones d'aubier ont été dégradées par des insectes mais elles sont très anciennes et localisées près de la queue-d'aronde et dans la partie supérieure.

14 Observation de M. Dupéron.

15 Le diamètre du tronc était supérieur à 24 cm.

16 Sur une photographie prise en 1917 et conservée au Louvre, on aper-

ÉLÉMENTS POUVANT PROVENIR DE LA CLOISON

Des éléments provenant des fouilles anciennes et récentes de l'église nord pourraient être rattachés à la cloison, sans qu'il ne soit possible de l'affirmer.

Les huit balustres dessinés mais non numérotés sur le plan de montage (fig. 1) posent un problème d'identification. De par leur forme et leurs dimensions, quatre balustres de Baouît conservés au musée du Louvre en font sans doute partie[16]. Leur similitude avec un exemplaire retrouvé en 2003 dans l'église nord (voir *infra*) renforce cette hypothèse. Ils ont été insérés dans le remontage réalisé au musée pour les prises de vues de l'assemblage (fig. 2-3).

Sans numéro [FIG. 21]

4 balustres décoratifs dont les extrémités se terminent en tenons. Ils sont similaires tout en ayant de nombreuses différences, dimensions, formes des décors.

Numéros d'inventaire: AF 4802; AF 6978a; AF 6978b; AF 6978c.

Numéros de catalogue: 318 et 321-323.

Essence: *Acacia* sp.? (AF 4802 et AF 6978a); *Acacia* sp. (AF 6978b et c).

Dimensions: 138 × 29,1 × 32 (AF 4802); 146 × 32,7 × 31 (AF 6978a); 131,4 × 29 × 32 (AF 6978b); 134,8 × 28 × 27 (AF 6978c). Cotes sans assemblage ± 110.

Poids: 222 g.

Matériau: l'*Acacia* sp. est identifié pour deux de ces balustres. C'est l'essence du montant 18 et de la traverse 1 (voir fig. 25).

Technique: des traces d'outils du corroyage* sont visibles sur les sections non sculptées des pièces. La partie tournée est ensuite réalisée, elle suit la sculpture et les assemblages.

Signe présents: une croix sur la joue face du tenon supérieur de AF 4802 et une sorte d'Y inversé sur la joue arrière du tenon inférieur de AF 6978a.

Les coupes des tenons ne sont pas d'équerre sur AF 6978b.

Décor: les quatre pièces sont approximativement semblables. Le piédouche est composé d'un carré subdivisé par un anglet; de part et d'autre, deux lignes horizontales sont gravées (AF 6978b n'en a qu'une à sa base). Il est surmonté d'une partie tournée, composée d'un réglet, d'un quart-de-rond droit, d'une scotie renversée, d'un tore en amande puis d'une partie renflée en poire ou en vase formée d'une panse et d'un col (elle est inversée pour AF 4802). Les moulures se répètent symétriquement et sont surmontées d'un chapiteau à feuilles stylisées, présentant de légères variantes. Le piédouche et les chapiteaux sont sculptés sur trois côtés pour être vus uniquement de face[17].

Altérations anciennes: le côté droit de AF 6978a présente deux gerces. Le bord supérieur du piédouche est émoussé à droite.

çoit un cinquième balustre du même type ainsi qu'un autre, de forme très différente (peut-être AF 9343, RUSTCHOWSCAYA 1986, p. 97, n° 332?).

17 Leur traitement rappelle celui des bases et des chapiteaux en calcaire de l'église nord. On peut y voir un style ou, tout du moins, une recherche d'harmonie dans le décor de l'église (voir BÉNAZETH, MEURICE à paraître).

Autres éléments

– Le balustre retrouvé en 2003 (fig. 22) est bien de même facture et de mêmes proportions que les quatre repérés au Louvre (H. 140 mm).

– Le musée des Jacobins d'Auch conserve un balustre similaire[18], provenant des fouilles de Ch. Palanque à Baouît. Les parties sculptées sont à l'état d'ébauche ou, tout au moins, plus stylisées que sur les autres exemplaires. Leur largeur semble tronquée.

– Le petit montant[19] trouvé dans la niche 5 (mur sud du vaisseau) en 2007 (fig. 23) appartient à la série des montants intermédiaires 3, 4, 6, 7, tout comme l'élément du Louvre AF 4811, qui ne porte pas de numéro d'assemblage. Par son décor, il se rapproche de ce dernier et des numéros 6 et 7 (particulièrement de 6).

– Une frise[20] de même provenance a bien des similitudes avec la traverse 17 (fig. 24). Le décor sculpté est identique[21]. Leur section est plutôt proche et elles possèdent toutes les deux un système d'assemblage avec cheville d'un côté, et avec clou de l'autre. La pièce présente des rainures et des mortaises, comme 9. Toutefois, elle n'est pas la partie complémentaire de 17 et l'écartement des mortaises ne correspond pas à celui mesuré sur 9. Si l'on pose l'hypothèse qu'elle fait partie de la traverse 17, elle peut être placée en face de la dernière mortaise de 9 ou, bien sûr, plus loin dans la zone inconnue (fig. 25).

Il est également possible de lui associer le petit panneau à la grappe, trouvé en 2004[22]. Ses languettes ont une largeur correcte pour s'encastrer dans l'une des rainures de la traverse. Mais cela peut être le fait du hasard. Le panneau présente des similitudes iconographiques avec le montant 11 même si la sculpture est traitée en relief et non en méplat ou en semi-méplat (voir *supra*, 11 et fig. 13).

– Les fouilles de 2004, 2005 et 2007 ont livré trois fragments de baguettes semblables à celles qui sont clouées sur les panneaux 10, 12, 14 et 16.

Les techniques mises en œuvre

L'examen de chacun des éléments de la boiserie nous a permis d'identifier le répertoire des techniques mises en œuvre pour la fabrication d'un ouvrage de menuiserie copte ancien de grande dimension, avec son décor sculpté.

Les quatre essences utilisées[23] (fig. 25) sont locales. Le *Tamarix* sp. est le plus abondant[24] et le plus présent. L'*Acacia* sp. est le plus performant et a été sélectionné pour les pièces maîtresses ou les petits tournages ; le *Mimusops launfolia* Forsk, perséa, est spécifique aux panneaux de remplissage du premier registre, 2, 5 et 8, et le *Ficus* sp. pour la série des quatre panneaux du registre supérieur, 10, 12, 14 et 16.

18 Musée des Jacobins, inv. 985.234, H. 126, D. 34 mm (Guillain 1999, p. 119).

19 Au Musée copte du Caire, inv. 12835.

20 Au Musée copte du Caire, inv. 12833.

21 Ses fonds paraissent plus creux et moins colorés mais il est difficile de comparer à distance, d'autant plus que la pièce n'a pas été restaurée.

22 Bénazeth 2008, p. 14, fig. 6.

23 Rutschowscaya 1986, p. 14 ; Killen 2000, p. 334-351.

24 Enss 2005, p. 24.

Le débit a peut-être été obtenu par clivage pour le montant 18 mais il a été réalisé essentiellement par sciage. Ce montant a été mis au calibrage à l'aide d'un outil à biseau concave frappé, du type herminette[25] (fig. 19 à droite, à mi-hauteur), comme d'autres bois ou zone de bois très noueux, par exemple 13, 15 et 16 (fig. 14). Le dégauchissage n'est que partiel, il est effectué uniquement sur les parements et les surfaces utiles, là où se trouvent les assemblages. L'utilisation de la matière bois est maximale, fait révélateur de sa rareté. Cela implique parfois l'emploi de bois dont les défauts ont des répercussions préjudiciables sur les propriétés mécaniques et esthétiques, notamment la traverse 9.

Plusieurs traits de construction sont visibles pour la mise en place de l'ouvrage. Le principal est fait avec un trusquin, qui marque un sillon parallèle à 11 ou 12 mm du parement. C'est le repère pour positionner les assemblages des différentes pièces sur le même plan et ainsi obtenir le parement, le côté qui est fait pour être vu, avec la planéité désirée. Des traits perpendiculaires marquent les repères dont ceux de certaines des extrémités des assemblages (fig. 18, en haut à gauche). Ils sont réalisés à l'équerre et à la pointe sèche. D'autre part, des traits bleutés, qui pourraient être identifiés à des signes d'établissement (fig. 8, 10, 13, 15, 17 et 21), ont été retrouvés. Certains sont inscrits à cheval sur deux éléments, ce qui indique que les pièces devaient être montées en vis-à-vis (18 avec 11), voire même à trois (13 et 15 avec 9), ou à cinq (18, 11, 13, 15 et 9). Nous ne connaissons pas les bois complémentaires de la seconde marque de 9 ni celle de 6. D'autres sont encore de simples repères comme sur deux des balustres, sur 17[26] (fig. 17), et sur les languettes de 10 (fig. 12, en haut à droite) et de 12.

Les assemblages tenon et mortaise comportent différentes spécificités pour optimiser leurs propriétés techniques : les épaulements renforcent leurs résistances mécaniques (1, 9 et 18). Il est possible d'observer les traces de l'outil qui a permis d'évider les mortaises (fig. 13, 18, en haut), le bédane*. Par ailleurs, bon nombre des tenons en *Tamarix* sp. n'avaient pas réellement les propriétés requises, en droit fil, et sont altérés.

Le maintien de ces assemblages était assuré par des clous forgés sur 18 ou par des chevilles dans les assemblages exclusivement en *Tamarix* sp. Ces dernières ne sont pas toujours implantées avec soin (fig. 18, en haut à gauche) ; d'autres assemblages ne sont pas chevillés (par exemple sur 11 et 13).

Les rainures sont réalisées au ciseau ou au bédane[27] comme l'attestent la forme des tenons des petits montants, 3, 4, 6 etc., et les traces (fig. 13). Les languettes venant s'embrever prennent toutes sortes de formes (fig. 4, 7 et 12), « batarde », en sifflet ou large chanfrein.

Pour les éléments en applique, ils sont solidement cloués sur 18 (fig. 19, à droite) ou sur 10 (fig. 12), où les extrémités sont repliées en contre-parement. Une autre possibilité existe, une sorte de clou à forte section, court, comprimé dans un logement sous-jacent, un trou sur le bord gauche du parement de 18 et en partie supérieure de 17 (fig. 18, en bas à gauche).

Les balustres révèlent le travail du tournage[28] et de sculpture en ronde-bosse, le reste tout un répertoire de bas-relief. Ils impliquent toutes sortes de gouges*.

25 KILLEN 2000, p. 355.

26 Les deux figures tracées sur 17 (ou de semblables) ont été relevées par Ch. Palanque parmi une cinquantaine de « marques de tâcheron » (CHASSINAT à paraître, pl. 141, 2).

27 KILLEN 2000, p. 355-356.

28 KILLEN 2000, p. 357.

Les traces de l'outil de perçage[29] dans la partie inférieure du montant 18, sont très intéressantes (fig. 19, détail à droite des 4 vues générales) et prouvent l'efficacité du foret* ou d'une tarière*. Toutefois, si les trous des chevilles en bois ont été initiés à l'aide d'un outil perçant, ils n'ont pas toujours été réalisés avec soin (fig. 18 en haut à gauche).

L'acte de réparation est avéré par la pose de petits tourillons pour maintenir en place des fragments de cassure et le clou sur la traverse 9. À noter, la possible utilisation d'une matière de comblement dans une mortaise. Dans la dernière mortaise de 17, à gauche, il y a bien une matière blanchâtre (fig. 18, en haut à droite).

Même si les choix techniques révèlent la maîtrise de propriétés techniques, ils ne sont pas forcément optimisés ni l'exécution très ajustée réellement soignés[30], la raison n'est pas uniquement due aux défauts des bois employés.

Restitution des parties manquantes [FIG. 25]

Techniquement, les mortaises vides permettent de mettre en place les éléments complémentaires, deux traverses supplémentaires dans la partie haute du montant 18, deux montants sur le chant supérieur de 9 et un au-dessus de 17. Les rainures, sur 9, devaient recevoir deux panneaux à languettes horizontales avec, ou non, des languettes latérales. Un panneau sculpté du Louvre[31] et un autre du Musée copte[32], provenant de l'église nord, présentent des languettes d'encastrement. Leur décor indique une position verticale, les languettes se positionnant en haut et en bas et non pas latéralement. De hauteur assez proche de celle des panneaux 10, 12, 14 et 16, ils pourraient hypothétiquement convenir à ces emplacements.

Restent les fixations par clouage qui se trouvent, côté parement, dans l'espace sans frise décorative sur 18 (fig. 19, à gauche et détail, à droite). Elles devaient maintenir un ou deux panneaux ou une structure en applique ajourés ou non, ou, du moins, qui n'obstruaient pas totalement la zone. Cela aurait l'avantage de limiter leur poids. Complémentaire, la traverse 17 a aussi deux points de fixation à clou. Il n'y a, malheureusement, aucune trace en parement qui confirme le positionnement. En revanche, si l'on observe celles du parement de 18 (fig. 19, à droite), il faudrait envisager deux éléments (fig. 25). Le premier pourrait avoir un double point de fixation, en parement et contre-parement, celui-ci étant au-dessous du large trait perpendiculaire. Au-dessus viendrait un autre élément, fixé par le second système à double clou parement/contre-parement, au niveau de l'entaille supérieure. Si l'on se fie aux traces en parement (fig. 19 au centre), cet élément aurait une forme angulaire sans recouvrement de la frise sculptée. Cependant, il est difficile de dire à l'heure actuelle si ces empreintes correspondent au montage d'origine ou à un état altéré de l'ouvrage.

Au-dessus, la rainure suggère un panneau de remplissage à languettes mais il est difficilement concevable qu'il puisse rester en place sans traverse à sa base, surtout dans ce contexte, en

29 KILLEN 2000, p. 356.

30 Le vantail AF 6976 présente une exécution beaucoup plus soignée (voir dans ce volume « Étude d'un vantail de la fin du premier millinaire consacré au musée du Louvre »).

31 Inv. AF 4903 (RUTSCHOWSCAYA 1986, p. 147, n° 512 ; CHASSINAT à paraître, pl. 95).

32 Inv. 8828 (TÖRÖK 2005, p. 190-191, n° 135 ; CHASSINAT à paraître, pl. 94).

hauteur, dans ces dimensions. L'élément sous-jacent, le panneau cloué, s'il était en applique, ne pouvait pas être sur le même plan. Il était peut-être monté en feuillure*, son épaisseur lui permettant d'être le support du panneau supérieur. On peut également penser qu'il reposait sur le montant intermédiaire qui prenait place dans la mortaise, dont la trace sur le chant supérieur de 17 est visible et maintenu par des clous. La dernière hypothèse serait d'omettre cette rainure, l'envisager comme une erreur (voir *supra*, repentir et fig. 25), l'ensemble de cette zone serait occupée par une simple juxtaposition de deux panneaux superposés, sans négliger de possibles éléments à claire-voie.

La distribution du sommet pourrait être assez proche de celle de la base[33] : entre les deux traverses supérieures, on peut supposer une répartition de panneaux et de montants, ou un espace ajouré à balustres plus ou moins épars. Toutefois, dans la mesure où il n'y a pas d'assemblage sur le montant 18, seulement le trait de trusquin, il faut commencer par une série de balustres ou envisager un premier panneau de remplissage dont les languettes seraient horizontales. Malheureusement, il est impossible d'utiliser les éléments connus pour échafauder une hypothétique restitution des zones lacunaires.

Enfin, la menuiserie a besoin, dans ses principes de fabrication, de symétrie structurelle. Il est légitime de placer un montant droit en vis-à-vis de 18, mais à quelle distance ?

La solidité structurelle de l'ouvrage ne se trouve pas au niveau du second registre. Elle existe à la base et au sommet grâce au système de doubles traverses[34] et par le choix de l'essence d'*Acacia* sp. pour les éléments périphériques (fig. 25). De même, les éléments horizontaux cloués aux deux tiers de la hauteur y participent mais quelles dimensions pouvaient-ils avoir ? D'autant que trop de charges à cette hauteur, légèrement en dévers, n'est pas anodin.

Pour maintenir verticalement cette cloison, l'élément visible est la contre-queue d'aronde, où se situait une traverse. Il faut associer deux autres points de fixation, très peu parlant, deux trous de pointes métalliques discernables sur le chant latéral gauche du montant 18 (fig. 4, 19, 4ᵉ image à partir de la gauche) à 1 m et à 2 m. Un maintien ou plutôt l'équerrage de la cloison, dans la direction opposée, pouvait être généré grâce au perçage inférieur au moyen d'une ficelle.

Enfin, les six points d'ancrage sur la rive gauche de la façade du montant 18 pouvaient maintenir rivetés des éléments en applique sur ce côté.

Mise en place de la cloison dans son environnement architectural

Une des particularités de l'environnement architectural de la cloison est la présence d'un obstacle qui a nécessité le creusement du chant gauche du montant 18, légèrement sur l'arrière. Cet élégi se trouve à environ 910 mm de la base (fig. 4, 19, à gauche).

Sur le côté gauche du parement du montant 18, les six perçages non-débouchants, donc borgnes, sont sûrement des points de fixation par rivetage (fig. 19, 3ᵉ image à gauche et détail

33 La hauteur entre les assemblages est de 110 mm, alors qu'elle est de 108 mm sur la zone du premier registre. 2 mm n'est pas une différence notable sur ce type d'ouvrage.

34 Deux balustrades provenant d'Akhmîm et conservées à Berlin présentent la même disposition : deux longues traverses (1 725 mm) enserrent des panneaux et des balustres entre des montants intermédiaire (Enss 2005, p. 161, pl. 120-121, nᵒ 197).

à droite). Ils correspondent aux ancrages d'un ou plusieurs éléments en applique. Les traces en parement laisseraient apparaître un recouvrement de plus de 20 mm mais pas sur toute la hauteur. Il n'y en aurait pas à la base, ni lors de la reprise de la frise. Dans ce cas, mais cela est peu probable, les trois points supérieurs n'auraient pas de fonction. Il est logique d'imaginer une planche verticale « couvre-joint » dissimulant l'espace entre un mur, une colonne ou autre, et le montant. Éventuellement, elle pourrait être maçonnée, le bord opposé étant inclus dans un enduit. Elle cacherait aussi le seul élément en bois non retrouvé mais dont l'existence est probable : une traverse montée à queue-d'aronde dans la contre-queue, à 310-420 mm de hauteur (fig. 19, 1re et 4e images à partir de la gauche), et insérée, à l'opposé, dans une huisserie ou une maçonnerie (fig. 25).

Les autres points d'attache, qui peuvent être à plus ou moins 1 000 et 2 000 mm, correspondent aux trous visibles. La présence de deux traits à la pointe sèche est à noter. Le premier a un angle de 66° par rapport au bord du montant et celui en dessous, de 110° (fig. 19, à droite). Il s'agit sûrement des traits repères.

Sur le chant extérieur du montant 18, à 165 mm de la base, se remarque un perçage dont la direction est à 30° (fig. 19, 4e image à partir de la gauche) ; l'orifice fait 11 mm de diamètre et se termine comme un trou. Il débouche sur le chant opposé. Cette forme aurait pu recevoir un cordage noué. Il aurait apporté une tension de maintien sur la cloison, contribuant ainsi à l'équerrage de l'ensemble, soit ponctuellement au moment du montage, ou de manière plus pérenne. Mais rien ne nous permet de l'affirmer.

Aucune des autres cloisons coptes connues n'est comparable à l'objet de cette étude[35]. Les montages étaient vraisemblablement très variés et ils ne contredisent pas les propositions de restitutions ici proposées.

L'hypothèse d'un emplacement de la boiserie entre les colonnes du mur de refend séparant le *khurus* du vaisseau n'est pas confirmée. En dépit de la présence des bois mis au jour au début du XXe s., ou de celle du madrier au sol découvert en 2003, le « panneau en bois sculpté de la chapelle n° 4 » ne s'explique pas à cet endroit. Il n'y a pas de correspondance technique ou dimensionnelle possible. En outre, le sommet du montant 18 est en parfait état de conservation, ce qui le distingue de ceux qui sont visibles sur les clichés du début du XXe s.[36]. La cloison n'a pas été conçue pour être vue sur les deux faces. De plus, la différence d'état de propreté positionnerait le contre-parement hors des espaces de circulation, non loin d'une paroi maçonnée ou en doublage.

Les particularités de la base du montant, dont la surface a une structure « matelassée », seraient à comparer avec celles d'autres bois coptes (fig. 20). Nous ne sommes pas en mesure d'interpréter cet état de surface mais il est très significatif et pourrait apporter des informations sur son implantation d'origine.

35 Pour l'époque byzantine, voir Bolman 2006, p. 83. L'auteur a recensé un grand nombre d'exemplaires pré-islamiques (Bolman 2006, p. 76-91) et d'époque médiévale (Bolman 2006, p. 91-103). La thèse de doctorat d'A. Jeudy sur la question n'est malheureusement pas publiée.

36 Chassinat à paraître.

CONCLUSION

Si cette approche technique n'a pas permis de restituer de manière effective les zones manquantes de la cloison, ni d'en confirmer la localisation précise sur le site, la confrontation de ce très bel ensemble aux autres ouvrages de bois confirme qu'il s'agit d'une pièce maîtresse de l'église nord de Baouît. Elle est le témoin d'un style de décors sur bois et d'un ensemble de procédés de fabrication en menuiserie destinés à un lieu de culte monastique de l'Égypte chrétienne.

BIBLIOGRAPHIE

Bénazeth 2008

D. Bénazeth, « Nouvelle campagne de fouille à Baouît (2004) » *in* A. Boud'hors, C. Louis (éd.), *Études coptes X. Douzième journée d'études (Lyon, 19 au 21 mai 2005)*, CBC 16, Paris, 2008, p. 11-22.

Bénazeth, Meurice à paraître

D. Bénazeth, C. Meurice, « Les niches de l'église nord de Baouît : emplacements et décors sculptés » *in* T.A. Bács, Á. Bollók, T. Vida (éd), *Across the Mediterranean – Along the Nile. Studies in Egyptology, Nubiology and Late Antiquity Dedicated to László Török on the Occasion of His 75th Birthday*, Budapest, à paraître.

Bolman 2006

E.S. Bolman, « Veiling Sanctity in Christian Egypt: Visual and Spatial Solutions » *in* S.E.J. Gerstel, *Thresholds of the Sacred. Architectural, Art Historical, Liturgical, and Theological Perspectives on Religious Screens, East and West*, Washington, 2006, p. 73-104.

Chassinat à paraître

É. Chassinat, *Fouilles à Baouît*, t. 2, D. Bénazeth, C. Meurice (éd.), MIFAO, à paraître.

Enss 2005

E. Enss, *Holzschnitzereien der spätantiken bis frühislamischen Zeit aus Ägypten. Funktion und Dekor*, Wiesbaden, 2005.

Guillain 1999

A. Guillain, *Inventaire de la collection égyptienne du musée d'Auch*, Montpellier, 1999.

Killen 2000

G. Killen, « Technology » *in* P.T. Nicholson, I. Shaw (éd.), *Ancient Egyptian Materials and Technology*, Cambridge, 2000, p. 353-371.

Rutschowscaya 1986

M.-H. Rutschowscaya, *Musée du Louvre. Catalogue des bois de l'Égypte copte*, Paris, 1986.

Storck 2002

J. Storck, *Dictionnaire pratique de menuiserie, ébénisterie, charpente*, H. Vial (éd.), Dourdan, 1900, 2002 (2e éd.).

Török 2005

L. Török, *After the Pharaohs. Treasures of Coptic Art from Egyptian Collections*, catalogue d'exposition, musée des Beaux-Arts, Budapest, 18 mars-18 mai 2005, Budapest, 2005.

GLOSSAIRE

Arasement : trait de coup transversalement à la naissance d'un assemblage pénétrant, tenon ou languette, il forme le joint d'assemblage en surface. En général, il existe deux arasements, un côté parement, l'autre au revers, sauf lorsque l'assemblage est dit « bâtard ».
Baguette : moulure convexe de petite taille.
Barbe rallongée : arasement que l'on rallonge à un tenon pour aller joindre le fond d'une feuillure* ou d'une moulure.
Bédane : ciseau à bois dont le biseau droit affûté est de forte section, en épaisseur ; il est plus résistant à la frappe pour creuser et évider, notamment, une mortaise.
Bois de bout : plan de coupe perpendiculaire aux fibres du bois, perpendiculaire au fût de l'arbre.
Chanfrein : biseau qui élimine une arête.
Cheville : élément de bois légèrement conique placé dans un perçage perpendiculaire à l'assemblage tenon-mortaise de deux éléments pour le bloquer.
Chevillé : maintenu par des chevilles.
Contre-parement ou contreparement : la face opposée au parement (voir *infra*).
Corroyage : le corroyage consiste à aplanir, dégauchir, dresser une pièce de bois à la largeur et à l'épaisseur voulues.
Coupe d'onglet : trait de coupe à 45°.
Débit sur dosse : manière la plus commune d'obtenir des planches à partir de la grume*, par sciage parallèle. La première et la dernière se nomment dosses, elles ont une face en périphérie du tronc donc non plane, flacheuse*. Normalement, elles sont mises au rebut car impropres à être utilisées.
Épaulement : zones de réserve mitoyenne à l'assemblage tenon-mortaise*, cela limite la fragilisation du bois ou le renforce à cet endroit de jonction.
Élégi : diminué, allégé.
Embrever : assembler par rainure et languette, enfoncer.
Flacheux : avec la présence de flache, zone d'écorce, de surface du tronc de l'arbre.
Feuillure : entaille longitudinale le plus souvent à angle droit, destinée à recevoir une autre pièce complémentaire, par encastrement.
Foret : ou mèche, pièce de métal affûtée pour tourner sur son axe et percer, forer, un trou circulaire.
Gauche : effet de la déformation hélicoïdale de la planéité.
Gerce ou fente de retrait : fente étroite provoquée par la contraction du bois due à perte de l'eau après abattage.
Gouges : terme générique pour désigner tous les « ciseaux » du sculpteur mais, plus spécifiquement, ceux dont la forme biseautée coupante est concave ou convexe.
Grume : section de tronc d'arbre abattu avec ou sans écorce.
Joue : parties réservées, complémentaires, de part et d'autre d'une rainure ou d'une mortaise. Les surfaces du tenon et de la rainure en contact à ces joues ont le même nom.

Languette : partie saillante venant se loger dans la rainure de l'élément voisin (montant ou traverse). Elle est dite « bâtarde » lorsqu'elle se situe sur l'un des bords du chant et non en plein milieu. Elle possède alors un seul arasement.

Martyr : bois posé comme couche sous-jacente, destiné à recevoir des coups d'outils.

Mortaise : voir « Tenon et mortaise* ».

Parement : face faite pour être vue d'un ouvrage de menuiserie. C'est aussi la face de référence lors de la réalisation.

Queue-d'aronde ou queue d'aronde : en forme de queue d'hirondelle, de forme trapézoïdale. Les assemblages à queues-d'aronde sont, de fait, résistants à la traction.

Raccordement : élément de liaison géométrique et esthétique en complément des organes d'assemblage.

Repentir : correction d'une erreur dans l'exécution.

Signe d'établissement : chiffre, lettre et marque diverse, dont les charpentiers et les menuisiers se servent pour marquer, repérer et établir les diverses pièces d'un travail et faciliter ainsi le remontage (Storck 2002, p. 811).

Tarière : outil de perçage emmanché en T.

Tenon et mortaise : le tenon est l'extrémité pénétrante de l'assemblage, de forme rectiligne simple, elle est reproduite, complémentairement, par creusement dans le second élément, la mortaise. La stabilité du jumelage est assurée par l'ajustement et la taille des surfaces de rencontres, les arasements. Le maintien est assuré par chevillage, collage, etc.

Tourillon : goujon, sorte de tenon court de forme cylindrique, ménagé ou rapporté à l'extrémité de certaines pièces d'un travail pour les assembler à une autre.

Trou d'envol : ouverture par laquelle l'insecte prend son envol, lorsqu'il est « parfait » (adulte sexué).

Trusquin : outil muni d'une pointe sèche et d'une surface de référence réglable permettant de tracer en creux un sillon parallèle au bord ou à une surface dressée d'une pièce de bois. L'utilisation du même réglage permet de positionner complémentairement des assemblages à joindre.

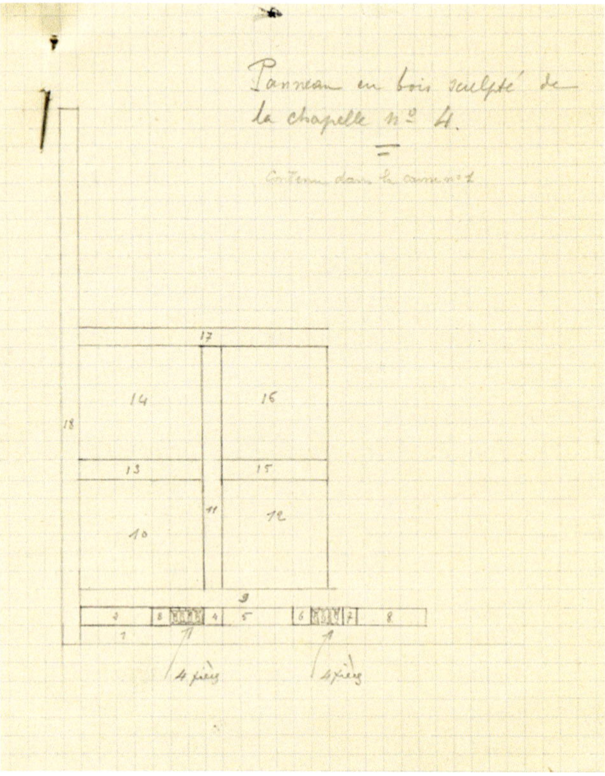

FIG. 1. Croquis pour le remontage (1902). Archives Chassinat, Montpellier.

FIG. 2. La cloison du Louvre, contre-parement.

FIG. 3. La cloison du Louvre, parement.

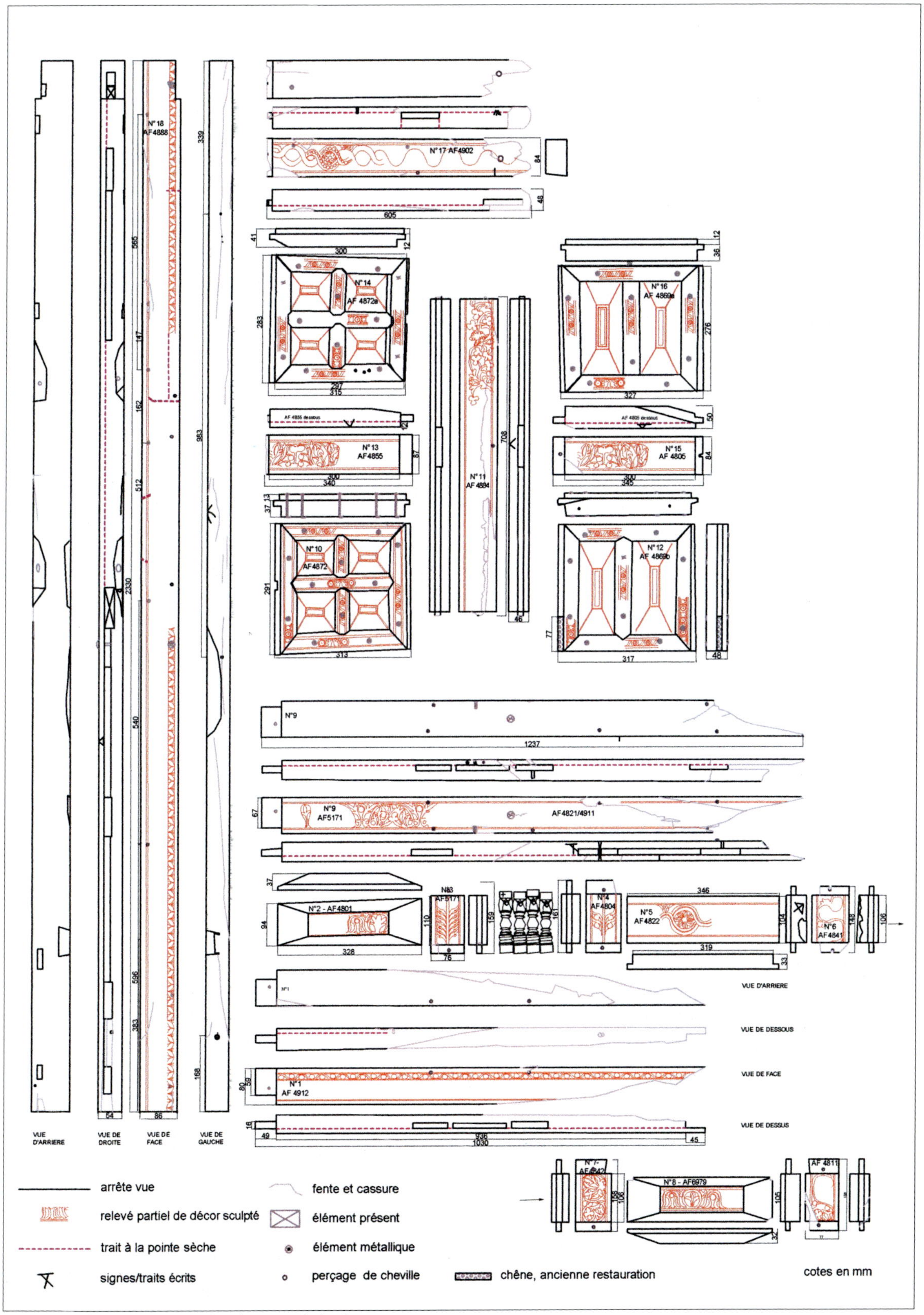

Fig. 4. Schéma technique des éléments de la cloison.

© Musée du Louvre / G. Poncet

Fig. 5. Les quatre vues de la traverse inférieure 1, contre-parement, chant inférieur, parement, chant supérieur.

© M.-A. Minart

Fig. 6. Traverse inférieure 1 : tenon à épaulement et détail du décor en façade.

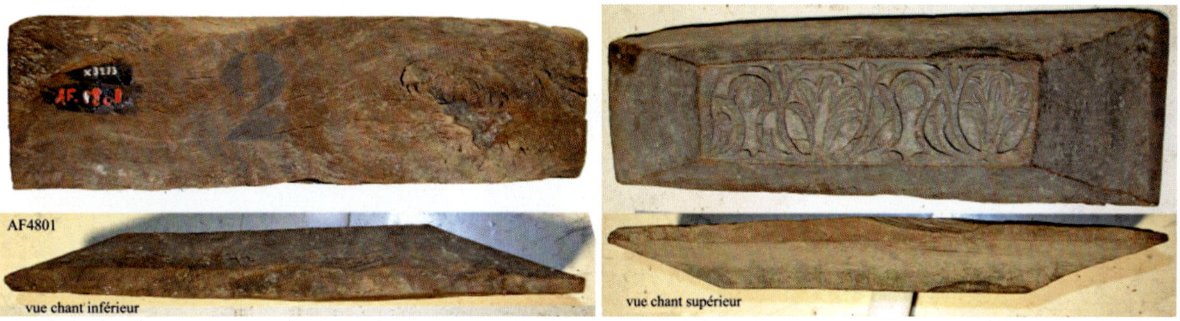

© M.-A. Minart

Fig. 7. Panneau de remplissage 2 : revers, chant inférieur, face, chant supérieur.

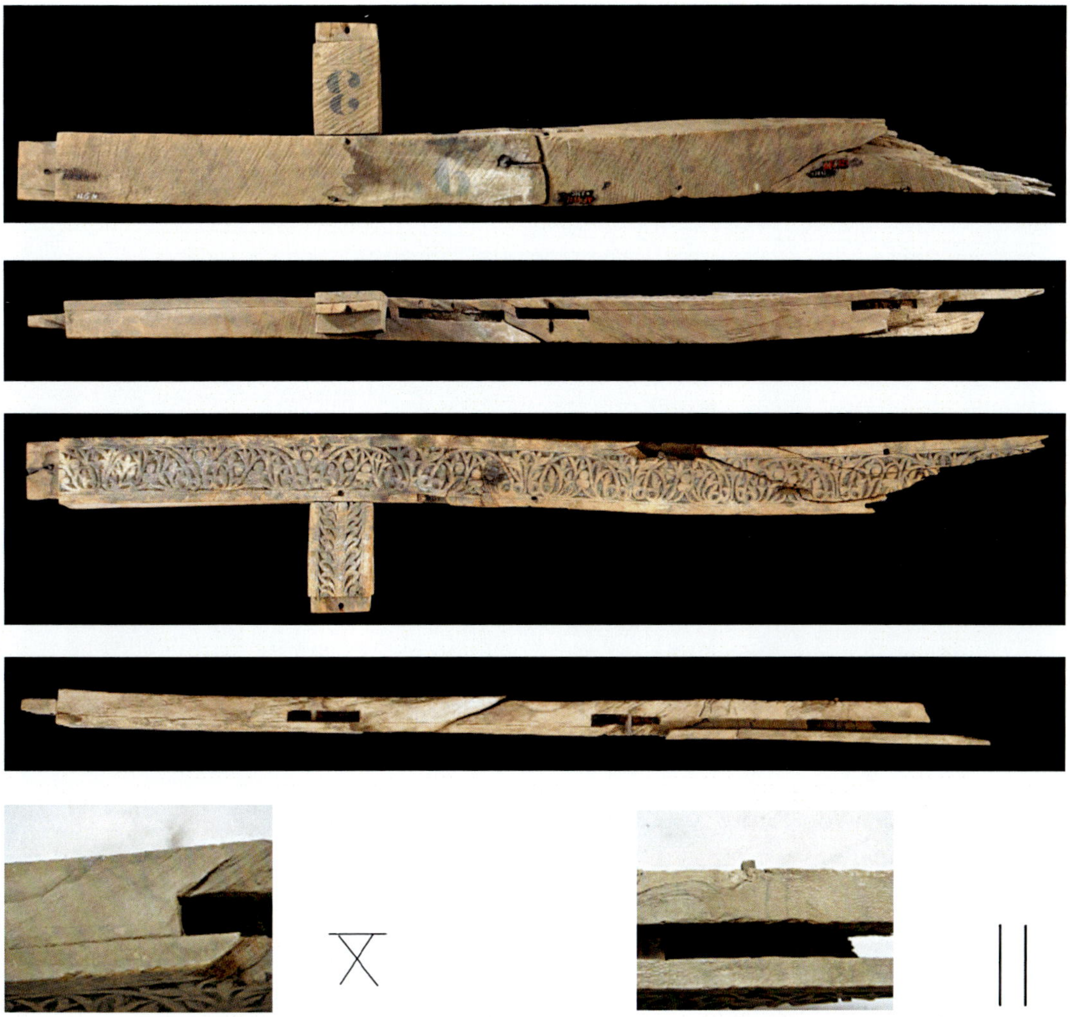

© Musée du Louvre / G. Poncet

© M.-A. Minart

Fig. 8. Les quatre vues de la traverse 9 associée au montant intermédiaire 3, contre-parement, chant inférieur, parement, chant supérieur. Relevés des marques sur le chant supérieur.

© M.-A. Minart

Fig. 9. Côté de la traverse 9 associée au montant intermédiaire 3 : détail de la zone de cassures, très anciennes, « réparée » par trois tourillons, qui avaient pour rôle de maintenir en place les petits fragments de la joue, et cependant lacunaire ; à l'extrémité, la partie clivée de la traverse avec son clou, très vraisemblablement une ancienne réparation.

© M.-A. Minart. Relevé M.-A. Minart

Fig. 10. Montant 6 : sur son chant droit présence d'un signe d'établissement.

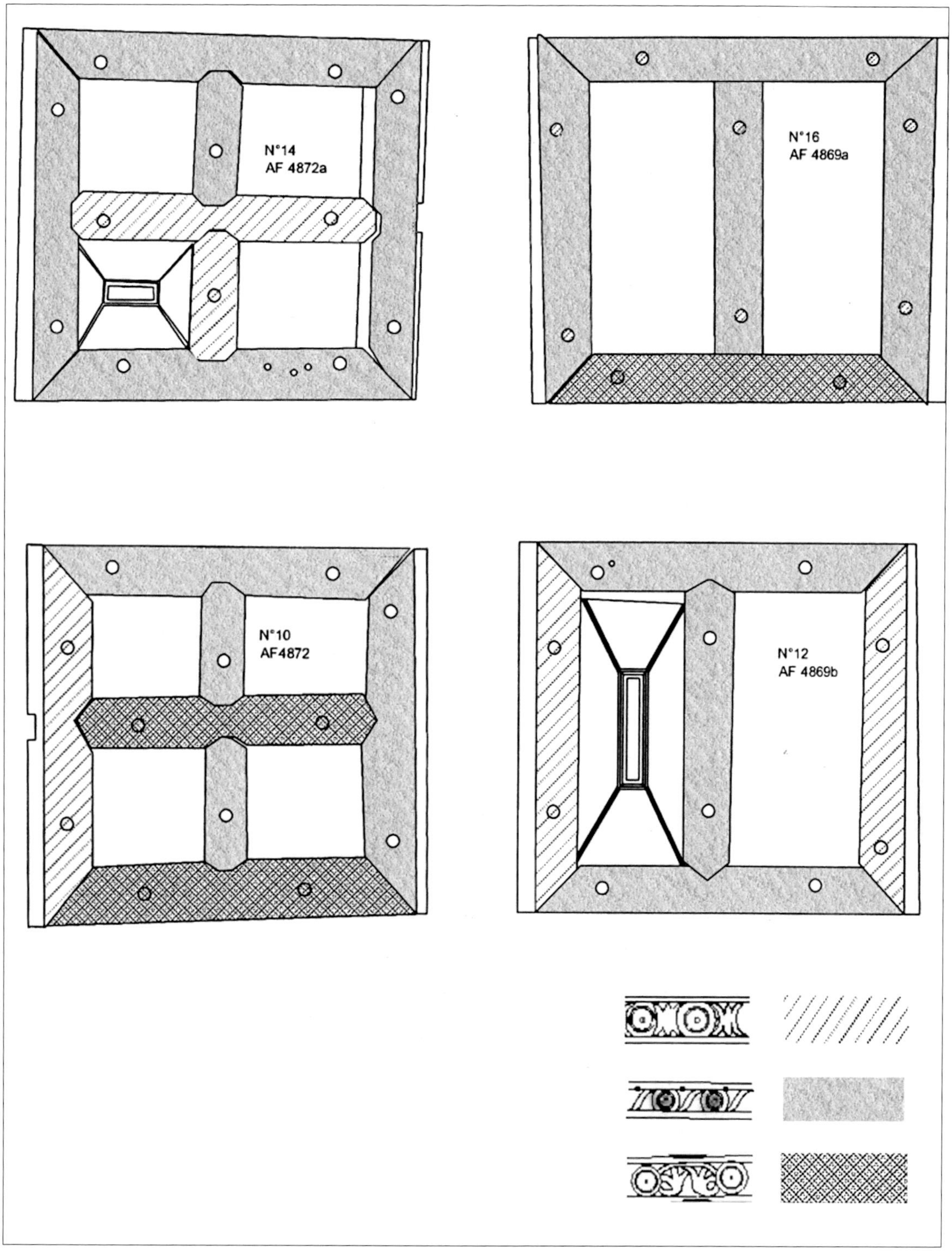

FIG. 11. Les panneaux 10, 12, 14 et 16. Visualisation de la répartition arbitraire des trois motifs décoratifs présents sur les baguettes.

© M.-A. Minart

Fig. 12. Panneau 10, chants latéraux droit et gauche. Détail du parement : trait tout le long de la languette ; chanfrein à l'angle de la baguette supérieure pour limiter le ressaut sur le joint de la coupe d'onglet. Clous dépassant sur le contre-parement.

Fig. 13. Le montant 11 et le signe d'établissement commun avec 18 ; il est identique au premier présent sur la traverse 9 (fig. 8, en bas à gauche) et sur 13 et 15 (fig. 15).

Fig. 14. Les traverses intermédiaires 13 et 15 (parement et contre-parement).

Fig. 15. Signe d'établissement commun sur 13 et 15.

Fig. 16. Panneau 14. Traces de polychromie en parement ; revers et chants.

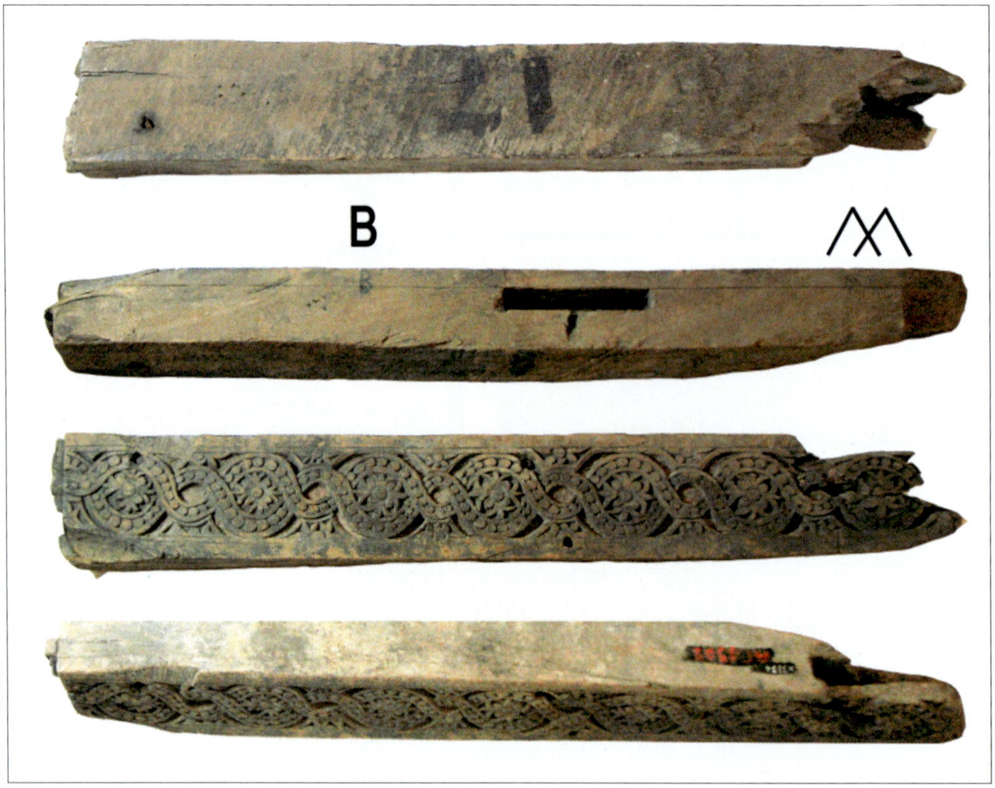

Fig. 17. Les quatre vues de la traverse intermédiaire 17, contre-parement, chant inférieur, parement, chant supérieur.

Fig. 18. La traverse intermédiaire 17, détails. Mortaise inférieure délimitée par le trait à la pointe sèche ; trait de trusquin ; empreinte de la cheville à l'extérieur de la joue. Mortaise supérieure : résidu pouvant être une matière de comblement. Section de clou (mobile) et son profil. Trait gravé correspondant la marque sur le chant inférieur.

Fig. 19. Les quatre faces du montant 18 (contre-parement, chant latéral droit, parement, chant latéral gauche) et détail de la partie du parement où la frise est interrompue.
Détail des entailles sur l'arête arrière avec emplacement des clous. À droite, à mi-hauteur, vue partielle du montant en lumière rasante.

Fig. 20. Montant 18 : extrémités basse et haute.

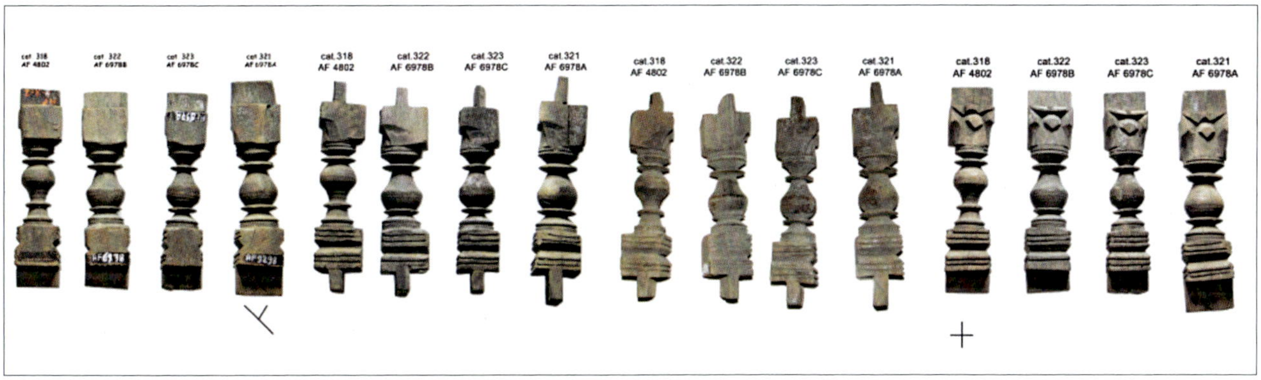

Fig. 21. Les quatre faces des balustres conservés au Louvre, avec les deux marques.

Fig. 22. Les quatre faces d'un balustre trouvé dans l'église nord en 2003. Signes sur les tenons relevés par M.-A. Minart.

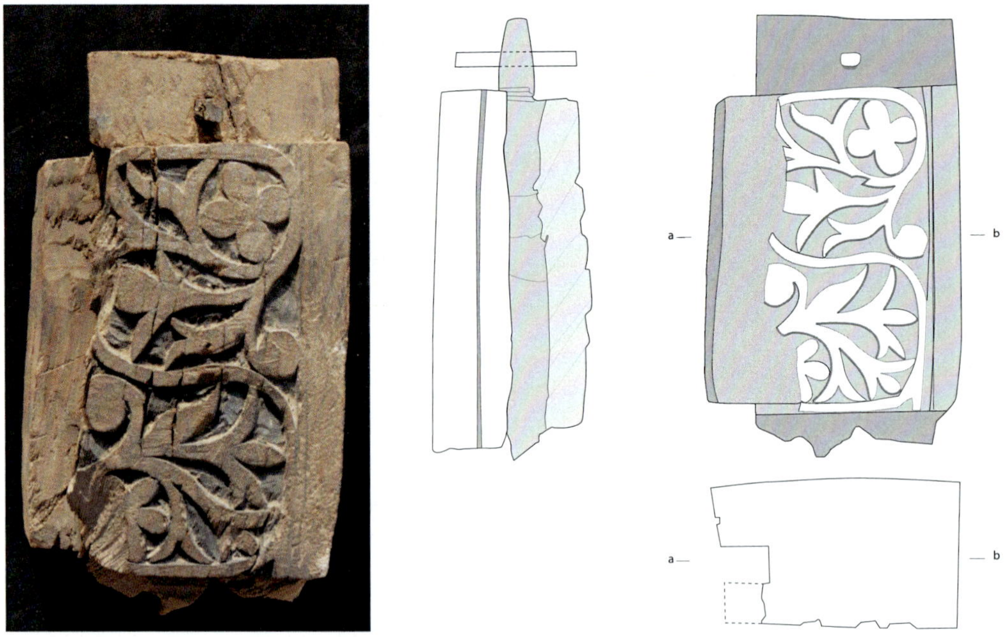

Fig. 23. Montant trouvé dans l'église nord en 2007.

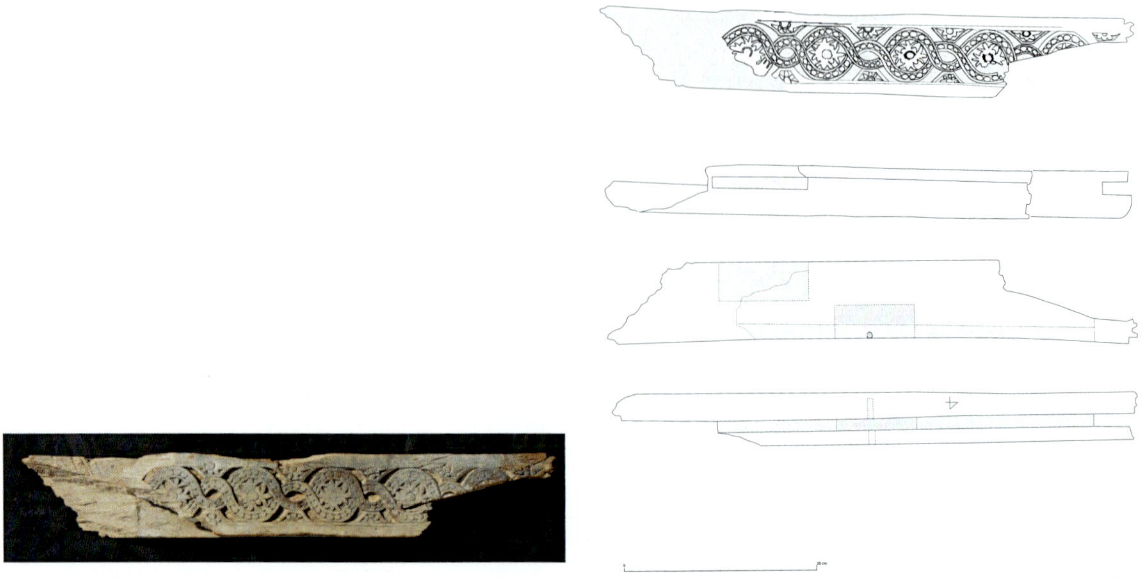

Fig. 24. Traverse trouvée dans l'église nord en 2007.

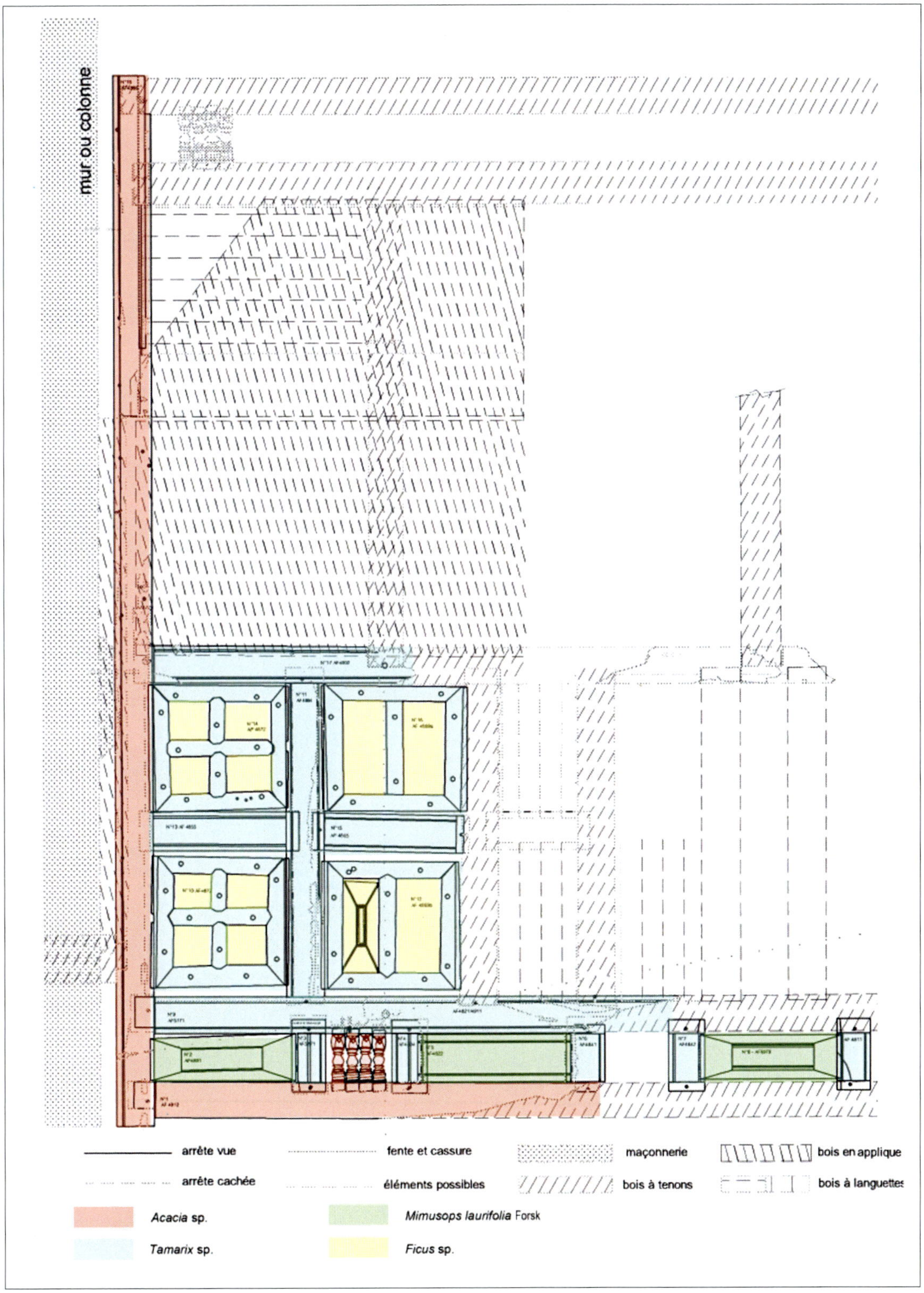

Fig. 25. Relevés des essences présentes et proposition de restitution des parties manquantes de la cloison.

Étude d'un vantail de la fin du premier millénaire conservé au musée du Louvre Monastère de Baouît, Moyenne Égypte

MARIE-ANNE MINART*,
AVEC UNE CONTRIBUTION DE DOMINIQUE BÉNAZETH**

N.B. : les termes techniques signalés à leur première occurrence par * sont explicités dans un glossaire en fin d'article.

Le vantail de porte provient de l'église nord du monastère de Baouît. Il est actuellement conservé au département des Antiquités égyptiennes du musée du Louvre, sous le numéro d'inventaire AF 6976 (1998 × 940 × 40 mm). Mis au jour par J. Clédat au début du XXe s., il constitue un ouvrage de menuiserie sculptée [1], témoin des techniques de fabrication coptes et de l'histoire de son utilisation avant son enfouissement.

Cette étude est principalement le fruit d'observations, sans démontage [2]. Elle est complétée par un examen comparatif de plusieurs documents anciens relatifs à l'objet [3] (fig. 1, 2) et d'autres vantaux de portes (église de Sitt-Barbara du Vieux-Caire par exemple [4]). Il s'agit d'abord de comprendre les techniques de fabrication du vantail, d'analyser ensuite les diverses traces qu'il présente et faire un état de sa conservation, pour finir en tentant de retracer son histoire.

* Conservateur-restaurateur de mobilier.
** Conservateur général du patrimoine. Musée du Louvre.

1 Rutschowscaya 1986, p. 20.

2 Étude réalisée au musée du Louvre en 2007, au terme d'un important travail de relevés et de prises de photographies. Nous remercions particulièrement Bruno Caperon pour son aide précieuse. Le rapport fait mention de l'état ancien du vantail et de son état actuel, après la restauration réalisée en 1928 à l'atelier de menuiserie du Louvre.

3 Le principal est un cliché pris peu après la découverte (fig. 42 [détouré : fig. 1]). Le plan de remontage (fig. 2), établi à Baouît lors de la mise en caisse, a été transmis à D. Bénazeth par le professeur Hjalmar Torp en 2008.

4 Patricolo, Monneret de Villard 1922.

DESCRIPTION TECHNIQUE DE LA FABRICATION DU VANTAIL

Cet ouvrage de menuiserie, formant un vantail de porte à petit cadre*, est construit à dix panneaux. Les deux côtés ne sont pas symétriques et présentent des différences. Conventionnellement, le premier côté, le plus soigné, est dénommé parement* ; le second, contreparement (fig. 5). Le premier est décoré de cadres sculptés de rinceaux en bas-relief (fig. 16). Ceux du contreparement sont simplement soulignés par une double rainure (fig. 18, 19).

La porte est décrite et présentée ici[5] dans sa position de fonctionnement. Les éléments originaux portent des chiffres inscrits au pochoir (fig. 6, 18, 20, 35), datant du démontage du vantail en vue de son transfert de Baouît vers Paris (fig. 2). À ces numéros, des lettres ont été ajoutées pour désigner les parties manquantes[6] (fig. 3, 4).

Le vantail est constitué d'un montant (1) et d'un bâti de remplissage (2, 3, 4, b, 5, c, d, k, l, 11-16) à dix panneaux (e-i, 6-8, j, 10). Le montant de rive sert d'axe de rotation et se nomme chardonnet*. Il est assemblé au bâti de remplissage au moyen de trois faux-tenons* en *Acacia* sp.[7] chevillés* de part et d'autre (fig. 3, 4, 6, 14). Les faux-tenons extrêmes sont placés symétriquement par rapport à la hauteur de 2, alors que l'emplacement du faux-tenon médian est plus approximatif, plutôt à mi-distance de la hauteur du montant 1.

Le chardonnet

Dim. H. 1 998 mm, l. 168 mm, ép. 43 mm

Il est monobloc, en *Zizyphus* sp.[8] ou en jujubier.

L'extrémité basse se termine en pivot, dont la forme est chantournée et lobée de telle sorte qu'elle forme un axe de rotation robuste, tout en limitant les surfaces de frottement lors du mouvement dans la crapaudine* du seuil de la porte (fig. 7, 26). À l'opposé, en haut de l'ouvrage, le chardonnet se termine en tourillon* ou goujon* cylindrique entaillé dans la masse pour venir se loger dans la bourdonnière* du linteau et sert d'axe de rotation (fig. 8, 9, 27).

Sur son chant latéral, en parties haute et basse, deux entailles en queue-d'aronde* sont observables, légèrement plus larges sur le contreparement que sur le parement (fig. 7-9). Ces incisions pourraient être destinées à recevoir un élément plat, en métal, qui s'encastrait perpendiculairement au montant. Il n'y a aucune trace d'usure dans ces logements. Après observation des perçages et des surfaces, la marque de ferrures* ou fausses-pentures* est discernable sur les deux parements (fig. 7-9, 17 [restituées]). Les deux bandes de fer étaient ajustées pour venir se loger précisément dans ces deux entailles, établissant leur positionnement

5 Au Louvre, pour des raisons muséographiques, la zone la plus intègre est mise à portée du regard : la porte est donc exposée retournée (fig. 45), le haut en bas. C'est ainsi qu'elle est souvent reproduite dans les publications.

6 Deux pièces numérotées sur le croquis de 1902 manquent aujourd'hui : le panneau 9 (nous lui avons affecté la lettre j) et le rajout 17, dans le montant 3. Le panneau 10, initialement placé sous la traverse 16 (fig. 2), a été remonté à la place du 9 et c'est là qu'il apparaît sur les photographies récentes.

7 Le nom commun est identique : acacia. Identifié par M. Dupéron (UMR 7207–CR2P, Paléobiodiversité et Paléoenvironnements, université Pierre-Marie-Curie, Paris) en 2009 pour le faux-tenon du bas (fig. 3, 4, 6 et 14) ; les deux autres sont inaccessibles.

8 *Zizyphus* sp. identifié par M. Dupéron en 2007.

horizontal sur le chardonnet et garantissant une solide cohésion avec le battant. Certains clous sont repérables sur le cliché de J. Clédat (fig. 1). Leur présence s'explique du fait que les trois faux-tenons ne pouvaient pas, à eux seuls, assurer ce rôle.

Le bâti de remplissage, battant

Dim. H. 1 800 mm, l. 772 mm, ép. 40 mm

En *Tamarix* sp.[9], il est constitué par un réseau de montants (2-4) et de traverses (11-16, 5) autour de dix panneaux (fig. 3, 4) embrevés* dans les rainures. Ceux-ci rythment la surface par leurs hauteurs différentes dans une symétrie verticale et horizontale. Ainsi h, g, 8, 7 ont le double de la hauteur de 6 et de i, tandis que f, e, j et 10 sont légèrement plus petits. D'autre part, les petits panneaux sont placés dans le sens du fil horizontal, alors que les grands ont le sens du fil vertical. Ce principe de base en menuiserie fait corréler la dimension la plus stable avec la plus grande longueur. Notons que la rétraction du bois a été maîtrisée puisque la largeur des panneaux est toujours suffisante.

Tous les panneaux originaux (6, 7, 8, 10) sont à glace*, c'est-à-dire plats, de l'épaisseur de la rainure (fig. 10).

Les montants et les traverses sont assemblés entre eux par des tenons et des mortaises* (fig. 14) avec, en parement et contreparement, des raccordements* mixtes à coupes d'onglet* (fig. 11 et 12). En parement, les avancements sur le bois des montants, appelés flottages*, sont de la largeur de la frise sculptée; en contreparement, ce sont des barbes rallongées* de la largeur de la moulure et des coupes d'onglet.

Les tenons sont de la longueur des flottages et ont la particularité d'être de la largeur totale des traverses (fig. 12-14).

Les avancements d'arasement*, flottage et barbe, sont aussi bien esthétiques que fonctionnels car ils équilibrent parfaitement les décors sur leurs encadrements tout en multipliant les surfaces de contact et l'équerrage dans les assemblages. Cela garantit une très bonne stabilité structurelle du bâti, surtout dans sa position verticale.

Les chevilles* d'assemblage (fig. 14) ne sont pas systématiques sur chaque tenon et mortaise. Cela révèle une recherche pour limiter les perçages d'assemblage à l'essentiel. Ainsi, les traverses 11, 12, 13, 14, et 5 sont chevillées sur les montants 2, 3, 4, alors que 15 et 16 ne le sont pas.

Par ailleurs, le vantail est parsemé de perçages et de perforations (fig. 15). En contreparement, ils sont souvent vides[10] (fig. 18). Certains contenaient d'anciens clous forgés, alignés horizontalement et dans le prolongement des entailles du chardonnet; ils fixaient sûrement les fausses pentures (fig. 17). D'autres correspondent aux chevilles et aux clous qui maintenaient les planches de réparation AF 4775 et AF 4757 (voir *infra* et fig. 1, 23, 34). Bon nombre de ces perçages peuvent être identifiés comme ayant eu le même rôle, notamment dans les zones de cassures et de lacunes (fig. 35).

9 Identifié par le Centre technique forestier tropical (Rutschowscaya 1986, p. 14, 155).

10 En parement, la plupart sont obstrués par des chevilles modernes, qui sont en fait des rebouchages réalisés en 1928.

Le décor

En parement, il est constitué de larges bandes sculptées en bas-relief d'environ 60 mm de large, formant l'encadrement des panneaux. Il se compose d'une frise de rinceaux bordée de part et d'autre d'une alternance de baguettes* et de canaux. Les feuilles sont aléatoirement nervurées, lancéolées, à deux ou quatre échancrures, parfois cordiformes, ou terminées par un ou trois lobes. Les encadrements des panneaux 7 et g ont la particularité d'être parsemés de fleurs à quatre pétales (fig. 4 [à l'angle du panneau 7], 16, 32).

En contreparement, deux rainures marquent simplement l'encadrement des panneaux (fig. 6, 18-20, 29). Leurs fonds d'aspect noirci posent la question de l'existence d'une polychromie (fig. 19).

LES TRACES

Les traces de fabrication ou empreintes d'outils

Les différentes phases de la mise en œuvre du bois sont : le débit, le corroyage, le traçage des assemblages, l'exécution des assemblages, l'ajustage, le profilage des moulures et la réalisation de la sculpture, le montage, et le chevillage. Les traces présentes sur l'ouvrage permettent d'en observer un certain nombre.

– Le débit peut être réalisé soit par clivage, soit par sciage. Le premier est le plus simple et le plus rapide, il consiste à séparer des planches à l'aide d'un biseau frappé, comme une hache. Le débit est généralement sur quartier, c'est-à-dire dans le sens du rayon de la bille de bois. C'est un débit très fiable car les propriétés du bois sont optimisées. Le sciage de débit à la main est un travail fastidieux mais attesté par des représentations égyptiennes très anciennes[11].

Le montant 1 a sûrement été débité à la scie (fig. 16, à droite). Son bois, très noueux, se prêterait mal au clivage.

Le bâti montre très peu de traces de débit. C'est un signe de qualité car les opérations suivantes les ont effacées. Des traces de sciage sont perceptibles en contreparement du panneau 10 (fig. 20). Plusieurs éléments « maillés » en surface témoignent d'un débit sur quartier (fig. 19, 21, 22) mais l'absence de trace de type de débit ne permet pas de distinguer le sciage du clivage.

En revanche, il ne peut y avoir aucun doute pour les planches polychromes qui ont servi pour la réparation des lacunes (voir *infra* et fig. 34) : elles sont « brutes de sciage ». Les passages de l'outil, en biais, sont perceptibles en parement et très visibles en contreparement des deux planches. À une extrémité de AF 4775, il reste en ressaut du bois non scié : la planche s'est séparée avant la fin du sciage (fig. 23).

– Le corroyage consiste à aplanir, dégauchir, et dresser une pièce de bois à la largeur et à l'épaisseur voulues.

11 KILLEN 2000, p. 354.

Les traces de doloire ou d'herminette [12], sortes de hache de façonnage, sont très visibles sur le montant 1 (fig. 24, 25).

– Aucun signe de traçage n'est perceptible à l'observation. La qualité de l'exécution ne laisse cependant pas de place au doute. Cette étape a bien eu lieu afin de réaliser les assemblages complémentaires.

– La confection des assemblages par sciage est attestée (fig. 20). Les traces de denture sont fines et précises, visibles dans la terminaison des traits de coupe d'onglet* comme dans la justesse de l'angle de coupe.

– Les rainures ont été réalisées après la confection des tenons sur les traverses comme l'attestent les décrochements (fig. 12-14), éliminant la possibilité de l'utilisation d'un « rabot » à rainurer.

– L'exécution des pivots par sciage est avérée (fig. 26, 27). L'utilisation de la râpe pour arrondir le goujon supérieur est fortement probable (fig. 8).

– Les quelques traces d'outil tranchant frappé sont révélatrices d'une bonne qualité de métal et d'affûtage. On observe en effet l'extrémité biseautée du faux-tenon, les chanfreins de la base axiale, les deux entailles en queue-d'aronde sur son chant (fig. 7, 8, 26), et celle de la traverse 13 (fig. 28) destinée à recevoir un rajout maintenu par une cheville : une enture*.

– La moulure à deux rainures du contreparement révèle certainement l'utilisation d'un fer profilé à double listel. Les surfaces des deux creux ne sont pas identiques : il y a la trace d'un petit accroc sur le premier (fig. 19, 20). Il est possible d'affirmer que l'emplacement des moulures est parfaitement maîtrisé. Elles ont été confectionnées en référence au bord qui a servi de guide à l'outil.

– La sculpture, d'aspect usé, est une réalisation soignée. Il faut envisager l'utilisation de plusieurs profils de ciseaux : gouges*, fermoirs*, burins*.

Les traces d'utilisation

– Une zone de préhension ou de fermeture est visible sur le montant 4 (fig. 17 et 29). Celle-ci est particulièrement intéressante et énigmatique. En parement, les restaurations ont estompé toute lisibilité. En revanche, même s'il ne reste aucun loquet ou serrure en contreparement, les ancrages dans le bois n'ont pas été touchés et présentent ce potentiel. Une remarquable extrémité de tige à section carrée (B), en bois (?), est insérée dans le montant par un creux conique, à environ 1,12 m du bas du bâti (fig. 29). Autour de ce creux, perceptible en lumière rasante, une zone trapézoïdale n'est pas recouverte de la croûte de salissure et pourrait constituer l'emplacement d'un élément en applique. Non loin de là, un autre trou (A) est auréolé par l'usage d'un élément à frottement axial avec, dans son creux, un trou plus petit. Tout cela se remarque dans un environnement de trous, de clous forgés, de chevilles, et de traces multiples. Il est possible de noter un soupçon de similitudes entre l'empreinte et la forme du verrou présent sur une porte de Karanis conservée au Kelsey Museum [13] à Ann Arbor, Michigan (fig. 29 B). Par ailleurs, H.E. Winlock et W.E. Crum décrivent le montage et le mécanisme

12 Erlande-Brandenburg *et al.* 2001, p. 112. Voir aussi Killen 2000, p. 355 pour l'emploi traditionnel de l'herminette en Égypte.

13 KM 24892 : Enss 2005, p. 162, n° 198, pl. 122.

d'une fermeture à clé à partir d'une serrure en bois[14] provenant des ordures de la cellule A du monastère d'Épiphanius à Thèbes. Le parallèle reste malgré tout abstrait, et le loquet de porte de placard[15] n'est pas beaucoup plus parlant en l'état.

– Une autre zone possède des marques inhérentes à l'usage répété du vantail ; elle se situe sur le montant 2, à 1 339 mm de hauteur, visible en contreparement. On y remarque plusieurs perçages, dont deux, les plus au centre, ont les bords émoussés par des frottements et quatre, à droite, se sont transformés en lacune. À la lisière du chant se trouve une entaille avec cassure (fig. 30). Ces éléments sont difficilement interprétables (voir *infra*). L'œil n'a pas accès à l'entre chardonnet-battant ou aux bois originaux de l'environnant, absents.

– Des fentes, des fibres de bois sectionnées, et des griffures sont observables. Elles sont des marques accidentelles anciennes (fig. 31, 32).

– La surface du bois est porteuse d'informations : le parement du chardonnet et le contreparement sont recouverts d'une croûte de salissure. Une analyse pourrait offrir des résultats plus précis sur sa composition, mais elle atteste sûrement une utilisation prolongée du vantail.

ÉTAT DE CONSERVATION

L'état de surface du vantail

Au moment de sa découverte en 1902, la croûte de salissures est visible sur l'ensemble du vantail. Elle est particulièrement sombre sur le battant (fig. 1). De larges portions sont encore présentes aujourd'hui sur le montant 1 (fig. 32). En contreparement, les salissures se localisent dans des zones de préhension ou de manipulation. Une croûte épaisse est également observable sur le montant 4 et sur la traverse 12 (fig. 18, 29). En parement, la surface du bois du battant est émoussée[16], alors qu'en contreparement, les usures sont très localisées.

Les fractures

Les altérations (fig. 33) sont inhérentes au matériau ou sont dues à des causes extérieures :

– Les fentes avec ou sans lacune (les gerces) (fig. 33) proviennent des tensions intérieures du bois provoquées par les zones noueuses. Elles sont très présentes sur le montant 1, et notables sur le montant 2, la traverse 16, et sur d'autres éléments du vantail (fig. 16, 24, 25). La zone de crevasses en haut du montant 1 (fig. 8) n'est pas de même nature que la cassure située, symétriquement, à l'autre extrémité (fig. 7).

14 Winlock, Crum 1926, p. 57-59, fig. 19, pl. XVI, B. Conservée au Metropolitan Museum of Art de New York, inv. 14.1.242.

15 Winlock, Crum 1926, p. 60, fig. 21, pl. XVI, B. Conservé au Metropolitan Museum of Art de New York, inv. 14.1.244. Depuis cette étude, d'autres éléments de serrures ont été retrouvés, en particulier au monastère de Naqloun (Wipszycka 2009, p. 616-617).

16 Si, pour le premier côté, la vétusté et les agressions climatiques *in situ* peuvent avoir leur part de responsabilité, c'est surtout le nettoyage à la brosse métallique, en France, qui est à l'origine de cet aspect.

– Les cassures avec ou sans lacunes (traits foncés sur les schémas fig. 33) ont une origine extérieure à l'élément lui-même, sa conception technique, son usage, et ses conditions de manipulations étant liées à l'environnement. La fracture est le produit d'une force exercée jusqu'à la rupture par un clou, une cheville (en haut du montant 2), un faux-tenon (en partie basse), et par le poids du battant (plus bas, sur le chardonnet, à la lisière de la zone pénétrant dans la crapaudine fig. 7).

Les montants 4 et 3 sont amputés d'un cinquième de leur hauteur, entraînant la perte des trois traverses et de presque quatre panneaux mitoyens. Ces mutilations ont pu être provoquées par un choc extérieur mais il semble plus logique qu'elles soient la conséquence du propre poids du vantail. Cela pourrait impliquer que cette zone était en partie basse et a subi une fragilisation fongique du bois.

Sur le montant 3, en contreparement, au niveau de l'assemblage des traverses 11 et 12 (fig. 18), deux cassures lacunaires longent les panneaux de remplissage g et h. Un peu plus bas, la périphérie du cinquième panneau manquant (i) est altérée, sur les traverses 11 et 13 en contreparement, et sur la 3 en parement. Ces altérations ont été provoquées par la sortie du panneau (i) de son logement (fig. 35). Les arêtes des cassures sont très émoussées, elles révèlent des frottements répétés ultérieurs. Non loin, toujours sur le montant 3, une cassure en zigzag passe par les perçages des chevilles et prend le profil des coupes d'onglet du parement (fig. 18, 28, 34). Toutes ces altérations ont pu être concomitantes. Cependant, les dimensions du vantail, son poids, son manque de cohésion dans la partie haute, et la fragilité de la zone où se réunissent quatre flottages en parement, le rendent sensible à toute manipulation en position allongée. Il est donc probable que la cassure en zigzag, notamment, ait pu se produire lors des fouilles, lorsque le vantail fut extrait puis transporté vers son aire de stockage (fig. 41). Le badigeon de colle animale doit être considéré comme une intention de consolidation non aboutie. En l'état, il est inopérant. Il serait plutôt à dater de 1902, avant le démontage.

La cassure à la base du montant 4, située à 40 mm de la rive sur près de 430 mm, pourrait avoir une cause fonctionnelle, dans l'éventualité où le montant ait pu être chardonnet (voir *infra*). Toute proche, une cassure avec manque est difficilement accessible à l'observation.

Sur les documents (fig. 1, 42, 43), à l'emplacement g, se trouve un morceau de planche vertical. L'aspect du bord visible sur la photographie permet de penser qu'il constitue un reste du panneau de remplissage d'origine[17]. Il n'y a pas de traces d'autre système de fixation en contreparement. Il était dans ses rainures et a été brisé comme l'ensemble de la partie haute du vantail.

17 Sa présence sur la gravure (fig. 43) le confirme car les planches de réparation n'y figurent pas (voir *infra*). Il n'est plus en place à présent et il n'a pas été identifié au musée. Il est probablement resté à Baouît puisqu'il n'est pas dessiné sur le plan de remontage (fig. 2).

L'altération fongique par pourriture molle

Ce type de dégradation se développe lorsque le bois est imprégné d'eau. Elle affecte toute la base du battant sur les éléments 2, 3, 4, 5 et 16. L'attaque est visible sur le chant inférieur du battant (fig. 16, 33). Aux extrémités en « bois de bout* » des montants, le travail des champignons lignivores est plus profond. L'arête de l'élément 5 est, quant à elle, totalement émoussée. Juste au-dessus, le décor du premier registre d'encadrement en porte les stigmates. Ils sont plus prononcés dans les zones de gerces, vecteur de pénétration de l'eau, et donc, des spores.

HYPOTHÈSES SUR L'HISTOIRE DU VANTAIL

Des réparations anciennes

Les réparations observées durant cette enquête sont les signes d'un usage prolongé du vantail. Les dernières en date sont des aménagements de fortune réalisés lors de la paupérisation du lieu.

– Le cliché de J. Clédat (fig. 1, 42) montre le vantail peu après sa remise au jour et témoigne ainsi de son aspect avant son enfouissement. Les rajouts visibles dans sa partie supérieure sont sûrement les dernières réparations coptes avant l'abandon de l'église nord de Baouît. La plus grande planche[18] fait office de traverse supérieure, en reliant les montants 2, 3 et 4, et remplace partiellement les panneaux g et h. Elle est clouée sur le contreparement, sans tenir compte du motif central : un oiseau qui se retrouve, de ce fait, la tête en bas. Son revers non décoré, placé contre le vantail, est visible côté parement dans les lacunes. En g, elle est clouée sur le fragment vertical, reste du panneau de remplissage encore présent dans ses rainures. Ce clou a été conservé en place. Il est possible de repositionner sa pointe rabattue exactement sur l'empreinte qu'il a laissée sur le bois (fig. 34). La planche suivante[19] obstrue l'espace du panneau h resté vide au-dessous. Fixée au contreparement, elle présente son décor peint côté parement. Une troisième planchette ferme au trois-quarts l'emplacement du panneau i[20]. Ces éléments étaient maintenus par des chevilles et par quelques clous forgés (fig. 34). Les emplacements ont été relevés (fig. 15). Il faut ajouter une probable planche supplémentaire, tout en haut des montants cassés, en parement (fig. 1, 42). La lisibilité se limite à la rectitude d'une zone claire sur le montant 2, juste au bord de la mortaise et, probablement, discernable sur le montant 3 intermédiaire. La fragilité de ces ancrages expliquerait les trous et les usures visibles en contreparement (voir *supra*). Ce sont des réparations de fortune. Il n'est plus question d'esthétisme ou de paraître. Leur rôle est de maintenir une certaine cohésion du bâti et de clore partiellement les ouvertures.

– Le document d'archive (fig. 2) montre un élément 17 incrusté en contreparement sur une partie de la lacune du montant 3, le long de l'assemblage de la traverse 12 et du panneau

18 Conservée au Louvre, inv. AF 4775 (Rutschowscaya 1992, p. 42-43, n° 10).

19 Conservée au Louvre, inv. AF 4757 (Rutschowscaya 1992, p. 42-43, n° 11).

20 Cet élément n'a pas été identifié.

de remplissage 6[21] (fig. 34). Aucune enture n'a cependant été réalisée. Ce document permet d'affirmer que la fracture signalée *supra* (fig. 33) a fait l'objet d'une réparation ancienne sommaire, semblable et complémentaire au montage des planches de réparation. Il recouvrait l'assemblage du montant intermédiaire 3 avec la traverse 12 et le consolidait. Nous pouvons localiser deux points de chevillage sur l'élément 3.

– L'emplacement de l'enture chevillée en contreparement sur l'élément 13 (fig. 28) a été creusé par une main experte. Il s'agit certainement d'une réparation copte bien distincte de toutes les précédentes. Aucun défaut du bois ne semble justifier ce rapiéçage au moment de la fabrication. En revanche, les petits éclats voisins peuvent indiquer qu'une plus grande réparation a pu se faire lors de la mise en place du vantail dans l'édifice, ou encore, lors de l'hypothétique ajout du chardonnet 1 en *Zizyphus* sp. (voir *infra*). Cependant, cette réparation, solitaire et non prioritaire, implique une réalisation lorsque le reste du battant était en bon état. Sa forme et sa taille sont pensées : la pièce était maintenue en place par le chevillage et enserrée par la cohésion du bâti.

L'hypothèse d'un ou de plusieurs réemplois

La différence de hauteur entre le battant et le montant 1 (axe de rotation) reste la principale énigme du vantail. Dans une construction symétrique et équilibrée, la hauteur du montant 4 est forcément celle du montant 2. Leur différence avec la hauteur du montant 1 peut être compensée par une traverse x, comme l'actuelle traverse d de la fig. 3, ou bien peut être laissée vide (fig. 17, les deux schémas inférieurs). Cette particularité pourrait être le fruit d'un défaut inexpliqué de hauteur lors de la fabrication du vantail, ou résulter d'un réemploi. Dans ce cas, le battant en *Tamarix* sp. aurait pu être un premier vantail de porte. La fente présente à la base du montant de rive 4 est comparable à la cassure fonctionnelle présente sur le chardonnet 1, alors que le montant 2 n'a pas ce type de stigmate. Sa largeur aurait été de 773 mm (fig. 17, le schéma supérieur). La qualité du bâti de remplissage, vraiment différente de celle du chardonnet en *Zizyphus* sp., conforte cette présomption, tout comme la comparaison avec les portes recensées dans l'ouvrage d'E. Enss[22], dont les célèbres vantaux de l'église Sitt-Barbara. Aucune d'entre elles ne présente un chardonnet exogène, et leurs axes de rotation appartiennent au bâti de remplissage. Cependant, la localisation unique sur le montant 4 de la zone de préhension contrarie cette supposition.

Dans l'intention d'une réparation ou d'une nouvelle affectation, ce premier vantail a été adapté à un montant légèrement plus grand (1). Le type d'assemblage choisi : de simples faux-tenons chevillés de part et d'autre dans les montants 1 et 2 (fig. 3, 6), très peu solide, requiert la présence de fausses pentures (fig. 17, les deux schémas inférieurs). Nous pouvons localiser avec certitude les points de fixation sur les deux montants mitoyens 1 et 2, mais pas

21 Étant placé en contreparement, il n'est pas visible sur le cliché (fig. 1). Peut-on penser que son importance fonctionnelle justifiait son intégration au schéma de remontage de 1902 alors que les éléments AF 4775 et AF 4757 en furent écartés ? Aujourd'hui l'élément 17 n'apparaît plus sur la porte et n'a pas été identifié au musée.

22 ENSS 2005, p. 122-125, 129.

au-delà. Par ailleurs, il est n'est pas très courant que les altérations les plus importantes soient situées en partie haute de la structure. La zone de dégradation naturelle d'une porte est en général dans la partie inférieure, à proximité du sol. D'autres portes tronquées d'une façon comparable sont attestées sur le site :

– dans la chapelle A de l'église sud, deux portes retrouvées *in situ*, et amputées l'une comme l'autre de leur partie supérieure, sont visibles sur les clichés de 1902 [23] ;

– dans la partie nord du site, J. Maspero décrit une porte [24] « composée de cinq planches, dont deux encore subsistantes, réunies par des traverses jointoyées aux planches par des pitons de bois. Cette porte a été détruite à moitié de sa hauteur, sans doute pour prendre le bois, quand le sable montait déjà presque au haut de la porte ». Faut-il penser que cette supposition se prête à notre vantail ?

Le retournement d'un battant n'est pas ordinaire. Seul le réemploi, associé au besoin de privilégier la clôture en partie base, justifierait un tel acte. D'une manière générale, le phénomène de réemploi est attesté dans l'Égypte copte et à Baouît en particulier. Ce site en offre de surcroît un exemple au travers d'un autre vantail dont la confection pourrait venir appuyer notre hypothèse : il s'agit d'un linteau sculpté dans du bois de caroubier, qui fut retaillé pour servir de montant de rive axiale à un battant de porte [25].

CONCLUSION

Le vantail arbore un bel équilibre porté par l'organisation structurelle de son bâti. Les assemblages complexes, autour de ses panneaux, assurent la stabilité géométrique du montage tout en privilégiant son aspect esthétique. Si stabilité et esthétisme sont assez caractéristiques des ouvrages coptes, la qualité d'exécution de ce vantail contribue à faire de lui une véritable œuvre d'exception. Cette étude a soulevé d'importants questionnements, notamment générés par la différence de hauteur entre le battant et son chardonnet, conçus tels quels dès l'origine ou issus d'une réadaptation de l'ouvrage, la présence de possibles fausses-pentures modifiant encore un peu plus son apparence présumée.

Une évolution formelle de la porte peut être clairement établie. Elle laisse supposer des changements d'affectation sur le site et met en évidence une utilisation intensive jusqu'au moment de son enfouissement. Cette analyse reste toutefois conditionnée par la nature superficielle des observations. Des comparaisons pratiques pourraient venir confirmer les hypothèses émises.

M.-A. Minart

23 Chassinat 1911, pl. XI, 1, 2, XII-XIV.

24 Maspero 1931, p. 14, 16.

25 Conservé au Louvre, inv. AF 4839 / AF 4831 (Rutschowscaya 1986, p. 152, n° 532). Le battant, aujourd'hui désolidarisé, n'a pas été identifié.

LE CONTEXTE ARCHÉOLOGIQUE DU VANTAIL

J. Clédat fit cette exceptionnelle découverte lors de sa première exploration du monastère copte de Baouît, durant l'hiver 1900-1901 : « Dans le déblaiement on trouva encore en place une magnifique porte sculptée à petits cadres[26]. » Le monument qui l'abritait est une église dédiée à l'archange Michel, dénommée église nord par les archéologues. Construite au VIIIe s., elle fut utilisée jusqu'au Xe s. Le style des rinceaux sculptés sur les cadres du vantail (fig. 16), qui se remarque aussi sur un linteau provenant de la même église[27], trouve des parallèles dans l'art islamique de cette période[28].

J. Clédat n'a pas précisé dans quelle embrasure se trouvait le vantail de l'église nord. Or celle-ci compte trois accès et, à l'intérieur, un mur de refend avec deux passages et une porte centrale (?) dans la cloison en bois qui sépare le *khurus* du vaisseau (fig. 36).

La porte de l'aile sud (A sur le croquis) est écartée d'emblée car la baie est trop large (1 150 mm) pour le vantail (940 mm). La porte centrale de la cloison ne convient pas davantage car ses supposés vantaux devaient avoir une cinquantaine de centimètres de large. La porte de l'aile nord (B) et la porte placée dans le mur de refend du côté nord (C) ouvraient l'une et l'autre à gauche[29], ce qui les élimine car le vantail présentait son parement pour une ouverture à droite[30]. Il ne reste plus que deux candidates pour l'emplacement du vantail : la porte sud du mur de refend (D) et la porte du *khurus* (E). La première présente l'avantage d'avoir un chambranle sculpté uniquement du côté de l'aile sud, qui s'accorderait avec le parement, sculpté lui aussi, du vantail. La largeur de la baie lui correspond assez bien[31]. Cependant, les photographies des premiers dégagements et celles du début de la campagne de 1902 ne montrent jamais le vantail tandis qu'on y distingue bien le chambranle. L'église était alors envahie par le sable et J. Clédat n'aurait pu extraire le battant sans laisser trace de cette intervention. La porte du *khurus* (E) paraît être finalement le meilleur postulat. Il s'accorde mieux avec l'historique de la fouille, commencée du côté nord de l'église. Sur le tout premier cliché de fouilles montrant l'extérieur de la porte du *khurus*[32], on aperçoit des montants de bois le long des piédroits (fig. 37). Celui de droite pourrait masquer le vantail en position ouverte. Sur deux autres clichés[33], ces bois ont disparu (fig. 38, 39). Les trois vues, prises alors que J. Clédat était seul sur le site, le désignent bien comme le responsable de ces enlèvements. La dimension de la baie est compatible avec celle du vantail, de même que la position et l'usure de la crapaudine, creusée dans un bloc de bois encastré dans le seuil. Ce dernier fut dégagé en 2005 lors des fouilles menées conjointement par le musée du Louvre et l'Ifao (fig. 40).

26 CLÉDAT 1910, col. 222.

27 Louvre, inv. E 16985 : RUTSCHOWSCAYA 1986, p. 151-152, n° 531.

28 PAUTY 1931, p. 6, pl. III, n° 1307.

29 D'après la position des crapaudines et l'échancrure de la base de la colonne ménagée pour la rotation du vantail.

30 La face décorée d'une porte est celle que l'on voit en premier et que l'on pousse en entrant. Nous verrons que le gond large était placé en bas et le goujon cylindrique en haut.

31 BÉNAZETH 2004, p. 22, n. 50. La baie de 1080 mm est rétrécie par les montants du chambranle à 900 mm. Pour cette porte et son décor, voir BÉNAZETH à paraître.

32 CHASSINAT à paraître, pl. 45.

33 CLÉDAT 1904, pl. VIII en bas et pl. IX en haut. On remarque une importante cavité dans l'enduit mural du piédroit oriental de la baie. Située à mi-hauteur, elle désigne l'emplacement d'un système de blocage du battant en position fermée. Cela pourrait correspondre aux traces laissées sur le vantail (voir *supra* fig. 29).

LES TRIBULATIONS DU VANTAIL

Retiré de son emplacement, le vantail fut transporté dans le campement des archéologues (fig. 41), en attendant d'être mis en caisse. L'unique photographie du vantail prise à cette époque est un cliché de J. Clédat (fig. 42)[34]. Il en existe plusieurs tirages de format 13 × 18 cm[35]. Les différents cadrages ont sectionné, voire supprimé le goujon supérieur.

Cet important cliché devait figurer dans deux publications[36] mais il n'a d'abord été reproduit que sous la forme d'une gravure (fig. 43) dans le *Dictionnaire d'archéologie chrétienne et de liturgie*[37]. Il est intéressant de comparer cette gravure avec son modèle. Ne voulant représenter que les éléments d'origine[38], J. Clédat en a supprimé les trois planches qui comblaient partiellement les lacunes (voir fig. 34)[39]. Ces dernières furent d'ailleurs physiquement retirées[40]. La porte, démontée pour les besoins du transport (voir fig. 2, 13), fut réassemblée et complétée au musée du Louvre, où elle fut présentée à partir de 1929, entourée de boiseries de l'église nord (fig. 44). Actuellement placée plus bas, elle est présentée à l'envers pour une meilleure lisibilité des parties anciennes (fig. 45).

BIBLIOGRAPHIE RELATIVE AU VANTAIL

Clédat 1910, col. 222-223, fig. 1265; Clédat 1999, p. 215, photo 205; Rutschowscaya 1978, p. 310, fig. 16; Rutschowscaya 1981, p. 362, n° 373; Rutschowscaya 1986, p. 155, n° 539; Rutschowscaya 1991, p. 2332, 2333; Rutschowscaya 1992, p. 42-43, n° 10, 11; Enss 2005, p. 166, n° 204, pl. 129; Rutschowscaya 2009a; Rutschowscaya 2009b, p. 60, fig. 4a, p. 207; *Otro Egipto* 2011, p. 179, 250, 267, n° 171; Chassinat à paraître, pl. 78.

D. Bénazeth

34 Le vantail est disposé sur un linteau (?) d'environ 1 450 mm de long et 80 mm d'épaisseur; il présente quatre mortaises, dont l'une contient un faux-tenon. L'ouverture de la baie correspondante serait de 800 mm environ, ce qui exclut la possibilité de l'associer au vantail lui-même ou à une quelconque porte de l'église nord. Cet élément servait en fait de support aux objets photographiés par J. Clédat et se reconnaît sur d'autres clichés.

35 Au Louvre, dans les archives données en 1986 par la fille de l'archéologue; dans les archives d'É. Chassinat, à l'université Paul-Valéry Montpellier 3; à l'EPHE (*Catalogue des négatifs de la collection chrétienne et byzantine fondée par Gabriel Millet*, Paris, 1955, p. 25, n° C 1978). Nous remercions M. Cl. Lepage, Mme D. Couson-Desreumaux et Mme I. Rapti, qui nous ont donné accès à cette documentation à plusieurs reprises.

36 Le tirage du Louvre portait la légende « Porte en bois sculpté » et un numéro « Pl. LXXXIII », de la main de J. Clédat. Le tirage de Montpellier porte les mentions au crayon « Église du nord » et, surchargée sur le mot « cloison », « Porte (Clédat) Caisse n° 47 ». É. Chassinat avait noté pour sa publication de faire une nouvelle prise de vue au Caire. Finalement la photographie sera publiée de manière posthume par chacun des archéologues: Clédat 1999, p. 215, photo 205 et Chassinat à paraître.

37 Clédat 1910, fig. 1265.

38 L'auteur précise: « La partie supérieure seule avait souffert et subi quelques mauvaises réparations à une basse époque. »

39 Curieusement, il a omis de détourer la poutre support et n'a pas complété le goujon supérieur. La photographie, convenablement détourée par M.-A. Minart, a servi à son étude (fig. 1).

40 Dès 1902 puisque la grande planche a été photographiée isolément (Chassinat à paraître, pl. 98). Voir *supra*, n. 18 et 19.

BIBLIOGRAPHIE

BÉNAZETH 2004

D. Bénazeth, « Recherches archéologiques à Baouît : un nouveau départ », *BSAC* 43, 2004, p. 9-24, pl. I-II.

BÉNAZETH à paraître

D. Bénazeth, *L'église de l'Archange-Michel dans le monastère copte de Baouît*, MIFAO, à paraître.

CHASSINAT 1911

É. Chassinat, *Fouilles à Baouît*, t. 1, fasc. 1, MIFAO 13, Le Caire, 1911.

CHASSINAT à paraître

É. Chassinat, *Fouilles à Baouît*, t. 2, D. Bénazeth, C. Meurice (éd.), MIFAO, à paraître.

CLÉDAT 1904

J. Clédat, *Le monastère et la nécropole de Baouît*, t. 1, fasc. 1, 2, MIFAO 12, Le Caire, 1904.

CLÉDAT 1910

J. Clédat, *Dictionnaire d'archéologie chrétienne et de liturgie*, II, col. 203-251, *s.v.* « Baouït ».

CLÉDAT 1999

J. Clédat, *Le monastère et la nécropole de Baouît*, D. Bénazeth, M.-H. Rutschowscaya (éd.), avec des contributions d'A. Boud'hors, R.-G. Coquin, É. Gaillard, MIFAO 111, Le Caire, 1999.

ENSS 2005

E. Enss, *Holzschnitzereien der spätantiken bis frühislamischen Zeit aus Ägypten. Funktion und Dekor*, Wiesbaden, 2005.

ERLANDE-BRANDENBURG *et al.* 2001

A. Erlande-Brandenburg, B. François, A. Gérard, H.-S. Gulczynski, D. Pousset, A. Prévert, *Hugues Sambin, un créateur au XVIe siècle, vers 1520-1601*, catalogue d'exposition, musée national de la Renaissance, Écouen, Les cahiers du musée national de la Renaissance 1, Paris, 2001.

KILLEN 2000

G. Killen, « Technology » *in* P.T. Nicholson, I. Shaw (éd.), *Ancient Egyptian Materials and Technology*, Cambridge, 2000, p. 353-371.

MASPERO 1931

J. Maspero, *Fouilles exécutées à Baouît par Jean Maspero*, É. Drioton (éd.), MIFAO 49, fasc. 1, Le Caire, 1931.

Otro Egipto 2011

Otro Egipto. Colecciones coptas del Museo del Louvre, catalogue d'exposition, Caixa Forum de Lérida, de Gérone et de Palma, 2011-2012, Obra Social, Fundació « la Caixa », Barcelone, 2011.

PATRICOLO, MONNERET DE VILLARD 1922

A. Patricolo, U. Monneret de Villard, *La Chiesa di Santa Barbara al Vecchio Cairo; con una nota epigrafica del dott. H. Munier*, Florence, 1922.

PAUTY 1931

É. Pauty, *Catalogue général du Musée arabe du Caire. Les bois sculptés jusqu'à l'époque ayyoubide*, Le Caire, 1931.

RUTSCHOWSCAYA 1978

M.-H. Rutschowscaya, « Essai d'un catalogue des bois coptes du musée du Louvre. Les bois de Baouît », *RevArch* 2, 1978, p. 295-318.

RUTSCHOWSCAYA 1981

M.-H. Rutschowscaya in *Un siècle de fouilles françaises en Égypte 1880-1980. À l'occasion du centenaire de l'École du Caire (IFAO)*, catalogue d'exposition, musée d'Art et d'Essai, Palais de Tokyo, Paris, 21 mai-15 octobre, Le Caire, Paris, 1981, p. 354-362.

RUTSCHOWSCAYA 1986

M.-H. Rutschowscaya, *Musée du Louvre. Catalogue des bois de l'Égypte copte*, Paris, 1986.

RUTSCHOWSCAYA 1991

M.-H. Rutschowscaya, « Woodwork, Coptic » *in* A.S. Atiya (éd.), *The Coptic Encyclopedia*, vol. 7, New York, Toronto, 1991, p. 2325-2347.

RUTSCHOWSCAYA 1992

M.-H. Rutschowscaya, *Musée du Louvre; département des antiquités égyptiennes. La peinture copte*, Paris, 1992.

RUTSCHOWSCAYA 2009a
M.-H. RUTSCHOWSCAYA, « Sculptures sur bois », *Un monastère égyptien. L'héritage de Jean Clédat*, catalogue d'exposition, musée d'Art et d'Archéologie du Périgord, Périgueux, 24 janvier – 2 juin 2009, 2009 (CD-ROM).

RUTSCHOWSCAYA 2009b
M.-H. Rutschowscaya, « Baouît » *in* G. Andreu, M. Baud, F. Calament, E. David, E. Delange, G. Pierrat-Bonnefois, M.-H. Rutschowscaya, *Objets d'Égypte des rives du Nil aux bords de Seine*, Paris, 2009, p. 50-65.

STORCK 2002
J. Storck, *Dictionnaire pratique de menuiserie, ébénisterie, charpente,* H. Vial (éd.), Dourdan, 1900, 2002 (2e éd.).

WINLOCK, CRUM 1926
H.E. Winlock, W.E. Crum, *The Monastery of Epiphanius at Thebes*, Part I, Cambridge, 1926.

WIPSZYCKA 2009
E. Wipszycka, *Moines et communautés monastiques (IVe – VIe siècles)*, JJP-Suppl. 11, Varsovie, 2009.

GLOSSAIRE

Arasement : trait de coupe perpendiculaire au tenon formant l'assise apparente de l'assemblage à sa mortaise.
Baguette : moulure convexe de petite taille.
Barbe rallongée : arasement que l'on rallonge à un tenon pour aller joindre le fond d'une feuillure ou d'une moulure (fig. 11).
Bois de bout : plan de coupe perpendiculaire aux fibres du bois, perpendiculaire au fût de l'arbre.
Bourdonnière : pièce qui reçoit le tourillon haut, axe du vantail, dans le linteau (fig. 3).
Burins : ciseaux du sculpteur dont le profil coupant est en V. Il désigne aussi l'outil du graveur.
Chardonnet : pièce de bois verticale placée sur d'un des bords d'une porte servant d'axe de rotation au battant de rive ; ses deux extrémités sont taillées en tourillons (parties cylindriques servant d'axe) ; celui du bas tourne dans une crapaudine et celui du haut dans une bourdonnière (fig. 3).
Cheville : élément de bois légèrement conique placé dans un perçage perpendiculaire à l'assemblage tenon-mortaise de deux éléments pour le bloquer.
Chevillé : maintenu par des chevilles.
Coupe d'onglet : trait de coupe à 45°.
Crapaudine : élément de métal ou de bois scellé dans le sol, recevant l'axe bas du vantail (fig. 3, 40).
Embrevé : assemblé par rainure et languette, enfoncé.
Enture : pièce de bois assemblée pour suppléer une longueur ou remplacer une zone défectueuse.
Fausse-penture : penture ou ferrure qui n'est pas organe de rotation.
Faux-tenon : par opposition au vrai tenon, élément libre, rapporté, venant se loger dans les mortaises de deux éléments à assembler ; il peut être collé ou chevillé.
Fermoirs : ciseaux droits du sculpteur à double biseau.

Ferrure : élément métallique fixé sur un ouvrage en bois pour le consolider ou permettre son fonctionnement.

Flottage (menuiserie) : en supplément du tenon, avancement superficiel sur l'assemblage, en ressaut ou pas, à coupe d'onglet ou pas (fig. 11).

Glace, « panneau à glace » : dans les bâtis de remplissage, type de panneau le plus simple, plat sur ses deux faces, il est de l'épaisseur des rainures où il vient se loger (fig. 10).

Gouges : terme générique pour désigner tous les « ciseaux » du sculpteur mais, plus spécifiquement, ceux dont la forme biseautée coupante est concave ou convexe.

Goujon : « sorte de tenon court pouvant être de forme cylindrique, ménagé ou rapporté à l'extrémité de certaines pièces d'un travail pour les assembler à une autre. Quand il est cylindrique, on lui donne aussi le nom de tourillon » (Storck 2002).

Parement : face extérieure, visible d'un ouvrage de menuiserie, de maçonnerie. La face la plus travaillée.

Petit cadre : terme technique de menuiserie indiquant que sa moulure est entièrement prise dans l'épaisseur du plat du bâti ; par opposition, les bâtis à « grand cadre » ont leurs moulures en saillies.

Queue-d'aronde : en forme de queue d'hirondelle, de forme trapézoïdale. Les assemblages à queues-d'aronde sont, de fait, résistants à la traction.

Raccordements : élément de liaison géométrique et esthétique en complément des organes d'assemblage (fig. 11).

Tenon et mortaise : le tenon est l'extrémité pénétrante de l'assemblage, de forme rectiligne simple, elle est reproduite, complémentairement, par creusement dans le second élément, la mortaise. La stabilité du jumelage est assurée par l'ajustement et la taille des surfaces de rencontres, les arasements. Le maintien est assuré par chevillage, collage, etc.

Tourillon : voir goujon.

Cliché J. Clédat (détouré)

Fig. 1. Le vantail de porte peu après sa découverte.

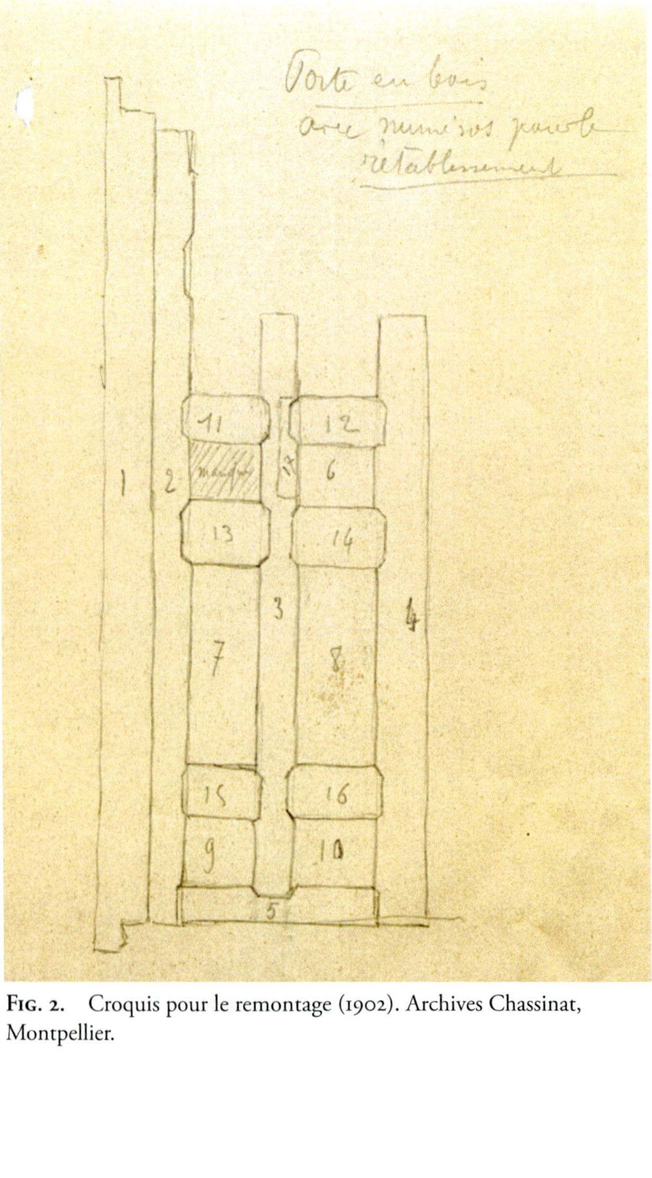

Fig. 2. Croquis pour le remontage (1902). Archives Chassinat, Montpellier.

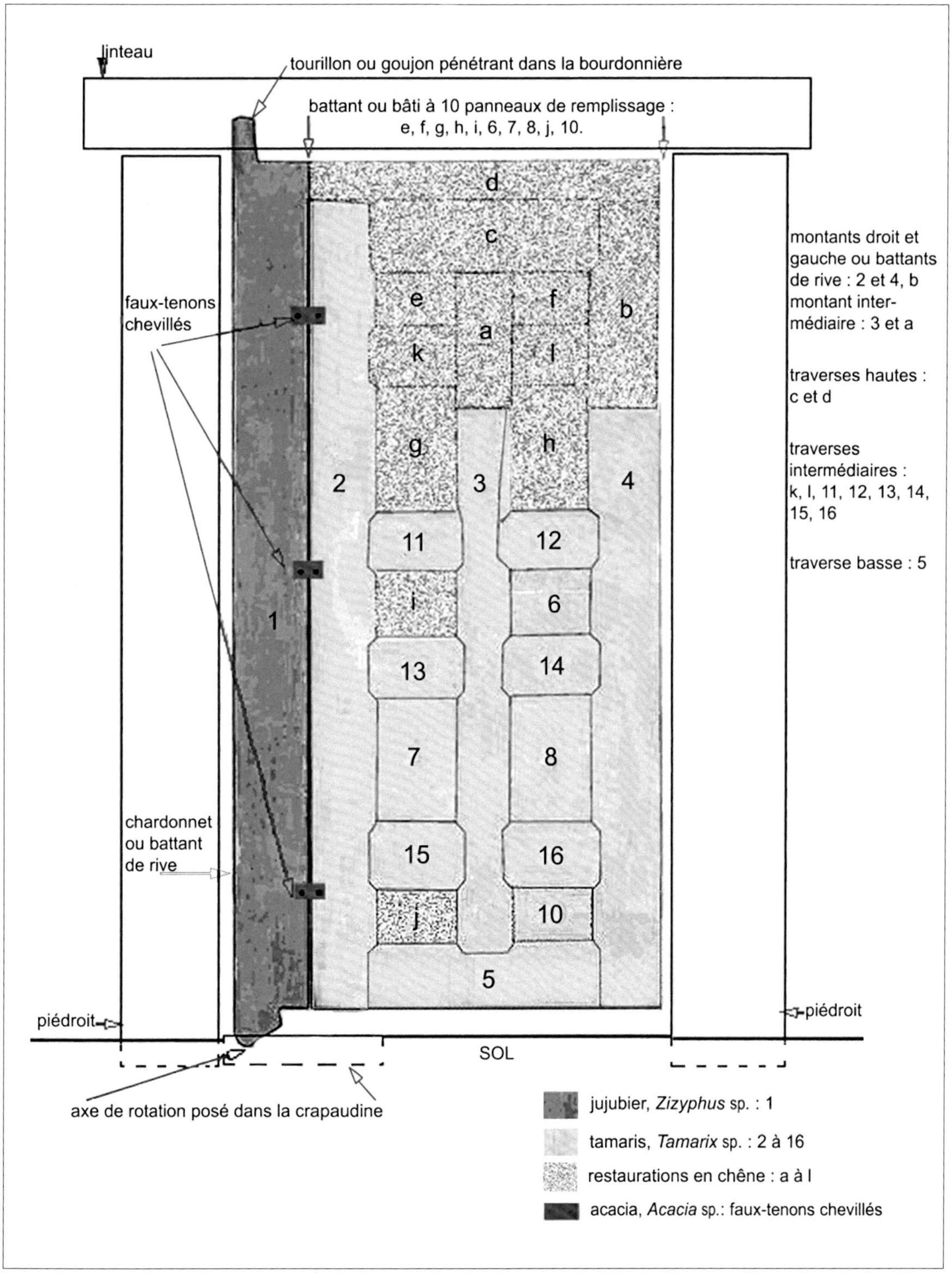

Fig. 3. Désignations et essences sur le schéma du contreparement.

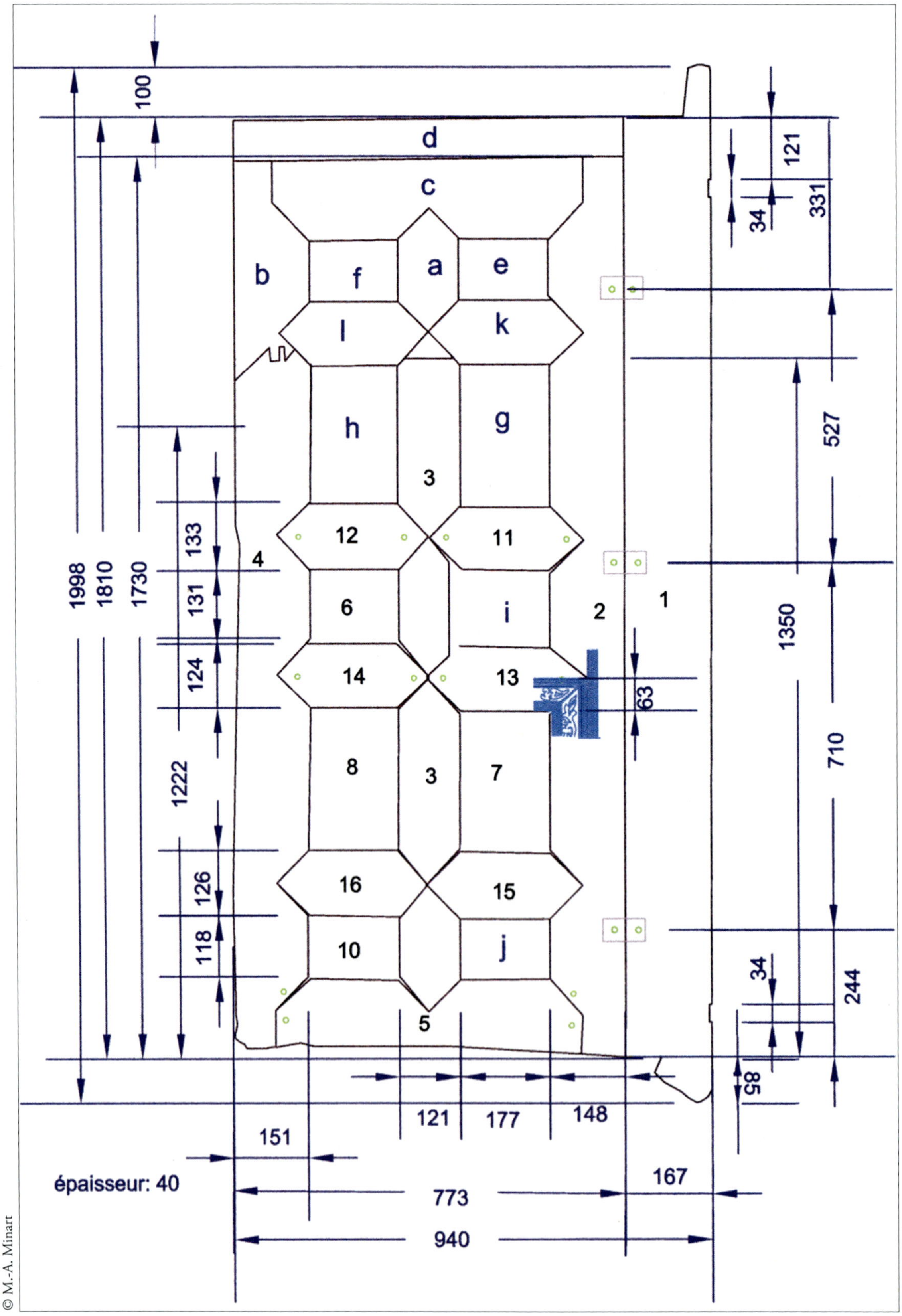

FIG. 4. Relevé coté.

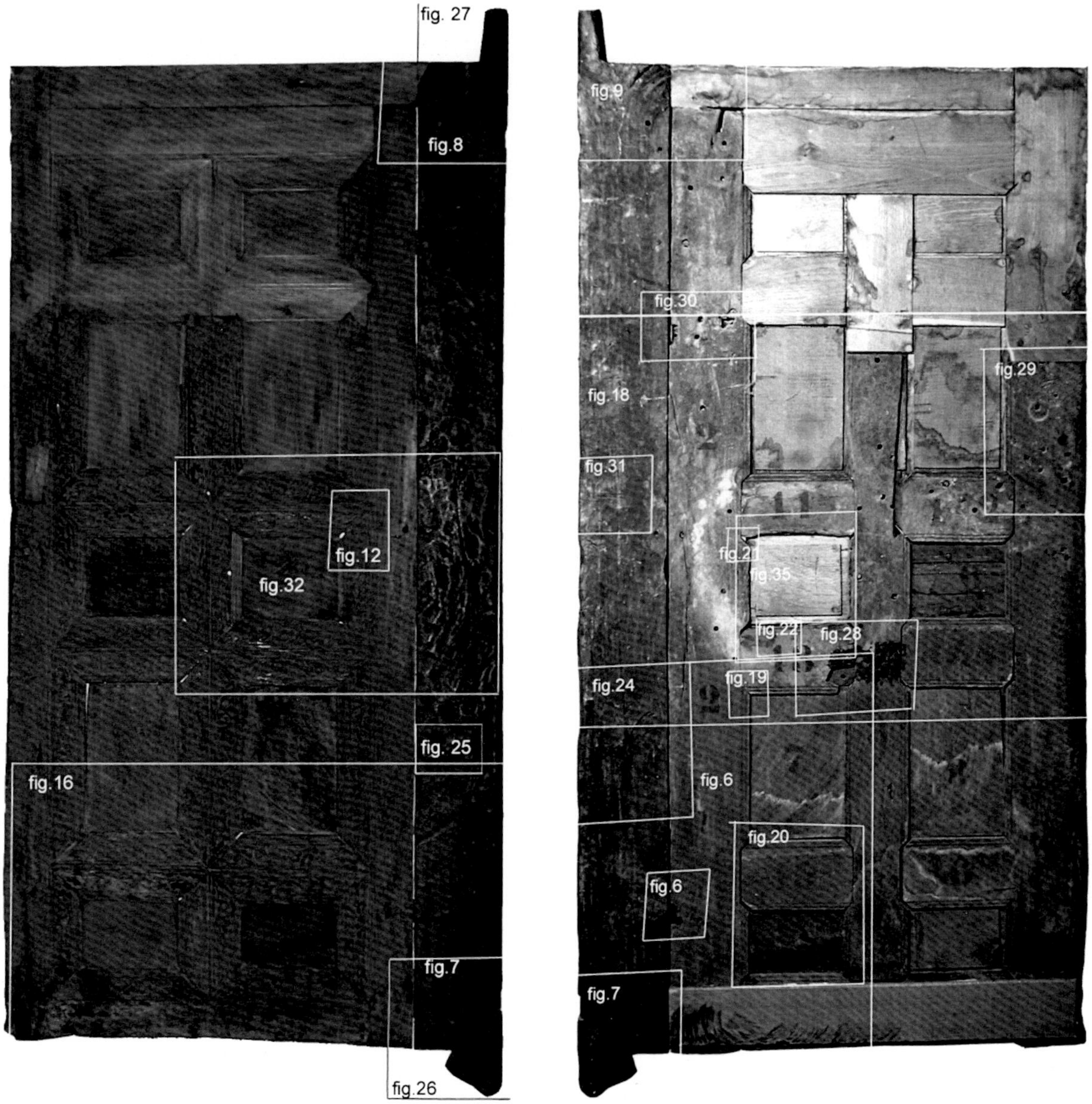

FIG. 5. Situation des photographies sur le parement et le contreparement.

FIG. 6. Emplacement du faux-tenon (lacune dans le contreparement) et détail.

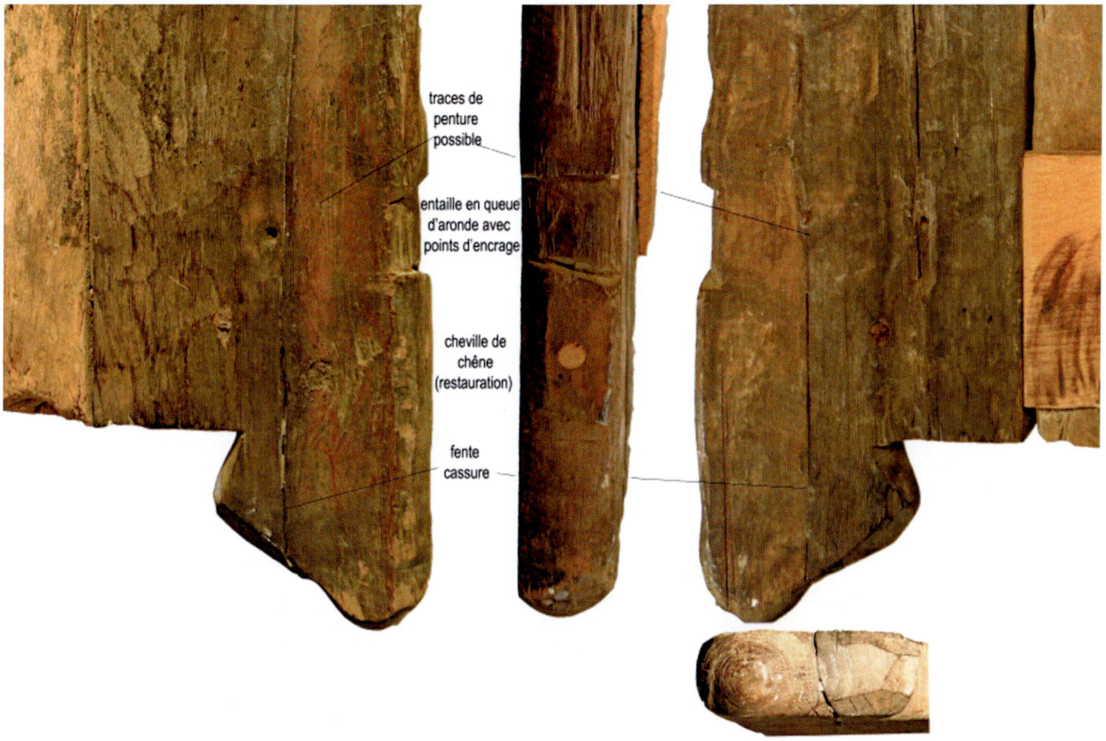

FIG. 7. Partie basse du chardonnet 1 : parement, chant, contreparement et dessous.

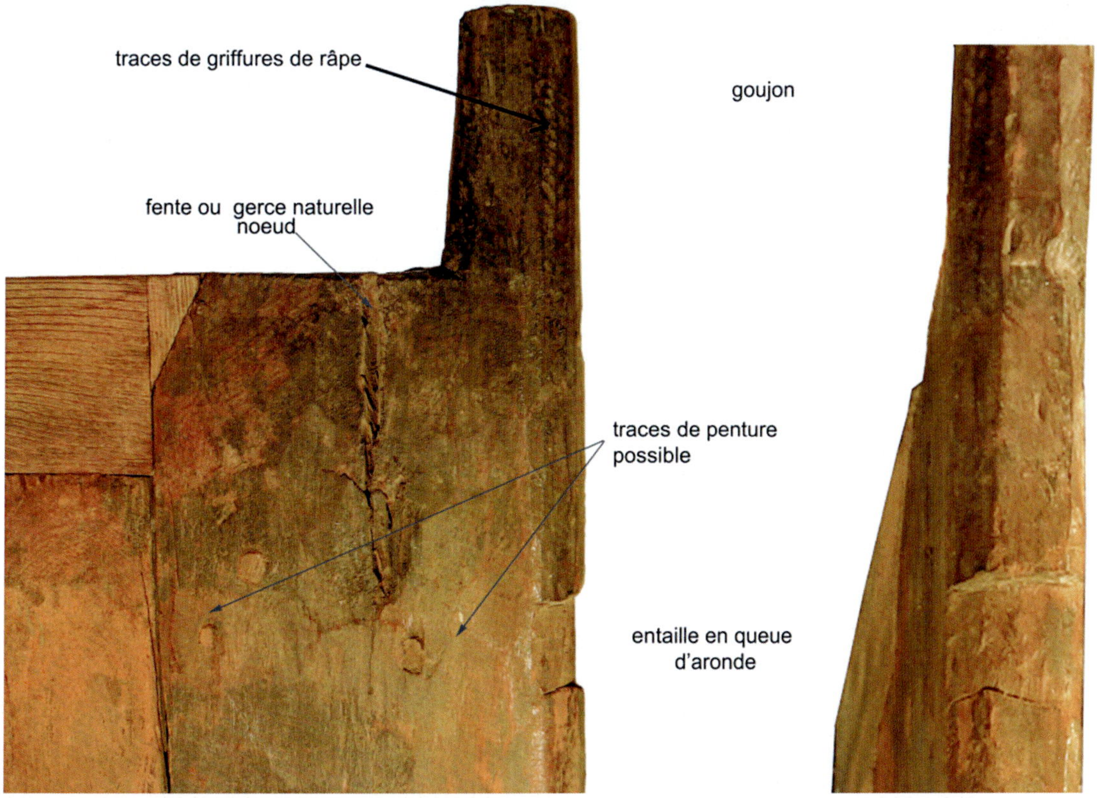

FIG. 8. Partie haute du chardonnet 1 : parement et arrière.

© M.-A. Minart

FIG. 9. Partie haute du chardonnet 1 : contreparement.

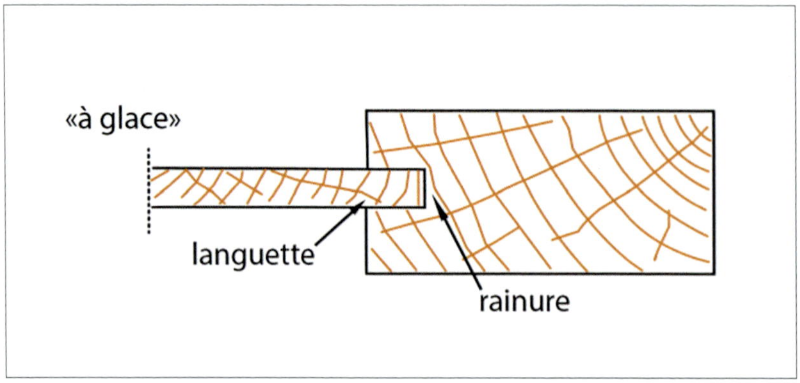

© Musée du Louvre / N. Couton-Perche

FIG. 10. Schéma du montage d'un panneau à glace dans son bâti.

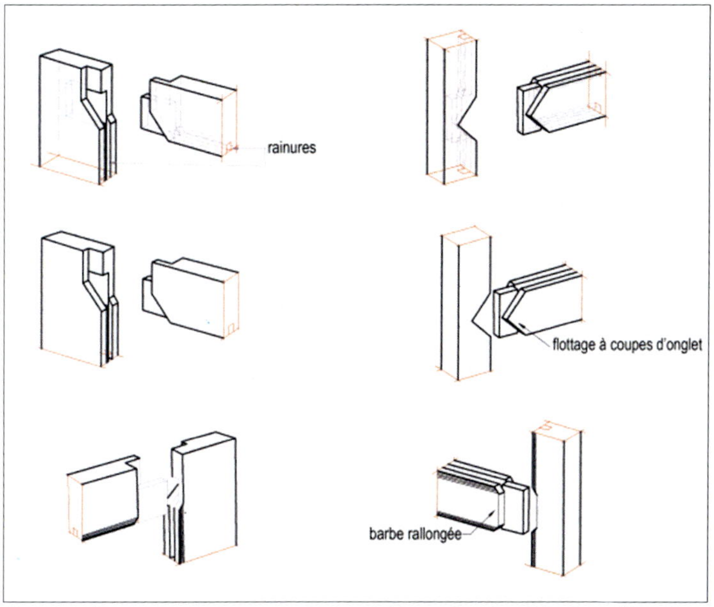

© M.-A. Minart

Fig. 11. Dessins en perspective des assemblages flottés et à barbes rallongées.

© M.-A. Minart

Fig. 12. Détail de l'assemblage de la traverse 11 et du montant 2.

FIG. 13. Les traverses démontées : détail d'une photographie prise au Louvre en 1917. Cliché Section photographique des Armées (tirage conservé au Louvre).

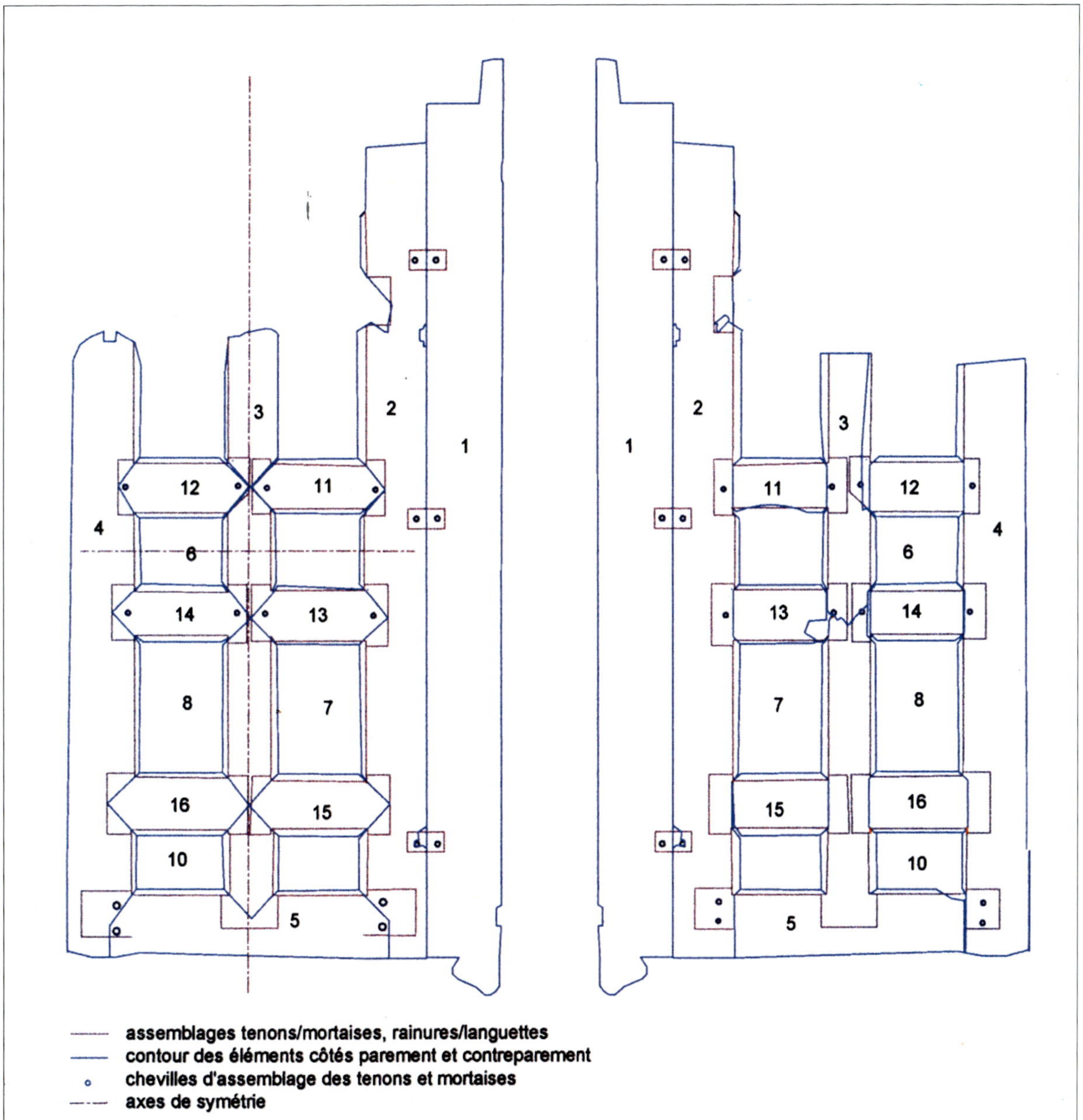

FIG. 14. Schémas des assemblages à tenons et mortaises en parement et contreparement.

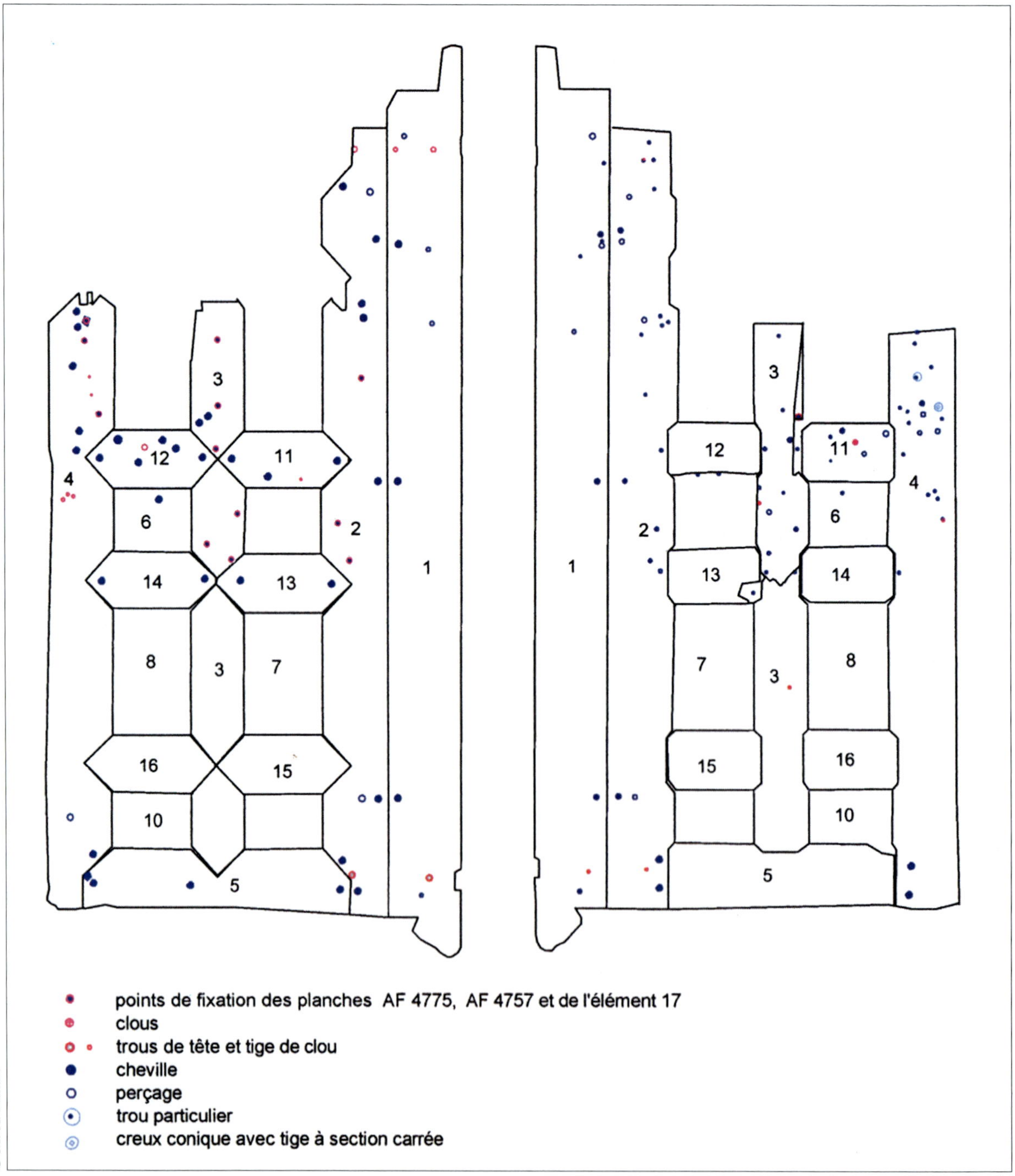

FIG. 15. Schémas de toutes sortes d'orifices ou de perçages en parement et contreparement.

© M.-A. Minart

Fig. 16. Traces de sciage sur le chardonnet. Altérations fongiques de la base du battant.

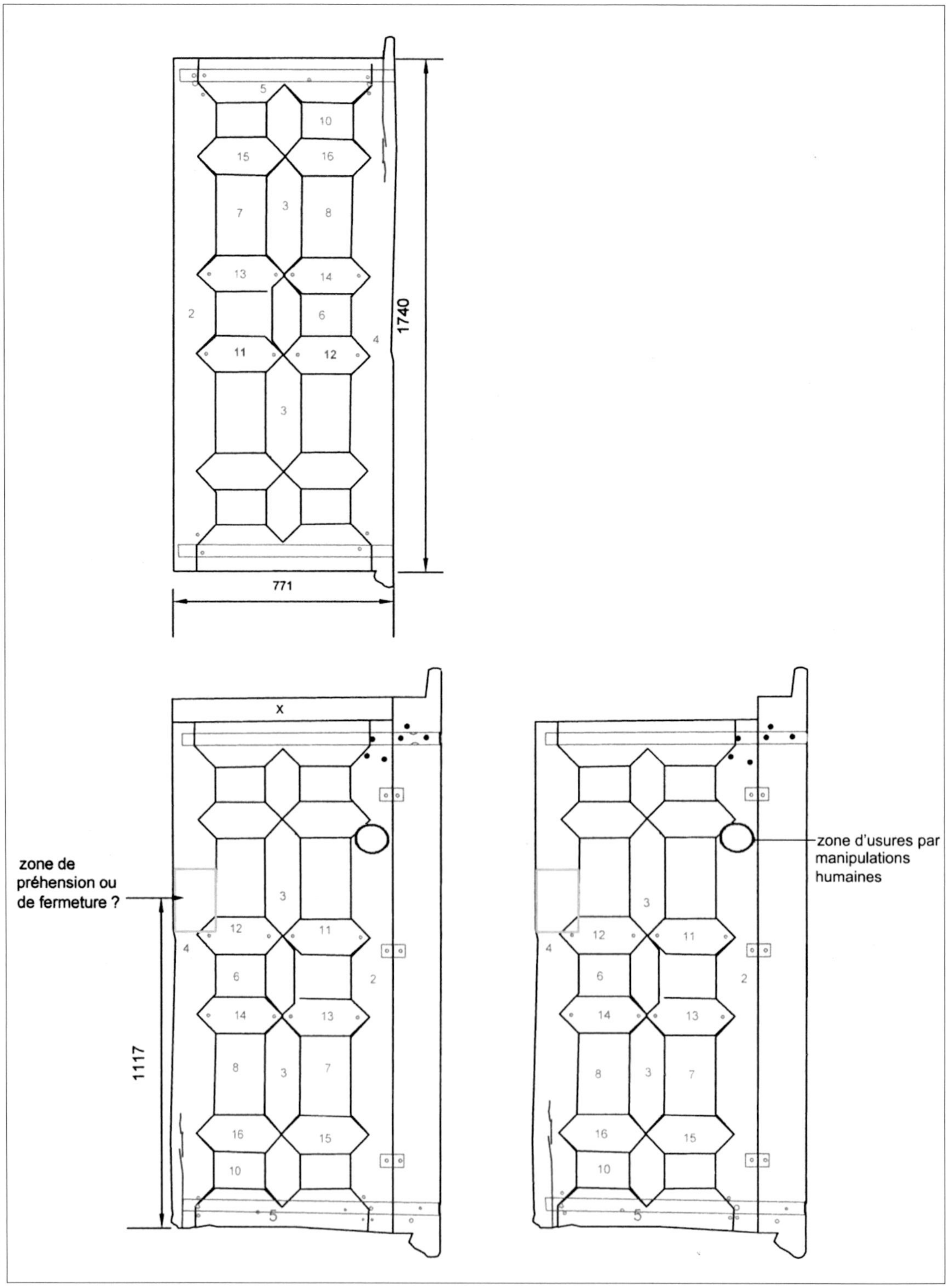

FIG. 17. Hypothèses de forme initiale : en haut sans le chardonnet en jujubier (*Zizyphus* sp.) et en bas avec ce dernier, impliquant deux configurations possibles.

Fig. 18. Vue du contreparement, emplacement du faux-tenon médian entre le chardonnet et le montant 2, cassures, entaille trapézoïdale, perçages des axes de maintien des tenons-mortaises (le remontage est moderne, 1928), autres perçages, clou, chevilles/tourillons, zone de préhension ou de fermeture.

Fig. 19. Coupe d'onglet en contreparement avec le décor d'un double canal ; bois « maillé ».

© M.-A. Minart

Fig. 20. Détail du contreparement : panneau 10 et traverse 15. Traces d'outil : l'épaisseur de la denture de la scie est visible dans la terminaison de la coupe d'onglet, en haut ; traces de débit par sciage, en bas.

FIG. 21. Bois « maillé » ; trait de coupe malencontreux ou correspondant à une réparation.

FIG. 22. « Mailles » ou rayons médullaires du bois.

FIG. 23. Traces de sciage de la planche AF 4775.

Fig. 24. Traces (détail du contreparement du chardonnet).

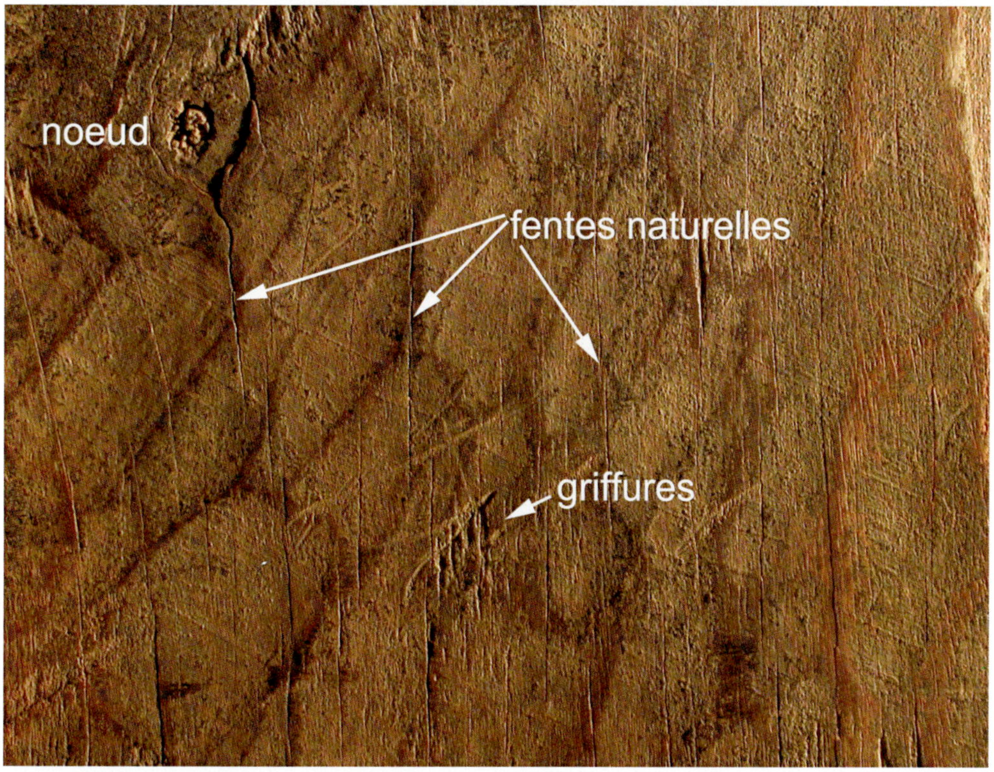

Fig. 25. Détail du parement du chardonnet.

Fig. 26. Extrémité inférieure du chardonnet en lumière rasante ; traces d'outils.

FIG. 27. Extrémité supérieure du chardonnet en lumière directe et rasante ; traces d'outils.

Fig. 28. Réparation ancienne (enture absente), cassure du montant 3 (présence d'un badigeon de colle animale dont on peut dire qu'il a été réalisé avec l'enture en place car il y aurait des coulures dans l'entaille).

Fig. 29. Contreparement et parement (détail du cliché J. Clédat), détail du montant de rive 4 en lumière rasante ; agrandissement des détails de A et B en lumière directe et rasante. Fixation d'un verrou sur un vantail de Karanis, d'après Enss 2005, p. 162, pl. 122.

© M.-A. Minart

Fig. 30. Contreparement, détail du montant 2 ; traces.

© M.-A. Minart

Fig. 31. Contreparement, détail du chardonnet 1.

FIG. 32. Détail du parement : le battant a sûrement été « décapé » de sa croûte en 1928.

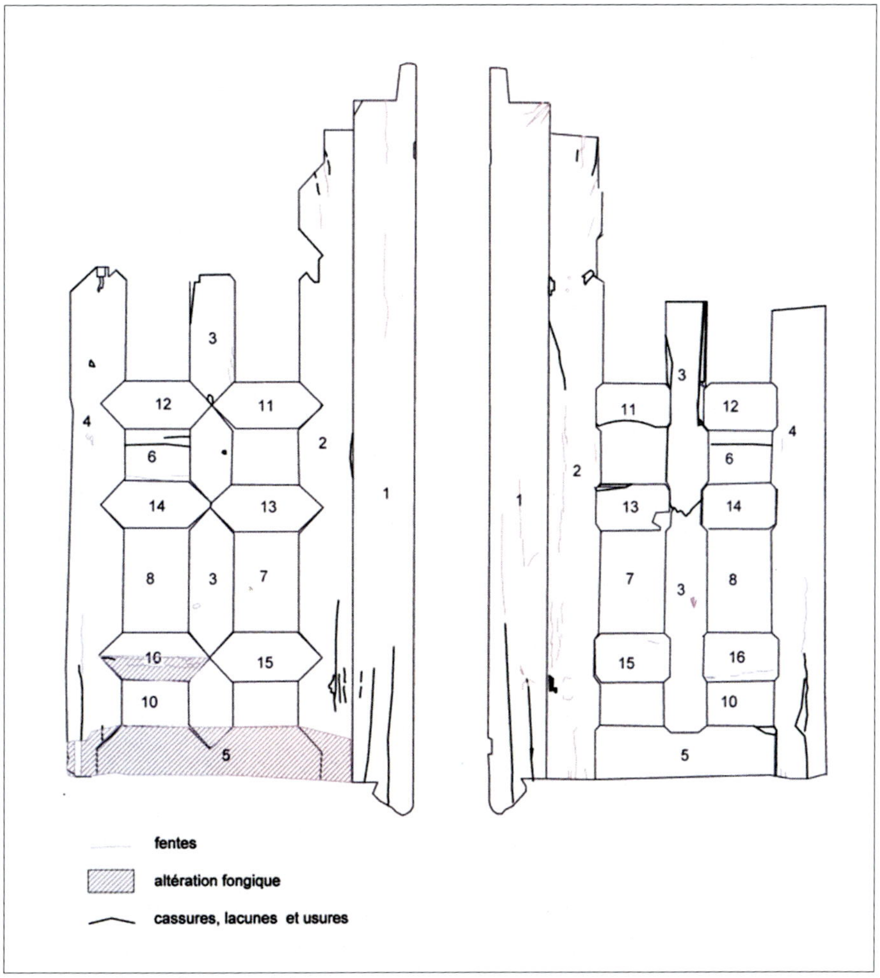

FIG. 33. Schéma des zones d'altération.

Fig. 34. Montage factice des réparations anciennes avec emplacement des chevilles. Voir fig. 1 et 42.

© M.-A. Minart

Fig. 35. Cassures et usures.

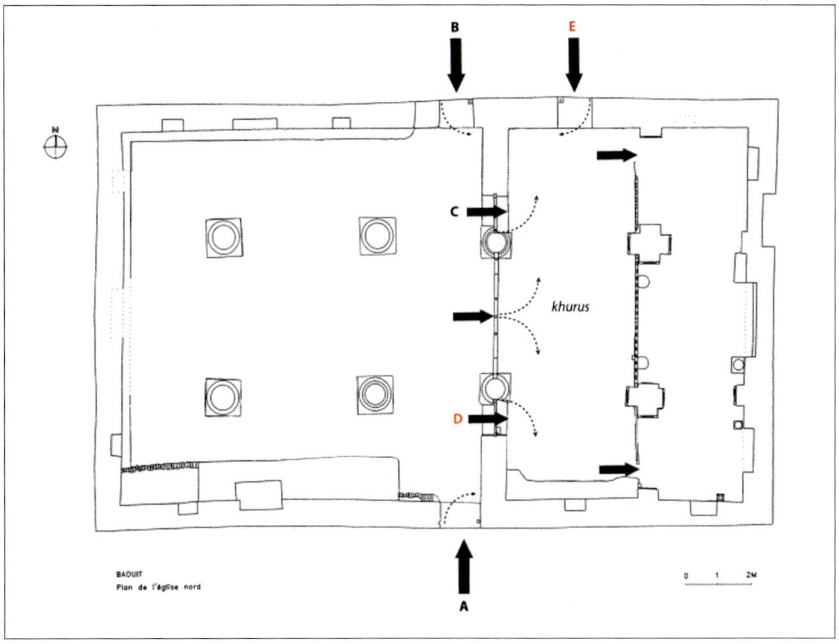

Fig. 36. Accès et circulation dans l'église. Dessin C. Cortés et N. Couton-Perche d'après les plans de Fr. Daumas et de R. Boutros et B. Maurice.

Cliché J. Clédat (détail)

Fig. 37. Le haut de la porte d'accès au *khurus* en 1901.

Clichés J. Clédat (détails d'après Clédat 1904, pl. VIII et IX)

Fig. 38-39. La porte du *khurus* en 1901-1902, vues de l'extérieur et de l'intérieur.

© J.-L. Bovot

Fig. 40. La porte d'accès au *khurus* en 2005 : le seuil et la crapaudine. Vue vers le sud.

FIG. 41. Le vantail posé dans l'aire de stockage en 1902. Cliché J. Clédat ? (tirage conservé au musée du Louvre, détail).

FIG. 42-43. Le vantail photographié et publié par J. Clédat (tirage conservé au musée du Louvre). La gravure est tirée de Clédat 1910, fig. 1265.

Fig. 44-45. Le vantail restauré, dans sa présentation muséographique de 1929 et de 1997 (archives du département des Antiquités égyptiennes du musée du Louvre).

Varia tanitica I
Vestiges royaux

FRÉDÉRIC PAYRAUDEAU, RAPHAËLE MEFFRE*

La reprise des activités de terrain par une nouvelle équipe à Tanis/Sân el-Hagar a permis un travail d'inventaire et de recherche dans les trois magasins de fouilles du site[1]. À cette occasion, un certain nombre de vérifications ont pu être effectuées sur des inscriptions et objets trouvés lors de campagnes anciennes. Certains d'entre eux étaient inédits, d'autres nous ont semblé mériter une nouvelle publication, les données relatives à l'interprétation historique de la Troisième Période intermédiaire ayant fortement changé ces dernières années. L'origine, l'appartenance et la date de ces monuments étant extrêmement variées, il a paru plus pratique de livrer nos remarques dans ces *varia* qui constituent donc la première livraison d'une série qui se prolongera au fur et à mesure des découvertes.

* Mission française des fouilles de Tanis.

1 La Mission française des fouilles de Tanis (MFFT), dirigée par Fr. Leclère, dépend de l'École pratique des hautes études, Section des sciences religieuses (EA 4519 – Égypte ancienne : archéologie, langue, religion – Centre Wladimir Golénischeff). L'UMR 8167 Orient & Méditerranée et Université Paris-Serbonne en sont partenaires. Pour un rapport des activités récentes, on se reportera à Fr. Leclère, « La LXIe campagne de la Mission française des fouilles de Tanis », *AnnEPHE* 122, 2015, p. 137-142 et Fr. Leclère, T. Herbich, Fr. Payraudeau, « Tanis. Nouvelles recherches sur une capitale de l'Égypte tardive », *Égypte Afrique & Orient* 81, 2016, p. 39-52. Les recherches épigraphiques aboutissant au présent article ont été menées par Fr. Payraudeau, directeur-adjoint, (université Paris-Sorbonne) et R. Meffre (Fondation Thiers/UMR 8167), qui remercient Fr. Leclère pour son invitation à rejoindre la nouvelle équipe de la MFFT. Les dessins et photographies ont été effectués par les auteurs, sauf la fig. 18, œuvre de J.-M. Yoyotte et la fig. 14, encrée d'après un relevé de Fr. von Känel. Abréviations usuelles : JWIS = K. Jansen-Winkeln, *Inschriften der Spätzeit*, vol. I-IV, Wiesbaden, 2006-2014 ; *LGG* = Chr. Leitz *et al.*, *Lexikon der ägyptischen Götter und Götterbezeichnungen*, I-VII, OLA 110-116, Louvain, 2002.

DOCUMENT N° 1. GROUPE STATUAIRE D'AMENEMOPÉ (FIG. 1-7)

N° d'enregistrement : fiche Montet Ab3 = R724 (SCA 20) + M164 + M165 (SCA 2645 B-C) ; M302 (SCA 2671).
Découverte : secteur à l'est de la nécropole royale.
Date : XXIe dynastie, règne d'Amenemopé.
Matière : quartzite.
Dimensions : H. 84,5 cm ; l. 70 cm (ensemble R724).
État de conservation : groupe brisé dans sa partie supérieure, multiples fragments.
Bibliographie : inédit. Mentionné par P. MONTET, *Tanis. Douze années de fouilles dans une capitale oubliée du Delta égyptien*, Paris, 1942, p. 102 ; *id.*, *Les constructions et le tombeau de Psousennès à Tanis*, Paris, 1951, p. 12 ; *id.*, *Les énigmes de Tanis*, Paris, 1952, p. 112 ; J. YOYOTTE, « Religion de l'Égypte ancienne », *AnnEPHE* 92, 1983-1984, p. 206 ; J. LULL, *Las tumbas reales egipcias del Tercer Período intermedio (dinastías XXI-XXV)*, BAR-IS 1045, Londres, 2002, p. 51.

FIG. 1. Vue d'ensemble du groupe statuaire R724.

FIG. 2. Inscription de la partie basse de R724.

Fig. 3. Inscription de la partie médiane de R724.

Fig. 4. Fragments M164 + M165.

Fig. 5. Fragment M302. Photographie et dessin.

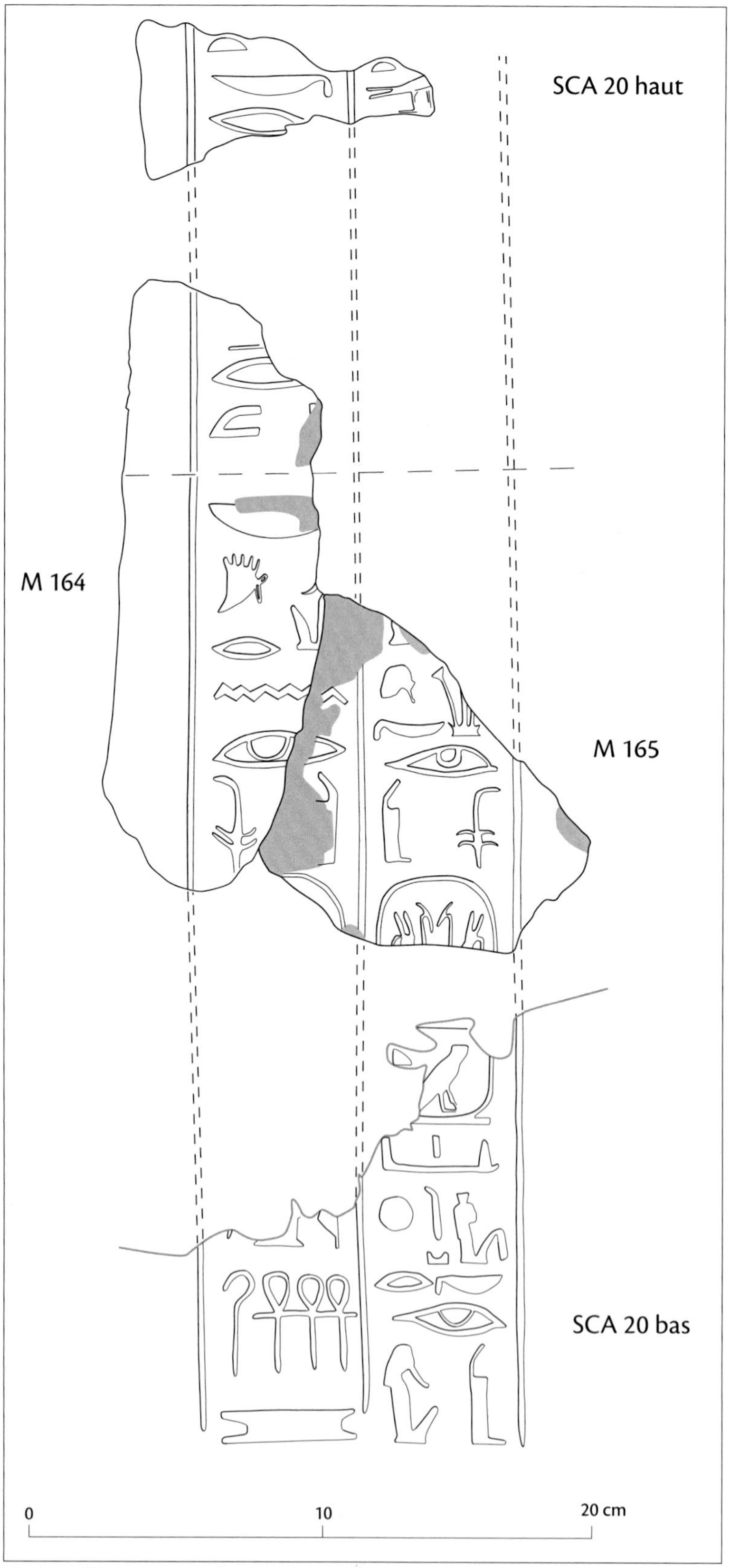

Fig. 6. Reconstitution des inscriptions du groupe.

Description

Durant la campagne de 1938, fouillant ce qu'il appelait le secteur des « immeubles » ptolémaïques, au sud du temple d'Amon, Pierre Montet a trouvé dans l'immeuble XV, à quelques mètres à l'est de la nécropole royale et immédiatement au sud du Ier pylône, « une statue de grès mutilée » (R724) ainsi que quelques fragments complémentaires [2]. Il a rapidement identifié ce monument comme une dyade qu'il a attribuée à Siamon de la XXIe dynastie. Dès la campagne 1931-1932, un fragment de ce groupe avait été mis au jour (M302), d'autres furent récupérés durant la campagne 1938 (M164-165) [3]. L'ensemble, toujours attribué à Siamon, n'a jamais été publié [4]. Les travaux récents dans les magasins de Sân el-Hagar ont permis de réunir la documentation sur cet ensemble et d'effectuer quelques raccords, entraînant une nouvelle attribution du groupe statuaire [5]. Au bloc principal R724 se raccordent donc, sur la partie avant, les fragments M164 + 165, tandis que le fragment M302, dont l'appartenance au monument ne fait pas de doute, doit très certainement être placé dans la partie supérieure.

Le groupe, sculpté dans un bloc de grès silicifié (quartzite) d'un rouge orangé, n'est conservé que dans sa partie inférieure gauche. Les restes de modelé permettent de distinguer deux personnages assis. L'ensemble surmonte une base aux bords légèrement arrondis. Un large appui dorsal, légèrement incliné vers l'arrière, formait le dossier. Les traces des jambes du personnage de gauche indiquent qu'il était pourvu d'une robe longue. Il s'agissait donc d'un personnage féminin, probablement une déesse. Le personnage de droite est encore plus détruit. Entre les deux figures, une double colonne de textes hiéroglyphiques orientés en sens contraires était gravée de manière nette et profonde, au niveau du dossier du siège commun, sur son plat et au niveau de l'avant de son assise.

Textes

Bloc principal

2 P. Montet, *Tanis. Douze années de fouilles dans une capitale oubliée du Delta égyptien*, Paris, 1942, p. 102 ; *id.*, *Les énigmes de Tanis*, Paris, 1952, p. 112.

3 Le fragment M81, présenté par J. Yoyotte (voir n. suivante) comme appartenant à ce groupe semble pourtant devoir en être séparé. Aucun raccord n'est possible, et l'épigraphie, plus soignée, semble un peu différente.

4 Les notes de chantier de Fr. von Känel montrent qu'en 1980, ce fragment était encore attribué à Siamon, attribution conservée par J. Yoyotte, « Religion de l'Égypte ancienne », *AnnEPHE* 92, 1983-1984, p. 206.

5 Des notes dans les dossiers « Tanis » des archives J. Yoyotte déposées au Centre Wladimir Golénischeff (EPHE) montrent qu'il était également parvenu à une partie de ces raccords sans toutefois en publier le résultat.

SCA 2671

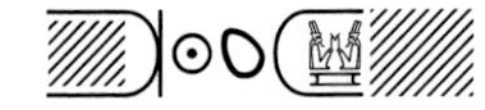

[1] *[…]t=k r […] r-gs nb-(r)-ḏrw n wsỉr (\[Wsr-mꜣʿt-rʿ stp-n-Ỉmn])\ mry [Wsỉr] ḥqꜣ ʿnḫw*
[2] *[…] wr (?) […] ḥꜣ=k wsỉr nswt (Ỉmn-m-ỉpt mry-Ỉmn) dỉ=ỉ wḏꜣ=k ḫr wsỉr*
[3] (SCA 2671) *([Wsr-Mꜣʿt-Rʿ stp-n-Ỉmn]) sꜣ Rʿ (Ỉmn-[m-Ỉpt] mry-Ỉmn)*

[1] *[…] ta […] pour [… aux côtés] de Neb(er)djérou*[6]*, pour l'Osiris-roi ([Ousermaâtrê, élu d'Amon]), aimé d'[Osiris] souverain des vivants*[7].
[2] *[…] grande (?)*[8] *[…] derrière toi, Osiris-roi (Amenemopé, aimé d'Amon), je ferai en sorte que tu sois sain auprès d'Osiris.*
[3] *(SCA 2671) ([Ousermaâtrê, élu d'Amon]) le fils de Rê, (Amen[emopé], aimé d'Amon).*

Commentaires

Le texte gravé semble original : ainsi, nonobstant le fait que le monument ait probablement été usurpé de l'époque ramesside – comme toute la statuaire royale de la XXIe dynastie – les textes conservés ont été réalisés sous la XXIe dynastie. Il s'est en effet révélé impossible de repérer la moindre trace de surcharge. L'épigraphie est bien datable de la XXIe dynastie, comme le confirme l'usage d'une forme particulière du signe du siège (Q1), dont le dossier est étrangement recourbé vers l'avant. On retrouve d'ailleurs cette particularité paléographique sur le sarcophage d'Amenemopé trouvé dans la tombe NRT IV (cf. fig. 7) ainsi que sur quelques inscriptions des tombes des courtisans de Psousennès Ier[9]. L'assemblage des fragments M164 + 165 avec le groupe statuaire au niveau de l'angle avant du siège permet de reconstituer dans la colonne de texte le cartouche d'Amenemopé et non celui de Siamon comme le pensait P. Montet. Le texte confirme en outre que la divinité située à gauche était une déesse, grâce au déterminatif féminin utilisé pour le pronom personnel. Étant donné l'assimilation du roi à Osiris, on peut penser à Isis, ou éventuellement à Hathor, même si les attributions funéraires de cette dernière sont, bien que connues à Thèbes, peu attestées à Tanis[10].

6 Appellation d'Osiris : *LGG* III, p. 795-797.

7 La graphie du nom divin est douteuse, mais l'épithète est essentiellement attribuée à Osiris et Amon-Rê : *LGG* V, p. 501.

8 Serait-ce une trace du nom de la déesse, Isis-la Grande ?

9 P. Montet, *Les constructions et le tombeau de Chéchanq III à Tanis*, Paris, 1960, pl. LIII, 10 et XLVIII, 11. Ce trait de paléographie s'est perpétué encore jusque pendant la première moitié de la XXIIe dynastie, puisqu'on le retrouve sur les canopes du pontife hermopolitain Osork(on) fils du grand prêtre d'Amon Smendès III, et donc petit-fils d'Osorkon Ier : R. Meffre, *D'Héracléopolis à Hermopolis. La Moyenne Égypte durant la Troisième Période intermédiaire (XXIe-XXIVe dynasties)*, Paris, 2015, p. 214, n. 392.

10 On connait une représentation d'Hathor en vache sortant de la montagne occidentale dans le caveau d'Oundebaoundjedet, P. Montet, *Les constructions et le tombeau de Psousennès à Tanis*, Paris, 1951, pl. XLI-XLII.

FIG. 7. Comparaison des graphies du signe Q1 sur le bloc SCA 20 (à gauche) et sur le cercueil d'Amenemopé provenant de NRT IV (à droite).

Le monument est une dyade dans laquelle le roi est assimilé à Osiris et appelé Osiris-roi, comme il est d'usage sur les monuments funéraires. Il n'est pas impossible que la déesse représentée soit Isis, protégeant ainsi le roi assimilé à son époux. Il ne fait donc guère de doute que ce groupe statuaire faisait partie du dispositif funéraire d'Amenemopé dans l'enceinte du temple d'Amon, similaire à ceux attestés au Nouvel Empire[11]. Amenemopé s'était fait réaliser un sarcophage de grès, retrouvé dans le caveau NRT IV, peut-être le tombeau qui avait été prévu pour lui, bien qu'on n'en ait aucune certitude[12]. Il fut finalement inhumé dans le caveau 2 de NRT III, prévu à l'origine pour la reine Moutnedjemet, épouse de Psousennès. Nonobstant ce nomadisme funéraire, il est très probable qu'un culte funéraire était rendu aux rois tanites dans ce secteur. La table d'offrandes de Psousennès Ier, trouvée à quelques kilomètres de Tanis, démontre l'existence de ce culte. Diverses traces archéologiques attestent l'existence de structures de briques, au-dessus des tombes royales et au nord du secteur[13]. P. Montet avait pensé pouvoir reconnaître un édifice de Psousennès et Siamon plus au sud, dans le secteur dit « d'Houroun », mais la zone était sans doute plus tardive qu'il ne le pensait et les objets inscrits déplacés. Néanmoins le groupe funéraire d'Amenemopé a très probablement appartenu à un édifice érigé dans ce secteur. Il est permis de supposer qu'il n'était pas très loin de son emplacement d'origine, et qu'il constitua un élément important de la chapelle de culte du roi.

11 On peut penser aux groupes statuaires trouvés dans la troisième hypostyle du temple mémoriel de Ramsès III à Medinet Habou (THE EPIGRAPHIC SURVEY, *Medinet Habu* VII, *The Temple proper*, Part 3, OIP 93, Chicago, 1964, pl. 483) ou au groupe anonyme provenant d'Abydos Caire JE 49537.

12 P. MONTET, *op. cit.* p. 173-175 ; Ph. BRISSAUD, « Le monstre du Loch Ness est-il né dans le lac sacré de Tanis ? », *BSFFT* 10, 1996, p. 14 ; J. LULL, *Las tumbas reales egipcias del Tercer Período intermedio (dinastías XXI-XXV)*, BAR-IS 1045, Londres, 2002, p. 34.

13 J. YOYOTTE, *op. cit.*, p. 205-206 ; Ph. BRISSAUD, « Les fouilles dans le secteur de la nécropole royale (1984-1986) », *CahTan* 1, 1987, p. 16-17, 25 ; Fr. LECLÈRE, *Les villes de Basse Égypte au Ier millénaire av. J.-C.*, BdE 144,2, Le Caire, 2008, p. 413, sans aller jusqu'à la reconstitution par trop hypothétique de J. LULL, *op. cit.*, p. 59, fig. 26.

DOCUMENT N° 2. BLOC FIGURANT AMENEMOPÉ ET AMON (FIG. 8-9)

N° d'enregistrement: XXXVIII-28 (SCA 3114).
Découverte: bâtiment sud des Touloul el-Bêd, dans le sable du caisson de fondation.
Date: XXIe dynastie, règne d'Amenemopé.
Matière: calcaire.
Dimensions: H. 32,5 cm; l. 93 cm; pr. 62 cm.
Particularités techniques: cinq faces dressées, deux lits (attente et pose). Relief en champ levé.
Polychromie: au moment de la découverte, on pouvait observer de nombreuses traces de peinture rouge (*némès* et chairs du roi, signes hiéroglyphiques, flamme de la coupelle d'encens, mortier, plumes et ruban du dieu) et jaune (*némès* du roi, fond des cartouches, plumes du dieu) [14], mais celles-ci se sont nettement affadies depuis.
État de conservation: bloc brisé dans sa partie droite.
Bibliographie: Ph. Brissaud, « Mission française des fouilles de Tanis. Rapport sur la XXXVIIIe campagne de fouilles – 1991 », *BSFFT* 5, 1991, p. 34; *id.*, « Tanis – The Golden Cemetery. Tanis (Tell San el-Hagar) » *in* J.G. Westenholz (éd.), *Royal Cities of the Biblical World*, Jérusalem, 1996, p. 144, 145, fig. 27; *id.*, « Tanis, énigmes et histoires », *BSFE* 138, 1997, p. 21; *id.*, « Les principaux résultats des fouilles récentes à Tanis (1987-1997): L'émergence d'une vision nouvelle du site » *in* Ph. Brissaud, Chr. Zivie-Coche (éd.), *Tanis. Travaux récents sur le tell Sân el-Hagar (Mission française des fouilles de Tanis 1987-1997)*, Paris, 1998, p. 46; Chr. Zivie-Coche, « La statue d'Amenemhat, chef des chanteurs d'Amon d'Opé Sân 89-118, OAE 1279 » *in* Ph. Brissaud, Chr. Zivie-Coche (éd.), *Tanis. Travaux récents sur le tell Sân el-Hagar (Mission française des fouilles de Tanis 1987-1997)*, Paris, 1998, p. 485, n° 1; I. Guermeur, *Les cultes d'Amon hors de Thèbes. Recherches de géographie religieuse*, BEHESR 123, Turnhout, 2005, p. 268, « DR TANIS 5 »; JW*IS*, I, p. 95, n° 1.

Description

Le bloc conserve la partie supérieure d'une scène d'offrande, comportant la tête des protagonistes et le bas de leur légende. Dirigé vers la droite, un roi, coiffé d'un *némès* à uræus et pourvu d'une barbe postiche, présente une cassolette d'encens à Amon, légèrement plus grand que lui. Le dieu, tourné vers la gauche, porte ses attributs habituels: couronne à deux rémiges et ruban, barbe divine.

14 Voir Ph. Brissaud, « Tanis – The Golden Cemetery. Tanis (Tell San el-Hagar) » *in* J. G. Westenholz (éd.), *Royal Cities of the Biblical World*, Jérusalem, 1996, p. 145, fig. 27.

Fig. 8. Bloc Tanis XXXVIII-28, photographie.

Fig. 9. Bloc Tanis XXXVIII-28, dessin.

Textes

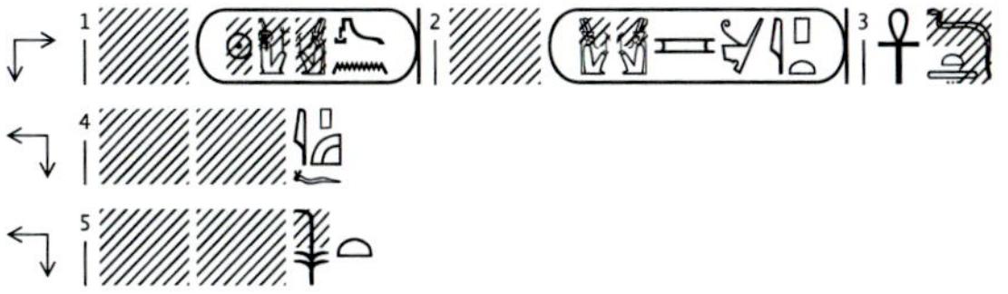

[1] *([… Wsr]-mꜣʿt-[rʿ] stp-n-[Ỉmn])* [2] *[…] (Ỉmn-n-ỉpt mry-Ỉmn)* [3] *ʿnḫ [ḏt]*
[4] *[… ḫnty] ỉpt.f*
[5] *[…] nswt [nṯrw ? …]*

[1] *([... Ouser]maât[rê] l'élu d'[Amon])* [2] *[...] (Amenemopé aimé d'Amon)* [3], *vivant [éternellement].*
[4] *[... qui préside à] son Opé*[15].
[5] *[...] roi [des dieux?*[16] *...].*

Commentaires

Le bloc présente plusieurs caractéristiques que l'on retrouve sur d'autres bas-reliefs de la XXIe dynastie :

– le relief pâteux, également visible sur les monuments en calcaire de Psousennès Ier [17];
– une dépression au milieu du lobe des oreilles[18];
– deux plis de graisse dans le cou[19].

Le bloc a été découvert dans le bâtiment sud des Touloul el-Bêd avec plusieurs autres monuments qui mentionnent Amon d'Opé[20], ce qui a amené les fouilleurs à interpréter ce bâtiment comme le temple de ce dieu[21] et à confirmer leur hypothèse de travail qui cherche à reconnaître dans le plan de Tanis un parallèle de celui de Thèbes[22]. Pour rallier cette interprétation, il faudrait toutefois donner une explication satisfaisante à ce qui apparaît comme un paradoxe : l'archéologie a montré que ce bâtiment a été systématiquement détruit aux environs du IVe s.

15 Cf. *LGG* V, p. 781a-c, même si l'on ne peut pas exclure *a priori* la possibilité des épithètes beaucoup plus rares *m ỉpt.f* « dans son Opé » (*LGG* I, p. 310c) ou *nb ỉpt.f* « seigneur de son Opé » (*LGG* III, p. 579b).

16 Cette lecture cadrerait bien avec la position légèrement désaxée du *t* qui prendrait place dans le groupe 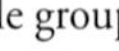. Néanmoins, on pourrait aussi envisager la lecture *rsy*, « au sud ».

17 Comparer par exemple au relief des blocs LS 17, 18 et 19, P. Montet, *Le lac sacré de Tanis*, Paris, 1966, p. 42, pl. V, XLV. Les bas-reliefs de la tombe de Psousennès Ier sont d'exécution plus fine, mais présentent tout de même un aspect pâteux, voir *id.*, *Les constructions et le tombeau de Psousennès à Tanis*, Paris, 1951, pl. XVI en bas (voir notamment la gravure des signes hiéroglyphiques).

18 Détail visible par exemple sur le relief de la paroi sud de la chambre du général Oundebaoundjedet (*ibid.*, pl. XL en haut et XLII en haut à gauche) ou encore sur un bloc provenant de la tombe de Khonsouheb remployé dans la construction de la tombe de Chéchonq III (*id.*, *Les constructions et le tombeau de Chéchanq III à Tanis*, Paris, 1960, pl. LII, n° 4). En dehors des reliefs, on peut également le voir sur le masque en or de Psousennès Ier (*id.*, *Les constructions et le tombeau de Psousennès à Tanis*, Paris, 1951, pl. CIV). Cette caractéristique se trouve également sur des reliefs thébains et memphites de la XXIe dynastie : voir K. Myśliwiec, *Royal Portraiture of the Dynasties XXI-XXX*, Mayence, 1988, pl. VIId, VIIId, Xa (Pinedjem Ier), XIIa-b (Siamon).

19 Comparer avec les blocs 14 et 19 remployés dans la construction de la tombe de Chéchonq III (P. Montet, *Les constructions et le tombeau de Chéchanq III à Tanis*, Paris, 1960, pl. L en haut, n° 14, et LIII, n° 19). En dehors de Tanis, cette caractéristique se trouve également sur des reliefs de la XXIe dynastie (K. Myśliwiec, *op. cit.*, pl. VIId, VIIId) et de la première moitié de la XXIIe dynastie (*ibid.*, pl. XVI, XIXd).

20 À propos du culte d'Amon d'Opé à Tanis, voir J. Yoyotte, « Une nouvelle figurine d'Amon voilé et le culte d'Amenopé à Tanis », *CahTan* 1, 1987, p. 63-65 ; Chr. Zivie-Coche, « La statue d'Amenemhat, chef des chanteurs d'Amon d'Opé Sân 89-118, OAE 1279 » *in* Ph. Brissaud, Chr. Zivie-Coche (éd.), *Tanis. Travaux récents sur le tell Sân el-Hagar (Mission française des fouilles de Tanis 1987-1997)*, Paris, 1998, p. 484-487 et *id.*, *Tanis. Travaux récents sur le tell Sân el-Hagar (Mission française des fouilles de Tanis), 3, Statues et autobiographies de dignitaires. Tanis à l'époque ptolémaïque*, Paris, 2004, p. 308-309.

21 Ainsi, Ph. Brissaud, « Mission française des fouilles de Tanis : Rapport sur la XXXVIIIe campagne de fouilles – 1991 », *BSFFT* 5, 1991, p. 34-36 et *id.*, « Les principaux résultats des fouilles récentes à Tanis (1987-1997) : l'émergence d'une vision nouvelle du site » *in* Ph. Brissaud, Chr. Zivie-Coche (éd.), *Tanis. Travaux récents sur le tell Sân el-Hagar (Mission française des fouilles de Tanis 1987-1997)*, Paris, 1998, p. 46-47, 50.

22 Voir *e.g.*, *ibid.*, p. 13, 44.

23 Ainsi, *ibid.*, p. 46, 50.

av. n. è.[23] alors que plusieurs monuments de la fin de l'époque ptolémaïque mentionnent un culte bien vivace d'Amon d'Opé à Tanis[24]. On a invoqué un possible déménagement du temple au début de l'époque ptolémaïque[25], mais cela reste à démontrer. Quoi qu'il en soit, ce qui subsiste du bloc au nom d'Amenemopé suggère que le roi était figuré face à Amon qui préside à son Opé, désignation traditionnelle d'Amon d'Opé. Même si l'on ne peut être assuré qu'il existait à Tanis dès la XXIe dynastie un lieu de culte voué spécifiquement à Amon d'Opé, il faut au moins convenir que cette forme d'Amon figure alors parmi les divinités du panthéon tanite[26].

DOCUMENT N° 3. SUPPORT AU NOM DE CHECHONQ IV (FIG. 10-14)

N° d'enregistrement : SCA 3146.
Découverte : bâtiment sud des Touloul el-Bêd, dans le sable du caisson de fondation[27].
Date : XXIIe dynastie, règne de Chéchonq IV.
Matière : quartzite.
Dimensions : H. max. 86,5 cm ; l. 74 cm ; pr. 88 cm. Ressaut de la partie inférieure : H. max. 28 cm ; pr. 3,5 cm.
Particularités techniques : léger débord en haut de la face postérieure.
Bibliographie : Ph. Brissaud, « Mission française des fouilles de Tanis : Rapport sur la XXXVIIIe campagne de fouilles – 1991 », *BSFFT* 5, 1991, p. 34-35, pl. VIIa ; *id.*, « Tanis – The Golden Cemetery. Tanis (Tell San el-Hagar) » *in* J.G. Westenholz (éd.), *Royal Cities of the Biblical World*, Jérusalem, 1996, p. 144, fig. 26 ; *id.*, « Les principaux résultats des fouilles récentes à Tanis (1987-1997). L'émergence d'une vision nouvelle du site » *in* Ph. Brissaud, Chr. Zivie-Coche (éd.), *Tanis. Travaux récents sur le tell Sân el-Hagar (Mission française des fouilles de Tanis 1987-1997)*, Paris, 1998, p. 46 ; JW*IS*, II, p. 256, n° 1.

24 Voir Chr. Zivie-Coche, « La statue d'Amenemhat, chef des chanteurs d'Amon d'Opé Sân 89-118, OAE 1279 » *in* Ph. Brissaud, Chr. Zivie-Coche (éd.), *Tanis. Travaux récents sur le tell Sân el-Hagar (Mission française des fouilles de Tanis 1987-1997)*, Paris, 1998, p. 485-487, n° 10-11 et *id.*, *Tanis. Travaux récents sur le tell Sân el-Hagar (Mission française des fouilles de Tanis)*, 3, *Statues et autobiographies de dignitaires. Tanis à l'époque ptolémaïque*, Paris, 2004, p. 308-309.

25 Hypothèse envisagée par Ph. Brissaud, *op. cit.*, p. 50.

26 Plusieurs monuments tanites de la Troisième Période intermédiaire montrent, au côté d'Amon, un dieu momiforme ityphallique au bras dressé (petite stèle au nom de Panéferher et cintre de stèle anépigraphe, voir P. Bucher, « Stèles de particuliers à Tanis », *Kêmi* 5, 1935-1937, p. 68, pl. IV, n° 4, p. 69-70, pl. V, n° 17, avec les remarques de J. Yoyotte, *op. cit.*, p. 63 ; linteau de granit au nom de Siamon, voir W.M.Fl. Petrie, Fr.Ll. Griffith, *Tanis*, II, *1886*, EEF Memoir 4, Londres, 1888, pl. VIII, n° 151 ; relief sur la face ouest, partie sud au deuxième registre, de la porte monumentale de Chéchonq III, voir P. Montet, *op. cit.*, Paris, 1960, pl. IX) ; par ailleurs, une statuette de ce dieu voilé dans sa châsse a été mise au jour sur le site (J. Yoyotte, *op. cit.*, p. 61-69). Tous ces témoignages proviennent du téménos du grand temple d'Amon.

27 Voir Ph. Brissaud, *op. cit.*, pl. VIIIa : le bloc est visible au moment de sa découverte au milieu de la photographie.

Description

Le monument prend la forme d'un bloc cubique. Ses faces latérales présentent un fruit et un léger ressaut dans la partie inférieure. Celle du devant est décorée d'une scène centrale et symétique, délimitée sur ses quatre côtés par une incision qui se confond en haut avec le signe hiéroglyphique du ciel. De part et d'autre de deux cartouches emplumés posés sur un signe de l'or, le roi agenouillé présente deux pots-*nou* en direction des cartouches. Coiffé d'un cache-perruque-*khat* à uræus, il est vêtu d'un pagne à queue de taureau et porte un collier-*ousekh* dont les rangs ne sont pas détaillés. Au-dessus de chacune des représentations du roi se trouve un disque solaire à deux uræus.

FIG. 10. Vue générale du bloc SCA 3146.

Fig. 11. Scène de la face antérieure du bloc SCA 3146.

Fig. 12. Représentations de Chéchonq IV sur le bloc SCA 3146, détails.

Fig. 13. Cartouches de Chéchonq IV sur le bloc SCA 3146.

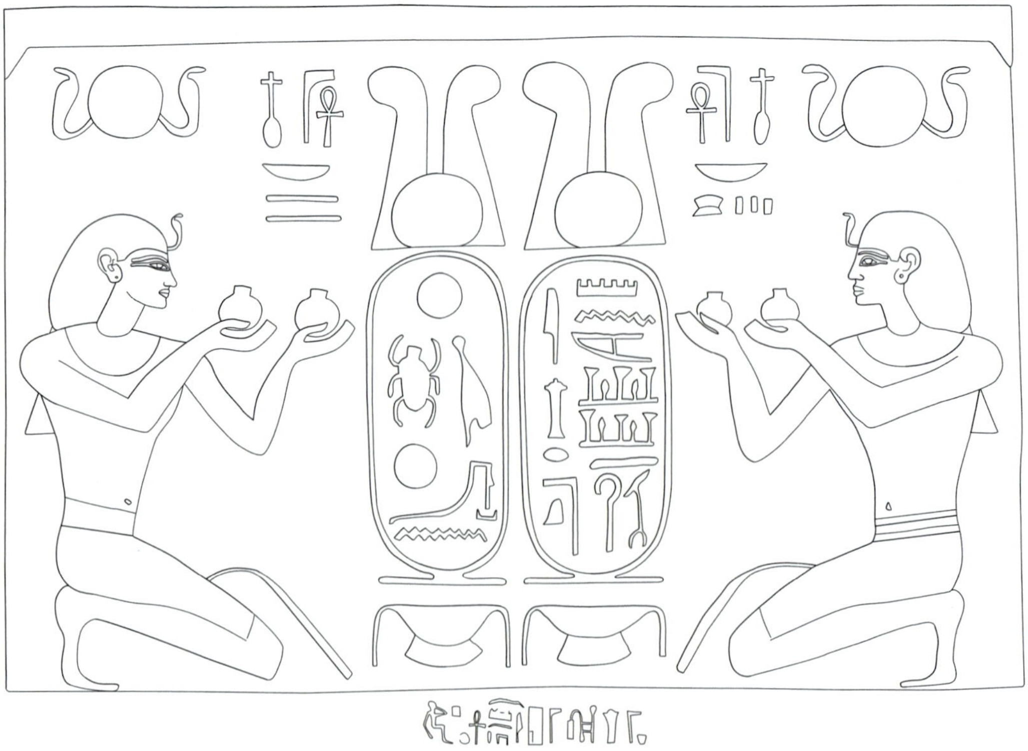

Fig. 14. Dessin du bloc SCA 3146.

Textes

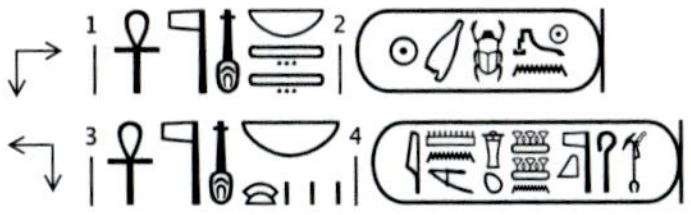

[1] *ꜥnḫ nṯr nfr nb tꜣwy* [2] *(Ḥḏ-ḫpr-rꜥ stp-n-Rꜥ)*
[3] *ꜥnḫ nṯr nfr nb ḫꜥw* [4] *(Ššnq mry-Ỉmn sꜣ-Bꜣstt nṯr ḥqꜣ Wꜣst)*

[1] *Que vive le dieu parfait seigneur des Deux Terres* [2] *(Hedjkheperrê l'élu de Rê)*.
[3] *Que vive le dieu parfait maître des couronnes* [4] *(Chéchonq aimé d'Amon, fils de Bastet, dieu souverain de Thèbes)*[28].

Sous la scène, au niveau des cartouches, une ligne de texte en hiéroglyphes peu profondément gravés (fig. 15) :

Fig. 15. Bloc SCA 3146, texte cursif gravé sous la scène.

ỉt-nṯr Bꜣstt sš ḥwt-nṯr n pr-Ỉmn ꜥnḫ(?)-pꜣ-ḫrd

Le père divin de Bastet, scribe du temple du domaine d'Amon Ânkh(?)-pa-khered.

28 Le nom de naissance est assorti de l'épithète dynastique « fils de Bastet » et d'une épithète « diplomatique » (selon la désignation usitée par M.-A. Bonhême, « Les Chéchonquides. Qui, combien ? », *BSFE* 134, 1995, p. 54), « dieu souverain de Thèbes ». Les titulatures de Chéchonq IV présentent la particularité de faire alterner cette épithète avec celle de « dieu souverain d'Héliopolis ». La signification des épithètes diplomatiques demeure mal comprise (voir *id.*, *Les noms royaux dans l'Égypte de la Troisième Période intermédiaire*, BdE 98, Le Caire, 1987, p. 270-271).

Commentaires

La présence du roi accomplissant une offrande en l'absence d'une divinité pour la recevoir suggère que le monument faisait partie d'un ensemble dont le décor jouait sur la complémentarité entre les images en deux et en trois dimensions [29]. La forme et le décor du bloc invitent à le rapprocher des quelques supports de barque ou de naos que l'on a pu identifier. Le décor de la face antérieure est en effet exactement similaire à ce que l'on trouve sur plusieurs de ces monuments :

– le support en calcite au nom d'Amenhotep III trouvé à Hermopolis [30] (offrande de Maât et d'encens en faveur de Thot sur la face antérieure) ;

– le support de barque en quartzite au nom de Ramsès III qui se trouve dans la chapelle de la barque du temple de Khonsou à Karnak [31] (offrande de vases d'eau et de pots-*nou* remplis de vin pour Amon sur la face antérieure) ;

– le support en granit rose au nom de Ioupout II trouvé à Tell el-Yahoudieh [32] (offrande d'un vase d'onguent et d'un œil-*oudjat* sur la face antérieure).

Le décor du bloc de Chéchonq IV est plus simple que celui de ces trois monuments qui montrent sur leurs faces latérales des images du roi soulevant à deux mains le signe hiéroglyphique du ciel [33]. Sur ceux d'Amenhotep III et de Ramsès III, la face postérieure est décorée d'une scène d'union des Deux Terres (*smꜣ-tꜣwy*) [34]. Ces deux derniers monuments sont également dotés d'une

29 Ce phénomène est assez fréquemment attesté, notamment lorsqu'un dévot et une image divine sont mis en présence. Voir *e. g.* la face antérieure du naos de Nectanébo Ier de Saft el-Henneh (Caire CG 70021) où le roi est figuré dans une attitude de dévotion de part et d'autre de la niche ou encore le naos de Nectanébo II de Bubastis (Caire CG 70016) dont le décor symétrique du soubassement figure à deux reprises le roi offrant la *maât*. À propos de ces deux exemples, voir respectivement G. Roeder, *Naos*, CGC (Nr. 70001-70050), Leipzig, 1914, pl. 17, 12 ainsi que N. Spencer, *A Naos of Nekhthorheb from Bubastis: Religious Iconography and Temple Building in the 30th Dynasty*, Londres, 2006, p. 94, pl. 2, p. 110, pl. 21. La même complémentarité entre images en deux dimensions et en ronde bosse se trouve dans le cas de statues divines installées sur un socle. Voir par exemple le socle prévu pour une statuette en bronze de Ptah qui figure Nimlot C en adoration (Santa Barbara, California Institute for World Archaeology, Senusret Collection MET.XL.00174) ou encore les blocs en calcaire trouvés dans la nécropole d'Ehnasya el-Medineh où sont figurés en deux dimensions Tanetimen et Osorkon. Pour ces deux derniers monuments, voir R. Meffre, *D'Héracléopolis à Hermopolis. La Moyenne Égypte durant la Troisième Période intermédiaire (XXIe-XXIVe dynasties)*, Paris, 2015, p. 87-89, n° 19, p. 174-176, n° 81.

30 A.J. Spencer, *Excavations at El-Ashmunein*, II, *The Temple Area*, Londres, 1989, p. 33-34, pl. 39-45 et H. Ernst, « Altar oder Barkenuntersatz », *GM* 180, 2001, p. 59, fig. 4.

31 M. Hammad, « Bericht über die Restaurierung des Barkensockels Ramses' III im Chonstempel in Karnak », *ASAE* 54, 1957, p. 47-49, pl. I-VIII.

32 E. Naville, *The Mound of the Jews and the City of Onias*, EEF Memoir 7, Londres, 1890, pl. I.

33 Ce thème apparaît sur les faces latérales des supports de barque durant le règne de Toutânkhamon et est particulièrement en faveur à l'époque ramesside. On le trouve par exemple sur la représentation du support de la barque d'Amon figurée sous le règne de Toutânkhamon dans le temple de Louqsor ou encore de celui de la barque de Ptah de la chapelle de Ptah du temple de Séthi Ier à Abydos, voir Chr. Karlshausen, *L'iconographie de la barque processionnelle divine en Égypte au Nouvel Empire*, OLA 182, Louvain, 2009, p. 248-249, pl. 8, 19. À propos de cette iconographie, voir D. Kurth, *Den Himmel stützen: Die « Twꜣ pt »-Szenen in den ägyptischen Tempeln der griechisch-römischen Epoche*, Rites égyptiens 2, Bruxelles, 1975, p. 104-107.

34 On retrouve également les thèmes de l'union des Deux Terres et du soulèvement du ciel sur les supports de barque aux noms de Taharqa et d'Atlanersa trouvés au Gébel Barkal (H. Ernst, *op. cit.*, p. 57-66) ou encore de Séthi Ier Vienne KhM ÄS 5106 (L. Habachi, « Sethos I's Devotion to Seth and Avaris », *ZÄS* 100, 1974, p. 95-102, pl. V).

corniche à gorge, généralement visible sur les représentations en deux dimensions de supports de barque[35]. Les blocs de Ioupout II et de Chéchonq IV n'en possèdent pas. Tous deux sont de hauteur comparable, alors que ceux du Nouvel Empire sont plus imposants. Ces similarités, notamment avec le monument de Ioupout II qui lui est quasiment contemporain, invitent à considérer le bloc de Chéchonq IV comme un support, sans que rien ne permette de préciser s'il a été prévu pour une barque ou une statue, éventuellement placée dans un naos.

La divinité dédicataire du monument n'est pas mentionnée. La nature de l'offrande présentée par le roi pourrait aider à l'identifier[36], mais l'offrande du vin reste assez banale[37]. Notons simplement qu'elle est régulièrement attestée pour Amon à Thèbes[38] et qu'elle a été choisie par Ramsès III pour orner la face antérieure du support de barque actuellement situé dans le temple de Khonsou à Karnak. Or, les textes gravés sur ce monument permettent de préciser que le bénéficiaire de ce support était Amon-Rê seigneur des trônes des Deux Terres et non Khonsou[39]. De plus, les principales divinités tanites sont la triade Amon, Mout et Khonsou ainsi qu'Amon d'Opé[40]. Étant donné que le support de Chéchonq IV a été découvert dans le bâtiment sud des Touloul el-Bêd avec d'autres monuments qui mentionnent tous Amon d'Opé (voir notamment ci-dessus, doc. n° 2), on serait enclin à supposer qu'il a été conçu pour accueillir une image de ce dieu, sans certitude absolue toutefois.

Après que le décor a été terminé, la titulature d'un particulier, présenté comme un prêtre de Bastet et scribe du temple rattaché au domaine d'Amon, a été gravée sous les noms de Chéchonq IV. Le personnage, nommé Ânkh-pa-khered (?), ne semble pas attesté par d'autres sources. La formulation du titre de scribe et le service auprès de Bastet, patronne des rois de la XXIIe dynastie, semblent dater cette interpolation de l'époque libyenne. Toutefois, la proximité géographique de Tanis et Bubastis expliquerait aisément qu'une même personne détienne des charges dans les deux localités, à un quelconque moment des époques tardives.

35 Voir *e. g.* les représentations énumérées ci-dessus, n. 33.

36 Les offrandes gravées sur les autres supports énumérés ci-dessus semblent être spécifiques des divinités pour lesquelles ils ont été mis en place : Thot d'Hermopolis se voit offrir par Amenhotep III une effigie de Maât et c'est peut-être à la déesse que l'on connaît plus tard à Tell el-Yahoudieh sous le nom de Bubastis farouche que s'adresse Ioupout II en lui présentant un pot d'onguent.

37 Voir en ce sens M.-Ch. Poo, *LÄ* VI 1986, col. 1188-1189, *s.v.* « Weinopfer ».

38 Voir *e. g.* les exemples rassemblés dans *ibid.*, col. 1187-1188 ainsi que *id.*, *Wine and Wine Offering in the Religion of Ancient Egypt*, Londres, New York, 1995, notamment p. 54-55, 59.

39 À ce propos, voir Chr. Karlshausen, *op. cit.*, p. 248, n. 18.

40 À ce propos, voir ci-dessus, n. 20.

Daté du règne de Chéchonq IV[41], le monument constitue à ce jour le seul témoignage de son activité. Des fragments de vases canopes mis au jour dans la tombe de Chéchonq III (NRT V)[42] auprès d'un sarcophage anonyme[43] indiquent qu'il a été inhumé dans la nécropole royale de Tanis. Pour autant, trois stèles de donation provenant du delta occidental datées d'après son règne[44] assurent qu'il était reconnu dans l'ensemble du Delta.

DOCUMENT Nº 4. RELIEF D'UN ROI OUSERMAÂTRÊ (FIG. 16-17)

Nº d'enregistrement : R328, SCA 2338 (MM Ga 12).
Découverte : temple de Mout, soubassement de l'édifice de Ptolémée IV.
Date : XXIIe - XXIIIe dynastie.
Matière : calcaire
Dimensions : H. 36 cm ; L. 83 cm ; pr. 46 cm.
État de conservation : bloc brisé dans sa partie droite, surface érodée.
Bibliographie : archives Mission Montet (fiche Ga 12 ; Mss 4, p. 4-5 ; Mss 11, p. 96, nº 697 ; Album MM14, 1, 2a) ; P. MONTET, *Les nouvelles fouilles de Tanis 1929-1932*, Paris, 1933, p. 143-145, pl. 83 ; H. KEES, « Geschichtliche Probleme um Tanis », *OLZ* 37, 1934, col. 202 ; J. YOYOTTE, « Des lions et des chats. Contribution à la prosopographie de l'époque libyenne », *RdE* 39, 1988, p. 164, n. 60.

41 Concernant le règne de Chéchonq IV, voir A. DODSON, « A New King Shoshenq Confirmed ? », *GM* 137, 1993, p. 53-58 ; M.-A. BONHÊME, *op. cit.*, p. 54-55 ; Fr. PAYRAUDEAU, *Administration, société et pouvoir à Thèbes sous la XXIIe dynastie bubastite*, I, BdE 160, Le Caire, 2014, p. 97.

42 P. MONTET, *Les constructions et le tombeau de Chéchanq III à Tanis*, Paris, 1960, p. 76, pl. XLIXa ; A. DODSON, *The Canopic Equipment of the Kings of Egypt*, Londres, New York, 1994, p. 137, 178-179, pl. XLIIIb, nº 50/1-2 ; JW*IS*, II, p. 256, nº 3.

43 P. MONTET, *op. cit.*, p. 73, 74, nº 10. Alors que le sarcophage de Chéchonq III avait été installé dans la tombe avant que le décor du mur soit gravé (la paroi est n'a pas été décorée derrière lui), l'installation du sarcophage anonyme n'a pas gêné la réalisation du décor, ce qui laisse penser qu'il a été mis en place *a posteriori*. À ce propos, voir A. DODSON, « A New King Shoshenq Confirmed ? », *GM* 137, 1993, p. 54, n. 14.

44 1) Stèle Hildesheim, RPM 5382 de l'an 4 de Chéchonq IV, E. GRAEFE, « Eine neue Schenkungsstele aus der 22. Dynastie », *Armant* 12, 1974, p. 3-9 et JW*IS*, II, p. 257-258, nº 7 ; 2) Stèle autrefois en possession de M. Nahman, W. SPIEGELBERG, « Neue Schenkungsstelen über Landstiftungen an Tempel », *ZÄS* 56, 1920, p. 57-58, pl. V, JW*IS*, II, p. 273-274, nº 16 (A. DODSON, *Afterglow of Empire: Egypt from the Fall of the New Kingdom to the Saite Renaissance*, Le Caire, New York, 2012, p. 128, 266, n. 76 et K. JANSEN-WINKELN, « Die „Großfürsten der Libu" im westlichen Delta in der späten 22. Dynastie », *JEgH* 7, 2014, p. 194-202 ont récemment proposé, avec vraisemblance, de dater cette stèle du règne de Chéchonq IV plutôt que de celui de Chéchonq V) ; 3) Stèle Saint-Pétersbourg, musée de l'Ermitage 5630 datée de l'an 10, J. YOYOTTE, *Les principautés du Delta au temps de l'anarchie libyenne. Études d'histoire politique, réédition revue et augmentée*, RAPH 34, Le Caire, 2012, p. 34-35, 129-130, § 29 et JW*IS*, II, p. 257, nº 6.

Fig. 16. Photographie du bloc R328.

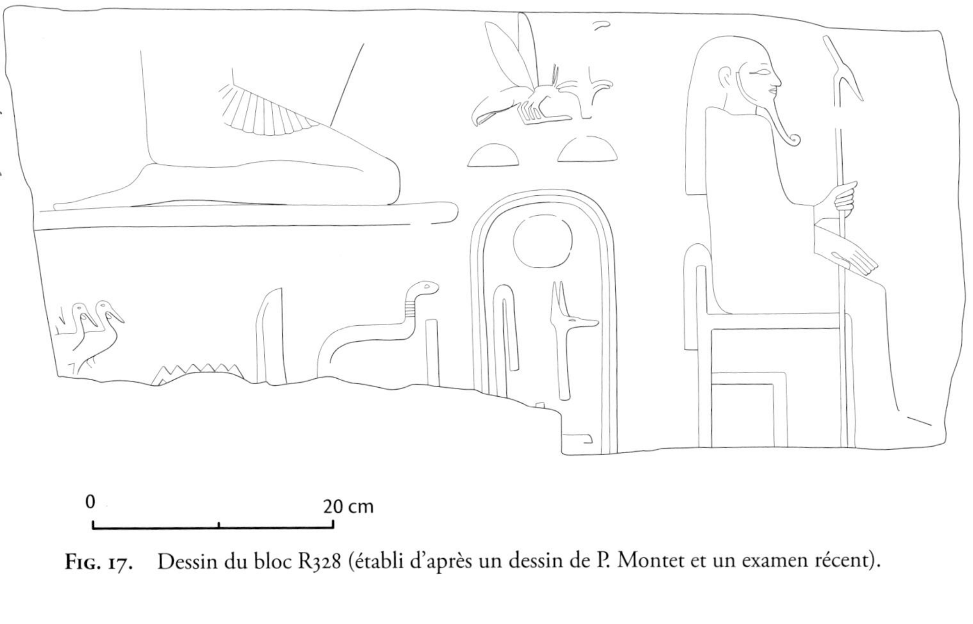

Fig. 17. Dessin du bloc R328 (établi d'après un dessin de P. Montet et un examen récent).

Description

Ce bloc de calcaire a été trouvé par P. Montet en février 1932 dans le temple de Mout, plus précisément remployé dans le dallage du mur de clôture construit par Ptolémée IV[45]. Sa datation a été pour le moins controversée, mais l'évolution des connaissances sur la Troisième Période intermédiaire depuis une trentaine d'années permet de rouvrir le dossier.

Le bloc est à peu près rectangulaire et faisait partie d'un mur épais. Il est décoré d'un très fin relief levé érodé sur une grande partie de la surface. Si l'on compare son état actuel avec les photographies plus anciennes, le bloc ne semble pas avoir trop souffert de son remploi par P. Montet dans un mur de la maison de fouilles de Sân el-Hagar, d'où il n'a été retiré qu'en novembre 1980. Le relief montre à droite un personnage assis sur un trône cubique, vêtu d'un manteau enveloppant, coiffé de la perruque tripartite et tenant un sceptre *ouas*. Il est suivi du cartouche royal.

Textes

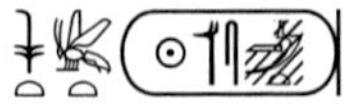

nswt-bỉty (Wsr-[mꜣꜥt]-rꜥ) [...]

Le roi de Haute et Basse Égypte, (Ouser[maât]rê) [...][46]

Sur la gauche, on distingue sur le registre supérieur les jambes d'un personnage agenouillé (genou gauche relevé, genou droit au sol), portant un pagne plissé. Au registre inférieur, une ligne de texte annonce :

ḏd-mdw ỉn bꜣw [...]

Paroles à dire par les âmes de [...].

45 P. Montet, *Les nouvelles fouilles de Tanis 1929-1932*, Paris, 1933, p. 143-145, pl. 83.

46 H. Kees, qui n'a eu sous les yeux qu'une photographie (« Geschichtliche Probleme um Tanis », *OLZ* 37, 1934, col. 202) voyait un *n* entre le *Rꜥ* et le *wsr* et lisait Niouserrê en attribuant le bloc à la Ve dynastie, mais au regard de ce qu'on peut encore voir sur le bloc, cette lecture, qui ne peut pas être assurée, fut probablement influencée par le style du relief. La présence d'au moins un signe en dessous est en revanche certaine, une partie du signe étant centrée et verticale, une autre allongée et horizontale, on est fondé à reconnaître le groupe U4/U5.

Commentaires

En comparant avec des reliefs de Niouserrê dans son temple solaire d'Abou Gorab et de Touthmosis III à l'Akhmenou de Karnak, P. Montet avait compris la scène ainsi décrite comme un extrait d'une représentation de fête-*sed*. Il est en effet loisible de reconnaître à gauche les âmes de Pé (Bouto) et de Nékhen (Hiérakonpolis), saluant le roi en levant un poing et en se frappant la poitrine. Le personnage agenouillé présentait probablement une tête de canidé, iconographie habituelle des âmes de Nékhen tandis que sous la légende de gauche se trouvait la représentation des âmes de Pé, à tête de faucon. Le personnage de droite pourrait être plutôt un dieu que le roi comme le pensait Montet. Celui-ci est certes représenté avec ce type de manteau et dans cette position dans les reliefs de fête-*sed*[47], mais il ne semble jamais porter ni la perruque tripartite, ni la barbe recourbée, réservées aux dieux. De la sorte, comme l'avait remarqué H. Kees[48], il n'est pas certain du tout que la scène soit une partie des représentations de fête-*sed*, même si elle appartient indéniablement au corpus de l'iconographie des cérémonies royales.

L'iconographie invite à rapprocher ce bloc des reliefs de l'Ancien Empire, notamment ceux de la chapelle héliopolitaine de Djéser, où les dieux de l'Ennéade locale (au moins Geb) sont représentés de cette manière, mais sans sceptre-*ouas*[49]. Le style du relief, d'exécution soignée, rappelle celui de l'Ancien Empire et présente un certain nombre de traits archaïsants. Le relief en champlevé est très léger, la composition, aérée. Le cartouche présente une double cordelette entourant le nom du roi. La perruque tripartite du personnage assis ne laisse pas voir son troisième pan[50], tandis que sa barbe, qui enveloppe largement le menton, est très recourbée dans sa partie inférieure.

P. Montet datait le bloc de l'Ancien Empire sur des critères stylistiques et lisait le nom *Ouserrê*. Il faisait de ce roi un membre de la Ve dynastie. Cependant, cette dynastie paraît désormais complète et ne comporte pas de roi de ce nom. Le roi Psammouthis de la XXIXe dynastie est le seul, à notre connaissance, à utiliser ce nom de couronnement, mais tant l'épigraphie que l'absence de monument de Psammouthis au nord de Memphis autorisent à considérer qu'il ne peut pas être le propriétaire de cette inscription[51].

47 Cf. Fr. von Bissing, H. Kees, *Das Re-Heiligtum des Königs Ne-woser-re*, III, *Die große Festdarstellung*, Leipzig, 1928, pl. 12 ; J. Karkowski, « Pharaoh in the *Heb-Sed* Robe in Hatshepsut's Temple at Deir el-Bahari », *Études et Travaux* 19, 2001, p. 83, fig. 1 (Hatchepsout) ; H. Kees, « Nachlese zum Opfertanz des ägyptischen Königs », *ZÄS* 52, 1915, pl. VIII, à droite (Touthmosis III).

48 H. Kees, « Geschichtliche Probleme um Tanis », *OLZ* 37, 1934, col. 202.

49 W.S. Smith, *A History of Egyptian Sculptures and Paintings in the Old Kingdom*, Londres, 1946, p. 133-137, fig. 50 et le fragment publié par L. Borchardt, « Ein Bildhauermodell aus dem frühen Alten Reich », *ASAE* 28, 1928, p. 43.

50 Sur ce critère iconographique, cf. O. Perdu, « De Stéphinatès à Néchao ou les débuts de la XXVIe dynastie », *CRAIBL*, 2002, p. 1225-1226 (pour une perruque tripartite sur tête animale).

51 Sur Psammouthis et sa titulature : A. Blöbaum, *Denn ich bin ein König, der die Maat liebt. Herrscherlegitimation im spätzeitlichen Ägypten*, AegMonast 4, Aix-la-Chapelle, 2006, p. 403-404 et le placement chronologique et géographique du roi par J.-Y. Carrez-Maratray, « Psammétique le tyran. Pouvoir, usurpation et alliances en Méditerranée orientale au IVe siècle avant J.-C. », *Transeuphratène* 30, 2005, p. 37-63.

De fait, le cartouche est incomplet dans son état actuel et le nom est probablement à reconstituer en réalité *Wsr-[...]-rʿ*. Cette forme fait évidemment penser aux innombrables rois nommés *Wsr-mꜣʿt-rʿ*, depuis Ramsès II jusqu'à Piânkhy[52]. Le style et l'épigraphie, d'une grande clarté, permettent d'écarter l'époque ramesside. C'est donc vers la fin de la Troisième Période intermédiaire qu'il faut se tourner. Or, depuis les travaux de J. Yoyotte, on sait que les monuments des derniers rois de l'époque « libyenne » ont été marqués par l'émergence d'un style archaïsant, tant dans l'épigraphie que dans l'iconographie[53]. Le cartouche ici attesté, sans épithète adventice du type *stp-n-Ỉmn/Rʿ* ou *mry-Ỉmn* appartient sans aucun doute à ce type de titulature. La graphie non-figurative de Maât qu'on peut reconstituer ici dans le cartouche est aussi un élément de la tendance archaïsante[54].

Il est donc très probable que ce roi *Wsr-[mꜣʿt]-rʿ* soit l'un d'entre eux. J. Yoyotte lui-même s'était demandé s'il ne s'agissait pas de *Wsr-mꜣʿt-rʿ* Pamy dont certains blocs du lac sacré d'Amon présentent déjà ce style archaïsant (double boucle du cartouche, économie des graphies)[55]. Un autre candidat est possible : Osorkon IV. Il est en effet désormais certain que ce roitelet, attesté dans le dernier tiers du VIIIe s. comme souverain de Bubastis et Rê-nefer par la stèle de Piânkhy, ne s'est pas appelé *ʿꜣ-ḫpr-rʿ* comme on l'a longtemps pensé, mais bien *Wsr-mꜣʿt-rʿ*[56]. Or des blocs à ses noms et images ont été retrouvés dans le lac sacré de Mout ces dernières années, montrant très clairement le style archaïsant de ses monuments, qui imitent évidemment les reliefs de l'Ancien Empire, et singulièrement ceux de la IIIe dynastie[57]. Toutefois des blocs au nom de Pamy ont également été retrouvés dans le même contexte, ce qui laisse planer le doute sur l'attribution de notre bloc à l'un ou l'autre de ces deux rois, tous deux attestés sur des monuments archaïsants dans le secteur du domaine de Mout[58].

52 Cf. l'index de J. von Beckerath, *Handbuch des ägyptischen Königsnamen*, MÄS 46, Munich, 1999, p. 300-301.

53 J. Yoyotte, « La titulature de Chéchanq V », *CahTan* 1, 1987, p. 145-146 ; *id.*, « Pharaon Iny. Un roi mystérieux du VIIIe siècle av. J.-C. », *CRIPEL* 11, 1989, p. 125-126 ; M.-A. Bonhême, *Les noms royaux de la Troisième Période intermédiaire*, BdE 98, Le Caire, 1987, p. 272-273.

54 J. Yoyotte, *op. cit.*, p. 125, n. 74.

55 J. Yoyotte, « Des lions et des chats. Contribution à la prosopographie de l'époque libyenne », *RdE* 39, 1988, p. 164, n. 60 et pour les blocs de Pamy, *ibid.*, p. 162-163, pl. 3.

56 Cf. Fr. Payraudeau, *Administration, société et pouvoir à Thèbes sous la XXIIe dynastie bubastite*, BdE 60, Le Caire, 2014, p. 102 et la mise au point d'A. Dodson, « The Coming of the Kushites and the Identity of Osorkon IV » *in* E. Pischikova, J. Budka, K. Griffin (éd.), *Thebes in the First Millennium BC.*, Cambridge, 2014, p. 3-12.

57 Ph. Brissaud, « Tanis. Au cœur des monuments enfouis », *Archeologia* 487, 2011, figure p. 40 ; *id.*, « Mission française des fouilles de Tanis – Campagne d'automne 2011 », *BSFFT* 25, 2011, pl. 2-3, attribué inconsidérément à Osorkon II ou Osorkon III, idée suivie par le « néo-chronologiste » R. Porter, « Osorkon III of Tanis: The Contemporary of Piye? », *GM* 230, 2011, p. 111-112. Sur l'aspect archaïsant de ces reliefs : H. Brandl, « Eine archaisierende Königsfigur der späten Libyerzeit » *in* E. Bechtold, A. Gulyás, A. Hasznos (éd.), *From Illahun to Djeme. Papers Presented in Honour of Ulrich Luft*, BAR-IS 2311, Londres, 2011, p. 15-17. On peut les rapprocher des modèles de sculpteurs trouvés à Horbeit New York MMA 11.150.30 /31 = W.C. Hayes, *The Scepter of Egypt: A Background for the Study of the Egyptian Antiquities in The Metropolitan Museum of Art. From the Earliest Times to the End of the Middle Kingdom*, New York, 1960, p. 59-61, attribués à Djéser puis reversés à la Basse Époque : vu leur ressemblance évidente avec les reliefs d'Osorkon IV, ne pourraient-ils pas dater de la XXIIIe dynastie ?

58 Ph. Brissaud, « Mission française de Tanis – Campagne de printemps 2013 », *BSFFT* 27, 2013, p. 14.

DOCUMENT N° 5. BLOC AU NOM DE PÉTOUBASTIS II (FIG. 18-19)

N° d'enregistrement : SCA 1024 (79-154).
Découverte : remployé dans la partie sud du mur ouest du lac sacré d'Amon.
Date : XXIIIe dynastie, règne de Pétoubastis II.
Matière : calcaire.
Dimensions : H. 36 cm ; L. 55 cm ; pr. 16 cm.
État de conservation : six faces dressées conservées.
Bibliographie : inédit. Mentionné par J. Yoyotte, dans le rapport d'activité de la XXVIIIe campagne de la MFFT en 1979 (Mss MFFT 28a) et dans J. Yoyotte, Ph. Brissaud, « Fouilles récentes à Tanis. Résultats et problèmes » in *L'égyptologie en 1979. Axes prioritaires de recherches*, I, Paris, 1982, p. 195-201.

Description

Au printemps 1979, la MFFT, alors dirigée par J. Yoyotte, s'attelait au dégagement du secteur ouest du lac sacré d'Amon, au nord du grand temple de ce dieu. Ce faisant, une vingtaine de blocs furent redécouverts, issus du démontage de la partie sud du mur ouest du lac par P. Montet en 1948-1949. Parmi ces blocs, seuls quelques-uns portent des inscriptions, dont celui enregistré sous le numéro 79-154. Il s'agit d'un bloc de paroi de temple en calcaire, gravé d'un décor en relief dans le creux d'exécution ferme. Sur la gauche, on distingue le mortier et les plumes de la coiffure classique du dieu Amon tourné vers la gauche. Derrière lui, sur la partie droite du bloc, une colonne de texte comporte des éléments de titulature royale.

Texte

[…] sꜣ Rꜥ (Pꜣ-dỉ-Bꜣstt mry [Ỉmn])

[…] le fils de Rê, (Pétoubastis), aimé d'[Amon].

© MFFT/J.-M. Yoyotte

Fig. 18. Photographie du bloc 79-154.

Fig. 19. Dessin du bloc 79-154.

Commentaires

La titulature devait commencer au début de la colonne, peut-être introduite par l'expression consacrée à cet endroit *wnn*, « puisse exister... [59] ». Le dieu dont le roi est l'aimé, bien que son nom soit dans la partie du texte qui se poursuivait sur le bloc inférieur, doit être Amon, puisque dans ces formules d'eulogie royale qui suivent la représentation divine dans les scènes d'offrande, c'est la plupart du temps le dieu bénéficiaire de l'offrande qui est alors nommé dans l'épithète royale.

Le roi Pétoubastis ainsi nommé n'est certainement pas le roi *Ousermaâtrê* Pétoubastis Ier, usurpateur thébain pendant la XXIIe dynastie, même s'il a pu être reconnu jusqu'à Bubastis [60]. La composition simplifiée du cartouche, sans épithète adventice, nous ramène à une époque un peu plus tardive, entre la seconde moitié du VIIIe et le premier tiers du VIIe s. av. n.è., lorsque le mouvement archaïsant a pris son essor et a imposé des formes épurées imitées des monuments de l'Ancien et du Moyen Empire, en rupture avec l'héritage des Ramessides et des premiers Chéchonquides. Il s'agit donc probablement du même roi Pétoubastis déjà attesté par d'autres blocs du lac sacré d'Amon ainsi qu'une statue memphite et qui portait le nom de couronnement *Sehotepib(en)rê*, variante du nom d'Amenemhat Ier [61]. La datation de ce roi est très variable selon les auteurs, entre le début de la XXIIIe dynastie dont il serait le fondateur, et l'époque des invasions assyriennes. Le style somme toute banal de ses inscriptions le rapproche peut-être plus de Chéchonq V que des roitelets tanites contemporains de la domination koushite, dont les monuments sont extrêmement archaïsants. En ce sens, il est sans doute préférable de faire de ce roi Pétoubastis II le fondateur de la XXIIIe dynastie, qui succéda à la XXIIe à Tanis selon Manéthon, plutôt que de l'identifier au roitelet Pétoubastis, cité sous l'appellation *Putubišti* dans les annales assyriennes comme roi de Tanis vers 670 av. n.è. et protagoniste des romans démotiques du *Cycle d'Inarôs* [62].

59 Cf. *e. g.* THE EPIGRAPHIC SURVEY, *Medinet Habu* V, *The Temple Proper*, Part I, OIP 83, Chicago, 1957, pl. 257.

60 Cf. Fr. PAYRAUDEAU, *Administration, société et pouvoir à Thèbes sous la XXIIe dynastie bubastite*, BdE 160, Le Caire, 2014, p. 100-101, conformément à une opinion déjà émise par A. LEAHY, « Abydos in the Libyan Period » *in* A. Leahy (éd.), *Libya and Egypt* (c. 1300-750 BC), Londres, 1990, p. 188 et J. LULL, « La identificación de la XXIII dinastía », *BAEE* 12, 2002, p. 77-78. Pour l'avis contraire : D. KAHN, « A Problem of Pedubasts? », *Antiguo Oriente 4*, 2006, p. 21-40 et A. DODSON, *Afterglow of Empire*, Le Caire, 2012, p. 122-123, qui multiplient inutilement les rois du nom d'*Ousermaâtrê* Pétoubastis, cf. J. VON BECKERATH, « Über das Verhältnis der 23. zur 22. Dynastie » *in* N. Kloth *et al.* (éd.), *Festschrift für H. Altenmüller*, BSAK, Hambourg, 2003, p. 33-34.

61 JW*IS*, III, p. 254-255.

62 Il conviendrait sans doute de désigner ce dernier comme Pétoubastis III, cf. Fr. PAYRAUDEAU, *L'Égypte et la vallée du Nil*, vol. III, *Le premier millénaire av. J.-C.*, à paraître, chap. 6. Pour les sources assyriennes, voir H.-U. ONASCH, *Die Assyrischen Eroberungen Ägyptens*, ÄAT 27, Wiesbaden, 1994, p. 36, 52 et pour le cycle démotique : K. RYHOLT, « The Assyrian Invasion of Egypt in Egyptian Literary Tradition » *in* J.G. Dercksen (éd.), *Assyria and Beyond: Studies Presented to Mogens Trolle Larsen*, Leyde, 2004, p. 486 ; Fr. HOFFMANN, J.Fr. QUACK, *Anthologie der demotischen Literatur. Einführungen und Quellentexte*, Berlin, 2007, p. 55-119 ; D. AGUT-LABORDÈRE, M. CHAUVEAU, *Héros, magiciens et sages oubliés de l'Égypte ancienne*, Paris, 2011, p. 67-143.

DOCUMENT N° 6. TORSE D'UNE STATUE DE TAHARQA (FIG. 20-25)

N° d'enregistrement: M 166 – SCA 2678.
Découverte: fond du grand temple d'Amon (1934).
Date: XXVe dynastie, règne de Taharqa.
Matière: granit rose.
Dimensions: H. max. 23,5 cm; l. max. 16,7 cm; l. col. 6 cm; pr. max. 21,5 cm.
État de conservation: torse de statue, sans bras ni cou, cassé sous la ceinture.
Bibliographie: P. MONTET, *Le drame d'Avaris,* Paris, 1941, p. 203, n. 1; J. LECLANT, J. YOYOTTE, « Nouveaux documents relatifs à l'an VI de Taharqa », *Kêmi* 10, 1949, p. 37; E.R. RUSSMANN, *The Representation of the King in the XXVth Dynasty*, MRE 3, Bruxelles, 1974, p. 51, n° 21; Ch. BONNET, D. VALBELLE, *Des pharaons venus d'Afrique. La cachette de Kerma*, Paris, 2005, p. 144, fig.; JW*IS*, III, p. 55, n° 2.

FIG. 20. Torse M 166, vue de trois-quarts droit.

Description

Le torse appartient à une statue debout. Les bras étaient placés le long du corps, comme l'indiquent les traces d'arrachement des deux côtés. Aucune trace de la coiffure n'est visible, mais la partie supérieure des épaules a été arrachée des deux côtés.

Ce qui subsiste du vêtement indique que le roi portait simplement un pagne plissé, vraisemblablement de type *chendjyt*[63], avec une ceinture lisse ornée en son centre d'un cartouche dont seule l'extrémité est conservée. Un poignard à manche en forme de tête de faucon est passé dans la ceinture.

Le traitement du torse présente plusieurs particularités qui reflètent le souci de s'inspirer des œuvres de l'Ancien Empire, suivant une tendance bien attestée dans la statuaire tant royale que privée de la XXVe dynastie :

– bipartition verticale[64] profondément marquée prenant naissance sous les pectoraux pour aller jusqu'au nombril, qui présente une forme ronde avec le milieu bombé ;

– partie inférieure de la cage thoracique étirée en hauteur ;

– pectoraux haut placés et saillants, d'autant mieux marqués qu'ils sont soulignés par un creux. L'emplacement des mamelons a été arraché des deux côtés, ce qui ne permet pas de savoir s'ils étaient ou non marqués ;

– clavicules marquées par deux saillies obliques de part et d'autre de la fourchette sternale[65], qui prend la forme d'une dépression circulaire dont le centre n'a pas été évidé ;

– net rétrécissement de la taille au-dessus des hanches.

La statue est adossée à une plaque à laquelle elle est reliée par une réserve de matière très profonde et en net retrait, si bien que les deux côtés de la plaque ont été arrachés.

63 Si l'on s'en tient au vêtement attesté sur les autres statues de Taharqa : Caire CG 42202 (G. Legrain, *Statues et statuettes de rois et de particuliers*, CGC III, Le Caire, 1914, p. 10-11, pl. X), Caire JE 39403 et 39404 (J. Leclant, *Recherches sur les monuments thébains de la XXVe dynastie dite éthiopienne*, BdE 36, Le Caire, 1965, pl. LXIV, LXV) ou encore l'effigie mise au jour dans la cachette de Kerma (Ch. Bonnet, D. Valbelle, *Des pharaons venus d'Afrique. La cachette de Kerma*, Paris, 2005, p. 88) et le colosse provenant du Gébel Barkal (*ibid.*, p. 148).

64 Concernant cette façon de traiter les torses bien attestée de la fin de l'époque libyenne au début de la XXVIe dynastie, voir O. Perdu, *Les statues privées de la fin de l'Égypte pharaonique (1069 av. J.-C. – 395 apr. J.-C.) [musée du Louvre]*, I, Paris, 2012, p. 60-61.

65 Concernant les différentes manières de marquer les clavicules dans la statuaire tardive, voir *ibid.*, p. 61.

Fig. 21-22. Torse M 166, vues de face et de dos.

Fig. 23-24. Torse M 166, vues des profils.

Textes

Ceinture :

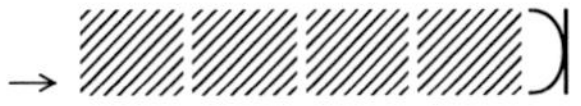

Ce qui subsiste du texte de la plaque dorsale se répartit sur trois colonnes :

[1] *[… (Ḫw-nfrtm-rꜥ])] sꜣ Rꜥ (Thrq) [mry Ỉ]mn […]*
[2] *[… (Ḫ]w-[nfrtm-rꜥ])] sꜣ Rꜥ (Thrq) [mry] Ỉmn […]*
[3] *[…] (Ḫw-[nfrtm-rꜥ])] sꜣ[Rꜥ] (T[h]r[q]) [mry Ỉmn …]*

[1] *[… (Khounéfertoumrê])], le fils de Rê (Taharqa) [aimé d'] Amon […].*
[2] *[… (Kh]ou[néfertoumrê])], le fils de Rê (Taharqa) [aimé d'] Amon […].*
[3] *[…] (Khou[néfertoumrê])], le fils [de Rê] (Taharqa) [aimé d'Amon …].*

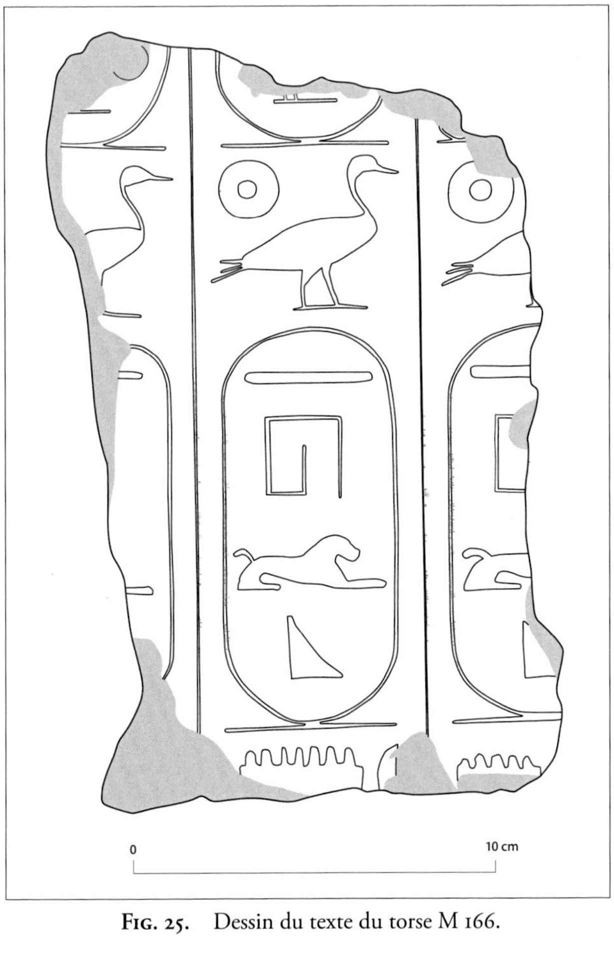

Fig. 25. Dessin du texte du torse M 166.

Commentaires

Malgré le traitement du torse manifestement inspiré de l'Ancien Empire, certaines caractéristiques montrent que cette effigie de Taharqa prend pour modèle la statuaire royale du Nouvel Empire, et plus particulièrement de l'époque ramesside. Ainsi note-t-on le poignard à tête de faucon passé dans la ceinture, attesté dans la statuaire royale depuis la fin du Moyen Empire[66] mais particulièrement apprécié à l'époque ramesside, et le texte qui répète plusieurs fois à l'identique la titulature royale et le nom de la divinité dont le roi retire des bienfaits. Cette litanie de noms royaux et divins disposés en colonnes est un type de texte peu usité dans la statuaire royale tardive, mais bien attesté à l'époque ramesside sur des effigies royales[67], parfois associées à une ou deux divinités[68]. Le poignard à tête de faucon est lui-même d'un modèle courant au Nouvel Empire[69], mais plus particulièrement prisé à l'époque ramesside. Ce qui subsiste de la plaque dorsale laisse penser qu'avec ses trois colonnes de texte, elle était à l'origine pratiquement aussi large que les épaules du roi. De telles plaques dorsales reviennent en faveur dans la statuaire des XXVe-XXVIe dynasties[70]. Le dispositif mis en œuvre pour le torse de Tanis est tout à fait comparable à celui de la statue d'Ândjty de Southampton[71], qui pourrait dater, d'après son style, du règne de Taharqa. Ce dispositif est d'autant plus indiqué pour assurer la solidité de la statue si la coiffure prévue est haute, comme c'est le cas sur l'effigie d'Ândjty[72].

66 Voir *e. g.* la statuette attribuée à Amenemhat III Paris, Louvre N 464 (É. Delange, *Catalogue des statues égyptiennes du Moyen Empire 2060-1560 avant J.-C. [musée du Louvre]*, Paris, 1987, p. 33-35) ; à propos de ce poignard, voir S. Petschel, *Den Dolch betreffend: Typologie der Stichwaffen in Ägypten von der prädynastischen Zeit bis zur 3. Zwischenzeit*, Philippika 36, Wiesbaden, 2011, p. 222-224.

67 Il en est ainsi *e. g.* de la statue porte-enseigne de Merenptah Caire JE 66571 (H. Sourouzian, *Les monuments du roi Merenptah*, SDAIK 22, Mayence, 1989, pl. 19).

68 On pourra citer *e. g.* la dyade de Tell el-Yahoudieh associant Rê à Ramsès II (*KRI*, II, p. 468, 10-16), celles de Kôm el-Hisn figurant Ramsès II et Sekhmet (*KRI*, II, p. 471, 5-16), la triade d'Héracléopolis qui associe Ptah et Sekhmet à Ramsès II (*KRI*, II, p. 500, 13-501, 11) ou encore la triade 14 de Tanis qui figure Ramsès II, Rê-Horakhty et Ptah-tenen (P. Montet, *Les constructions et le tombeau de Chéchanq III à Tanis*, Paris, 1960, p. 33, fig. 9).

69 Voir *e. g.* l'image de Thoutmosis III dans la triade l'associant à Amon et Mout de Karnak (M. Seidel, *Die königlichen Statuengruppen*, I, HÄB 42, Hildesheim, 1996, p. 144-146, pl. 34) ou les deux statues d'Amenhotep III remployées par Merenptah et venant de Louqsor (H. Sourouzian, *op. cit.*, p. 159-161, pl. 30).

70 Pour la statuaire privée, voir *e. g.* l'effigie d'Akhimenrou Paris, Louvre E 13106, O. Perdu, *op. cit.*, p. 438-445, n° 44, et plus particulièrement p. 444 pour un commentaire concernant l'usage des plaques dorsales à sommet cintré.

71 Southampton City Council Art and Heritage, Archaeological Collections A.1912.22, en prêt à l'Ashmolean Museum d'Oxford, LI 1398.1, voir O. Perdu (éd.), *Le crépuscule des pharaons. Chefs-d'œuvre des dernières dynasties égyptiennes*, catalogue d'exposition, musée Jacquemart-André du 23 mars au 23 juillet 2012, Bruxelles, 2012, p. 234-235, n° 115.

72 En comparant le torse de Taharqa à la statue colossale de Ramsès II exposée au musée en plein air de Memphis, on pourra toujours se demander s'il n'était pas figuré coiffé de la couronne blanche, mais d'autres options sont envisageables.

« La vigne a été inventée dans la ville égyptienne de Plinthine[1] » À propos de la découverte d'un fouloir saïte à Kôm el-Nogous (Maréotide)

BÉRANGÈRE REDON, MATTHIEU VANPEENE[2]
AVEC UNE ANNEXE CÉRAMOLOGIQUE DE MIKAËL PESENTI

La mission archéologique française de Taposiris et Plinthine[3] explore depuis 2012 le kôm et la ville antique de Plinthine/Kôm el-Nogous[4], situés à 2,2 km à vol d'oiseau de la ville de Taposiris (fig. 1). Sous les niveaux hellénistiques (très fugaces sur le kôm, en surface dans la ville), une occupation dense d'époque saïto-perse est vite apparue ; elle a été mise en évidence dans tous les sondages ouverts sur les pentes du kôm et dans ses environs immédiats[5]. Des niveaux plus anciens, datés d'après la céramique du VIIIe s. av. J.-C.[6], ont été atteints dans le sondage 2 et des découvertes réalisées durant la campagne 2016 au centre du kôm[7] confirment très vraisemblablement ce que nous supposions depuis la mise au jour d'artefacts en remploi ou en surface en 2014 et 2015 : le site de Kôm el-Nogous est occupé au moins depuis le Nouvel Empire[8].

Parmi ces artefacts, la découverte d'une anse d'amphore à vin au nom de Merytaton suggérait l'existence d'une possible exploitation vinicole dans la région de Plinthine sous la

1 Hellanicos, *apud* Athénée I, 34a : ἐν τῇ Πλινθίνῃ πόλει Αἰγύπτου πρώτῃ εὑρεθῆναι τὴν ἄμπελον.

2 Les auteurs remercient S. Dhennin et M.-Fr. Boussac pour leur relecture ; ils sont également très reconnaissants envers P. Tallet, qui leur a fait l'amitié de relire ce texte et leur a permis de consulter sa thèse inédite. Ils remercient enfin C. Larcher d'avoir effectué des recherches dans le fonds d'archives de l'Ifao et de leur avoir permis de faire figurer ici la représentation du tombeau de Pétosiris.

3 Cette mission, dirigée par M.-Fr. Boussac (université Paris Ouest-Nanterre) et soutenue par le ministère des Affaires étrangères et du Développement international et l'Ifao, mène ses travaux dans le cadre d'un accord avec le ministère des Antiquités égyptien. Sur les travaux récents, voir les rapports annuels (Boussac *et al.* 2012 ; Boussac *et al.* 2013 ; Boussac *et al.* 2014 ; Boussac *et al.* 2015 ; Boussac *et al.* 2016), ainsi que le carnet de recherche www.taposiris.hypotheses.org.

4 Malgré des incertitudes sur l'identification du site antique, en l'absence de document écrit découvert *in situ*, il est très vraisemblable que le Kôm el-Nogous et ses environs abritent l'ancienne Plinthine des sources grecques : Boussac 2013. Quant au nom égyptien de la ville, il nous échappe pour le moment : Boussac, Dhennin, Redon 2015, p. 22-24.

5 Pour une première présentation des vestiges du kôm de Plinthine, cf. Dhennin, Redon 2014 ; Boussac 2015, p. 190-196.

6 Barahona, Pesenti, Redon 2016.

7 Boussac *et al.* 2016, p. 206-210.

8 Boussac, Dhennin, Redon 2015.

XVIIIe dynastie[9]. La campagne 2016 a démontré la vitalité de la culture de la vigne à Plinthine au début de l'époque saïte, avec la mise au jour d'un fouloir remarquablement bien préservé. La découverte revêt un grand intérêt lorsque l'on sait que la vigne n'est pas une plante indigène de l'Égypte[10] et que l'invention de la vigne (sous-entendu de la culture de la vigne) est précisément située, par l'historien Hellanicos (actif au Ve s. av. J.-C.), à Plinthine. Au-delà du mythe, elle révèle le dynamisme de la culture vinicole dans la région avant l'époque gréco-romaine, durant laquelle la production vinicole de la Maréotide connut son apogée[11].

UN FOULOIR EXCEPTIONNELLEMENT BIEN PRÉSERVÉ

Le fouloir a été mis au jour dans le secteur 6, situé au sommet du pan oriental de Kôm el-Nogous. En 2015, le secteur avait montré tout son potentiel archéologique, tant du point de vue des structures, dont l'examen de surface suggérait déjà plusieurs phases d'occupation, que du matériel mis au jour dans la couche de surface, très diversifié (céramique de stockage, gourdes du Nouvel An en fritte ou en faïence, amulettes) et entièrement attribuable à l'époque saïte[12].

En avril-mai 2016, un transect long de 18,50 m et coupant le kôm d'est en ouest a été ouvert dans le secteur pour en vérifier la chronologie et tenter de caractériser son occupation (fig. 2). Les fouilles ont mis en évidence quatre phases de construction/occupation successives, notamment dans la partie est du sondage. C'est à la deuxième phase qu'appartiennent la construction et l'utilisation du fouloir publié ici.

Composé d'une cuve en calcaire maçonnée reliée à une seconde cuve monolithe par un déversoir, il est aménagé dans la pièce 611, fermée sur trois côtés et bâtie en moellons et briques crues. La pièce n'a pour le moment été que partiellement fouillée (elle s'étendait encore vers le sud) et occupe, dans l'état de nos travaux, un rectangle de 3,15 m est-ouest sur 4,38 m nord-sud (fig. 3-5). Le sol de la pièce se compose de terre battue et se situe à l'altitude absolue de 50,35 m.

La pièce est orientée nord-sud et limitée par trois murs, MR 617, 618 et 628 (dont le nu extérieur n'a pas été dégagé). Ils font en moyenne 0,80 m d'épaisseur et le mur nord est préservé sur au moins 3,30 m de haut, tandis que les autres murs ont été endommagés par le glissement des terres vers l'est, qui a provoqué, en particulier, l'effondrement partiel du mur ouest (c'est pourquoi nous n'avons pas pu le dégager entièrement, sous peine de le faire s'effondrer définitivement). Si le mode de fondation des murs de la pièce 611 n'a pas encore pu être observé, il est probable qu'il était identique à celui de la quasi-totalité des autres vestiges mis au jour à Plinthine : une tranchée creusée dans le sol devait accueillir une semelle filante de faible épaisseur composée de moellons de pierre locale assemblés à la mouna. Cette mise en œuvre est reprise pour l'élévation des murs périphériques de la salle 611, l'utilisation de la brique crue étant réservée, ici, uniquement à la couverture de la pièce[13].

9 BOUSSAC, DHENNIN, REDON 2015, p. 19-20.

10 BAUM 1988, p. 136. L'adaptation de la vigne intervient au début de Nagada III (HENDRICKX, BAVAY 2002, p. 70).

11 Voir en dernier lieu l'aperçu archéologique de PICHOT 2012 et la conclusion de cet article.

12 BOUSSAC *et al.* 2015, p. 208.

13 Dans les autres contextes saïtes fouillés par l'équipe, il n'est pas rare que seuls les fondations et le soubassement des murs soient faits de blocs et de terre mêlés, tandis que le reste de l'élévation est en briques crues.

La pièce 611 était entièrement couverte par une voûte nubienne de 3,20 m de portée (VTE 602). Constituée d'un rouleau de briques crues de grand module (42 × 21 × 9 cm), portant sur les murs est et ouest et appuyé sur le mur nord de la pièce, elle prenait naissance à 2,25 m du sol ; on peut lui restituer une flèche d'au moins 1,60 m [14]. La voûte était, comme les trois murs de la pièce, recouverte d'un enduit de chaux ; ce dernier était appliqué sur un enduit de terre intermédiaire qui recouvrait le parement intérieur des murs, et directement sur les briques crues de la voûte.

Construit dans un second temps [15], le fouloir prend place dans une alcôve de 2,30 m de côté, aménagée dans la partie nord de la pièce 611 et couverte par une voûte nubienne (VTE 601). Celle-ci est parallèle à VTE 602, et les piédroits sur lesquels elle prend appui (MR 621 et 626, larges de 48 à 52 cm), sont construits contre les murs périphériques de la pièce. La voûte est constituée de briques crues du même module que celles de la voûte VTE 602 et prend naissance à la même altitude. Elle possède une flèche qu'on restitue à au moins 1,10 m [16], et est entièrement recouverte d'un fin enduit de chaux (fig. 6).

Le fouloir est entièrement construit dans un calcaire qui diffère du calcaire oolithique local par sa grande finesse et son éclatante blancheur. Il se compose d'une cuve de foulage et d'une cuve de recueil (ou recette), reliées par un déversoir. La cuve de foulage (CUV 601) forme un carré de 2,12 m de côté (dim. int. : 1,89 × 1,94 m) ; elle est construite en dalles de calcaire jointoyées au mortier de chaux. Son soubassement [17] (fig. 5, n° 1), d'environ 0,70 m de haut, est constitué de deux assises de blocs du même matériau disposés en carreau. Le sol du bassin est dallé et fait 0,10 m d'épaisseur (fig. 5, n° 2). Enfin, les parois sont formées de deux assises de blocs composant une balustrade périphérique de 0,70 m de hauteur et 0,13 m d'épaisseur (fig. 5, n° 4). L'ensemble de la cuve est recouvert d'un fin enduit de chaux (fig. 5, n° 5), identique à celui qui recouvre les murs périphériques, pour étanchéifier la cuve (fig. 7). Une légère pente (environ 8°) facilite l'écoulement vers une bonde (fig. 5, n° 6) ménagée dans le dallage, contre la margelle sud du fouloir. Elle ouvre sur une canalisation taillée dans les dalles, qui permet le transfert du moût vers une cuve monolithe de calcaire (CUV 602, fig. 5, n° 7), disposée en contrebas. Cette recette mesure 1,37 m × 1,06 m × 0,60 m [18], soit une contenance de 8,7 hl [19].

14 Si l'on considère que les voûtes nubiennes ont un profil en chaînette, il est difficile, voire impossible, de restituer la hauteur précise de l'*intrados*, tant la construction de ces profils est aléatoire. On peut cependant affirmer sans risque d'erreur qu'elle est approximativement égale à la moitié de la portée à couvrir, ici 3,20 m.

15 Il est assuré que les murs et la voûte ont été construits dans un deuxième temps, car la voûte VTE 602 et ses piédroits s'appuient contre l'enduit de chaux des murs MR 617 et MR 618.

16 Même remarque que dans la n. 14.

17 La bonne préservation de ces vestiges n'a pas permis de pratiquer de sondage dans la plate-forme elle-même, il est donc impossible de se prononcer de façon définitive quant au remplissage de ce soubassement. Cependant, on observe un fort tassement des dalles centrales du dallage, alors que les dalles latérales, reposant sur les carreaux de calcaire périphériques, sont restées en place. Il est donc probable que l'intérieur du soubassement était constitué de remblais peu denses (fig. 6, n° 3) qui se sont tassés avec le temps.

18 La cuve s'est un peu enfoncée dans le sol, de sorte que le sol de la pièce 611 et le fond de la cuve sont sensiblement au même niveau.

19 C'est une contenance assez modeste, comparée, par exemple, à celle des recettes des pressoirs nubiens d'époque romaine (de 18 à 56 hl : Adams 1966, p. 264-265). Les cuves des pressoirs romano-byzantins de Maréotide pouvaient recevoir de 20 à 50 hl (Rodziewicz 1998), la plus grande contenant jusqu'à 350 hl (Grossmann, Arnold, Kościuk 1997, p. 87, n. 9).

UN ABANDON À L'ÉPOQUE SAÏTE

Aucun niveau de construction de la pièce 611 n'a pu être fouillé durant la campagne, et le fouloir ainsi que le reste de la pièce 611 n'ont pas livré de sols d'abandon en place, la pièce ayant été sans doute nettoyée avant son abandon puis la démolition progressive de ses parties hautes (cf. *infra,* l'annexe céramologique). Nous ne possédons donc à l'heure actuelle de renseignements que sur la date de destruction et d'abandon de l'installation.

Nous avons distingué plusieurs US de comblement de la pièce 611 lors de la fouille, en fonction de leur composition (fig. 8) : on a ainsi isolé l'US 6080, formée d'une partie de la voûte VTE 602 effondrée, dont les briques étaient encore solidaires les unes des autres ; l'US 6056, qui comprenait beaucoup de briques crues fondues ou en position de chute ; l'US 6078, plus riche en terre argilo-sableuse marron ; l'US 6067 identique en composition, mais plus aérienne ; l'US 6068, plus compacte et difficile à fouiller, faite de briques crues et de mouna fondue ; et enfin l'US 6099, une couche composée de petits blocs de grès (3 à 4 cm de côté) à son sommet, mêlés à des briques en démolition et de la terre. Le matériel n'était pas très abondant, formé essentiellement de céramique, de faune, et d'une meule de pierre dure. Le tout était recouvert par l'US 6050=6051=6065, une épaisse couche assez terreuse, marron, qui représente le niveau d'abandon de la zone à partir duquel les éléments de la phase 3 ont été bâtis. L'US 6044 recouvre enfin tout le sondage, lors de l'abandon définitif de la zone.

L'analyse du mobilier a permis d'établir que le fouloir avait vraisemblablement été abandonné vers la fin du VIIe s. av. J.-C. Sa construction n'est pas datée, mais au vu de la faible usure de la structure, il est possible que le fouloir date du début de l'époque saïte.

LE FOULOIR DE PLINTHINE DANS LE CORPUS DES FOULOIRS D'ÉPOQUE PHARAONIQUE

Le fouloir de Plinthine est exceptionnel : jusqu'à présent, un seul fouloir d'époque pharaonique avait été sûrement identifié sur le terrain, à Tell el-Dabʿa [20]. Il date de la XVIIIe dynastie (règne de Horemheb) et a été découvert au sein du vignoble planté à l'intérieur de l'enceinte du temple de Seth. Il est formé d'une simple dalle de calcaire monolithe de 1,68 × 0,62 m, et son inclinaison permettait au moût de s'écouler vers un déversoir menant à deux rigoles qui sans doute aboutissaient à deux cuves. À cet exemple assez rudimentaire s'ajoute peut-être une autre installation de foulage identifiée par J.-P. Brun à Balat, qui remonte à la fin de l'Ancien Empire, et se compose d'une plate-forme de 4,90 × 2,20 m jouxtée par deux cuves enduites (1,50 × 1,10 m chacune), probablement abritées par un aménagement léger dont ne demeurent que les trous de poteaux [21].

Si les exemples archéologiques qui pourraient servir de comparaison à l'installation de Plinthine sont rares (et assez éloignés du modèle de fouloir conservé à Plinthine), en revanche, de nombreuses scènes de foulage de raisin sont attestées dans l'iconographie égyptienne, notamment sur des parois de tombe, à partir de l'Ancien Empire. Ces scènes illustrent, après

20 Bietak 1985.

21 Brun 2004, p. 66.

la scène des vendanges, les deux opérations distinctes du foulage et du pressurage (dans une presse à torsion), avant que le moût ne soit finalement transvasé dans des jarres où il continuait de fermenter (la fermentation ayant déjà commencé lors du foulage)[22]. D'après le décompte de P. Tallet, le foulage – quasi systématiquement représenté dans les scènes de vinification, contrairement au pressurage – apparaît à 19 reprises sur des parois datées de l'Ancien Empire, 3 fois au Moyen Empire, 26 fois au Nouvel Empire et à 4 reprises à la Basse Époque[23].

Les scènes représentent la plupart du temps un fouloir situé dans le vignoble même, au plus près des vignes, et le fouloir de Tell el-Daʿba a en effet été mis au jour dans ce contexte. Celui de Plinthine n'était assurément pas au milieu des vignes, car il prend place dans une pièce qui faisait sans doute partie d'un ensemble plus vaste installé sur le pan oriental du kôm. Toutefois, le fouloir ne devait pas être éloigné des plantations : à l'heure actuelle, les plants de figuiers, qui ont désormais remplacé les vignes, lèchent les abords du kôm sur lequel a été découvert le fouloir. Par ailleurs, une partie des découvertes du Nouvel Empire ont été réalisées dans les champs de figuiers à l'ouest du kôm[24].

Les représentations de foulage sont animées et montrent plusieurs personnages, souvent divisés en deux groupes, foulant au pied les grappes tout juste apportées des vignes et déversées dans une cuve (fig. 9). Des légendes accompagnent les scènes, à partir du Nouvel Empire, qui évoquent avec humour l'ivresse des fouleurs (due aux vapeurs du raisin foulé) ou retranscrivent des chants de pressoir[25]. Pour ne pas glisser sur les rafles, les fouleurs s'agrippent à une barre transversale, à des cordes ou, plus rarement, à leurs voisins. La disparition des parties hautes des murs est et ouest encadrant le fouloir nous a empêché de vérifier sa présence, mais il n'est pas impossible de restituer une barre transversale au-dessus de la cuve, ancrée dans les murs MR 618 et 628, au point de naissance de la voûte.

La typologie des fouloirs pharaoniques réalisée par A. Lerstrup[26] et les observations de D. Meeks[27] et P. Tallet[28] ont mis en évidence un net changement au Nouvel Empire dans la construction des cuves de fouloir : alors qu'elles étaient jusqu'alors peu profondes, posées à même le sol et sans déversoir[29], elles sont, à partir de la XVIIIe dynastie, plus profondes, surélevées (parfois munies de marches pour y accéder) et équipées d'un déversoir par l'intermédiaire duquel le moût est transféré soit dans une cuve, soit directement dans des jarres. Les fouloirs deviennent aussi de véritables petits édicules, encadrés de colonnes et surmontés d'une toiture bâtie au-dessus de la cuve.

Ce type tardif et plus achevé est celui auquel il faut rattacher le fouloir saïte de Plinthine[30]. Il est très semblable, dans son fonctionnement, au fouloir représenté dans les tombes d'Antef (TT 155)[31], de Nakht[32] (TT 52) ou de Nebamon (TT 90), munis de deux colonnes latérales, d'un plafond plat (ou d'une poutre) duquel pendent des cordes. Il ressemble aussi beaucoup

22 Brun 2004, p. 64-66. Ce n'est qu'à l'époque gréco-romaine que de vraies cuves de fermentation sont construites à côté des fouloirs (qui sont équipés d'un petit pressoir dans l'un de leurs angles).

23 Tallet 1998, p. 415.

24 Boussac, Dhennin, Redon 2015, p. 19-20, fig. 2a.

25 Tallet 1998, p. 436.

26 Lerstrup 1992, p. 81.

27 Meeks 1993, p. 21-22.

28 Tallet 1998, p. 418.

29 C'est le seul type décrit par Brun 2004, p. 66-67.

30 Les trois seules scènes de foulage datant de l'époque saïte figurent des cuves assez plates, sans déversoir, identiques aux cuves antérieures à la XVIIIe dynastie. Sans doute faut-il y voir ici la volonté d'imiter les réalisations du passé, sans souci de représenter le réel qui a inspiré les artistes du renouveau saïte : Tallet 1998, p. 419.

31 Säve-Soderbergh 1957, p. 11-21.

32 Davies 1917, pl. XXIIIB, XXVI, partie basse de la paroi nord-ouest, salle transversale).

au fouloir de la tombe de Petosiris[33] (fig. 10a et 10b), datée du début de l'époque ptolémaïque, et encore très proche des modèles du Nouvel Empire, à la différence près que le fouloir de Plinthine n'est pas muni du déversoir léontocéphale représenté dans la tombe de Pétosiris, qui deviendra la norme aux époques ptolémaïque et romaine[34].

Tout en se rattachant donc clairement à un type de fouloir développé au Nouvel Empire, notre exemple s'éloigne quelque peu des modèles représentés sur les parois des tombes. Des différences structurelles sont notables, en particulier l'absence de marches[35] et l'utilisation d'une voûte nubienne pour couvrir le fouloir[36]. Par ailleurs, à Plinthine, la cuve de foulage n'est pas décorée, ni encadrée de colonnes, ce qui ne signifie pas toutefois que sa construction soit bâclée : au contraire, la qualité de la taille des blocs de calcaire et la finesse des matériaux utilisés (dalles de calcaire[37] et enduit de chaux) indiquent une construction très soignée.

CONCLUSION : UNE TRADITION VINICOLE MILLÉNAIRE À PLINTHINE

La production de vin de Maréotide est attestée depuis au moins la Ve dynastie[38]. Au Nouvel Empire, les sources se multiplient[39], et nous avions, à l'occasion de la découverte d'une anse timbrée au nom de Merytaton, émis l'hypothèse de l'existence d'une culture de la vigne aux alentours de Kôm el-Nogous dès la XVIIIe dynastie[40]. La mise au jour du fouloir saïte dans le secteur 6 de Plinthine est la manifestation éclatante que cette production s'est poursuivie au travers des âges. Ainsi aux côtés des crus étrangers importés, dont les traces sont nombreuses dans les contextes saïtes fouillés à Plinthine depuis quatre ans[41], et qui ont obtenu la faveur des pharaons saïtes, grands amateurs de vin[42], la production locale de Plinthine a dû être suffisamment appréciée pour perdurer au fil des siècles.

La continuité de cette production locale est encore attestée quelques siècles plus tard, par la construction du seul pressoir à vin ptolémaïque mis à jour en Égypte jusqu'à présent, au nord de la nécropole hellénistique[43]. La ville est abandonnée au début de l'époque impériale,

33 Cherpion, Gout, Cortegianni 2007, scène 56b.

34 Meeks 1993, p. 22, Rodziewicz 1998.

35 Les vendangeurs devaient certainement se hisser dans la cuve haute en prenant appui sur la cuve basse, à moins qu'ils n'aient disposé d'une échelle de bois.

36 Il n'est pas étonnant que le fouloir de Plinthine ait été couvert : les pressoirs gréco-romains sont systématiquement couverts et il en est sans doute de même des pressoirs pharaoniques. Il s'agissait d'éviter d'accélérer la fermentation. Ces couvertures pouvaient éventuellement être provisoires et amovibles (draps, nattes).

37 L'utilisation du calcaire à des fins hydrauliques est aussi attestée à Tell el-Dabʿa pour le pressoir (Bietak 1985), mais aussi dans des salles de bains identifiées au cœur de quelques riches demeures, palais et temples d'époque pharaonique, ainsi dans le palais dit d'Apriès (Petrie 1909, p. 2, pl. XIII).

38 Barta 1963, p. 62.

39 Meeks 1993, p. 14-15 ; Tallet 1998, p. 201-205.

40 Boussac, Dhennin, Redon 2015, p. 19-20, 24.

41 Barahona, Pesenti, Redon 2016. Voir aussi l'annexe céramologique *infra*. La mise en évidence d'une production locale de vin à Plinthine prouve, s'il en était besoin, que les arrivages de vins méditerranéens, par ailleurs nombreux sur le site, ne répondent pas à une absence de production égyptienne.

42 Quaegebeur 1990.

43 Callot à paraître ; il fait partie d'une petite ferme établie au milieu des vignes datée, sans plus de précision, de l'époque hellénistique. Il est évident que l'activité viticole de l'Égypte ne s'est pas ralentie à l'époque ptolémaïque, ainsi que le prouvent les très nombreuses références dans les papyrus de cette période. J.-P. Brun (Brun 2004, p. 153-156) signale cette absence de documentation archéologique et mentionne simplement un déversoir de fouloir à vin trouvé à Karnak et datable des IIe-Ier s. av. J.-C.

mais les vignobles de la région continuèrent de produire un vin renommé et chanté par les poètes[44]. Les multiples exploitations vinicoles d'époque romaine et byzantine en Maréotide ont laissé des vestiges sur le pourtour du lac[45], mais aussi des marques dans le paysage toponymique de la région[46].

Plinthine était donc véritablement une ville de vin, ce qui se manifeste par la tradition mentionnée dans le titre de cet article, remontant à l'historien du ve s. av. J.-C., Hellanicos, qui fait de la ville le lieu d'invention de la culture de la vigne. Parmi les vins cités par Athénée figure d'ailleurs le vin *téniotique*, qu'il place au premier rang des vins de Maréotide, et dont le vin de Plinthine devait faire partie en son temps[47]. Si la légende est sans doute trop belle pour être vraie, du moins les vestiges mis au jour sur le site de Kôm el-Nogous et de ses environs invitent-ils à retenir de cette légende que la zone de Plinthine fût, au moins à partir du Nouvel Empire, une zone idéale pour la culture de la vigne ; nul doute que l'arrivée au pouvoir des Lagides puis des Romains favorisa l'explosion de la culture dans la région, telle qu'elle transparaît au travers des innombrables vestiges de villas, fours à amphores et pressoirs qui parsèment la Maréotide. Mais la viniculture dans la région ne s'est assurément pas développée *in situ* après la conquête d'Alexandre.

La dernière question soulevée par la découverte du fouloir de Plinthine est relative à la nature de l'exploitation ou au type de production pratiqué à Plinthine à l'époque saïte : sa petite taille et le soin de sa construction sont peut-être un indice d'une production réduite, de grande qualité, au sein d'une riche exploitation ; cela dit, en l'absence de parallèles, ces hypothèses ne pourront être vérifiées que par la poursuite des fouilles.

ANNEXE CÉRAMOLOGIQUE (MIKAËL PESENTI)[48]

La céramique mise au jour dans le comblement de la pièce 611 et dans les niveaux qui la recouvrent est assez riche. Nous présentons ici une étude préliminaire, destinée à donner un aperçu des principaux types rencontrés et une première datation de l'abandon du fouloir.

Deux phases de dépôt semblent se distinguer, entre le comblement qui a suivi l'abandon immédiat de la pièce 611 (US 6068 et 6099), qui contient des témoignages légèrement plus anciens, et le comblement qui a entièrement recouvert la pièce 611, pendant et après que ses parties hautes se soient effondrées (US 6067, 6056, 6050=6051=6065). Par ailleurs, des recollages entre les US 6056, 6050=6051=6065 (qui recouvrent la partie effondrée de la voûte) et l'US de surface 6044 suggèrent que le comblement final de la pièce et l'abandon du secteur 6 sont circonscrits dans un laps de temps relativement court.

44 Strabon XVII, 1, 14 ; Virgile, *Géorgiques* II, 91 ; Horace, *Odes* I, 37, Athénée I, 33d-e. Les sources littéraires sont rassemblées et commentées par B. Laudenbach, éd. et trad., *Strabon, Géographie, livre XVII*, Paris, 2015, n. 23-17, I, 14.

45 Rodziewicz 1998 ; Dzierzbicka 2005, p. 11-24, 44-47 sur les fouloirs, Pichot 2012.

46 Décobert 2002.

47 Plinthine est située, tout comme Taposiris, sur la *ténia*, bande rocheuse qui sépare la mer du lac Maréotis, qui a donné son nom, dit Athénée, au vin *téniotique* (Athénée I, 33d).

48 Nous tenons à remercier A. Simony et J. Marchand qui nous ont aidé à documenter la céramique présentée ici lors de la campagne de terrain. L'ensemble des dossiers céramiques de la Mission française de Taposiris Magna est coordonné par Z. Barahona-Mendieta, que nous remercions pour sa relecture.

La phase la plus ancienne (fig. 11) a livré des assiettes (fig. 11, 6068.04, 05, 06) dont le profil rappelle des productions de la fin de la Troisième Période intermédiaire et du début de l'époque saïte[49]. Les importations sont un peu plus tardives, sans pour autant être de datation très basse : ainsi, la cruche levantine *black-on-red* est à placer au VIIe s. av. J.-C. (fig. 11, 6068.12) ; le fond d'amphore de Samos (fig. 11, 6068.01) et la partie supérieure de la jarre phénicienne (fig. 11, 6068.03), plus difficile à dater, pourraient se situer vers la fin du VIIe s. av. J.-C. Face à la persistance des types céramiques, des assiettes notamment, allié à quelques témoignages plus récents, il semble raisonnable d'envisager une datation de cette première phase vers la fin du VIIe s. av. J.-C.

Dans les couches de la seconde phase de comblement, le répertoire céramique, pourtant relativement abondant[50], ne permet pas, en l'état actuel de nos connaissances, de proposer une datation très précise. Nous nous contenterons, pour le moment, de proposer un intervalle relativement long, allant de la fin du VIIe s. au début de la première domination perse de l'Égypte.

La céramique égyptienne (fig. 12) semble légèrement postérieure à la majorité des importations et définit la limite basse de notre fourchette chronologique. Les jarres sphériques à cols courts (fig. 12, 6065.25[51], 6065.28, 6065.29, 6065.02, 6065.03, 6065.27) se déclinent sous de nombreuses variantes et leur datation reste délicate en raison de la longévité de ce type[52]. Des exemples de céramiques en pâte alluviale grossière telle que des *pithoi* (fig. 12, 6056.2a), des bassins (fig. 12, 6065.17), des *dokkas* (fig. 12, 6056.17) ou encore des jarres de stockages (fig. 12, 6065.30[53]) sont également présents dans cette deuxième phase de comblement, ainsi que des bols hémisphériques ou jattes (fig. 12, 6065.26[54] et 6050.11[55]) et des coupelles (fig. 12, 6051.08[56], 6065.04 et 6065.17bis).

Les produits importés (fig. 13) sont principalement représentés par des amphores et de la céramique fine de Grèce. Les arrivages en provenance de Chypre et du Levant sont également présents. Nous en donnons ici une identification sommaire :

– amphores grecques (fig. 13, 6056.1a, 6065.10 et 22, 6065.01, 6050.02 et 6065.16) provenant de Samos (trois premiers quarts du VIe s. J.-C.), Milet (seconde moitié du VIe s.), Chios (fin du VIIe-premier quart du VIe s.), Lesbos (seconde moitié du VIe s.) et d'Attique (seconde moitié du VIe s.-premier quart du Ve s.) ;

– céramique fine grecque (fig. 13, 6065.24, 6056.19, 6050.01, 6044.03 et 6044.02) : coupe ou cruche du type *Hera Mug* ?[57], Ionie du Sud (première moitié du VIe s.), kylix, type à méandre,

49 BARAHONA, PESENTI, REDON 2016, Groupe 2.

50 Sur l'ensemble des US 6044, 6050, 6051, 6056, 6067 correspondant au recouvrement définitif de la pièce 611, nous dénombrons plus de deux cents individus céramiques.

51 Proche de l'exemplaire de Tell el-Iswid dans un contexte saïte (MARCHAND 2014, p. 175, fig. 47).

52 Pour une étude chrono-typologique, voir DEFERNEZ 2001, (phase 6) p. 130-142, pl. XX, XXI ; (phase VB) p. 237-242, pl. XLIX, L ; (phase V) p. 320-328, pl. LXXI. Ces jarres ou pots de cuisson perdurent dans des formes proches jusqu'au IIIe s. av. J.-C. (MARCHAND 2013, fig. 12).

53 Ce type de jarre de stockage pourrait dater, par parallélisme avec un exemplaire de Bouto (FRENCH 2007, fig. 20, n° 2), de la période saïte.

54 Pour un parallèle proche à Saqqara, voir ASTON, ASTON 2010, pl. 10, n° 71 (avec inscription) dans un contexte daté de 550-400 av. J.-C.

55 Cet individu correspond au type 22a de C. Defernez et est attesté entre la seconde moitié du VIe et le milieu du Ve s. av. J.-C. (DEFERNEZ 2001, p. 62-76, pl. VII).

56 Cette coupe en pâte fine trouve de bons parallèles à Tell Dafana (LECLÈRE, SPENCER 2014, p. 100, pl. 31, n° 23692 et 23693).

57 Proche de SCHLOTZHAUER, VILLING 2006, p. 59, fig. 14-16.

Grèce de l'Est (fin du VIIe-première moitié du VIe s.), kylix, Ionie du Sud (première moitié du VIe s.), coupe ionienne type Vallet-Villard forme A2, Milet (dernier quart du VIIe-premier quart du VIe s. [58]), kylix, Grèce de l'Est (première moitié du VIe s.) ;

– céramique levantine et chypriote : jarre phénicienne, Sagona Type 6/7 [59] (VIe-Ve s.), pichet, Defernez Type 73 [60] (première moitié du Ve s. [61]), mortier chypriote dont la surface, de couleur beige-jaune à beige-vert, présente sur le bord deux cercles incisés avant cuisson (VIIe-Ve s.) [62].

Au vu de ces éléments, il semble que le fouloir de la pièce 611 est abandonné vers la fin du VIIe s. av. J.-C. et l'ensemble du secteur 6 est délaissé au milieu du Ve s. av. J.-C. (comme c'est le cas du reste dans l'ensemble des sondages ouverts à ce jour sur le kôm de Plinthine).

Le comblement de la pièce, à la suite de cet abandon, n'a pas livré de céramique pouvant être rattachée au fonctionnement du fouloir. En outre, aucune forme céramique ne se retrouve surreprésentée dans le corpus. Il faut donc sans doute en conclure que la céramique utilisée lorsque le fouloir était en activité a été récupérée avant son abandon. Notons malgré tout la présence de vaisselle de pierre (fig. 12, 6051.pierre1, pierre2) qui, bien que présente en d'autres endroits du site, pourrait éventuellement avoir joué un rôle dans cette installation.

BIBLIOGRAPHIE

ADAMS 1966
W.Y. Adams, « The Vintage of Kush », *Kush* 14, 1966, p. 262-283.

ASTON, ASTON 2010
B. Aston, D. Aston, *Late Period Pottery from the New Kingdom Necropolis at Saqqâra*, ExcMem 92, Londres, 2010.

BARAHONA, PESENTI, REDON 2016
Z. Barahona-Mendieta, M. Pesenti, B. Redon, « Évolution des assemblages céramiques du kôm de Plinthine, de la Troisième Période Intermédiaire à l'époque saïto-perse : étude de deux contextes stratigraphiques du secteur 2 », *BCE* 26, 2016, p. 5-38.

BARTA 1963
W. Barta, *Die altägyptische Opferliste*, MÄS 3, Berlin, 1963.

BAUM 1988
N. Baum, *Arbres et arbustes d'Égypte ancienne*, OLA 31, Louvain, 1988.

BIETAK 1985
M. Bietak, « Ein altägyptischer Weingarten in einem Tempelbezirk. Tell el-Dabʿa (Avaris). 1985 », *Anzeiger der Österreichischen Akademie d. Wissenschaften* 122, 1985, p. 267-278.

BOUSSAC 2013
M.-Fr. Boussac, « The Identification of Kom el-Nugus as Plinthine », *EgArch* 43, 2013, p. 37.

58 SCHLOTZHAUER, VILLING 2006, p. 61, fig. 27.

59 SAGONA 1982, p. 80-85.

60 DEFERNEZ 2001, p. 156-157, pl. XX-VII, n° 73.

61 Notons que cette pâte ici supposée chypriote présente des affinités avec quelques productions de Maréotide.

62 Ces deux cercles n'ont pour l'heure, pas d'equivalent. On connait les nombreux exemples d'inscriptions sur mortier chypriote (VILLING 2006, p. 31-46), mais il s'agit plus probablement ici d'un test de séchage avant cuisson. Un parallèle partageant la même morphologie provient d'Ascalon dans des contextes de la fin du VIIe s. av. J.-C. (STAGER, MASTER, SCHLOEN 2011, p. 112-113, fig. 7.51). Ce type de mortier-cuvette ou bol perse est attesté également dans des contextes du Ve-IVe s. av. J.-C. (DEFERNEZ 2001, p. 402-411).

Boussac 2015
M.-Fr. Boussac, « Recent Works at Taposiris and Plinthine », *BSAA* 49, 2015, p. 189-217.
Boussac *et al.* 2012
M.-Fr. Boussac *et al.*, « Rapport de la mission française de Taposiris-Plinthine. Campagne 2012 » in *Rapport d'activité 2011-2012*, rapport d'activité, suppl. au *BIFAO* 112, Le Caire, 2012, p. 295-305.
Boussac *et al.* 2013
M.-Fr. Boussac *et al.*, « Rapport de la mission française de Taposiris-Plinthine. Campagne 2013 » in *Rapport d'activité 2012-2013*, rapport d'activité, suppl. au *BIFAO* 113, Le Caire, 2013, p. 217-225.
Boussac *et al.* 2014
M.-Fr. Boussac *et al.*, « Rapport de la mission française de Taposiris-Plinthine. Campagne 2014 » in *Rapport d'activité 2013-2014*, rapport d'activité, suppl. au *BIFAO* 114, Le Caire, 2014, p. 173-182.
Boussac *et al.* 2015
M.-Fr. Boussac *et al.*, « Rapport de la mission française de Taposiris-Plinthine. Campagne 2015 » in *Rapport d'activité 2014-2015*, rapport d'activité, suppl. au *BIFAO* 115, Le Caire, 2015, p. 201-210.
Boussac *et al.* 2016
M.-Fr. Boussac *et al.*, « Rapport de la mission française de Taposiris-Plinthine. Campagne 2016 » in *Rapport d'activité 2015-2016*, rapport d'activité, suppl. au *BIFAO* 116, Le Caire, 2016, p. 204-225.
Boussac, Dhennin, Redon 2015
M.-Fr. Boussac, S. Dhennin, B. Redon, « Plinthine et la Maréotide pharaonique », *BIFAO* 115, 2015, p. 15-35.
Brun 2004
J.-P. Brun, *Archéologie du vin et de l'huile de la préhistoire à l'époque hellénistique*, Errance, 2004.
Callot à paraître
O. Callot, « Le pressoir » *in* M.-Fr. Boussac, O. Callot, P. George *et al.*, *La nécropole hellénistique de Plinthine*, à paraître.
Cherpion, Gout, Cortegianni 2007
N. Cherpion, J-Fr. Gout, J.-P. Cortegianni, *Le Tombeau de Pétosiris à Touna el-Gebel : Relevé photographique*, BiGen 27, Le Caire, 2007.
Davies 1917
N. de G. Davies, *The Tomb of Nakht at Thebes*, New York, 1917.
Décobert 2002
Chr. Décobert, « Maréotide médiévale. Des Bédouins et des chrétiens » *in* Chr. Décobert (éd.), *Alexandrie médiévale* 2, EtudAlex 8, Le Caire, 2002, p. 127-167.
Defernez 2001
C. Defernez, *La céramique d'époque perse à Tell el-Herr : étude chrono-typologique et comparative*, CRIPEL-Suppl. 5, Lille, 2001.
Dhennin, Redon 2013
S. Dhennin, B. Redon, « Plinthine on Lake Mareotis », *EgArch* 43, 2013, p. 36-38.
Dzierzbicka 2005
D. Dzierzbicka, « Wineries and Their Elements in Graeco-Roman Egypt », *JJP* 35, 2005, p. 9-91.
French 2007
P. French, « Tell el-Faraʿin –Buto 9. Vorbericht. 2. A Pottery Assemblage of the First Half of the 6th Century BC », *MDAIK* 63, 2007, p. 101-119.
Grossmann, Arnold, Kościuk 1997
P. Grossmann, F. Arnold, J. Kościuk, « Excavations at Abu Mina 1995 », *BSAC* 36, 1997, p. 87-90.
Hendrickx, Bavay 2002
St. Hendrickx, L. Bavay, « The Relative Chronological Position of Egyptian Predynastic and Early Dynastic Tombs with Objects Imported from the Near East and the Nature of Interregional Contacts » *in* E.C.M. van den Brinks, T.E. Levy, *Egypt and the Levant, Interrelations from the 4th through the Early 3rd millenium B.C.E.*, Londres, 2002, p. 58-80.
Leclère, Spencer 2014
Fr. Leclère, A.J. Spencer, *Tell Dafana Reconsidered: The Archeology of an Egyptian Frontier Town*, BMRP 199, Londres, 2014.
Lerstrup 1992
A. Lerstrup, « The Making of Wine in Egypt », *GM* 129, 1992, p. 61-82.

Marchand 2013
S. Marchand, « Céramiques d'Égypte de la fin du IVe siècle av. J.-C. au IIIe siècle av. J.-C. : entre tradition et innovation » *in* N. Fenn, Ch. Römer-Strehl (éd.), *Networks in the Hellenistic World According to the Pottery in the Eastern Mediterranean and beyond*, BAR-IS 2539, Londres, 2013, p. 239-253.

Marchand 2014
S. Marchand, *« La céramique pharaonique »* in B. Midant-Reynes, N. Bouchez (éd.), *Tell el-Iswid (2007-2010)*, FIFAO 73, Le Caire, 2014, p. 156-165.

Meeks 1993
D. Meeks, « Oléiculture et viticulture dans l'Égypte pharaonique », *BCH*-Suppl. 26, 1993, p. 3-38.

Petrie 1909
W.M.Fl. Petrie, *The Palace of Apries, Memphis* II, BSAE 12, Londres, 1909.

Pichot 2012
V. Pichot, « La Maréotide : région fertile de la *chôra* d'Alexandrie, carrefour de commerce à l'époque gréco-romaine » *in* G. Sanidas, A. Esposito (éd.), *« Quartiers » artisanaux en Grèce ancienne. Une perspective méditerranéenne*, Villeneuve d'Ascq, 2012, p. 81-104.

Quaegebeur 1990
J. Quaegebeur, « Les rois saïtes amateurs de vin », *Ancient Society* 21, 1990, p. 241-271.

Rodziewicz 1998
M. Rodziewicz, « Classification of Wineries from Mareotis », *BCH*-Suppl. 33, 1998, p. 27-36.

Sagona 1982
A.G. Sagona, « Levantine Storage Jars of the 13th–4th Centuries B.C », *OpAth* 14/7, 1982, p. 73-110.

Säve-Soderbergh 1957
T. Säve-Soderbergh, *Four Eighteenth Dynasty Tombs. Private Tombs at Thebes*, vol. 1, Oxford, 1957.

Schlotzhauer, Villing 2006
U. Schlotzhauer, A. Villing, « East Greek Pottery from Naukratis: The Current State of Research » *in* A. Villing, U. Schlotzhauer (éd.), *Naukratis: Greek Diversity in Egypt. Studies on Greek Pottery and Exchange in the Eastern Mediterranean,* BMRP 162, Londres, 2006, p. 53-68.

Stager, Master, Schloen 2011
L.E. Stager, D.M. Master, J.D. Schloen, *Ashkelon 3. The Seventh Century B.C.*, Winona Lake, 2011.

Tallet 1988
P. Tallet, *Le vin en Égypte à l'époque pharaonique*, thèse de doctorat inédite, université Paris-Sorbonne, 1998.

Villing 2006
A. Villing, « *"Drab Bowls"* for Apollo: The Mortaria of Naukratis and Exchange in the Archaic Eastern Mediterranean » *in* A. Villing, U. Schlotzhauer (éd.), *Naukratis: Greek Diversity in Egypt. Studies on Greek Pottery and Exchange in the Eastern Mediterranean,* BMRP 162, Londres, 2006, p. 31-46.

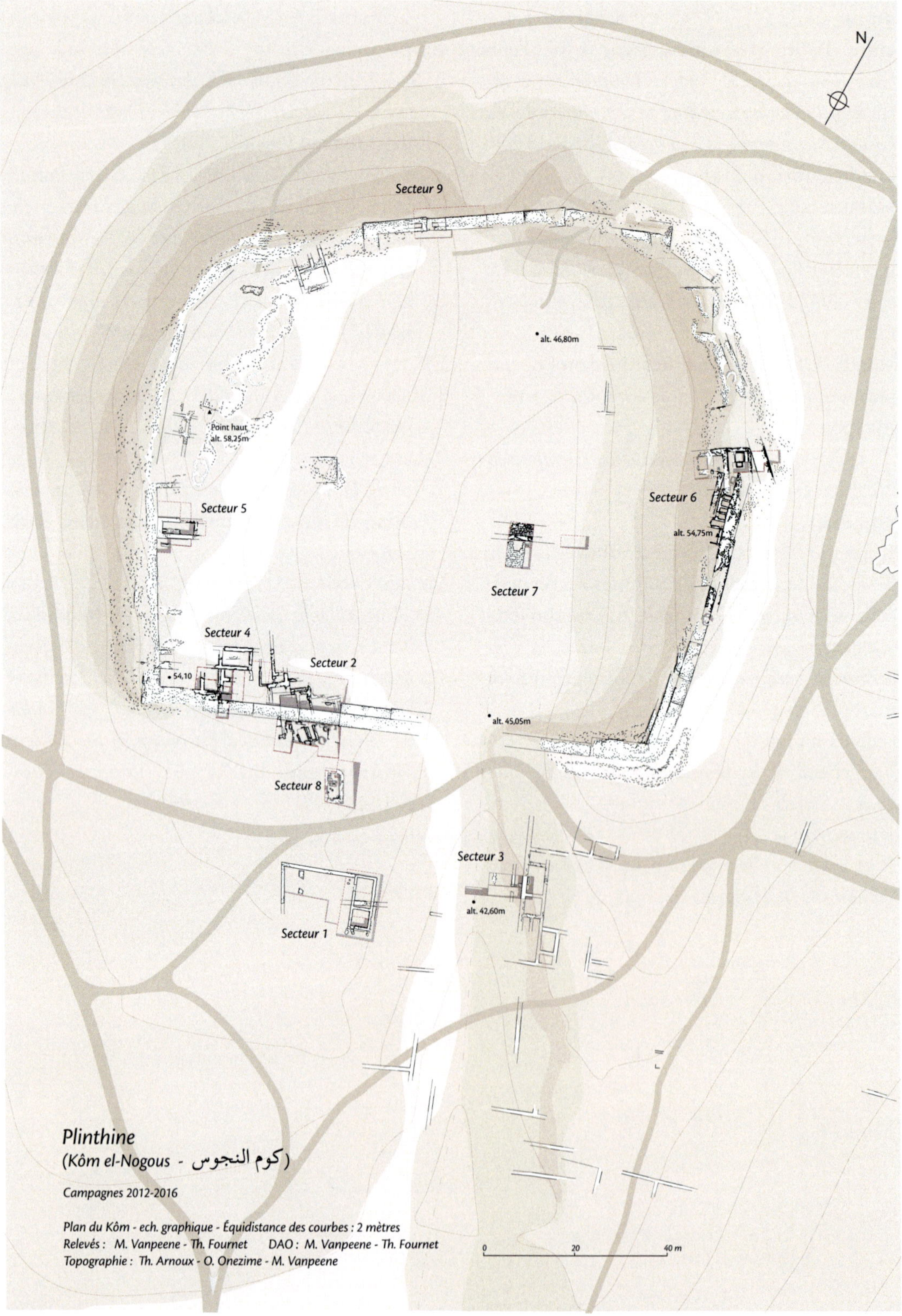

Fig. 1. Plan du kôm de Plinthine après la campagne 2016. © MFTM, relevés M. Vanpeene, Th. Fournet, DAO M. Vanpeene.

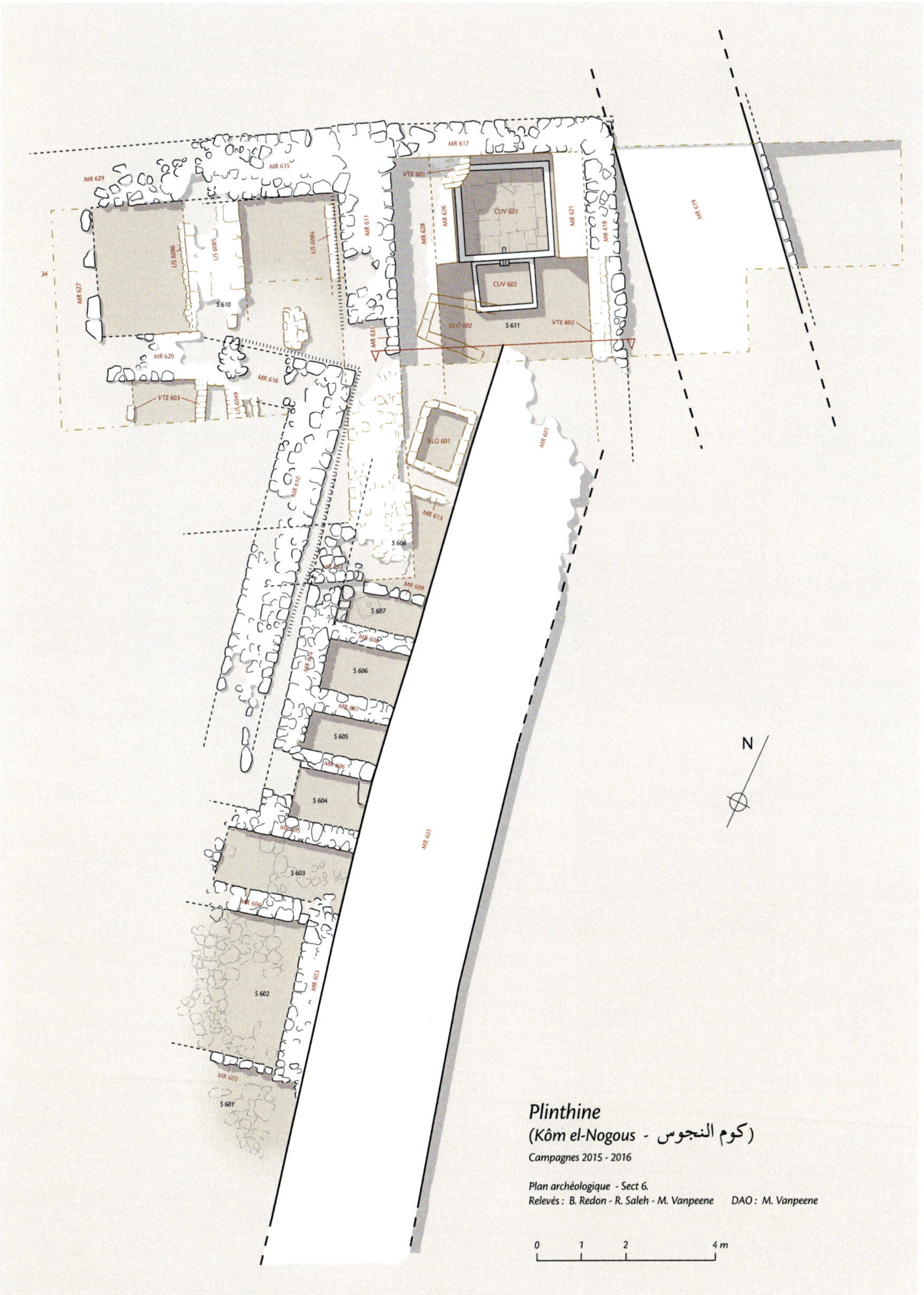

FIG. 2. Plan du secteur 6 après la campagne 2016. © MFTM, relevés et DAO M. Vanpeene.

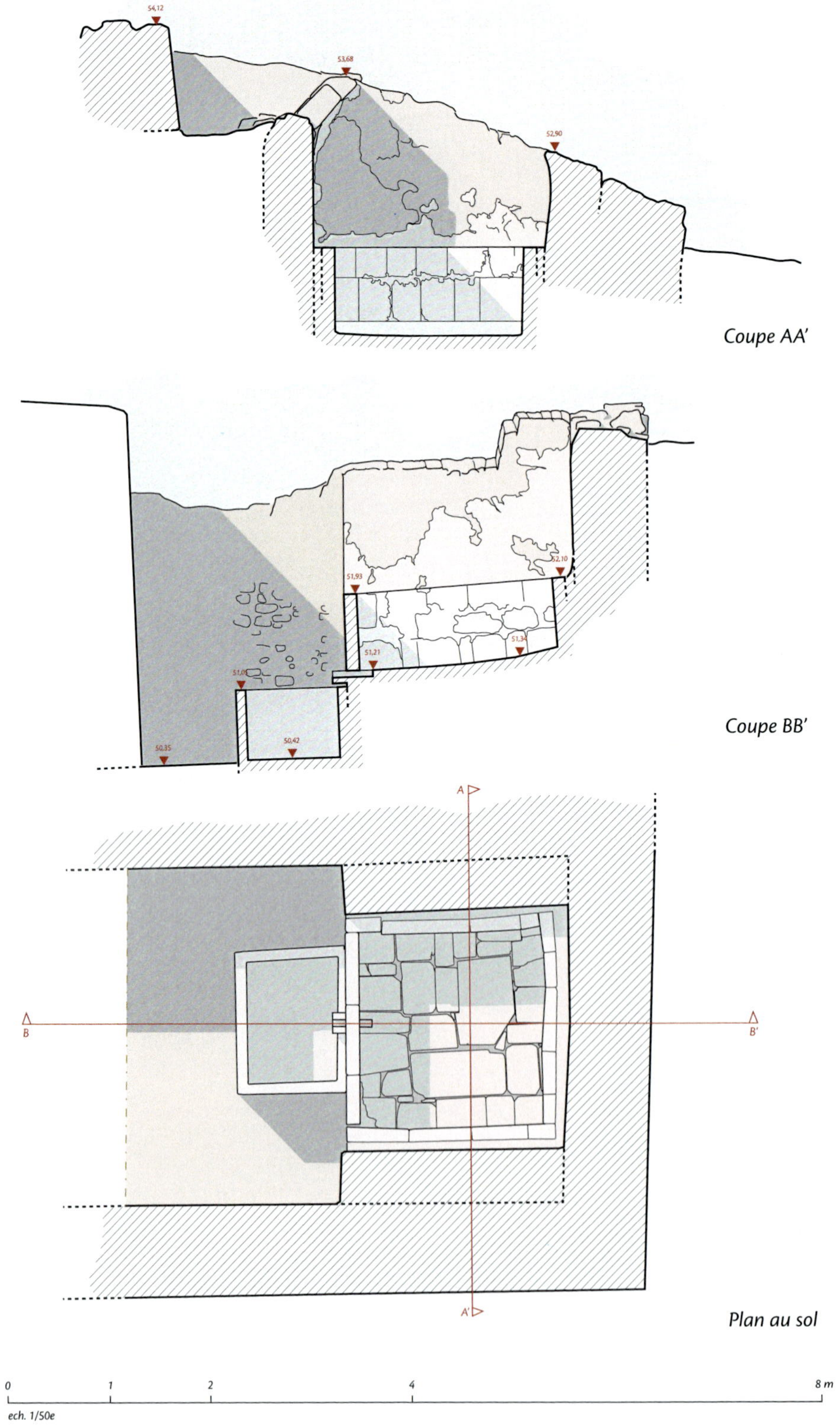

Fig. 3. Plan et coupes de la pièce 611. © MFTM, relevés et DAO M. Vanpeene.

FIG. 4. La pièce 611 et son fouloir, vers le nord. © Ifao, G. Pollin.

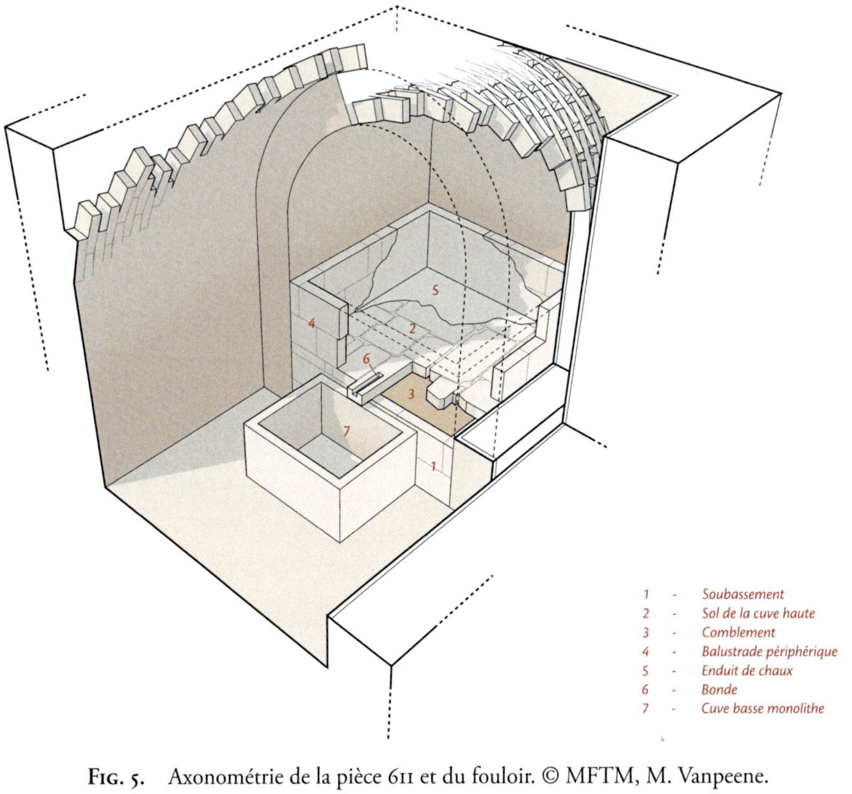

FIG. 5. Axonométrie de la pièce 611 et du fouloir. © MFTM, M. Vanpeene.

Fig. 6. Vue de détail du fouloir et de sa voûte, vers le nord. © Ifao, G. Pollin.

Fig. 7. Vue de détail sur le fouloir et son enduit, vers l'ouest. © Ifao, G. Pollin.

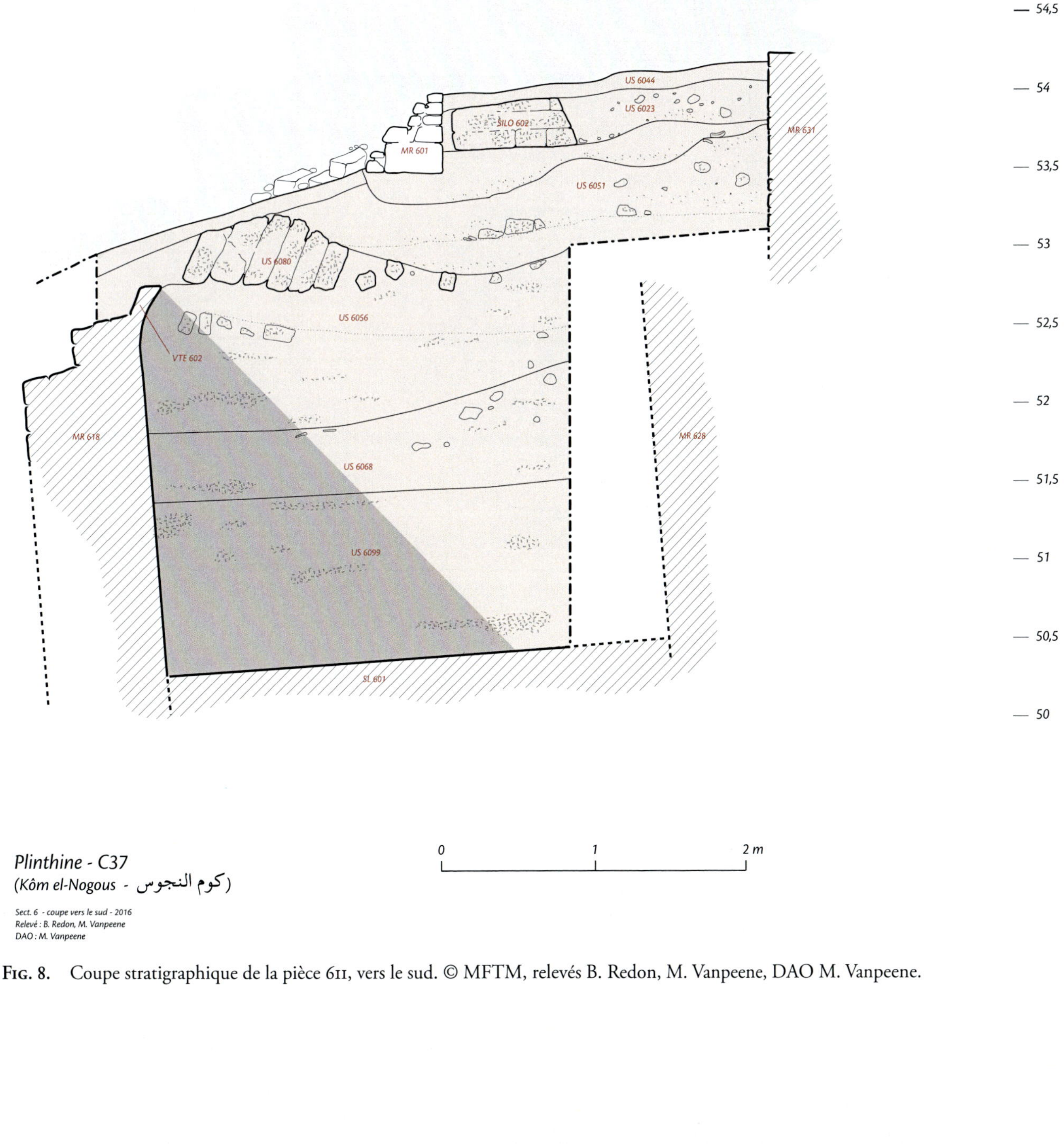

Fig. 8. Coupe stratigraphique de la pièce 611, vers le sud. © MFTM, relevés B. Redon, M. Vanpeene, DAO M. Vanpeene.

Fig. 9. Tombeau de Nakht, partie basse de la paroi nord-ouest, salle transversale : scène de foulage (d'après Davies 1917, pl. 26).

Fig. 10a-b. Tombeau de Pétosiris, scène du foulage, vue d'ensemble et détail du transvasement du moût dans les jarres. © Ifao, J.-Fr. Gout.

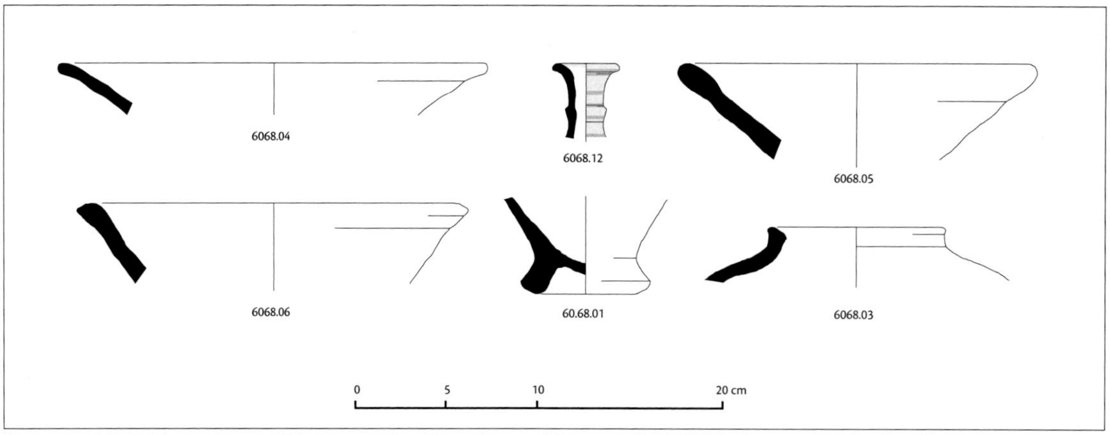

Fig. 11. Matériel représentatif de la première phase de comblement. © MFTM, dessins : J. Marchand, M. Pesenti, A. Simony, DAO M. Pesenti.

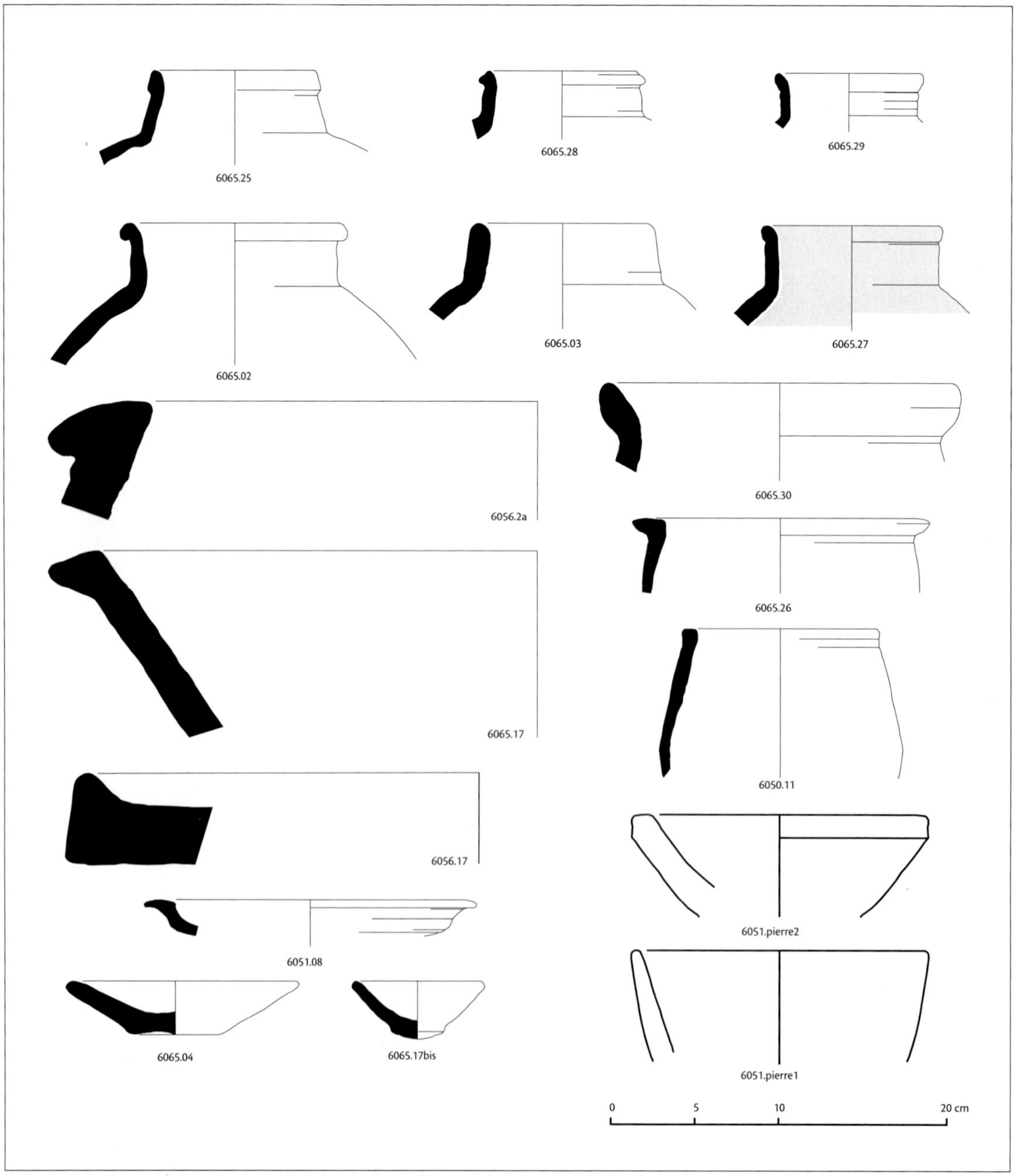

Fig. 12. Matériel égyptien de la deuxième phase de comblement. © MFTM, dessins : J. Marchand, M. Pesenti, A. Simony, DAO M. Pesenti.

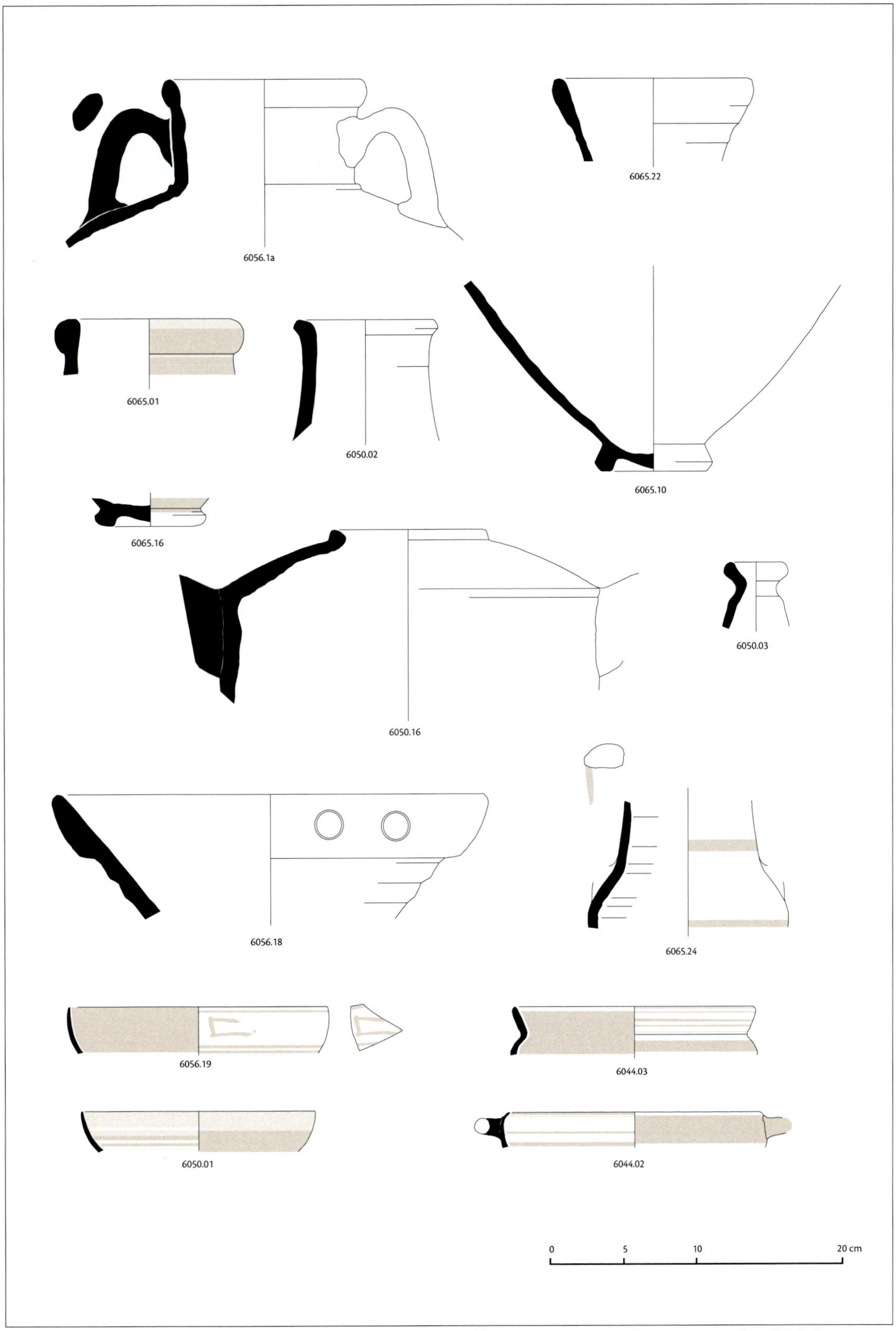

Fig. 13. Principales importations de la deuxième phase de comblement. © MFTM, dessins : J. Marchand, M. Pesenti, A. Simony, DAO M. Pesenti.

Une première campagne de prospection à Médamoud : méthodologie et résultats préliminaires (Mission Ifao/Paris-Sorbonne/Labex Resmed de Médamoud)

FÉLIX RELATS MONTSERRAT, JULIEN THIESSON, ZULEMA BARAHONA-MENDIETA, CHRISTELLE SANCHEZ, FAYÇAL RÉJIBA, ROGER GUÉRIN

Des fouilles sur le site de Médamoud furent menées entre 1925 et 1940 par l'Ifao à la demande du musée du Louvre. Elles furent dirigées d'abord par F. Bisson de La Roque, puis par Cl. Robichon, respectivement pensionnaire et architecte de l'Ifao. Elles se concentrèrent sur une petite surface du kôm antique, essentiellement le temple, ses fondations, l'espace ceinturé par le mur de clôture augustéen et le long du *dromos* jusqu'à la tribune (fig. 1) [1]. Après une longue interruption, la mission a repris en 2011 dans le cadre d'une coopération entre l'Ifao et l'université Paris-Sorbonne [2]. De 2011 à 2015, une nouvelle couverture photographique en couleur de l'ensemble du décor de la porte de Tibère a été réalisée par G. Pollin pour permettre à D. Valbelle d'en réaliser le fac-similé des inscriptions, l'étude architecturale du monument étant confiée à E. Laroze ainsi que le travail de reconstitution des corniches en collaboration avec Fr. Burgos. L'édition des blocs de remplois est revenue à F. Relats Montserrat. À partir de 2012, ce dernier a repris l'étude de l'ensemble de la documentation disponible du site dans le cadre d'une thèse de doctorat [3]. Parallèlement, Z. Barahona-Mendieta a entrepris une étude de

1 Bisson de La Roque 1926 ; Bisson de La Roque 1927 ; Bisson de La Roque, Clere, Drioton 1928 ; Bisson de La Roque, Clere 1929 ; Bisson de La Roque 1930 ; Bisson de La Roque 1931 ; Bisson de La Roque 1933, Robichon, Varille 1939 ; Robichon, Varille 1940.

2 http://www.ifao.egnet.net/archeologie/medamoud. La mission est désormais dirigée par F. Relats Montserrat. Elle est constituée de D. Valbelle (égyptologue, université de la Sorbonne), d'E. Laroze (architecte – UMR 8167), G. Polin (photographe – Ifao), Fr. Burgos (tailleur de pierre – UMR 8167), Z. Barahona-Mendieta (Universitat Autonoma de Barcelona), Hassan Mohammad Ahmad (restaurateur – Ifao), Mustapha Ahmad Ali et Mohammad Mamdouh Mohammad Ali (inspecteurs du ministère des Antiquités). La partie géophysique était dirigée par J. Thiesson avec la participation de F. Réjiba, R. Guérin, et Chr. Sanchez (UMR 7619 METIS). Ch. Bonnet et Y. Egels ont collaboré régulièrement aux activités sur le terrain. Nous remercions l'aide logistique du Centre franco-égyptien d'étude des temples de Karnak (CFEETK), ainsi que du ministère des Antiquités (Mohammad Abd-el Aziz, Amin Amar).

3 Université Paris-Sorbonne/Labex Resmed/Fondation Thiers, voir Relats Montserrat 2016b.

la totalité de la documentation céramologique[4]. En raison du potentiel archéologique de ce site dont les anciennes fouilles ont déjà largement démontré la richesse et l'intérêt historique, la reprise d'un programme de prospections et de fouilles pouvait raisonnablement être envisagée. Grâce à un financement de la COMUE Sorbonne-Universités, la mission a pu établir un partenariat avec l'université Pierre-et-Marie Curie-Paris VI (UMR 7619 METIS) afin de réaliser une prospection géomagnétique. Trois objectifs ont été établis :

1. Explorer le lien entre le Nil et le temple, notamment au niveau de la tribune.
2. Évaluer la pertinence des plans anciens issus des fouilles de F. Bisson de La Roque et de Cl. Robichon, tout particulièrement à propos du tracé des murs de clôture et des fouilles, jamais publiées, de Cl. Robichon et A. Varille entre 1933 et 1940.
3. Évaluer le potentiel archéologique de la zone du kôm, jamais fouillé.

Un quadrillage d'une maille de 20 × 20 m² a été créé afin de couvrir tout le kôm et permettre le repérage des différentes zones (fig. 1). La dénomination de chacune d'entre elles donne le coin supérieur gauche (au nord-ouest) et le coin inférieur droit (au sud-est) de l'emprise prospectée. En plus de cette nomenclature, un nom d'usage (entre parenthèses dans le titre du paragraphe) a été donné pour faciliter le repérage global. En se reportant à la fig. 1, on peut constater qu'un total 10 zones a pu être complété, couvrant une surface d'à peu près 1,5 ha. Leur installation est sujette à la topographie du terrain, mais vise à répondre aux trois objectifs précédemment exposés. Pour évaluer la pertinence des plans anciens, le temple a été prospecté (avant-temple : Q14/P15 ; cour d'Antonin le Pieux : Q13/P13), ainsi que son parvis où différents murs de clôture furent dégagés (P10/O11, N13). Nous avons également ajouté une petite zone à proximité de la tribune, où Cl. Robichon découvrit en 1936 des massifs similaires à ceux encadrant la tribune de Tôd (O3)[5]. Pour explorer le lien entre le Nil et le temple, nous avons loué un champ attenant à notre concession qui se trouve devant la tribune (R1/P1). Enfin, pour évaluer le potentiel archéologique de la zone du kôm, quatre zones plus ou moins distantes du temple ont été installées afin de livrer une vue suffisamment ample (M4/K9, I11/H12, H6/G8, U13/V13).

Nous avons décidé de coupler cette recherche à une prospection céramologique menée par Z. Barahona-Mendieta. Elle se justifie par la richesse du site en matériel céramique, déjà signalée par le passé[6], et notamment par la découverte de deux zones de fours à céramiques lors des fouilles de F. Bisson de La Roque[7]. Cependant, même si ces premiers résultats permettaient de classer Médamoud comme un des centres de production de Haute Égypte, aucune

4 Universitat autonoma de Barcelona, voir Barahona-Mendieta 2017.

5 Mentionnés par Pierrat *et al.* 1995, p. 450-463. Pour une publication complète : Relats Montserrat 2016b.

6 P. Ballet avait déjà indiqué que Médamoud pouvait être considéré comme une zone de production de céramique à l'époque ptolémaïque (Ballet 1991, p. 139 ; Ballet 2001, p. 114).

7 Pour une actualisation céramologique des résultats, voir Barahona-Mendieta 2014.

étude du matériel n'avait été conduite jusqu'à présent[8]. Par ailleurs, l'étude de la céramique de surface permet d'apporter des repères chronologiques et d'identifier les usages des zones de prospection géophysique.

Nous voulons présenter, dans les pages qui suivent, un premier aperçu des résultats obtenus, prélude à de prochaines campagnes. Nous avons décidé de présenter l'ensemble des résultats de la prospection céramologique afin d'offrir une vue globale de la richesse du site. La prospection géophysique n'est, quant à elle, détaillée que sur trois zones qui se focalisent sur les interrogations que nous avons précédemment exposées.

	Zones de prospection									
Méthodes	V13/U13	Q14/Q15	P10/O11	R1/P1	M4/K9	O3	Q13/P13	H11/G12	D9/C10	N13
CMD HCP		527 m²				225 m²	350 m²			
CMD VCP	760 m²		1182 m²	1050 m²	6090 m²			2100 m²	1020 m²	
G858	760 m²		1182 m²		5500 m²	225 m²	350 m²	1156 m²	1020 m²	
Radar	760 m²							1156 m²		
MS2D					5000 m²					

TABL 1. Surfaces prospectées avec les différents appareils.

8 Un des objectifs de la thèse de Z. Barahona-Mendieta, céramologue de la mission est d'aboutir à une synthèse des céramiques trouvées lors des premières fouilles du site (BARAHONA-MENDIETA 2016). Un des objectifs de la mission est de poursuivre cette recherche dans les zones non encore fouillées.

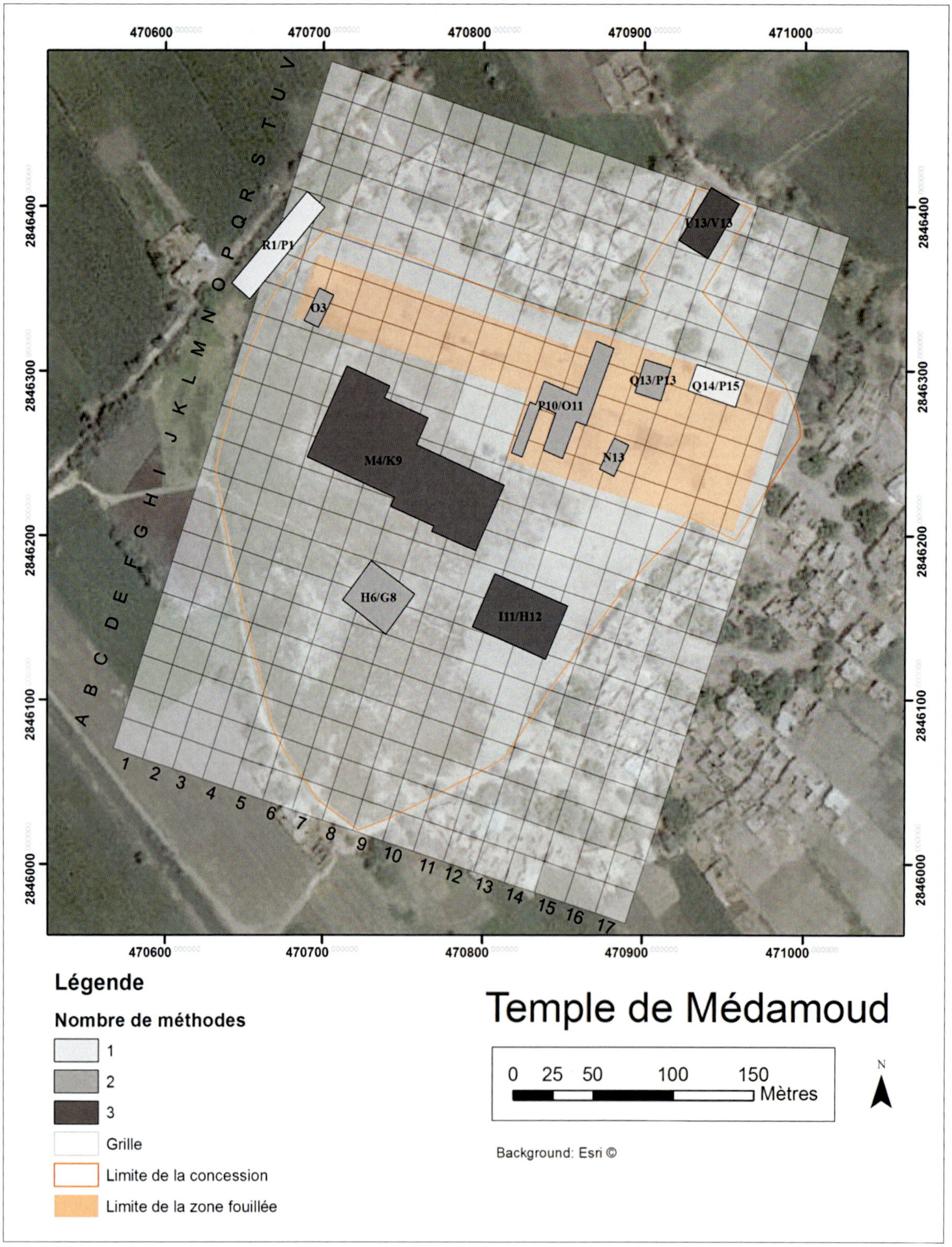

© Sanchez

FIG. 1. Zones prospectées avec quadrillage de la zone.

PROSPECTION GÉOPHYSIQUE : MÉTHODOLOGIE ET RÉSULTATS

Propriétés mesurées

Résistivité électrique (ρ) ou conductivité électrique (σ)

Cette propriété caractérise la difficulté (ρ) ou la facilité (σ)[9] de déplacement de charges électriques (électron libre des métaux, ions des électrolytes) dans un milieu soumis à un champ électrique. Les principaux facteurs qui font varier σ dans les sols sont la teneur en eau, sa minéralisation, la température et la teneur en argile. Dans le cadre du projet, la mesure de σ avait pour objectif de différencier les zones pouvant correspondre à des structures de cuisson de céramique (en place ou détruites) plus résistantes électriquement. La mesure de σ devait également permettre d'évaluer l'existence d'un canal en continuité du *dromos* par la présence d'un chemin préférentiel de l'humidité.

Anomalie du champ magnétique et susceptibilité magnétique (κ)

Les contrastes d'aimantation du sous-sol engendrent des perturbations locales du champ magnétique terrestre. Ils sont soit induits (contraste de susceptibilité magnétique entre un matériau de remplissage superficiel et le terrain encaissant d'un fossé), soit rémanents (aimantation « mémorisée » en passant sous des températures de référence, dites de Curie, dans les briques cuites).

Dans le cadre du projet, la mesure de l'anomalie du champ magnétique terrestre permet particulièrement de reconnaître les zones de fours à céramiques (avec présence de susceptibilité magnétique et d'aimantation rémanente) ainsi que d'appréhender les structures en brique crue (qui présentent des réponses marquées dans le cadre d'autres études[10]).

La susceptibilité magnétique est la propriété qui caractérise la capacité d'un matériau à acquérir une aimantation induite. Dans les sols, elle dépend principalement du contenu en minéraux magnétiques (argiles et oxydes de fer). Un changement d'utilisation du milieu, et en particulier l'occupation humaine, peut être caractérisé par une augmentation de la susceptibilité magnétique.

Propriété apparente

En géophysique appliquée, il est courant de représenter les cartes de mesures obtenues avec des dispositifs prenant en compte la réponse intégratrice d'un certain volume de sol en propriété dite apparente. Une propriété apparente est la valeur de la propriété considérée pour un terrain homogène qui donnerait la même réponse que celui mesuré effectivement. Les propriétés concernées dans la suite du texte (la conductivité/résistivité électrique et la susceptibilité magnétique) sont données en valeurs apparentes.

9 Sachant que $\sigma=1/\rho$.

10 Pour exemples en Égypte : Becker, Fassbinder 1999 ; Abdallatif, Mousa, Elbassiony 2003.

Remarques méthodologiques

Les méthodes géophysiques sont principalement :

a. Non intrusives et non destructrices.

b. Indirectes, c'est-à-dire qu'elles ne donnent pas accès directement à une image du sous-sol, mais que celle-ci peut être proposée par une analyse.

c. Incertaines pour plusieurs raisons : des structures du sous-sol ou des activités anthropiques en surface peuvent induire un signal qui se superpose au signal cible rendant sa détection plus compliquée (bruits) ; plusieurs objets/structures différents peuvent sous certaines conditions provoquer des mesures identiques (phénomènes d'équivalence) ; et des objets/structures de nature proche peuvent sous certaines conditions provoquer des mesures très différentes (paradoxes).

d. Limitées par la profondeur d'investigation, définie comme étant la profondeur jusqu'à laquelle un objet/une structure peut se situer pour être détectée par les mesures géophysiques.

Étant donné le contexte archéologique de notre recherche, nous avons listé une série de vestiges susceptibles d'être présents sur le site. Le tabl. 2 liste les différentes propriétés géophysiques permettant *a priori* de les détecter.

Type de structure archéologique susceptible d'être présente	**Propriété mesurée**
mur en pierre	conductivité électrique (faible)
briques cuites	conductivité électrique (faible)
	susceptibilité magnétique (moyenne à forte)
	anomalie du champ magnétique (marquée)
structures de cuisson (par exemple fours à céramique)	conductivité électrique (faible)
	susceptibilité magnétique (moyenne à forte)
	anomalie du champ magnétique (marquée)
canaux, fossés	conductivité électrique (forte) marquant le chemin préférentiel d'humidité
briques crues	susceptibilité magnétique (faible)
	conductivité électrique (plus élevée que l'encaissant)
tranchée remblayée	susceptibilité magnétique (plus élevée que l'encaissant)
	anomalie du champ magnétique (marquée)

TABL. 2. Récapitulatif des propriétés mesurées.

Appareils utilisés et échantillonnage

La campagne a consisté en la réalisation de deux types de mesures :

1. La cartographie : les données sont acquises avec une géométrie fixée pour l'ensemble de la prospection. Les mesures sont effectuées suivant un maillage régulier dont chaque point peut être identifié à l'aide de ses coordonnées dans un repère orthonormé permettant ensuite de réaliser des cartes des variations apparentes des propriétés.

2. La mesure sur structure décapée : les données sont acquises le long d'un profil avec une géométrie donnée. L'opération est répétée afin d'évaluer l'homogénéité et la répétabilité des valeurs mesurées.

Cartographie

Nous avons réalisé la carte de trois paramètres :

1. La conductivité électrique apparente a été mesurée avec un dispositif électromagnétique à faible nombre d'induction de type slingram, le CMD Mini Explorer de GF Instruments. L'appareil dispose d'une configuration coplanaire qui permet d'effectuer les mesures en mode dipôles magnétiques verticaux ou DMV (ou configuration bobines horizontales coplanaires ou HCP) et en mode dipôles magnétiques horizontaux ou DMH (ou configuration bobines verticales coplanaires ou VCP). Il permet la mesure simultanée de trois écartements entre émettrice et réceptrice (0,32 m, 0,71 m et 1,18 m). En mode DMV, les profondeurs sont, pour la mesure de conductivité électrique, de l'ordre de 1,5 fois l'écartement, avec un poids important pour les objets/structures situés à 0,4 fois l'écartement. En mode DMH, les profondeurs sont, pour la conductivité électrique, de l'ordre de 0,8 fois l'écartement, avec un poids important pour les objets/structures situés en surface. L'acquisition s'est faite par profils espacés de 0,5 m avec un point enregistré toutes les 0,3 s. La maille restituée est de $0{,}25 \times 0{,}25$ m^2 après interpolation.
2. L'anomalie du champ magnétique et son pseudo-gradient ont été mesurés par un gradiomètre G858 de Geometrics [11]. La mesure s'effectue à pas de temps régulier (0,1 s) le long de profils espacés de 0,5 m. La maille restituée est de $0{,}25 \times 0{,}25$ m^2 après interpolation. Nous ne pouvons pas associer de profondeur d'investigation à cette méthode.
3. Enfin, la susceptibilité magnétique apparente a été mesurée grâce au CMD Mini Explorer de GF Instruments, simultanément à la conductivité électrique, uniquement pour le mode DMH. Les profondeurs atteintes sont de l'ordre de 0,7 fois l'écartement et la maille restituée est de $0{,}25 \times 0{,}25$ m^2 après interpolation.

Les résultats sont accompagnés d'une carte d'interprétation, obtenue suivant le protocole décrit en annexe. Elle sert à mettre en valeur les anomalies les plus intéressantes, par exemple le découpage en zones de fortes et de faibles valeurs du paramètre mesuré.

Mesure sur structure décapée

– La susceptibilité magnétique apparente superficielle a été mesurée grâce au susceptibilimètre MS2 de Bartington Ltd équipé du capteur MS2D, une boucle de 0,18 m de diamètre. Les mesures ont été effectuées suivant un maillage de $0{,}2 \times 0{,}2$ m^2.

– La résistivité électrique a été mesurée à l'aide d'un prototype de résistivimètre léger RMCA5. La géométrie utilisée est celle d'un dispositif wenner alpha avec un écartement de 0,2 m entre les électrodes consécutives et un maillage de $0{,}2 \times 0{,}2$ m^2

11 Les capteurs à vapeur de césium étaient disposés en mode gradient vertical avec un espacement de 0,65 m et une hauteur au-dessus du sol du capteur du bas autour de 0,4 m.

Résultats [12]

Chacune des zones prospectées a donné des résultats, présageant de la présence de vestiges, mais nous avons renoncé à en présenter la totalité. Nous centrons notre propos sur les trois zones qui peuvent être interprétées archéologiquement et qui permettent de répondre aux interrogations précédemment exposées. En premier lieu nous présenterons la prospection portant sur la relation entre le temple et le Nil (R1/P1), puis celle permettant d'évaluer et de recaler les plans des anciennes fouilles (P10/O11) et enfin celle livrant des informations sur l'occupation du kôm (M4/K9). Les résultats des autres zones serviront de base à l'ouverture de sondages lors des prochaines saisons.

Zone R1/P1 (canal)

La zone est hors de l'enceinte de notre concession et mesure 15 × 70 m². Elle a été prospectée avec l'accord du propriétaire, profitant de l'absence de culture sur le terrain. Nous présentons les cartes de susceptibilité magnétique et de conductivité électrique apparentes acquises avec le CMD Mini Explorer en configuration VCP.

- Susceptibilité magnétique CMD

Les cartes de susceptibilité magnétique (fig. 2) font apparaître une tendance est-ouest allant des valeurs les plus faibles (couleur froide) aux plus fortes (couleur chaude). Même si cette tendance est la même quel que soit l'écartement, la voie 3 (1,18 m de profondeur) semble faire apparaître des anomalies liées à des structures qui ne sont pas aussi visibles sur les deux autres voies.

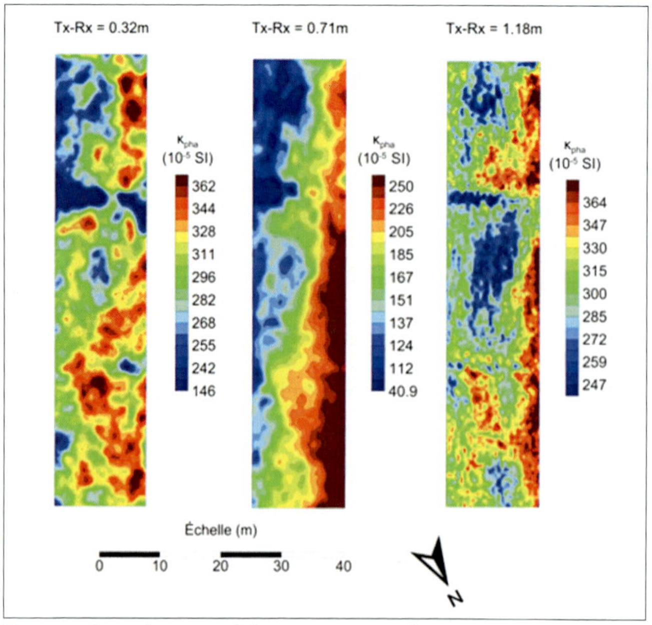

FIG. 2. Carte de susceptibilité magnétique obtenue sur la zone R1/P1.

12 Sauf mention contraire, les différentes cartes sont présentées avec une échelle de couleur adaptée, afin de faire au mieux ressortir la dynamique propre à chaque mesure.

- Conductivité électrique CMD

Les cartes de conductivité électrique de la zone (fig. 3) montrent une zone de fortes valeurs au centre de la parcelle. Quelques anomalies de plus forte conductivité apparente sont également visibles dans le tiers nord (en bas des cartes) et dans le tiers sud (en haut des cartes). Elles ne présentent pas de rapport de direction avec l'anomalie centrale.

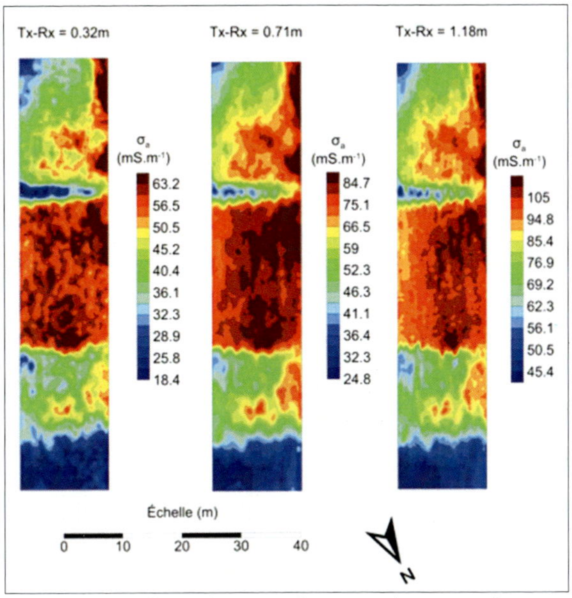

FIG. 3. Carte de conductivité électrique obtenue sur la zone R1/P1.

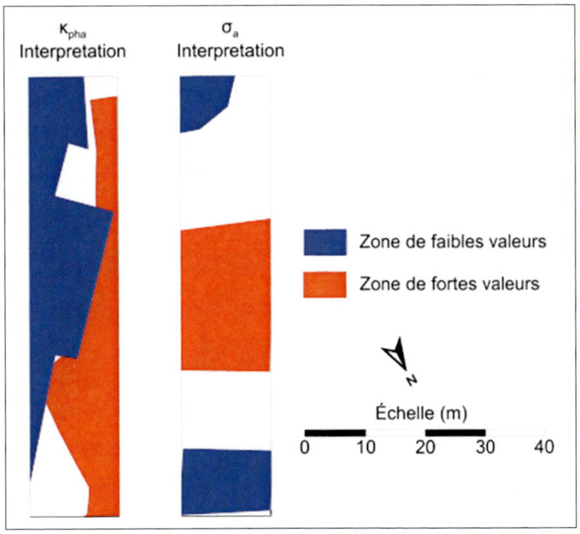

FIG. 4. Carte d'interprétation de R1/P1.

D'après les cartes d'interprétation (fig. 4), la partie centrale de la parcelle semble vraiment plus conductrice. Cette zone apparaît également comme une zone de faible susceptibilité s'étendant quasiment sur toute la largeur. Une partie de ces anomalies semblent s'orienter suivant une direction nord-ouest – sud-est.

Zone P10/O11 (poterne)

La zone de la poterne a été prospectée pour essayer de confirmer que les vestiges dégagés par les fouilles anciennes sont encore présents malgré l'absence de signes visibles en surface. Il faut être conscient que plusieurs décrochements topographiques sont présents sur la surface prospectée qui obligent à une grande prudence dans l'interprétation des anomalies et qui expliquent la forme de la zone prospectée. Il faut également signaler qu'au nord de la prospection se trouve le dallage en pierre reliant la porte de Tibère aux kiosques. Cela entraîne une faible réponse en susceptibilité magnétique et en conductivité électrique.

- Susceptibilité magnétique CMD

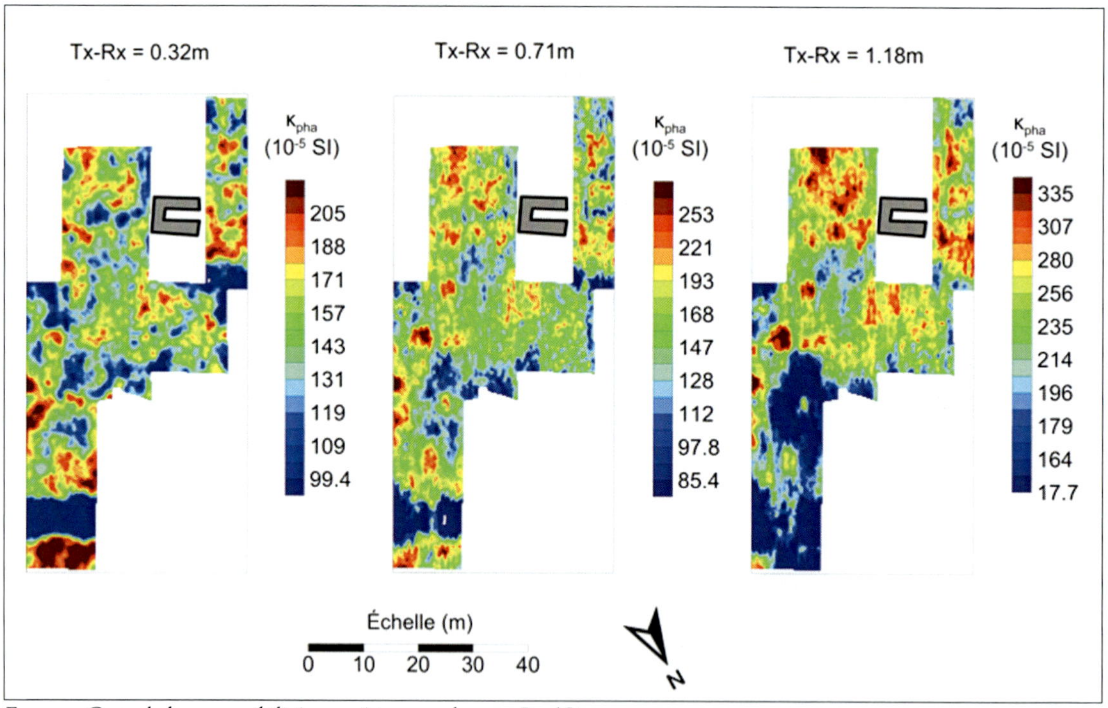

FIG. 5. Carte de la susceptibilité magnétique sur la zone P10/O11.

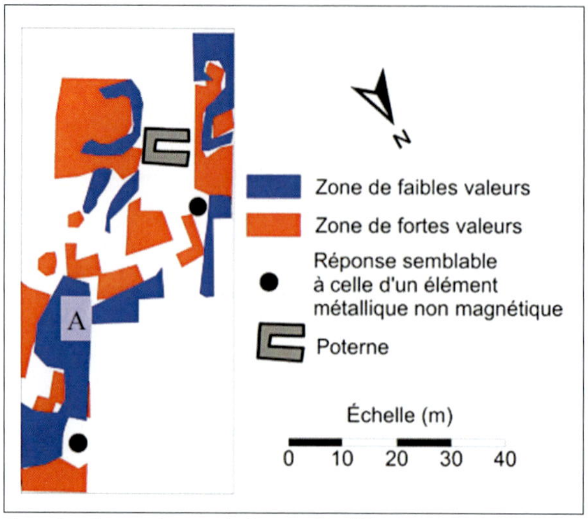

FIG. 6. Interprétation de la zone P10/O11.

Les cartes de susceptibilité magnétique (fig. 5) permettent de distinguer un certain nombre d'anomalies. D'après l'interprétation (fig. 6), plusieurs orientations ressortent. Tout d'abord, une orientation est-ouest qui semble se retrouver sur des anomalies positives et négatives (notamment au sud, autour de la poterne). Ensuite, il apparaît une longue anomalie négative (lettre A) orientée sud-ouest – nord-est qui, bien que coupée par des anomalies positives, semble se distinguer sous la forme de deux anomalies parallèles dans sa partie sud.

- Conductivité électrique CMD

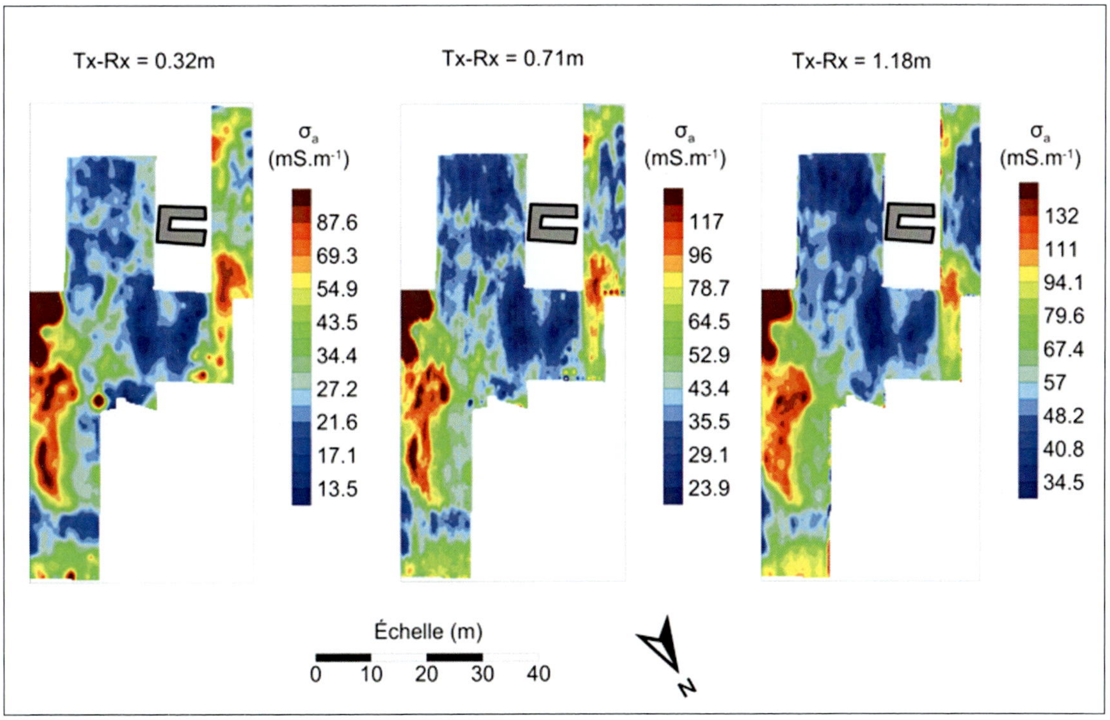

FIG. 7. Cartes de conductivité électrique de la zone.

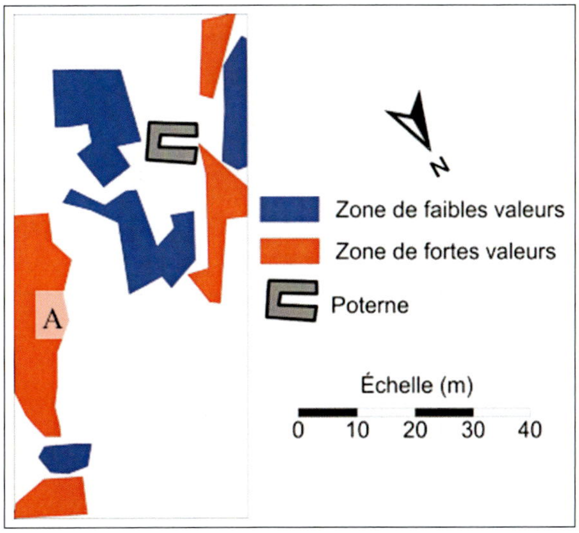

FIG. 8. Carte d'interprétation de la conductivité.

Les cartes de conductivité électrique (fig. 7) montrent deux zones de valeurs plus élevées (à l'est et à l'ouest) séparées par une zone intermédiaire (partie centrale). Sur la carte d'interprétation (fig. 8), les fortes anomalies les plus à l'est de la prospection semblent dessiner une forme d'arc de cercle (lettre A). Il n'y a pas d'orientation préférentielle qui se démarque sur cette carte

- Anomalie du champ magnétique G858

Les résultats présentés ne sont que ceux du capteur du bas, le capteur du haut ayant dysfonctionné.

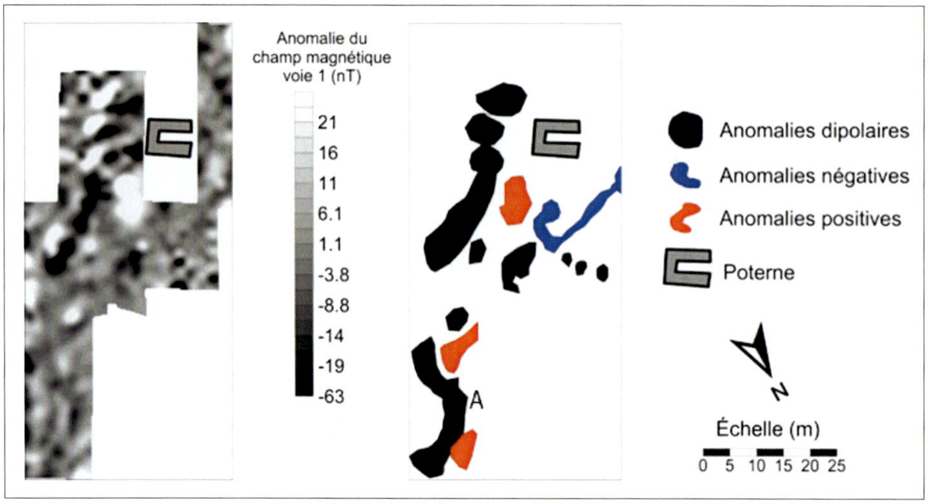

Fig. 9. Carte d'anomalie magnétique du capteur du bas (gauche) et interprétation (droite) sur la zone P10/O11.

La carte d'anomalie magnétique (fig. 9) laisse apparaître plusieurs groupes d'anomalies intéressants. Tout d'abord le groupe d'anomalies dipolaires dans la partie sud qui semble former un alignement d'orientation nord-est – sud-ouest. Le groupe A présente une forme intéressante en arc de cercle qui semble répondre aux deux anomalies positives visiblement est-ouest. Enfin, une anomalie négative semble également suivre une orientation est-ouest (partie est de la prospection).

Zone M4/K9 (grande zone)

Cette zone a été prospectée afin d'évaluer le potentiel archéologique hors de l'emprise du temple et des fouilles anciennes. C'est la plus grande surface prospectée d'un seul tenant.

Susceptibilité magnétique CMD

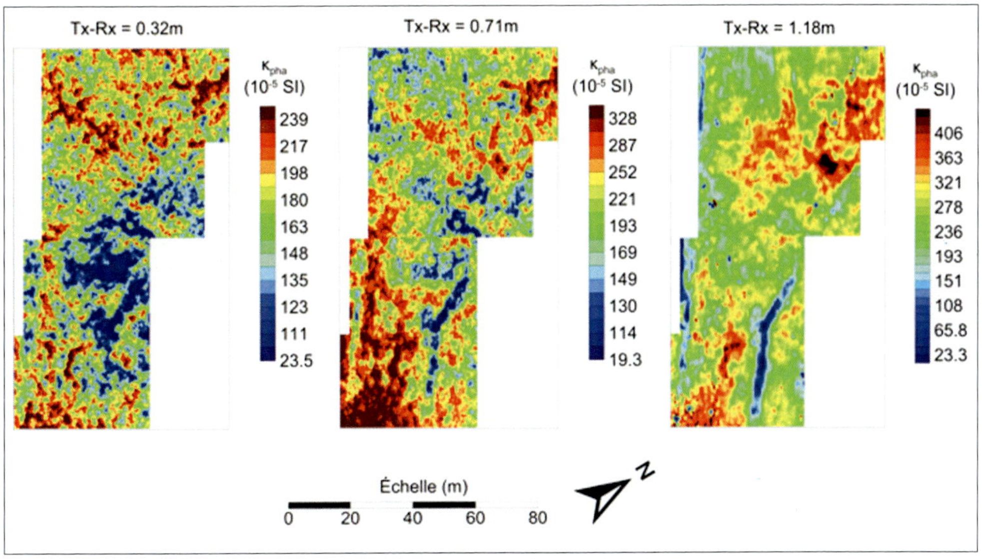

FIG. 10. Carte de susceptibilité magnétique obtenue sur la zone M4/K9.

Les cartes de susceptibilité magnétique (fig. 10) laissent apparaître un grand nombre d'anomalies qui peuvent être associées à des structures enfouies. Il semble que la structuration change avec les écartements (et donc la profondeur).

En effet, sur la carte interprétée (fig. 11), on peut observer que l'extension des zones d'anomalies est plus importante aux profondeurs les plus faibles. Les anomalies les plus faibles dessinent des ensembles cohérents en termes d'orientation (nord-ouest – sud-est et perpendiculaire). Une des structures semble en particulier se prolonger sur la partie est de la carte en ayant une forme allongée, interrompue avant un léger changement de direction par des structures perpendiculaires. Il est à noter que les structures avec fortes valeurs sont, quant à elles, plutôt orientées nord-est.

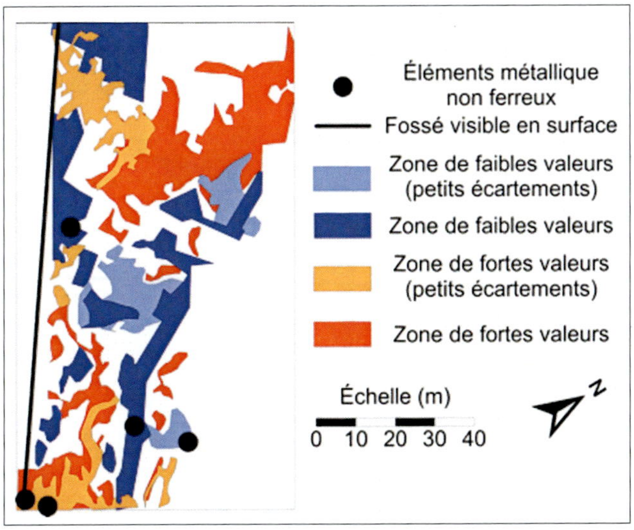

FIG. 11. Interprétation de la susceptibilité magnétique de M4/K9.

Conductivité électrique CMD

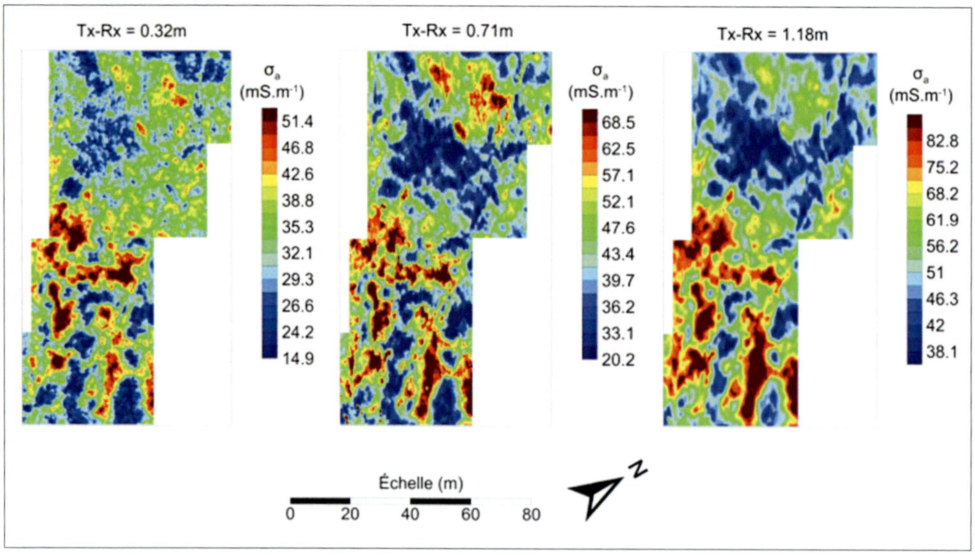

Fig. 12: Carte de conductivité électrique obtenue sur la zone M4/K9.

Les cartes de conductivité électrique (fig. 12, 13) montrent un certain nombre d'anomalies dont certaines peuvent être associées à des structures sous-jacentes. Il semble qu'une partie des grands ensembles peu conducteurs deviennent plus marqués et étendus avec la profondeur.

Dans la partie la plus au sud et à l'est de la prospection, les anomalies apparaissent comme un réseau de direction nord-ouest – sud-est avec des retours perpendiculaires tant de fortes ou de faibles valeurs. Dans la partie la plus au nord et à l'ouest, les orientations ne sont plus les mêmes et apparaissent plutôt nord-sud.

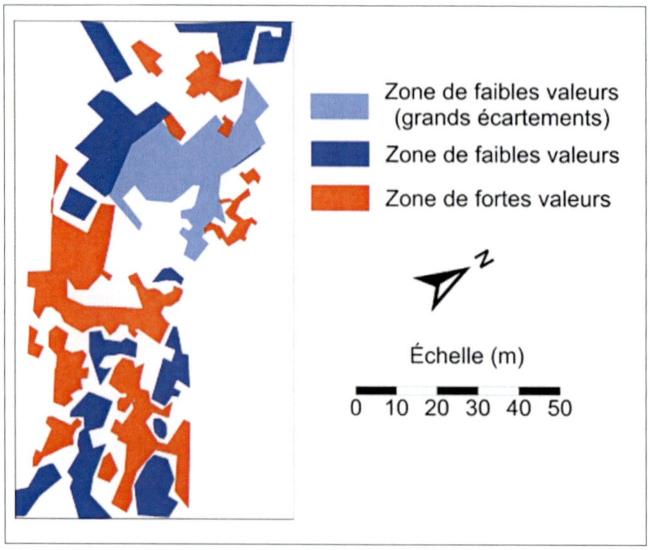

Fig. 13. Carte de la conductivité électrique interprétée sur la zone M4/K9.

Anomalie du champ magnétique G858

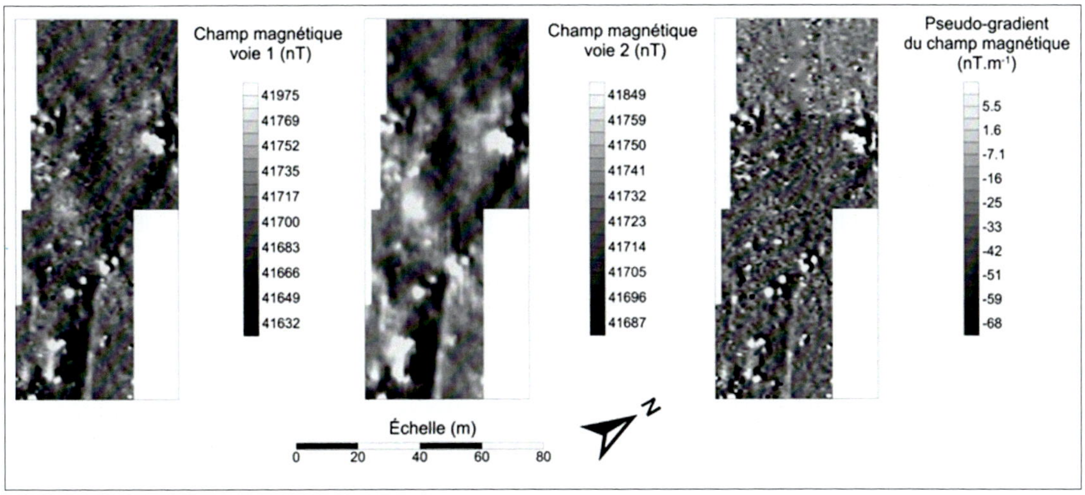

FIG. 14. Carte de champ total et de pseudo-gradient obtenue sur M4/K9.

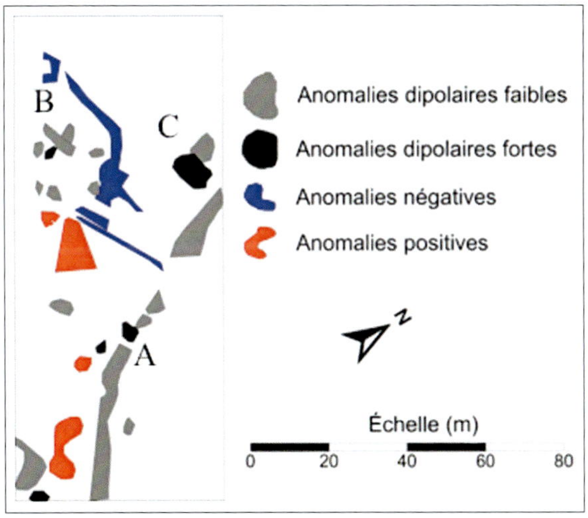

FIG. 15. Carte d'interprétation des anomalies d'intérêt sur M4/K9.

Les cartes d'anomalies et de pseudo-gradient du champ magnétique (fig. 14) montrent une grande richesse d'anomalies. Les anomalies les plus notables (fig. 15) présentent un allongement dont les directions sont est-ouest, voire nord-est – sud-est pour les anomalies négatives. Les anomalies dipolaires allongées ont quant à elles des directions nord-ouest – sud-est avec un changement dans la partie sud. Enfin, on peut voir plusieurs « grappes » d'anomalies dipolaires concentrées (A, B et C).

Les résultats de la prospection géophysique sont donc d'une très grande richesse, mais ne peuvent pas être interprétés seuls. Nous pouvons certes distinguer les directions préférentielles et les formes de certaines anomalies qui, dans le cas présent, ne présentent pas une organisation spatiale évidente. Cela témoigne de l'abondance de vestiges et de leur accumulation stratigraphique qui empêche d'en présenter un plan. Pour aboutir à une interprétation globale, nous devons donc prendre en compte les résultats d'autres méthodes.

LA PROSPECTION CÉRAMOLOGIQUE

La prospection céramique s'est essentiellement déroulée en 2015, mais nous intégrons également les résultats de la campagne précédente, d'avril et octobre 2014 [13]. Elle avait pour objectifs, d'une part, de compléter l'étude géophysique en apportant des repères chronologiques et une identification des usages de chacun des secteurs prospectés et, d'autre part, de présenter un premier aperçu de la nature des dépôts céramiques sur le kôm. Même si nous n'avons pas pu réaliser une prospection globale du site, les zones choisies présentent déjà de fortes disparités. Nous avons donc limité nos recherches aux secteurs où la prospection géophysique a pu être réalisée même si, en raison des caractéristiques du terrain ainsi que de la nature des concentrations de tessons, les secteurs de prospection céramique sont plus larges. Pour pouvoir donner un état global de la documentation, nous présentons ici l'ensemble des secteurs.

Au sein de ceux-ci, les céramiques les plus significatives du point de vue chronologique ont été identifiées. Dans un deuxième temps, nous avons estimé la densité et l'accumulation des différentes catégories typologiques, afin de connaître l'usage et la nature des secteurs. C'est pourquoi nous avons non seulement recueilli les tessons avec des formes datables, mais nous avons également enregistré leur récurrence et les caractéristiques propres du terrain, sans pour autant effectuer des prélèvements systématiques à une distance fixe. Dans la mesure où Médamoud devait être un centre important de production céramique, nous avons identifié tous les indices pour reconnaître les ateliers de potiers tels que les scories, les déchets de cuisson et les briques vitrifiées [14]. Pour les zones les plus significatives, nous avons dressé un schéma localisant les principales accumulations en incluant les numéros des céramiques pour localiser leur provenance.

Avant de présenter les résultats, nous pouvons d'ores et déjà caractériser la nature du terrain d'un point de vue global. Très vite nous est apparue la grande quantité de céramiques réparties sur toute la zone archéologique, si bien que plusieurs milliers de tessons sont visibles en surface [15]. D'autre part, sont également répandus sur tous les secteurs un très grand nombre de scories, de tessons déformés (voir fig. 17B), surcuits ou vitrifiés – restes évidents de la production de céramiques – et de briques vitrifiées sur une de leurs faces – qui provenaient des parois des fours eux-mêmes. Enfin, 90 % des tessons visibles à la surface sont faits en pâtes de type calcaire et seul 10 % en pâtes alluviales. Ce premier constat permet de supposer que la production locale était faite à base de pâtes calcaire. En ce sens, les tessons de pâte *Marl A4* var. 2 de Basse Époque et d'époque ptolémaïque sont surreprésentés dans toutes les zones, ce qui confirme le caractère industriel de cette production (fig. 16B) [16]. En ce qui concerne les pâtes

13 Sur ces prospections voir Barahona-Mendieta 2017 ; Barahona-Mendieta, Relats Montserrat 2017. La prospection a été réalisée par Z. Barahona-Mendieta, avec la collaboration en 2014 de Chr. Sanchez.

14 Les espaces de production céramique ont été reconnus d'après les critères suivants : abondance des fragments de céramique ; concentration de formes identiques, des caractéristiques morphologiques et des pâtes ; mais surtout présence de déchets de coction, scories, fragments surcuits de couleur verdâtre, déformés et vitrifiés et restes de fours (Ballet *et al.* 1991, p. 130-134).

15 Certaines zones, non prospectées cette année, ont leur sol recouvert par deux ou trois couches de tessons, tout particulièrement au sud-ouest du kôm (zones F5, E5, E6).

16 Barahona-Mendieta 2017.

alluviales, la grande majorité correspond à des parois d'amphores byzantines du type *LR* 7 et à des conteneurs présentant des caractéristiques similaires, mais dont aucune forme n'a été bien conservée (petits tessons et plusieurs pivots). Dans l'ensemble des zones, le même constat a pu être établi et, autour du *dromos* seulement, la quantité de céramique byzantine est plus élevée.

Nous allons désormais présenter un catalogue raisonné des tessons recueillis les plus représentatifs. Celui-ci vise à être le plus exhaustif possible, la majorité des pièces trouvées ont ainsi été retenues. Notre présentation se fera secteur après secteur, en identifiant les types de céramiques : nous en offrirons un rapide commentaire avant d'en préciser la localisation originelle [17].

Zone nord

Secteurs U13/V14

La prospection a été étendue légèrement vers le nord, en couvrant également le petit terrain au nord de V13. La quantité de céramique en surface est assez réduite par rapport aux autres secteurs du kôm. La plupart des tessons collectés appartiennent à l'époque byzantine. De manière résiduelle apparaissent également plusieurs tessons d'amphores romaines ainsi que quelques fragments en pâte *Marl A4* var. 2 de Basse Époque. Il faut noter la présence d'un grand tesson de *African Red Slip Ware* importé qui correspond à la forme Hayes 82, daté du milieu du ve/début du vi^{e} s. [18] (pl. 15. Med15-U13.1), ainsi que celle de différents fragments de jattes en pâte calcaire s'étalant du i^{er} apr. J.-C. jusqu'au début de l'époque byzantine. Ces derniers furent probablement produits à Médamoud étant donné que des déchets de coction ont été trouvés sous la forme de fragments vitrifiés par exposition à de hautes températures (pl. 14. Med15-U13.12 [19] et Med15-A.3 [20]). Il faut également faire mention d'une lampe complète moulée en pâte d'Assouan datée des v/vi^{e} s. [21] (pl. 15. Med15-U13.4).

La zone du temple

Secteurs P9/M11 et O12/M13 (poterne)

La grande majorité de la céramique de surface observée dans cette zone correspond à une fourchette chronologique allant de la Deuxième Période intermédiaire à la XVIIIe dynastie. Il est probable que ces céramiques proviennent d'anciens sondages réalisés par F. Bisson de La Roque (en 1930) et par Robichon et Varille (entre 1933 et 1940) [22]. En effet, le premier avait déjà fouillé le secteur P11-O11-N11 et avait trouvé une série de fours [23] dont la céramique a

17 Afin de ne pas multiplier les dessins de pièces similaires, une seule figure a été dessinée par type identifié.

18 Bonifay 2004, fig. 89, typi Sigille 27.

19 Tomber 2006, fig. 1.38, 8/509.

20 Gempeller 1992, Abb. 70, Tippo 604-5 ; Lauffray 1995, fig. 42, 348 ; Pierrat 1996, fig. 12, 61.

21 Bailey 1988, pl. 53, fig. q2239.

22 Pour un état de la question céramologique, voir Barahona-Mendieta 2014. Pour une chronologie des secteurs fouillés par Robichon et Varille, voir Relats Montserrat 2016b.

23 La présence de ces fours a motivé la prospection géomagnétique du secteur : cf. *infra*.

déjà été étudiée par Z. Barahona-Mendieta[24]. Or, il protégea les vestiges en les recouvrant avec le remblai qu'il avait préalablement dégagé du même emplacement. Étant donné que les pâtes des céramiques de surface sont identiques à celles qui furent découvertes (*Marl A2*, *Marl A4* var. 1 et *Marl B*), qu'elles présentent une chronologie similaire, et que nous avons aussi trouvé des scories, des tessons déformés et surcuits, nous pensons qu'il faut les considérer comme le produit des anciennes fouilles. Il est ainsi possible que lors du remblayage de la zone, des céramiques aient remonté à la surface. Cependant, trois fragments pourraient remonter à une époque antérieure à celle des découvertes de F. Bisson de La Roque, à savoir le Moyen Empire. Deux explications peuvent être avancées : soit F. Bisson de La Roque atteignit, sans s'en rendre compte, des niveaux antérieurs ; soit, plus vraisemblablement, ils proviendraient de sondages effectués par Ch. Robichon et A. Varille dans ces secteurs quand ils cherchèrent le temple de Sésostris III et le Temple Primitif[25].

De ces pièces datables du Moyen Empire, la première fut retrouvée entre les secteurs N12 et N13. Il s'agit d'un bord de jarre fabriqué en *Marl A3* qui, en raison de sa pâte et de sa morphologie, peut être daté du milieu de la XIe dynastie au milieu de la XIIe dynastie[26] (pl. 2. Med15-161). Les deux autres tessons (pl. 2 Med15-101 et Med15-157) n'ont pas une datation aussi assurée. Il pourrait s'agit d'une figurine animale dont ne subsiste qu'une partie du cou, et de base d'un petit vase pointu fabriqué au tour lent et dont la base fut terminée à la main. La datation proposée repose sur leur pâte, *Marl A3*, qui est certes bien connue pour les époques postérieures, mais est surtout utilisée pendant le Moyen Empire.

Les fragments pouvant être datés de la Deuxième Période intermédiaire sont plus divers. Tout d'abord, il faut remarquer la présence de récipients décorés, comme un fragment d'assiette de grand diamètre, ainsi que le fragment de l'épaule d'une jarre, tous les deux avec une décoration incisée en forme de *wavy lines* et fabriqués en pâte *Marl B* (pl. 3. Med14A-2[27] et pl. 4. Med14A-26[28]). Apparaissent également plusieurs types de jarres fabriquées en pâte *Marl A4* var. 1 et *Marl B* qui imitent des jarres de stockage typiques du Fayoum, normalement fabriquées en *Marl C* (pl. 4 Med15-162[29] et Med15-159). Plusieurs fragments de moules à pain sont également attestés à la Deuxième Période intermédiaire, mais sont en pâte locale mixte ou en calcaire (pl. 3. Med14b-45 ; Med14b-43 et Med14a-65[30]). La présence d'un bord de récipient de coction de type Kerma ou *Pan Grave*[31] avec une décoration incisée est également très représentative de cette époque (pl. 3 Med14a-56).

24 Ce matériel a été pris en considération dans le cadre de la thèse de doctorat de Z. Barahona-Mendieta : Barahona-Mendieta 2016.

25 Sur ces questions voir Barahona-Mendieta 2016 ; Relats Montserrat 2016b et Relats Montserrat 2016a.

26 Proche de Schiestl, Seiler 2012, type II.B.2.d, fig. 6, p. 424 (fin de la XIe, début de la XIIe dynastie) ; type II.C.3.A, fig. 3-4, p. 445 et fig. 7-8, p. 446 ; Rzeuska 2011, fig. 5D, famille I, type 3, fig. 7 a/b (XIIe dynastie).

27 Bourriau 1990, fig. 4.1.15, en *Nile B2* ; bols similaires fig. 4.2.6-7 en *Nile C* ; Bourriau 2010, fig. 6, D3, en *Nile C* ; Bourriau 1997, fig. 6.12, 4. Fin de la XIIe dynastie ; proche de Jacquet-Gordon 2012, fig. 16b (Deuxième Période intermédiaire).

28 Aston 2007, fig. 19, 8947K ; Bourriau 1990, fig. 4.4, 15 ; Bourriau 2010, fig. 14 D. ; Budka 2006, fig. 6.2.

29 Bourriau 1990, fig. 4.4.4, 6, en *Marl B* ; Semblable à Jacquet-Gordon 2012, fig. 20n. Possible imitation de jarres de stockage en *Marl C* : Bourriau, Op de Beek, Meyer 2005, fig. 18 a-b ; Aston, Bader 2009, fig. 8.79.

30 Marchand 2012, fig. 3.21, C.168063-1/2, Niveau IV, fig. 3.26, C. 168053-10, Niveau V ; Jacquet-Gordon 2012, fig. 6b N, fig. 13g ; Jacquet-Gordon 1981, fig. 4, type C ; Budka 2006, fig. 1.4.

31 La distinction entre ces deux catégories est assez complexe et, comme l'affirme S. Marchand, il s'agit d'un sujet propre aux spécialistes de ce type de céramique : Marchand 2012, p. 78-79.

Enfin, certaines pièces datent manifestement du tout début de la XVIIIe dynastie, parmi lesquelles une anse d'amphore avec enduit rouge et décoration peinte en noir de forme ovale (pl. 6 Med15-1[32]), un bol avec un enduit rouge poli (pl. 5 Med15-SP11-8[33]), un support annulaire (pl. 6 Med14A-51[34]) et un bol en forme de cratère (pl. 5 Med15-165[35]).

Moyen Empire	Med15-161 ; Med15-101 ; Med15-157
Deuxième Période intermédiaire	Med15-160 ; Med15-165 ; Med14A-56 ; Med14B-43 ; Med14b-45 ; Med14ª-65 ; Med14ª-21 ; Med14ª-2 ; Med14ª-26 ; Med14ª-80 ; Med15-159
XVIIIe dynastie	Med15-1 ; Med14ª-51 ; Med15-SP11-8 ; Med15-165
Époque Ramesside	Med15-189

TABL. 3. Récapitulatif chronologique de la zone P9/M11 et O12/M13.

Tribune

Secteur P2/O3 (tribune)

Cette zone présente une densité très faible en céramique qui s'accroît néanmoins en s'éloignant des limites du secteur. La topographie générale prend la forme d'une cuvette entourée de butes sur trois de ses côtés qui peuvent être le produit des fouilles de Cl. Robichon et A. Varille en 1936 dans ce secteur[36]. Les butes, aujourd'hui visibles, seraient les cavaliers de déblai sur les côtés sud, est et ouest du rectangle fouillé.

Les tessons couvrent une phase chronologique allant de la Basse Époque à l'époque byzantine. Cependant, la Basse Époque et l'époque ptolémaïque sont bien plus représentées du point de vue quantitatif. Nous pouvons citer le bord d'une assiette en *Marl A4* var. 2 typique des XXVe–XXVIe dynasties, tout à fait semblable à ceux qui ont déjà été documentés dans la production céramique des fours du sud du kôm (pl. 11. 4921Kd-4[37]) ; une jatte décorée avec des traces de peinture violète de la fin de l'époque ptolémaïque et du début de l'époque romaine (pl. 12. Med15-65[38]) ; un bord de petite jarre ptolémaïque d'inspiration levantine (pl. 13. Med15-21[39]) ; un bord d'amphore romaine du type de celles qui ont également été documentées dans d'autres zones de Médamoud (pl. 14. Med15-A8[40]) ; et un bord d'assiette byzantine (IV-Ve s.) fabriqué en pâte d'Assouan et décoré avec un engobe orange et des bandes blanches et noires semblables aux fragments découverts par F. Bisson de La Roque dans la zone du temple (pl. 15. 5581-11-M4264[41]).

32 BOURRIAU 2010, fig. 14g, 34m.
33 BOURRIAU 2010, fig. 31, 4.12.4.
34 BOURRIAU 2010, fig. 28, 151.10.
35 Similaire à BOURRIAU 2010, fig. 25, 7.6.1.
36 Sur ces fouilles voir RELATS MONTSERRAT 2016b.
37 BARAHONA-MENDIETA 2014, fig. 7.
38 BARAHONA-MENDIETA 2017, fig. 4.11. Par rapport aux pâtes calcaires de l'époque ptolémaïque et romaine à Médamoud : BARAHONA-MENDIETA 2017, p. 34.
39 SCHREIBER 2003, pl. 9, 110-123. La lèvre que nous présentons ici est surcuite et déformée ce qui nous permet de le considérer comme un déchet de coction – correspondant ainsi parfaitement à la production de céramique locale à l'*époque ptolémaïque.*
40 Amphore du type AE.3.5 (I-III d. C) : DIXNEUF 2011, fig. 09-110.
41 Assiette découverte par F. Bisson de la Roque en 1929 entre la porte de Tibère et les kiosques. Sur ce type d'assiettes et sa chronologie voir RODZIEWICZ 2005, fig. 17.

Basse Époque	4921 Kd-4
Époque ptolémaïque	Med2015-65 ; Med15-21
Époque romaine	Med15-A8
Époque byzantine	5581-11 M4264

Tabl. 4. Distribution chronologique des céramiques du secteur P2/O3.

Secteurs au sud du temple

Secteur K4/L9 (grande zone)

Cette zone est la plus grande à avoir été prospectée au cours de notre campagne (fig. 17). Par rapport à la zone précédente, la densité de tessons de céramique est plus grande et plusieurs indices clairs suggèrent la présence d'ateliers de production de céramique. Ces derniers sont reconnaissables par la présence de briques vitrifiées provenant de parois de fours, ainsi que par une grande concentration de déchets de coction. À titre d'exemple, nous pouvons évoquer la paroi de four constituée de deux briques vitrifiées sous l'effet de la chaleur et contre lesquelles sont encore collés plusieurs fragments de céramique, tous cassés, surcuits et à pâte calcaire. Ces tessons sont cependant trop déformés pour pouvoir dater l'époque d'utilisation de ce four. La paroi de four fut trouvée sur le sol à cheval entre la zone L5 et K6 (fig. 16).

Fig. 16. **A.** Paroi de four, trouvée sur le sol de L5/K6. © Z. Barahona-Mendieta. **B.** Exemples de ratées de cuisson trouvées sur le kôm.

Les céramiques sont très hétérogènes du point de vue chronologique. Tout d'abord, de la céramique du début de la XVIIIe dynastie a été reconnue, mais elle est plus abondante au nord de L7/L8 et tout particulièrement autour d'un petit monticule. Il est possible qu'il soit formé par le cavalier de déblais de sondages effectués par Cl. Robichon et A. Varille autour de l'angle sud-ouest du temple. En effet, ce type de céramique est identique à celui qui fut retrouvé dans les fours au sud-ouest du temple actuel[42].

D'un autre côté, les bords de *Meat Jars* sont très abondants dans tout ce grand secteur. Plusieurs exemples sont surcuits, ce qui nous incline à penser que ce type de récipient fut fabriqué dans ce secteur. Sa production s'étend de la deuxième moitié de la XVIIIe dynastie à la fin de la Troisième Période intermédiaire, devenant très abondante à l'époque ramesside où elle subit diverses modifications. Cela est visible avec les fragments pl. 7 Med15-75; Med15-35; Med15-11; Med14-2 et Med15-K9-2[43].

Il faut également signaler une accumulation de fragments d'amphore, dont plusieurs surcuits et déformés dans les zones L4 et L5 qui imitent l'aspect des amphores du sud-est de la mer Egée[44] comme celles de Cnide, Rhodes[45], Chios ou même de Chypre[46]. D'après la documentation archéologique des sites de référence, ces amphores apparaissent pendant la première moitié du IIIe s. av. J.-C. pour disparaître au IIe s. av. J.C[47]. Il faut également remarquer la présence de nombreux bords d'amphore qui imitent d'autres modèles levantins comme les « Amphores *torpedo*[48] » (pl. 13. Med15-186; Med15-K9-24; Med15-106 – ces trois fragments sont surcuits et vitrifiés) qui ont été à l'origine de certains modèles d'amphores d'époque perse et ptolémaïque[49]. La présence systématique de fragments surcuits et déformés/vitrifiés nous montre de façon certaine qu'une production d'imitations grecques et levantines a eu lieu dans ces secteurs.

Pour terminer il faut signaler que ce secteur a également livré de très nombreux fragments de Basse Époque qui peuvent probablement provenir des fours trouvés pendant un sondage au sud du kôm en 1928 (cf. *infra*). La présence de ce type de céramique sur tout le site témoigne de l'abondance de cette production (pl. 10. Med15-196; Med15-172; pl. 11. Med15-202; Med15-121; Med15-K9-10).

42 BARAHONA-MENDIETA 2014, fig. 1-6.

43 BOURRIAU 2010, p. 141. ASTON 2008, fig. 25, groupe 25; fig. 26, groupe 33.

44 BARAHONA-MENDIETA 2017, fig. 20, pl. 13. Med15-7.

45 Parallèlement à cette production locale, à Médamoud est également attestée la présence d'importations rhodiennes grâce à la présence d'un sceau d'amphore rhodienne datée de 127 av. J.C. : BARAHONA-MENDIETA 2015.

46 Pl. 13. Med15-1b. Amphore à anses de panier. DEFERNEZ, MARCHAND 2006, fig. 2.

47 DEFERNEZ, MARCHAND 2006, p. 87.

48 DEFERNEZ, MARCHAND 2006, fig. 3.

49 SCHREIBER 2003, pl. 9.

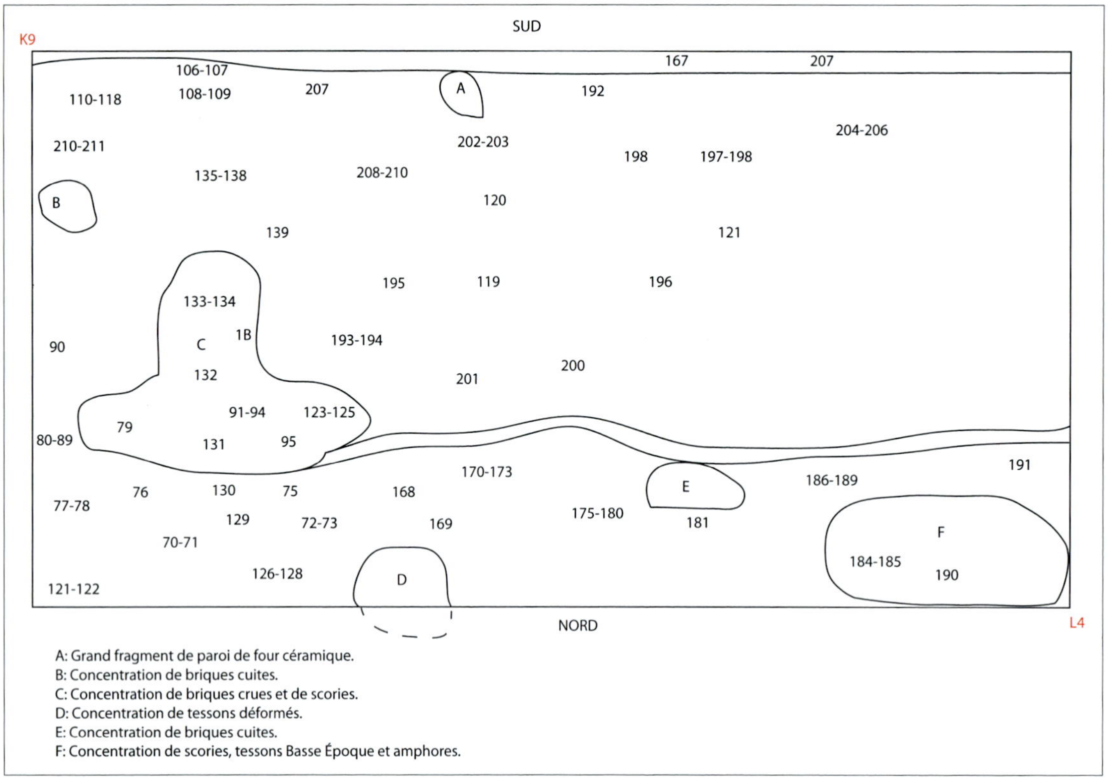

FIG. 17. Croquis du secteur L4/K9.

XVIIIe dynastie	Med15-120 ; Med15-195 ; Med15-173 ; Med15-210 ; Med15-K9-1 ; Med15-96 ; Med15-135 ; Med15-K9-25 ; Med15-79 ; Med15-108 ; Med15-93 ; Med15-74
Époque ramesside	Med15-189 ; Med15-201
Basse Époque	Med15-K9-2 ; Med15-196 ; Med15-202 ; Med15-121 ; Med15-172 ; Med15-K9-10
Époque ptolémaïque	Med15-K9-33 ; Med15-L5-23 ; Med15-K9-24 ; Med15-1 ; Med15 -186 ; Med15-113 ; Med15-106 ; Med15-209

TABL. 5. Distribution chronologique des céramiques du secteur K4-K9/K9-L9.

Secteur L10/G12

Ce secteur couvre également une grande surface – dépourvue de végétation – mais qui, par la proximité avec les habitations modernes, est très régulièrement recouverte par des déchets.

Les céramiques sont très hétérogènes du point de vue chronologique. Les fragments les plus anciens (pl. 3. Med15-35 [50] et Med15-5 [51]) remontent à la fin de la Deuxième Période

50 BOURRIAU 1990, fig. 4.3, 17 ; KOPETZKY 2012, fig. 6, 57 ; ASTON 2004, pl. 80, groupe 72, 232.

51 BOURRIAU 1990, fig. 4.1.14, en *Nile C* et sans décoration mais avec un profil très proche ; fig. 4.3.22, en *Marl B* avec un profil proche mais sans décoration ; fig. 4.5.3, bol avec des digitations et l'application en *Marl B*. BUDKA 2006, fig. 18.4-5, grandes jattes en *Nile B2* avec une décoration détaillée de visages hathoriques sur leurs bords. BOURRIAU 2010, fig. 12, 4.18.3, *Nile B2*, fig. 25, 4.18.3, *Nile B2*, fig. 30, 4.18.4, *Marl B*, fig. 39, 4.18.3, *Nile B2*, fig. 64, 4.18.3, *Nile B2*, fig. 81, 4.18.3, *Nile B2*. JACQUET-GORDON 2012, fig. 19 d-e. TYSON-SMITH 2012, fig. 10d. ASTON 2004, groupe 221, pl. 214-215. MARCHAND 2012, fig. 3.24, C.16813-5. SEILER 1999, Abb. 48. MARCHAND, SOUKIASSIAN 2010, groupe 60, phase 4. BRUNTON 1930, pl. XII, 9g. SEILER 1997, fig. 2.

intermédiaire et furent retrouvés au sud-ouest de la zone, approximativement en G10 et G11. Ils peuvent être mis en relation avec d'autres fragments présentant la même chronologie du secteur G9 (pl. 3. Med15-152 et Med15-147[52]). Cependant ces mêmes zones ont également livré de nombreux fragments de Basse Époque qui pourraient provenir en réalité des grands dépôts de céramique retrouvés au sud du kôm, là où se trouvaient les fours de cette époque. Il est probable qu'il faille également considérer comme résiduels certains fragments datés du Nouvel Empire et de l'époque ramesside qui furent trouvés dans la moitié nord-ouest de la zone, étant donné qu'ils correspondent à la céramique produite à cette époque dans des zones plus proches du temple.

Pourtant, la plus forte concentration de tessons est datée de l'époque romaine, notamment des godets de noria (pl. 14. Med15-19b, Med15-20b et Med15-27[53]) et des petites marmites (pl. 14. Med15-3[54]) bien attestées de l'époque impériale à l'époque tardo-romaine. Il serait envisageable de relier ces restes de production avec des briques cuites, scories et des cendres observables dans les secteurs I12 et J12.

Il faut également mettre en exergue que le grand secteur dégagé et de forme rectangulaire qui s'étend au sud de K12, présente majoritairement des fragments d'époque romaine et, de manière résiduelle, d'époque byzantine.

Deuxième Période intermédiaire	Med15-35
XVIIIe dynastie	Med15-15 ; Med15-4 ; Med15-18
Époque ramesside	Med15-31 ; Med15-32 ; Med15-2
Basse Époque	Med15-15-9 ; Med15-102 ; Med15-100 ; Med15-8 ; Med14A-101 ; Med15-6
Époque ptolémaïque	Med15-21 ; Med15-14 ; Med15-7
Époque romaine et byzantine	Med15-20b ; Med15-19b ; Med15-27 ; Med15-3

TABL. 6. Distribution chronologique des céramiques du secteur L10/G12.

Secteur H6/G9

Ce secteur peut être clairement mis en rapport avec une grande production de céramique qui fut déjà découverte en 1928, mais qui n'a quasiment pas été publiée par les anciens fouilleurs[55]. Il se caractérise par une grande densité de tessons ainsi que par le nombre de scories et de briques cuites (fig. 18). Là encore, certaines céramiques de la Deuxième Période intermédiaire

52 SCHIESTL, SEILER 2012, groupe I.G.5, p. 327 ; I.G.7.c, p. 336 ; JACQUET-GORDON 2012, fig. 31h-K ; MARCHAND, SOUKIASSIAN 2010, groupe 19A, phase 1-2 ; groupe 21, phase 2.

53 PIERRAT-BONNEFOIS 1996, fig. 14 ; LAUFFRAY 1995, fig. 53, 134 ; DAVID 2013, fig. 4.17.

54 LAUFFRAY 1995, fig. 45, 214 ; TOMBER 2006, fig. 1.31, 50/406. Il est probable que ces céramiques appartiennent à la même production que les jattes Med15-U13-12, Med15-A3 et que d'autres céramiques bien connues en Haute Égypte de ce même type de pâte calcaire comme PIERRAT-BONNEFOIS 1996, fig. 15, 56-58, étant donné que de nombreux fragments de ce type ont été retrouvés.

55 BISSON DE LA ROQUE 1931, p. 4 ; BISSON DE LA ROQUE 1933, p. 34 ; BARAHONA-MENDIETA, RELATS-MONTSERRAT 2017 ; BARAHONA-MENDIETA 2014 ; BARAHONA-MENDIETA 2017.

(pl. 3. Med15-147[56] et Med15-152) sont reconnaissables dans le secteur G9 et peuvent être mises en rapport avec celles retrouvées au sud du secteur G10. Dans sa partie sud également ont été localisés plusieurs bords de jarres de la Troisième Période intermédiaire, dont l'un d'entre eux était complètement déformé sous l'effet de la cuisson (pl. 9. Med15-148[57] et Med15-149[58]).

Fig. 18. Céramique de surface, avec tessons surcuits et briques vitrifiées.

La céramique la plus répandue dans ce secteur date de la Basse Époque, avec une surreprésentation d'époque perse (pl. 10. Med15-8[59] et pl. 11. Med15-102[60]). C'est visiblement dans cette zone que se concentra la production de céramique de cette époque, même si la production dut se poursuivre jusqu'à la fin de l'époque ptolémaïque comme le prouvent les tessons surcuits retrouvés dans ce secteur (pl. 12. Med15-10 ; Med14B-3[61]).

De façon résiduelle, nous avons trouvé un bord d'*African Red Slip Ware* importé de Tunisie de la forme Hayes 91 (pl. 15. Med15-41) daté de la seconde moitié du IVe s. et de la première moitié du Ve s.[62].

56 Schiestl, Seiler 2012, groupe I.G.5, p. 327, I.G.7.c, p. 336 ; Jacquet-Gordon 2012, fig. 31h-K, IIPI ; Marchand, Soukiassian 2010, groupe 19A, phase 1-2, groupe 21, phase 2.

57 Jacquet-Gordon 2012, fig. 91.d

58 Jacquet-Gordon 2012, fig. 91.c ; Aston 1999, pl. 21, nº 617, 619, pl. 28, nº 839.

59 Masson 2007, pl. XVII, fig. 2.

60 Jacquet-Gordon 2012, fig. 107.s ; Masson 2011, fig. 29 ; Aston 1999, pl. 65, nº 1910, pl. 71, nº 2029.

61 Barahona-Mendieta 2017, fig. 16.

62 Bonifay 2004, fig. 95, *sigille type* 48, 49.

Deuxième Période intermédiaire	Med15-147 ; Med15-152
XVIIIe dynastie	Med15-1 ; Med15-20
Époque ramesside	Med15-151 ; Med15-35
Troisième Période intermédiaire	Med15-153 ; Med15-148 ; Med15-149 ; Med15-6[a]
Basse Époque	Med15-21 ; Med15-8 ; Med15-22[a] ; Med15-139 ; Med15-34 ; Med15-46
Époque ptolémaïque	Med15-10 ; Med14b-3 ; Med15-44 ; Med2015-6 ; Med15-G7-33
Époque romaine	Med15-31 ; Med15-30
Époque Byzantine	Med15-41

Tabl. 7. Distribution chronologique des céramiques du secteur G7/G9.

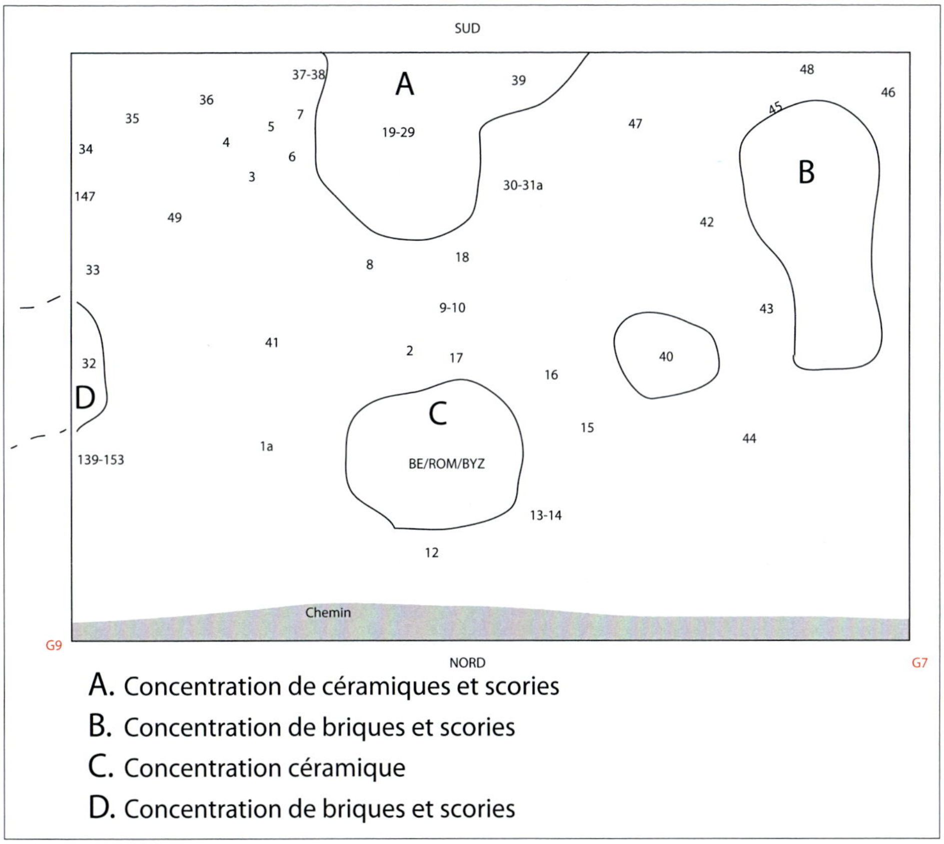

Fig. 19. Croquis de localisation de la céramique de la zone G7/G9.

SYNTHÈSE ARCHÉOLOGIQUE

À ce stade de notre réflexion, deux éléments peuvent être mis en exergue : d'une part, le site présente une richesse exceptionnelle en termes de matériel céramique faisant de Médamoud un centre de production important, avec de nombreux déchets de production. D'autre part, les prospections géophysiques prouvent l'existence d'une accumulation de vestiges difficilement lisibles. Pour aboutir à une lecture archéologique, nous devons combiner les résultats des fouilles anciennes et ceux de la prospection céramologique, avec le type de réponse géophysique que pourraient avoir *a priori* les vestiges (tabl. 2). Cette réflexion devra être menée à l'échelle du site, en prenant en compte l'emplacement des zones par rapport au temple (fig. 20).

Une remarque liminaire s'impose cependant. Les cartes d'interprétation géophysique ont signalé plusieurs réponses suffisamment caractéristiques pour être mentionnées, comme les éléments métalliques non magnétiques, mais qui ne sont pas interprétables par manque d'information [63]. Pour éviter de multiplier les hypothèses, nous focalisons donc notre discours sur les trois axes de réflexion énoncés en introduction.

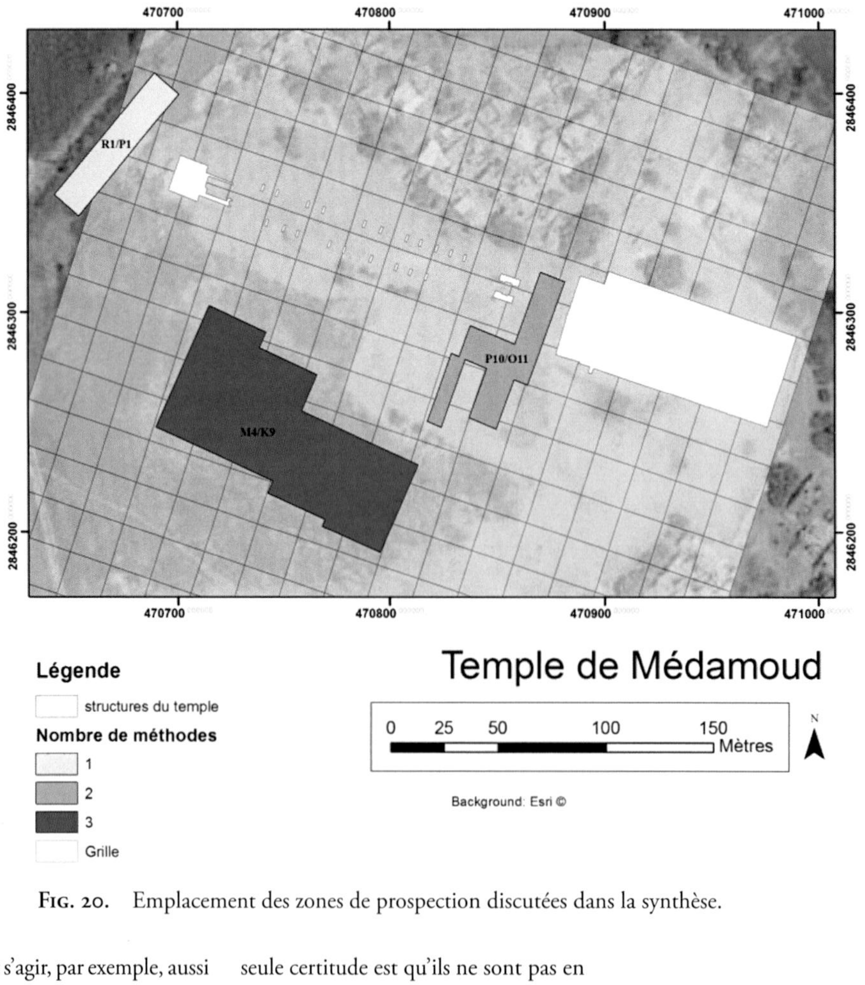

FIG. 20. Emplacement des zones de prospection discutées dans la synthèse.

63 Il pourrait s'agir, par exemple, aussi bien de déchets métalliques enfouis en profondeur qu'un outil en bronze. La seule certitude est qu'ils ne sont pas en fer mais dans un autre alliage (bronze, cuivre).

La liaison entre Médamoud et le Nil : zone R1/P1 (canal)

À l'extrémité ouest du *dromos* fut érigée une tribune, reliée à ce dernier par une rampe d'accès[64]. Il s'agit d'une construction appareillée en grès de 16,20 m × 13,40 m, dont le niveau supérieur se trouve à + 1,70 m au-dessus de l'allée[65]. Nous postulons, comme le fit F. Bisson de La Roque, que la datation de cette tribune peut être rattachée à celle du *dromos*. Ce dernier fut d'abord daté d'époque augustéenne, en rapport avec la construction de la porte de Tibère[66], avant d'être attribué à Ptolémée III en raison d'une inscription retrouvée dans un remploi byzantin à proximité de la rampe[67]. Aucun de ces arguments n'est cependant concluant. Le style des sphinx, seules constructions *in situ* peut correspondre à une fourchette couvrant les règnes de Nectanébo Ier à celui des premiers Ptolémées[68]. Dans tous les cas, l'existence d'un tel aménagement, similaire à d'autres temples thébains, implique un accès à l'eau au début de l'époque ptolémaïque et sûrement augustéenne.

Cet aménagement cependant ne va pas de soi puisque le temple de Médamoud se trouve à 4,9 km à l'est du cours actuel du Nil. Pour résoudre cette contradiction, les fouilleurs ont postulé l'existence d'un canal creusé à main d'homme qui aurait uni la tribune de Médamoud au Nil en passant par Karnak-nord, sans trouver des traces de son existence sur le terrain[69]. F. Relats a déja montré que cette hypothèse se fonde, d'une part sur le lien religieux entre Karnak-nord et Médamoud, et d'autre part sur le tracé du réseau topographique contemporain des fouilleurs[70]. Il n'est donc aucunement assuré que Médamoud et Karnak-nord aient été reliés. Malgré tout, il devait bien y avoir un canal reliant Médamoud au Nil, dont le tracé n'est pas connu, faute d'indices archéologiques. Par ailleurs, F. Bisson de La Roque a développé une réflexion assez confuse sur les niveaux du Nil pour comprendre si la tribune pouvait effectivement être en contact avec l'eau du fleuve. Il conclut qu'il devait y avoir un bassin devant la tribune qui « aux autres saisons que celle de l'inondation, ne devait pas toucher la façade ouest de la tribune, où rien ne laisse supposer un accostage[71] ». En effet, à la différence de Karnak, aucun passage de corde d'amarrage n'a été découvert ; il faut cependant signaler que ces éléments se trouvent

64 Pour une description architecturale : *Médamoud 1931/1932*, p. 1-3, 9-13.

65 F. Bisson de La Roque, reprenant une pratique encore courante en égyptologie, a entretenu une confusion sur le rôle de cette construction, l'appelant tantôt tribune, tantôt quai, voire même quai-tribune, avant de se corriger et de distinguer la tribune des aménagements qui permettaient l'accès à l'eau : « Abusivement on a désigné du nom de quai, la tribune située à l'extrémité des *dromos*, et sur laquelle le clergé devait se tenir pour voir arriver ou partir les processions par eau », *Médamoud 1931/1932*, p. 9.

66 Bisson de La Roque 1933, p. 9.

67 Bisson de La Roque 1946, p. 43.

68 L'attribution des sphinx à Nectanébo Ier a été proposée par Cabrol 2001, p. 183, n. 29.

69 « Une avenue de sphinx conduisait de l'enceinte sacrée à un quai, où devait aboutir un canal unissant Karnak à Médamoud, pour les processions par voie d'eau », Bisson de La Roque 1933, p. 1. Cette hypothèse avait été formulée quelques années auparavant lors des premières fouilles à Karnak-Nord par M. Pillet en 1924-1925 (Pillet 1924 ; Pillet 1925). Ce dernier, à l'occasion du dégagement de la tribune et du *dromos* de ce temple (orientés vers le nord) affirmait que la tribune devait donner accès à un quai baigné par un canal plutôt qu'au fleuve lui-même. Ce canal devait trouver son origine entre Louqsor et Karnak, longer le Nil sur la rive droite, baigner le quai occidental de Karnak, puis le quai de Karnak-Nord et enfin se diriger vers Médamoud. Pour les structures découvertes à Karnak-nord : PM II, p. 1-2 ; Pillet 1924, p. 51-88 ; Pillet 1925, p. 1-24 ; Varille 1943, p. 1 ; Gabolde-Rondot 1993, p. 248, n. 27 ; Cabrol 2001, p. 571-579. Pour une présentation des activités archéologiques de Karnak-nord, voir l'exposé synthétique livré par Cabrol 2001, p. 9-12.

70 Pour développement complet, se reporter désormais pour Médamoud à Relats Montserrat 2016a.

71 Bisson de La Roque 1933, p. 13.

habituellement sur les deux quais latéraux et pas sur la tribune elle-même[72]. Rien n'empêche donc que de tels aménagements aient été prévus à proximité de la tribune, mais qu'ils n'aient simplement pas été retrouvés à Médamoud. D'autre part, la réflexion de F. Bisson de La Roque sur les niveaux de l'eau peut être désormais corrigée : en se fondant sur les calculs effectués par Cl. Traunecker et par J. Seidlmayer[73], le niveau estimé de l'eau à l'époque ptolémaïque et romaine devait être suffisamment élevé pour atteindre la tribune[74]. De ce fait, la question du lien entre Médamoud et le Nil reste donc, encore aujourd'hui, ouverte.

Pour apporter de nouveaux éléments au débat, nous avons décidé de prospecter les abords de la tribune. La partie nord des cartes de conductivité électrique de la zone (fig. 3, 21) montrent que se dessine une séparation nette entre des zones à faibles valeurs (en bleu) et à valeurs moyennes (en vert) qui pourrait correspondre à une limite de canal. La partie centrale (en rouge), beaucoup plus conductrice, est sûrement un effet des pratiques agricoles récentes et correspond assez bien à des limites parcellaires visibles en surface dont la marque peut se voir sur le signal par la bande moins conductrice autour du point (E470660, N2846370). La limite sud n'apparaît pas clairement et il est possible qu'elle se situe au-delà de la zone prospectée. Si nous nous fions à ces résultats, le canal ne se trouverait pas dans le prolongement direct de la tribune, mais arriverait au nord-ouest de celle-ci (fig. 21). La nature du terrain devant cette dernière nous a empêchés de prospecter la zone qui lui est adjacente et nous ne pouvons ainsi savoir si le canal s'élargissait pour former un bassin. Même si nous n'avons découvert qu'une faible partie de son tracé, l'orientation globale nous invite à postuler une orientation ouest/est pour le canal qui joindrait ainsi directement Médamoud au Nil sans passer par Karnak-nord. Bien évidemment, il faudrait étendre les recherches au-delà de notre concession pour pouvoir confirmer cette hypothèse.

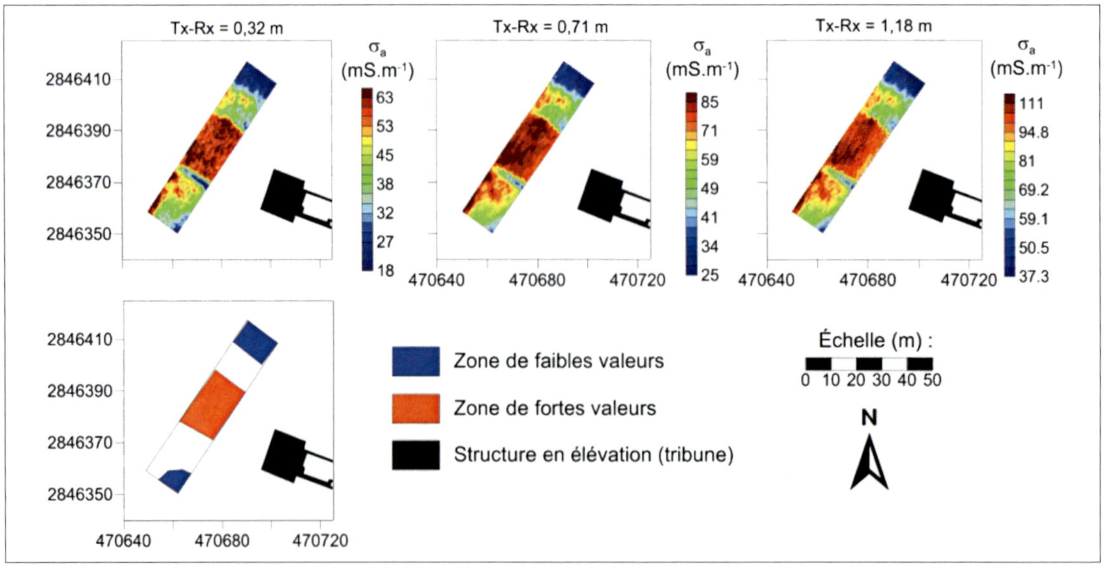

FIG. 21. Synthèse des résultats de la tribune.

72 LAUFFRAY 1971, p. 101 ; TRAUNECKER 1972, p. 195-236.

73 TRAUNECKER 1971, p. 177-196 (repris et corrigé par GABOLDE 1998, p. 196, n. 72) et SEIDLMAYER 2001, p. 63-73.

74 Pour la démonstration complète : RELATS MONTSERRAT 2016a.

Le parvis du temple, le secteur sud-ouest et les murs de clôture : zone P10/O11 (poterne)

Les abords du temple ptolémaïque sont marqués par un grand nombre de constructions témoignant des différentes phases du site[75]. À la différence des autres zones, nous possédons les plans issus des fouilles de F. Bisson de La Roque pendant lesquelles furent découverts deux murs de clôture (le mur augustéen dans lequel s'ouvrent la porte de Tibère[76] et un mur antérieur appelé « mur de 9 m[77] »), des fours à céramiques[78] ainsi qu'une construction en brique cuite appelée la « maison carrée[79] ». Ces différents vestiges devraient *a priori* répondre aux mesures géophysiques s'ils sont encore présents. Ainsi, une structure en terre ayant subi une cuisson (brique cuite) verra généralement sa susceptibilité magnétique augmenter (transformation d'oxyde de fer), pourra acquérir une aimantation thermorémanente et conduira moins bien le courant (perte d'eau et modification de sa structure). Les fours présenteront les mêmes caractéristiques, mais auront des réponses plus compactes spatialement que des structures bâties qui seront allongées, voire étendues. Par contre, la brique crue aura *a priori* une réponse différente (conductivité électrique plus importante, susceptibilité magnétique plus faible, pas d'aimantation rémanente). C'est pourquoi nous avons voulu superposer les plans anciens à nos propres résultats. Cependant, F. Bisson de La Roque publia trois plans différents de ce secteur, correspondant aux différentes campagnes de fouille (1929, 1930 et 1931). Nous les avons combinés dans notre pl. 1, en nous fondant sur les vestiges du temple qui sont présents sur tous les plans. Or, cet assemblage ne donne pas de résultats concluants puisque les deux murs de clôture ont un tracé différent à chaque fois (pl. 1). Cela signifie qu'il y a une erreur dans au moins un des plans que nous ne pouvons pas corriger[80]. Ils peuvent donc être utilisés comme preuve de l'existence d'un vestige, mais pas pour le localiser précisément. C'est pourquoi, nous ne présenterons pas de superposition des plans avec les résultats géophysiques.

Nous pouvons néanmoins partir des vestiges découverts pour en établir les caractéristiques architecturales qui doivent avoir une réponse géophysique d'après les critères que nous avons précédemment exposés. Nous allons ensuite vérifier dans nos propres résultats si les secteurs où devaient se situer approximativement les vestiges présentent les signatures attendues. Nous regroupons les interprétations des propriétés mesurées dans la fig. 22.

75 Nous appelons parvis du temple toute la zone comprise entre les kiosques et la porte de Tibère. Le secteur sud-ouest désigne l'angle sud-ouest inclus dans le mur de clôture augustéen.

76 Bisson de La Roque, Clère, Drioton 1928, p. 5 ; Bisson de La Roque, Clère 1929, p. 8.

77 Bisson de La Roque 1930, p. 9-15 ; Bisson de La Roque 1931, p. 39-40.

78 Bisson de La Roque 1931, p. 19-21.

79 Bisson de La Roque 1931, p. 8-9.

80 Nous n'avons aucun critère pour savoir quel plan est juste. Il se pourrait que l'erreur vienne du tracé du mur de 9 m dans le plan de 1929 (Bisson de La Roque 1930, pl. 1). Il faudrait alors le faire pivoter par rapport aux kiosques pour qu'il corresponde au tracé du plan de 1930 (Bisson de La Roque 1931, pl. 1). Il est cependant également possible que ce soit le positionnement des kiosques et du lac qui soient faux dans le plan de 1930. Dans ce cas, c'est ce dernier plan qu'il faudrait faire pivoter. Il pourrait enfin s'agir d'un problème de mise à l'échelle entre le relevé archéologique des vestiges découverts et l'élévation du temple. Or pour géoréférencer les plans, nous devons nous appuyer sur des constructions dont l'emplacement est assuré, ce qui n'est pas le cas ici.

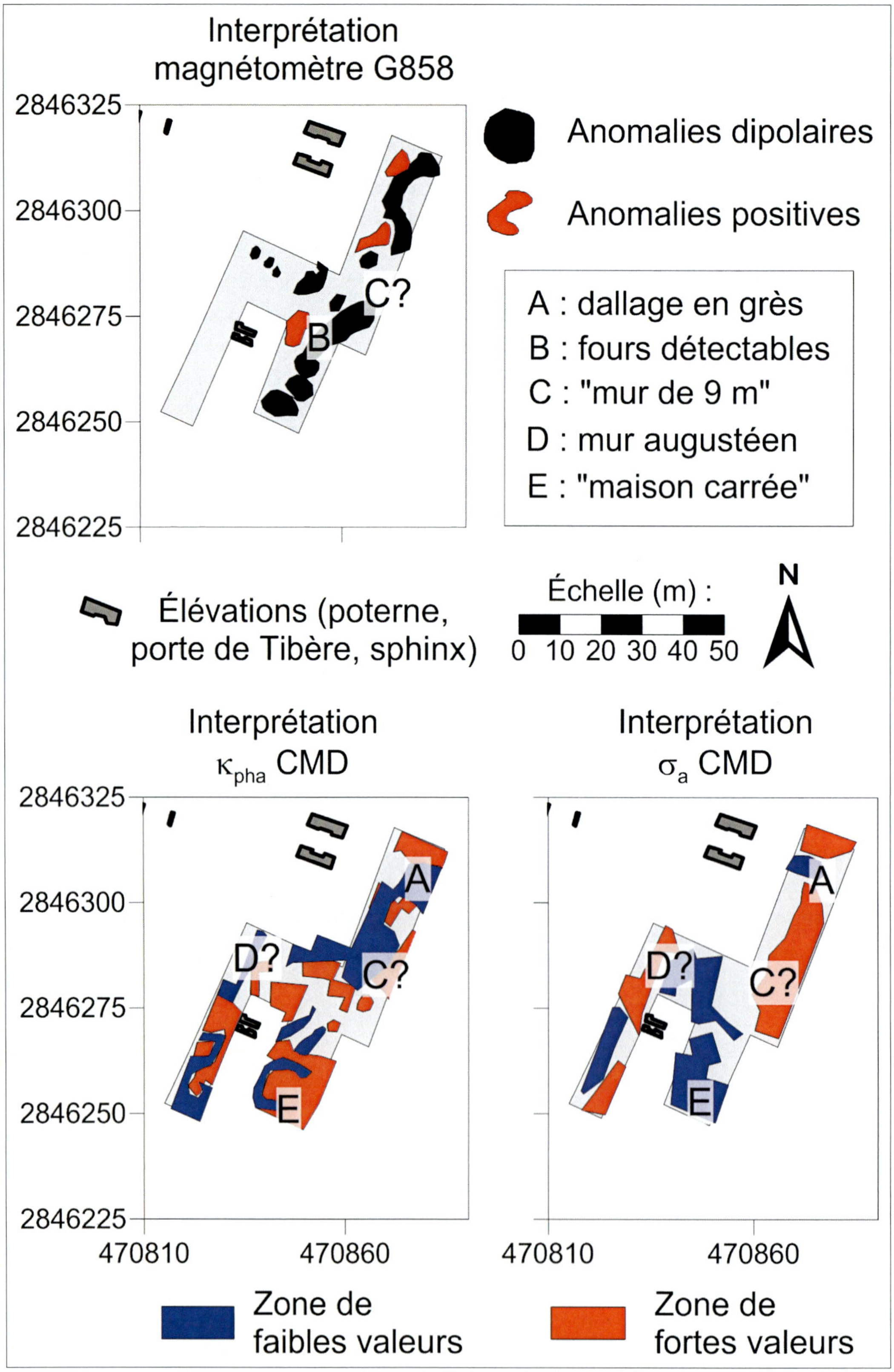

FIG. 22. Synthèse des propriétés géophysiques de la zone P10/O11.

Le dallage entre la porte de Tibère et les kiosques

Le dallage se compose de blocs de grès. Parce qu'il est encore partiellement en place (pl. 1), il est facilement reconnaissable dans les résultats géophysiques. De par son matériau, il se caractérise par de faibles valeurs en susceptibilité magnétique et en conductivité électrique. Au nord de la fig. 22, devant la porte de Tibère nous avons signalé par la lettre A le secteur correspondant à un tel résultat.

Les fours

À l'angle sud-ouest du mur de clôture augustéen, ont été retrouvés au moins 12 fours à céramiques (pl. 1). L'étude céramologique a permis de les dater d'une fourchette chronologique couvrant la Deuxième Période intermédiaire et la seconde moitié de la XVIIIe dynastie[81]. En raison du plan réalisé par F. Bisson de La Roque et la superposition de fours qu'il présente, deux phases se sont sûrement succédé (pl. 1). Leur niveau de base est entre - 1 et - 2 m et leur destruction commence au niveau - 1 m[82]. Ils sont formés d'un ensemble cylindrique de briques crues divisé en deux parties par une sole : la partie inférieure était destinée au combustible, tandis que la partie haute à ciel ouvert servait de chambre de cuisson. Sous l'effet de la chaleur, les briques se sont vitrifiées. F. Bisson de La Roque affirma avoir remblayé et laissé en place ces fours pour en permettre l'étude par les générations futures[83]. Il faut cependant noter que nous ne savons pas comment se fit ce remblayage, ni s'il y a eu des fouilles dans la zone entre 1930 et nos jours, ce qui a pu entraîner une destruction – au moins partielle – des fours. Quoi qu'il en soit, en raison des profondeurs des mesures géophysiques, tous les fours ne peuvent pas être détectés. C'est pourquoi nous avons sélectionné ceux qui se situent à une plus faible profondeur (points oranges sur la fig. 23). En outre, une inconnue subsiste quant au matériau utilisé pour leur comblement qui peut modifier la réponse attendue.

L'emplacement des trois fours sélectionnés est cohérent avec une zone d'anomalies dipolaires (marqués par un B dans la fig. 22) qui est un des critères marquant la vitrification des briques les constituant. Cependant, ils n'apparaissent ni comme anomalies de conductivité électrique, ni de susceptibilité magnétique comme *a priori* on s'y attendait (tabl. 2), ce qui peut s'expliquer par leur probable destruction partielle et leur comblement. De ce fait, la présence d'anomalies dipolaires sera par la suite considérée comme le premier critère de détection des fours, la conductivité électrique et la susceptibilité magnétique ne venant que confirmer cette information.

81 Recherche doctorale en cours. L'étude préliminaire (BARAHONA-MENDIETA 2014) avait déjà montré une production durant la XVIIIe dynastie, mais les prospections céramiques ont permis d'agrandir la fourchette chronologique pour la production céramique de ce secteur qui, désormais, commence au moins à la XVIIe dynastie.

82 Appelées « tours » par F. Bisson de La Roque : BISSON DE LA ROQUE 1931, p. 22.

83 « Les fours ont été en partie enterrés à nouveau afin d'essayer de les conserver et afin qu'une étude plus approfondie puisse en être faite. Cette étude pourrait avantageusement comprendre une fouille plus étendue du niveau inférieur ou niveau entre -1 mètre et - 2m.47 », BISSON DE LA ROQUE 1931, p. 25.

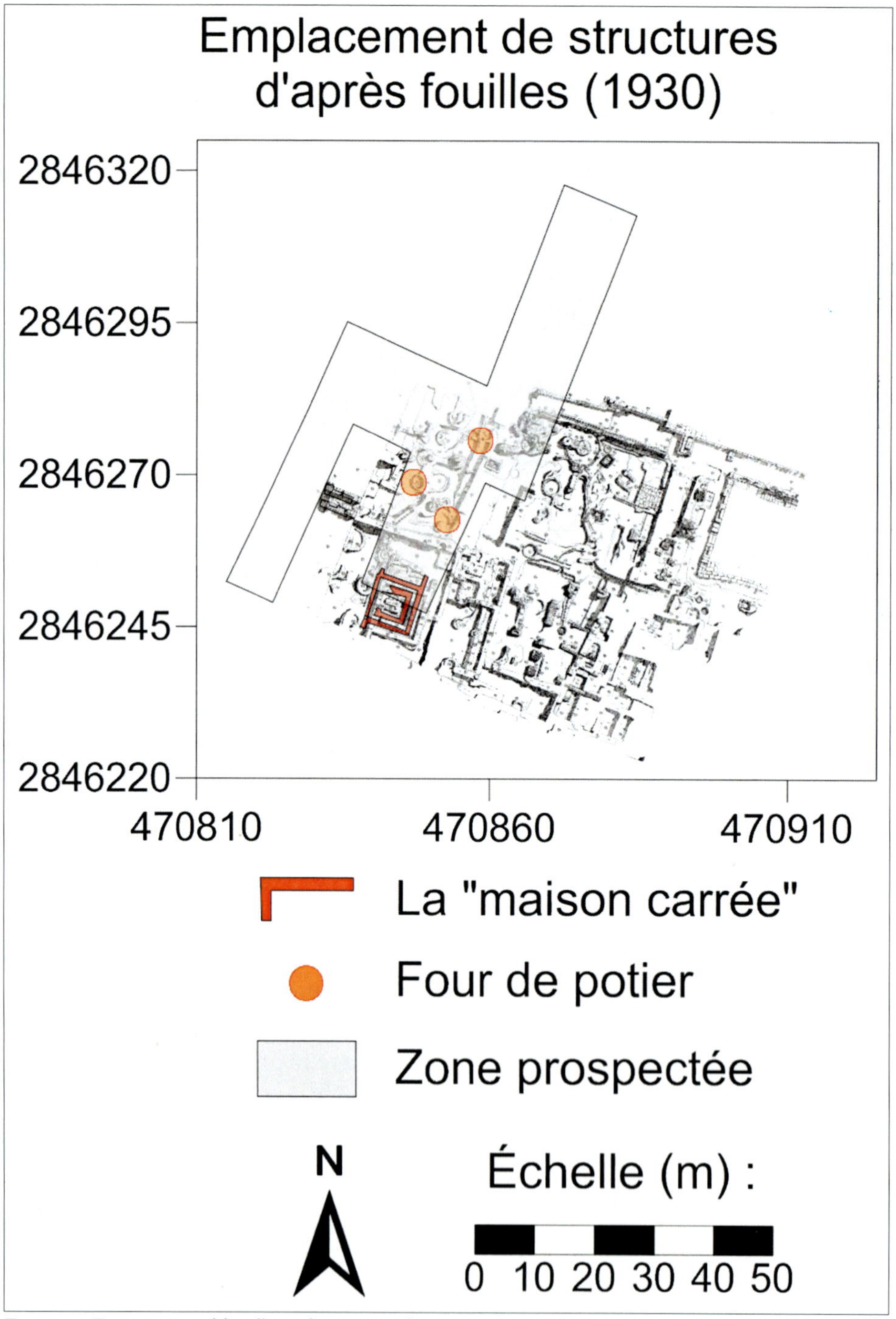

FIG. 23. Fours susceptibles d'être détectés par les appareils.

Le mur de clôture de 9 m

Le deuxième grand aménagement de la zone est un mur de clôture de 9 m d'épaisseur, orienté nord/sud, passant devant les kiosques et s'étendant vers le secteur sud-ouest. L'assemblage des plans (pl. 1) a montré que son tracé n'est pas établi et nous avons voulu préciser nos connaissances par la prospection géophysique. Étant construit en briques crues, on s'attendrait à ce qu'il présente une faible susceptibilité magnétique et une forte conductivité électrique (tabl. 2).

En regardant les anomalies de conductivité électrique, on constate qu'une anomalie de forte valeur se trouve dans la partie est de la prospection et correspond à l'orientation indiquée sur le plan de 1930 (C dans la fig. 22). Cette observation doit cependant être modérée par le fait qu'une zone de remontée de la nappe phréatique se trouve non loin (autour de la position E470860, N2846260, correspondant à l'anomalie de très forte conductivité électrique visible sur les trois cartes de la fig. 7). Une zone de faible susceptibilité magnétique présente un tracé similaire (C dans la fig. 22), nous permettant de confirmer l'orientation globale du mur et sa correspondance avec le plan de 1930. Il serait tentant d'identifier l'angle formé par cette zone de faible susceptibilité magnétique avec l'angle du mur de 9 m que F. Bisson de La Roque dit avoir découvert en 1930 et qui est visible pl. 1, mais nous manquons d'éléments pour l'affirmer de manière certaine.

Afin de préciser l'identification correcte du mur, un nettoyage de surface a été effectué. Il a permis d'en dégager une partie à l'ouest des kiosques et de mesurer la conductivité électrique et la susceptibilité magnétique directement sur la structure (fig. 24). D'après les résultats obtenus, il apparaît que la courbe de conductivité électrique (en noir) est plus faible dans le remblai à l'extérieur du mur et augmente à l'intérieur du massif. En ce qui concerne la susceptibilité magnétique (en bleu), elle présente un résultat inverse, étant plus élevée dans le remblai et diminuant dans le mur, ce qui correspond aux résultats attendus pour les murs en briques crues[84]. Cependant, la mesure de susceptibilité magnétique remonte de manière inhabituelle à 4,50 m à l'intérieur du massif et présente des résultats proches de ceux de la façade du mur. Il est possible que cela témoigne d'une exposition de cette partie à l'inondation comme s'il s'agissait d'une façade. Cela pourrait signifier que le mur n'aurait fait que 4,50 m d'épaisseur dans un premier temps et qu'il aurait été agrandi par la suite pour atteindre les 9 m. Confirmer l'existence de deux étapes de construction et les dater dépasse le cadre de cet article. Signalons cependant que le mur ne peut être antérieur à Nectanébo Ier en raison de ses assises courbes[85]. Si l'élargissement du mur se confirme, il pourrait correspondre à une monumentalisation de l'entrée du temple.

84 Becker, Fassbinder 1999.

85 La datation de cet aménagement pose de nombreux problèmes qui dépassent le cadre de cet article. F. Bisson de La Roque l'attribuait au Nouvel Empire. Or, il semble d'après les photographies de fouilles que le mur soit à assises courbes. Cette question est largement traitée dans la thèse de F. Relats Montserrat (2016b).

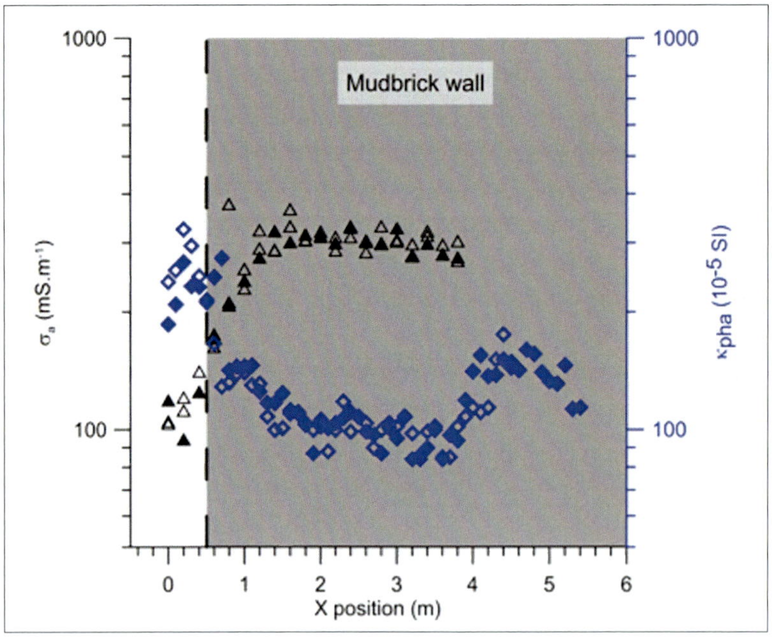

FIG. 24. Mesures de conductivité électrique et de susceptibilité dans le remblai et le mur de 9 m.

Le mur de clôture augustéen ?

À l'ouest du secteur s'étend le mur de clôture construit par Auguste dans lequel s'ouvre la porte de Tibère[86]. Son tracé entre la poterne et la porte de Tibère ne semble *a priori* pas poser problème puisque des briques sont encore présentes en surface. Il faut cependant signaler qu'il n'est pas clairement visible sur la fig. 22 (marqué par un D), alors qu'il devrait montrer une réponse similaire à celle du mur de 9 m. Cela pourrait s'expliquer par la topographie du terrain, ainsi que par l'exposition des briques à l'air libre qui leur ferait perdre une partie de leurs propriétés. Néanmoins, cela change peu l'interprétation des vestiges qui sont visibles hors sol.

La présence de la « maison carrée » ?

Les cartes de susceptibilité magnétique nous ont également permis de confirmer la présence potentielle d'un autre vestige : au sud-ouest, une anomalie positive de forme carrée au sein de laquelle se trouve une anomalie négative, elle aussi de forme carrée, se situe à l'endroit théorique des restes de la maison carrée (fig. 22 marquée par un E). D'après les fouilles de F. Bisson de La Roque en 1930, 1931 et 1932[87], il s'agit d'un édifice en brique cuite de 8,50 m de côté dont aucun seuil ne fut découvert. Le niveau de base des murs est à + 0,88 m, ces derniers subsistant sur une hauteur variant entre 0,25 et 0,48 m (niveau absolu : + 1,13 et + 1,36 m). À l'intérieur de ce carré, se trouvait un autre carré d'environ 7 m de côté, séparé du carré extérieur par un espace de 0,80 m. Comme Fl. Saragoza l'a récemment montré, il s'agit d'un sanctuaire

86 REVEZ 2004, avec la bibliographie des travaux de F. Bisson de La Roque.

87 BISSON DE LA ROQUE 1931, p. 7-9, fig. 4. ; BISSON DE LA ROQUE 1933, p. 42.

isiaque[88]. Son plan devait originellement ressembler au *sérapeion* découvert dans le parvis du temple de Louqsor et qui occupe le même emplacement que la maison carrée de Médamoud par rapport au temple[89]. Nous ne pouvons expliquer la présence de zones de faibles valeurs qui s'étendent vers le nord de cette maison[90].

Ainsi, même si nous n'avons pas pu superposer nos résultats aux plans des anciennes fouilles, nous pouvons assurer la présence des principaux vestiges qui avaient été découverts. Des zones d'ombre subsistent quant à leur tracé et leur état actuel, mais leur présence est assurée, ce qui permettra d'apporter des réponses aux questions laissées ouvertes.

La zone centrale du kôm : zone M4/K9 (grande zone)

La dernière zone présente une situation diamétralement différente aux deux précédentes. Elle se situe au centre du kôm, dans un secteur qui ne fut jamais fouillé, ni par F. Bisson de La Roque, ni par Cl. Robichon et nous sommes donc dépourvus d'informations archéologiques pour interpréter les données géophysiques. Néanmoins, à la lumière des résultats obtenus dans les autres secteurs, nous avons pu mettre en place un protocole interprétatif nous permettant de proposer un certain nombre d'hypothèses. Pour ce faire, nous avons combiné de différentes manières les cartes d'interprétation de la zone (fig. 25) afin de faire ressortir les combinaisons qui nous paraissaient les plus significatives. La combinaison bleue (fig. 25a) est celle qui correspond le mieux aux structures pouvant être interprétées comme des fours. Une importance particulière a été accordée aux anomalies magnétiques (bleu uni plus foncé) car ce sont les seuls critères qui permettaient de reconnaître clairement les fours de la zone P10/O11. La combinaison verte (fig. 25b) permet de faire ressortir ce qui pourrait correspondre à des structures en brique cuite. Enfin, la combinaison rouge (fig. 25c) cherche à identifier les structures potentiellement en brique crue, en se basant sur les mesures prises directement sur le mur de 9 m et sur les prospections qui ont montré que les anomalies de forte conductivité électrique (rouge uni plus foncé) pouvaient correspondre aux briques crues. Les résultats de ces interprétations sont synthétisés dans la fig. 26.

88 SARAGOZA 2012, p. 349-370.
89 GOLVIN *et al.* 1981, p. 118, fig. 2 e.
90 Visibles sur la fig. 22. Une zone de faible valeurs prolonge la maison carrée et correspond à l'orientation d'une canalisation signalée par F. Bisson de La Roque sur le plan de 1930 (BISSON DE LA ROQUE 1931, pl. 1). La zone est cependant bien plus étendue et ne peut donc pas être identifiée à la canalisation.

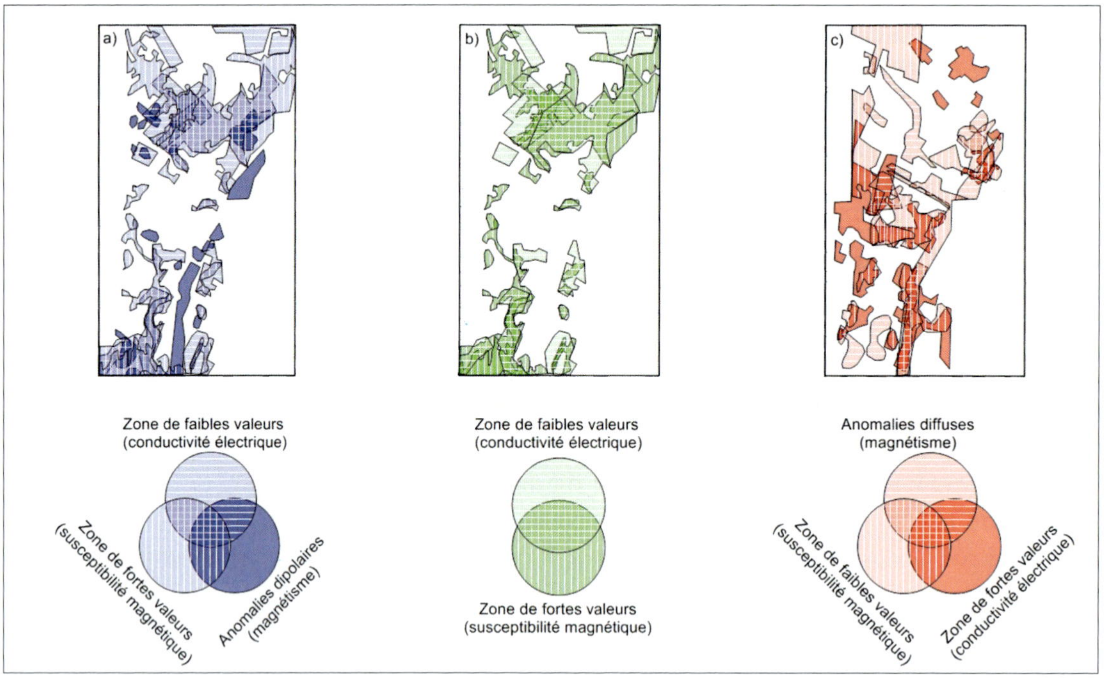

Fig. 25. Synthèse globale des données géophysiques.

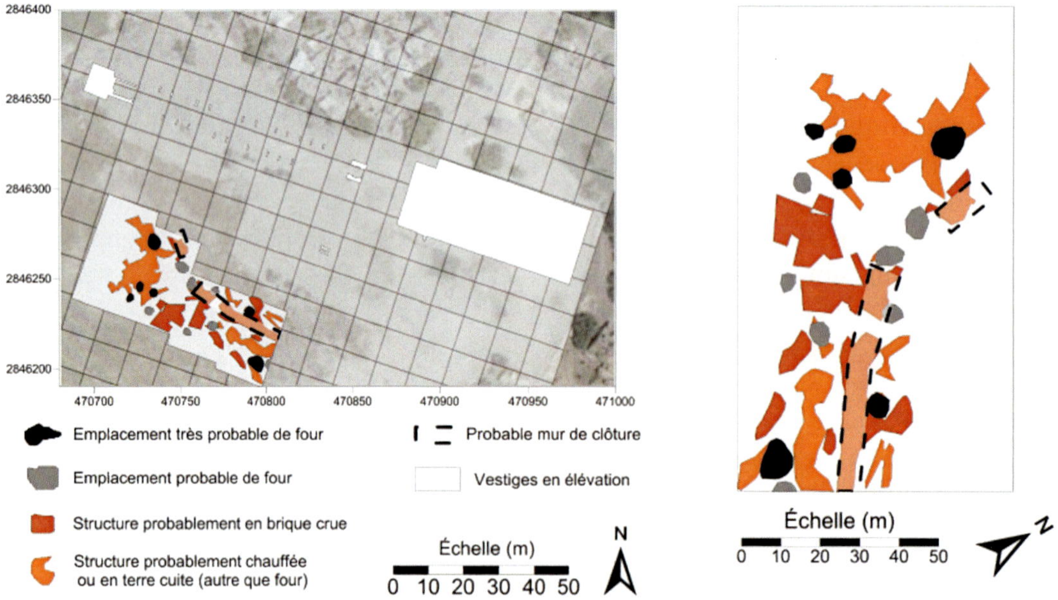

Fig. 26. Hypothèses d'interprétation archéologique tirées de la fig. 25.

La présence certaine de fours : un troisième secteur de production céramique à Médamoud

La prospection céramique a établi que cette zone a gardé les traces d'un important quartier d'activité de potiers : la densité des tessons, ainsi que les déchets de cuisson, associés à des scories, sont des indices clairs suggérant la présence d'ateliers. L'argument le plus probant est, rappelons-le, la paroi de four trouvée à même le sol hors contexte (fig. 16). La datation des céramiques couvre une grande fourchette, de la XVIIIe dynastie à l'époque ptolémaïque, avec des déchets de production à toutes les époques. Au sein de cette documentation, nous devons mettre en exergue l'abondance de fragments de jarres de stockage (*Meat Jars*) bien connues pendant la deuxième moitié de la XVIIIe dynastie et les XIXe/XXe dynasties[91]. On notera également la grande présence d'imitations d'amphores égéennes d'époque hellénistique. Bien sûr, nous ne pouvons pas assurer que l'ensemble de la production vient de cette zone, mais les résultats géophysiques pourraient plaider en faveur de la présence d'ateliers. Ainsi, en reprenant les trois critères précédemment établis (anomalie magnétique dipolaire, faible conductivité électrique, forte susceptibilité magnétique), au moins 13 combinaisons d'anomalies pourraient correspondre à des structures de type fours (fig. 26 – interprétations noires et grises). Si nous comparons l'emplacement supposé de ces fours, il est probable que nous ayons plusieurs phases de fours qui se seraient succédé. En ce sens, plusieurs fours sont situés à proximité (peut-être partiellement recouverts ?) par un mur de clôture dont nous reparlerons, ce qui est un indice des réaménagements du secteur.

Seule une fouille nous permettra, dans les prochaines années, de confirmer ces résultats. À l'échelle du site, il y aurait donc eu trois pôles de production : le premier au sud-ouest du temple, à la fin de la Deuxième Période intermédiaire et au début du Nouvel Empire ; le deuxième au sud-ouest du kôm dès la fin de la Troisième Période intermédiaire à l'époque ptolémaïque (G7/C10) ; et un troisième dans la grande zone (M4/K9), qui présente une chronologie intermédiaire. On peut donc poser l'hypothèse d'un glissement progressif vers le sud-ouest des zones de production qui s'éloignent progressivement du temple. La présence de tessons de la XVIIIe dynastie et de l'époque ptolémaïque pourrait être le signe de dépotoirs de déchets d'autres secteurs.

Un nouveau mur de clôture ?

En comparant les cartes d'anomalies et de susceptibilité magnétiques, une structure orientée nord-ouest/sud-est est clairement visible. Sa présence est confirmée du fait qu'elle apparaît à toutes les profondeurs (fig. 25). Il pourrait s'agir d'un mur de briques crues d'approximativement 4,5 m d'épaisseur (fig. 26). Une ouverture apparaît en négatif dans le mur par l'arrêt des briques sur une surface de 15 m. À cet emplacement, la faible réponse en susceptibilité magnétique semble dessiner une structure bâtie (fig. 11) qui répond de la même façon que le dallage entre la porte de Tibère et les kiosques. Peut-être aurions-nous ici une porte en pierre formant une avancée dans le mur. Il faudra bien évidemment étendre la zone de prospection pour comprendre la relation qu'un tel dispositif pouvait entretenir avec les murs de clôture du téménos, d'autant que nous ne pouvons le dater. Mais il semble qu'il recouvre partiellement plusieurs fours. Il leur est ainsi postérieur.

91 Voir l'explication de ce secteur dans la partie céramique *supra*.

Le reste de la zone est marqué par un enchevêtrement de structures qui en empêchent une lecture claire. Plusieurs phases de constructions peuvent néanmoins être détectées. Celles-ci se superposent puisque l'orientation des vestiges est différente selon les profondeurs. En outre, les réponses correspondent aussi bien aux résultats attendus pour des structures en brique crue (fig. 25c) qu'en brique cuite (fig. 25b), ce qui est probablement le signe de la stratification complexe du secteur. Nous serions tentés d'y voir – au moins dans une des phases d'occupation – un quartier artisanal, s'il se confirme qu'une partie de ces structures entretient un rapport avec les fours situés à proximité. Seule la fouille apportera une réponse quant à l'usage de ce secteur à l'extérieur du mur de clôture augustéen et au lien qu'il entretenait avec lui.

Conclusion

Les résultats que nous avons présentés ne sont que les prémices de nouvelles activités sur le terrain, mais ils nous permettent déjà d'améliorer notre connaissance du site. La présence des déchets de coction assure que Médamoud était un des principaux centres de production de céramique à pâte calcaire entre la Deuxième Période intermédiaire et l'époque romaine, sans interruption majeure. Nous connaissions déjà deux zones de fours et la prospection géophysique offre de fortes présomptions sur l'existence d'autres zones, en particulier un quartier artisanal et un nouveau mur de clôture. Les résultats dans les abords du temple sont plus limités, mais confirment la présence d'une partie des vestiges découverts par F. Bisson de La Roque.

Dans les prochaines campagnes, la prospection sera étendue à la totalité du kôm et nous ouvrirons de nouveaux secteurs de fouilles pour préciser les résultats obtenus.

Annexe : méthodologie pour le tracé des figures d'interprétation des cartes de propriétés apparentes

L'objet de cette annexe est de décrire les étapes permettant d'obtenir des cartes d'interprétation. Nous prendrons pour cela l'exemple de l'interprétation des données de susceptibilité magnétique obtenue sur la zone M4K9 (fig. 10 et fig. 11). Nous partons du postulat que la distribution statistique des données soit une loi normale. Le modèle associé permet alors de définir des estimateurs statistiques (comme la moyenne, l'écart-type, la médiane ou des quartiles). À partir de ceux-ci on peut déduire les intervalles suivants :

– l'intervalle de deux écart-types centré sur la moyenne ;

– l'intervalle compris entre le premier quartile (valeur du paramètre qui fait que 25 % des valeurs lui soient inférieures) et le troisième quartile (valeur du paramètre qui fait que 75 % des valeurs lui soient inférieures).

Le premier intervalle défini contient ainsi près de 68 % des valeurs prises par la propriété mesurée. Le second, quant à lui, contient par définition 50 % des valeurs. La moyenne et la médiane d'une loi normale étant égales (en pratique assez proches), il est alors possible de faire une échelle de couleurs qui se base sur les deux intervalles décrits ci-dessus et qui permet notamment d'identifier des pseudo-contours ne contenant que 14 % des valeurs données se situant entre la valeur de la moyenne retranchée d'un écart-type et le premier quartile (valeurs limites entre faibles et intermédiaires) d'une part, et les valeurs comprises entre le troisième quartile et la valeur de la moyenne ajoutée d'un écart-type (valeurs limites entre intermédiaires et fortes) d'autre part.

minimum	Moyenne - écart-type	Premier quartile	Moyenne	médiane	Troisième quartile	Moyenne + écart-type	maximum
149,5	295,5	314,5	358,5	355	398,5	422	615

TABL. 8 : Élément de statistiques basique pour la prospection de susceptibilité magnétique de la voie 2 sur M4K9.

Une fois que l'on définit ces seuils, on peut représenter les valeurs sous forme d'histogramme (fig. 27). Cette représentation permet de voir que les intervalles de transition sélectionnés sont assez fins vis-à-vis de la distribution totale. L'intervalle compris entre les deux intervalles de transition est marqué en vert pour faciliter la lecture (fig. 27). L'opération est réalisée pour chaque prospection d'un même paramètre recouvrant la même surface. On superpose ensuite les cartes obtenues. Les contours les plus marqués sur la superposition sont alors ceux qui sont pointés manuellement (fig. 28).

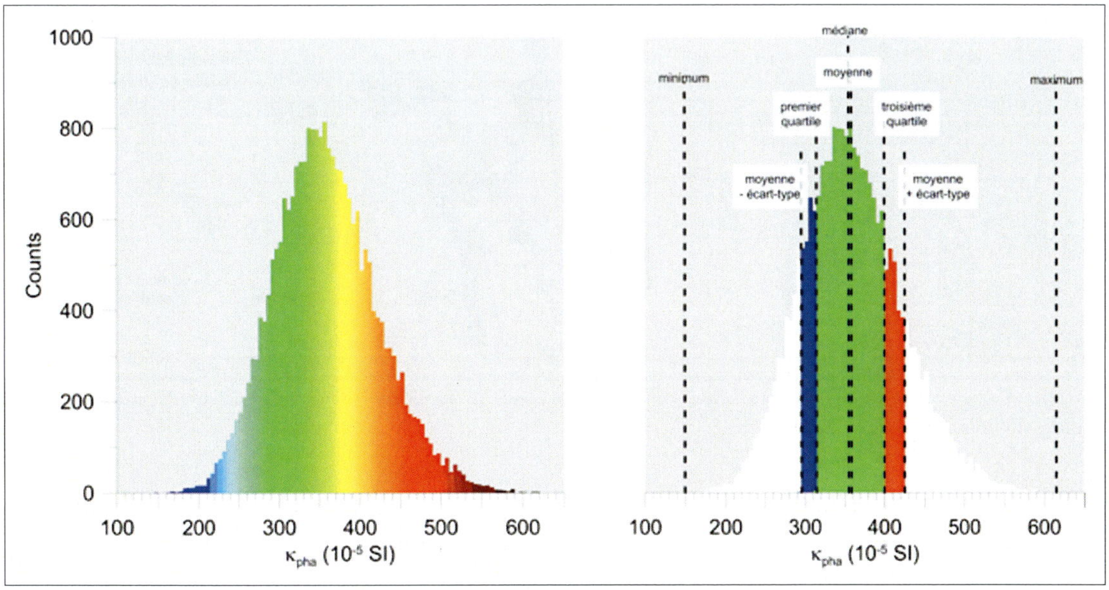

FIG. 27. Histogramme de la représentation en échelle de couleur continue (à gauche de la figure) et en échelle d'aide à l'interprétation (à droite de la figure).

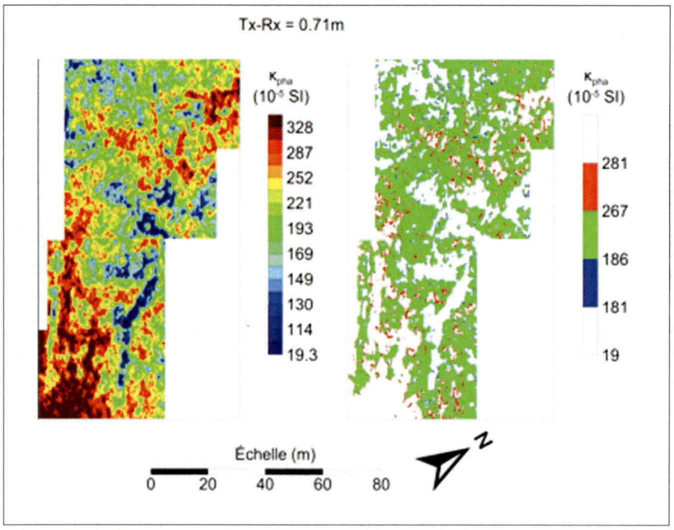

FIG. 28. Prospection de la susceptibilité magnétique sur la zone M4K9, carte obtenue avec les échelles de la fig. 27.

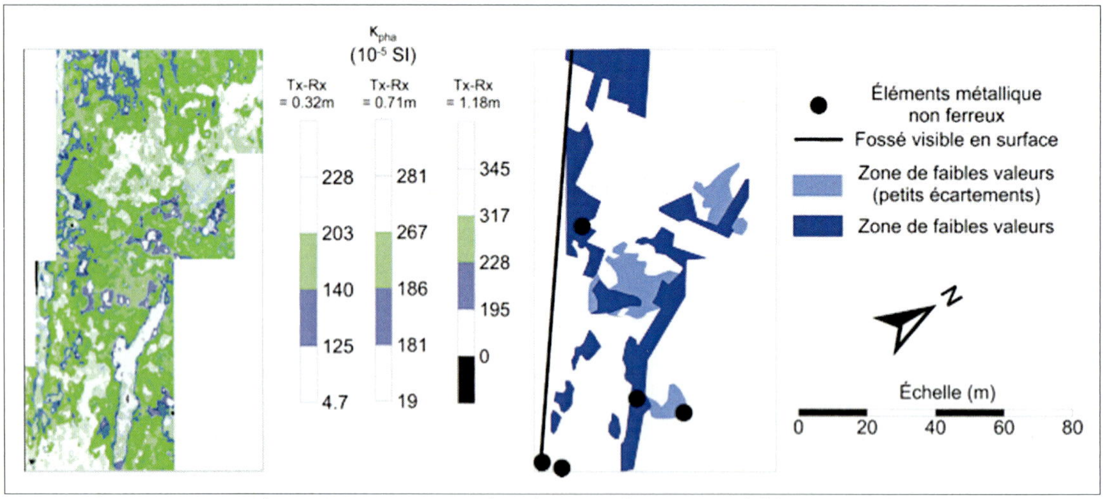

FIG. 29. Carte superposée des 3 voies avec mise en valeur des zones de transition faible à intermédiaire (à gauche) et résultats du pointé manuel (à droite).

Quelques remarques sont nécessaires sur les limites de la méthode. L'hypothèse de normalité de la distribution des valeurs n'est pas forcément respectée, en particulier s'il y a des contrastes de propriété bien marqués avec des répartitions spatiales inégales. Cependant, dans ce cas-là, l'interprétation est, *a priori*, plus simple et ne nécessite pas de mise en valeur pour le pointé. Le fait d'évaluer des seuils de façon statistique gomme une partie de l'information de la variation des propriétés avec l'écartement (ce qui peut être une piste d'amélioration).

BIBLIOGRAPHIE

Abdallatif, Mousa, Elbassiony 2003

T.F. Abdallatif, S.E. Mousa, A. Elbassiony, « Geophysical Investigation for Mapping the Archaeological Features at Qantir, Sharqyia, Egypt », *Archaeological Prospection* 6, vol. 10, 2003, p. 27-42.

Aston 1998

D.A. Aston, *Die Keramik des Grabungplatzes Q I.* Teil 1, *Corpus of Fabrics, Wares and Shapes*, Mayence, 1998.

Aston 1999

D.A. Aston, *Elephantine* XIX, *Pottery from the Late New Kingdom to the Early Ptolemaic Period*, ArchVer 95, Mayence, 1999.

Aston 2004

D.A. Aston, *Tell el-Dab'a* XII. *A Corpus of Late Middle Kingdom and Second Intermediate Period Pottery*, UZK 23, DÖAWW 28, Vienne, 2004.

Aston 2007

D. Aston, « Kom Rabia, Ezbet Helmi and Saqqara NK3507. A Study in Cross-Dating » *in* M. Bietak (éd.) *The Synchronisation of Civilisations in the Eastern Mediterranean in the Second Millenium B.C.* III, *Österreichische Akademie der Wissenschaften*, Vienne, 2007, p. 207-248.

Aston, Bader 2009

D.A. Aston, B. Bader, « Fishes, Ringstands, Nudes and Hippos – A Preliminary Report on the Hyksos Palace Pit Complex L81 », *ÄgLev* 19, 2009, p. 19-89.

Bailey 1988

D.M. Bailey, *A Catalogue of the Lamps in the British Museum*, vol. 3, *Roman Provincial Lamps*, British Museum, Londres, 1988

Ballet *et al.* 1991

P. Ballet, F. Mahmoud, M. Vichy, M. Picon, « Artisanat de la céramique dans l'Égypte romaine tardive et byzantine. Prospections d'ateliers de potiers de Minia à Assouan », *CCE* 2, 1991, p. 129-144.

Ballet 2001

P. Ballet, « Céramiques hellénistiques et romaines d'Égypte » *in* É. Gény (éd.), *Céramiques hellénistiques et romaines* III, Paris, 2008.

Barahona-Mendieta 2014

Z. Barahona-Mendieta, « La producción cerámica en Medamud. Estudio de la cerámica procedente de los hornos del Reino Nuevo, Baja Época y Época Ptolemaica », *BCE* 24, 2014, p. 267-280.

Barahona-Mendieta 2015

Z. Barahona Mendieta, « Note préliminaire sur quelques céramiques grecques trouvées à Médamoud » *in* A. Marangou (éd.), *Table ronde : La culture matérielle grecque dans la vallée thébaine. 8 novembre 2012, université Rennes 2, 2013*, Rennes, 2015, p. 113-117.

Barahona-Mendieta 2016

Z. Barahona-Mendieta, *Estudio histórico y caracterización diacrónica de la cerámica descubierta en Medamud en las excavaciones del IFAO : contribución a la historia de la cerámica del Alto Egipto*, thèse de doctorat, Universitat Autonoma de Barcelona, 2016.

Barahona-Mendieta 2017

Z. Barahona-Mendieta, « La producción cerámica en época ptolemaica en Medamud, hasta comienzos de la dominación romana » *in* R. David (éd.), *Céramiques ptolémaïques de la région thébaine*, CCE 10, Le Caire, 2017, p. 25-48.

Barahona-Mendieta, Relats Montserrat à paraître

Z. Barahona-Mendieta, F. Relats Montserrat, « Medamud en el Tercer Periodo Intermedio y en la Baja Época. Consideraciones preliminares » *in* A. Largacha (éd.), *V Congreso Ibérico de Egiptología, Cuenca 9-12 mars 2015*, 2017, p. 127-147.

BECKER, FASSBINDER 1999
H. Becker, J.W.E. Fassbinder, « In Search for Piramesse—the Lost Capital of Ramses II in the Nile Delta (Egypt) by Caesium Magnetometry », *Archaeological Prospection* 6, vol. 4, 1999, p. 146-150.
BISSON DE LA ROQUE 1926
F. Bisson de La Roque, *Rapport sur les fouilles de Médamoud (années 1924-1925)*, FIFAO 3, vol. 1, Le Caire, 1926.
BISSON DE LA ROQUE 1927
F. Bisson de La Roque, *Rapport sur les fouilles de Médamoud (1926)*, FIFAO 4, vol. 1, Le Caire, 1927.
BISSON DE LA ROQUE 1930
F. Bisson de La Roque, *Rapport sur les fouilles de Médamoud (année 1929)*, FIFAO 7, vol. 1, Le Caire, 1930.
BISSON DE LA ROQUE 1931
F. Bisson de La Roque, *Rapport sur les fouilles de Médamoud (1930)*, FIFAO 8, vol. 1, Le Caire, 1931.
BISSON DE LA ROQUE 1933
F. Bisson de La Roque, *Rapport sur les fouilles de Médamoud (1931 et 1932)*, FIFAO 9, vol. 3, Le Caire, 1933.
BISSON DE LA ROQUE 1946
F. Bisson de La Roque, « Les fouilles de l'Institut français à Médamoud », *RdE* 5, 1946, p. 25-44.
BISSON DE LA ROQUE, CLÈRE 1929
F. Bisson de La Roque, J.J. Clère, *Rapport sur les fouilles de Médamoud (1928)*, FIFAO 6, vol. 1, Le Caire, 1929.
BISSON DE LA ROQUE, CLÈRE, DRIOTON 1928
F. Bisson de La Roque, J.J. Clère, Ét. Drioton, *Rapport sur les fouilles de Médamoud (1927)*, FIFAO 5, vol. 1, Le Caire, 1928.
BONIFAY 2004
M. Bonifay, *Études sur la céramique romaine tardive d'Afrique*, BAR-IS 1301, Oxford, 2004.
BOURRIAU 1990
J. Bourriau, « The Pottery » *in* P. Lacovara, *Deir el-Ballas, Preliminary Report on the Deir el-Ballas Expedition, 1980-1986*, ARCE Reports 12, Winona Lake, p. 15-65.
BOURRIAU 1997
J. Bourriau, « Beyond Avaris: The Second Intermediate Period in Egypt Outside the Eastern Delta » *in* E. Oren, (éd.), *The Hyksos: New Historical and Archaeological Perspectives. International Seminar on Cultural Interconnections in the Ancient Near East*, University Museum Monograph 96, Philadelphie, 1997, p. 159-182.
BOURRIAU 2010
J. Bourriau, *The Survey of Memphis* IV. *Kom Rabia: The New Kingdom Pottery*, EES ExcMem 93, Londres, 2010.
BOURRIAU, OP DE BEEK, MEYER 2005
J. Bourriau, L. Op de Beeck, M. de Meyer, « The Second Intermediate Period and Early New Kingdom at Deir al-Barsha », *ÄgLev* 15, 2005, p. 101-130.
BRUNTON 1930
G. Brunton, *Qau and Badari* III, BSAE 50, Londres, 1930.
BUDKA 2006
J. Budka, « The Oriental Institute Ahmose and Tetisheri Project at Abydos 2002-2004: The New Kingdom Pottery », *ÄgLev* 16, 2006, p. 83-120.
CABROL 2001
A. Cabrol, *Les voies processionnelles de Thèbes*, OLA 97, Louvain, 2001.
DAVID 2013
R. David, « La céramique d'un habitat du Vᵉ siècle à Karnak », *Cahiers de Karnak* 14, 2013, p. 287-297.
DEFERNEZ, MARCHAND 2006
C. Defernez, S. Marchand, « Imitations égyptiennes de conteneurs d'origine égéenne et Levantine (VIᵉ s.-IIᵉ s. av. J.-C.) » *in* B. Mathieu, D. Meeks, M. Wissa (éd.), *L'apport de l'Égypte* à l'*histoire des techniques. Méthodes, chronologie et comparaisons*, BiEtud 142, Le Caire, 2006, p. 63-99.
DIXNEUF 2011
D. Dixneuf, *Amphores égyptiennes. Production, typologie, contenu et diffusion (IIIᵉ siècle avant J.-C. – IXᵉ siècle après J.-C.)*, EtudAlex 22, Alexandrie, 2011

GABOLDE 1998
L. Gabolde, *Le « grand château d'Amon » de Sésostris Ier à Karnak,* MAIBL 17, Paris, 1998
GABOLDE, RONDOT 1993
L. Gabolde, V. Rondot, « Une catastrophe antique dans le temple de Montou à Karnak-Nord », *BIFAO* 93, 1993, p. 245-64.
GEMPELER 1992
R.D. Gempeler, *Elephantine 10. Die Keramik römischer bis frühharabischer Zeit,* AV 43, Mainz, 1992.
GOLVIN *et al.* 1981.
J.-Cl. Golvin, S. ʿAbd el-Ḥamīd, G. Wagner, Fr. Dunand, « Le petit Sarapieion romain de Louqsor », *BIFAO* 81, 1981, p. 115-148.
JACQUET-GORDON 1981
H. Jacquet-Gordon, « A Tentative Typology of Egyptian Bread Moulds » *in* Do. Arnold (éd.), *Studien zur Altägyptischen Keramik,* SDAIK 9, Mayence, p. 11-24
JACQUET-GORDON 2012
H. Jacquet-Gordon, *Karnak-Nord* X, *Le Trésor de Thoutmosis Ier, La céramique,* FIFAO 65, Le Caire, 2012.
KOPETZKY 2012
K. Kopetzky, « The Dawn of the Middle Kingdom at Tell el-Dabca: Selected Pottery from Settlements and Tombs from the Phases G/1–3 and F » *in* R. Schiestl, A. Seiler (éd.), *Middle Kingdom Pottery Handbook,* vol. II, Vienna, 2012, p. 89-106.
LAUFFRAY 1971
J. Lauffray, « Abords occidentaux du premier pylône de Karnak, le dromos, la tribune et les aménagements portuaires », *Kêmi* 21, 1971, p. 77-144.
LAUFFRAY 1995
J. Lauffray, *La chapelle d'Achôris à Karnak* I. *Les fouilles, l'architecture, le mobilier et l'anastylose,* Paris, 1995.
MARCHAND 2012
S. Marchand, « La céramique » *in* G. Charloux, R. Angevin, S. Marchand, H. Monchot, J. Roberson, H. Virenque, *Le parvis du temple d'Opet à Karnak. Exploration archéologique (2006-2007),* BiGen 41, Le Caire, 2012, p. 69-124.
MARCHAND, SOUKIASSIAN 2010
S. Marchand, G. Soukiassian, *Balat* VIII. *Un habitat de la XIIIe dynastie-2e Période intermédiaire à Ayn Asil,* FIFAO 59, Le Caire, 2010.
MASSON 2007
A. Masson, « Le quartier des prêtres du temple de Karnak : rapport préliminaire de la fouille de la maison VII, 2001-2003 », *Cahiers de Karnak* 12, 2007, p. 593-655.
MASSON 2011
A. Masson, « Persian and Ptolemaic Ceramics from Karnak: Change and Continuity », *CCE* 9, 2011, p. 269-310.
NORDSTRÖM, BOURRIAU 1993
H. Nordström, J. Bourriau, « Ceramic Technology: Clays and Fabrics » *in* Do. Arnold, J. Bourriau (éd.), *An Introduction to Ancient Egyptian Pottery,* SDAIK 17, Mayence, 1993 p. 142-190.
PIERRAT *et al.* 1995
G. Pierrat, J.-P. Adam, Chr. Barbotin, M. Étienne, S. Guichard, D. Leconte, « Fouilles du musée du Louvre à Tod, 1988-1991 », *CahKarn* 10, 1995, p. 405-503.
PIERRAT-BONNEFOIS 1996
G. Pierrat-Bonnefois, « Évolution de la céramique de Tôd. Du IIe siècle au VIIe siècle apr. J.-C. », *CCE* 4, 1996, p. 189-206.
PILLET 1924
M. Pillet, « Rapport sur les travaux de Karnak (1923-1924) », *ASAE* 24, 1924, p. 51-88.
PILLET 1925
M. Pillet, « Rapport sur les travaux de Karnak (1924-1925) », *ASAE* 25, 1925, P. 1-24.
RELATS MONTSERRAT 2016a
F. Relats Montserrat, « Medamoud and the Nile: Some Preliminary Reflections » *in* H. Willems (éd.), *The Nile. A Natural and a Cultural Landscape, Mainzer Historische Kulturwissenschaften,* Mayence, 2016.

RELATS MONTSERRAT 2016b
F. Relats Montserrat, *Les fouilles françaises de Médamoud, synthèse historique et archéologique d'un temple thébain*, thèse de doctorat, université Paris-Sorbonne, 2016.

REVEZ 2004
J. Revez, « Une stèle commémorant la construction par l'empereur Auguste du mur d'enceinte du temple de Montou-Rê à Médamoud », *BIFAO* 104, 2004, p. 495-510

ROBICHON, VARILLE 1939
Cl. Robichon, A. Varille, « Médamoud, les fouilles du musée du Louvre, 1938 », *CdE* 14, fasc. 27, janvier 1939, p. 82-7.

ROBICHON, VARILLE 1940
Cl. Robichon, A. Varille, *Description sommaire du temple primitif de Médamoud,* RAPH 11, Le Caire, 1940.

RODZIEWICZ 2005
M. Rodziewicz, *Elephantine* XXVII. *Early Roman Industries on Elephantine*, ArchVer 107, Berlin, Mayence, 2005.

RZEUSKA 2011
T.I. Rzeuska, « Grain, Water and Wine. Remarks on the Marl A3 Transport-Storage Jars from Middle Kingdom Elephantine », *CCE* 9, 2011, P. 461-530.

SARAGOZA 2012
Fl. Saragoza, « La « maison à double-carré » de Médamoud et les sanctuaire isiaques d'Égypte », *BIFAO* 112, 2012, p. 349-70.

SCHREIBER 2003
G. Schreiber, *Late Dynastic and Ptolemaic Painted Pottery from Thebes (4th-2th c. BC), Dissertationes Pannonicae Ser.* III. vol. 6, Budapest, 2003.

SEIDLMAYER 2001
St.J. Seidlmayer, *Historische und moderne Nilstände Untersuchungen zu den Pegelablesungen des Nils von der Frühzeit bis in die Gegenwart,* ACHET 1, Berlin, 2001.

SEILER 1997
A. Seiler, « Hebua I. Second Intermidiate Period and Early New Kingdom Pottery », *CCE* 5, 1997, p. 23-33.

SEILER 1999
A. Seiler, « Zur Formentwicklung der Keramik der Zweiten Zwischenzeit und der frühen 18. Dynastie » *in* W. Kaiser *et al.*, « Stadt und Tempel von Elephantine, 25./26./27. Grabungsbericht », *MDAIK* 55, 1999, p. 204-224.

SCHIESTL, SEILER 2012
R. Schiestl, A. Seiler (éd.), *Handbook of the Pottery of the Egyptian Middle Kingdom,* 2 vol., *ÖAW* 72, CCEM 31, Vienne, 2012.

TOMBER 2006
R.S. Tomber, « The Pottery » *in* V.A. Maxfield, D.P.S. Peacock (éd.), *Survey and Excavation Mons Claudianus 1987-1993*, vol. III, *Ceramic Vessels and Related Objects,* FIFAO 54, Le Caire, 2006, p. 3-218.

TYSON-SMITH 2012
S. Tyson-Smith, « Pottery from Askut and Nubian Forts » *in* R. Schiestl, A. Seiler (éd.), *Handbook of the Pottery of the Egyptian Middle Kingdom,* vol. II, Vienne, p. 377-405.

TRAUNECKER 1971
Cl. Traunecker, « Données d'hydrologie et de climatologie du site de Karnak (II) », *Kémi* 21, 1971, p. 177-196.

TRAUNECKER 1972
Cl. Traunecker, « Les rites de l'eau à Karnak d'après les textes de la rampe de Taharqa », *BIFAO* 72, 1972, p. 195-236.

VARILLE 1943
A. Varille, *Karnak Nord* I, FIFAO 19, Le Caire, 1943

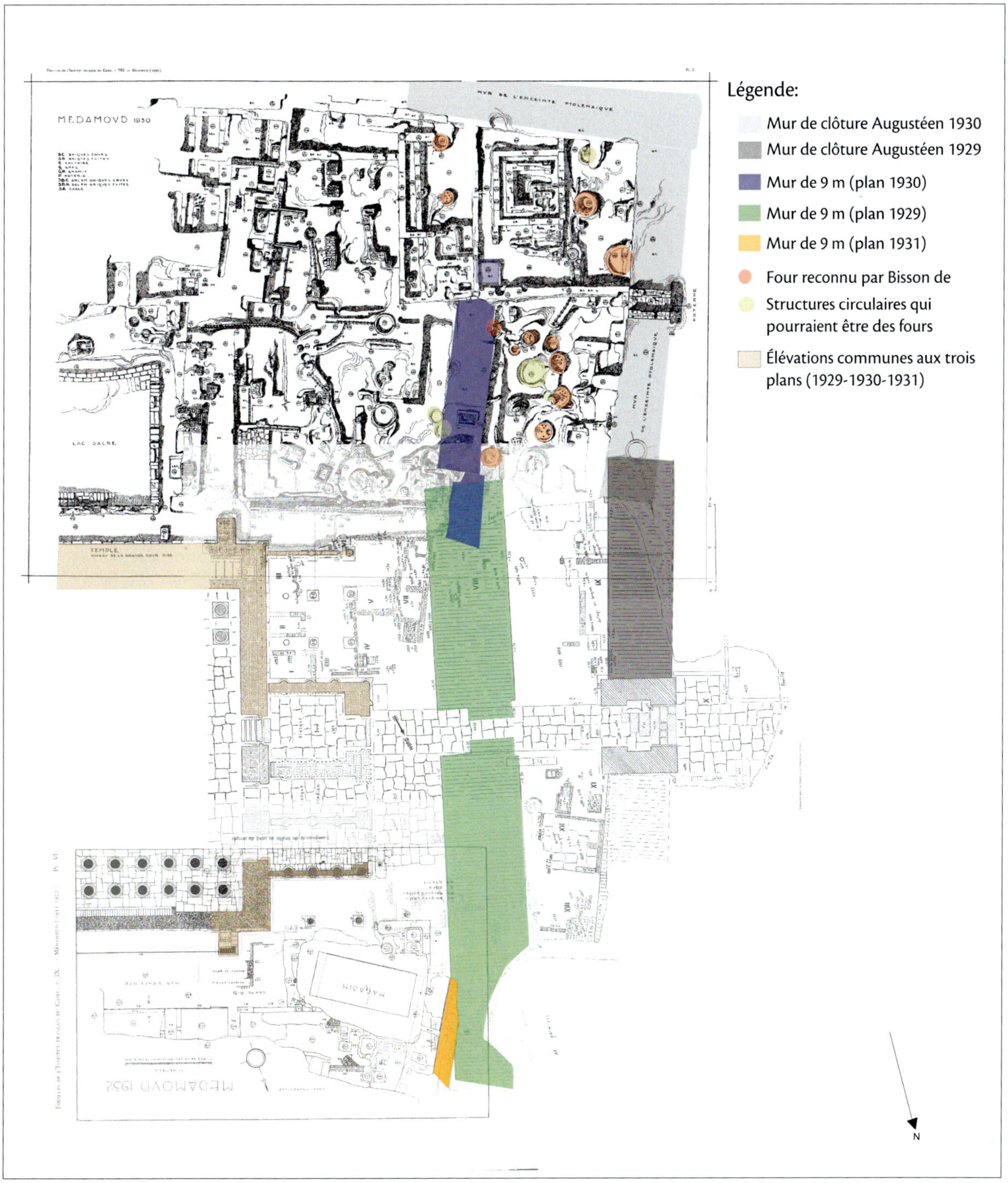

Pl. 1. Superposition des plans.

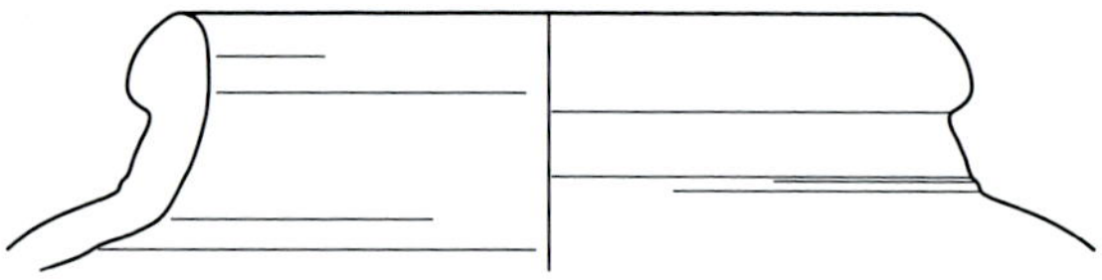

Med 2015-161
Marl A3

Med15-101
Marl A3

Med15-157
Marl A3

0 1 5 cm

Pl. 2. Céramique Moyen Empire.

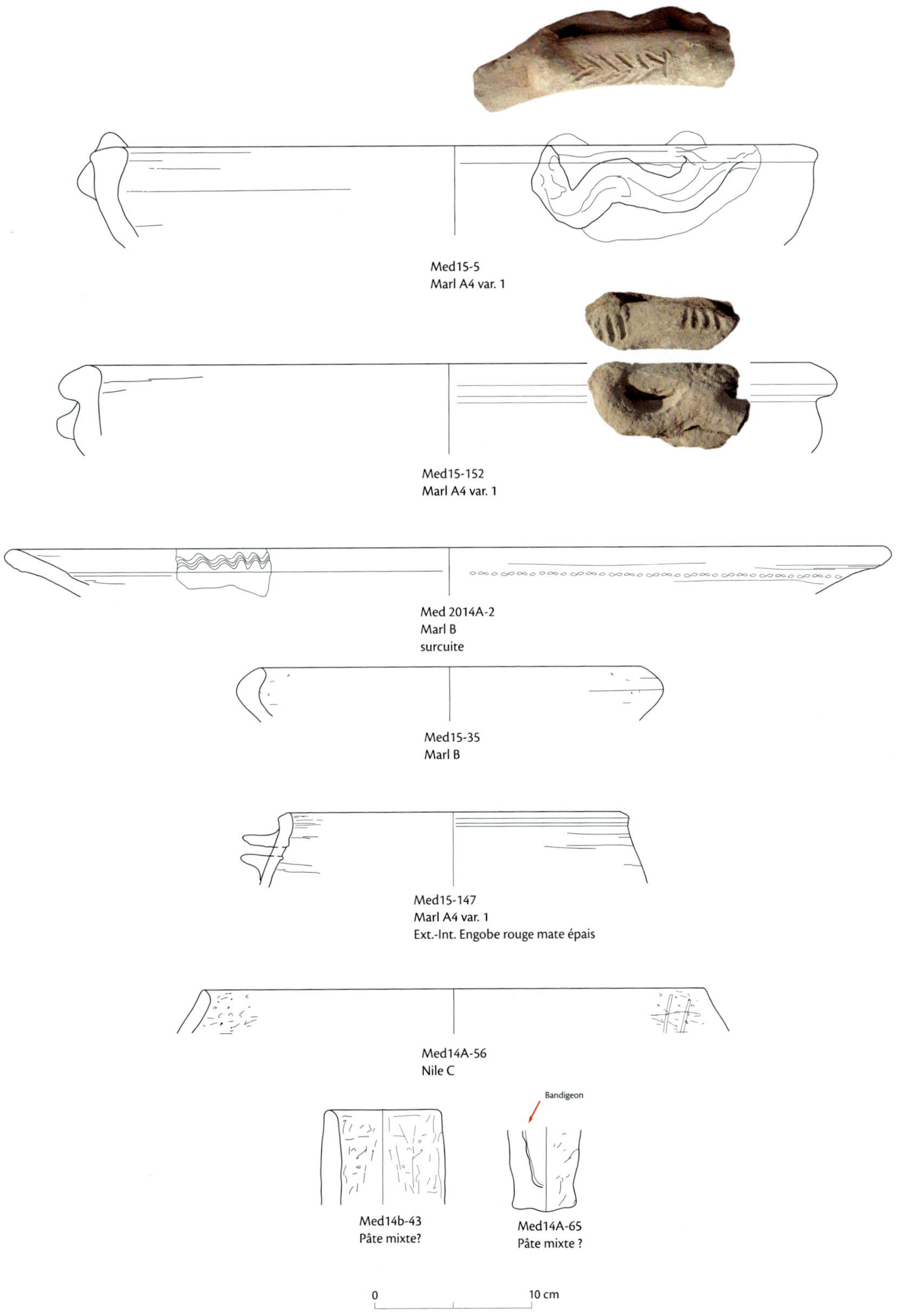

Pl. 3. Céramique Deuxième Période intermédiaire.

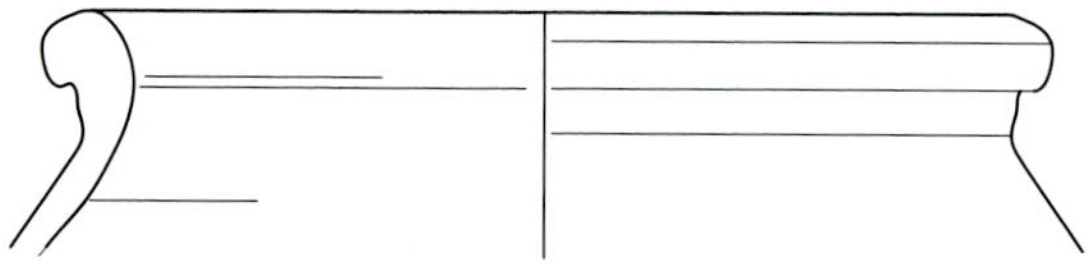

Med 2015-120
Marl A4 var. 1

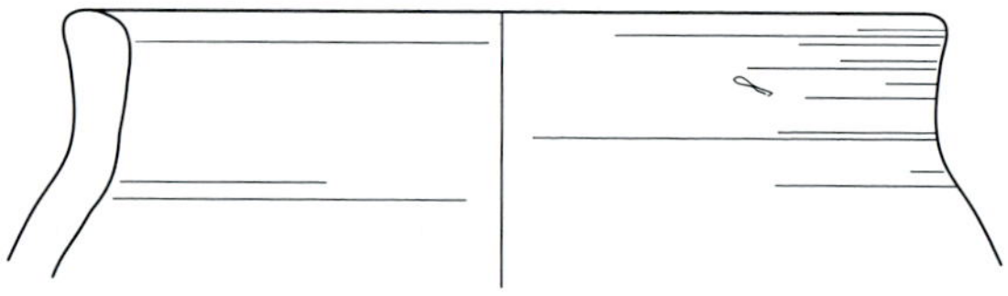

Med 2015-162
Marl A surcuite

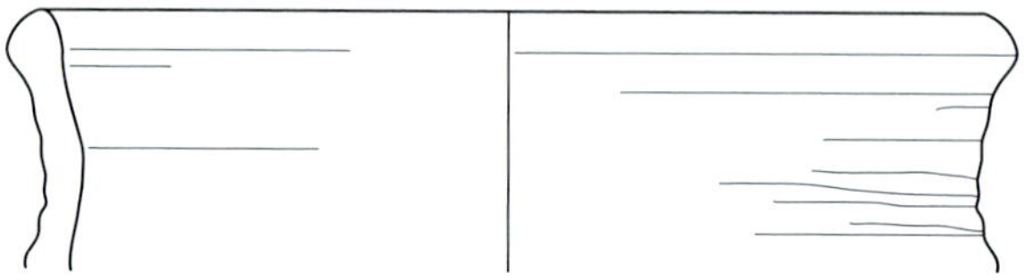

Med15-159
Marl A3

Med14A-26
Marl B surcuite

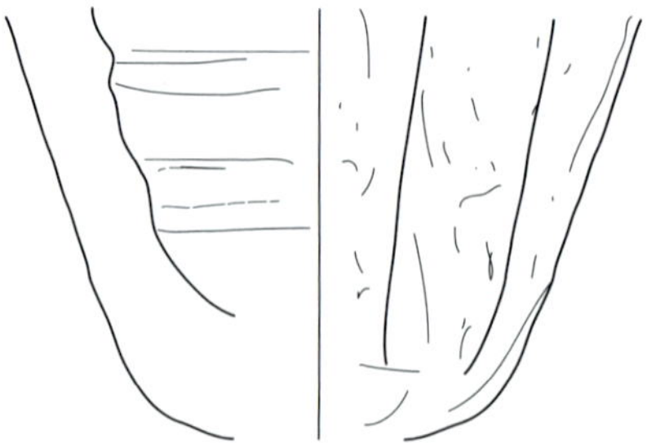

Med14A-21
Marl A4 surcuite
Ext.-Int. Beige

Pl. 4. Céramique Deuxième Période intermédiaire.

Med15-195
Marl A4
Figurine de cheval

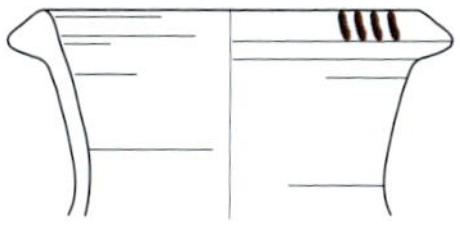

Med15-K9-1
Marl A2

Med15-210
Marl A2

Med15-96
Marl A4 var. 1

Med14A-80
Marl A2
Surcuite et déformée

Med15-173
Marl A2

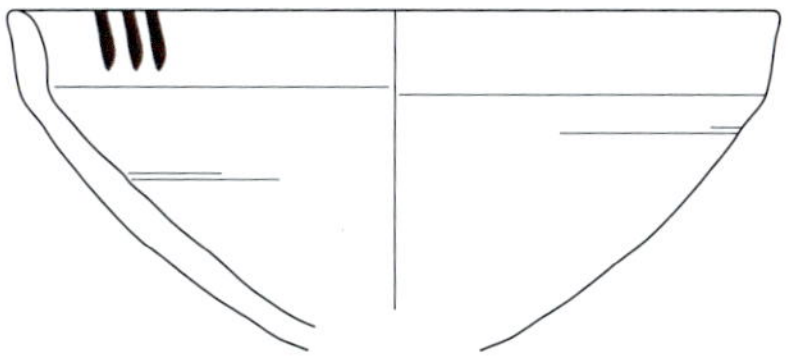

Med15-20
Marl A4 var. 1
Engobe rouge mate

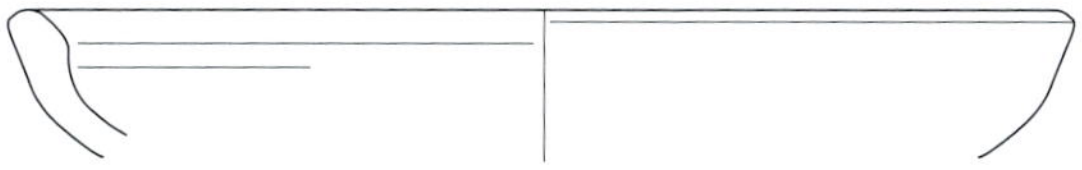

Med 2015-SP11-8
Marl A4 var. 1
Engobe rouge poli

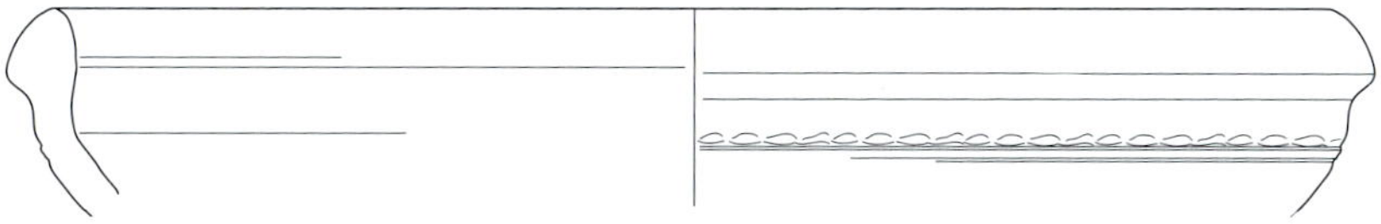

Med15-74
Marl A4 var. 1

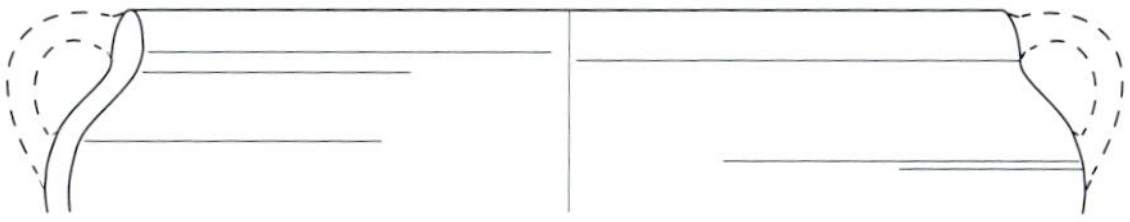

Med15-165
Marl A
Surcuite et déformée

0 10 cm

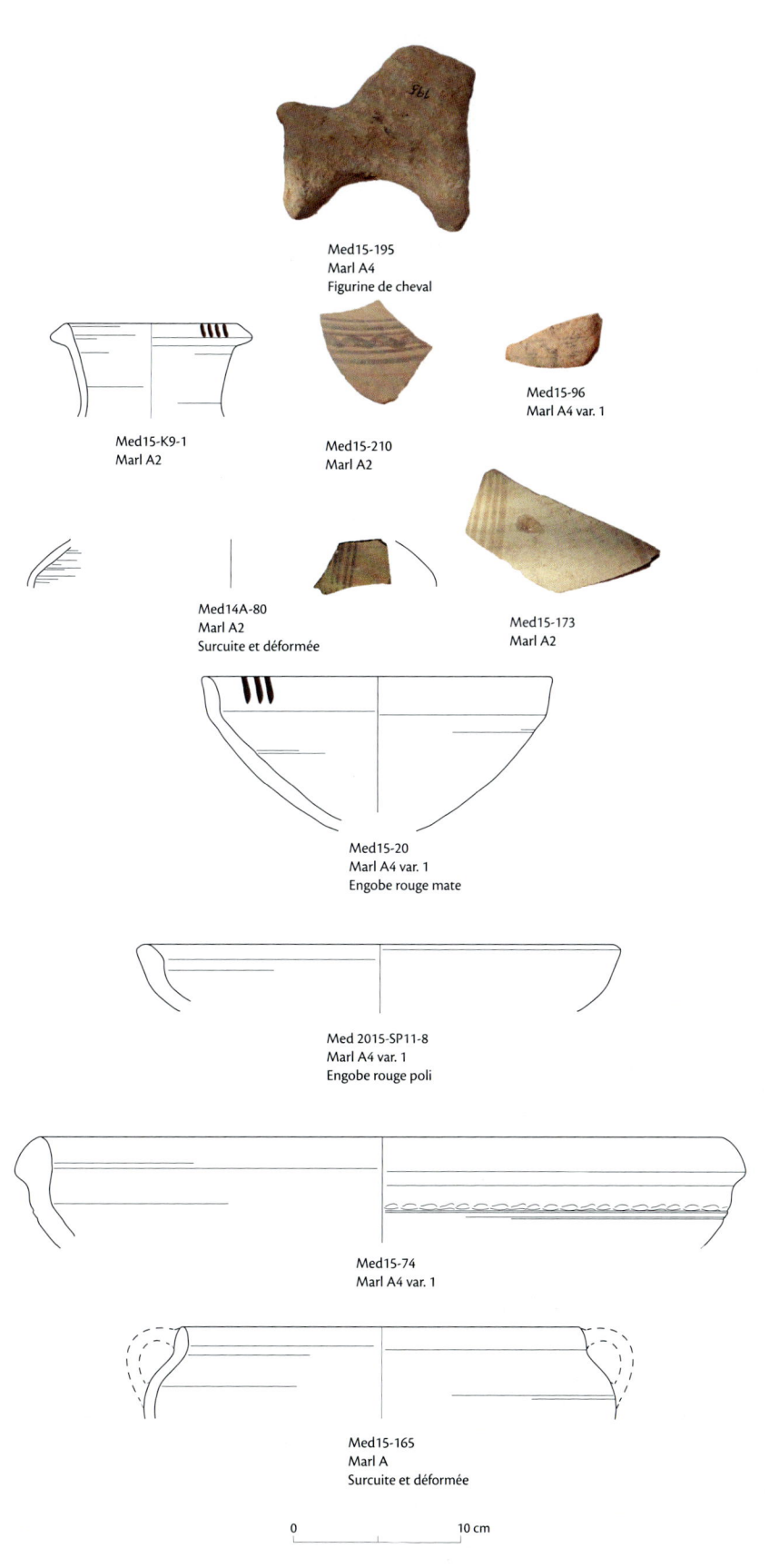

Pl. 5. Céramique de la XVIIIe dynastie.

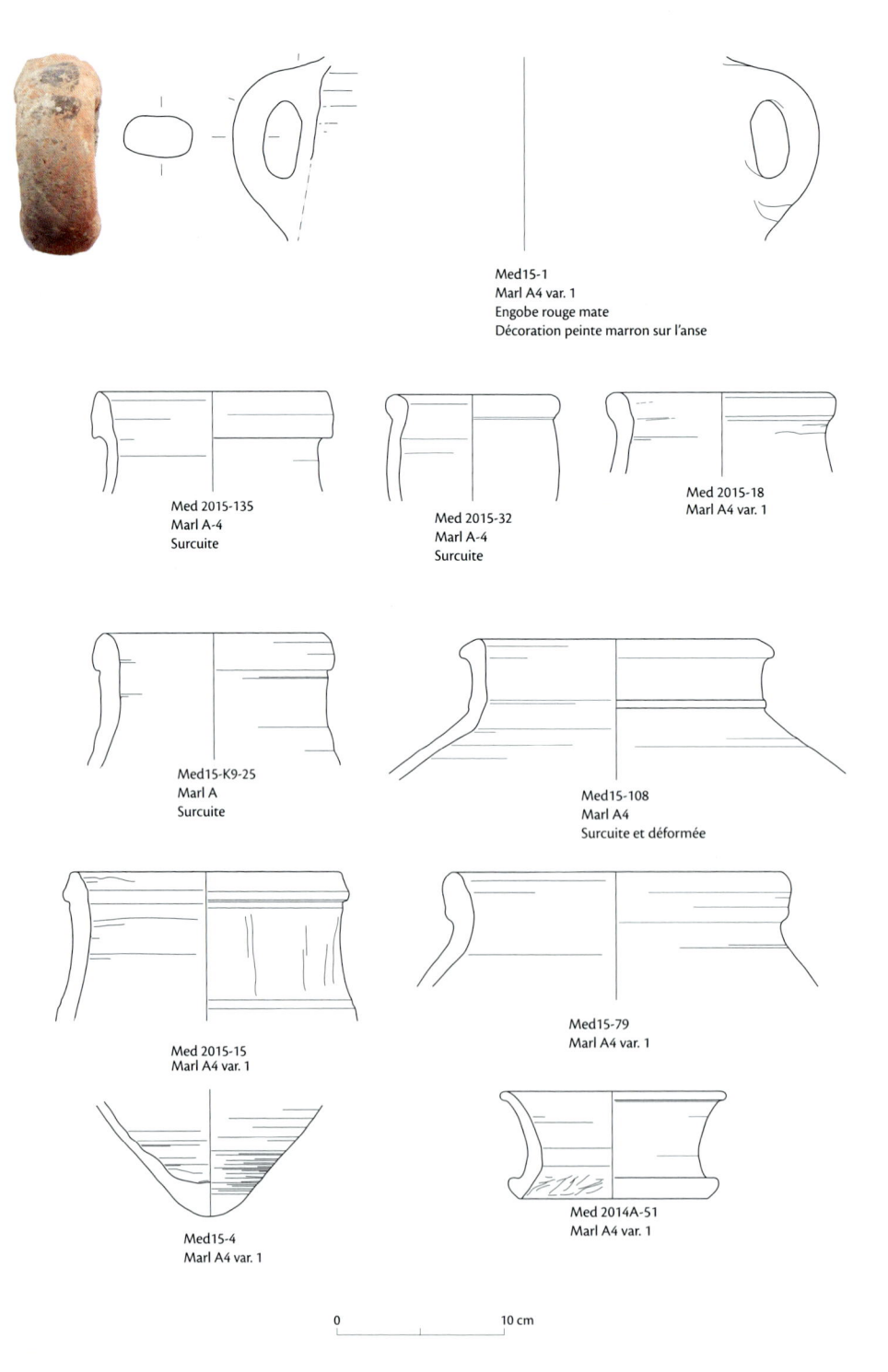

Med15-1
Marl A4 var. 1
Engobe rouge mate
Décoration peinte marron sur l'anse

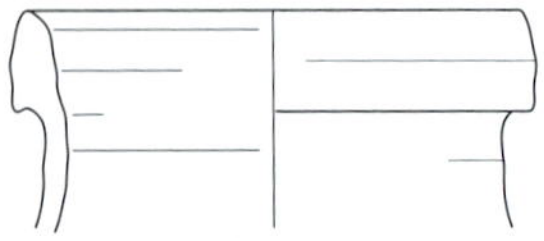

Med 2015-135
Marl A-4
Surcuite

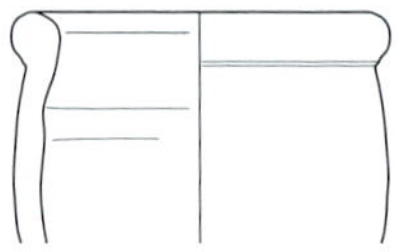

Med 2015-32
Marl A-4
Surcuite

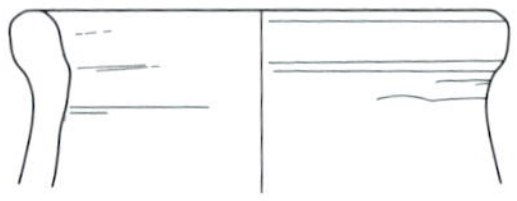

Med 2015-18
Marl A4 var. 1

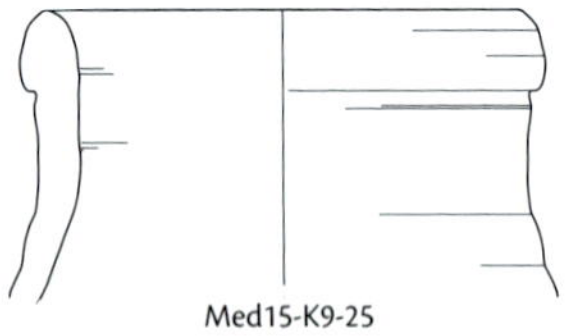

Med15-K9-25
Marl A
Surcuite

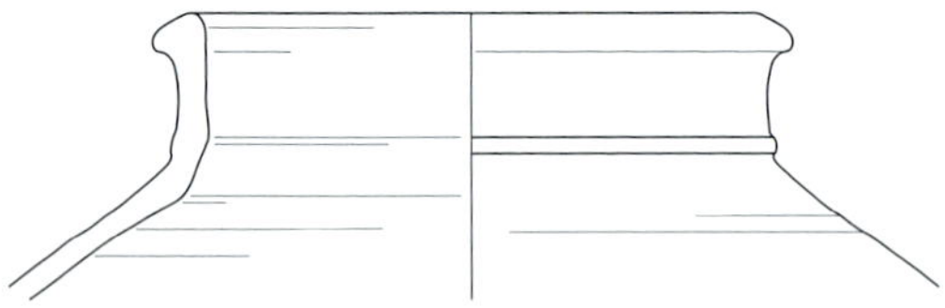

Med15-108
Marl A4
Surcuite et déformée

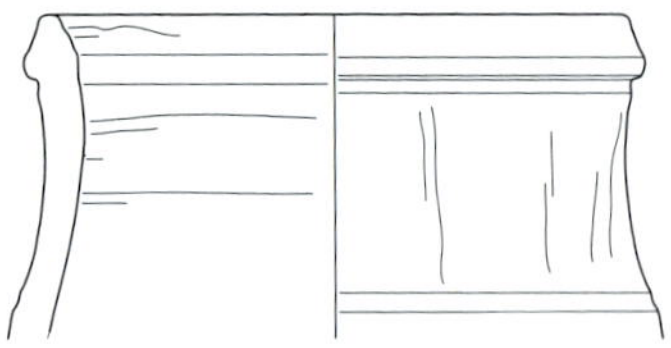

Med 2015-15
Marl A4 var. 1

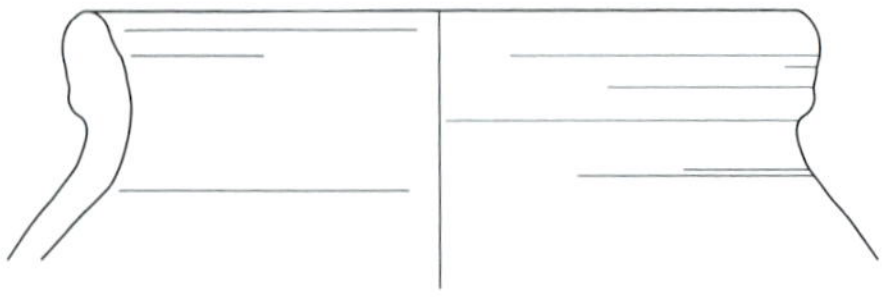

Med15-79
Marl A4 var. 1

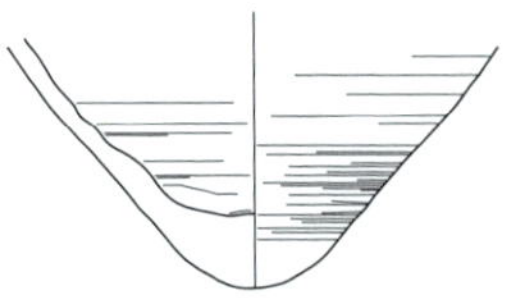

Med15-4
Marl A4 var. 1

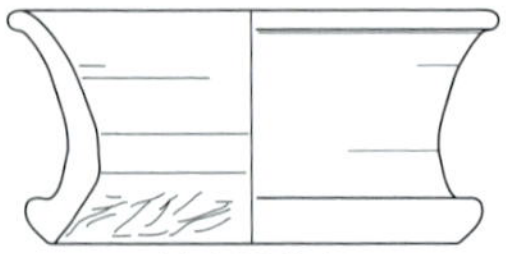

Med 2014A-51
Marl A4 var. 1

0 10 cm

Pl. 6. Céramique de la XVIIIe dynastie.

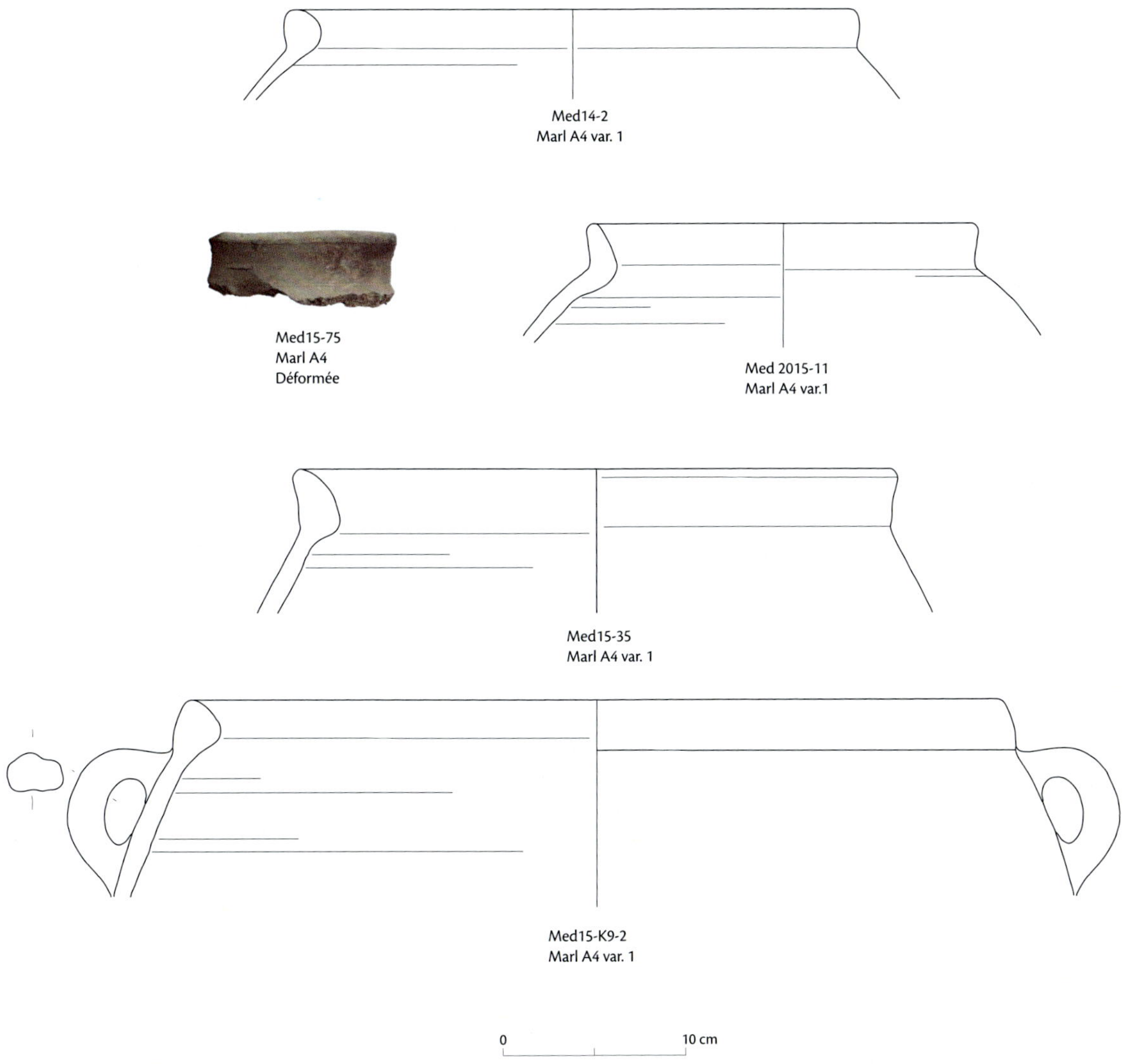

Pl. 7. Céramique de l'époque ramesside.

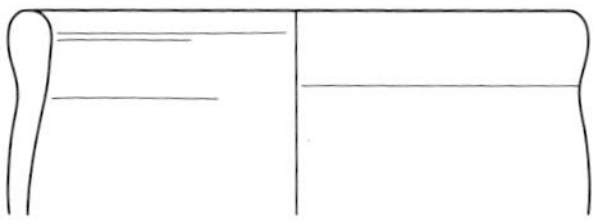

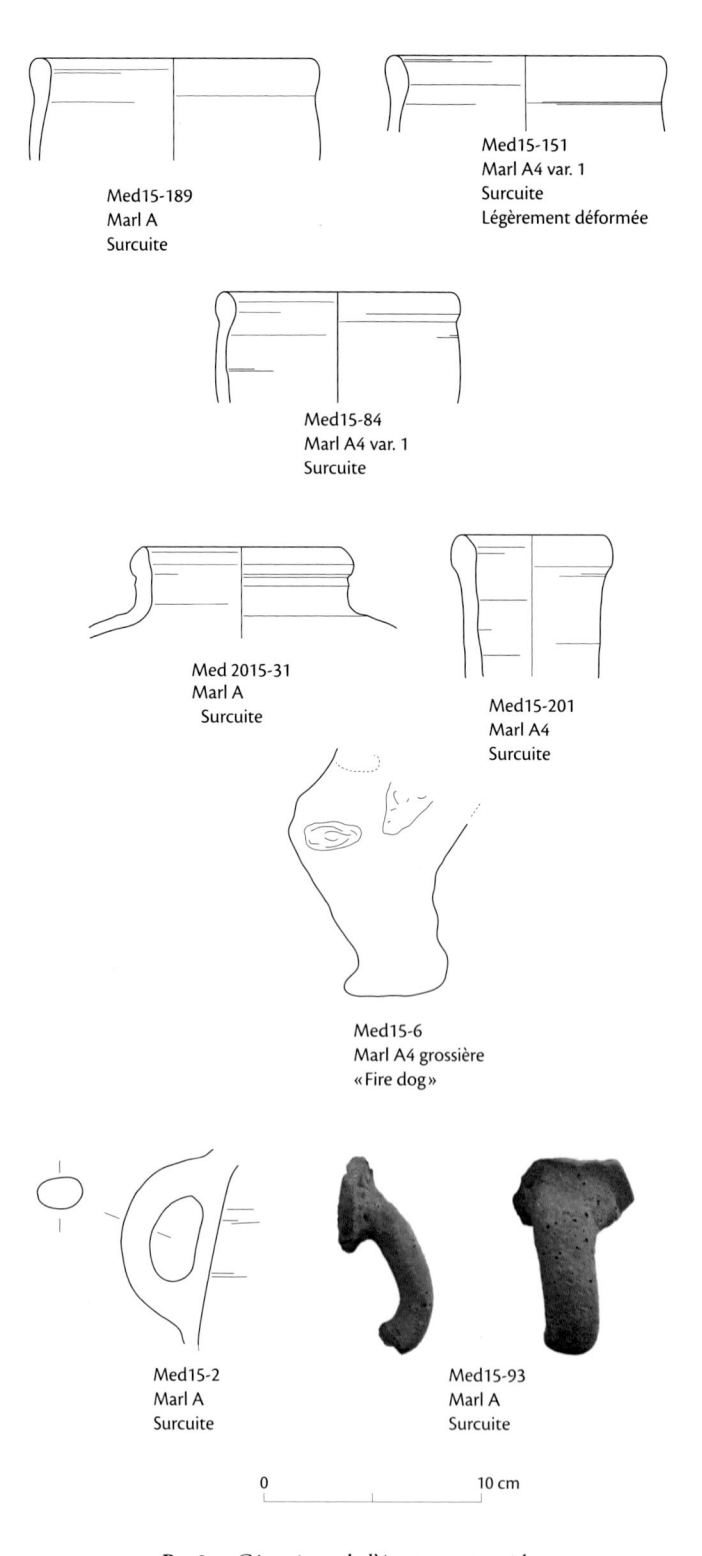

Med15-189
Marl A
Surcuite

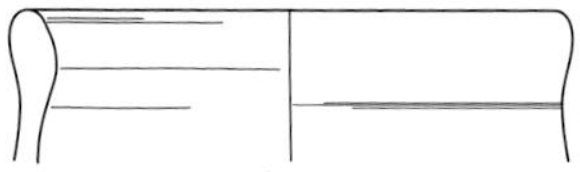

Med15-151
Marl A4 var. 1
Surcuite
Légèrement déformée

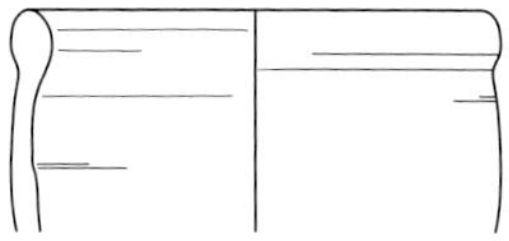

Med15-84
Marl A4 var. 1
Surcuite

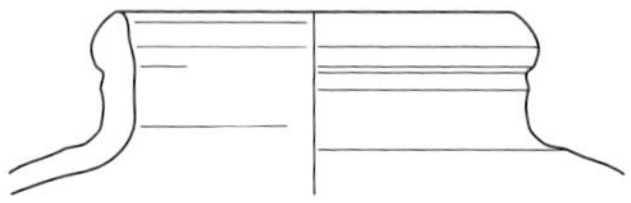

Med 2015-31
Marl A
Surcuite

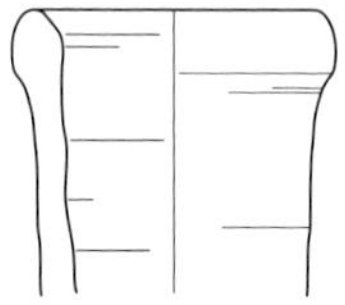

Med15-201
Marl A4
Surcuite

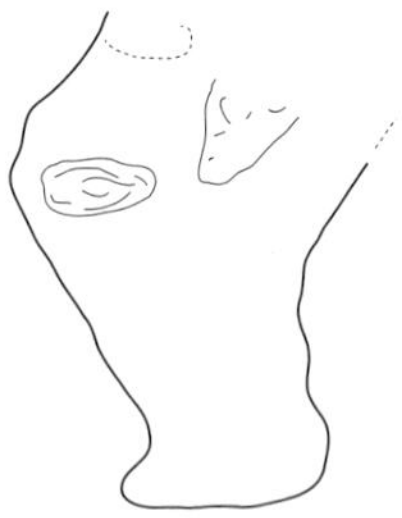

Med15-6
Marl A4 grossière
« Fire dog »

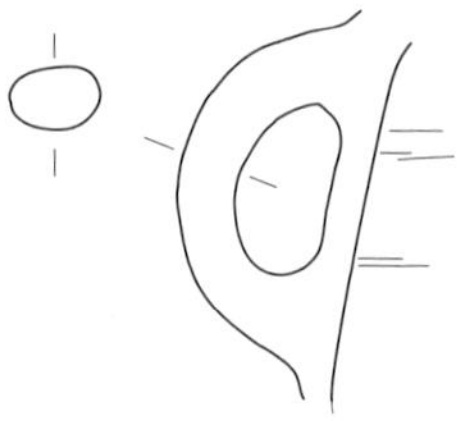

Med15-2
Marl A
Surcuite

Med15-93
Marl A
Surcuite

0 10 cm

Pl. 8. Céramique de l'époque ramesside.

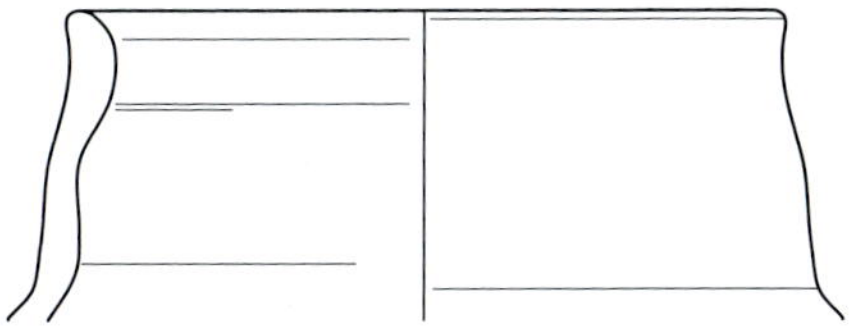

Med15-148
Marl A4 var. 1

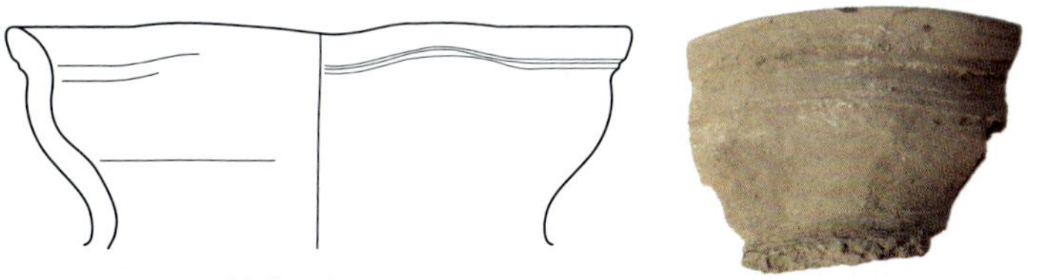

Med15-149
Marl A4
Surcuite et déformée

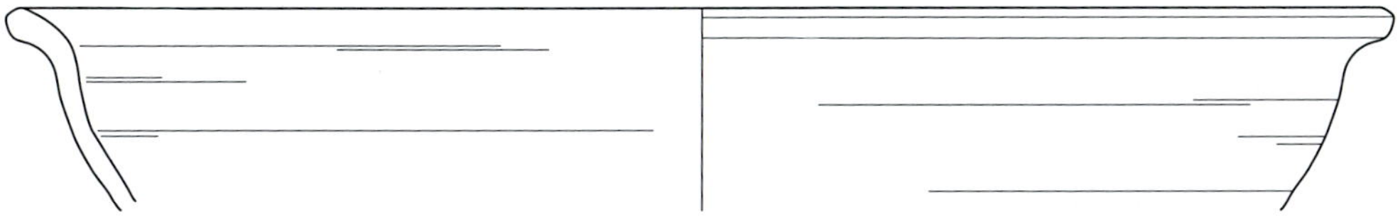

Med15-6a
Marl A4 var. 1

0 10 cm

Pl. 9. Céramique de la Première Période intermédaire.

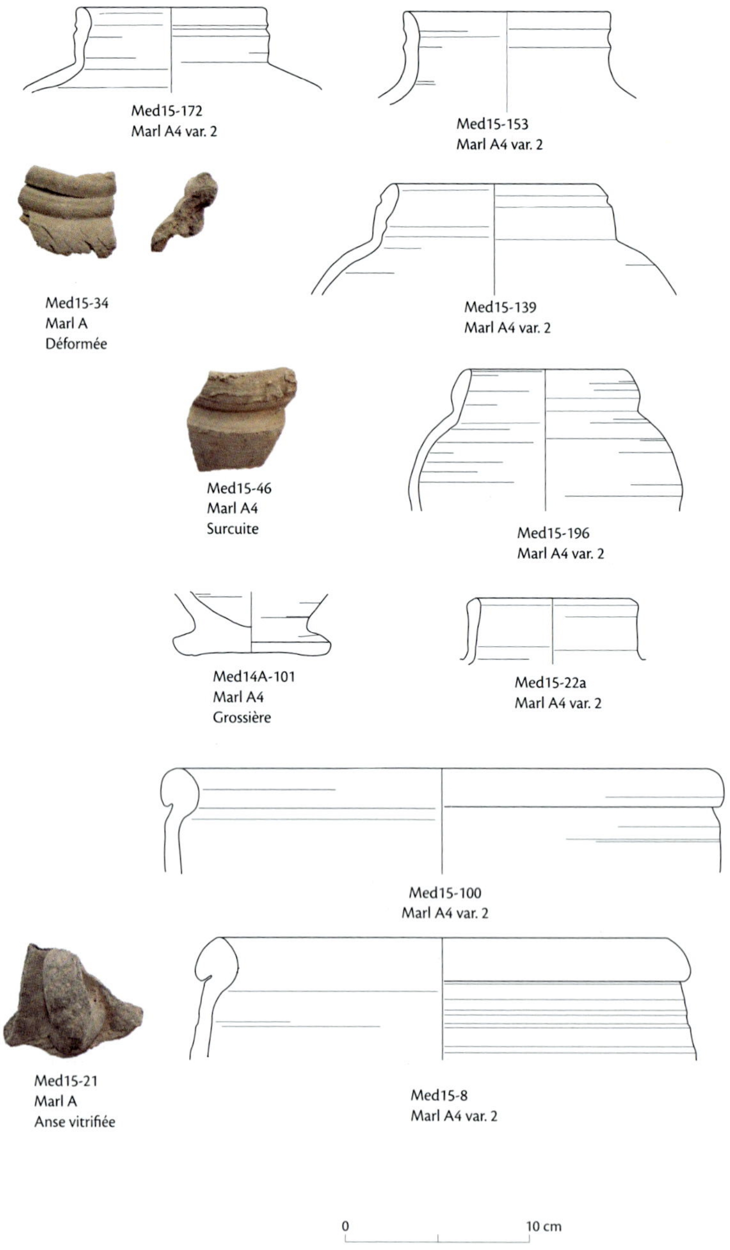

Pl. 10. Céramique de la Basse Époque.

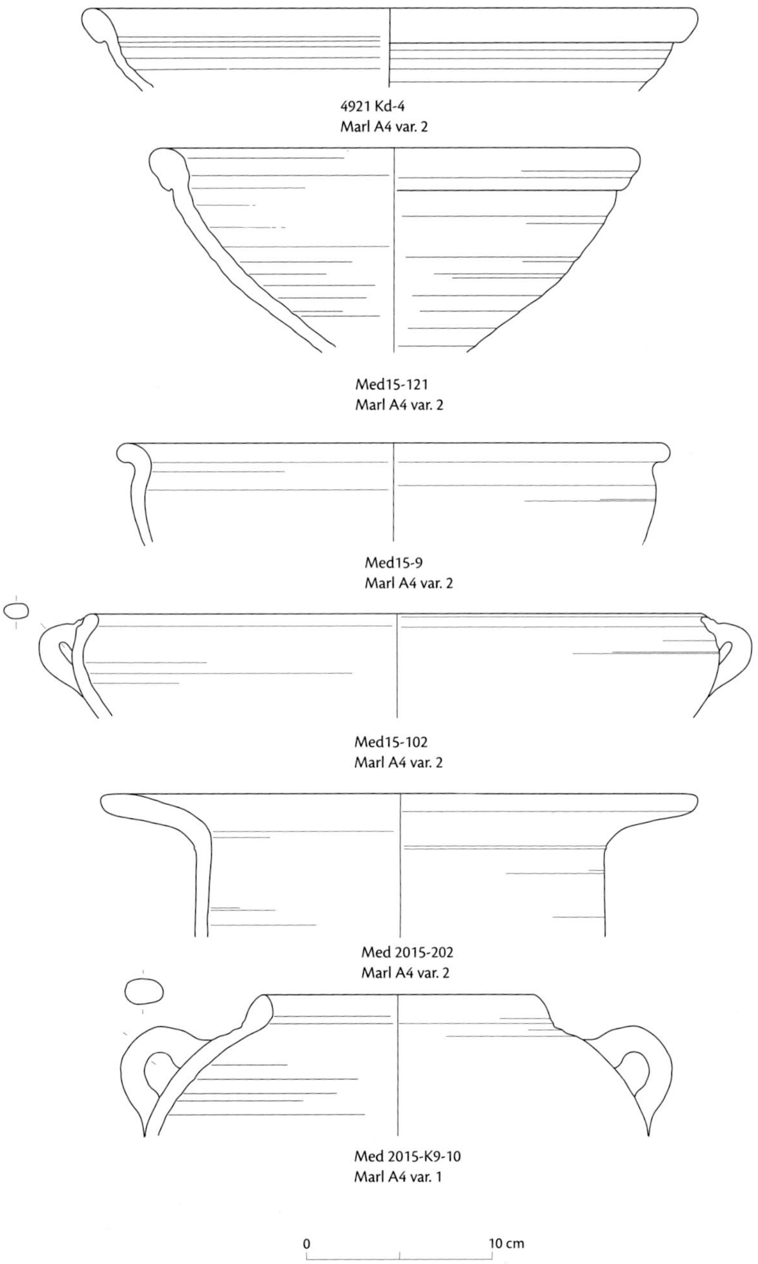

Pl. II. Céramique de la Basse Époque.

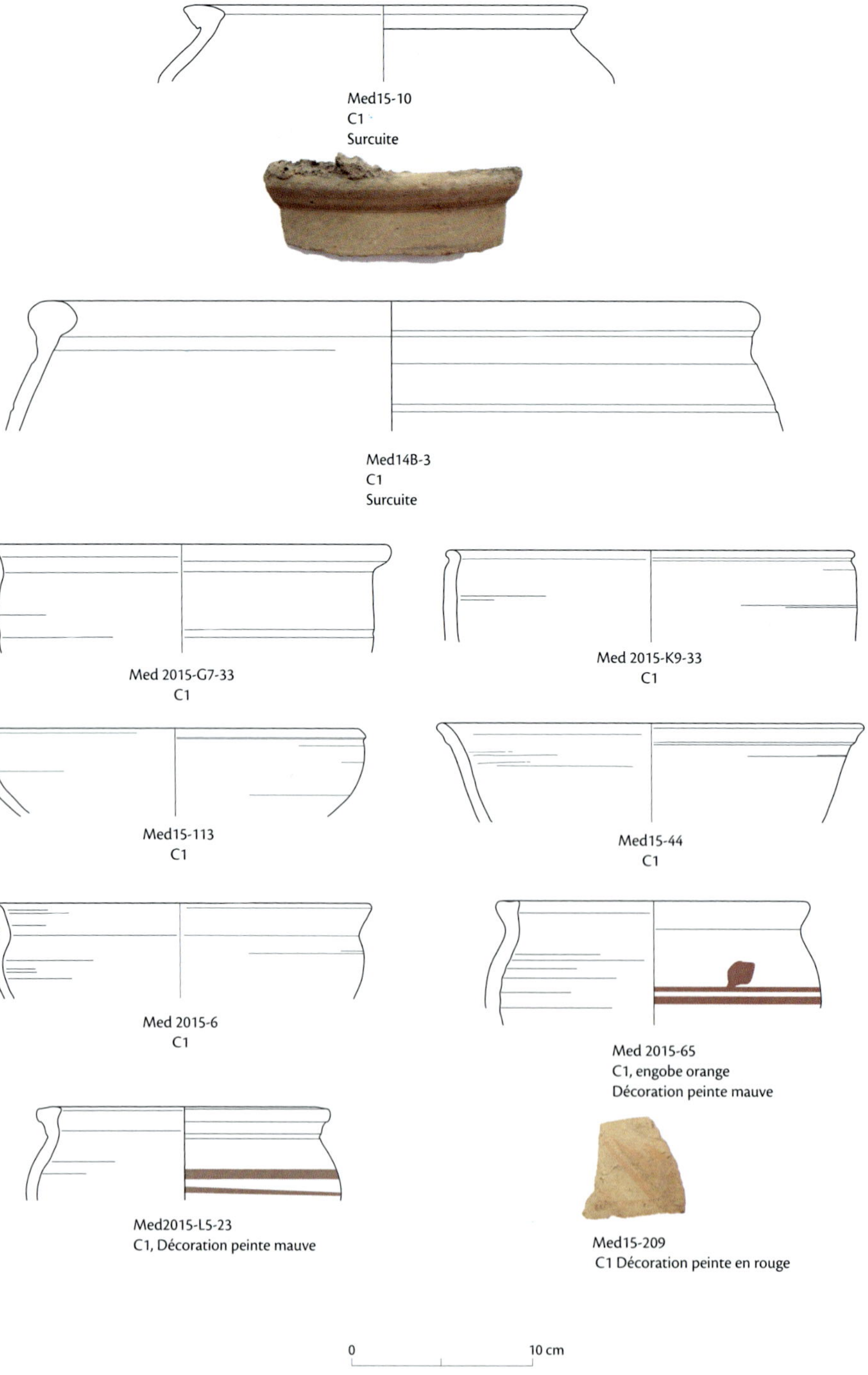

Pl. 12. Céramique ptolémaïque.

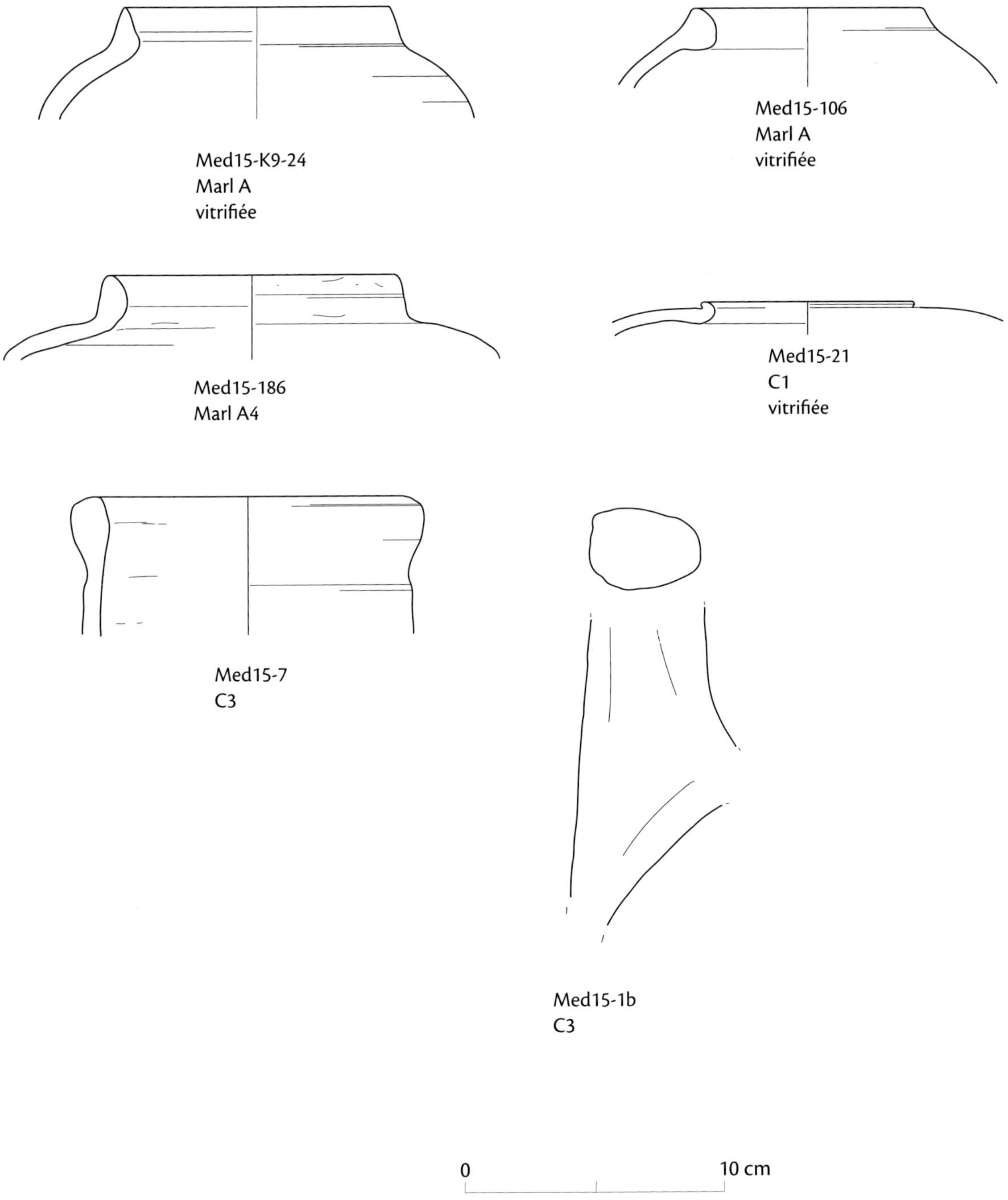

Pl. 13. Céramique ptolémaïque.

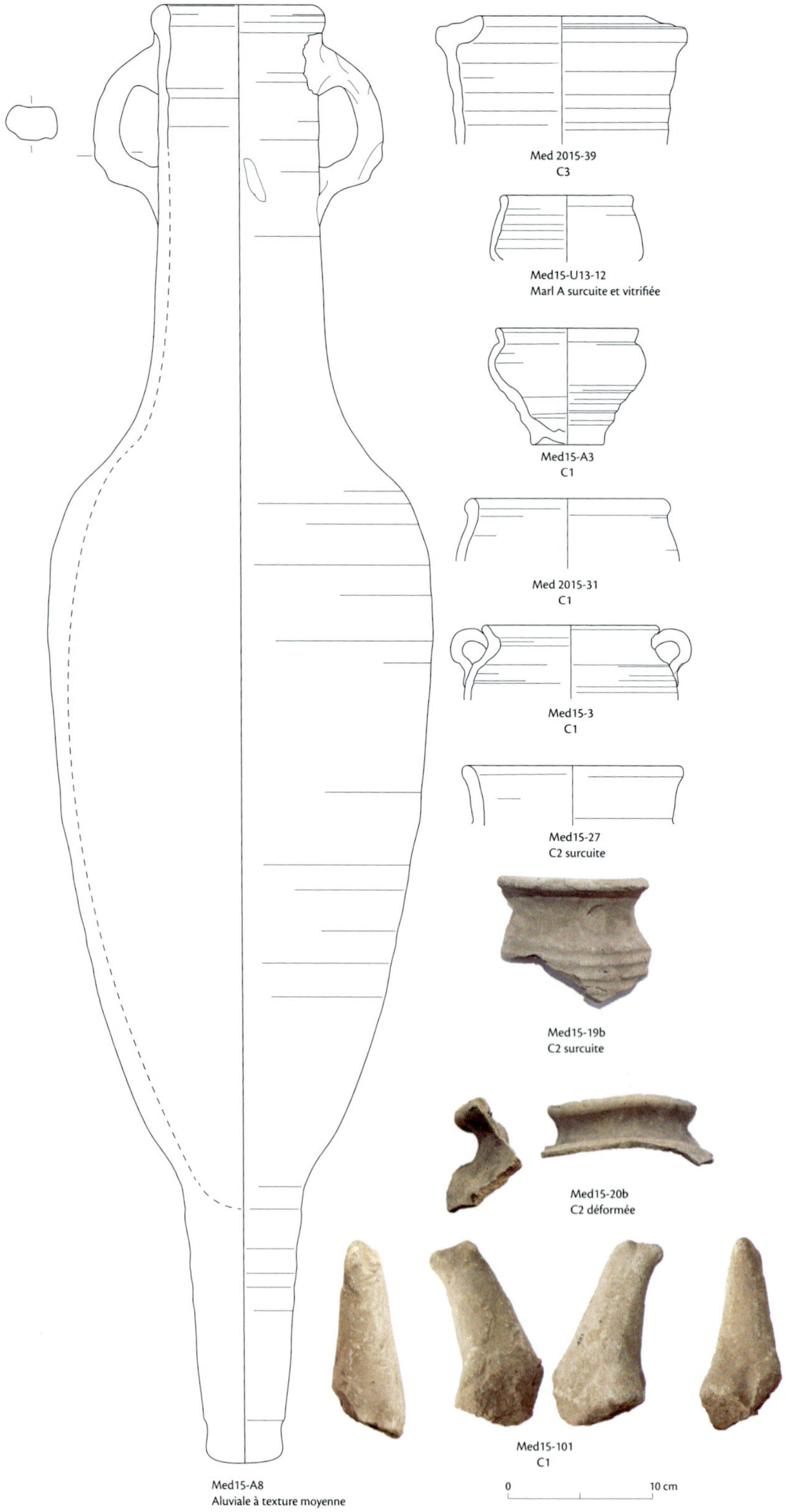

Pl. 14. Céramique romaine.

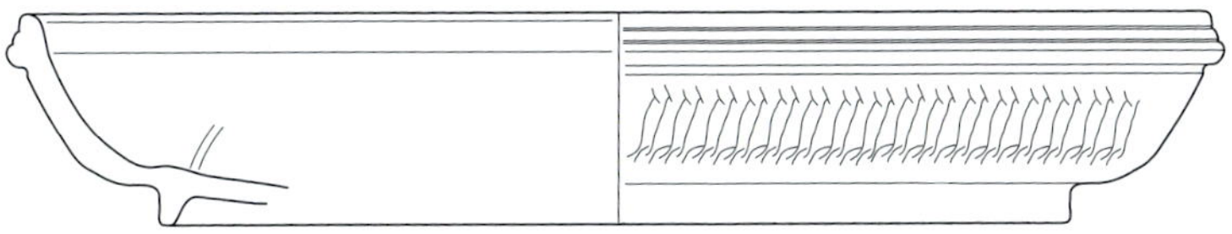

Med15-U13-1
ARSW

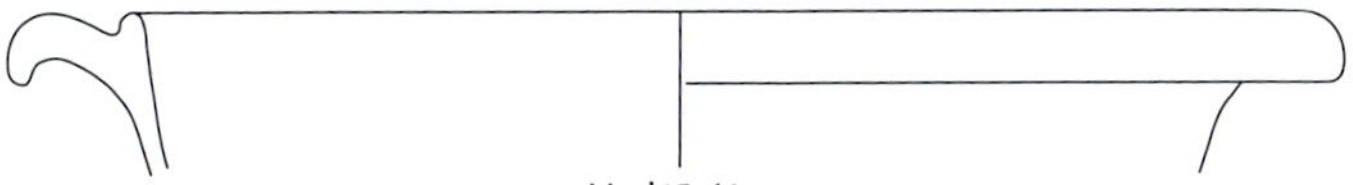

Med15-41
ARSW

Med15-158
Pâte d'Aswan

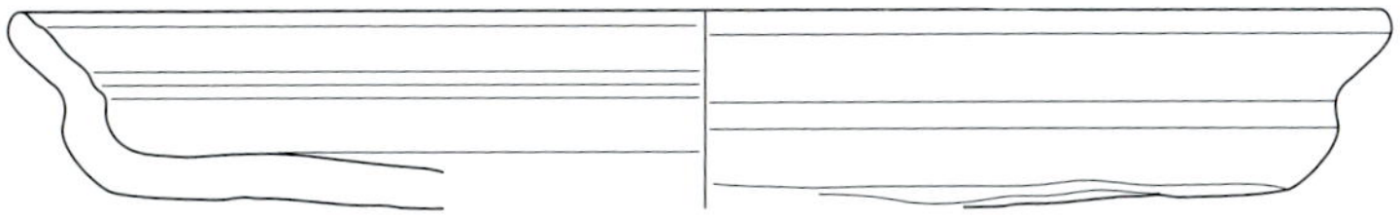

5581-11 M4264
Pâte d'Aswan
Engobe orange, décor peint

Med15-U13-4
Pàte d'Aswan

0 10 cm

Pl. 15. Céramique byzantine.

„Aggressives Rosa" – Zu einer Mumienauflage der spätptolemäisch-frührömischen Epoche aus Achmim (ÄMUL Inv.-Nr. 7810)

SUSANNE TÖPFER*

EINLEITUNG[1]

Seit den 1960er Jahren befindet sich im Ägyptischen Museum – Georg Steindorff – der Universität Leipzig die Mumie einer Frau mitsamt einer Textilauflage (Inv.-Nr. 7810). Die Mumie wie auch die Auflage wurden seither im Rahmen radiologischer[2] sowie mikrochemischer Untersuchungen,[3] einer Diplom-[4] und einer Magisterarbeit[5] betrachtet. Die Kontextualisierung der Umhüllung und somit der Verstorbenen selbst blieben bislang allerdings weitestgehend unberücksichtigt. Dementsprechend ist das Ziel des Beitrages aufzuzeigen, dass die Leipziger Mumie mit Auflage zu einer Gruppe von Individuen zu zählen ist, die während der spätptolemäisch bis römischen Zeit in Achmim bestattet worden sind.

* Fondazione Museo delle Antichità Egizie di Torino.

1 Der vorliegende Beitrag stellt die erweiterte Fassung eines Vortrages anlässlich des 4. Steindorff-Tages an der Universität Leipzig dar. Im Mittelpunkt der anschließenden Diskussion stand die Farbgebung der Auflage, deren „aggressives Rosa" (Zitat: Dietrich Raue) zweifellos dominiert. Ich danke vor allem PD Dr. Dietrich Raue und Dr. Jana Helmbold-Doyé für wertvolle Hinweise und Anregungen sowie dem Restaurator des Ägyptischen Museums Karl Heinrich von Stülpnagel für seine Unterstützung am Original. Nicht zuletzt ist noch einmal Dietrich Raue als Kustos zu danken, der mir die Bearbeitung der Mumienauflage anvertraute. Die Fotografien wurden von Marion Wenzel angefertigt.

2 Germer et al. 1995, pp. 151–153.

3 Asperger, Engewald, Fabian 2001, pp. 91–109, bes. pp. 101–102.

4 Emons 2000 (im Studiengang Restaurierung). Ägyptologisch beraten durch Dr. Renate Germer, Prof. Dr. Horst Beinlich und Dr. Christine Beinlich-Seeber.

5 Richter 2008.

ERWERBUNGSGESCHICHTE

Die Mumie und Auflage wurden 1995 vom Völkerkunde Museum Leipzig an das Ägyptische Museum übergeben. Zunächst als Leihgabe wurden beide Objekte 1952 aus dem Staatlichen Museum Schwerin an das Völkerkunde Museum entliehen, in dessen Bestand sie 1965 als Eigentum übergingen (MfVL Inv.-Nr. 480). Der konkrete Herkunftsort geht aus den Unterlagen nicht hervor, lediglich die Vermutung „Fajum um 300 n.d.Z." ist in der Inventarliste aus Schwerin notiert. Nun konnte Renate Germer herausfinden, dass die Mumie aus dem Museum in Stralsund nach Schwerin überführt wurde. Wann genau ist allerdings unklar. Es war Wilhelm Malte II. Fürst zu Putbus, der die Mumie 1889 aus Ägypten mitbrachte und dem damaligen Provinzialmuseum für Neuvorpommern und Rügen in Stralsund geschenkt hat. Aus dem Inventar-Eintrag (Nr. 22) datiert auf den 05.04.1889 geht hierzu hervor:

„Die Mumie, aus der griechisch–römischen Periode, gehört einer Person an, welche eine priesterliche Stellung im Tempel des Gottes Khem bekleidete. Der Fdt. ist Akhmim (das alte Panopolis, welches seinen Namen vom Gotte Pan, dem ägyptischen Chem herleitet) nördlich von Girgeh in Oberägypten. - Gesch. Sr. Durchlaucht des Fürsten Wilhelm zu Putbus, welcher die Mumie durch Vermittlung des Professors Brugsch[6] *aus dem Museum Bulaq erworben hat."*[7]

Demzufolge scheint es sich bei der nun in Leipzig befindlichen Frauenmumie mit Auflage um eines der zahlreichen Objekte aus dem Nekropolengebiet von Achmim zu handeln, die in der Zeit von 1884 bis 1888 im Zuge der Grabungen durch Gaston Maspero nach Kairo gelangten.[8]

OBJEKTBESCHREIBUNG

Mumie

Die Mumie ist vollständig erhalten, nur die äußere Schicht der Leinenwicklung ist insbesondere auf der Höhe des Oberkörpers stark beschädigt. Der Leichnam wurde mit 10 cm breiten Leinenbinden mehrmals umwickelt. Um den Kopf wurden breitere Textilien sowie Binden gelegt, ebenso um den Hals. Der computertomografischen Untersuchung und den Röntgenaufnahmen ist zu entnehmen, dass das Skelett in einem guten Erhaltungszustand ist. Die Arme liegen seitlich am Körper an. Das Gehirn wurde entnommen und der Mund mit einer harzigen Substanz gefüllt, die bis in den Hals gelaufen ist. Im Thorax sind beidseitig Organreste sowie geringe Mengen einer harzigen Substanz erkennbar. Zusätzlich befindet sich in der rechten Thoraxhälfte ein gerolltes Leinenpaket. Im Abdomen sind beidseitig ebenfalls Leinenpakete

6 Zur Rolle von Emil und Heinrich Brugsch bei der Verteilung der Funde aus Achmim siehe Germer, Kischkewitz, Lüning 2009, p. 116.

7 Ich danke Dr. Renate Germer nicht nur sehr herzlich für die Zusendung eines Scans der relevanten Notizbuchseite, sondern vor allem für Einblicke in ihre noch unpublizierten Arbeiten zu den Aegyptiaca in Schwerin sowie Stralsund.

8 Hierzu siehe Kuhlmann 1983, pp. 54–55, 62–64; Smith 2002, pp. 233–247, bes. p. 236.

vorhanden, die bis in das Becken reichen. Entsprechend der Form des Beckens handelt es sich hierbei um die Mumie einer Frau. Das Sterbealter der Frau wird anhand der geringfügigen degenerativen Veränderung an Schultergelenk, Brustwirbelkörper, Lendenwirbelsäule und Kniegelenk sowie den leichten Abnutzungserscheinungen am Hüftgelenk auf maximal 40 Jahre geschätzt.[9] Anhand des radiologischen Befundes sowie der Wicklungstechnik ist keine genaue zeitliche Einordnung der Mumie möglich.[10]

Auflage

Die folgende technologische Beschreibung der Auflage ist der unpublizierten Diplomarbeit im Studiengang Restaurierung von Marina Emons entnommen.[11] Demnach handelt es hierbei ursprünglich um ein steifes Formteil (Textilkartonage), hergestellt aus einzelnen Stoffstücken, die aber mit ihrem Faltsystem ein Stück darstellen. Das Bindemittel ist stark abgebaut, was die Auflage sehr flexibel macht. Diese bestand insgesamt aus drei Teilen, von denen heute der Abschnitt für Brust, Bauch und Beine beinahe vollständig als ein Stück erhalten ist, sowie Teile der Umhüllung der Füße (Abb. 1, 2). Neun Textilstücke können nicht exakt platziert werden, vermutlich gehörten sie zur Umhüllung des Kopfes (Abb. 3a). Die Auflage setzte sich aus mindestens drei Gewebeschichten zusammen, die wiederum aus mehreren Textilstücken unterschiedlicher Webart und Webdichte bestehen. Neben der einfachen Leinwandbindung kommt eine einfache Bindung mit doppeltem Faden (sog. Panamabindung) vor. Zwei Stoffstücke sowie ein Fragment der Zwischenlage der Auflage weisen einen zweireihigen blauen Saum auf.[12] Die verwendeten Textilien wurden aus Flachsfasern hergestellt. Ihre Qualität ist eher mäßig, wie anhand der ausgefransten Ränder, der Löcher sowie zerschlissener Bereiche und dem Fadenverzug deutlich wird. Die Darstellungen wurden in den Farben rosa, blau, rot sowie gelb und ocker-beige auf einer weißen Grundierung gemalt. Die mikrochemische Analyse der Pigmente ergab folgende Komponente:

blau	Ägyptisch Blau
roter Farbbereich	roter Ocker bzw. Hämatit
rosa Farbereich	rosa Farblack
rotes Perlennetz	roter Farblack
gelb	Auripigment
ocker-beige	Erdpigment (wohl gelber Ocker)
schwarz	Pflanzen- oder Beinschwarz
Grundierung	tierische und pflanzliche Leime

9 Zusammenfassung der Ergebnisse der radiologischen Untersuchungen von GERMER et al. 1995, pp. 151–153.

10 Die detaillierte Beschreibung der Bandagierung der Mumie wird von mir für einen Band des Bestandskataloges „Ägyptischer Sammlungen in Leipzig" vorbereitet, in dem Objekte aus dem Umfeld des Balsamierungs- und Bestattungsrituals publiziert werden.

11 EMONS 2000, pp. 69–135.

12 Mit Indigo gefärbt. Ansonsten sind die unterschiedlichen Stoffe – soweit sichtbar – ungefärbt.

Emons konnte feststellen, dass es sich bei dem rosa Pigment um einen verlackten organischen Farbstoff handelt und nicht um eine bloße Ausmischung von Rot und Weiß.[13] Dies lässt sich der ausgeprägten Fluoreszenz entnehmen, die unter der UV-Lichtaufnahme deutlich wurde. Welcher Farbstoff konkret verwendet wurde ist nicht eindeutig, verschiedene pflanzliche und tierische Farbstoffe kämen für die Verlackung in Frage. Der Vergleich mit einer Krappwurzel-Referenzprobe war allerdings negativ, was wiederum ein relevanter Befund ist, denn ein Bestandteil der Krappwurzel (*Rubia tinctorum*) ist Purpurin. Demzufolge ist die Verwendung von echtem Purpurfarbstoff auszuschließen.

Einige Felder sowie die Sandalenriemen sind als erhabenes Relief in Blattgold ausgeführt (Abb. 2a–b, 4a–d). Auf zwei Textilfragmenten ist jeweils eine plastisch-gearbeitete Rosette erhalten, die zudem vergoldet ist. Eine Rosette ist durch einen Faden noch am Textil befestigt (Abb. 3b). Die zweite ist lose (Abb. 3a, rechts im Bild), muss ursprünglich aber auf der Auflage aufgeklebt gewesen sein, wie Spuren von Mörtel mit Leinwandabdrücken an der Unterseite zeigen. Eben solche Spuren sind auch bei einer ebenfalls goldfarbenen plastisch gefertigten Lotosblüte zu sehen, die lose im Fußbereich des Mumientuches auflag. Hierbei handelt es sich allerdings nicht um die ursprüngliche Position der Lotosblüte, da die Oberfläche der Auflage zum einen dort keine Klebespuren aufweist, zum anderen die Lotosblüte auch nicht in das Dekor passt. Auf der Oberfläche befinden sich stellenweise dunkle braun-graue Spuren. Die chemische Analyse einer Probe hat ergeben, dass diese zum Teil aus Lipidsubstanzen (Wachse, Fette, Öle) besteht, wobei Bienenwachs sehr wahrscheinlich eine Komponente darstellt.[14]

Darstellungen[15]

Beinahe die gesamte Länge der Mumienauflage wird von einem stilisierten Perlennetz auf rosafarbenem Grund eingenommen, das sich aus roten Röhren- und blauen Tonnen-Perlen zusammensetzt (vgl. Abb. 1). Den oberen Abschluss des rhombenförmigen Netzes bildet ein Fries aus quer- sowie hochrechteckigen roten und blauen Feldern, die schwarz eingerahmt sind. Den Mittelteil des darüber befindlichen Registers nimmt ein in Blattgold ausgeführtes erhabenes Ornament zweier konzentrischer Figuren mit erhobenen Armen ein (vgl. Abb. 4a), von denen die Rechte einen Vogelkopf besitzt. Die Darstellung wird von zwei rosafarbenen Streifen flankiert und ist links und rechts von jeweils drei Bildfeldern mit identischer Szenerie eingefasst: Das erste Feld zeigt eine weibliche Figur in einem rosafarbenen Kleid mit in blau ausgeführter Kopfbedeckung, die in der linken resp. rechten Hand ein *wꜣḏ*-Zepter in blauer Farbe hält. Bei beiden Darstellungen ist der Kopf nicht erhalten. Hinter der Frau befindet sich eine teilweise in blauer Farbe ausgeführte männliche Figur mit einem rosafarbenen Schurz. Bei der rechten Darstellung sind zudem noch der Canidenkopf sowie ein Gefäß in den erhobenen Händen erhalten. Es folgen jeweils zwei in Blattgold ausführte Felder, die wiederum von rosafarbenen Streifen eingefasst sind. Auf diesen dürften sich ursprüngliche figürliche Darstellungen befunden haben, von denen allerdings heute kaum etwas erkennbar ist.

13 Emons 2000, pp. 88–92, 101–102.

14 Nach Asperger, Engewald, Fabian 2001, pp. 101–102.

15 Trotz der sehr guten Fotografien soll die Dekoration der Textilkartonage detaillierter besprochen werden, da die Farbschichten an einzelnen Stellen zu stark zerstört sind. Die Zuordnung „links“ und „rechts“ erfolgt aus der Perspektive des Betrachters.

Auf dem Brustabschnitt des stilisierten Perlennetzes ist ein fünfreihiger Halskragen bestehend aus floralen und geometrischen Formen in den Farben rot, blau und rosa aufgezeichnet (vgl. Abb. 4a). Der Kragen umfasst ein in Blattgold ausgeführtes Ornament des *bꜣ*-Vogels mit gespreizten Flügeln und Sonnenscheibe auf dem Haupt, dessen Kopf von zwei mit Punkten gefüllten Kolumnen flankiert wird. Unter dem Halskragen verläuft ein dreigeteiltes Register in Form eines Schachbrettes mit sich abwechselnden rot und blau gepunkteten Linien, die ein V-förmiges Muster bilden. Die gesamte Breite des Schachbrettmusters wird darunter von der in Blattgold ausgeführten Darstellung der geflügelten Nut eingenommen (vgl. Abb. 4b).

Die untere Hälfte der aufgemalten Auflage nehmen alternierend Bild- und Schachbrettfelder ein, umgeben von einem hellbraunen Rahmen, an dessen oberen Rand zwei Bänder mit Lotosblüten seitlich herunterführen. Im Zentrum der Szene des ersten Registers steht der mumiengestaltige Osiris mit Atef-Krone, Bart und *wꜣs*-Zepter in beiden Hände (vgl. Abb. 4b). Dieser wird von Isis und Nephthys flankiert, die ein Gefäß in einer Hand tragen. Im Rücken der Figur der Isis (rechts) befinden sich zwei aufgebäumte Uräusschlangen. Hinter der Figur der Nephthys (links) ist eine Standarte mit einem stehenden Schakal erkennbar, neben der ein *bꜣ*-Vogel steht. Ba und Upuaut verweisen auf die Bewegungsfreiheit des Osiris bzw. Verstorbenen im Jenseits. Von seinen Schwestern Isis und Nephthys gesalbt und mit Krone sowie Zepter ausgeschattet, erscheint Osiris als göttlicher Herrscher der Unterwelt.[16] Auf diesen Aspekt verweisen auch die beiden Uräusschlangen, die u.a. als Manifestationen der ober- und unterägyptischen Krone aber auch von Sonne sowie Mond anzusehen sind.[17]

Das zweite Register ist eine komprimierte Darstellung des (idealisierten) Balsamierungsprozesses (vgl. Abb. 4c): Anubis steht mit einem Gefäß in der Hand vor der aufgebahrten Mumie. Die Löwenbahre wird flankiert von dem Symbol des *tỉt*-Knotens (rechts) sowie des *ḏd*-Pfeilers (links). Beide Symbole sollen die „Verklärung" (*sꜣḫ*) des Verstorbenen sichern, damit er Teil des Gefolges des Osiris wird.[18]

Die Szene im dritten, unteren Register zeigt drei Tiergestalten (vgl. Abb. 4d). Eine stehende tierköpfige Figur wird flankiert von einem hockenden Affen (wohl Pavian, links) und einer sitzenden Gestalt mit Nilpferdkopf,[19] die ein *wꜣḏ*-Zepter hält (rechts). Die zentrale Gestalt besitzt ebenfalls einen Nilpferdkopf. Zusätzlich verläuft entlang des Rückens noch eine geschwungene Linie, bei der es sich sehr wahrscheinlich um einen Schwanz handelt. Demzufolge liegt hier die Darstellung der mischgestaltigen Göttin Taweret/Thoeris mit Krokodil auf dem Rücken vor. Diese ist wie auch die beiden anderen Figuren zum einen als Apotropaion und zum anderen als Garant der jenseitigen Wiedergeburt anzusehen: .

16 Hierin ist vielleicht eine bildliche Zusammenfassung von Totenbuchspruch 128 zu sehen, in dem Osiris als rechtmäßiger König gepriesen wird. Es handelt sich bei diesem Spruch ursprünglich um einen Osiris-Hymnus, der seit dem Neuen Reich belegt ist, allerdings erst ab der 30. Dynastie in das Totenbuch aufgenommen wurde; vgl. Assmann 1999, pp. 466–468.

17 In einer ähnlichen Szene (allerdings ohne Ba und Standarte) auf dem römerzeitlichen Holzsarg Berlin ÄMP Inv.-Nr. 12442 sind zwei Udjat-Augen statt Uräen dargestellt, siehe Kurth 2010, p. 167, Abb. 34.

18 Vgl. hierzu die Totenbuchsprüche 156 („Spruch für ein *tỉt*-Amulett") und 155 („Spruch für ein *ḏd*-Amulett"). Beide Symbole gehören – stets zusammen – zu den wichtigsten Schutzmotiven in der ägyptischen Funerärkultur der griechisch–römischen Zeit. Anubis an der Bahre ist wiederum das zentrale Motiv der Vignette zu Totenbuchspruch 151; siehe hierzu Lüscher 1998.

19 Die Identifizierung ist nicht ganz eindeutig, es könnte auch der Kopf eines Krokodils oder eines Löwen sein.

Das gesamte Dekor wird oben und seitlich von einem hieroglyphischen Inschriftenband gerahmt (vgl. Abb. 1, Abb. 5a–c). Am linken und rechten Rand verläuft zudem ein Fries aus einer sich wiederholenden Gruppe von drei *ḫkr*-Zeichen, zwischen denen jeweils eine menschliche und einmal eine tierköpfige Figur hockt. Die Perücken sämtlicher Figuren sind in Blau gehalten, so auch die Cheker-Zeichen, bei denen die Knoten zudem rot gemalt sind. Die Körper der zumeist nackten menschlichen Figuren, die in ihren angewinkelten Armen Gefäße halten, sind ebenfalls rot ausgemalt. Ob es sich bei den Menschen um Männer oder Frauen handelt lässt sich nicht immer eindeutig bestimmen, zumeist scheinen es Männer zu sein. Eventuell weiblich ist die unterste Figur im linken Fries, die eine rundlichere Körperform aufweist. Im oberen linken Abschnitt hockt eine Falken-köpfige Gestalt, deren Körper in einem kräftigen Rosa gemalt ist. Das Dekor wurde abschließend ebenfalls rosafarben gerahmt. Die menschlichen Figuren sind als Opferträger zu deuten, während die Falken-köpfige Gestalt ein Schutzgenius ist, wie weitere im oberen (nun verlorenen) Viertel des Frieses zu vermuten sind.

Von der Umhüllung des Fußbereiches ist nur das Dekor der Füße in den Sandalen erhalten geblieben (vgl. Abb. 2a-b). Die Füße sind in einem kräftigen rot-braun ausgemalt, die Zehennägel bestehen aus Blattgold. Aus Blattgold sind auch die plastisch herausgearbeiteten Riemen der Sandalen, die zudem mit ebenfalls plastisch hervorgehobenen „Perlen" besetzt sind.

Inschrift

Die oben und seitlich verlaufende hieroglyphische Inschrift (vgl. Abb. 5a–c) ist stark zerstört. Die Orthografie entspricht zum Großteil dem Schriftsystem der ptolemäisch–römischen Zeit, wie es neben Tempelinschriften[20] auch in der Grabdekoration und für Mumientücher sowie Särge[21] verwendet wurde. Dem Objekt entsprechend handelt es sich bei den Sprüchen um Verklärungen, in denen – zumindest soweit zu erkennen – die Jenseitsversorgung und der Himmelsaufstieg der Verstorbenen im Mittelpunkt stehen. Der Text ist zweigeteilt und verläuft ausgehend von dem in der Mitte der horizontalen Zeile geschriebenen Rezitationsvermerk *ḏd-mdw* nach links und rechts: ← NN  NN →. Der Inhalt beider Hälften der horizontalen Zeile könnte – zumindest im ersten Drittel – identisch gewesen sein und den (leider nicht erhaltenen) Namen der Verstorbenen sowie eventuell ihrer Mutter enthalten. Hervorzuheben ist die Orientierung der Hieroglyphen in beiden Kolumnen nach rechts. Die Zeichen in flankierenden oder umlaufenden Inschriften sind zumeist zueinander bzw. auf das zentrale Bildfeld hin orientiert. Bei der Leipziger Auflage sind aber auch die Hieroglyphen der rechten Kolumne nach außen, also nach rechts gerichtet. Dies ist ein Charakteristikum der aus Achmim bekannten hieroglyphischen Totenbuchabschriften, deren Texte retrograd angelegt sind: die Hieroglyphen sind nach rechts orientiert und auch deren Lesung erfolgt von rechts nach links, doch die Kolumnenabfolge ist von links nach rechts. Die retrograde Textanordnung in Totenbuchabschriften stellt eine Erscheinung des Neuen Reiches dar,[22] doch die Achmimer Kopien datieren laut M. Mosher in das 1. Jh. v. Chr.[23] Auch bei der Leipziger

20 Hierzu Kurth 2007–2008; Leitz 2009.

21 Siehe z.B. die Objekte bei Kurth 2010.

22 Selbstverständlich gibt es die retrograde Anordnung von Texten auch außerhalb des Totenbuches vor und nach dem Neuen Reich. Doch tatsächlich ist diese Art der Textgestaltung für hieroglyphische Totenbücher der ptolemäischen Zeit eher ungewöhnlich.

23 Zu den Achmimer Totenbücher siehe mit Referenzen Mosher 2002, pp. 201–209.

Auflage dürfte zunächst die linke und dann die rechte Textkolumne zu lesen sein, wie aus der Orientierung des Rezitationsvermerks hervorgeht. Allerdings ist der Text nicht fortlaufend angelegt, denn die Formulierung am Ende der linken Kolumne ist eine typische Schlussformel in Verklärungssprüchen. Auch inhaltlich sind die beiden Kolumnen wohl parallel angesetzt. Denn wenngleich der Text schlecht erhalten ist, so zeichnet sich dennoch ab, dass in der linken Textkolumne ein starker Bezug zum Himmel und der Vereinigung mit dem Sonnengott genommen wird. In der rechten Kolumne hingegen scheint ein vermehrt unterweltlicher Fokus auf die Vereinigung mit Osiris zu liegen.[24]

- Horizontal links (VGL. ABB. 5A)

⸢ḏd-mdw⸣ (j)n Ḥw.t-Ḥr [.]t[.]s[a] *[..]-n.t-ḥr [...]t[...]*
Rezitation durch Hathor der [NN[b] *...] [...]*

a. Statt  (O34) ist vielleicht (R22) zu lesen; eventuell Reste eines Titels aus dem Umkreis des Min-Kults von Achmim?
b. Vom Namen der Besitzerin oder/und der Mutter sind nur wenige Zeichenreste erhalten, die keine sichere Lesung zulassen.

- Kolumne links (VGL. ABB. 5B)

[...]ḫr.t[-nṯr]
[... in der] Nekropole.

šsp[..]m ḥ[ʿʿ]? ⸢qbḥ⸣n r(n)p jʿi ʿ.t[.]
Mögest [du?] empfangen in J[ubel?][a] *die Libation der Verjüngung, (zum) Reinigen [der/ deines]*[b] *Leibes.*

snṯr tw bꜣ.w Ỉwnw njs.tw rn=ṯ m wsḫ.t [...]
Mögen die Bau von Heliopolis dich[c] *göttlich machen. Möge dein Name ausgerufen werden in der Halle [...*[d]*]*

24 Aus Platzgründen wird die hieroglyphische Umschrift hier horizontal wiedergegeben, wobei die Gruppenanordnungen an das Original orientiert sind.

[...][tr.] n pri r p.t[e] pr.w m hrw[f] m [šms? ...]
[...] herausgehen zum Himmel, das Herauskommen am Tage in/mit [dem Gefolge[g] ...]

[...]⸢r⸗ṯ⸣ jni? n Rʿ m ḏ.t
[...] zu dir, bringen[h] zu Ra in Ewigkeit.

a. Vielleicht auch *ḥtp* statt *Ḥʿʿ*: „Mögest du empfangen als/in [Opfer/Frieden] die Wasserspende…". Sowohl die Grafie von als auch von nehmen jeweils ein Zeichenquadrat ein.
b. Nach dem Fleischdeterminativ wäre Platz für ein Suffixpronomen *⸗t*.
c. Im Hinblick auf den Parallelismus zum folgenden Vers wäre ein passives *snṯr.tw* „die Bau von Heliopolis werden göttlich gemacht" ebenfalls möglich. Allerdings handelt es sich bei dem Text um Wünsche für die Verstorbene, weshalb ihre Vergöttlichung ein Ziel der Verklärungen sein sollte.
d. Ein Zusatz wie *mꜣʿ.tj* „die beiden Wahrheiten" aber auch *ʿꜣ.t* bzw. *Gb* dürfte hier folgen.[25]
e. Die untere Linie des quadratischen Zeichens ist tatsächlich nicht ganz geschlossen. Dennoch dürfte *p* gemeint sein.
f. Oder *pr.w m Rʿ* „Herauskommen mit Ra", allerdings wird der Gott in der Schreibung im nächsten Textabschnitt genannt.
g. Unsichere Interpretation der Tintenreste. Eine solche Formulierung wäre zumindest plausibel.
h. Vielleicht ist hier auch der Name anzusetzen: in der linken Horizontalzeile sind die Reste erhalten, die hier aus grafischen Gründen womöglich mit wiedergegeben werden? Das *r* bei *ḥr* in der Bedeutung „Gesicht" ist allerdings nicht notwendig.

• Horizontal rechts (VGL. ABB. 5A)

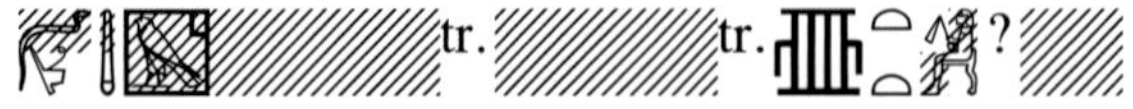

ḏd-mdw (j)n ⸢Ḥw.t-Ḥr⸣[a] [...][tr.] ḫnt.t[b] [...]
Rezitation durch Hathor [der NN...] der/die vorn ist [...]

25 Zu den verschiedenen jenseitigen *wsḫ.t*-Gerichtsstätten siehe Töpfer 2015, pp. 81–82, 95–96, 259–260.

a. Die erhaltenen Zeichenreste sprechen sehr für die Rekonstruktion dieser Bezeichnung der Verstorbenen. Doch auch hiernach ist vom Namen kaum etwas erhalten.

b. Vielleicht auch konkret *ḫnt.t šps* oder *ḫnt.t sʿḥ* „Vorsteher/in der/des Vornehme/n“? Dieser Gedanke ist im Hinblick auf die Verehrung der Repit („die vornehme Frau“) im gegenüberliegenden Athribis nicht uninteressant. Doch ohne den Kontext muss offenbleiben, ob hier ein Namensbestandteil (z.B. der Mutter), ein Titel o.ä. vorliegt. Auch die Deutung als Chontamenti (*Ḫntj-jmn.tj*) möchte ich nicht ausschließen, wenngleich A51 allein eigentlich nicht die Bedeutung *ỉmn.tỉ* besitzt. Wünschenswert wäre das Toponym *Ḫntỉ-Mnw* „Achmim“, nur lässt sich in dem letzten Zeichen keine Schreibung für Min erkennen.

- Kolumne rechts (VGL. ABB. 5C)

Der Text ist dermaßen zerstört, dass die erkennbaren Zeichen nur schwer in einen sinnvollen Zusammenhang gebracht werden können. Zudem kann nicht ausgeschlossen werden, dass die Inschrift einige Korruptelen aufweist. Die folgende Umschrift ist dementsprechend sehr vage:

[...]mj jʿḥ wsr[?] n šn.w[a] *[...]n nb ḫkr.w*[b] *rn*[?] *[...]*
[...] wie der Mond, der mächtig ist[?] *über den Umkreis*[?] *[...] den Herrn des Schmucks, Name*[?] *[...]*

[...][tr.] *šms Wsjr m ḫr.t[-nṯr]*[c] *r*[tr.] *[...]*
[...][tr.] *das Gefolge des Osiris in der Nekropole, herauskommen*[?] *[...]*

[...][?] *dmḏ šw/mꜣʿ.tj*[?][d] *[...]*
[...][?] *vereinigen Licht/beiden Maat*[?] *[...]*

a. Absolut unsicher. Statt *jʿḥ* vielleicht auch ⊂⊃ (P4) *wḥʿ* „ablösen, erklären“ zu lesen.

b. Ein insbesondere in griechisch–römischer Zeit mehrfach belegtes Epitheton für solare Götter, vgl. LGG III, 722b–c.

c. Diese Lesung ist tatsächlich sehr wahrscheinlich.

d. Der Rest der Kolumne ist absolut unklar.

MUMIENHÜLLEN UND -AUFLAGEN AUS ACHMIM

Neben den von Gaston Maspero zwischen 1884 und 1888 freigelegten und in das Boulaq Museum nach Kairo transportierten ptolemäisch–römischen Objekten aus dem Nekropolengebiet von Achmim, gelangten zahlreiche Stücke durch Plünderungen in den Antikenhandel.[26] Insbesondere in den 1890er Jahre gaben europäische Sammlungen den Ankauf von Särgen und Mumienmasken, -auflagen sowie -hüllen in Auftrag. Der Großteil der Kartonageauflagen weist in ihrer Dekoration und Farbgebung so starke Ähnlichkeiten auf, dass sie als eine geschlossene Gruppe betrachtet werden können, zu der drei Formentypen zu zählen sind: 1. Kartonagehüllen in Mumienform und 2. in anthropoider Form sowie 3. dreiteilige Auflagen in Mumiengestalt. Eine Aufstellung und Besprechung der über 30 (bislang bekannten) Objekte[27] dieser Gruppe haben bereits Mark Smith,[28] Annie Schweitzer[29] und Christina Riggs[30] vorgelegt,[31] weshalb hier auf die gesamte Wiedergabe der Inventarnummern verzichtet werden kann. Vielmehr sollen nur diejenigen Objekte genannt werden, mit denen die Leipziger Mumienauflage stilistisch in mindestens zwei Punkten übereinstimmt. Diese sind:

Berlin	Ägyptisches Museum und Papyrussammlung Inv.-Nr. 13463 (Abb. 6)[32]
Chicago	The Field Museum Inv.-Nr. 30020
Kairo	Ägyptisches Museum JdE 26937
Kopenhagen	National Museum Inv.-Nr. 5172
London	British Museum EA 29584, EA 29586, EA 29588, EA 29589, EA 29590, EA 29782

Ein Perlennetz auf rosa Grund besitzen drei mumienförmige Hüllen im BM (EA 29590, 29584, 29580) sowie eine in Kairo (JdE 26937). Dieses endet oberhalb der Füße, die mit aufgemalten Sandalen bekleidet sind. Nur bei EA 29590 sind die Füße vom Perlennetz bedeckt, auf dem zusätzlich eine hieroglyphische Inschriftenzeile verläuft. Jeweils eine Caniden-köpfige Gestalt mit Salbgefäß in der Hand ist links und rechts am Kopfteil der Kartonagehülle EA 29584 aufgebracht. Davor befindet sich statt der Göttinnen mit *wꜣḏ*-Zepter ein Priester mit Stofftreifen in den Händen. Auf EA 29590 sind neben den Zeichnungen eines Ba-Vogels auf der Brust und

26 Zur Forschungsgeschichte siehe Kuhlmann 1983, pp. 54–55, 62–64, 71. Die Grabungen beschränkten sich auf Friedhof A (el-Hawawish), allerdings fanden Raubgrabungen durch Einheimische auch in Friedhof C (as-Salamuni) statt, wobei unklar ist, was von hier in den Antikenhandel gelang. Friedhof C ist aufgrund der dekorierten Grabanlagen aus der Römerzeit (2./3. Jh. n. Chr.) bei der Betrachtung der Mumienauflage von Interesse; zu diesen siehe von Bissing 1950, pp. 547–576; Kaplan 1999, pp. 166–178, Taf. 86–101 und Venit 2016, pp. 182–195.

27 Die Publikation einer im Völkerkundemuseum in Marburg befindlichen Mumie mit dreiteiliger Auflage, die ebenfalls zu dieser Achmimer Gruppe zu zählen ist, wird von Renate Germer vorbereitet. Ich danke Frau Dr. Germer sehr herzlich für die Zusendung von Arbeitsfotos.

28 Smith 1994, pp. 293–304; Smith 1997, pp. 66–71.

29 Schweitzer 1998, pp. 325–352.

30 Riggs 2005, pp. 61–94, 259–268.

31 Mit Abbildungen aller hier besprochenen Objekte. Die im Berliner Museum und im British Museum befindlichen Objekte konnten ich zudem vor Ort detaillierte studieren. Ferner zu berücksichtigen ist der (fotografische) Überblick bei Grimm 1974, pp. 96–100, 146–148, Taf. 116–121.

32 Vom Ägyptischen Museum und Papyrussammlung Berlin danke ich sehr herzlich Hon.-Prof. Dr. Friederike Seyfried für die Publikationserlaubnis der Mumienauflage und vor allem Dr. Jana Helmbold-Doyé für Informationen zu diesem und weiteren Achmimer Objekten. Die Fotografie wurde von Jürgen Liepe angefertigt.

einer geflügelten Nut unterhalb des Halskragens zudem Felder mit dem „Schachbrettmuster" aufgemalt. Dieses ist auch auf der Brust der Kairener Mumienhülle (JdE 26937) oberhalb der Nut zu sehen. Darunter befinden sich zwei weitere „Schachbrettmuster"-Felder im Wechsel mit drei Bildfeldern, die wiederum als Einheit von einem braunen Rahmen mit seitlich herabhängenden Lotosblüten umgeben sind. Dieses fünfgliedrige halb-ovale Feld ist mit beinahe identischen Szenen auch auf der Mumienhülle des bärtigen Mannes (EA 29584) aufgemalt. Drei in Blattgold ausgeführte Felder im Wechsel mit Farbstreifen verlaufen entlang des Beinabschnitts der anthropoiden Mumienhülle einer Frau in Chicago (Inv.-Nr. 30020). Bei den beiden mumienförmigen Kartonagehüllen (EA 29584, JdE 26937) befindet sich weiterhin am Fußteil ein Band bestehend aus blauen und roten Quadraten. Ein solches ist in Resten auf einem Textilfragment der Leipziger Auflage zu finden. Dieses umlaufende Band ist in der Form sowohl auf den mumienförmigen wie auch auf den anthropoiden (EA 29586, 29589; Chigaco 30020; Kopenhagen 5712) Kartonagehüllen zu finden. Seitlich am Fußteil der Mumienhülle einer Frau (EA 29586) sind zudem vier sitzende Falken-köpfige Gestalten mit blauer Perücke aufgemalt, jeweils zwei mit rosa- und ocker-farbenen Körper. Auf der anthropoiden Mumienhülle in Kopenhagen sind die gleichen Gestalten zwischen einem dreigliedrigen Cheker-Fries an den Seiten abgebildet. Vier identische Schutzgenien befinden sich bei der Mumienhülle eines Mannes (EA 29589) am Kopf. Die Füße derselben sind im gleichen kräftigen rot-braun ausgeführt wie bei der Leipziger Auflage. Einen dreiteiligen Cheker-Fries mit Falken-köpfigen Genien und menschlichen Gestalten verläuft an den Seiten der Kairener Hülle. Ohne Zweifel die größten Übereinstimmungen im formalen Aufbau, der Farbgebung und auch szenisch bestehen mit der dreigeteilten Textilkartonage des Hor in Berlin (ÄMP Inv.-Nr. 13463; vgl. Abb. 6). Der Kopfteil der Kartonage ist wie einige der Bildfelder plastischer gearbeitet und mit Blattgold versehen. Auf dem Haupt verläuft ein Band mit Rosetten. Ein solches Rosettenband befindet sich auch auf dem Kopfteil einer dreiteiligen, vollständig aus Blattgold bestehenden Auflage (EA 29782) und einer Mumienhülle (EA 29590) in London, bei denen plastische Rosetten neben Lotosblüten zudem auf dem Brustbereich aufgebracht sind. Der Halskragen der Kartonagehülle in Chicago (Inv.-Nr. 30020) besteht ausschließlich aus Lotosblüten und Rosetten. Jeweils drei dieser Symbole befinden sich auf dem Halsabschnitt einer der mumienförmigen Hüllen in London (EA 29590). Eine plastische Lotosblüte sowie zwei Rosetten befanden sich auch auf Textilien der Leipziger Kartonage. Eines der Textilfragmente mit Rosette weist zudem deutliche Reste des „Schachbrettmusters" unter einem blauen Quadrat-Band und rosa Farbe auf (Abb. 3a, rechts oben im Bild), während sich auf dem zweiten Stück noch Spuren von Blattgold erhalten haben (Abb. 3b). Bei diesen beiden Textilstücken dürfte es sich demzufolge um Bestandteile des ursprünglichen Kopfteiles der Kartonage handeln, der dem der beiden Londoner Mumien sehr ähnlich gewesen sein könnte.

AUSWERTUNG

Die Ähnlichkeiten der Achmimer Objekte mit der dreiteiligen Leipziger Auflage im szenischen Aufbau, den Motiven und in der Farbgebung sind so eindeutig, dass dadurch eine Rekonstruktion der zerstörten oder fehlenden Bereiche möglich ist. Anhand der Berliner (vgl. Abb. 6b) und der

Londoner (EA 29782) Auflage lassen sich die Figuren in der ersten Szene – über dem Halskragen – als Thot (rechts) und Horus (links) rekonstruieren. Hierbei handelt es sich allerdings um keine Reinigungs- bzw. Libationsszene, denn anders als bei den Vergleichsstücken sind in der Mitte des Bildfeldes weder Reste einer Mumiengestalt noch der Wasserlinien erhalten. Vielmehr ist bei der Leipziger Auflage von einer Adorationsszene zu sprechen. Bemerkenswert hierbei ist, dass offensichtlich der Name der Verstorbenen angebetet wird anstatt eine – diese symbolisierende – Mumiengestalt, denn die Arme der beiden Götter erheben sich hin zur Gruppe . Der Kopfteil mit den vergoldeten Rosetten- und Lotos-Applikationen dürfte dem Berliner und vor allem den Londoner (EA 29782) Kopfabschnitt sehr ähnlich gewesen sein. In den Zwischenräumen des Cheker-Frieses auf Höhe des Halskragens sind auf beiden Seiten vier Falken-köpfige Genien in den Farben rosa und ocker anzusetzen. Die Gestaltung der geflügelten Nut mit „Löckchen-Perücke"[33] auf der Leipziger und der Berliner Auflage (vgl. Abb. 6b) ist nahezu identisch. Doch trotz all der Übereinstimmungen in den Details präsentiert sich jedes Objekt dieser Gruppe als Unikat. Insbesondere die Motive der Bildfelder unterscheiden sich in Einzelheiten. Wird die Libationsszene auf der Berliner Auflage neben den Göttinnen von zwei männlichen Figuren mit Atef- sowie Doppel-Krone flankiert (vgl. Abb. 6b), so sind es bei der Leipziger Auflage Caniden-köpfige Gestalten, und zwar beidseitig einer Adorationsszene (vgl. Abb. 4a). Das Motiv der aufgebahrten Mumie mit Anubis kommt häufig vor, nur unterschiedlich flankiert von: den Horussöhnen (London EA 29584), Isis und Nephthys (Berlin; vgl. Abb. 6c) oder *ḏd*-Pfeiler und *tἰt*-Knoten (Leipzig; vgl. Abb. 4c). Ebenfalls variieren die Figuren, die bei der Ausstattung resp. Anbetung von Osiris anwesend sind zwischen tierköpfigen Gottheiten (London EA 29584), Isis und Nephthys als geflügelte Klagefrauen mit Udjat-Auge (London EA 29582) sowie (Osiris-) Sokar umgeben von Isis und Nephthys mit vier göttlichen Aktanten (Berlin; vgl. Abb. 6c). Die Falken-köpfigen Genien sind auf mehreren Stücken dargestellt, nur die Position variiert. Hervorzuheben sind die Darstellungen geflügelter Schlangen, Widder und Caniden, die eine Mumie schützend umschließen. Diese kommen in gleicher Gestaltung auf dem Beinabschnitt der mumienförmigen Hülle des bärtigen Mannes (EA 29584) vor sowie dem Kopfabschnitt der Berliner (vgl. Abb. 6a) und der Londoner (EA 29782) Auflage. Bei diesen ist an Szenen aus den Unterweltsbüchern oder den späteren Mythologischen Papyri zu denken.[34] Auf der Leipziger Mumienauflage werden solche Schutzgestalten nicht verwendet, dafür stellen die beiden Nilpferdgottheiten sowie der hockende Affe im untersten Register eine Besonderheit dar, denn sie kommen im Bildrepertoire anderer Achmimer Mumienhüllen und -auflagen nicht vor. Mit „Besonderheit" ist keine „Innovation" gemeint, denn die Nilpferdgottheit mit dem Krokodil auf dem Rücken ist ein gut bekanntes ägyptisches Motiv, ebenso der mit Thot und den Mond in Verbindung zu bringende Pavian. Diese Figuren sind zum einen aus verschiedenen Vignetten

33 Die Perücke und das Federkleid der Nut treten durch kleine, kugelförmige Perlen plastisch hervor. Der Körper wurde poliert.

34 In diesem Zusammenhang erwähnenswert ist die Schlussvignette des aus Achmim stammenden ptolemäischen Totenbuchs der Neferetii (pBerlin P. 10477; Edition: Lüscher 2000), bei der es sich um eine Szene aus dem Amduat handelt (11. Stunde, oberes Register, 2. Szene). Solche Szenen aus den Unterweltsbüchern kommen in Totenbuchabschriften nach der Dritten Zwischenzeit kaum vor. Allerdings passt diese Adaption sehr gut in das insgesamt „klassisch" erscheinende Layout (retrograde Hieroglyphen) der Achmimer Totenbuchpapyri. Die einzige „Modernisierung" in dieser Vignette stellt die Standbasis der Figuren dar, bei der es sich um ein hellenistisches Quaderband handelt.

des Totenbuches bekannt, zum anderen im Zusammenhang mit astronomischen Darstellungen zu sehen, wie sie seit dem Neuen Reich an Grabdecken und Wasseruhren sowie besonders aus ptolemäisch–römischer Zeit durch Tempelszenen und Sarg- sowie Grabdekorationen bekannt sind. Der Mondaffe und die Nilpferdgöttin (mit wie auch ohne Krokodil), gehören darin zu den zentralen Gestalten.[35] Zum anderen besitzen beide Gestalten apotropäische Eigenschaften. Als Schutzgottheiten treten Nilpferd und Pavian mit Scheibe auf dem Haupt im römerzeitlichen Grab des Petosiris in der Oase Dachla auf.[36] Bemerkenswert hierbei ist der mit der Dekoration der Leipziger Mumienauflage identische Kontext der Balsamierung: Anubis an der Mumienbahre wird flankiert von Isis und Nephthys, zwei Textilträgerinnen und zwei Adoranten; gerahmt wird die Szene von *tỉt*- und *ḏd*-Symbol, wobei nach dem *ḏd*-Pfeiler noch eine Uräusschlange mit roter Krone und schließlich die Nilpferdgöttin folgen. Der Affe ist in dem darunter befindlichen Register zu sehen. Auch die beiden Uräus-Schlangen stellen kein ungewöhnliches Motiv dar, aber zumeist flankieren sie – gelegentlich geflügelt – Szenen oder werden zu mehreren auf die Stirn angebracht. Die Kombination von Ba-Vogel und Upuaut-Standarte ist in der Verbindung mit den Uräen – die hier die ober- sowie unterägyptische Krone symbolisieren – und der Ausstattung des Osiris durch seine Schwestern innerhalb der Gruppe nicht belegt. Die Szene lässt sich als eine bildliche Zusammenfassung von Totenbuchspruch 128 interpretieren, in dem Osiris als rechtmäßiger König (*nsw.t*) gepriesen wird. Neben Thot und Horus werden darin Isis und Nephthys genannt, die in der dazugehörigen Vignette neben Osiris mit Atef-Krone auch abgebildet werden. Nicht nur werden in dem Spruch die Ba-Kräfte des Osiris gepriesen, auch sein Ka erscheint, u.a. in der Funktion als „Wegeöffner" (*Wp-wꜣ.wt*). In der Anrufung wird Osiris-Wennefer als „Sohn der Nut" (*sꜣ Nw.t*), der aus Nut hervorgekommen ist (*pri m Nw.t*) bezeichnet. Diese Bezeichnung ist nicht ungewöhnlich, allerdings wird Osiris so nur in wenigen Totenbuchsprüchen betitelt, in denen es um seine Rechtfertigung und die Königsherrschaft geht (Tb 19, 181). Weshalb dies hier herausgestellt wird erklärt sich anhand der Position des Bildfeldes direkt unterhalb der geflügelten Nut. Möglicherweise sollen die beiden Szenen auf der Leipziger Auflage als eine Einheit verstanden werden. Auf den Auflagen in Berlin und London befindet sich unter der geflügelten Nut hingegen ein weiteres Register bevor das nächste Bildfeld kommt. Der Szene der Leipziger Auflage sehr ähnlich und eine den Totenbuchspruch 128 eindeutig wiedergebende Darstellung befindet sich in der östlichen Grabkammer (Südwand) eines römerzeitlichen (1. Jh. n. Chr.) Grabes in der Oase Dachla (Bir el-Shaghala):[37] Das Bildfeld in der Wölbung zeigt eine geflügelte Sonnenscheibe, aus der sich zwei Uräusschlangen mit der unter- (links) und oberägyptischen (rechts) Krone herausschlängeln, vor deren Köpfen jeweils ein Ba-Vogel mit ꜥnḫ-Kreuz in den Klauen steht. Das von einem Cheker-Fries getrennte zweite Bildfeld präsentiert in der Mitte die frontal ausgerichtete Figur des Osiris mit Atef-Krone, Krumstab und Flagellum in den Händen, wie er von Isis (rechts) und Nephtyhs (links) flankiert wird, hinter denen mit Libations- und Salbgefäß zur Hand Horus (rechts) und Upuaut (links) stehen. Die Ikonografie des menschengestaltigen Upuaut mit Caniden-Kopf ist bemerkenswert, denn er ist mit unterägyptischer Krone dargestellt, auf der sich zwei Uräen befinden.

35 Siehe hierzu die Tafeln in Neugebauer, Parker 1969. Die insbesondere aus dem Achmimer Raum belegten Zodiaks sind hervorzuheben.

36 Siehe Osing et al. 1982, pp. 81–95, Taf. 33.

37 Vgl. Bashendi Amin 2013, pp. 51–79, bes. pp. 63–64, Abb. 27.

Die Bildmotivik der Leipziger Mumienauflage präsentiert sich bei näherer Betrachtung in „alt-ägyptischer“ Tradition, was durch das rahmende Hieroglyphenband zusätzlich unterstrichen wird. Der darin ausgedrückte Wunsch nach Schutz, Versorgung und dauerhafter Fortexistenz im Jenseits entspricht ebenfalls dem ägyptischen Jenseitsglauben. Die Zusammenstellung der einzelnen Motive der Bildfelder ist singulär. Die Art und Weise wie Tradition und Innovation auf dem Leipziger Mumientuch umgesetzt werden, ist im Hinblick auf dessen zeitliche und lokale Verankerung von Bedeutung. Die gesamte Achmimer Gruppe wird in die späte Ptolemäerzeit bis frühe Römerzeit datiert, genau genommen in die Zeit von 50 v.–50 n. Chr. Die Datierung beruht auf der paläografischen und orthografischen Einordnung der demotischen Aufschriften auf einigen anthropoiden Mumienhüllen durch Mark Smith.[38] Die Objekte innerhalb dieses postulierten Zeitrahmens konkret in ptolemäische (50–30 v. Chr.) und römische (30 v.–50 n. Chr.) zu klassifizieren, ist kaum möglich und im Grunde auch wenig sinnvoll. Denn es gilt zu bedenken, dass die politische Veränderung in Ägypten mit dessen Integration in das Römische Reich nach 30 v. Chr. wohl keinen plötzlichen Wandel im lokalen Bestattungsbrauch nach sich gezogen haben wird.[39] Ebenso schwierig erscheint der Versuch, innerhalb der Gruppe eine Typologie zu erstellen. Allerdings ist festzustellen, dass die Leipziger Mumienauflage im Hinblick auf die stilistischen und technischen Übereinstimmungen mit der Berliner Auflage tendenziell zu den frühen Objekten der Gruppe zu zählen ist. Die dreiteilige Berliner Mumienauflage (ÄMP Inv.-Nr. 13463) kann durch die demotische Aufschrift 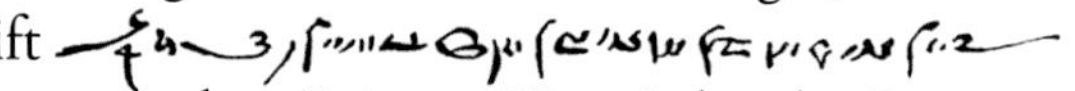 auf dem oberen Rand des Mittelstücks der Kartonage dem Priester Hor, Sohn des Peteminis und Enkel des Peteharoeris zugeschrieben werden: *Wsjr Ḥr (sꜣ) Pꜣ-tỉ-Mn (sꜣ) Pꜣ-tỉ-Ḥr-wr ʿnḫ by⸗f šʿ ḏ.t* „Osiris des Hor, (Sohn des) Peteminis, (Sohn des) Peteharoeris. Möge sein Ba bis in Ewigkeit leben.“[40] Derselbe Hor ist der Besitzer des pLondon BM EA 10507 mit der demotischen Abschrift dreier Funerärtexte.[41] Mark Smith datiert die Textabschrift anhand paläografischer Indizien wiederum in die 2. Hälfte des 1. Jhs. v. Chr. Demzufolge dürfte auch die Mumienauflage des Hor zeitnahe in der 2. Hälfte des 1. Jhs. v. Chr. entstanden sein. Die Textkompositionen auf pLondon BM EA 10507 sind im Zusammenhang mit den Bildfeldern der Berliner und der Leipziger Mumienauflage von besonderem Interesse. Es handelt sich hierbei um Texte aus dem Osiriskult, die für den Verstorbenen adaptiert worden sind. Deren zentrale Themen sind die Klagen der Isis, die Mundöffnung sowie die Balsamierung und besonders die Stundenwachenriten mit dem Ziel der Rechtfertigung, Wiedergeburt und der Teilnahme des Verstorbenen am kosmischen Zyklus.[42] Dies sind die Kernelemente der Dekoration der beiden Mumienauflagen, die in

38 SMITH 1997, pp. 66–71. Ferner RIGGS 2005, pp. 62–64.

39 So präsentiert sich auch die Dekoration einiger römerzeitlicher Grabanlagen in Friedhof C in stark ägyptischer Tradition teilweise mit hieroglyphischen Beischriften, während hellenistische Motive sehr selten sind; vgl. KUHLMANN 1983, p. 80, Taf. 33–38; KAPLAN 1999, Taf. 86–101; VENIT 2016, pp. 184–189, Abb. 5.25–5.31.

40 Umzeichnung der von Georg Möller angefertigten Handkopie im Inventarbuch. Zur Lesung und Übersetzung siehe auch SMITH 1994, p. 300 (mit Anm. 32 und 54). Zu den demotischen Namensschreibungen vgl. LÜDDEKENS 1980, pp. 310–311 (Peteminis), p. 324 (Peteharoeris), pp. 786–788 (Hor).

41 Zur Verbindung von Kartonage und Papyrus siehe SMITH 1994, pp. 296–297, 300. Textedition: SMITH 1987, der hier den Namen noch als *Ḥr-m-ḥb* liest, sich allerdings bereits in Enchoria 15, 1987, p. 63 (Anm. 15) selbst korrigiert. Vgl. ferner die Übersetzung mit Kommentar bei SMITH 2009, pp. 245–263 (Text 12).

42 Siehe hierzu TÖPFER 2015, p. 303.

dieser Deutlichkeit auf keinem anderen Objekt der Achmimer Gruppe zu finden sind. Die Fokussierung auf den Osiriskult verwundert nicht weiter, dennoch ist bemerkenswert, dass die Lokaltheologie von Achmim auf die Dekoration keinen Einfluss zu nehmen scheint.[43] Allenfalls mit dem Hauptgott Min zu verbinden sind die astronomischen Gestalten, denn Min ist wie auch Thot[44] als Mondgott belegt.[45] In den Nilpferdgottheiten mit Krokodil und *wꜣḏ*-Zepter könnte zudem eine Manifestation der Göttin Repit (Triphis) gesehen werden. Repit gehört mit Min zu den Hauptgottheiten von Athribis, das Achmim gegenüberliegt.

Die Typenbreite von mumienförmigen Hüllen und Auflagen bis hin zu anthropoiden Formen in der Tracht der Lebenden spiegelt sowohl ägyptische wie auch griechisch-römische Traditionen wider. Die Merkmale beider Kulturkreise fließen in Achmim (unterschiedlich stark ausgeprägt) in der Form, den Darstellungen, der Ornamentik und der Farbgebung zusammen. Der griechisch-römische Einfluss ist unverkennbar anhand: der aufgemalten Rosetten, des V-förmigen „Schachbrett“-Musters, des blau-roten Quaderbandes am Fußabschnitt  sowie der rot-schwarzen Streifen auf den Sandalen und besonders anhand des „aggressiven Rosas“. Rosa als Ausmischung ist bereits mindestens seit dem Neuen Reich bekannt,[46] doch als eigenständiger Farbstoff tatsächlich ein Charakteristikum der spätptolemäisch-römischen Zeit. Deutlich wird dies anhand der Malereien von Gräbern[47] insbesondere derer in Siwa,[48] Tuna el-Gebel[49] und der Oase Dachla[50] sowie zahlreicher Mumienmasken, -hüllen, -auflagen und Särge dieser Zeit.[51] Es wäre sicherlich lohnenswert, die Rolle der Farbe Rosa im funerären Bereich genauer zu untersuchen, insbesondere im Hinblick auf die Bedeutung von Purpur in hellenistischer Zeit[52] und der römischen Kaiserzeit.[53] Wenngleich dies hier leider nicht gewährleistet werden kann, sollen doch einige wenige Gedanken angeführt werden. Im Hinblick auf den „inflationären“ Gebrauch von Rosa in der ägyptischen Provinz, ist dessen Bedeutung als Status- oder Herrschaftssymbol (wie es dem Purpur unterstellt wird) wohl eher auszuschließen. Allenfalls spiegelt sich hierin eine Demonstration von Wohlstand wider oder der Ausdruck „hellenistischer Gesinnung“. Der letzte Aspekt ließe sich allerdings viel besser verdeutlichen anhand der Wahl einer („modernen“) anthropoiden Mumienhülle in der Tracht der Lebenden anstatt einer („traditionellen“) mumienförmigen Abdeckung. Vielleicht sollte man sich von der etwas überstrapazierten Vorstellung lösen, dass wir es hier mit Einflüssen aus dem hellenistischen Mutterland zu tun haben und in dem dominanten Gebrauch der Farbe

43 Wohingegen durch demotische Aufschriften bekannte Namen wie *Pꜣ-tỉ-Mn* (Berlin ÄMP Inv.-Nr. 13463 und Inv.-Nr. 13462; BM EA Inv.-Nr. 10507) oder *Tꜣ-Mn* und *Šp-Mn* (BM EA Inv.-Nr. 29586) auf den lokalen Min-Kult verweisen. Siehe ferner die Namen auf den aus Achmim stammenden Mumienschildern im British Museum, hierzu Arlt 2011, bes. p. 159.

44 Sehr unsicher ist, ob in der Abbildung des Pavians im untersten Bildfeld ein Verweis auf die Verehrung des Thot in Achmim zu sehen ist. Zur Verbindung Min und Thot in Achmim siehe Kuhlmann 1983, p. 37, 57 mit Anm. 284.

45 Vgl. die späten Quellen bei Leitz 2012, pp. 123–124 mit Anm. 24, 127–130; ferner die Verweise bei Töpfer 2015, p. 424 (s.v. Min-Jach).

46 Siehe z.B. die rosa Schlangen (Vignette zu Tb 150) auf dem Totenbuchpapyrus des Amenemhat aus der 18. Dynastie (Privatsammlung). Hierzu mit einem ausführlichen Kapitel zur Farbanalyse Munro, Fuchs 2015, pp. 154–173, Taf. XVIII.

47 Übergreifend hierzu Kaplan 1999 und Venit 2016.

48 Lembke 2014, bes. pp. 56–58.

49 Lembke, Prell 2015, bes. pp. 260–303.

50 Osing et al. 1982, bes. pp. 71–95, Taf. 31–34.

51 Siehe z.B. die Mumienhülle eines Knaben aus der Oase Charga (Berlin ÄMP Inv.-Nr. 14291), um nur ein Beispiel zu nennen; Riggs 2005, pp. 57–61, Abb. 19–20.

52 Vgl. hierzu Blum 1998.

53 Immerhin gehört die Farbnuance „Rosa“ zum Purpur.

gerade im Funerärkult einfach einen zeitgenössischen ägyptischen Stil sehen. Der Farbton dürfte insbesondere in seiner kräftigen hellen Nuance zweifellos eine positive Wirkung besessen haben und somit auch im Zusammenhang mit religiösen Konzepten um die jenseitige Regeneration sowie Wiedergeburt zu sehen sein.[54] In diesem Zusammenhang ist insbesondere auf die in rosa gefassten Blumenaccessoires (Handstrauß, Rosenknospenkranz) von Stuck- und Kartonageauflagen der ausgehenden Ptolemäer- und vor allem der römischen Kaiserzeit hinzuweisen.[55] Es geht womöglich zu weit, von einer „Rosa Periode" zu sprechen, dennoch ist dieser kunstgeschichtliche Ansatz im Hinblick auf den zeitlichen Rahmen und das breite Spektrum der Verwendung des Pigments gerechtfertigt: in rosa gemalt werden Architekturelemente, Sitzmöbel, Kleidungs- und Ausstattungsstücke, Pflanzen sowie Gottheiten mitsamt Attributen und Menschen (Verstorbene, Opferträger, Feinde) auf Grabwänden wie auch Mumienhüllen und Särgen. Rosa ist allgegenwärtig im Funerärkult des 1. Jhs. v. Chr. bis 1. Jhs. n. Chr., doch besonders dominant in Achmim.

ZUSAMMENFASSUNG

Die Mumie einer Frau (ÄMUL Inv.-Nr. 7810) ist aufgrund der Herkunft Achmim und der typologischen Einordnung ihrer Textilauflage in das ausgehende 1. Jh. v. Chr. zu datieren. Sie ist ein weiterer Beleg für die Individualität der aus Achmim stammenden Objekte aus Kartonage des 1. Jhs. v. bis 1. Jhs. n. Chr. Der Großteil dieser Gruppe besteht aus mumienförmigen und anthropoiden Hüllen; bislang waren nur drei dreiteilige Auflagen bekannt (Berlin 13463, London 29782, Marburg). Das Leipziger Stück ist nun die vierte ursprünglich dreiteilige Mumienauflage, die anhand stilistischer und technischer Übereinstimmungen mit der Berliner Auflage des Hor (vgl. Abb. 6a) derselben Achmimer Werkstatt resp. demselben Ziseleur zugeschrieben werden kann. In der gleichen Metallwerkstatt wurden vielleicht auch die Blattgoldauflagen der Londoner und Marburger Mumie gefertigt, die wiederum einander sehr ähnlich sind. Auch eine familiäre Verbindung der Besitzerin der Leipziger Auflage zu dem Berliner Hor ist sehr wahrscheinlich, nur leider nicht nachweisbar, da eben keine demotische Inschrift mit genealogischen Angaben aufgebracht bzw. nicht erhalten ist. Die hieroglyphische Aufschrift ist an der Stelle der Namensnennung zerstört. Es ist im Übrigen eben genau dieses hieroglyphische Inschriftenband (vgl. Abb. 5a–c), welches die Leipziger Mumienauflage von den anderen Objekten der Gruppe unterscheidet. Die Hieroglyphen und die Bildmotivik sowie die darin vermittelten funerären Konzepte entsprechen der alt-ägyptischen Tradition. Die durchaus korrekte schriftliche (soweit erkennbar) und bildliche Umsetzung dieser „klassischen" Vorstellungen ist bemerkenswert. Bemerkenswert deshalb, weil die aus Achmim stammenden Totenbuchabschriften aufgrund zahlreicher Korruptelen des Textes und Irrtümer in den

54 Die von Riggs 2010, p. 349 angenommene solare Konnotation von Rosa ist sicherlich ebenfalls gegeben. Wenngleich zu bedenken ist, dass Auripigment und Ocker auch in römischer Zeit vermehrt mit dem Sonnengott verbunden sind. So werden in Achmim die vier hockenden Falken-köpfigen Genien am Kopf- oder Fußteil der Mumienhüllen in Rosa und in Ocker gemalt.

55 Diese sind für Mumienauflagen von Frauen und Männern belegt, siehe z.B. Berlin ÄMP Inv.-Nr. 11414 und London UC Inv.-Nr. 28084 sowie London BM EA Inv.-Nr. 29476.

Vignetten wiederum eher traurige „Berühmtheit" erlangt haben. Der „nachlässige" Umgang mit Totenbuchpapyri ist für den Funerärkult des spätptolemäisch-römischen Achmim allerdings singulär, der sich insgesamt durch akkurate Kenntnis altägyptischer religiöser Konzepte und der sorgfältigen Umsetzung derselben auszeichnet. Dies verdeutlichen neben den hier besprochenen Mumienauflagen- und hüllen einige Mumientücher mit hieroglyphischer Aufschrift[56], ein Mumienbett (Berlin ÄMP Inv.-Nr. 12441)[57] sowie ein Kastensarg (London BM EA 29779) und die Dekoration der römerzeitlichen Grabanlagen in Friedhof C. Auch die Textkompositionen auf pBM EA 10507 sind hierfür zu nennen, wenngleich diese keine Abschriften hieroglyphischer Texte darstellen, sondern als in demotisch verfasste „neue" resp. modernisierte Konzeptionen anzusehen sind. Dem vergleichbar werden auf der Leipziger Mumienauflage die alt-ägyptischen textlichen und bildlichen Inhalte in ihrer formalen Gestaltung und besonders dem Farbkanon entsprechend dem lokalen Zeitgeschmack des griechisch-römischen Ägyptens umgesetzt. Wie stark die hellenistischen und alt-ägyptischen Einflüsse auf die Wahl der Mumienumhüllung am Ende gewesen sind, dürfte letztendlich einzig vom individuellen Geschmack und den finanziellen Möglichkeiten abhängig gewesen sein. Die in dieser Auflage bestattete unbekannte „Leipzigerin" muss zweifellos aus recht wohlhabenden Hause stammen und sehr wahrscheinlich Mitglied einer Priesterfamilie aus dem Umkreis des Min-Kultes von Achmim gewesen sein, die sich ihrer Position und auch Heimat entsprechend eine stark ägyptische Erscheinungsform für das Jenseits auswählte.

BIBLIOGRAPHIE

ASSMANN 1999
Assmann, J., *Ägyptische Hymnen und Gebete*, Göttingen, 1999.

ARLT 2011
Arlt, C., *Deine Seele möge leben für immer und ewig. Die demotischen Mumienschilder im British Museum*, Leuven, 2011.

ASPERGER, ENGEWALD, FABIAN 2001
Asperger, A., Engewald, W., Fabian, G., „Thermally Assisted Hydrolysis and Methylation - a Simple and Rapid Online Derivatization Method for the Gas Chromatographic Analysis of Natural Waxes", *Journal of Analytical and Applied Pyrolysis* 61, 2001, pp. 91–109.

BASHENDI AMIN 2013
Bashendi Amin, M., „A Roman Period Tomb with a Pyramidal Superstructure in Bir el-Shaghala (Mut, Dakhka Oasis)", *BIFAO* 113, 2013, pp. 51–79.

BLUM 1998
Blum, H., *Purpur als Statussymbol in der griechischen Welt*, Bonn, 1998.

56 Für folgende Mumientücher nimmt KURTH 2010 die Herkunft aus Achmim an: L. Moskau I, 1a, 5764; L. ehem, Slg. Liepsner; L. Philadelphia Univ. Museum Inv.-Nr. 36-2-1 und L. Berlin ÄMP Inv.-Nr. 22728. Das Berliner Mumientuch ist in der Publikation als schwarz-weiß Foto abgebildet, weshalb nicht erkenntlich ist – zudem nicht von Kurth erwähnt –, dass auch hier die Farbe Rosa in ihrer sehr hellen Nuance dominiert: neben dem Körper der zentralen Mumiengestalt ist der Großteil der Figuren in den seitlichen Registern in rosa aufgemalt. Ebenso verhält es sich bei dem Moskauer Mumientuch, wenngleich der Farbton dort etwas dunkler gehalten ist.

57 KURTH 2010, pp. 113–137.

von Bissing 1950
von Bissing, F.W. Freiherr, „Tombeaux d'époque romaine à Akhmîm", *ASAE* 50, 1950, pp. 547–576.
Emons 2000
Emons, M., „Eine Mumienauflage aus dem Ägyptischen Museum der Universität Leipzig. Erfassung des Zustands, technologische Untersuchung und Erarbeitung eines Behandlungskonzeptes mit Vorschlägen zur musealen Präsentation", unpublizierte Diplomarbeit, Fachhochschule Hildesheim, Holzminden, Göttingen, 2000.
Germer et al. 1995
Germer, R., Nickol, T., Schmidt, F., Wilke, W., „Untersuchungen der altägyptischen Mumien des Ägyptischen Museums der Universität Leipzig und des Museums für Völkerkunde Leipzig", *ZÄS* 122, 1995, pp. 151–153.
Germer, Kischkewitz, Lüning 2009
Germer, R., Kischkewitz, H., Lüning, M., *Berliner Mumiengeschichten*, Berlin, 2009.
Grimm 1974
Grimm, G., *Die römischen Mumienmasken aus Ägypten*, Wiesbaden, 1974.
Kaplan 1999
Kaplan, I., *Grabmalerei und Grabreliefs der Römerzeit. Wechselwirkungen zwischen der ägyptischen und griechisch-alexandrinischen Kunst*, BeitrÄg 16, Wien, 1999.
Kuhlmann 1983
Kuhlmann, K.P., *Materialien zur Archäologie und Geschichte des Raumes von Achmim*, SDAIK 11, Mainz, 1983.
Kurth 2007–2008
Kurth, D., *Einführung ins Ptolemäische*, Hützel, 2007–2008.
Kurth 2010
Kurth, D., *Materialien zum Totenglauben im römerzeitlichen Ägypten*, Hützel, 2010.
Lembke 2014
Lembke, K., *Ammoniaca* II. *Das Grab des Siamun in der Oase Siwa*, AV 15, Wiesbaden, 2014.
Lembke, Prell 2015
Lembke, K., Prell, S. (eds.), *Die Petosiris-Nekropole von Tuna el-Gebel* I, Tuna el-Gebel 6, Vaterstetten, 2015.
Leitz 2009
Leitz, Ch., *Quellentexte zur Ägyptischen Religion* I. *Die Tempelinschriften der griechisch–römischen Zeit*, Berlin, 2009.
Leitz 2012
Leitz, Ch., *Geographisch-osirianische Prozessionen aus Philae, Dendara und Athribis. Soubassementstudien* II, Studien zur spätägyptischen Religion 8, Wiesbaden, 2012.
Lüddeckens 1980
Lüddeckens, E., *Demotisches Namenbuch*, Wiesbaden, 1980.
Lüscher 1998
Lüscher, B., *Untersuchungen zu Totenbuchspruch 151*, SAT 2, Wiesbaden, 1998.
Lüscher 2000
Lüscher, B., *Das Totenbuch pBerlin P. 10477 aus Achmim*, Handschriften des Altägyptischen Totenbuchs 6, Wiesbaden, 2000.
Mosher 2002
Mosher, M., „The Book of the Dead Tradition at Akhmim During the Late Period", in A. Egberts, B.P. Muhs, J. van der Vliet (eds.), *Perspectives on Panopolis: an Egyptian Town from Alexander the Great to the Arab Conquest; Acts from an International Symposium, Held in Leiden on 16, 17 and 18 December 1998*, Leiden, 2002, pp. 201–209.
Munro, Fuchs 2015
Munro, I., Fuchs, R., *Papyrus Amenemhet. Ein Totenbuchpapyrus der 18. Dynastie*, SRAT 28, Dettelbach, 2015.
Neugebauer, Parker 1969
Neugebauer, O., Parker, R.A., *Egyptian Astronomical Texts* III. *Decans, Planets, Constellations and Zodiacs*, Plates, London, 1969.
Osing et al. 1982
Osing, J., Moursi, M. , Arnold, Do., Neugebauer, O., Parker, R.A., Pingree, D., Nur el Din, M.A., *Denkmäler der Oase Dachla. Aus dem Nachlass von Ahmed Fakhry*, AV 28, Mainz, 1982.

RICHTER 2008
Richter, J., „Mumienauflagen aus ptolemäischer Zeit am Beispiel der Mumienauflage aus der Universität Leipzig", unpublizierte Magisterarbeit, Universität Leipzig, 2008.

RIGGS 2005
Riggs, Ch., *The Beautiful Burial in Roman Egypt. Art, Identity, and Funerary Belief*, Oxford, 2005.

RIGGS 2010
Riggs, Ch., „Tradition and Innovation in the Burial Practices of Roman Egypt", in C. Lembke, M. Minas-Nerpel, S. Pfeiffer (eds.), *Tradition and Transformation: Egypt under Roman Rule. Proceedings of the International Conference, Hildesheim, Roemer- and Pelizaeus-Museum, 3–6 July 2008*, Leiden, 2010, pp. 343–356.

SCHWEITZER 1998
Schweitzer, A., „L'évolution stylistique et iconographique des parures de cartonnage d'Akhmîm du début de l'époque ptolémaïque à l'époque romaine", *BIFAO* 98, 1998, pp. 325–352.

SMITH 1987
Smith, M., *The Mortuary Texts of Papyrus BM 10507*, London, 1987.

SMITH 1994
Smith, M., „Budge at Akhmim, January 1896", in C. Eyre, A. Leahy, L. Montagno Leahy (eds.), *The Unbroken Reed. Studies in the Culture and Heritage of Ancient Egypt in Honour of A.F. Shore*, London, 1994, pp. 293–304.

SMITH 1997
Smith, M., „Dating Anthropoid Mummy Cases from Akhmim: The Evidence of the Demotic Inscriptions", in M.L. Bierbrier (ed.), *Portraits and Masks. Burial Customs in Roman Egypt*, London, 1997, pp. 66–71.

SMITH 2002
Smith, M., „Aspects of the Preservation and Transmission of Indigenous Religious Traditions in Akhmim and its Environs During the Graeco-Roman Period", in A. Egberts, B.P. Muhs, J. van der Vliet (eds.), *Perspectives on Panopolis: an Egyptian Town from Alexander the Great to the Arab Conquest; Acts from an International Symposium, Held in Leiden on 16, 17 and 18 December 1998*, Leiden, 2002, pp. 233–247.

SMITH 2009
Smith, M., *Traversing Eternity. Texts for the Afterlife from Ptolemaic and Roman Egypt*, Oxford, 2009.

TÖPFER 2015
Töpfer, S., *Eine (Neu-)Edition der Textkomposition Balsamierungsritual (pBoulaq 3, pLouvre E 5158, pDurham 1983.11+pSt. Petersburg ДВ 18128)*, Studien zur spätägyptischen Religion 13, Wiesbaden, 2015.

VENIT 2016
Venit, M.S., *Visualizing the Afterlife in the Tombs of Graeco-Roman Egypt*, Cambridge, 2016.

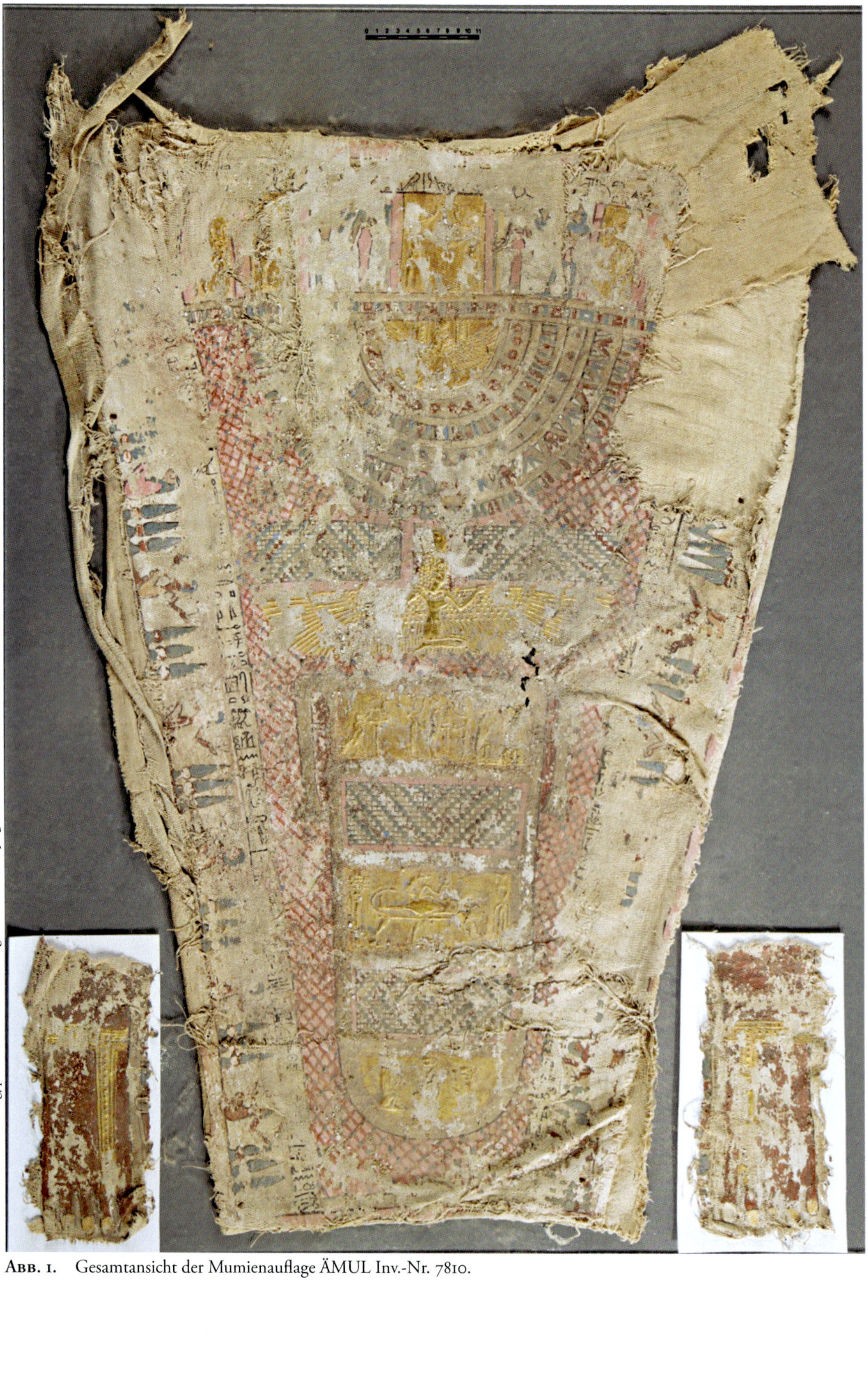

Foto: Marion Wenzel, © Ägyptisches Museum – Georg Steindorff – Leipzig

Abb. 1. Gesamtansicht der Mumienauflage ÄMUL Inv.-Nr. 7810.

Foto: Marion Wenzel, © Ägyptisches Museum – Georg Steindorff – Leipzig

Abb. 2a–b. Fragmente vom Fußabschnitt (ÄMUL Inv.-Nr. 7810).

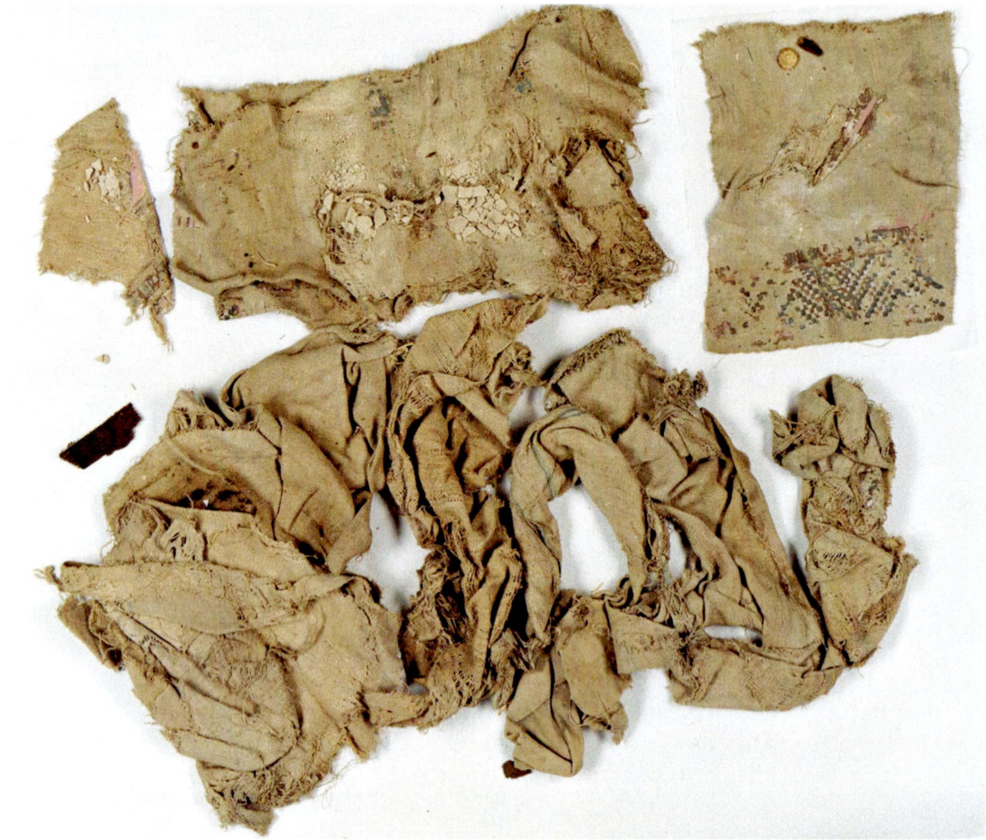

Foto: Marina Emons, © Ägyptisches Museum – Georg Steindorff – Leipzig

Abb. 3a. Lose Textilfragmente (ÄMUL Inv.-Nr. 7810).

Foto: Susanne Töpfer, © Ägyptisches Museum – Georg Steindorff – Leipzig

Abb. 3b. Textilfragment mit Rosette (ÄMUL Inv.-Nr. 7810).

Foto: Marion Wenzel, © Ägyptisches Museum – Georg Steindorff – Leipzig

Abb. 4a. Hals- und Brustabschnitt (ÄMUL Inv.-Nr. 7810).

Foto: Marion Wenzel, © Ägyptisches Museum – Georg Steindorff – Leipzig

Abb. 4b. Brustabschnitt (ÄMUL Inv.-Nr. 7810).

Foto: Marion Wenzel, © Ägyptisches Museum – Georg Steindorff – Leipzig

Abb. 4c. Oberer Beinabschnitt (ÄMUL Inv.-Nr. 7810).

Foto: Marion Wenzel, © Ägyptisches Museum – Georg Steindorff – Leipzig

Abb. 4d. Unterer Beinabschnitt (ÄMUL Inv.-Nr. 7810).

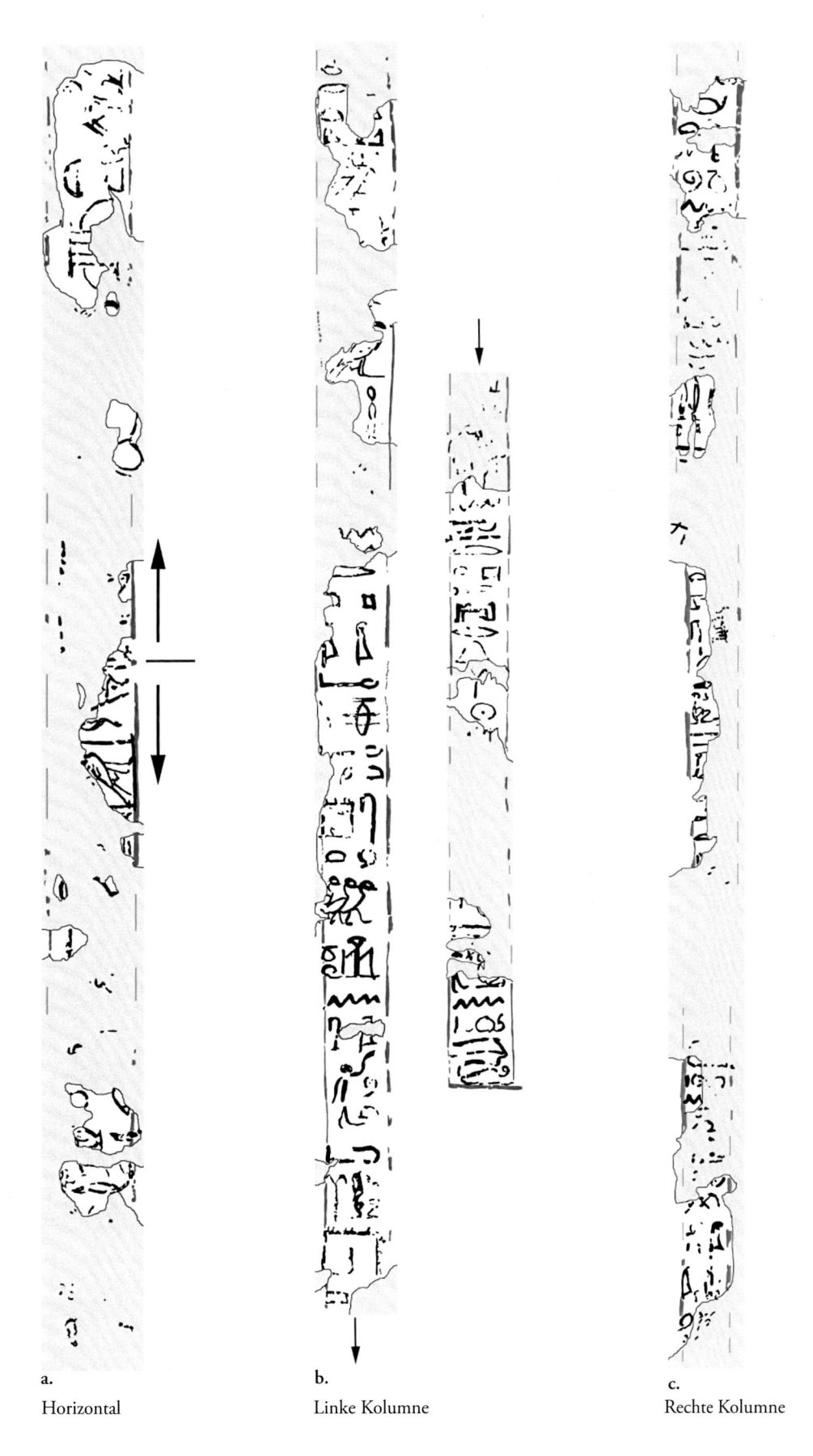

a. Horizontal

b. Linke Kolumne

c. Rechte Kolumne

Abb. 5a–c. Faksimile der hieroglyphischen Inschriftenzeile. Zeichnungen: Susanne Töpfer.

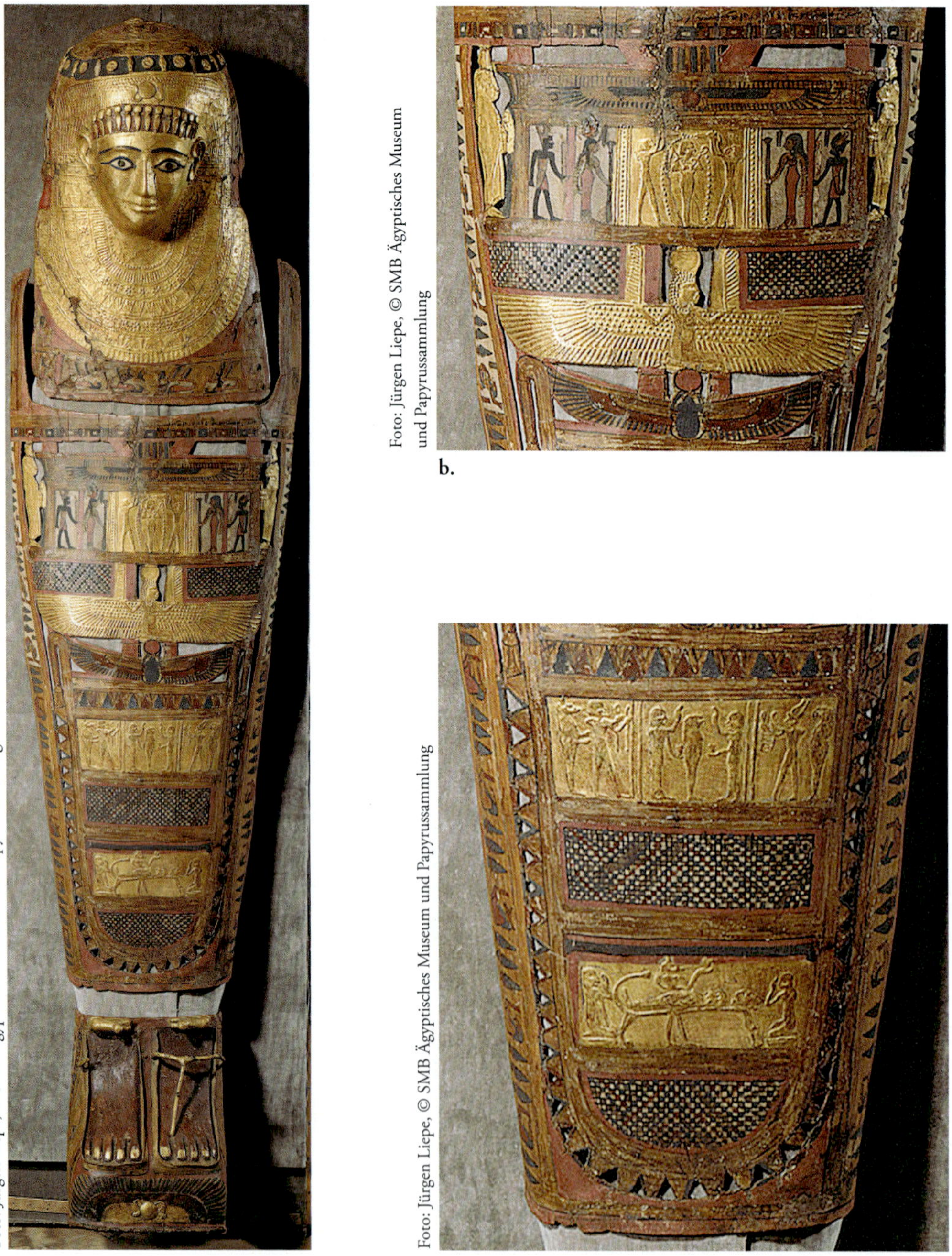

Foto: Jürgen Liepe, © SMB Ägyptisches Museum und Papyrussammlung

a.

Foto: Jürgen Liepe, © SMB Ägyptisches Museum und Papyrussammlung

b.

Foto: Jürgen Liepe, © SMB Ägyptisches Museum und Papyrussammlung

c.

Abb. 6a–c. Mumienkartonage des Hor, Berlin ÄMP Inv.-Nr. 13463.

Résumés en français et en anglais

French and English Summaries

- ASHOUR Sobhi, SHUEIB Sayed

A Roman Portrait-Head from Medinet Madi

Cette tête sculptée de particulier provient de Medinet Madi au Fayoum. Elle date des dernières années du règne de Marc Aurèle ou de celui de Commode. La couronne de lierre dont elle est dotée permet de relier ce personnage aux performances théâtrales, une carrière de poète étant dans ce cas probable. Ce type de sujet est attesté pour la première fois en Égypte. Il est d'ailleurs intéressant de noter qu'il provient d'une ville du Fayoum dans laquelle aucune trace d'activités théâtrales n'a jusque-là été reconnue.

Cette sculpture témoigne de la technique du stuc alexandrin, qui était peut-être connue dans la chôra égyptienne au IIe s apr. J.-C. La présence du schéma polychrome et l'étude du matériel suggèrent qu'il s'agit d'une sculpture locale. Elle constitue un témoin archéologique d'importance sur les activités théâtrales et artistiques de l'Égypte ptolémaïque et romaine, au contraire si richement détaillées dans les sources écrites.

Mots-clés : Narmouthis – Medinet Madi – couronne de lierre – portraits sculptés du Fayoum – théâtre en Égypte gréco-romaine – Dionysiakoi Technitai – sculpture en Égypte gréco-romaine – artistes de Dionysos – littérature alexandrine.

This head with its individual features and portrait characteristics, represents a private person from Medinet Madi in Fayum, dated to latest years of Marcus Aurelius or Commodus reigns. The ivy wreath connects the subject to a theatrical performance, with more probable poetic career. Such subject is attested for the first time from Egypt, and interestingly from a Fayum town, where no evidence for a theatre or theatrical activity is known.

The sculpture shows the Alexandrian stuccon technique, which perhaps was known in the Egyptian *chora* by 2nd century AD. The polychromic scheme used in addition to material suggest it local carving in Medinet Madi. Most important is that the portrait-head presents an interesting archaeological testimony for the vivid picture of theatrical activities and performance in Egypt during Ptolemaic and Roman ages, richly detailed in papyri and literary sources.

Keywords: Narmouthis – Medinet Madi – ivy wreath – sculptured portraits from Fayum – theatre in Greco-Roman Egypt – Dionysiakoi Technitai – Sculpture in Greco-Roman Egypt – Artists of Dionysus – Alexandrian Literature.

• **Austin Anne, Gobeil Cédric**

Embodying the Divine
A Tattooed Female Mummy from Deir el-Medina

Lors de la campagne 2014 de la mission Ifao à Deir el-Medina, le torse d'une momie de femme largement tatouée sur les bras, les épaules, le cou, et le dos a été identifié. Cet article se propose de présenter cette momie tatouée en replaçant tout d'abord la découverte dans le contexte plus vaste de la pratique du tatouage en Égypte ancienne. La nature de cette momie est ensuite étudiée, et ses tatouages passés en revue, à travers l'examen de leur localisation et de leur portée symbolique. Enfin, les implications que cette femme peut avoir non seulement sur l'histoire de la pratique du tatouage en Égypte ancienne, mais aussi sur le rôle des femmes dans la pratique de la magie, de la médecine, et de la religion durant le Nouvel Empire, sont discutées.

Mots-clés: Deir el-Medina – Nouvel Empire – momie – tatouages – pratique du tatouage en Égypte ancienne – femmes – magie – médecine – religion – rituel – Hathor.

During the 2014 Ifao mission at Deir el-Medina, we identified the torso of a female mummy that was heavily tattooed along the arms, shoulders, neck, and back. This article presents this tattooed mummy by first contextualizing the discovery within broader research on tattooing in ancient Egypt. We then describe the nature of this mummy and her tattoos through a detailed discussion of their placement and symbolism. Finally, we discuss the potential implications this woman has not only for the history of tattooing in Egypt, but also women's roles in Egyptian magic, medicine, and religion during the New Kingdom.

Keywords: Deir el-Medina – New Kingdom – mummy – tattoos – Ancient Egyptian tattooing – women – magic – medicine – religion – ritual – Hathor.

• **Chapon Linda**

Une possible représentation de l'arbre *jšd* dans le temple de Millions d'Années de Thoutmosis III à Thèbes-Ouest

Les fouilles archéologiques qui se déroulent depuis 2008 dans le *Henket-Ankh*, temple des Millions d'Années de Thoutmosis III, situé entre el-Assasif et el-Khokha, ont livré une grande quantité de fragments et de blocs, majoritairement inédits, provenant des reliefs en grès des parois. Bien que fragmentaires et de taille très variable, ils permettent de proposer des hypothèses de reconstitution des scènes qui étaient représentées dans le temple. Dans cet article, un focus est fait sur une série de fragments associés à une probable représentation de l'arbre *jšd*. En tant que symbole de légitimité et de régénération du pouvoir royal, ce type de scène trouve parfaitement sa place dans le contexte des temples des Millions d'Années. Ces éléments enrichissent ainsi le corpus iconographique connu et participent de la compréhension de la fonction et du programme iconographique du temple.

Mots-clés : Thoutmosis III – temple de Millions d'Années – iconographie – arbre *jšd*.

As a result of the works carried out since 2008 in the *Henket-Ankh,* the Temple of Millions of Years of Thutmosis III situated between el-Assasif and el-Khokha, a huge amount of fragments and blocs proceeding from the sandstone reliefs of the temple, and mostly unpublished, have been recovered. Even if quite fragmented and variable in size, they allow us to set hypothesis about some of the scenes that were carved on the temple's walls. In this paper, we will focus on preserved reliefs connected to a possible representation of the *jšd* tree. As a symbol of legitimacy and royal regeneration, this kind of scene fits perfectly into the context of Temples of Millions of Years, essentially aimed to this function. These evidences would contribute to the already known iconographic corpus as well as to the understanding of the temple iconographic program and function.

Keywords: Thutmosis III – Temple of Millions of Years – iconography – *jšd* tree.

Dorn Andreas, Polis Stéphane

Nouveaux textes littéraires du scribe Amennakhte (et autres ostraca relatifs au scribe de la Tombe)

Cet article est le premier d'une série de contributions consacrées à la publication de documents inédits, conservés à l'Institut français d'archéologie orientale, qui ont pour point commun le fait d'être, plus ou moins directement, liés au scribe de la Tombe Amennakhte, fils d'Ipouy. Les six ostraca publiés ici appartiennent au fonds des ostraca dits « littéraires » et viennent notamment enrichir le nombre des textes « signés » par le scribe Amennakhte (*e.g.*, un hymne à Osiris et un hymne à Ramsès).

Mots-clés : Amennakhte (fils d'Ipouy) – Deir el-Médina – auteur – ostracon – textes littéraires – hymnes – prières – lettres – paléographie – O. Ashmolean Museum HO 25 – P. Turin Cat. 1879+ (papyrus des Mines d'or).

This paper is the first of a series of publications devoted to unpublished written sources of the French Institute for Oriental Archaeology, which are all linked in one way or another to the scribe of the Necropolis Amennakht, son of Ipuy. The six ostraca published here belong to the "literary" category, among which are new texts "signed" by the scribe Amennakht (e.g., an hymn to Osiris and an hymn to Ramesses).

Keywords: Amennakht (son of Ipuy) – Deir el-Medina – author – ostracon – literary texts – hymns – prayers – letters – palaeography – O. Ashmolean Museum HO 25 – P. Turin Cat. 1879+ (Gold Mines papyrus).

Lafont Julie

Consommation et proscription du miel en Égypte ancienne Quand *bj.t* devient *bw.t*

À l'instar d'autres civilisations antiques, l'Égypte pharaonique associa très tôt l'alimentation à certaines pratiques rituelles et croyances mythologiques, tant à travers les traités médicaux, les textes funéraires que dans les encyclopédies géographiques et sacerdotales. Dans cette problématique, cet article s'intéresse au concept caractéristique de la *bw.t* alimentaire d'après un exemple – semble-t-il unique – de proscription touchant la consommation du miel. S'attachant à définir l'origine de cet interdit spécifique, cette étude a également pour objectif de comprendre son rôle et ses implications dans la vie quotidienne des Égyptiens.

Ainsi, cité au côté du poisson-*iténou* dans la grande encyclopédie de la VIe province de Haute Égypte à Dendara, l'acte de « manger du miel » apparaît comme prohibé dans le nome tentyrite et acquiert dès lors une dimension théologique négative pour l'homme qui en consommerait. Faut-il y voir un lien avec Hathor, maîtresse des lieux, et issue des larmes de Rê comme le sont les abeilles produisant cet édulcorant indispensable ? Le fait d'interdire une denrée aussi présente dans l'alimentation et dans la médecine égyptiennes peut-il n'avoir qu'une valeur théologique, sans dissimuler une justification économique, sociale, ou éventuellement liée au cycle des saisons ? Autant de questions auxquelles cet article tente d'apporter quelques éléments de réponse, en croisant notamment les données issues des calendriers des jours fastes et néfastes, des textes ptolémaïques et des ménologes arabes et coptes.

Mots-clefs : Miel – *bw.t* – interdit théologique – proscription économique – encyclopédies géographique et sacerdotale – Dendara – Calendrier du Caire (P. Caire 86637) – Calendrier du P. Sallier IV (P. BM EA 10184) – Hathor – Tefnout – larmes de Rê.

Like other ancient civilizations, Pharaonic Egypt associated food with some ritual practices and mythological beliefs, through medical treatises as well as funerary texts and geographical and sacerdotal encyclopaedia. Dealing with this issue, the present paper focuses on the characteristic concept of alimentary *bw.t* from the seemingly unique example of the proscription of honey consumption. The aim of this study is to define the origin of this specific prohibition and to understand its role and its implications in the daily life of the Egyptians.

Mentioned next to the *itenu*-fish in the great encyclopaedia of the VIth Upper Egyptian Province at Dendara, the act of "eating honey" appears to be prohibited in the tentyrite nome and thus acquires a negative theological dimension for anyone who consumes it. Should we see a connection with Hathor, the local deitie, born from the tears of Re like the bees producing this essential sweetener? Can banning a commodity which is so present in Egyptian food and medicine be just of theological value without disguising any economic, social or even seasonal justification? These are some of the questions on which this paper attempts to provide some clues, especially thanks to cross-references between calendars of the lucky and unlucky days, Ptolemaic texts and Arabic and Coptic menologia.

Keywords: Honey – *bw.t* – Theological Interdiction – Economic Prohibition – Geographical and Sacerdotal Encyclopaedia – Dendara – Cairo Calendar (P. Caire 86637) – P. Sallier IV Calendar (P. BM EA 10184) – Hathor – Tefnut – Tears of Re.

Mazé Christelle

À la recherche des « classes moyennes »
Les espaces de la différenciation sociale dans l'Égypte du IIIe millénaire av. J.-C.

Pour l'Égypte du IIIe millénaire av. J.-C., l'espace funéraire a été particulièrement étudié et analysé comme un terrain d'expression du pouvoir des élites, comme un miroir reflétant pour l'éternité une image idéale de la société. Or, les fouilles archéologiques françaises et allemandes ont permis de mettre au jour des sites de peuplement englobant non seulement des zones d'habitat mais aussi des établissements religieux et administratifs, autant de sources d'informations nouvelles et complémentaires sur les structures de la population égyptienne. L'ambition du présent article est de reprendre, de manière critique, la notion sociologique de « classes moyennes » déjà adoptée pour le Moyen Empire afin de tester ce qu'elle peut apporter ou non à la compréhension de la société de l'Ancien Empire. Concrètement, il s'agira ici d'étudier comment des catégories modestes d'individus extérieurs aux cercles des élites peuvent être détectées dans les espaces urbains, religieux et funéraires de deux sites du IIIe millénaire av. J.-C. : Balat et Éléphantine. Ces deux cas d'étude permettront d'observer la diversité des couches sociales intermédiaires en croisant les données archéologiques et épigraphiques et en comparant les espaces urbains, religieux et funéraires dans lesquels se sont déployées les activités des différentes strates de la population égyptienne.

Mots-clés : classes moyennes – statut social intermédiaire – distinction sociale – hiérarchie – administration urbaine – scellés – activités professionnelles – espace religieux – sanctuaire – paysage funéraire – regroupements sociaux/familiaux – valeur matérielle.

The history of Ancient Egypt was marked for centuries by the awesome image of the great pyramids, these royal monuments and the organisation of the necropolis around them being considered as the mirror of a strictly hierarchical society: the king and the elite on the one side; the anonymous masses on the other. Through hieroglyphic texts and monumentalized architecture only the elite could make its voice heard. Communication was conceived as a "vertical" exchange between great officials giving orders and their silent servants and peasants. Nevertheless, textual, iconographical and archaeological studies of the last decades have deepened our knowledge about intermediate and lower social groups. From the Old Kingdom to the beginning of the Middle Kingdom, the organisation of space and landscape could integrate several distinct areas restricted to certain categories of individuals and could follow different logics of gathering. Whereas the funerary space is known to have been accommodated in order to display an ideal image of the society for eternity, the work in progress in Egypt has led to unearth religious and administrative establishments as well as urban settlements, which provide precious complementary data. The aim of this paper is to study how modest categories of individuals can be detected in urban, religious and funerary spaces of two sites: Balat and Elephantine. This will enable us to show the diversity among and within these intermediate social levels by comparing archaeological and epigraphic data. Thus, we will discuss the sociological notion of "middle classes", which has been adopted for the Middle Kingdom, and specify its content and value concerning the Old Kingdom.

Keywords: middle classes – intermediate social standing – social distinction – hierarchy – urban administration – sealings – professional activities – religious space – sanctuary – worship – funerary landscape – social/familial clusters – material value.

Mekawy Ouda Ahmed M.

The Votive Stela of the "Overseer of the Singers of the King" *Nfr-rnpt* (Egyptian Museum Cairo TR 14.6.24.17)

Cet article republie une stèle Ramesside votive de *Nfr-rnpt* conservée au musée égyptien du Caire (TR 14.6.24.17). Il propose un nouveau fac-similé, une transcription, une translittération, une traduction et un commentaire des inscriptions et des titres du propriétaire.

Mots-clés : Néferrenpet – Amenouahsou – superviseur des chanteurs du roi – Chamberlain – Abydos – Osiris – Isis – Horus – Oupouaout – Anubis – Ouret-Hékaou – formule de menace.

This article republishes a Ramesside votive stela of *Nfr-rnpt* at the Egyptian Museum Cairo TR 14.6.24.17. It presents a new facsimile, a transcription, a transliteration, a translation, and a comment of the inscriptions and the titles of the owner.

Keywords: Neferrenpet – Amenwahsu – Overseer of the Singers of the king – Chamberlain – Abydos – Osiris – Isis – Horus – Wepwawet – Anubis – Werethekau – threat formula.

Minart Marie-Anne

Étude d'une cloison d'église de la fin du premier millénaire conservée au musée du Louvre Monastère de Baouît, Moyenne Égypte

Bien que très parcellaire, la boiserie constitue néanmoins un élément majeur, meuble, de l'église nord de Baouît. Elle révèle l'existence d'écrans dans les églises égyptiennes, seul exemple rescapé du VIIIe s., entre les simples traces laissées à l'époque byzantine et la multiplicité des cloisons qui segmenteront tout l'espace intérieur à partir du Moyen Âge. Sa hauteur totale connue, 2,33 m, la désignait comme possible cloison séparant le vaisseau du *khurus*, séparation par ailleurs attestée par les éléments photographiés en place en 1902. C'est pourquoi l'analyse de son organisation structurelle a été le fondement de l'étude minutieuse des pièces existantes (dix-huit montants, traverses et panneaux, et quatre petits balustres, conservés au musée du Louvre). Elle a ainsi permis d'évaluer et de tenter d'identifier certains éléments orphelins parmi le matériel disponible mis au jour lors des différentes campagnes de fouilles. L'emplacement de la boiserie dans le monument n'a finalement pas pu être précisé mais cette observation donne à lire une page du répertoire du savoir-faire artisanal employé pour son élaboration.

Mots-clés : bois – boiserie – cloison – copte – Baouît – menuiserie – musée du Louvre – techniques d'assemblage – travail du bois – signes d'établissement – tracéologie – Ier millénaire apr. J.-C.

This piece of woodwork, while very fragmentary, nonetheless formed a major element of the furnishings of the north church in Bawit. The only item to survive from the 8th century, its known total height was 2.33 m, indicating that it was possibly a partition separating the nave from the *khurus*; this function is also attested by the items photographed in place in 1902. Consequently, analysis of its construction has been fundamental to a detailed study of the surviving parts (eighteen uprights, rails and panels, and four small balusters, now in the Louvre). Through this analysis in turn we have been able to evaluate and try to identify the function of some unidentified elements among the materials discovered during various excavation campaigns. In the end the exact position of this element in the church has not been determined, but studying it has taught us more about the repertoire of craft skills used to build it.

Keywords: wood – woodwork – partition – Coptic – Bawit – carpentry – musée du Louvre – assembly techniques – carpenters' marks – traceology – Ist millennium AD.

• **MINART Marie-Anne, BÉNAZETH Dominique**

Étude d'un vantail de la fin du premier millénaire conservé au musée du Louvre Monastère de Baouît, Moyenne Égypte

À l'occasion de nouvelles campagnes de fouilles à Baouît réalisées conjointement par le musée du Louvre et l'Ifao sous la direction de Dominique Bénazeth dans les années 2003-2007, un des objectifs était de mieux connaître l'église nord du monastère. À cette fin, les recherches se tournent également vers la documentation des fouilles de 1901-1902 et les objets alors offerts à la France et aujourd'hui conservés au Louvre. L'un d'entre eux est un vantail de porte, mis au jour dans cet édifice. Les documents de comparaison sont rares. Une approche technologique de cette menuiserie a fourni de très intéressantes observations. Loin de simples corrélations techniques, le parti pris a été d'analyser intrinsèquement l'ouvrage, sa conception, sa fabrication et les traces de son utilisation avant l'enfouissement et après la redécouverte. Cette étude met en lumière les caractéristiques techniques artisanales présentes à la fin du Ier millénaire dans l'Égypte copte.

Mots-clés : porte – vantail – bois – menuiserie – travail du bois – techniques d'assemblage – copte – Ier millénaire apr. J.-C. – Baouît – Jean Clédat – musée du Louvre.

A new campaign of excavations in Bawit was conducted jointly during 2003–2007 by the Louvre and the IFAO under the direction of Dominique Bénazeth. One of its goals was to get a better understanding of the monastery's north church. To this end, research was also focused on the documentation of the 1901–1902 excavations and on the objects handed over at that point to France and now in the Louvre. One of the items is a door leaf, discovered in this church. Comparative documentation is scarce. A technical treatment of this piece of woodwork produced some very interesting observations. The focus was not on simple technical correlations, but on a close analysis of the object, its design, manufacture and the traces left by its use both before the site was buried and after it was uncovered. This study highlights the technical characteristics of craftsmanship at the end of the 1st millennium in Coptic Egypt.

Keywords: door – leaf – wood – woodwork – carpentry – assembly techniques – Coptic – Ist millennium AD – Bawit excavations – Bawit – Jean Clédat – musée du Louvre.

Payraudeau Frédéric, Meffre Raphaële

Varia tanitica I
Vestiges royaux

La reprise des travaux par une nouvelle équipe sur le site de Tanis/Sân el-Haggar a permis un travail d'inventaire et de recherche dans les magasins de fouilles du site. À cette occasion, un certain nombre de vérifications ont pu être effectuées sur des inscriptions et objets trouvés lors de campagnes anciennes. Ils seront publiés *in extenso* en plusieurs livraisons de ces *Varia tanitica*. Ce premier article s'intéresse à divers monuments royaux de la Troisième Période intermédiaire, inédits ou mal connus : un groupe statuaire d'Amenemopé, un relief d'Amenemopé (XXIe dynastie), un support au nom de Chéchonq IV (XXIIe dynastie), un relief au nom d'un Ousermaâtrê (XXIIe-XXIIIe dynastie), un relief au nom d'un roi Pétoubastis (XXIIIe dynastie) et un torse de statue de Taharqa (XXVe dynastie).

Mots-clés : Tanis – statuaire – reliefs – Psousennès – Amenemopé – Osorkon IV – Chéchonq IV – Taharqa.

The arrival of a new team on the site of Tanis/Sân el-Hagar was the opportunity to begin research work in the storerooms. Several objects and inscriptions found long ago were thus checked. They will be published *in extenso* in several deliveries of the *Varia tanitica*. This first article deals with royal monuments dating to the Third Intermediate Period, either unpublished or very little known: a statuary group and a relief of King Amenemope (21st Dynasty), a stand in the name of Shoshenq IV (22nd Dynasty), a relief of a King named Usimare (22nd–23rd Dynasties), a relief naming one of the kings Pedubast (23rd Dynasty) and a torso of a statue of King Taharqo (25th Dynasty).

Keywords: Tanis – statuary – reliefs – Psusennes – Amenemope – Osorkon IV – Shoshenq IV – Taharqo.

Redon Bérengère, Vanpeene Matthieu, avec une annexe céramologique de Pesenti Mikaël

« La vigne a été inventée dans la ville égyptienne de Plinthine »
À propos de la découverte d'un fouloir saïte à Kôm el-Nogous (Maréotide)

En avril-mai 2016, un fouloir à raisin exceptionnellement bien préservé a été mis au jour dans le secteur 6 de Kôm el-Nogous, fouillé depuis 2012 par la Mission française de Taposiris et Plinthine.

Le fouloir est composé d'une plateforme de foulage et d'une cuve-recette, toutes deux construites en blocs de calcaire fin. La construction du fouloir est particulièrement soignée et il prend place dans une pièce voûtée située sur le flanc est du kôm, au plus près, sans doute, des vignes.

À part un exemple beaucoup moins bien préservé trouvé à Tell el-Daba, le fouloir de Kôm el-Nogous est, à ce jour, le plus bel exemple de fouloir pharaonique jamais trouvé en Égypte ; il trouve ses meilleurs parallèles dans les représentations peintes des tombes de la vallée thébaines, en particulier celles du tombeau de Nakht (TT 52). Il date, d'après l'analyse de la céramique, du début de l'époque saïte, une période de grande activité sur et dans les environs du kôm.

La découverte du fouloir de Kôm el-Nogous prouve qu'au début de l'époque saïte, on produisait un cru local sur la rive nord du lac Maréotis. Elle donne encore plus de poids à l'identification du kôm avec la Plinthine des Grecs, où Hellanicos, un auteur du ve s. av. J.-C., place l'invention de la (culture de la) vigne.

Mots-clés : Plinthine – Maréotide – vin – fouloir – époque saïte.

In April-May 2016, an exceptionally well preserved grape grinder was unearthed in sector 6 of Kom el Nogous, excavated since 2012 by the French Expedition at Taposiris and Plinthine.

The structure consists of a crushing platform and a collecting vat, both constructed of fine limestone blocks. The construction of the grape grinder is particularly meticulous. It takes place in a vaulted room located on the eastern edge of the kom, probably near the vineyards.

Apart from a much less well-preserved example found at Tell el-Daba, the Kom el-Nogous treading structure is, to date, the best example of a Pharaonic grape grinder ever found in Egypt. The best parallels are to be found in the painted representations of the tombs of the Theban Valley, especially those of the tomb of Nakht (TT 52). According the pottery study, it dates from the beginning of the Saite epoch, a period of great activity on and in the vicinity of the kom.

The discovery of Kom el Nogous proves that at the beginning of the Saite era, a local vintage was produced on the north shore of Lake Mareotis. It gives even greater weight to the identification of the kom with the Plinthine of the Greeks, where Hellanicos, an author of the 5th century BC, locates the invention of the (culture of) the vine.

Keywords: Plinthine – Mareotis area – wine – grape grinder – Saite period.

RELATS MONTSERRAT Félix, THIESSON Julien, BARAHONA MENDIETA Zulema, SANCHEZ Christelle, RÉJIBA Fayçal, GUÉRIN Roger.

Une première campagne de prospection à Médamoud : la réouverture du chantier (Mission Ifao/Paris-Sorbonne/Labex Resmed)

Les fouilles de Médamoud se sont déroulées entre 1925 et 1940 par l'Ifao à la demande du musée du Louvre. La mission Ifao/Paris-Sorbonne/Labex Resmed de Médamoud a repris depuis 2011 les activités sur le terrain. Les résultats d'une campagne de prospection géophysique et céramologique effectuées en 2015 sont présentés ici afin d'étendre nos connaissances du site. La présence de nombreux déchets de coction assure que Médamoud était un des plus grands centres de production de céramiques en Haute Égypte. La prospection géophysique a signalé par ailleurs la présence des principaux vestiges découverts par Bisson de la Roque dans les abords du temple et a permis de comprendre un peu mieux les parties du kôm qui n'ont pas encore été fouillées. La présence d'un quartier artisanal, d'un nouveau mur de clôture et d'un canal reliant Médamoud au Nil paraît désormais assurée.

Mots-clefs : Médamoud – prospection géophysique – fours à céramiques – canal – Bisson de la Roque.

Between 1925 and 1940, an IFAO/Louvre mission has excavated Medamud. A new project has reopened the study on site since 2011 and in 2015 has performed a ceramic and geophysical survey in order to increase our knowledge of the kom. The numerous firing wastes prove that Medamud was one of the biggest production centers in Upper Egypt. The geophysical survey has highlighted the principal remains discovered by Bisson de la Roque around the temple. Our study has been largely focused on the areas never excavated, and has proved the existence of a new artisanal district specialised on the ceramic production, a new surrounding wall and a canal/channel linking Medamud with the Nile.

Keywords: Medamud – geophysical survey – pottery kiln – canal/channel – Bisson de la Roque.

Töpfer Susanne

„Aggressives Rosa" – Zu einer Mumienauflage der spätptolemäisch–frührömischen Epoche aus Achmim (ÄMUL Inv.-Nr. 7810)

Au musée égyptien Georg Steindorff de l'université de Leipzig se trouve un cartonnage tripartite fort intéressant en raison du coloris rose qui prédomine dans le décor, et des cadres dorés illustrant des motifs funéraires. Des objets comparables portent à croire que ce cartonnage de femme date de la fin du Ier s. av. J.-C. et est originaire d'Akhmîm. L'objectif de cet article est, d'une part, de replacer le cartonnage dans des cadres chronologique et géographique clairs, sur la base de critères typologiques. D'autre part, il s'agit d'analyser les conceptions funéraires transmises par les représentations et les textes de ce cartonnage, notamment en ce qui concerne l'influence de la culture hellénistique sur la culture égyptienne dans la tradition funéraire de l'élite d'Akhmîm, au moment de la transition entre l'époque ptolémaïque et l'époque romaine.

Mots-clés : momie – cartonnage – Akhmîm – époque ptolémaïque – époque romaine – rose – hellénisme – Livre des morts – Londres – papyrus – Leipzig – glorification – oasis – Berlin – or – Oupouaout – Peteminis – Osiris.

Im Ägyptischen Museum -Georg Steindorff- der Universität Leipzig befindet sich die dreiteilige Textilkartonage der Mumie einer Frau, die aufgrund des dominanten Rosa-Farbtons sowie der vergoldeten Bildfelder mit funerären Motiven als exzeptionell bezeichnet werden kann. Anhand von Vergleichsstücken ist die Mumienauflage in das ausgehende 1. Jh. v. Chr. zu datieren und nach Achmim zu verorten. Ziel des Beitrages ist zum einen die zeitliche und räumliche Einordnung der Auflage anhand typologischer Aspekte, zum anderen die Analyse der funerären Konzepte, wie sie durch das Bild- und Textprogramm vermittelt werden; insbesondere im Hinblick auf die Frage, wie ausgeprägt die ägyptischen Kultureinflüsse im Gegensatz zu den hellenistischen auf die Bestattungstradition der Achmimer Elite in der Übergangszeit von der ptolemäischen zur römischen Epoche gewesen sind.

Schlawort: Mumie – Textilkartonage – Achmim – Ptolemäerzeit – Römerzeit – Rosa – Hellenismus – Totenbuch – London – Papyrus – Leipzig – Verklärungen – Oasen – Berlin – Gold – Upuaut – Peteminis – Osiris.

ADRESSES DES AUTEURES

Ashour Sobhi
Associate Professor of Greek and Roman Archaeology
Department of Archaeology and Culture
Faculty of Arts, Helwan University
Ain Helwan, Cairo – Égypte
SOBHY_ASHOUR@arts.helwan.edu.eg
sobhyashour@yahoo.com

Austin Anne
Ph.D.
History Department
Stanford University
Building 200, Room 247
450 Serra Mall
CA 94305–2004 Stanford – États-Unis

Barahona Mendieta Zulema
University of Basel
Department of Ancient Civilizations
Petersgraben 51
CH4051 Basel – Suisse
zulemabara@hotmail.com

Bénazeth Dominique
Musée du Louvre, département des Antiquités égyptiennes
rue de Rivoli
F - 75058 Paris cédex 01 – France
dominique.benazeth@louvre.fr

Chapon Linda
Departamento de Prehistoria y Arqueologia,
Universidad de Granada
Ägyptologisches Institut, Universität Tübingen
Departamento de Prehistoria et Arqueología
Universidad de Granada, Campus Universitario de Cartuja
Av. del Hospicio
18071 Granada – Espagne
lindachapon2002@hotmail.com

Dorn Andreas
BIBEL+ORIENT Museum
Universität Freiburg
Av. de l'Europe 20
CH-1700 Fribourg
andreas.dorn@unifr.ch

Gasse Annie
Directeur de recherche au CNRS
Égypte Nilotique et Méditerranéenne (ENiM)
Laboratoire Archéologie
des Sociétés Méditerranéennes – UMR 5140
Université Paul-Valéry Montpellier 3 –
CNRS – MCC
route de Mende
34199 Montpellier – France

Gobeil Cédric
The Egypt Exploration Society
3 Doughty Mews
WC1N 2PG Londres – Royaume-Uni
cedric.gobeil@ees.ac.uk

Guérin Roger
Sorbonne Universités,
UPMC Univ Paris 06, CNRS, EPHE,
UMR 7619 METIS,
4 place Jussieu,
75005 Paris – France

Lafont Julie
Université Paul Valéry Montpellier 3,
CNRS, INRAP, MCC, ASM UMR 5140,
route de Mende
34199 Montpellier – France

Mazé Christelle
Laboratoire « Archéologies et Sciences de l'Antiquité » (UMR 7041)
Maison de l'Archéologie et de l'Ethnologie – Boîte 14
21 allée de l'Université
92023 Nanterre Cedex – France
christelle.maze@gmail.com

Meffre Raphaële
Fondation Thiers/CNRS – UMR 8167
« Orient & Méditerranée »
Centre de recherches égyptologiques de la Sorbonne
1, rue Victor Cousin
75005 Paris – France

Mekawy Ouda Ahmed M.
Lecturer
Department of Egyptology
Cairo University
9 Al Gameya, Oula,
Giza, Giza Governorate – Égypte

Minart Marie-Anne
3 rue Henri Sohier
60120 Ansauvillers – France
marieanneminart@gmail.com

Payraudeau Frédéric
Université Paris-Sorbonne
Centre de recherches égyptologiques de la Sorbonne
1, rue Victor Cousin
75005 Paris – France

Pesenti Mikaël
Aix-Marseille Université
02, rue Bavastro
06300 Nice – France

Polis Stéphane
Chercheur qualifié F.R.S.-FNRS / Université de Liège
Département des sciences de l'Antiquité
Service d'égyptologie
Place du 20-Août, 7
B-4000 Liège – Belgique
s.polis@ulg.ac.be

Redon Bérangère
CNRS, Laboratoire HiSoMA
Maison de l'Orient et de la Méditerranée
7 rue Raulin - 69365 Lyon cedex 07

Réjiba Fayçal
Sorbonne Universités,
UPMC Univ Paris 06, CNRS, EPHE, UMR 7619 METIS,
4 place Jussieu,
75005 Paris – France

Relats Montserrat Félix
UMR 8167 « Orient et Méditerranée »
Centre de recherches égyptologiques de la Sorbonne
1 rue Victor Cousin
75005 Paris – France
felixrelats@gmail.com

Sanchez Christelle
Sorbonne Universités,
UPMC Univ Paris 06, CNRS, EPHE, UMR 7619 METIS,
4 place Jussieu,
75005 Paris – France

Shueib Sayed
Archaeologist at Fayum Antiquities Inspectorate
el Mesalla Square, el Aboody
Medinet el-Fayum – Égypte
sayedawad77@yahoo.com

Thiers Christophe
CNRS, USR 3172-CFEETK
BP 63 Louqsor – Égypte
christophe.thiers@cnrs.fr

Thiesson Julien
UMR 7619 METIS case 105
Université Paris 6 Pierre et Marie Curie
4 place Jussieu
75252 Paris – France

Töpfer Susanne
Curator
Fondazione Museo delle Antichità Egizie di Torino
Via Accademia delle Scienze 6
I-10123 Torino – Italie
susanne.toepfer@museoegizio.it

Vanpeene Matthieu
doctorant
EPHE, EA 4519
vanpeene.matthieu@gmail.com

Ministère de l'Enseignement supérieur et de la Recherche, Paris – Publication de l'Institut français d'archéologie orientale.
Dépôt légal: 2e semestre 2017; numéros d'éditeur et d'imprimeur 1156/1601

DIFFUSION
Ventes directes et par correspondance

Au Caire
à l'IFAO,
37 rue al-Cheikh Ali Youssef (Mounira)
[B.P. Qasr al-'Ayni nº 11562]
11441 Le Caire (R.A.E.)
Section Diffusion Vente →

Fax : (20.2) 27 94 46 35
Tél. : (20.2) 27 97 16 00
http://www.ifao.egnet.net

Tél. : (20.2) 27 97 16 22
e-mail : ventes@ifao.egnet.net

En France
Vente en librairies
Diffusion : AFPU
Distribution : SODIS